周　勇　1966年5月30日出生于四川眉山，中铁二院工程集团有限责任公司副总工程师，四川省勘察设计大师，教授级高级工程师，硕士研究生学历。参加工作以来，主要从事隧道与地下工程设计、城市轨道交通规划设计和前期研究工作；作为项目技术负责人主持过重庆、深圳、东莞、佛山、广州、青岛、南通等多座城市30余项城市轨道交通线路总体设计及技术管理工作，其中包括跨座式单轨、地铁轻轨、市域快线、市域郊铁路和城际铁路等多种制式。在线路规划、系统制式、综合交通枢纽设计、站城一体综合开发和隧道与地下工程创新设计等方面都有深入研究和勘察设计实践，技术水平达到同期、同类项目的国内领先或先进水平，取得了良好的社会经济效益和技术成果。先后获得全国五一劳动奖章、中华铁路总工会火车头奖章、四川省突出贡献专家、四川工匠和詹天佑铁道科学技术奖等荣誉称号。作为我国城市轨道交通行业知名专家，先后主持和参加了国内50余座已规划建设城市轨道交通规划和设计的评审和评估工作。担任住房和城乡建设部城市轨道交通质量安全专家委员会委员、中国工程咨询协会地铁专委会副主任、中国城市轨道交通协会设计咨询专委会副秘书长和专家学术委员会委员。主持的项目先后获得了全国十大创新科技成就奖1项，中国土木工程詹天佑奖5项，中国工程建设标准科技创新奖1项，深圳市科技进步奖1项，全国勘察设计行业优秀设计奖4项，省部级优秀工程设计奖20余项。在轨道交通前期研究、总体设计和隧道与地下工程设计工作中不断实践创新并总结经验，先后出版学术专著6部，主编和编制国家标准、行业标准和团体标准7部，发表学术论文10余篇。

周明亮　1970年3月19日出生于山西忻州，中铁二院工程集团有限责任公司副总工程师，教授级高级工程师，硕士研究生学历。中国城市轨道交通工程专家，全国首届"盾构工匠"。从事城市轨道交通勘察设计和前期研究工作近30年，主持设计了我国首个通用衬砌环盾构隧道工程——深圳地铁1号线7标盾构区间工程；作为设计总体和技术总负责人主持完成了广州、深圳、佛山、成都、贵阳、青岛、昆明、重庆等多个城市多条城市轨道交通线路的规划、勘察设计、咨询、强审与技术审查工作；作为资深专家参与了全国10多座城市轨道交通项目的评估与审查；主持完成了国铁、市政、核电输水等多条大直径盾构隧道的勘察设计工作。先后获中国土木工程詹天佑奖3项，省部级科技进步奖4项，省部级勘察设计奖30余项，授权国家专利20余项，编制行业标准4部，出版著作4部，发表论文多篇。

彭　帅　1980年7月15日出生于四川安岳，中铁二院工程集团有限责任公司地铁院土建分院院长，教授级高级工程师，大学本科学历。从事城市轨道交通勘察设计和前期研究工作20余年，参加了南京、广州、深圳、成都、长沙、东莞等多座城市的轨道交通工程设计，作为设计总负责人带领设计团队完成了深圳地铁6号线设计工作。先后获中国土木工程詹天佑奖1项，深圳市科技进步奖1项，省部级勘察设计奖10余项，发表论文多篇。

城市轨道交通绿色低碳规划设计研究
——深圳地铁 6 号线工程创新与实践

周 勇 周明亮 彭 帅 编著

西南交通大学出版社
·成 都·

图书在版编目（CIP）数据

城市轨道交通绿色低碳规划设计研究：深圳地铁6号线工程创新与实践/周勇，周明亮，彭帅编著. -- 成都：西南交通大学出版社，2024.8. -- ISBN 978-7-5643-9949-8

Ⅰ. U239.5

中国国家版本馆CIP数据核字第2024CT6002号

Chengshi Guidao Jiaotong Lüse Ditan Guihua Sheji Yanjiu
——Shenzhen Ditie 6 Hao Xian Gongcheng Chuangxin yu Shijian

城市轨道交通绿色低碳规划设计研究
——深圳地铁6号线工程创新与实践

周勇　周明亮　彭帅　编著

策划编辑	王　旻
责任编辑	姜锡伟
封面设计	何东琳设计工作室
出版发行	西南交通大学出版社
	（四川省成都市金牛区二环路北一段111号 西南交通大学创新大厦21楼）
营销部电话	028-87600564　028-87600533
邮政编码	610031
网　　址	http://www.xnjdcbs.com
印　　刷	成都市新都华兴印务有限公司
成品尺寸	185 mm×260 mm
印　　张	24.75
字　　数	621千
版　　次	2024年8月第1版
印　　次	2024年8月第1次
书　　号	ISBN 978-7-5643-9949-8
定　　价	198.00元

图书如有印装质量问题　本社负责退换
版权所有　盗版必究　举报电话：028-87600562

本书编委会

顾　问：黄力平　杜建军
主　任：谢　毅　雷江松
副主任：孙　波　喻　波　潘明亮　柴家远　贾　科
　　　　宋剑伟　陈福贵　张　波
委　员：郭桃明　黄建辉　王平豪　孙汉贵　柯铁峰
　　　　白明刚　段朝辉　徐恢荣　罗　曼
主　审：张中安　于德涌　陈鏊超　王仕春　潘晓明
　　　　李可意　李良生
副主审：江　安　刘永祥　刘　伟　许志艳　叶　斌
　　　　田广辉　戴　宏　刘伊江　李　江　何建枝
　　　　向　红　张细珠　曾大勇　徐　鸿　张开波
　　　　毛学锋
主　编：周　勇　周明亮　彭　帅
副主编：张常委　鲁雪冬　张　翼　周　超　曹晋超
　　　　肖铁汉　杨镇华　张贤逵　肖星球
　　　　谭云勇　屈良宽
参　编：吴　炜　刘名元　朱小秀　樊　伟　马　沙
　　　　袁　钊　邓永忠　胡文超　冯洪金　金永乐
　　　　马凌志　谢　柯　王晓雷　曹　飞　鲍振邦
　　　　曾令辉　高　建　周　峻　李玉彬　张　超
　　　　陶　牧　吴向峰　周弥睿　周昌盛　吴　爽
　　　　周永礼　雷少鑫　刘云希　刘　博　李绍富
　　　　王小东　资瑞龙

序

PREFACE

深圳地铁 6 号线为深圳市轨道交通线网串联宝安、光明、龙华、福田、罗湖的组团快线。一期工程起自龙华区深圳北站，终于宝安区松岗站，线路全长约 37.621 km，全线设站 20 座。6 号线一期工程的建设快速带动了深圳市光明区的发展，二期工程与一期工程贯通运营实现了沿线片区的快速交通联系，全面提升了深圳城市中部发展轴客运走廊的交通供给，助力粤港澳大湾区和深圳先行示范区"双区"建设，促进了城市空间结构日趋完善。

作为该工程勘察设计总承包单位，中铁二院工程集团有限责任公司在历时整整十年的工作中与深圳市地铁集团有限公司一起，在市政府相关部门的大力支持下，秉持建地铁就是建城市的设计理念，共同克服了各种工程建设难题和多个专业技术难题，实现了绿色低碳和可持续发展的工程建设目标：在深圳中部发展轴上落地建设了以地上线为主的市域快线，采用 TBM 隧道工法下穿运营的广深港高铁，采用大跨度桥梁顶推施工跨越龙大高速等工法克服建设难题；在高架桥梁与地下结构中全面采用预留预埋技术建设高品质的百年工程；首次提出并实践了综合减振降噪设计方法和技术、应用高架车站太阳能光伏发电技术、首次应用上网隔离开关柜和再生制动能量回馈技术、首次在长圳车辆段采用海绵城市设计技术等实现城市轨道交通绿色低碳发展；首次运用云平台技术实现智慧地铁设计；结合本线以高架敷设为主的特点，根据环境现状和城市规划对高架区间和车站进行文化艺术设计，构建城市新风景。多项创新成果实现了城市轨道交通的技术突破。

本书对深圳地铁 6 号线一期工程规划设计全过程和全专业进行了系统总结，并对规划设计在绿色低碳方面的创新与实践进行了重点论述。本书将这些成果呈现给读者，秉承打造"绿色低碳"和"高质量可持续发展"的深圳轨道交通建设理念，以期为大湾区综合交通行业发展做出重要贡献。同时，本书可为城市轨道交通绿色低碳和高质量可持续发展提供参考与借鉴，为推动我国城市轨道交通规划、设计和建设水平不断迈上新的台阶作出新贡献。

深圳大学土木与交通工程学院讲席教授陈湘生（中国工程院院士）
住房和城乡建设部科技委委员兼城市轨道交通分委主任委员

2023 年 3 月于深圳

目录

CONTENTS

第 1 章　建设项目背景···001
　1.1　建设规划与项目建设意义···002
　1.2　线路工程概况···011
　1.3　项目规划建设"十二五"时期深圳城市社会经济状况·····················012
　1.4　城市地形地貌与自然地理···015
　1.5　场地工程地质与水文地质条件分析及评价·····································016
　1.6　客流预测···021

第 2 章　规划设计理念···023
　2.1　经济高效和可持续发展线路规划设计···024
　2.2　绿色低碳和节能环保的地铁建设和运营···024
　2.3　高架线路综合减振降噪技术···025
　2.4　高品质建设地铁百年工程···025
　2.5　实践智慧地铁的建造和运营···026
　2.6　提升地铁建设的文化艺术品质···026

第 3 章　勘察设计主要历程与方案优化调整···027
　3.1　勘察设计主要历程···028
　3.2　建设规划方案···030
　3.3　工程可行性研究与方案调整···033
　3.4　初步设计与方案优化调整···037
　3.5　施工图设计与设计方案调整···039
　3.6　各阶段技术方案与投资的差异对比···041

第 4 章　主要技术标准与工程方案 ········· 043

- 4.1　主要设计原则和技术标准 ········· 044
- 4.2　线路与轨道方案 ········· 052
- 4.3　行车组织方案 ········· 068
- 4.4　建筑与景观方案 ········· 072
- 4.5　土建结构方案 ········· 090
- 4.6　常规设备方案 ········· 125
- 4.7　牵引供电方案 ········· 144
- 4.8　弱电系统方案 ········· 151
- 4.9　车辆基地方案 ········· 172

第 5 章　绿色低碳技术创新 ········· 201

- 5.1　经济高效的地铁综合选线技术 ········· 202
- 5.2　综合减振降噪技术在城轨高架线路中的研究与应用 ········· 210
- 5.3　低碳节能技术在城市轨道交通中的应用和实践 ········· 217
- 5.4　海绵城市的绿色环保技术在城市轨道交通设施建设中的应用 ········· 228
- 5.5　高品质建设地铁百年工程 ········· 251
- 5.6　智慧地铁的技术应用与实践 ········· 342
- 5.7　工程美学创新研究与应用 ········· 355
- 5.8　节约和集约用地的可持续发展研究与应用 ········· 370

第 6 章　实施效果与启示 ········· 378

- 6.1　综合减振降噪工程实施效果 ········· 379
- 6.2　工程美学设计之——防锈渍设计的实施效果 ········· 380
- 6.3　低碳运营实施效果 ········· 381
- 6.4　客流预测与实际情况偏差分析 ········· 384

第1章

建设项目背景

1.1 建设规划与项目建设意义

深圳地铁从 1998 年 12 月开始建设，一期工程 1 号线（罗湖站至香蜜湖站）和 4 号线（皇岗站至少年宫站）全长 14.825 km。2004 年 12 月 28 日，深圳地铁一期工程开通试运营。

2005 年 3 月，国家发展和改革委员会（以下简称国家发展改革委）批复《深圳市城市轨道交通建设规划》，原则同意深圳市城市快速轨道交通近期（2005—2010 年）建设目标及建设内容，同意深圳市近期建设 4 条城市轨道交通项目，包括 1 号线续建工程（世界之窗站至深圳机场站）以及 2、3、5 号线工程。

2008 年 10 月，为给第 26 届世界大学生夏季运动会提供交通保障，《深圳市城市轨道交通建设规划（2005—2011 年）》调整规划方案并报国家批准，国家发改委同意建设 2 号线东延段（世界之窗站至黄贝岭站）、3 号线西延段（红岭路站至益田站）和 4 号线二期工程。

2011 年 4 月，国家发改委批复深圳市城市轨道交通三期工程（地铁 6、7、8、9、11 号线）5 个新建项目。2013 年 1 月，深圳地铁将深圳地铁 16 号线（后更名为深圳地铁 10 号线）调整至轨道交通三期工程建设项目。2015 年 9 月，国家发改委正式批复同意深圳市轨道交通近期建设规划调整（2011—2016 年）方案，新增 2 号线三期、3 号线三期（南延、东延）、4 号线三期、5 号线二期、6 号线二期、9 号线二期和 10 号线工程 7 个项目。

本项目为深圳地铁三期建设规划项目，是在深圳举办第 26 届世界大学生夏季运动会后启动的新一轮轨道交通项目。为举办世界大学生运动会，深圳进行了大量基础设施建设，城市财政压力尚未得到缓解的情况，对新一轮轨道交通高质量建设提出了更高的要求。

1.1.1 线网规划及建设规划

1.1.1.1 深圳市轨道交通规划（2007—2030 年）

2007 年，深圳市结合城市总体规划，开展轨道交通线网规划修编（2007—2030 年）工作，规划线网由轨道快线、轨道干线、局域线 3 个功能层次构成，共 16 条线路。其中快线 4 条、干线 6 条、局域线 6 条，总长约 596.9 km，如图 1.1-1 和表 1.1-1 所示。6 号线为组团快线，起于深圳北站，终于松岗站。

1.1.1.2 深圳市轨道交通近期规划（2011—2016 年）

为引导深圳城市结构调整、优化城市空间布局、提高土地使用效率、推进珠三角区域基础设施一体化、促进城市公共交通优先发展、改善城市交通出行结构，深圳市在一、二期建设规划基础上，组织编制了三期建设规划。2011 年 4 月，国家发改委以发改基础〔2011〕852 号文《国家发展改革委关于深圳市城市轨道交通近期建设规划（2011—2016 年）的批复》，同意深圳市建设 11 号线、9 号线、7 号线、6 号线、8 号线 5 条线路，线路长度约 169.6 km，如图 1.1-2 所示。

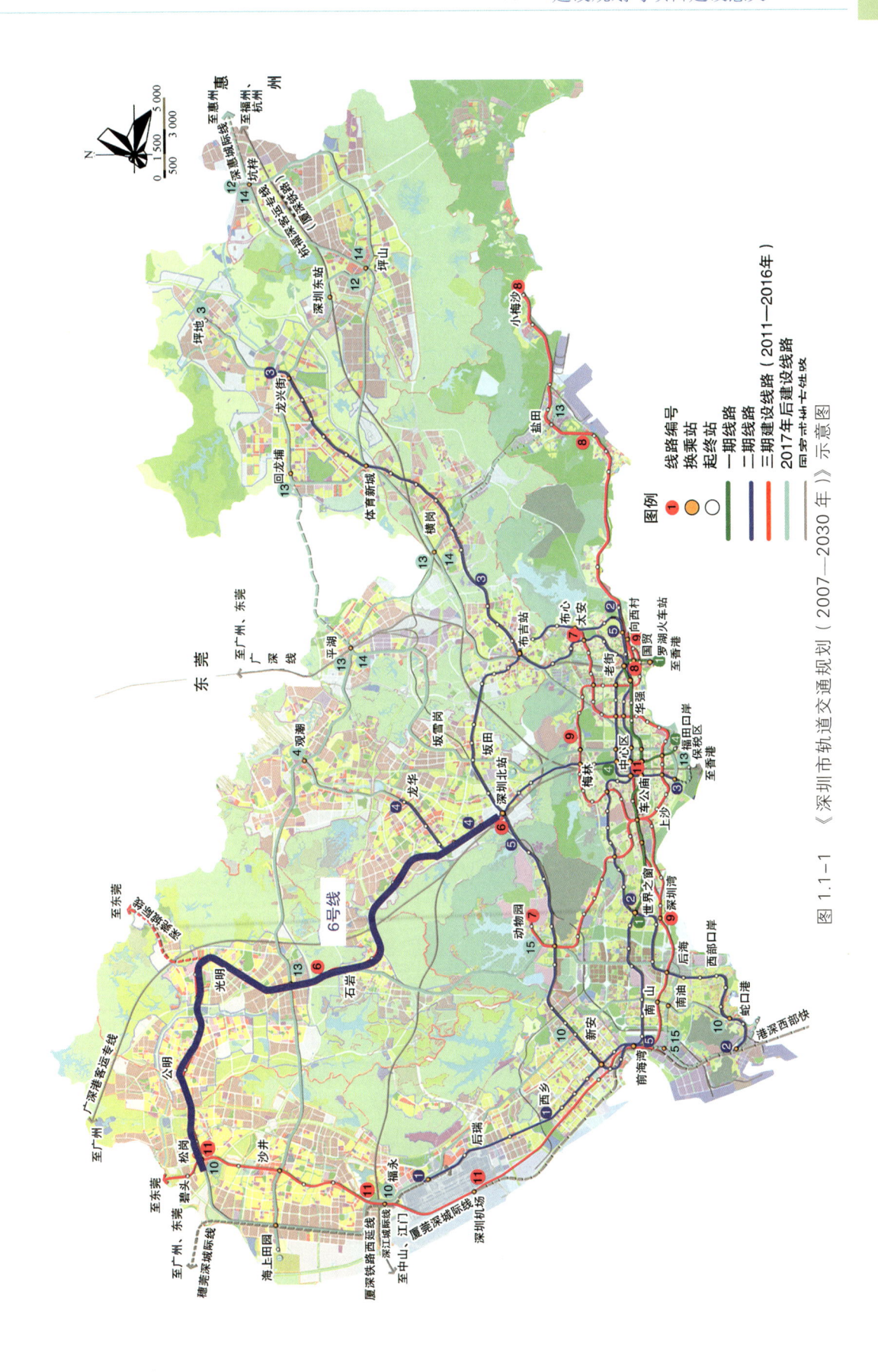

1.1 建设规划与项目建设意义 003

图 1.1-1 《深圳市轨道交通规划（2007—2030 年）》示意图

表 1.1-1　《深圳市轨道交通规划（2007—2030 年）》线网构成

线路	起点	终点	功能等级	长度/km
1 号线	罗湖火车站	机场北	轨道干线	44.1
2 号线	赤湾	新秀	轨道干线	35.8
3 号线	保税区	坪地	轨道干线	49.4
4 号线	福田口岸	观澜	轨道干线	27.6
5 号线	前海湾	黄贝岭	轨道干线	40.1
6 号线	深圳北站	松岗	组团快线	37.2
7 号线	太安	动物园	局域线	29.8
8 号线	国贸	小梅沙	局域线	26.4
9 号线	罗湖火车站	上沙	局域线	25.0
10 号线	海上世界	松岗	轨道干线	42.2
11 号线	福田中心区	松岗	组团快线	51.2
12 号线	大运新城	坑梓	局域线	35.1
13 号线	海上田园	塘坑	组团快线	48.1
14 号线	福田中心区	坑梓	组团快线	50.7
15 号线	前海路	田心	局域线	24.7
16 号线	益田村	平湖	局域线	29.5
合　计				596.9

1.1.1.3　深圳市轨道交通规划（2012—2040 年）

2015 年，广东省住房和城乡建设厅（住房和城乡建设部委托）和深圳市政府分别审查通过《深圳市轨道交通规划（2012—2040 年）》。规划 20 条轨道线路，总长约 753.0 km（含弹性发展线路 73.7 km），其中快速服务线路 5 条共 239.5 km，普速服务线路 15 条共 509 km，形成了城际线、快速、普速三层次的轨道网络体系，如图 1.1-3 和表 1.1-2 所示。6 号线仍定位为市域快线，但线路由深圳北站进一步延伸至核心区科学馆站。

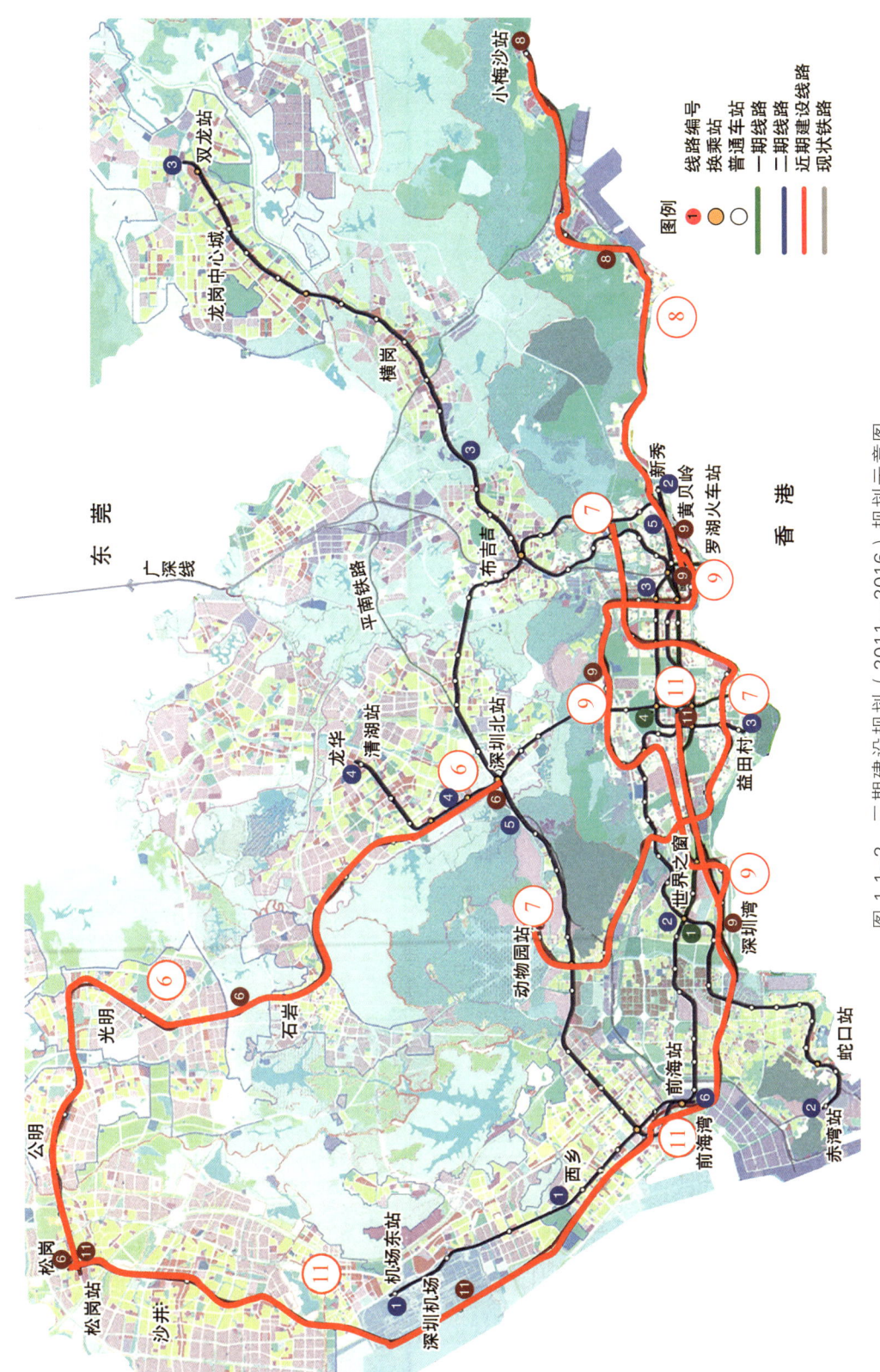

1.1 建设规划与项目建设意义 005

图 1.1-2 三期建设规划（2011—2016）规划示意图

第1章 建设项目背景

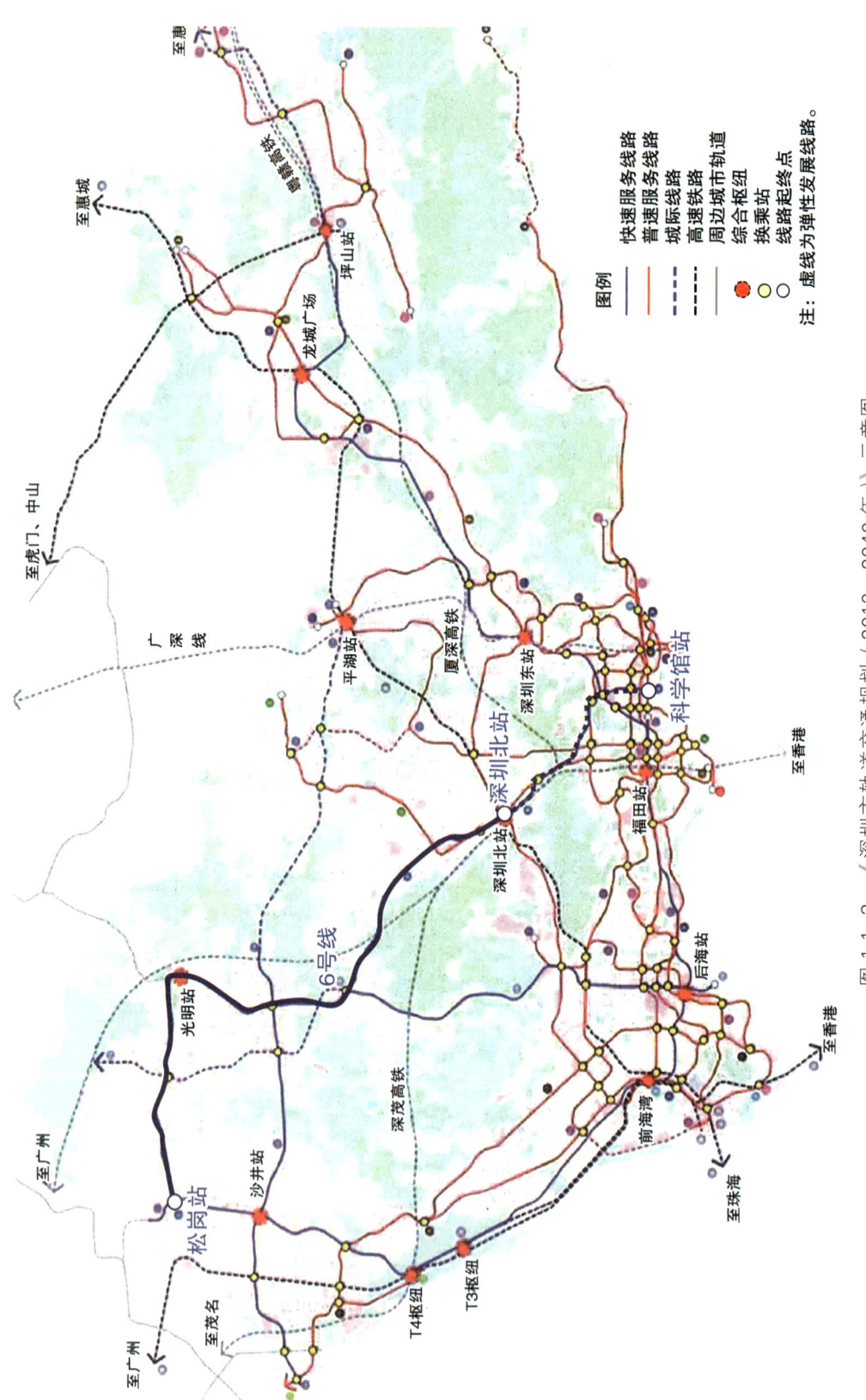

图 1.1-3 《深圳市轨道交通规划（2012—2040年）》示意图

表 1.1-2　《深圳市轨道交通规划（2012—2040 年）》线网构成

线路	起点	终点	主要功能	长度/km
1 号线	罗湖火车站	机场东	普速服务	40.8
2 号线	赤湾	莲塘	普速服务	38.8
3 号线	福田保税区	坪地	普速服务	51
4 号线	福田口岸	牛湖	普速服务	31.1
5 号线	赤湾	黄贝岭	普速服务	47.2
6 号线	科学馆	松岗	快速服务	49.7
7 号线	太安	西丽	普速服务	30.3
8 号线	国贸	葵涌	普速服务	39.6
9 号线	文锦渡	前海	普速服务	35.6
10 号线	福田保税区	平湖、观澜	普速服务	39.1
11 号线	大剧院	碧头	快速服务	57
12 号线	太子湾	大空港新会展中心	普速服务	33.3
13 号线	深圳湾	公明	快速服务	39.5
14 号线	福田	坑梓	快速服务	52.8
15 号线	前海	西乡	普速服务	35.7
16 号线	大运新城	田头	普速服务	27.8
17 号线	深圳火车站	平湖北	普速服务	25.6
18 号线	空港新城	平湖	快速服务	43.2
19 号线	坑梓	碧岭	普速服务	23.4
20 号线	空港新城	T4 枢纽	普速服务	11.5
合　计				753

1.1.1.4　深圳市轨道交通规划（2016—2035 年）

2016 年，深圳启动《深圳市轨道交通规划（2016—2035 年）》的编制工作，2018 年 1 月通过深圳市城市规划委员会审查，2 月通过广东省住建厅技术审查并备案。规划远景中，全市城市轨道共 33 条线路，总长约 1 335 km（含弹性发展线路 112 km），其中：市域快线 9 条，总长 494.5 km；普速线路 24 条，总长 840.5 km。该规划与国铁深圳枢纽规划共同形成了城际铁路、市域快线、普速线路三层次的轨道线网体系，如图 1.1-4 和表 1.1-3 所示。6 号线仍然定位为市域快线。

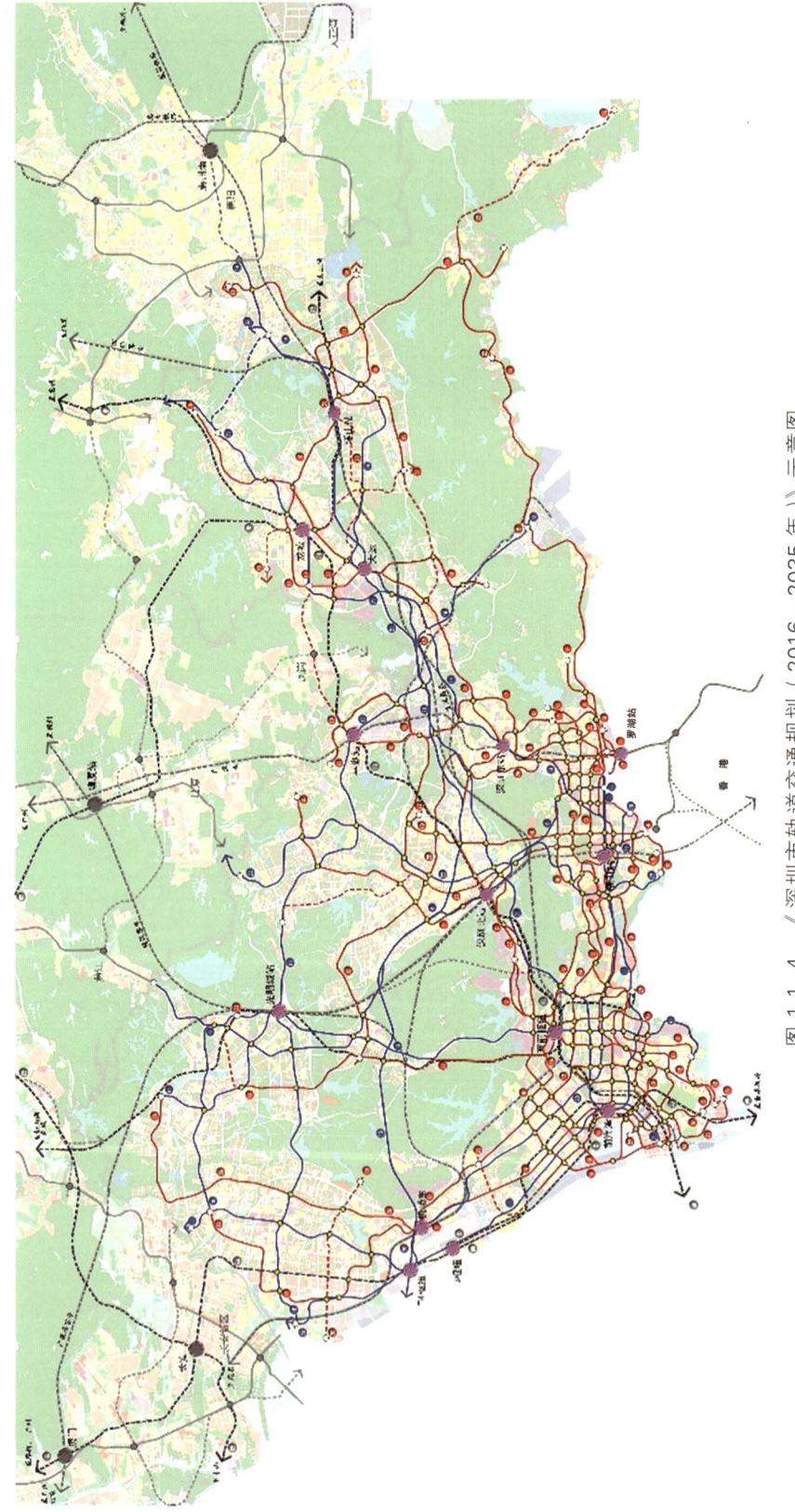

图 1.1-4 《深圳市轨道交通规划（2016—2035 年）》示意图

表 1.1-3 《深圳市轨道交通规划（2016—2035 年）》线网构成

线路	起点	终点	线路功能	长度/km	弹性线路长度/km
1号线	罗湖	机场东	普速	40.5	
2号线	赤湾	莲塘	普线	39.3	
3号线	福保	坪地六联	普线	52.6	
4号线	福田口岸	牛湖	普线	30.5	
5号线	邮轮母港	大剧院	普线	52.2	1.9
6号线	科学馆	松岗	市域快线	49.3	
6号线支线	光明城	中山大学/东莞	市域快线	11	
7号线	太安	学府医院	普线	32.4	
8号线	国贸	溪涌	普线	30.7	
9号线	文锦	宝安公园	普线	46.9	
10号线	福保西	黄阁坑	普线	41.9	10
11号线	大剧院	碧头	市域快线	57.1	
12号线	松岗	左炮台	普线	49.1	
13号线	东角头	公明西田公园	市域快线	46.2	
14号线	会展中心西	沙田/惠阳	市域快线	53.7	
15号线	前海	西乡	普线	32.5	
16号线	大康	田头	普线	36.6	7.9
17号线	罗湖	山厦	普线	28.6	
18号线	盐田路	半岛北	市域快线	63.1	
19号线	四联	沙田北	普线	32.4	11
20号线	皇岗口岸	半岛北	市域快线	47.4	3.7
21号线	前保	坪地	市域快线	62.7	
22号线	福保西	黎光	市域快线	36.5	
23号线	大运北	官湖	普线	34.1	14.1
24号线	小南山西	东湖公园	普线	36.5	
25号线	石岩西	文锦	普线	37.7	
26号线	机场东	公明西田公园	普线	25.6	
27号线	前湾公园西	雪象南/观澜富士康	普线	50	11.9
28号线	邮轮母港	桃源居	普线	24.8	7.2
29号线	红树湾南	光明农场西	普线	36.5	5.5
30号线	凤凰山	空港半岛西	普线	10.1	10.1
31号线	五联	碧岭	普线	14.9	14.9
32号线	溪涌	新大	普线	24.1	13.8
33号线	机场北	坑梓	市域快线	68.3	
		合计		1 335	112

1.1.2 项目建设的意义

深圳市城市轨道交通 6 号线一期工程位于深圳特区中部发展轴上，连接龙华、石岩、光明、公明、松岗等片区，并通过 6 号线二期工程连接至福田、罗湖中心区，是联系核心城区与中部综合组团、西部高新组团的城市组团快线，也是贯穿珠江东岸莞-深-港区域性产业聚合发展走廊的重要联系通道，如图 1.1-5 所示。

图 1.1-5　6 号线与深圳市沿线组团的关系

随着国民经济的快速发展，深圳市与珠三角各城市的联系越来越紧密。从促进区域间融合、充分利用各地资源形成优势互补、加快相互间交流与合作的作用来看，6 号线的修建能够提供大容量、快速、安全的客运服务，可进一步加强深圳市作为区域核心对周边城市的辐射能力，促进珠江口东岸都市圈的形成，进一步加强东莞-深圳-香港间的联系，加快区域间的融合发展，如图 1.1-6 所示。

6 号线的建设不仅可以促进深圳市的经济转型、实现城市布局结构的调整、促进沿线土地的集约化开发、带动周边城市组团的快速发展、加快特区一体化进程，同时对缓解其沿线交通所面临的巨大压力起着至关重要的作用。6 号线建成后将有力地推动珠江东岸发展轴及其重点地区的发展建设，促进珠三角发展脊梁的形成，进一步推动珠三角区域的合作与发展，巩固并提升深圳在"珠三角"城市群的中心地位，如图 1.1-7 所示。因此，6 号线的建设对促进深圳中部发展轴的发展具有重大意义。

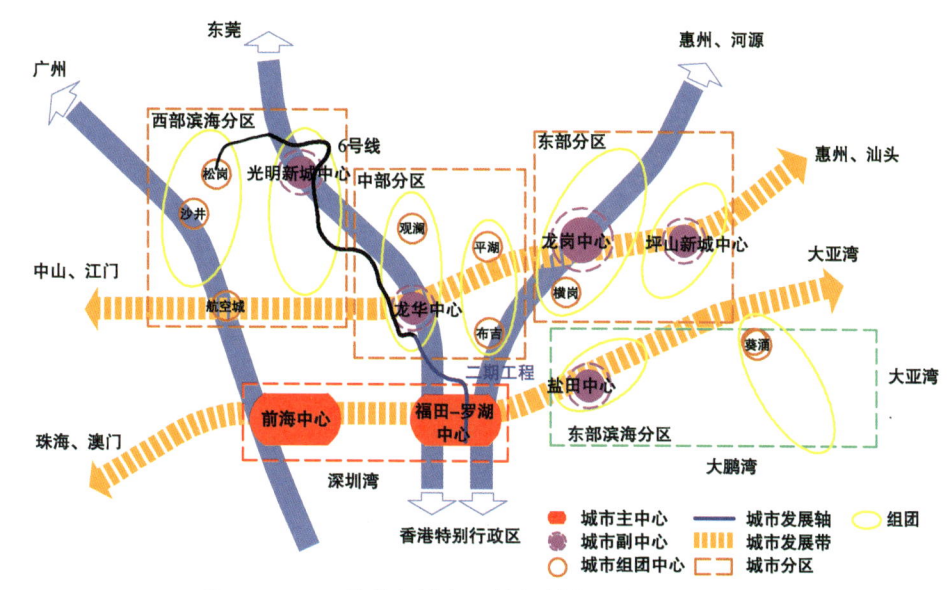

图 1.1-6　6 号线与城市总体规划空间结构关系

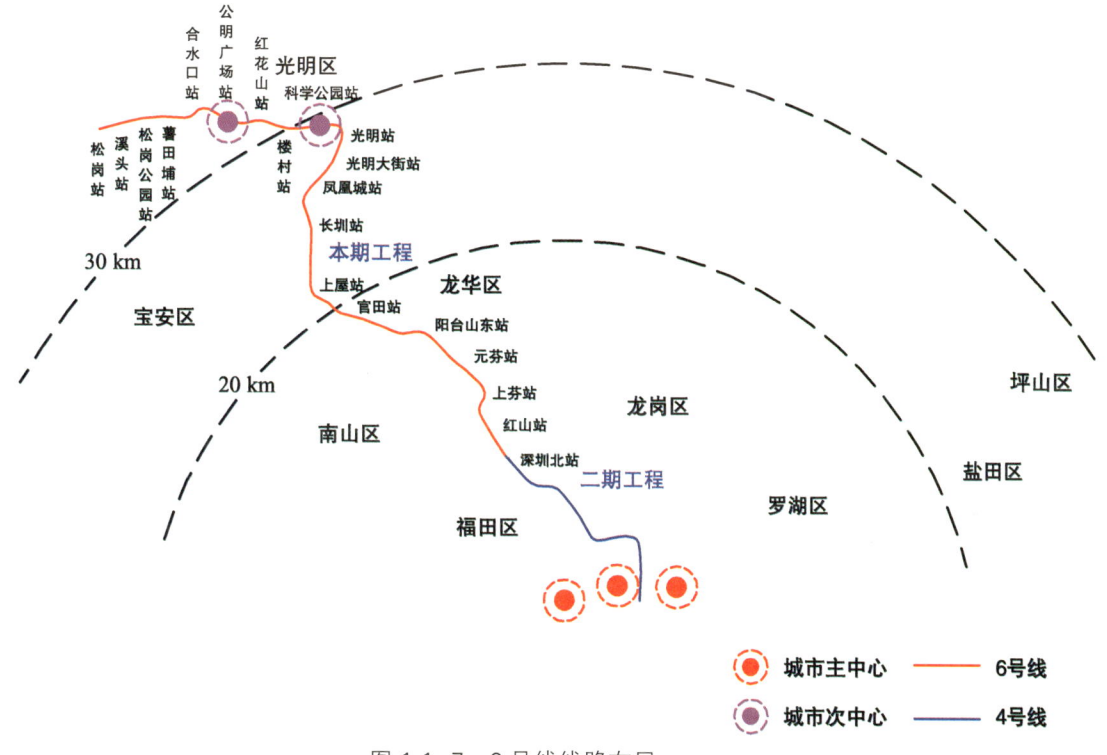

图 1.1-7　6 号线线路布局

1.2　线路工程概况

6 号线一期工程起自深圳北站综合交通枢纽，主要沿腾龙路—布龙路—阳台山—塘丽一路—北环路—大雁山—科裕路—光明大道—公园大道—别墅路—松白路—沙江路敷设，终于松岗站与11号线换乘。

线路全长约 37.623 km，其中高架段长 24.634 km，地下段长 5.620 km，过渡段长 1.208 km，山岭隧道段长 6.161 km。全线共设车站 20 座，其中换乘站 6 座，除南庄站、公明广场站、松岗公园站、溪头站和松岗站为地下站外，其余均为高架站。线路平均站间距 1.938 km，最大站间距 4.739 km（阳台山东站—官田站），最小站间距 0.836 km（溪头站—松岗站）。全线设长圳车辆基地 1 座，新建松岗、光明主变电所 2 座，利用 4 号线既有龙胜主变电所 1 座，控制中心设于既有深圳市轨道交通网络运营控制中心（NOCC）内。列车采用 A 型车 6 辆编组，接触轨授电，最高行车速度为 100 km/h。6 号线工程线站位如图 1.2-1 所示。

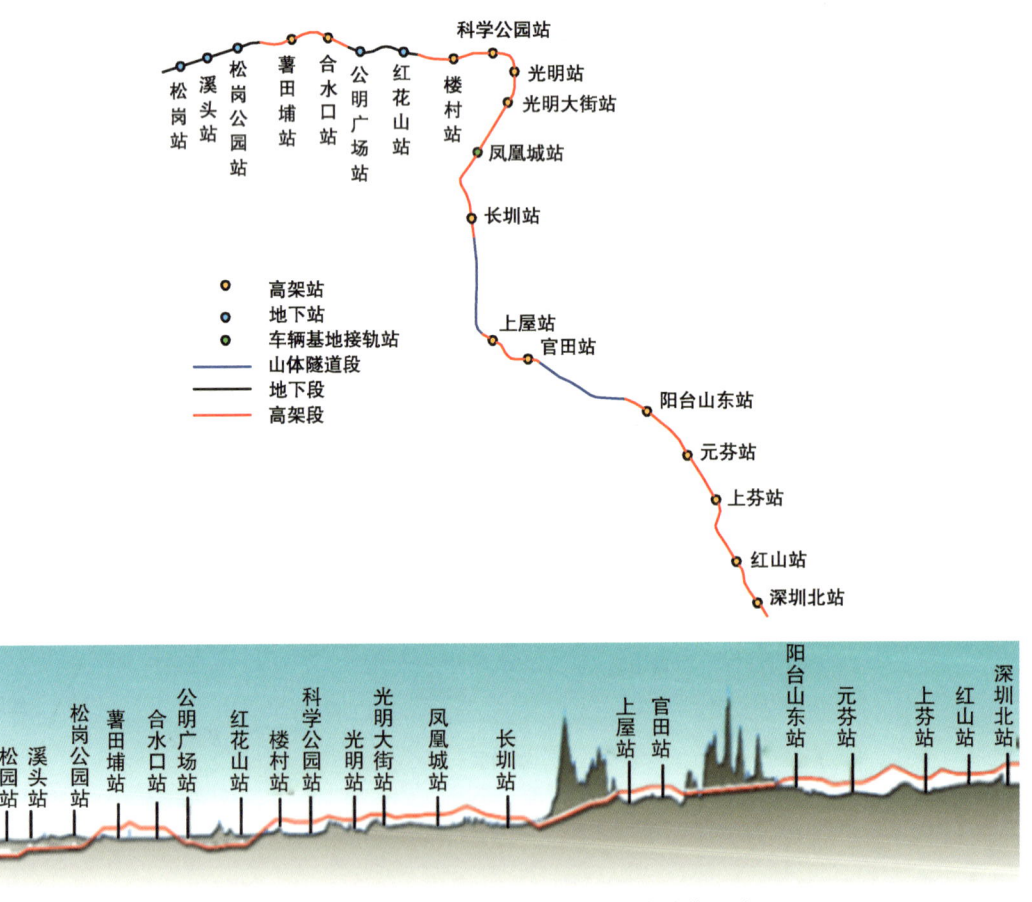

图 1.2-1 深圳市城市轨道交通 6 号线工程线站位示意图

1.3 项目规划建设"十二五"时期深圳城市社会经济状况

1.3.1 土地面积、人口及人口密度

深圳市 2014 年的土地面积、人口及人口密度见表 1.3-1。

表 1.3-1　深圳市土地面积、人口及人口密度（2014 年）

地区	土地面积/km²	年末总常住人口/万	户籍人口/万	非户籍人口/万	人口密度/（人/km²）
福田区	78.66	135.71	83.35	52.36	17 253
罗湖区	78.75	95.37	55.92	39.46	12 110
盐田区	74.64	21.65	5.87	15.78	2 901
南山区	187.17	113.59	71.03	42.56	6 069
新宝安区	396.69	273.65	42.13	231.52	6 898
新龙岗区	388.59	197.52	42.49	155.03	5 083
光明新区	155.44	50.42	6.17	44.25	3 244
坪山新区	165.94	33.15	4.44	28.72	1998
龙华新区	175.58	143.45	16.51	126.95	8 170
大鹏新区	295.32	13.37	4.31	9.06	453
全市	1 996.78	1 077.89	332.21	745.68	5 398

1.3.2　地区生产总值、人均生产总值

深圳市地区生产总值、人均生产总值见表 1.3-2。

表 1.3-2　深圳市地区生产总值、人均生产总值

年份	本市生产总值/万元	第一产业/万元	第二产业/万元	第三产业/万元	人均生产总值/（元/人）
2011	115158598	65541	53391059	61701998	110520
2012	129714672	63018	57251831	72399823	123451
2013	145726689	57955	62867608	82801126	137632
2014	160018207	55778	68120218	91842211	149495
以 1979 年为基期的年平均增长速度	23.5	-1.5	29.9	22.8	11.4

1.3.3　公共财政预算收入/支出

深圳市公共财政预算收入/支出见表 1.3-3。

表 1.3-3　深圳市公共财政预算收入/支出

年份	公共财政预算收入/万元	公共财政预算支出/万元	农业总产值/万元	工业总产值/万元
2011	13395278	15905599	152533	212730916
2012	14820800	15690071	148572	223089847
2013	17312618	16908280	139479	240440285
2014	20827326	21661841	129156	258099411
以1979年为基期的年平均增长速度	30.8	28.9	—	33.8

注：国家统计局从2005年取消农业总产值，1990年不变价，故不可比。

1.3.4　职工工资总额/年平均工资/城镇居民人均可支配收入

深圳市职工工资总额/年平均工资/城镇居民人均可支配收入见表1.3-4。

表 1.3-4　深圳市职工工资总额/年平均工资/城镇居民人均可支配收入

年份	职工工资总额/万元	在岗职工年平均工资/元	城镇居民人均可支配收入/(元/人)
2011	14384948	55143	36505
2012	16421777	59010	40742
2013	28135080	62619	44653
2014	32135080	72651	40948

1.3.5　公共交通服务能力

深圳市公共交通服务能力见表1.3-5。

表 1.3-5　深圳市公共交通服务能力

年份	年末公共汽车/辆	年末公共汽车运营条数/条	公共汽车客运总人数/万人次	轨道交通线路长度/km	轨道交通客运总量/万人次	轨道交通线路条数/条
2010	12456	758	228058	64	16271	4
2011	15365	825	223735	177	45985	5
2012	14546	854	228305	177	78129	5
2013	14617	881	220178	177	91715	5
2014	15074	886	225739	177	103675	5

注："公共汽车"口径，包括原大巴、中巴、小巴。

1.3.6　小　结

以上数据分析表明，深圳市不同时期的地铁建设指标与其地区生产总值、人均生产总值、市区常住人口、一般公共财政预算收入和人均预算收入等指标高度线性正相关，而与通勤高峰拥堵指数线性负相关。

根据统计数据，深圳市在6号线的规划建设期2010年至2014年5年间公共汽车保有量增加17%，但总客运量减少1%；轨道交通通车里程增长176.6%，而客运量增长637%。从以上分析可以看出，深圳轨道交通作用日益凸显，但其建设速度已远落后于客运量的增长速度。因此，包括6号线在内的深圳城市轨道交通三期规划建设已迫在眉睫。但是，规划期2012年深圳市一般公共预算收入尚未超过1500亿元，大学生运动会大规模城市基础设施建设滞后，政府财政压力依然较大。

1.4 城市地形地貌与自然地理

1.4.1 地形地貌

深圳市地势东南高、西北低，有三个地貌特征：南部半岛海湾地貌带位于大亚湾-大鹏半岛-大鹏湾以及伶仃洋的东部，半岛和海湾的海拔绝对高度相差很大，大鹏半岛七娘山主峰海拔高达867.4 m，大鹏湾水深18～24 m，构成槽形海湾、陡峭海岸的地貌特征；中部为海岸山脉地貌带，莲花山系延伸到境内笔架山、梧桐山，呈东北至西南走向，向西南一直到香港的大雾山（海拔959 m），逼近海岸，主峰梧桐山（海拔943.7 m）是深圳市最高点；北部为丘陵谷地地貌带，由茅洲河、大破河、观澜河、龙舟河等10条河流切割，形成低丘降谷地、阶地及台地。6号线主要位于中北部的海岸山脉和丘陵谷地地貌上。

1.4.2 自然地理

1.4.2.1 地理

深圳市地处广东省南部沿海，东邻大鹏湾，西连珠江口，南与香港接壤，北靠东莞、惠州。深圳地铁6号线一期工程位于深圳市宝安区和光明区，沿线经过龙华、石岩、光明、松岗四个片区。沿途楼宇众多、人口稠密、交通繁忙。

1.4.2.2 气象

深圳地铁6号线工程位于北回归线以南，属亚热带海洋性季风气候，深受季风影响，一年内主要气候要素随冬、夏季风的转换而变化，有冷暖和干湿季之分，冬季无严寒，夏季湿热多雨，具有雨热同季、干凉同期的特点。夏季较长，盛行偏东南风，为常年主导风向，时有季风低压、热带气旋光顾，高温多雨；其余季节盛行东北季风，天气较为干燥，气候温和。降水和气温的年季变化较大，台风、暴雨等灾害性天气也较多。

深圳市各气候要素如下：

1）日照

由于地处低纬度地区，区内日照时间长，年日照时数为2120.5 h，太阳年辐射量为5225 MJ/m^2。

2）气温

（1）年平均气温22.4 ℃，1月为14.3 ℃，7月为28.3 ℃。

（2）极端最高气温 38.7 ℃。

（3）极端最低气温 0.2 ℃。

3）风向频率

常年盛行：南东东风，频率为 17%；北北东风，频率为 14%。其次为东风，频率为 13%，和东北风，频率为 11%。随季节和地形等不同，风向频率也不同。

4）风速

（1）年平均风速 2.5 m/s。

（2）极端最大风速 40 m/s（为南或南南东向台风）。

5）降雨量

（1）多年平均降雨量为 1933.3 mm，雨季（5—9 月）平均降雨量为 1516.1 mm。

（2）一日最大降水量为 412 mm（1964 年 10 月 12 日）。

（3）年降水日数 144.7d，连续最长降水日数 20d。

6）年平均气压

深圳市年平均气压为 101.08 kPa。

7）相对湿度

（1）平均相对湿度 79%。

（2）最小相对湿度 11%。

（3）最大相对湿度可达 100%。

8）年平均蒸发量

深圳市年平均蒸发量为 1755.4 mm。

1.4.2.3 水文

6 号线一期工程沿线地表水系较发育，地表水主要为河流及水库水，河流主要为大陂河、石岩河、茅洲河、松岗河，水库主要为高峰水库、赖屋山水库、石岩水库。这些河流流程短，汇流时间快，支流沟汊较多，蜿蜒曲折，加之流域内地表植被破坏严重，原来的树林草地被各种建筑及硬化路面代替，形成洪水暴涨暴落的特点。下游段地势平缓，河道弯曲，海潮顶托，使洪水宣泄不畅，易造成洪水泛滥。

综合气象、水文所述，区内气象灾害主要有热带气旋（台风）、暴雨，次为洪水和强对流等，应考虑热带气旋和暴雨对施工的影响，特别是 4—9 月上述因素对施工的影响较大，必须考虑做好防水措施。

1.5 场地工程地质与水文地质条件分析及评价

1.5.1 工程地质条件

1.5.1.1 地形地貌

6 号线沿线地势起伏多变，主要穿越以下地貌单元：

1）海、冲积平原

海、冲积平原地貌位于松溪区间—终点段、长圳站、楼红区间—薯田埔站段、科学公园站、光明站、凤凰城站，地形平坦，地面高程为 2~23 m，如图 1.5-1 所示。

2）台地

台地地貌位于松岗公园站、楼村站、长圳站至凤凰城站区间中段、官田至上屋站、元芬至阳台山东站、深圳北站至红山站一带，地面高程为 20~80 m，地面坡度一般小于 15°，如图 1.5-2 所示。

图 1.5-1　海、冲积平原地貌

图 1.5-2　台地地貌

3）低丘陵

低丘陵地貌位于上芬站及其附近、阳台山东站至官田站区间中间段、上屋站至长圳站区间中间段，地面高程一般为 80~250 m，地面坡度一般为 12°~25°，如图 1.5-3 所示。

4）高丘陵

高丘陵地貌位于阳台山及大燕山，地面高程一般为 250~500 m，地面坡度一般为 20°~30°，如图 1.5-4 所示。

图 1.5-3　低丘陵地貌

图 1.5-4　高丘陵地貌

1.5.1.2 场地土的构成及特征

（1）具有不同的岩、土类别，如砂、黏性土、风化岩层等。

（2）岩土具有不同的成因时代，如全新统冲洪积层、残积层等。

（3）岩土具有不同的状态，如软~可塑的粉质黏土<3-7>、残积土<5-1>（$4<N<18$），硬塑的粉质黏土<3-6>、残积土<5-2>（$N\geqslant 18$）等。

（4）花岗岩类风化层：由于花岗岩残积土的物理、力学指标及力学性质变化较大，划分为标贯实测击数 $40\leqslant N<70$ 的为全风化<6-1>、<9-1>，标贯修正击数 $N\geqslant 70$ 的为强风化层。强风化层划分为两个亚层，其中岩芯呈土状的为<6-2-1>、<9-2-1>，岩芯呈半岩半土状的为<6-2-2>、<9-2-2>。

1.5.1.3 地质构造

6 号线一期工程沿线没有区域性大断裂通过，仅有一系列小规模北西向、北东向断裂分布在工程场地沿线附近。这些断裂或穿行于燕山期（或加里东期）花岗岩中，或切割了侏罗系、三叠系等地层。它们大多延伸短，长度小于 10 km。其中黄草坑顶断裂（F2），与线路相交于 YCK24+980（阳官区间），走向大致为 305°，自元芬经杨梅边坑至白坑窝一带，长约 14 km，宽 3~7 m。断裂主要表现为挤压破碎带，力学性质为压扭性，带内岩石强烈破碎、硅化，硅化强烈处成硅化岩，宽约 5 m，两侧为硅化碎裂岩。构造岩为碎裂岩，局部见角砾状碎裂岩，地下水发育，对工程影响较大。

1.5.1.4 不良地质与特殊性岩土

1）不良地质

场地范围内主要不良地质为砂土液化。

2）特殊性岩土

特殊性岩土为人工填土、软土、膨胀土、残积土和风化岩、风化沟槽与球状风化体，如图 1.5-5 和图 1.5-6 所示。

图 1.5-5　钻孔揭示的串珠状球状风化体　　图 1.5-6　阳官区间沿线边坡球状风化

1.5.2 水文地质条件

1.5.2.1 地表水

沿线地表水系较发育，地表河流主要为大陂河、石岩河，水库主要有上塘—元芬区间西侧的高峰水库、阳台山东站西侧的赖屋山水库、官田站西北侧的石岩水库。石岩河河宽为15～25 m，与线路相交处宽为22 m，常年流水不断，水深一般为0.5～1 m；大陂河河宽为60～90 m，与线路相交处宽约80 m，常年流水不断，水深一般为0.5～1.5 m。以上河流均与线路大角度相交，是周围地表水的主要排泄通道，河水主要由大气降水补给，具有山区河流暴涨暴落的特征。

1.5.2.2 地下水

1）地下水特征

根据含水介质岩类和含水空隙特征，区内地下水可划分为松散岩类孔隙水及基岩裂隙水两种类型。

（1）松散岩类孔隙水。

松散岩类孔隙潜水广泛分布于大陂河和石岩河河谷、漫滩、沿岸阶地及冲积平原，以孔隙潜水为主，大部分地区砂层分布广泛且厚，水量丰富，局部黏性土层中的砂层透镜体赋存的地下水具微承压性。坡、残积层中地下水量较贫乏。

（2）基岩裂隙水。

基岩裂隙水受含水层岩性、地质构造、地貌条件的影响。丘陵区基岩部分出露于地表，裂隙水埋藏较浅；平原区基岩普遍被第四系土层覆盖，且覆土层较厚，因此基岩裂隙水埋藏较深。本区的裂隙水按赋存的岩石类型分应属层状岩和块状岩类裂隙水，主要赋存于花岗岩、混合花岗岩、砂岩、泥岩及片麻岩中。由于这类岩体节理裂隙不发育，岩体完整性较好，因此其透水性较差，储水能力较弱。但断裂带附近岩体因挤压破碎，或岩体强风化壳内风化裂隙较密集，为地下水的富集提供了良好的空间，因此在断裂破碎带和岩体风化壳中，地下水水量较丰富。

2）地下水的补给、径流及排泄条件

勘察区雨量充沛，植被发育。地下水的补给类型主要为降雨和地表水渗入补给型，局部为越流补给型。

3）地下水的动态特征

勘察区内地下水的动态变化主要表现为地下水位的升降和泉流量的增减。气象是引起区内地下水动态变化的主要因素，故地下水季节性变化明显。

1.5.2.3 水文试验及岩土层的透水性

本工程以高架段为主，地下段仅5站5区间。结合沿线水文地质特征及场地条件，本次详勘共完成了78个钻孔进行现场抽水试验。

根据抽水试验现场资料，我们绘制了降深与时间过程曲线图、流量与时间过程曲线图、$Q=f(s)$曲线图、$q=f(s)$曲线图及水位恢复曲线（过程）图，得出了各个钻孔对应地层的渗透系数及影响半径R。

1.5.2.4 涌水量的预测

1）隧道涌水量

经对隧址区水文地质条件的调查，结合区域水文地质资料的综合分析，大气降水、地表水的直接入渗是地下水的主要补给来源。因此，本次根据隧址区地形地貌、地层岩性、构造及水文地质条件等进行隧道涌水量预算。隧道涌水量采用大气降水入渗法和地下水径流模数法、水文地质比拟法以及半理论半经验隧道涌水量公式计算法进行预测对比。

2）明挖段基坑涌水量预测

基坑涌水量大小与施工方法、围护方式、止水方案、地下水边界条件、静水位高程、基坑结构线位置、含水层厚度等有密切关系，当其中任何一个因素发生改变时，基坑预测的涌水量应重新计算。

明挖段基坑涌水量的预测，当 $L/B>10$ 时，可根据深圳市标准《深圳市深基坑支护技术规范》SJG 05—2011)附录 F.0.3 中地下水类型为潜水时的窄长式基坑出水量计算公式进行估算：

$$Q = \frac{Lk(2H-S)S}{R} + \frac{1.366k(2H-S)S}{\lg R - \lg \frac{B}{2}}$$

$$R = 2S\sqrt{kH}$$

式中 Q——基坑通过含水体地段的最大涌水量（m³/d）；

L——条形基坑（基坑）长度（m）；

k——含水体渗透系数（m/d）；

H——静止水位至含水层底板的距离（m）；

S——设计水位降深（m）；

R——降水影响半径（m）；

B——条形基坑宽度（m）。

1.5.2.5 场地地下水抗浮设计水位

地下水抗浮水位的确定原则为：以近 3~5 年地下水位为基准水位，结合地下水性质、补给源分析向历年最高水位趋近。根据本次勘察钻孔中混合稳定水位观测，地下水水位变化较大。由于缺乏场地地下水位长期观测资料，且本次勘察周期较短，故难准确确定场地历年最高水位标高。考虑到沿线场地原始地貌、沿线水文地质条件和深圳地区地下水水位变幅情况，建议如下：

（1）红花山站勘察期间（2014 年 10 月）地下水稳定，水位埋深为 1.7~7.2 m，地下水标高为 5.40~14.20 m，地面标高为 8.65~17.19 m，地下水位变幅为 1.2~3.5 m。场地内地表标高高差较大，综合考虑对抗浮水位进行分段。

① YDK43+755.838~YDK44+060.000 段：建议抗浮设防水位标高取 9.5 m。

② YDK44+060.000~YDK44+180.000 段：建议抗浮设防水位标高取 14.5 m。

③ YDK44+180.000~YDK44+343.900 段：建议抗浮设防水位标高取 11.5 m。

设计时根据设计的地面标高适当调整。

（2）公明广场明挖车站勘察期间（2014 年 10 月）地下水稳定，水位埋深为 4.0~4.9 m，地下水标高为 2.732～4.790 m，地面标高为 7.522～8.790 m，地下水位变幅为 1.2～3.5 m，综合建议抗浮设防水位标高取 8.50 m。设计时根据设计的地面标高进行适当调整。

（3）松岗公园站综合建议抗浮设防水位标高取 9 m。设计时根据设计的地面标高适当调整。

（4）溪头站综合建议抗浮设防水位标高取 3 m。设计时根据设计的地面标高适当调整。

（5）松岗明挖车站勘察期间地下水稳定，水位埋深为 2.3～5.2 m，地下水标高为-1.36～1.53 m，地面标高为 3.29～4.50 m，地下水位变幅为 1.2～3.5 m，综合建议抗浮设防水位标高取 4.00 m。设计时根据设计的地面标高进行适当调整。

1.5.2.6 水的化学特征

勘察区地下水循环交替条件总的趋势是基岩丘陵区比平原区优，盆地边缘较盆地中心为佳，地下水类型表现为水平分带的特性。本次勘察沿线共取 507 组水样，利用初勘阶段 159 组水样，对水样进行水质分析。地表水水质类型主要有 $Cl^- \cdot HCO_3^- - Ca^{2+} \cdot Na^+$ 型、$HCO_3^- \cdot SO_4^{2-} - Na^+$ 型、$Cl^- \cdot SO_4^{2-} - Ca^{2+} \cdot Mg^{2+}$ 等多种类型，地下水质类型主要有 $HCO_3^- \cdot Cl^- - Ca^{2+}$ 型、$HCO_3^- \cdot Cl^- - Na^+ \cdot Ca^{2+}$ 型、$HCO_3^- \cdot Cl^- - Na^+ \cdot Ca^{2+} \cdot Mg^{2+}$ 型、$HCO_3^- \cdot SO_4^{2-} - Na^+ \cdot Ca^{2+}$ 型等多种类型。

1.6 客流预测

6 号线一期与二期工程（深圳北站—科学馆站）同期于 2020 年 8 月开通。根据 6 号线二期全线客流预测报告（预测范围为松岗站—科学馆站），各设计年度客流预测指标汇总详见表 1.6-1。

表 1.6-1　6 号线各设计年度客流预测指标汇总

指标	初期	近期	远期
运营线路长度/km	48.6	48.6	48.6
全日客流/万人次	72.3	127.5	174.0
全日换乘客流量/万人次	28.0	48.6	74.5
全日换乘客流比例/%	39	38	43
日客运强度/（万人次/km）	1.5	2.6	3.6
日平均运距/km	13.4	13.2	11.9
高峰小时客流/（万人次/h）	12	20.1	26.7
高峰小时系数/%	17	16	15
早高峰断面/（万人次/h）	2.9	4.2	4.5
晚高峰断面/（万人次/h）	2.7	3.9	4.4

同时，全线初期早高峰最大客流断面出现在阳台山东站—元芬站区间，达到 2.9 万人次/h，晚高峰最大客流断面出现在红山站—上芬站区间，达到 2.7 万人次/h。具体如图 1.6-1 所示。

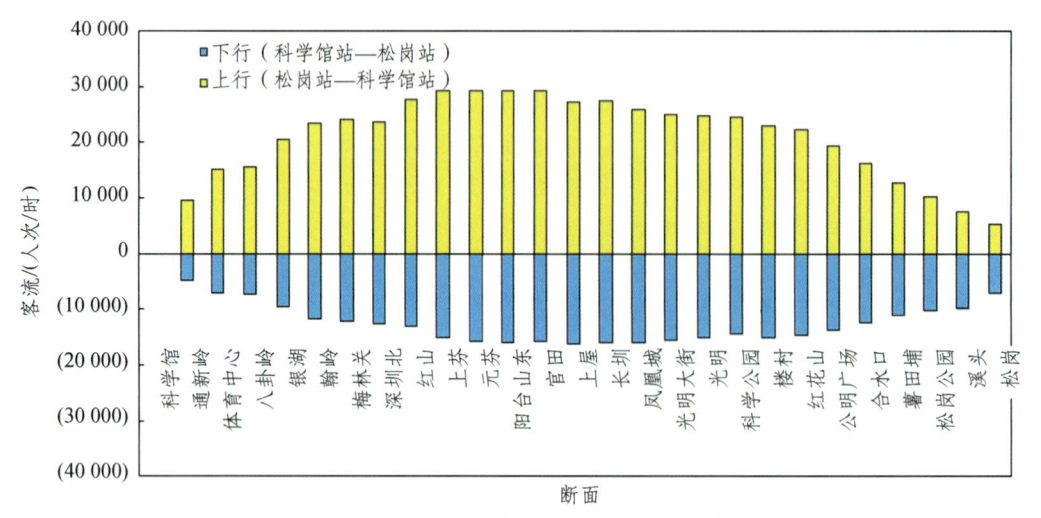

图 1.6-1　轨道交通 6 号线初期早高峰上下客流及断面量

第 2 章

规划设计理念

2.1 经济高效和可持续发展线路规划设计

在总结我国城市轨道交通过去 30 多年快速发展的宝贵经验，"重建设、轻运营，重投资、轻效益，重工程、轻服务"现状的基础上，以及考虑规划建设期深圳市面临的高速发展资金压力和多模式多渠道筹集轨道交通建设资金的条件，我们提出有必要从轨道交通长期可持续发展的角度，探讨如何规划建设城市轨道交通工程，使其全寿命周期成本最低、投资效益最大。

城市轨道交通有地下、地面及高架三种敷设方式。通过系统分析研究可知，轨道交通线路选择地上线（包括地面、高架敷设或山岭隧道）方式是节省轨道交通建设和运营全寿命周期成本最行之有效的解决方案。

首先，高架线路工程投资、运营费用最低。在同一线路中，若同时具备地下、高架和地面三种敷设的条件，其造价比大略为 3.5∶2∶1；据深圳地铁统计数据，高架车站能耗较地下车站减少 58%~65%。因此，在有条件的地方，宜采用地面或高架敷设方式。

其次，高架线路工期最短。以一条常规城市轨道交通工程为例，地下车站施工期一般为 20~22 个月，地下区间盾构法为 12~14 个月，矿山法为 20~24 个月；而高架车站施工期一般为 10~15 个月，区间为 8~12 个月。高架段线路比同期开工建设的地下段线路大约提前 6 个月建成。但是，高架线路规划与用地协调，以及落地实施条件的时间可能延长。

深圳地铁 6 号线一期工程串联龙华区、光明区和宝安区，途经的区域有城市建成区、城中村聚集区、集中连片工业厂区、城市规划发展区、城市山岭绿地区。但是，在规划建设初期，城市成熟建成区较少，65%的线路长度沿现状和规划城市主干道布设，具有高架敷设的先天优势。

在力求低碳环保的大背景下，通过前期科学合理的线路规划设计并结合工程方案综合比选，将 6 号线一期建设成为一条以高架敷设为主、与地下敷设相结合的城市轨道交通市域骨干快线，不仅将大大降低建设与运营成本，亦超前 10 年与当前绿色低碳的国家发展策略高度契合，具有很强的前瞻性，实现了显著的经济及社会效益。

2.2 绿色低碳和节能环保的地铁建设和运营

党的十九大报告把建设美丽中国作为全面建设社会主义现代化强国的重要目标，对生态文明建设进行了系统性论述，体现了我国加快绿色发展、提升生态文明、建设美丽中国的坚定决心。"绿色低碳和节能环保"已是国家发展建设的基本方针，更是关系人类生存发展的根本问题。

地铁建设期间会消耗大量的水泥、钢材、铜、铝、玻璃等建材，而这些建材在生产过程中会排放大量的二氧化碳，加剧生态环境恶化。同时，城市轨道交通运营消耗能源主要为电、水两类，并以电能为主，能源消耗支出占运营成本的20%以上。根据2020年部分城市分析和统计数据，城市轨道交通运营电力消耗已经占到城市电力的1%~2%，成为城市第一耗能大户。因此，从规划设计角度出发，在源头上挖掘节能潜力，减少建设及运营期总能耗，促进城轨交通可持续高质量发展，对助推交通强国和美丽中国的建设具有重大意义。

在我国"碳达峰、碳中和"目标背景下，以光伏为代表的新能源成为绿色转型和实现"双碳"目标的主要力量。结合深圳地铁 6 号线以高架敷设为主的特点，我们在规划设计初期就提出了通过光伏发电和再生能量回馈技术实现造能和节能的设计思路，但是该技术方案历经坎坷，在国家绿色发展背景下，在工程施工阶段才最终得以付诸实施。

同时，针对城市轨道交通项目的海绵城市技术应用案例很少。长圳车辆段需要在设计时结合建筑布局，见缝插针地采用一些有效的海绵城市措施，打造全国首批生态海绵车辆段。

总之，在线路尽可能采取高架敷设方式的基础上，应结合绿色前沿技术发展，并充分利用深圳有利的日照条件，在绿色低碳和节能环保方面，进行设计创新和实践。

2.3　高架线路综合减振降噪技术

深圳地铁 6 号线一期工程高架段占线路总长的 65%左右，沿线规划和分布有大量居住、文教办公、医院等振动与噪声敏感点，且存在较多的待开发用地或者城市更新项目，对环境要求较高。根据深圳的现实条件和环境要求，我们通过国内外经验和教训分析研究认为，单一的减振道床或者声屏障措施都无法系统解决振动噪声问题，而只有采取综合减振降噪措施，才能降低 6 号线一期工程整体噪声影响水平，达到环境保护目的，并将 6 号线一期工程建设成经济高效、绿色环保的安静高架轨道交通示范线。

在设计阶段，建设和设计单位联合西南交通大学进行了"产学研"合作，立项开展了"城市高架轨道交通环境振动与噪声关键技术研究及应用"研究工作，针对高架段振动噪声的产生机理、传播机理、评价方法及控制手段进行了系统研究，形成了振动噪声地图预测技术、高架桥轨道减振降噪一体化技术等成套创新成果，并将研究成果应用到 6 号线一期工程建设中。2020 年 8 月通车运营后，经测试分析，6 号线一期工程基本达到研究成果目标，满足了环境影响评价相关要求。

2.4　高品质建设地铁百年工程

随着我国人口老龄化和就业观念的转变，建筑业劳动力短缺的问题已是不争的事实，主要体现在数量和质量两大方面，如图 2.4-1 所示。同时，建筑业劳务短缺带来了用工成本上升问题。

因此，如何提高建造技术和提升建筑质量、减少地铁建设劳动力需求是迫切需要解决的问题之一。6 号线一期工程在这方面聚焦"工厂化预制"及"全面预留预埋"来解决劳动力质量和数量的短缺问题，并同时实现百年高品质工程。

工厂化预制管片、U 梁、轨道板、轨顶风道、声屏障等构件，大大提高了生产效率——减少对人员数量的要求，并将产品质量大大提高——减少对从业人员"质量"的要求；全面预留预埋技术的实行，不仅践行了精细化设计施工的理念，也是产品质量的一个飞跃。轻薄的 U 梁、管片、轨道板，不用再承受机电安装时的打孔损伤。这就是高品质建设百年 6 号线一期工程的设计理念。同时，工厂化预制还达到了工程建设减排效果。

图 2.4-1　近 10 年我国建筑业总产值、建筑企业和建筑业从业人员增长情况

2.5　实践智慧地铁的建造和运营

城市轨道交通传统架构的业务系统配置固化，难以实现资源处理时的"峰谷需求"；处理器、内存、网络利用率普遍偏低，无法充分挖掘硬件资源；不同服务器之间的信息资源不能共享或共享率低；多线多站点维护难度较大，故障恢复时间长。同时，深圳地铁三期已进入网络化建设时期，单线路数据中心承载的业务和资源不能完美支撑地铁线路网络化对数据资源的需求，多样化的数据终端和异构资源也亟须整合在统一资源池内管理。

智慧城市和智慧地铁应贯彻落实创新、协调、绿色、开放、共享的新发展理念，推进新一代信息通信技术与城市战略、规划、建设、运行和服务全面深度融合，以信息化为引领的城市发展新形态。智慧地铁是智慧城市的一部分，旨在采用云技术、大数据、物联网、人工智能、5G 等信息技术，推进信息技术与地铁业务深度融合，更好地保障运营安全、提高管理效率和服务水平。

2.6　提升地铁建设的文化艺术品质

地铁车站和区间不仅是轨道交通系统中的核心组成部分，同时也是城市景观空间新元素和聚焦点（特别是高架车站和区间桥梁），是展现城市人文特色以及城市面貌的重要载体，更是现代城市建设中不可忽略的组成部分。

6 号线有着独特的工程特点，如高架线占比大、高架车站多、穿越区域广等，这些因素导致地铁景观文化艺术对沿线城市景观文化产生了举足轻重的影响。因此，我们在工可阶段景观设计时就介入整个工程项目设计中，为线站位的选择、梁型和墩型的比选等多方面从景观文化艺术的角度给出论证意见。从实施效果来看，这一设计思路是非常科学和可行的，有效提升了地铁构筑物整体的景观效果。

地铁是百年工程，6 号线在地面建构筑物的造型设计时充分考虑到这一要素，以功能为出发点，融合城市文化元素，标准高架站以"腾飞之翼"作为设计理念，将"鹏城"现代、开放、包容的文化元素与工程结构相结合，使工程与艺术完美融合。在色彩选择上，6 号线多选择中性色，并在施工阶段针对多方案制作小样对比，最终呈现了比较符合大众审美艺术要求的工程景观作品。

第 3 章

勘察设计主要历程与方案优化调整

3.1 勘察设计主要历程

3.1.1 勘察过程

工程勘察主要经历了控制性勘察、初步勘察和详细勘察 3 个阶段，完成了 6 个勘察成果。勘察过程和成果见表 3.1-1。

表 3.1-1 勘察过程和成果

序号	时间线	工作内容
1	2010 年 11 月至 2011 年 2 月	完成可研勘察
2	2011 年 1 月至 2011 年 7 月	完成 4、6 号线并行段一次性详勘
3	2011 年 4 月至 2012 年 9 月	完成初步勘察
4	2012 年 12 月至 2013 年 7 月	完成上芬至元芬站区间、官田站、红花山站改线段初勘补充勘察
5	2014 年 4 月至 2017 年 3 月	分三批完成详细勘察
6	2015 年 12 月至 2019 年 5 月	完成专项勘察及补充详勘工作

3.1.2 测量过程

3.1.2.1 总体工作情况

勘测工作历时 10 年，累计分 9 次全面开展 1∶500 地形图测量及修补测约 31.5 km²；完成控制网的布设、复测和交桩；完成全线的初、定测工作；完成两次跨越山岭的物探中线放样及 10 年在现场的施工配合工作。

（1）第一阶段（整体性工作阶段）。

2010 年年初至 2012 年 4 月，完成全线的 1∶500 数字化地形图的内、外业工作及导线、GPS 控制网、精密水准网等和测量沿线重要性的建构筑物基础资料收集等工作。

（2）第二阶段（局部方案比选阶段）。

2012 年 5 月至 2015 年 12 月，为了使元芬站、阳台山东站至官田站以及红花山站比选方案落地，对比选方案涉及范围开展了 1∶500 数字化地形图、周边建构筑物基础以及房屋面积等的测量和调查，并随着设计工作的进一步展开，完成了车辆段的地形图补测，为工程方案的进一步稳定和落地提供了翔实的基础数据。

（3）第三阶段（施工配合阶段）。

2016 年年初至 2020 年 7 月，工程全面开工建设，勘测人员完成了大量的施工配合工作直至线路开通。

3.1.2.2 探测工作

（1）第一阶段（整体性工作阶段）。

2010 年 10 月至 2012 年 4 月，完成了正线左右各 50 m 范围、车站及区间外扩至 100 m 范围的地下管线探测。

(2)第二阶段（局部方案比选阶段）。

2012年5月至2015年12月，完成了多处比选线路（含主所及路由）的地下管线探测并结合现场变化对地下管线探测成果进行动态更新，并完成了设计、勘察和施工交底工作。

(3)第三阶段（施工配合阶段）。

2015年12月至通车，施工配合。

3.1.3 前期研究和设计阶段重大方案优化调整

3.1.3.1 前期研究和设计过程

前期研究和设计过程内容见表3.1-2。

表3.1-2 前期研究和设计过程内容

序号	时间线	工作内容
1	2011年4月	完成工可中间稿，同年12月完成工可评审稿
2	2012年2月	启动初步设计工作
3	2013年8月	完成初步设计专家预评审及政府预审查
4	2013年11月	完成主体工程初设修编A版
5	2014年7月	完成主体工程工可研修编和环评修编
6	2014年9月	完成主体工程初步设计修编B版，未报市政府审查
7	2015年1月	工可正式审查
8	2015年3月	深圳地铁集团全面接手6号线一期工程，港铁退出
9	2015年8月	完成初步设计修编C版政府审查
10	2015年9月—2019年6月	开展施工图设计

3.1.3.2 各阶段重大方案优化调整

6号线不同阶段重大方案优化调整过程一览见表3.1-3。

表3.1-3 6号线不同阶段重大方案优化调整过程一览

序号	前期研究和设计阶段	重大方案及优化调整情况
1	建设规划 （2011—2016年）	全长37.2 km，共设站19座，高架站17座、地下站2座； 初、近、远期采用A型车6-6-6编组； 公明西车辆段选址位于松岗街道和公明街道交界处，松白路、松岗路、楼岗路、田园路围合的地块内，承担6、10号线大架修任务； 石龙停车场位于机荷高速与布龙路立交的西南角，承担6号线停车运用的任务

续表

序号	前期研究和设计阶段	重大方案及优化调整情况
2	2012年工可线路方案	全长37.6 km，共设站20座，增设光明站（原荔林站或翠湖站）后高架站共18座、地下站2座，松岗站和溪头站为地下站，上芬站（原上塘北站）与4号线平行换乘； 列车编组不变； 长圳车辆基地选址位于规划科裕路与东长路之间、光侨大道以北的地块内，承担6、15号线大架修任务； 取消石龙停车场
3	2013年初步设计	全长37.6 km，调整上芬站（原上塘北站）于地块内，调整官田站（原石岩站）至北环路，调整红花山站（原南庄站）至别墅路，调整公明广场站入地； 列车编组不变； 长圳车辆基地选址位于规划科裕路与东长路之间、光侨大道以北的地块内，承担6、15号线大架修任务
4	2015年工可	全长37.6 km，上芬站（原上塘北站）站位北移500 m至布龙路，官田站（石岩站）站位东移100 m，红花山站（原南庄站）西移300 m改为地下站，松岗公园站（原山门站）西移200 m改为地下站； 列车编组不变； 长圳车辆基地选址位于规划科裕路与东长路之间、光侨大道以北的地块内，承担6号线大架修任务
5	2015年8月初设修编至2020年8月通车	全长37.6 km，设站20座，其中15座高架站； 列车编组不变； 长圳车辆基地选址位于规划科裕路与东长路之间、光侨大道以北的地块内，承担6号线大架修任务； 2015年10月取消石龙停车场，另设明乐停车场

3.2 建设规划方案

6号线建设规划线站位方案如图3.2-1所示。

3.2.1 线路功能定位

6号线连接龙华、石岩、光明、公明、松岗等地，并通过4号线换乘至福田中心区，形成中心城区与中部综合组团、西部高新组团联系的轨道交通快线。线路经过深圳北站综合客运枢纽，可实现西部高新组团各片区与深圳北站客运枢纽的快速联系。同时，该线路预留与深莞城际线衔接换乘的条件，可实现沿线各片区与东莞松山湖、莞城等地的快速联系。

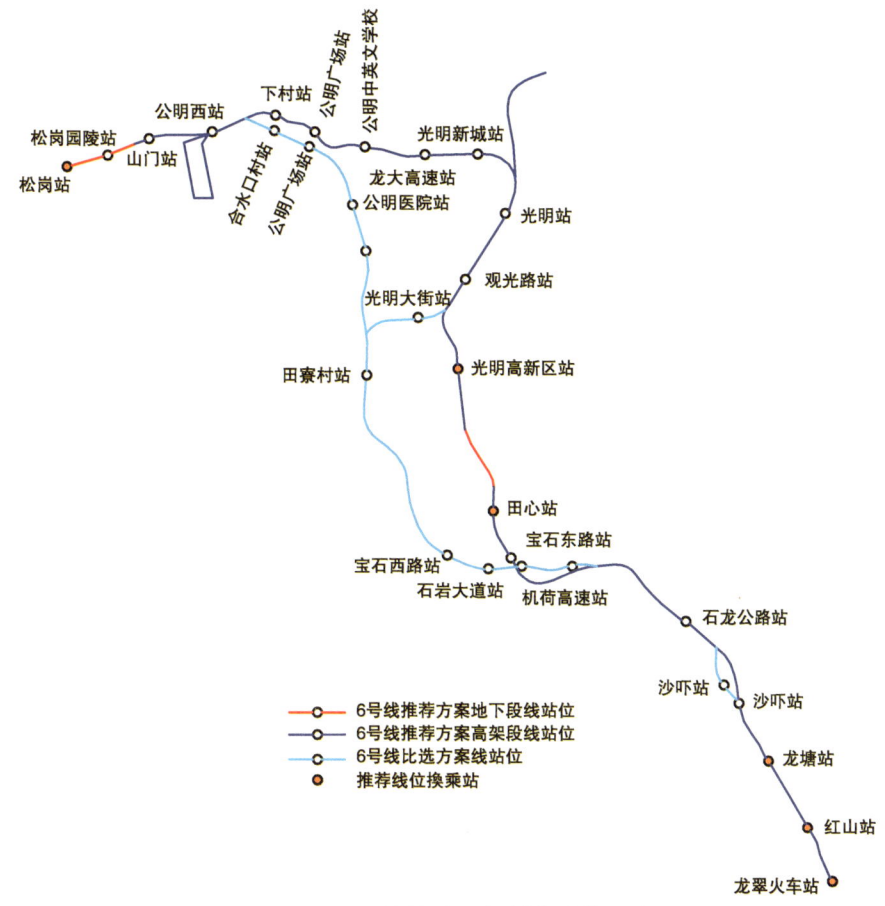

图 3.2-1 6号线建设规划线站位方案

3.2.2 建设规划线路方案概况

6号线位于深圳市宝安区，起自深圳北站，与4、5号线及广深港客运专线换乘，之后与4号线并行经红山、华侨新村，跨龙华人民路经龙塘村进入规划道路路中，沿规划路前行，经高峰路、布龙公路、石龙公路，沿石龙公路西转经水田收费站南侧与机荷高速公路并行一段后跨过机荷高速公路，右转进入石岩街区，跨过石岩河与宝石东路后，沿北环路东侧，穿过园岭老村北侧山区进入规划光明高新区（后成立光明新区管委会，再经行政区划调整为光明区），沿塘明公路绕经规划光明新城，跨龙大高速公路及大陂河后，沿别墅路、建设路、松白公路、沙江路敷设，在松岗公园站后入地至终点松岗站与10号线和11号线换乘。

3.2.2.1 6号线建设规划车站分布和站间距

线路长约37.2 km，设站19座，平均站间距为2.044 km。最大站间距5.438 km，为石龙公路站至宝石东路站；最小站间距0.997 km，为松岗医院至松岗站。规划换乘站6座，分别为深圳北站、红山站、龙塘站、田心站、光明高新区站、松岗站。6号线建设规划车站分布和站间距见表3.2-1。

表 3.2-1　6 号线建设规划车站分布和站间距

序号	车站名称	站间距/m	站位	备注
1	深圳北站	—	位于深圳北站，与 4、5 号线及广深港高铁换乘	高架站、换乘站
2	红山	1492	位于艺鑫礼品有限公司东南 450 m 处	高架站、换乘站
3	龙塘	2007	位于雅拓莱金属制品有限公司以北 100 m 处	高架站、换乘站
4	沙吓	1686	位于高峰路与天诚路交口南侧	高架站
5	石龙公路	2643	位于石龙公路与华旺路交口处	高架站
6	宝石公路	5438	位于宝石东路与宫田路交口处北侧 150 m	高架站
7	田心	1406	位于铱安特电子有限公司西侧	高架站、换乘站
8	光明高新区	3849	位于光明高新区运动场以东 250 m	高架站、换乘站
9	观光路	2611	位于观光公路与塘明公路交口处	高架站
10	光明	1946	位于光明大街与塘明公路交口处	高架站、换乘站
11	光明新城	2401	位于阳光学校以西 600 m 处	高架站
12	龙大高速	1294	位于楼明路与楼一工六路交口处	高架站
13	中英文学校	1661	位于别墅路与华发路交口处	高架站
14	公明广场	1491	位于建设路与长春路交口处	高架站
15	下村	1178	位于建设路与马田路交口处东侧	高架站
16	公明西	1748	位于松白大道与南环大道交口处以西 500 m	高架站
17	山门	1754	位于松山北侧山脚处	高架站
18	松岗医院	1193	位于沙江路与天云路交口东侧	地下站
19	松岗	997	位于沙岗派出所旁规划路中心	地下站、换乘站

3.2.2.2　线路敷设方式的选择及线路概况

由于 6 号线位于特区外围，线位大部分设于既有或规划道路中央绿化带处，且沿线道路规划宽度均为 50~70 m，适宜高架敷设条件；另外，沿线除龙华、石岩、公明和松岗几个街区中心小范围内人口密集外，其他区域房屋多为非高层居民房和厂房，规模不大且较为零散。因此，为节省工程建设投资和线路运营成本，全线除穿越山体地段采用部分隧道，重点考虑与 10 号、11 号线换乘的便捷性以及减少对松岗片区建设现状和规划景观的影响采用部分地下线路外，其他地段大都采用高架线路。6 号线建设规划线路概况见表 3.2-2。

表 3.2-2　6 号线建设规划线路概况

项目		单位	线路概况
设计范围			深圳北站—松岗
线路长度		km	37.2
敷设方式	地下/地面/高架	km	3.8/0.4/33.0
车站	总数（高架/地下）	个	19（17/2）
	平均站间距	m	2044
运营指标	运营时分	min	55
投标估算	总计	亿元	148.8
	经济指标	亿元/km	4.00
远期高峰最大断面客流		万人次/h	3.74
覆盖人口及就业岗位		万	88.6

3.3　工程可行性研究与方案调整

3.3.1　工程可行性研究历程

（1）2011 年 11 月，完成《深圳市城市轨道交通 6 号线工程可行性研究报告》（后简称《可研报告》）。

（2）2012 年 4 月 23—25 日，北京城建研究总院在深圳市组织召开了《可研报告》专家评审会。

（3）2012 年 5 月 15 日，北京城建研究总院向国家发改委呈报《深圳市城市轨道交通 6 号线工程可行性研究报告的评估报告》及相关附件。但是，由于 6 号线沿线城市和道路规划建设相对滞后，6 号线工程环评报告和建设用地土地预审并未同步获批，因此，国家发改委没有正式批复《可研报告》。

（4）2013 年 7 月 10 日，国家发改委根据《国务院关于取消和下放一批行政审批项目等事项的决定》的规定，将深圳市发改委《关于呈报〈深圳市城市轨道交通 6 号线工程可行性研究报告〉的请示》退回，按照省级或计划单列城市进行工可报告审批。

（5）按照 6 号线建设规划方案，因光明新区规划的深入和周边环境影响，沿线辖区政府及公众对线站位及敷设方式存有分歧意见和不同诉求。2012—2014 年，经过与深圳市发改委、市交委、市规划国土委、市轨道办、宝安区政府、光明新区政府、各级规划部门、沿线相关方、其他相关规划研究单位等的反复沟通协调，始终坚持绿色低碳和经济高效的设计理念，通过各种技术专题研究和协调讨论会和两年多的沟通协调，基本稳定了 6 号线线站位及敷设方式，并按照基本稳定的实施方案修编完成了《深圳市城市轨道交通 6 号线工程可行性研究报告 B 版》。

（6）2015 年 1 月，受深圳市发改委的委托，铁道第三勘察设计院集团有限公司于 2015 年 1 月 15—16 日在深圳市组织召开了《深圳市城市轨道交通 6 号线工程可行性研究报告 B 版》评估会。2016 年 2 月，深圳市发改委对该版工可作了批复（深发改〔2016〕261 号）。

3.3.2 工程可行性研究方案（B版）调整

3.3.2.1 龙华上塘段方案

1）原方案：拆解换边方案

上塘段方案为4、6号线三站两区间并行线路，线路出红山站后一直沿腾龙路敷设，经简上路后设上塘站，在上塘站前后预留与6号线拆解换边的线路通道，出上塘站后跨越4号线龙胜车辆段，其后转向东北利用规划绿化通道穿越元芬村，至布龙路设元芬站，如图3.3-1和图3.3-2。

图3.3-1 龙华上塘段线站位调整方案示意图

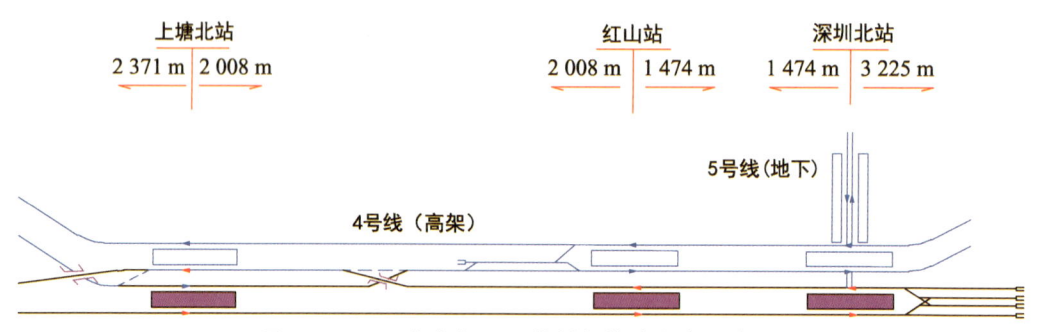

图3.3-2 原方案与4号线拆解换边方案示意图

2）调整后方案：上跨4号线方案

线路出红山站后，沿腾龙路高架敷设约1.1 km后上跨4号线区间，斜穿钟式电子有限公司和上芬小学所在地块向北转至布龙路。在布龙路上设上塘北站，沿布龙路高架敷设0.55 km后上跨4号线区间至元芬站。优化调整后方案与4号线相互关系如图3.3-3。

3）调整原因

调整后方案在上塘站段与4号线不需要拆解换边，施工风险小，同时对既有4号线运营影响小；调整后线路绕避元芬村，拆迁量较原方案减少约12.4万平方米；调整后线路更靠近腹地，减少了与4号线的并行长度，与用地规划结合良好，并增加了约2.6万人口岗位覆盖。

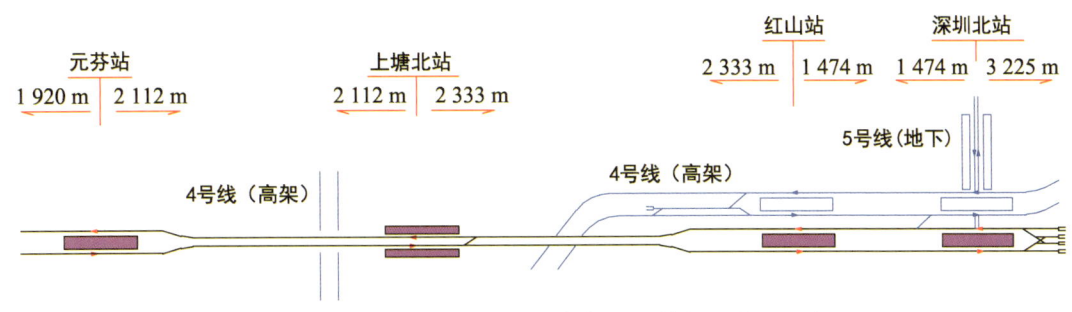

3.3 工程可行性研究与方案调整 | 035

图3.3-3 优化调整后方案与4号线相互关系示意图

3.3.2.2 穿越阳台山方案

1）原方案：隧道群方案

线路出大浪站后上跨福龙路后，穿越阳台山上跨广深港客运专线、机荷高速及规划石清路至石岩站。该段范围内隧道总长度约1.49 km，桥梁总长度约3.11 km。

2）调整后方案：长隧道方案

线路出大浪站后下穿福龙路进入阳台山，下穿广深港客运专线、机荷高速及规划石清路后至石岩站。该段范围内隧道总长度约2.77 km，桥梁总长约1.83 km，如图3.3-4。

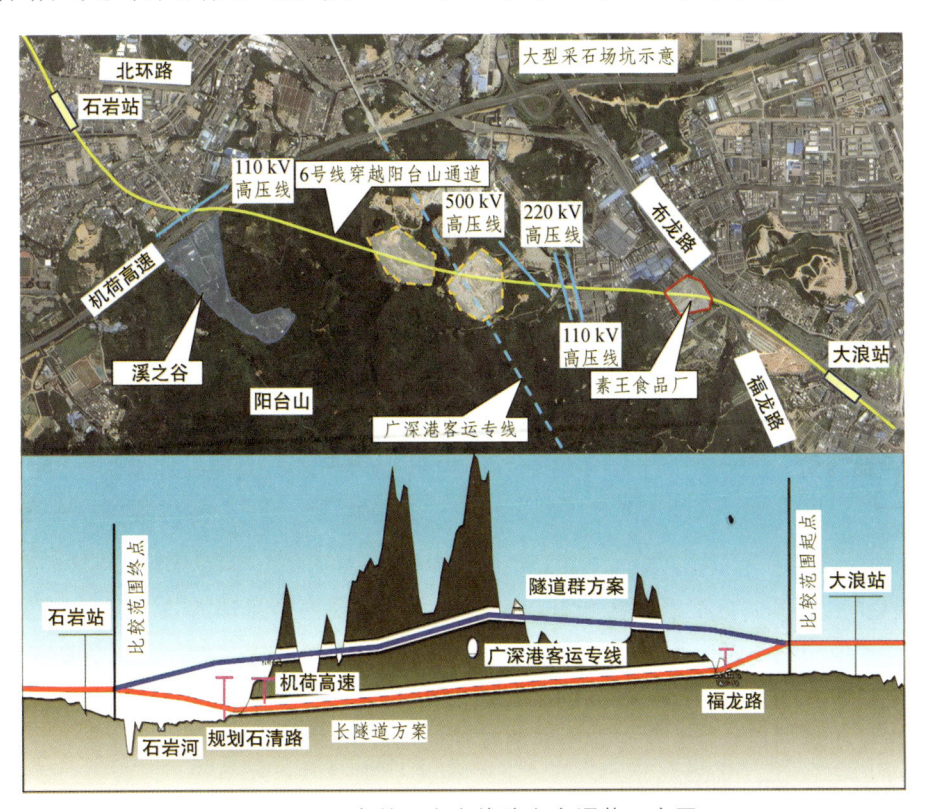

图3.3-4 穿越阳台山线路方案调整示意图

3）调整原因

长隧道方案隧道埋深较深，工程地质条件好；仅设两处洞门，极大地减少了对阳台山森林公园生态保护区植被的破坏，更加绿色环保；同时，实现了节能坡设计，且具备自然通风和自流排水条件，更加低碳节能。

3.3.2.3 南庄段方案

1）原方案：华发地块方案

线路自楼村站引出，上跨龙大高速及茅洲河后，高架穿越南庄旧城区（拆迁量约43.0万平方米），在华发房地产公司的空地内设南庄站，其后转入松白路敷设。

2）调整后方案：红花山公园方案

线路自楼村站引出后沿规划公园大道敷设，跨越龙大高速及茅洲河后开始入地（拆迁量约12.3万平方米），在南环大道前进入地下沿别墅路敷设，从红花山公园内经公明广场进入松白路敷设，如图3.3-5。

图 3.3-5　南庄段线路方案调整示意图

3）调整原因

调整后方案可结合规划公园大道同步实施，工程可实施性强；线路绕避南庄旧城区，拆迁量减少约30.7万平方米，工程总投资减少约10.6亿元。

3.3.2.4 山门段方案

1）原方案

线路出薯田埔站后由松白路转至沙江路，受高架敷设方式限制，山门站位于深路堑中，远离集信名城等客流中心。

2）调整后方案

线路出薯田埔站后入地，将山门站向西移动约300 m，靠近集信名城等客流集散中心，地下段长度增加1.46 km，如图3.3-6。

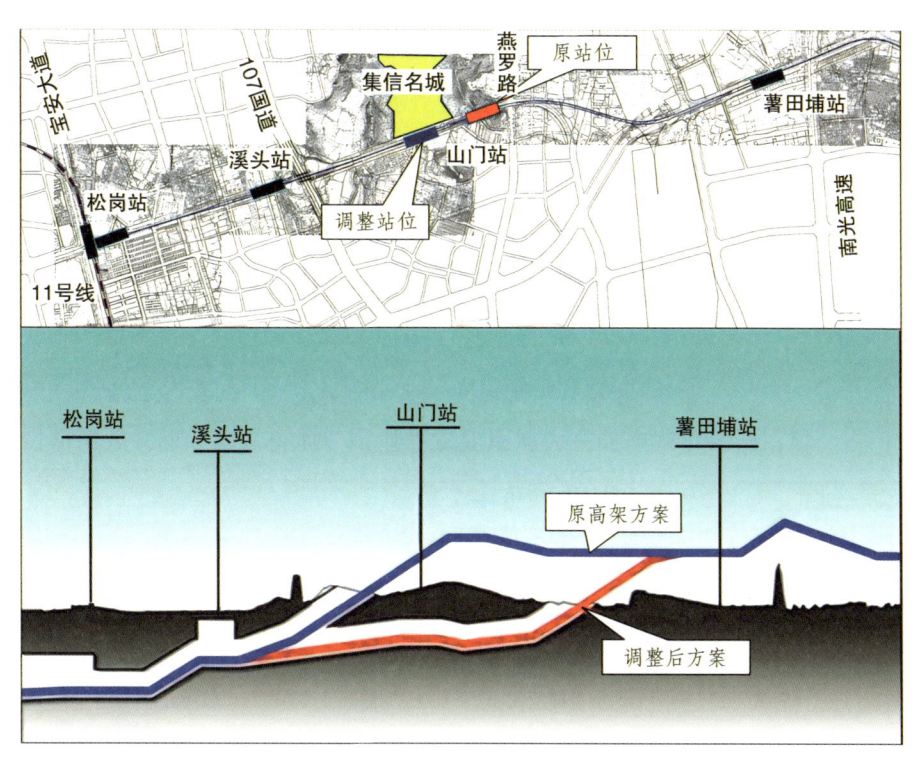

图 3.3-6 山门段线路方案调整示意图

3.4 初步设计与方案优化调整

3.4.1 初步设计历程

（1）2013 年 8 月，完成初步设计专家预评审暨政府审查。
（2）2014 年 9 月，完成主体工程初步设计 B 版，未审查。
（3）2015 年 7 月，根据相关规划的调整、政府相关部门意见、初步设计专家预评审意见、工可补充评审专家组意见以及进一步完善的基础资料等，完成初步设计 C 版。
（4）2015 年 8 月，完成初步设计 C 版，专家暨政府审查。
（5）2017 年 11 月，初设 C 版获得深圳交通运输委员会批复。
（6）2017 年 11 月，初设 C 版概算获得深圳市发展和改革委员会批复。

3.4.2 初步设计方案调整

3.4.2.1 大雁山段方案优化调整

1）原方案

该段线路出上屋北站后进入大雁山，出大雁山隧道后引入长圳站。

随着设计工作的进一步深入，我们发现在大雁山隧道中部存在两条水工隧道，即鹅颈引水隧洞与公明引水隧洞，线路纵断面与二者冲突。

2）调整后方案

调整线路纵断面，上跨鹅颈引水隧洞及公明引水隧洞，二者净距约 7 m，如图 3.4-1。

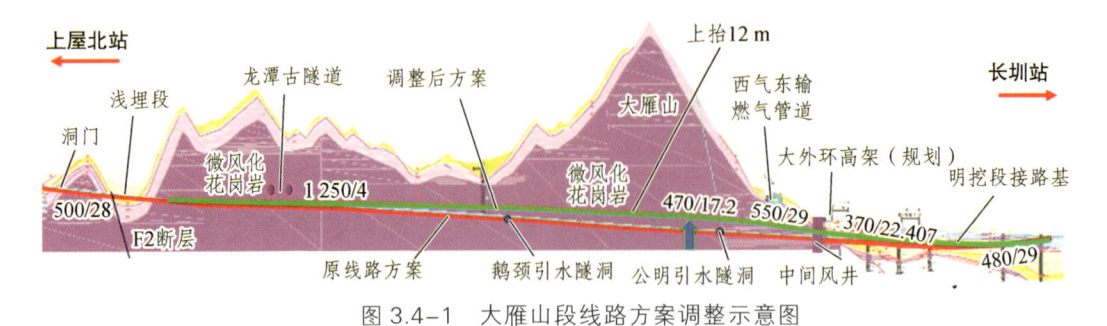

图 3.4-1　大雁山段线路方案调整示意图

3.4.2.2　公明广场站及相邻区间方案优化调整

1）原方案

该段线路下穿公明广场后转入松白路路中敷设，车站主体距公明排洪渠约 6 m，于松白路与长春中路交叉口西侧设公明广场站，出站后继续沿松白路敷设。

2）调整后方案

该段线路下穿公明广场后转入松白路敷设，线路较原方案向北偏移 4 m，增大线路与公明排洪渠的距离，车站主体距公明排洪渠约 10 m，于松白路与长春中路交叉口西侧设公明广场站，出站后继续沿松白路敷设，如图 3.4-2。

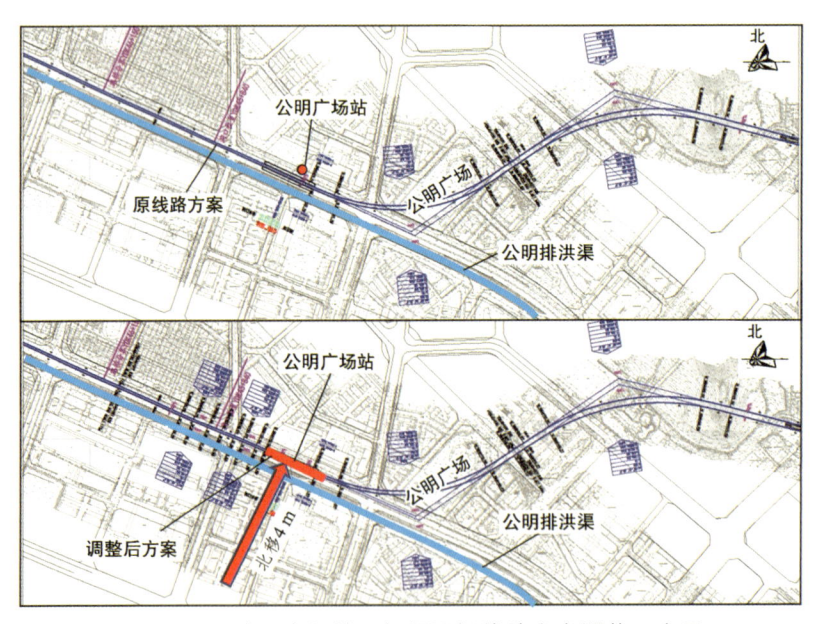

图 3.4-2　公明广场站及相邻区间线路方案调整示意图

3）调整原因

增大公明广场站主体与公明排洪渠的距离，避免施工对公明排洪渠的影响。

3.4.2.3 薯田埔站至山门站区间方案调整

1）原方案

该段线路出薯田埔站后,由高架转为地下,线路高架穿越英威腾厂区取直进入沙江路,其后一直沿沙江路向西地下敷设。

2）调整后方案

该段线路出薯田埔站后,由高架转为地下,线路高架向南绕避英威腾厂区后进入沙江路,其后一直沿沙江路向西地下敷设,如图3.4-3。

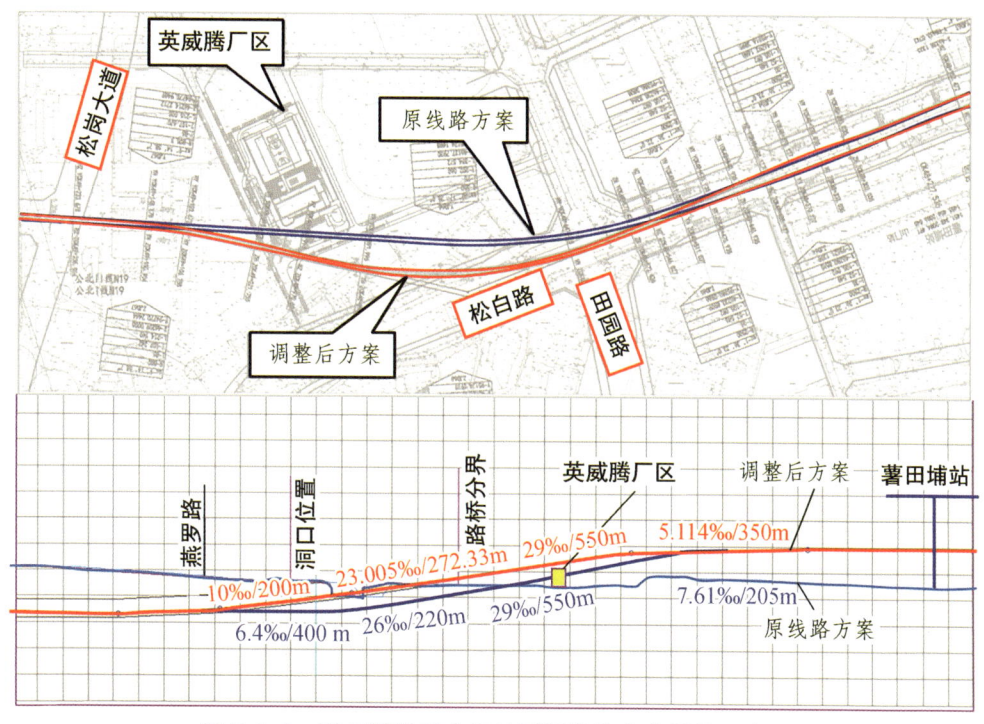

图3.4-3　薯田埔站至山门站区间线路方案调整示意图

3.5　施工图设计与设计方案调整

3.5.1　施工图设计历程

（1）2015年9月,开展施工图设计。
（2）2019年6月,完成所有专业施工图设计（含调线调坡）。

3.5.2　施工图设计方案调整

6号线线路于2013年8月完成初步设计并第一次经专家预评审及政府预审查;于2013年11月完成初步设计修编A版;于2014年9月完成初步设计修编B版,未组织评审;原PPP

项目业主港铁于2015年3月退出该项目建设，深圳地铁集团全面接手6号线工程建设和管理，于2015年8月重新组织完成初步设计C版修编及评审。历经3次初步设计修编后线路方案已趋于稳定，基本可以落地实施。因此，在施工图阶段线路方案变更调整相对较少，主要为阳台山段线路方案及红花山站至公明广场站区间局部方案调整。

3.5.2.1 阳台山段方案调整

1）原方案

该段线路在下穿阳台山时下穿广深港客运专线浅埋回填加固段，继续向西北方向下穿机荷高速公路路堤。

随着设计工作深入，我们发现机荷高速东侧存在一处ϕ800 mm的高压燃气管，管线与6号线标高冲突。

2）调整后方案

线路在下穿阳台山时为绕避广深港客专线加固段，线路向北偏移将与广深港的交叉点移出加固区，将交叉点选择在地质情况较好处下穿通过。同时，为躲避高压燃气管线，将隧道内坡度调整为V字坡，如图3.5-1。

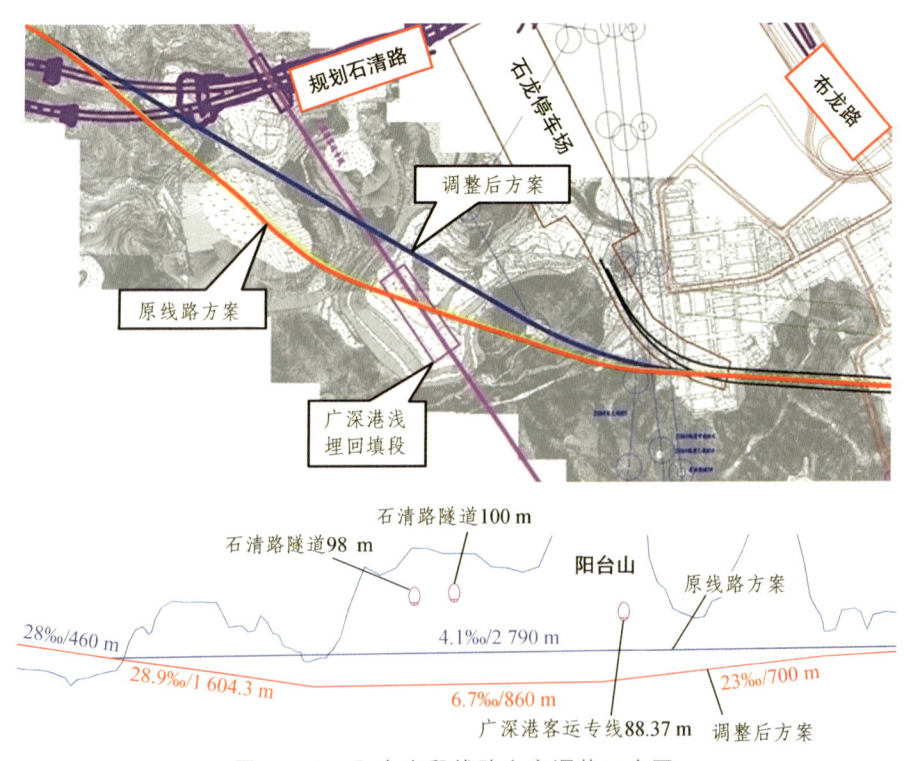

图3.5-1 阳台山段线路方案调整示意图

3.5.2.2 红花山站—公明广场站区间局部方案调整

1）原方案

该段线路原设计时考虑按照全线最小平曲线半径$R=450$ m的条件下穿公明广场，线路中心距七天酒店最近距离约 1.58 m（酒店扩大基础侵入明挖区间 2.11 m），在工程实施前需拆除七天酒店。

2）调整后方案

将该区段范围内线路平曲线半径调整为 R = 400 m 下穿公明广场，拉开线路与七天酒店距离，调整后线路中心距七天酒店最近距离约 8.4 m（明挖结构与酒店净距约 4.6 m），线路避开七天酒店后进入松白路设公明广场站，如图 3.5-2。

图 3.5-2　红公区间躲避七天酒店方案调整示意图

综上所述，6 号线工程线路方案的稳定经历了 5 年的时间，关键因素是以高架为主的线路需要与城市规划、沿线用地、道路规划和沿线利益相关方进行大量的沟通协调，才能真正使绿色低碳和经济高效的高架线路落地实施。同时，建构筑物基础资料的深入完善也需要对线路方案进行完善和优化，减少工程实施和运营风险。

3.6　各阶段技术方案与投资的差异对比

1）建设规划

6 号线建设规划投资估算总额为 148.77 亿元，技术经济指标为 4.0 亿元/正线公里。

2）工程可行性研究

6 号线批复的可研报告投资估算总额为 177.97 亿元（不含建设用地费），技术经济指标为 4.73 亿元/正线公里。

3）初步设计（C 版）

6 号线批复的初步设计投资概算总额为 176.43 亿元，技术经济指标为 4.69 亿元/正线公里。

6 号线各阶段主要技术经济方案对比详见表 3.6-1。

表 3.6-1　6 号线各阶段主要技术经济方案对比

序号	项目		单位	工程数量		
				建设规划	可研报告批复	初步设计批复
一	线路长度		正线公里	37.200	37.627	37.626
二	敷设方式	地下线	正线公里	3.800	11.946（含山岭隧道）	11.813（含山岭隧道）
		地面线	正线公里	0.400	1.19	1.197
		高架线	正线公里	33.000	24.491	24.616
三	车站	车站	站	19	20	20
		地下站	站	2	5	5
		高架站	站	17	15	15
		平均站间距	km	2.044	1.939	1.939
四	车辆	车型		A 型	A 型	A 型
		车辆编组		6-6-6	6-6-6	6-6-6
五	新建主所		座	1	2	2
六	新建车辆基地			车辆段+停车场	车辆段	车辆段
七	工程总投资		亿元	148.771430	177.974999	176.437800
八	技术经济指标		亿元/正线公里	4.0	4.73	4.69

第 4 章

主要技术标准与工程方案

4.1 主要设计原则和技术标准

4.1.1 线路与轨道

4.1.1.1 线路

1）平面主要技术标准

（1）正线数目：双线。

（2）最小曲线半径：一般地段为 650 m，困难地段为 450 m。

2）纵断面主要技术标准

（1）正线最大坡度≤30‰。

（2）联络线、出入线最大坡度≤35‰。

（3）车站坡度采用平坡。

4.1.1.2 轨道

深圳地铁 6 号线轨道设计内容见表 4.1-1。

表 4.1-1　深圳地铁 6 号线轨道设计内容

项目	内容
轨距	1435 mm
钢轨选型	① 正线、配线、培训线、试车线及出入线：U75 V 60kg/m 钢轨； ② 车场线：U71Mn 50kg/m 钢轨
扣件及间隔	① DT-Ⅲ型扣件（正线除中等减振段外区域）：1680 对/km； ② 双层非线性减振扣件（中等减振地段）：1680 对/km； ③ 弹条Ⅰ型分开式扣件（车场整体道床）：1440 对/km； ④ 国铁弹条Ⅰ型扣件（车场有砟轨道）：1440 对/km
轨枕选型	① 现浇地段采用钢桁架双块式轨枕或短轨枕； ② 出入线、车场线碎石道床地段采用新Ⅱ型混凝土轨枕； ④ 车场线库内一般整体道床地段、壁式检查坑采用短轨枕
道床选型	① 高架段采用预制板道床； ② 穿山段采用预制板道床； ③ 地下段采用现浇整体道床+预制板道床（钢弹簧地段）； ④ 车场库外线（含试车线、培训线）采用碎石道床； ⑤ 车场库内线根据工艺要求采用现浇整体道床
道岔选型	① 正线采用 60kg/m 钢轨 9 号道岔； ② 车场试车、培训线采用 60kg/m 钢轨 9 号道岔； ③ 车场线（除试车、培训外）采用 50kg/m 钢轨 7 号道岔
无缝线路范围	正线、出入线、车场试车线及库内线采用区间无缝线路

续表

项目	内容
中等减振措施	双层非线性减振扣件
高等减振措施	隔振垫浮置板道床/橡胶支座浮置板道床
特殊减振措施	钢弹簧浮置板道床
车挡选型	① 正线、配线采用液压缓冲滑动式车挡+PCD 固定车挡； ② 车场试车线采用液压缓冲滑动式车挡； ③ 车场库外线采用固定式车挡； ④ 车场库内线采用摩擦式车挡
辅助设备	线路信号标志、钢轨涂油器、防脱护轨等

4.1.2 车辆选型与行车组织

4.1.2.1 车辆选型

车辆为 A 型鼓形车，初、近、远期均为 6 辆编组铝合金车体，4 动 2 拖，总长 140 m（有司机室车长 24.4 m，无司机室车长 22.8 m），车辆宽 3.1 m、高 3.8 m；最高行驶速度：100 km/h；供电制式为直流 1500 V 下部受流器和上部受电弓双制式受电；牵引系统为交流变频变压牵引系统。

4.1.2.2 行车组织

设计年度：初期 2020 年，近期 2027 年，远期 2042 年；采用 A 型车 6 辆编组，每列车定员载客容量为 1600 人。各年度均开行深圳北站至松岗站单一交路，其中初期高峰小时开行 15 对；近期高峰小时开行 20 对，远期高峰小时开行 27 对。远期全线平均旅行速度 44 km/h。

4.1.3 车站建筑

站台计算长度为 140 m；宽度按客流计算；站台装修面至轨面距离为 1.08 m；车站设置站台门，线路中心到站台边缘距离为 1.6 m；车站公共区净高不小于 3.0 m；地下站考虑人防设计。

4.1.3.1 车站各部位的最小宽度

岛式站台：8.0 m；
岛式站台的侧站台：2.5 m；
侧式站台（长向范围内设梯）的侧站台：2.5 m；
侧式站台（垂直于侧站台开通道口）的侧站台：3.5 m。

4.1.3.2 车站各建筑部位的最小高度

站厅公共区地板面至吊顶面：3.0 m；
有环控机房的设备区结构净高：4.4 m；
公共区结构净高：4.2 m；

地下车站站台公共区地板面至吊顶面：3.0 m；
站厅、站台一般用房地板面至吊顶面：2.4 m；
地面、高架车站站台公共区地板面至风雨棚：2.6 m；
通道或天桥地板面至吊顶面：2.4 m；
楼梯和自动扶梯踏步面至吊顶面：2.3 m。

4.1.3.3 站台

计算站台长度：140 m（直线段）。

4.1.3.4 电梯

1）电梯

每座车站出入口至少设置 2 台混凝土井道垂直电梯。

2）出入口

出入口最小宽度：2.4 m；
出入口数量：一般为 4 个，不少于 2 个；
预留接口情况：所有高架站出入口站均预留牛腿，供周边物业连接。

4.1.4 结构与防水

4.1.4.1 高架车站

（1）设计使用年限为 100 年，结构安全等级为一级。
（2）抗震设防烈度为 7 度。
（3）列车荷载传递路径的结构体系按照铁路桥梁设计规范执行。
（4）高架车站结构体系选择"桥建合一"，仅长圳站为"桥建分离"。
（5）高架站原则上沿纵向不设置变形缝。
（6）车站主体和天桥出入口桩基优先采用端承桩。
（7）天桥出入口原则上采用单跨结构，以减少对地面交通的影响。
（8）天桥支撑端原则上设置罗马柱造型的独柱墩。
（9）天桥侧面设置绿化景观花池。
（10）钢结构主框架设计使用年限为 100 年，防火等级为一级，防腐年限为 15 年。

4.1.4.2 地下车站

（1）设计使用年限为 100 年，结构安全等级为一级。
（2）抗震设防烈度为 7 度，地下车站抗震等级三级。
（3）围护结构结合地质条件选择安全、经济、合理的支护形式，嵌固深度满足规范和工程经验要求。
（4）车站结构采用平坡设计，侧墙采取叠合结构，钢筋接驳器等级为一级。
（5）地下车站、机电设备集中地段和人行通道的防水等级为一级，风道防水等级为二级。

（6）结构耐久性设计参照"深圳地铁 11 号线地下结构耐久性专题研究"成果通过改善混凝土材料性能、增强结构自防水能力为主要措施开展设计。

（7）迎水面裂缝控制宽度为 0.2 mm，背水面裂缝控制宽度为 0.3 mm。

4.1.4.3 区间工程

（1）区间高架结构应构造简洁、力求标准化，便于施工架设和养护维修，并须满足耐久性、列车安全运行和乘客乘坐舒适度的要求。

（2）地铁高架结构作为城市建筑（构）物，其结构形式应充分考虑与城市景观的融合。

（3）桥梁上部结构应优先采用预应力混凝土结构，应满足强度、刚度、整体性和稳定性要求，优先采用预制架设、预制节段拼装等施工方法。

（4）桥梁应优先采用预制预应力 U 形梁，工厂预制梁体时在翼缘上预留后期安装机电设备、声屏障等构件的长柱脚螺栓，桩基形式采用端承桩。

（5）路基残余变形（工后沉降及沉降差）控制标准：路基工后沉降不宜超过 20 mm；桥、隧与路基连接处的差异沉降不大于 5 mm；桥、隧与路基过渡段或任意两段路基的折角不大于 1/1000。

（6）明挖段围护结构采用地下连续墙的，主体结构侧墙采用叠合结构。

（7）区间隧道防水等级为二级，除深埋高水头矿山法隧道采用"限量排放"方案外，其余均采用全包防水。

（8）高架区间、盾构及矿山法隧道全部采用预埋滑槽，以提高设备安装效率及结构耐久性。

4.1.5 牵引供电

（1）6 号线工程供电系统采用集中式、110（220）kV/35 kV 两级电压供电方式，牵引和动力照明共用 35 kV 供电网络。

（2）主变电所在 35 kV 母线侧设无功补偿装置，以减少对市网的供电影响。

（3）正线牵引供电系统采用 DC 1500 V 钢铝复合接触轨供电、走行轨回流方式；车辆段牵引供电系统采用 DC 1500 V 架空接触网供电、走行轨回流方式。

（4）牵引变电所设置两套 12 脉波牵引整流机组，接于同一段 35 kV 母线上，并联运行构成等效 24 脉波整流。

（5）牵引整流机组高压侧电压为 35 kV，直流侧电压为 DC 1500 V。牵引整流机组过负荷能力满足《地铁设计规范》（GB 50157—2013）的规定，即：100%额定负荷，连续运行；150%额定负荷，运行不小于 2 h；300%额定负荷，运行不小于 1 min。

（6）全线设电力监控系统 1 套，在深圳市轨道交通网络运营控制中心（NOCC）内设置独立电力调度系统 1 处，负责本工程全线供电系统的运行及维护调度管理。

（7）全线设杂散电流监测系统 1 套，负责全线杂散电流泄漏情况的监测及分析，以便运营人员根据分析结果，及时采取相应的维护措施。

（8）动力照明采用 35 kV/0.4 kV 供电方式，高架车站在 0.4 kV 低压侧由地铁供电系统与太阳能光伏发电系统并网供电。

（9）用电负荷根据其重要性和用途，划分为一、二、三级。一级负荷采用双电源末端切换方式供电，二级负荷由一路电源放射式直供，三级负荷一般由一路电源放射式供电。

（10）车站设置强弱电及防雷接地共用的综合接地网，接地电阻不大于 0.5 Ω，特殊情况下接地电阻不大于 1 Ω。

4.1.6 通信信号

（1）通信系统主要由专用通信系统、公众通信系统和警用通信系统构成。专用通信系统主要包括专用传输系统（100G）、公务电话系统、专用电话系统、专用无线通信系统、综合承载网系统（LTE，为信号、通信、车辆等专业的车地无线业务提供高速、低时延、稳定、灵活的透明传输通道）、时钟系统、广播系统、通信电源（弱电综合 UPS）系统、集中告警系统、录音系统等；公众通信系统由铁塔公司建设，不纳入本线地铁建设内容；警用通信系统包括传输、无线、计算机网络、视频监视、电源及接地、有线电话、视频会议及通信线路等子系统。

（2）通信传输系统在深圳地铁采用了 100G MSTP+传输技术，采用华为公司 100G 的 OSN 1800 传输和配套接入设备。传输系统设置双中心节点组网，控制中心、车辆段作为环网中心节点，27 个车站（含二期），1 个停车场按 2 个 100Gbit/s 自愈环相交于控制中心和车辆段。

（3）信号系统采用基于通信的列车控制系统，满足线路的运营功能需求，系统包括列车自动指挥、列车自动驾驶、列车自动防护等系统，并设置降级系统，提升系统冗余度。主要技术指标要求：

① 正线设计行车追踪间隔不大于 100s。

② 车辆段出车能力、正线折返能力不大于 120s。

4.1.7 通风与空调

（1）全线车站按设置高站台门考虑系统设计，其中地下站设置空调，高架站采取自然通风，对于封闭式高架站站厅设置空调。

（2）区间隧道通风系统根据车站建筑形式单端采用单活塞或双活塞模式，在地下车站设置轨道排热系统。

（3）全线车站和隧道按同一时间内仅有一处发生火灾进行设计；换乘车站按与该站相关的车站范围内同一时间发生一次火灾考虑。

（4）主要指标要求：

① 高架车站夏季空调室外计算干球温度 33.7 ℃、相对湿度 70%，地下车站夏季空调室外计算干球温度 33 ℃、相对湿度 75%。

② 地下车站站厅层设计温度 30 ℃，站台层设计温度 28 ℃，相对湿度 40%～70%。

③ 正常运行时隧道内最热月日最高平均温度不大于 40 ℃，阻塞运行时隧道内最热月日最高平均温度不大于 45 ℃。

④ 人均新风量：公共区空调新风量不小于 20 m^3/h 且新风比不低于 10%，非空调季节新风量不小于 30 m^3/h，设备区按人均不小于 30 m^3/h 设计。

4.1.8 综合监控与安防系统

（1）综合监控系统集成/互联电力监控系统、环境及设备监控系统、火灾报警系统、能源管理系统、自动售检票系统、视频监视系统、门禁系统、站台门系统、广播系统、乘客信息系统、通信集中告警系统（系统设备运行及故障告警监视）、车场智能化系统等。

（2）综合监控系统采用两级管理、三级控制的分层分布式结构。全线车站、变电所、车辆段、停车场设置综合监控系统。

（3）控制中心设置多业务系统融合云平台，为承载 ISCS、安防、CCTV、PIS 等生产业务的主中心服务，并提供集中收集、处理、存储数据的能力；部署业务云桌面系统，为 NOCC 调度员、车站调度员、站长和值班员提供云桌面服务；部署线路车站集中视频图像信息云存储；部署统一的运维管理系统。

（4）安防系统由安防网络子系统、安防集成管理子系统、视频监视子系统、门禁子系统、乘客求助及告警子系统等构成，实现对车站、区间变电所的设备和管理用房、出入口、票务室等重点区域的出入管理、登记、实时视频监视等功能，有效保障地铁运营安全。本次工程在深圳地铁首次设置云存储，所有视频流集中存储在 NOCC 和车辆段。基于云存储的方案要求通信系统提供大容量传输通道，接入 6 号线云平台。

（5）主要指标要求：

① 综合监控系统平均无故障时间 MTBF ≥ 8000 h，系统平均修复时间 MTTR < 0.5 h，系统可用性指标 > 99.98%。

② BAS 子系统单台设备平均无故障时间 ≥ 50000 h，系统平均无故障时间 ≥ 10000 h，单台设备装置故障恢复时间 < 0.5 h，系统故障恢复时间 < 0.5 h。

③ FAS 子系统设备平均无故障时间 ≥ 20000 h，系统设备故障恢复时间 < 0.5 h。

④ 安防系统视频存储时间按 90d 考虑，通信系统提供不低于 100G 的大容量传输通道，摄像机采用 1080P 全数字高清视频监视。

4.1.9 给排水与消防

（1）给水水源采用城市自来水，结合既有市政管网及城市规划，各车站和车辆基地由市政自来水管网一路或两路水源供水。生产、生活给水系统和消防给水系统分开设置。

（2）排水采用污、废（雨）水分流制，需达到国家和地方的排放标准后排放；在污、废水和雨水不能利用重力流排除的地方应设排水泵站；各类污、废（雨）水采取分类集中，分别排入城市排水系统。

（3）车站、区间和车辆基地的水消防设施主要采用消火栓系统，车辆基地还要根据规范要求设置自动喷水灭火系统；地下车站、区间跟随所等重要电气设备间设气体灭火系统，采用七氟丙烷作为灭火介质。

（4）高架车站屋面雨水系统的排水能力，应按当地 10 年一遇的暴雨强度计算，集流时间按 5 ~ 10 min 确定，屋面雨水工程与溢流设施的总排水能力不应小于 50 年重现期的雨水量。

（5）高架区间、地下车站露天出入口、风亭及隧道洞口的雨水泵站及排水设施的排水能力应按当地 50 年一遇的暴雨强度计算，集流时间按计算确定。

4.1.10 自动售检票与乘客信息系统（PIS）

（1）票价采用计程计时票价制，自动、半自动售票，自动检票。采用非接触式 IC 卡系统，自动售检票系统达到全市轨道线网一卡通无障碍要求，满足轨道交通和与公交系统一卡通的兼容要求，方便换乘。

（2）车站计算机系统由车站计算机、监控管理工作站、票务（维护）工作站、紧急按钮控制器、网络设备等构成。软件由操作系统软件、数据库系统软件、车站级应用软件和防病毒软件构成。

（3）车站售检票终端设备主要由自动售票机（TVM）、自动充值验票机（AVM）、半自动售票机（BOM）、进站检票机（EnG）、出站检票机（ExG）、双向检票机（BG）、宽通道检票机（WG）和便携式验票机等组成。

（4）乘客信息系统（PIS）的目的是实现以人为本、进一步提高地铁服务质量。其功能定位应是主播运营、安防反恐信息，适当插播地铁公益视频信息、天气预报、新闻、交通信息，在紧急情况下运营紧急救灾信息优先使用。

（5）主要指标参数

自动售票机：5 人/min；

进闸机：25 人/min；

双向闸机：20 人/min；

储值票使用比率：近期 60%，远期 80%；

视频传输采用 HD-SDI 视频传输标准；

紧急信息完成时间 ≤ 60s。

4.1.11 站台门及电扶梯

4.1.11.1 站台门

（1）站台门按 A 型车、6 辆编组、每辆车 5 道滑动门设置，每侧站台设置 6 道应急门。

（2）站台门总长为 135.29 m，在车站站台边缘以站台中心线为基准两侧对称布置。

（3）站台门滑动门的设置应与列车乘客门一一对应，并保证满足列车停车精度小于 ±300 mm 的要求。

（4）站台门控制系统具有系统控制、站台控制和就地控制三种模式，其中就地控制优先于站台级控制，站台级控制优先于系统级控制。

（5）站台门运行模式分为正常、故障、事故三种工况，均应能保证乘客的安全疏散要求。

4.1.11.2 电扶梯

（1）车站公共区采用公共交通重载型自动扶梯，站内扶梯为室内梯，出入口扶梯为室外梯；站内和出入口均采用无机房电梯。

（2）自动扶梯最大输送能力：7300 人/h；额定速度：0.65 m/s。

（3）电梯额定载重：1000kg（13 人）；额定速度：无机房电梯 1.0 m/s。

4.1.12 车辆检修与车场智能化系统

4.1.12.1 车辆检修

1）检修制度及指标

6号线车辆检修采用日常维修和定期检修相结合，以部件互换修为主的预防性计划检修制度。同时，在采用预防性计划检修制度的前提下，积极推广和采用新的检测技术和设备，对部分有条件的系统和部件向状态修发展。

6号线车辆基地设计采用以下检修周期及指标，见表4.1-2。

表4.1-2 6号线车辆检修指标

修　程	检修周期	检修时间
大　修	$120×10^4$ km	35d
架　修	$60×10^4$ km	20d
定　修	$15×10^4$ km	7d
三月检	$3×10^4$ km	2d
双周检	$0.5×10^4$ km	0.5d

车辆检修作业方式采用以换件修为主，部分零部件现车修为辅的检修作业方式。

2）车辆段设计规模

6号线车辆段设计规模见表4.1-3。

因6号线一期和二期开通时序基本一致，将长圳车辆段远期预留的8列位设置到6号线二期的民乐停车场，车辆段停车列检由54列位调整为46列位，为车辆段物业开发腾挪更多白地。

表4.1-3 6号线车辆段设计规模

修　程	长圳车辆段
大架修/列位	3
定修/列位	2
临修/列位	1
（双周/三月检）/列位	5
停车列检/列位	46

4.1.12.2 车场智能化系统

（1）车场智能化集成了综合布线、计算机网络、车场资讯、楼宇自动化、火灾报警系统和多功能会议、广播等系统,为车场的运营及物业管理人员提供语音、数据、视频等服务。

(2)主要指标参数。

BAS系统后备控制实时性要求的主要技术指标如下:

监控系统:工业级;

系统整体可靠性:≥99.95%。

背景音乐及广播系统主要技术指标:

声压级:250~4 Hz,≥85 dB;

输出电压及方式:100 V/120 V平衡式定压输出;

输入过激能力:≥20 dB。

(3)海绵车辆段设计。

长圳车辆段按照海绵城市相关技术标准和措施开展设计。其具体技术指标要求如下:

① 年径流总量控制率不低于70%,总调蓄容积不低于5000 m²。

② 污染物削减率达不低于60%,年节约用水不低于1800 t/a。

4.2 线路与轨道方案

4.2.1 线路方案

6号线一期工程起自深圳北站综合交通枢纽,主要沿腾龙路—布龙路—阳台山—塘丽一路—北环路—大雁山—科裕路—光明大道—公园大道—别墅路—松白路—沙江路敷设,终于松岗站与11号线换乘。线路全长约37.623 km,其中高架段长24.634 km,地下段长5.620 km,过渡段长1.208 km,山岭隧道段长6.161 km。全线共设车站20座,其中换乘站6座,除南庄站、公明广场站、松岗公园站、溪头站和松岗站为地下站外,其余均为高架站。线路平均站间距为1.938 km,最大站间距为4.739 km(阳台山东站—官田站),最小站间距为0.836 km(溪头站—松岗站)。

线路方案研究已经在各阶段重大方案优化调整时进行了论述,现重点对线路起、终点综合考虑规划线网、客流、枢纽换乘节点等因素确定,以及是否需要预留延伸,研究分析如下:

4.2.1.1 客流因素

6号线在深圳北站(综合枢纽)、红山站与4号线并线运行,远期全日6号线与4号线换乘量为20万人/d,在换乘量中,21%为逆向换乘量,79%为顺向换乘量。从客流预测的情况来看,光明区与市中心区客流交换乘量较大。起点深圳北站南延如图4.2-1。

图4.2-1 起点深圳北站南延示意图

4.2.1.2 线网因素

6号线起点选择设在深圳北站,从周边的规划情况来看,线路延伸的方向主要考虑沿线服务的规划用地中心,6号线前期研究和设计时在起点深圳北站已考虑预留向市中心延伸条件。

实施方案按照三期建设规划调整，6号线一期已通过二期工程延伸至科学馆。

4.2.1.3 线路终点选择

根据原线网规划，在松岗站最初有6、10、11号线及穗莞深城际线4号线换乘（图4.2-2），其中松岗站是6、10号线的终点，考虑到穗莞深城际线的通道选择不稳定以及4号线换乘的体量较大，且对深圳规划的西北门户——松岗的建设影响较大，规划要求穗莞深城际线另择通道，同时对6号线和10号线做了调整。

经过调整，穗莞深城际线向西移至松福大道，10号线根据后期线网规划另择通道，并调整为12号线止于松岗站，为四期建设项目。11号线沿宝安大道在松岗设地下站，将6号线线路终点调整至松岗与11号线换乘（图4.2-3），并不再西延。

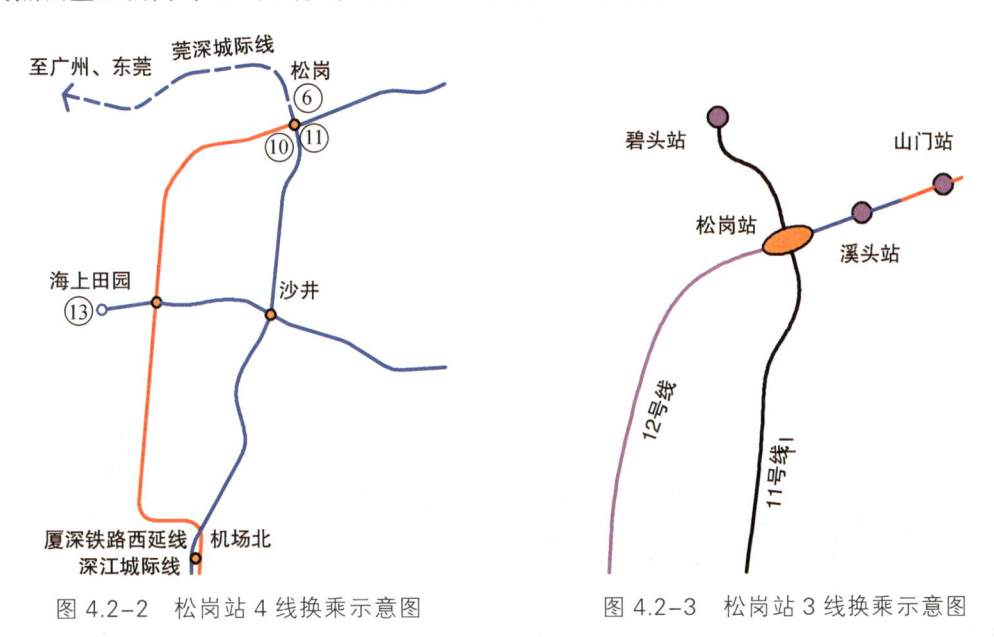

图 4.2-2　松岗站4线换乘示意图

图 4.2-3　松岗站3线换乘示意图

4.2.2 轨道方案

本线涵盖地下段、山岭隧道段、高架段以及过渡段。其中：地下段及过渡段根据减振降噪需求分别采用现浇钢筋桁架双块式轨枕整体道床、现浇减振扣件整体道床、现浇隔振垫浮置板道床、现浇/预制钢弹簧浮置板道床；山岭隧道段采用预制板普通道床、预制钢弹簧浮置板道床；高架段分别采用预制隔振垫浮置板道床、预制橡胶支座浮置板道床及预制钢弹簧浮置板道床。

4.2.2.1 高架段轨道结构

1）预制隔振垫浮置板道床

预制隔振垫浮置板道床结构形式如图4.2-4所示，其结构组成自上而下分别为钢轨、扣件、预制轨道板、隔振垫及自密实混凝土底座，标准轨道结构高度为650 mm，曲线段的超高在底座上实现。预制隔振垫浮置板道床为高等减振道床，其减振性能要求不低于8 dB。第三方检测单位现场对比测试结果表明，相比减振扣件整体道床（普通整体道床），预制隔振垫浮置板道床减振性能为 5.2～7.9 dB（10.2～13 dB），现场对比测试结果如图 4.2-5、图 4.2-6 所示。预制隔振垫浮置板道床在本线的长度共计 30.206 km。

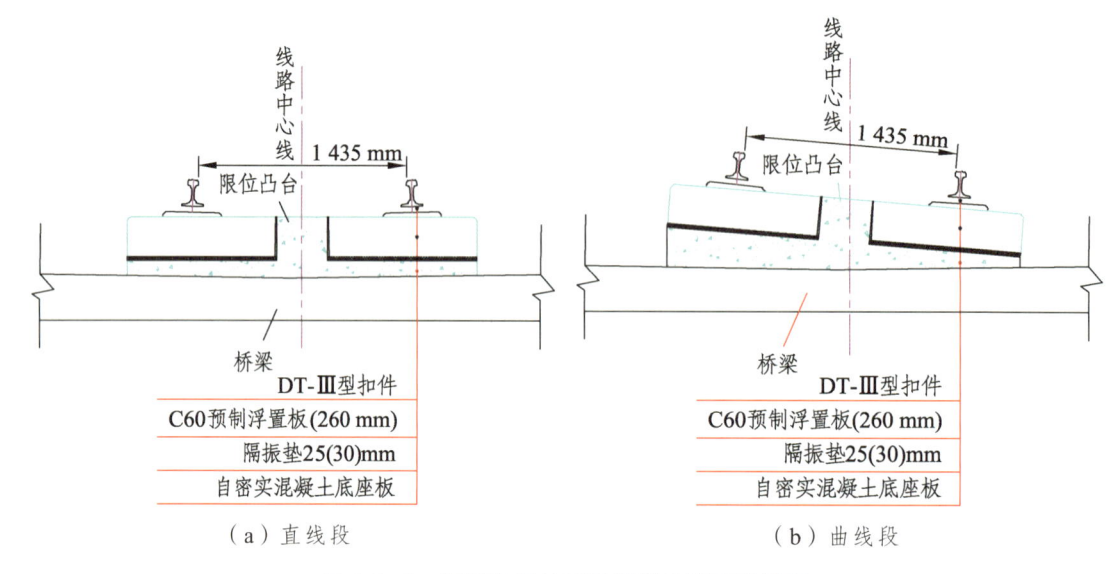

图 4.2-4　预制隔振垫浮置板道床断面设计图

图 4.2-5　预制隔振垫浮置板道床现场实施情况

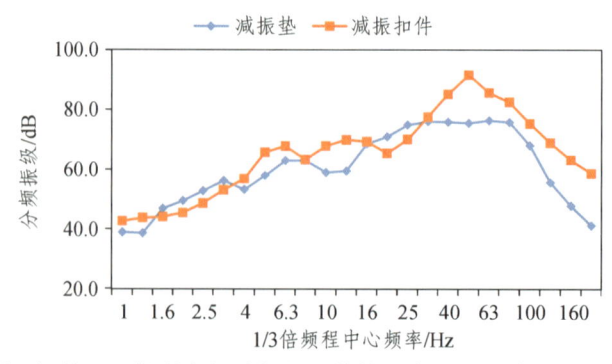

图 4.2-6　预制隔振垫浮置板道床与减振扣件整体道床的隧道壁铅垂向振动加速度对比

2）预制橡胶支座浮置板道床

预制橡胶支座浮置板道床结构如图 4.2-7 所示，其结构组成自上而下分别为钢轨、扣件、

(a) 直线段

(b) 曲线段

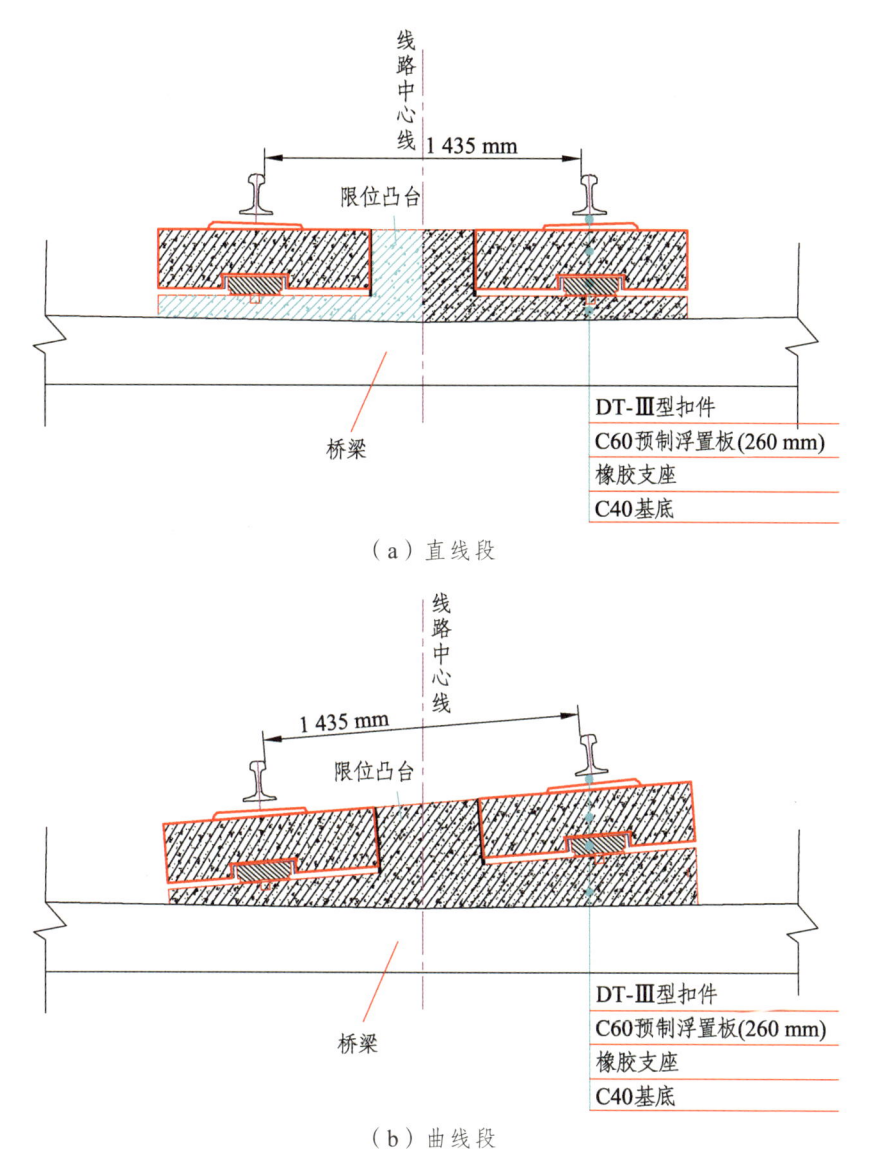

图 4.2-7　预制橡胶支座浮置板道床断面设计图

预制轨道板、橡胶支座、水平定位销及普通混凝土底座，标准轨道结构高度为 650 mm，曲线段的超高在底座上实现。预制橡胶支座浮置板道床为高等减振道床，其减振性能要求不低于 8 dB（并预留提高减振性能的条件）。第三方检测单位现场对比测试结果表明，相比减振扣件整体道床（普通整体道床），预制橡胶支座浮置板道床减振性能为 8.9～9.9 dB（14～15 dB），现场对比测试结果如图 4.2-8、图 4.2-9 所示。预制橡胶支座浮置板道床在本线的长度共计 12.589 km。

图 4.2-8　预制橡胶支座浮置板道床现场实施情况

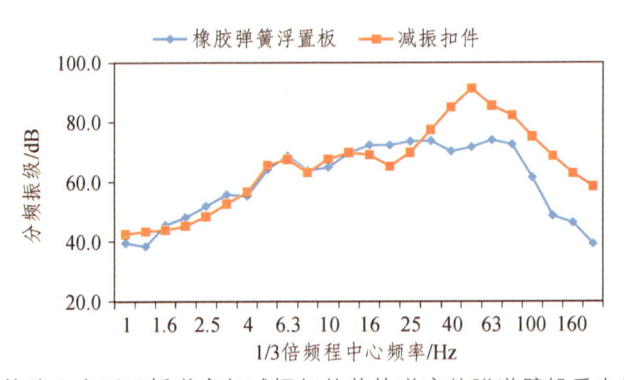

图 4.2-9　预制橡胶支座浮置板道床与减振扣件整体道床的隧道壁铅垂向振动加速度对比

3）预制钢弹簧浮置板道床

预制钢弹簧浮置板道床结构如图 4.2-10 所示，其结构组成自上而下分别为钢轨、扣件、预制轨道板、钢弹簧隔振器、水平定位销及 RPC 高强混凝土底座，标准轨道结构高度为 650 mm，曲线段的超高在底座上实现。预制钢弹簧浮置板道床为特殊减振道床，其减振性能要求不低于 10 dB。第三方检测单位现场对比测试结果表明，相比减振扣件整体道床（普通整体道床），预制钢弹簧浮置板道床减振性能为 12.14 dB（18.46 dB），现场对比测试结果如图 4.2-11、图 4.2-12 所示。预制钢弹簧浮置板道床在本线的长度共计 4.588 km。

（a）直线段

（b）曲线段

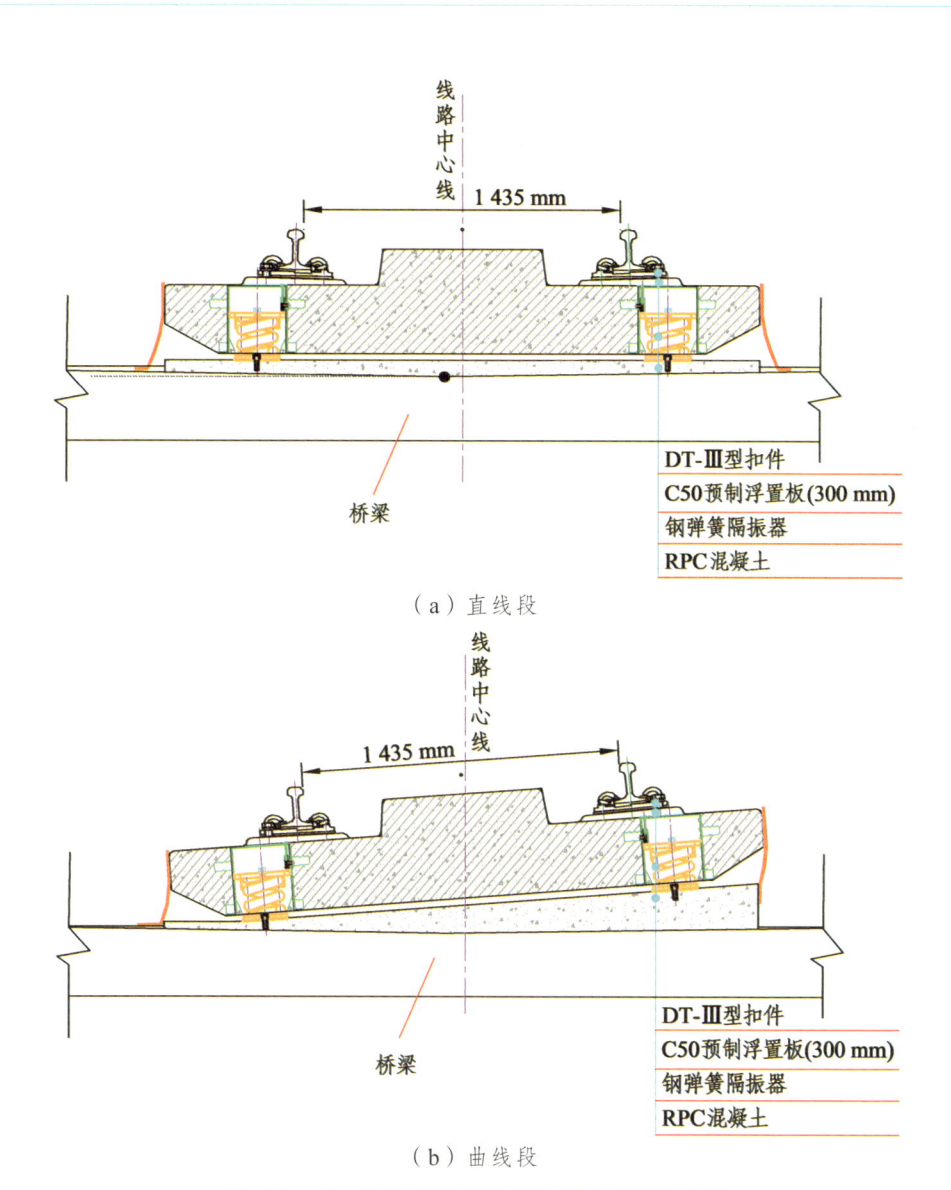

图 4.2-10　预制钢弹簧浮置板道床断面设计图

图 4.2-11　预制钢弹簧浮置板道床现场实施情况

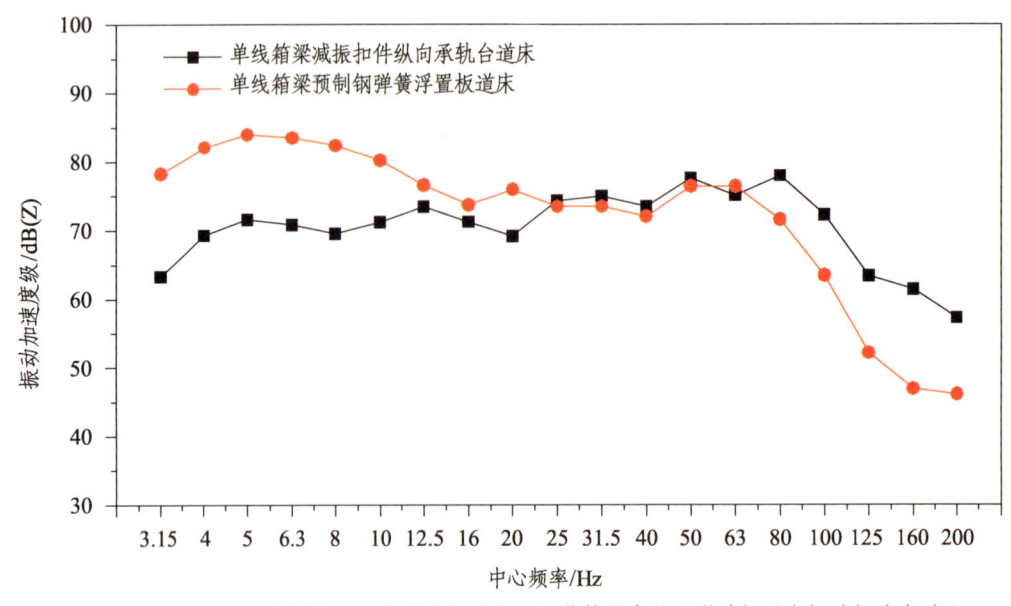

图 4.2-12　预制钢弹簧浮置板道床与减振扣件整体道床的隧道壁铅垂向振动加速度对比

4.2.2.2　山岭隧道段轨道结构

1）普通预制板道床

穿山隧道普通预制板轨道结构形式如图 4.2-13 所示，其结构组成自上而下分别为钢轨、扣件、预制轨道板、土工布、C40 自密实混凝土及 C35 混凝土基底，轨道结构高度有 700 mm、750 mm 两种，曲线段的超高在基底上实现。山岭隧道普通预制轨道板道床为一般减振道床，该道床在本线的长度共计 10.557 km。穿山隧道普通预制板道床断面图现场实施情况如图 4.2-14 所示。

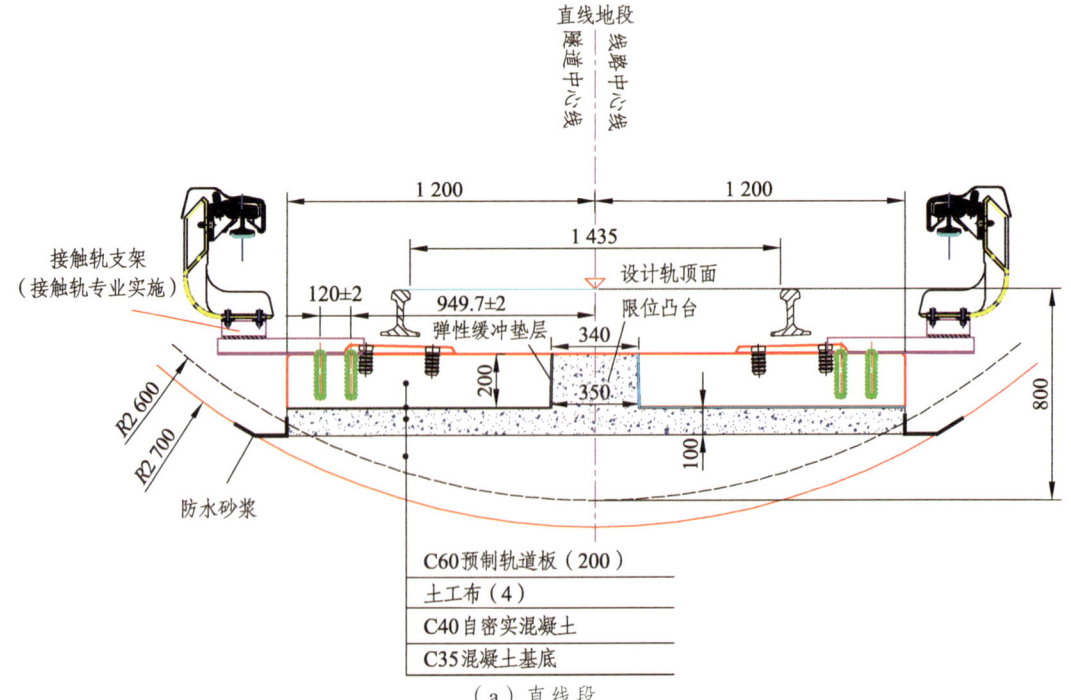

（a）直线段

（b）曲线段

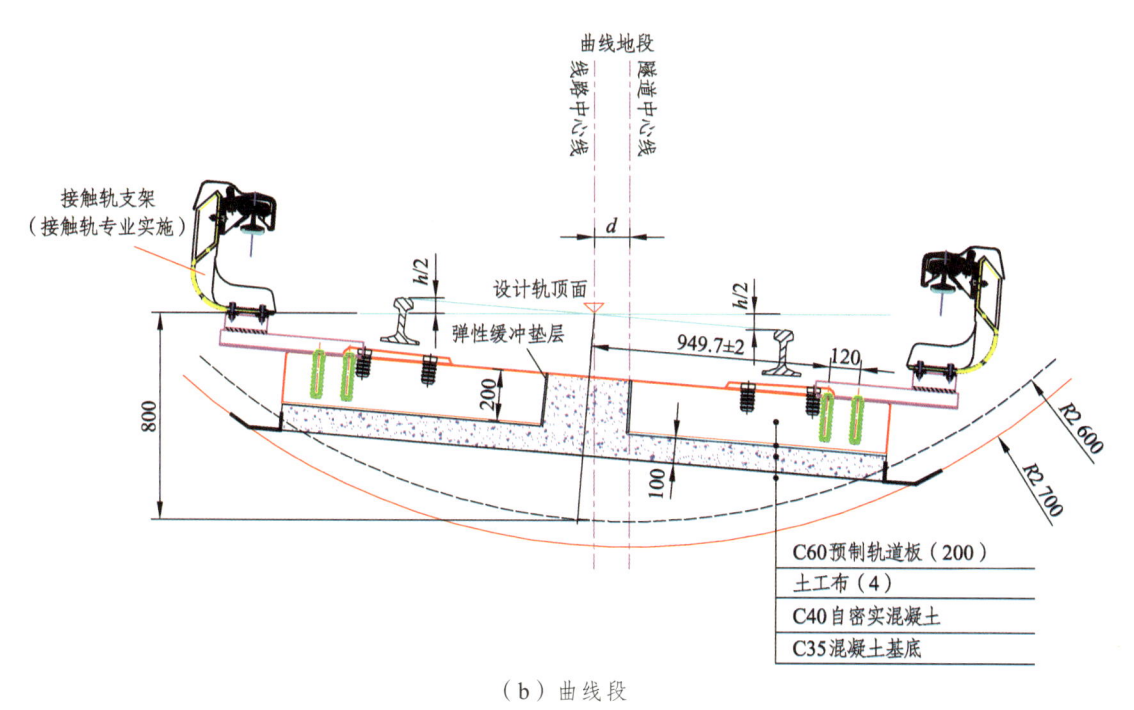

图 4.2-13　山岭隧道普通预制板道床断面设计图（单位：mm）

图 4.2-14　穿山隧道普通预制板道床断面图现场实施情况

2）预制钢弹簧浮置板道床

山岭隧道预制钢弹簧浮置板道床结构如图 4.2-15 所示，其结构组成自上而下分别为钢轨、扣件、预制轨道板、钢弹簧隔振器、水平定位销及 C40 混凝土基底，标准轨道结构高度为 840 mm，曲线段的超高在基底上实现。山岭隧道预制钢弹簧浮置板道床为特殊减振道床，其减振性能要求不低于 10 dB。第三方检测单位现场对比测试表明，相比普通整体道床，预制钢弹簧浮置板道床减振性能为 17.82 dB，现场对比测试结果如图 4.2-16、图 4.2-17 所示。山岭隧道预制钢弹簧浮置板道床在本线的长度共计 1.849 km。

（a）直线段

（b）曲线段

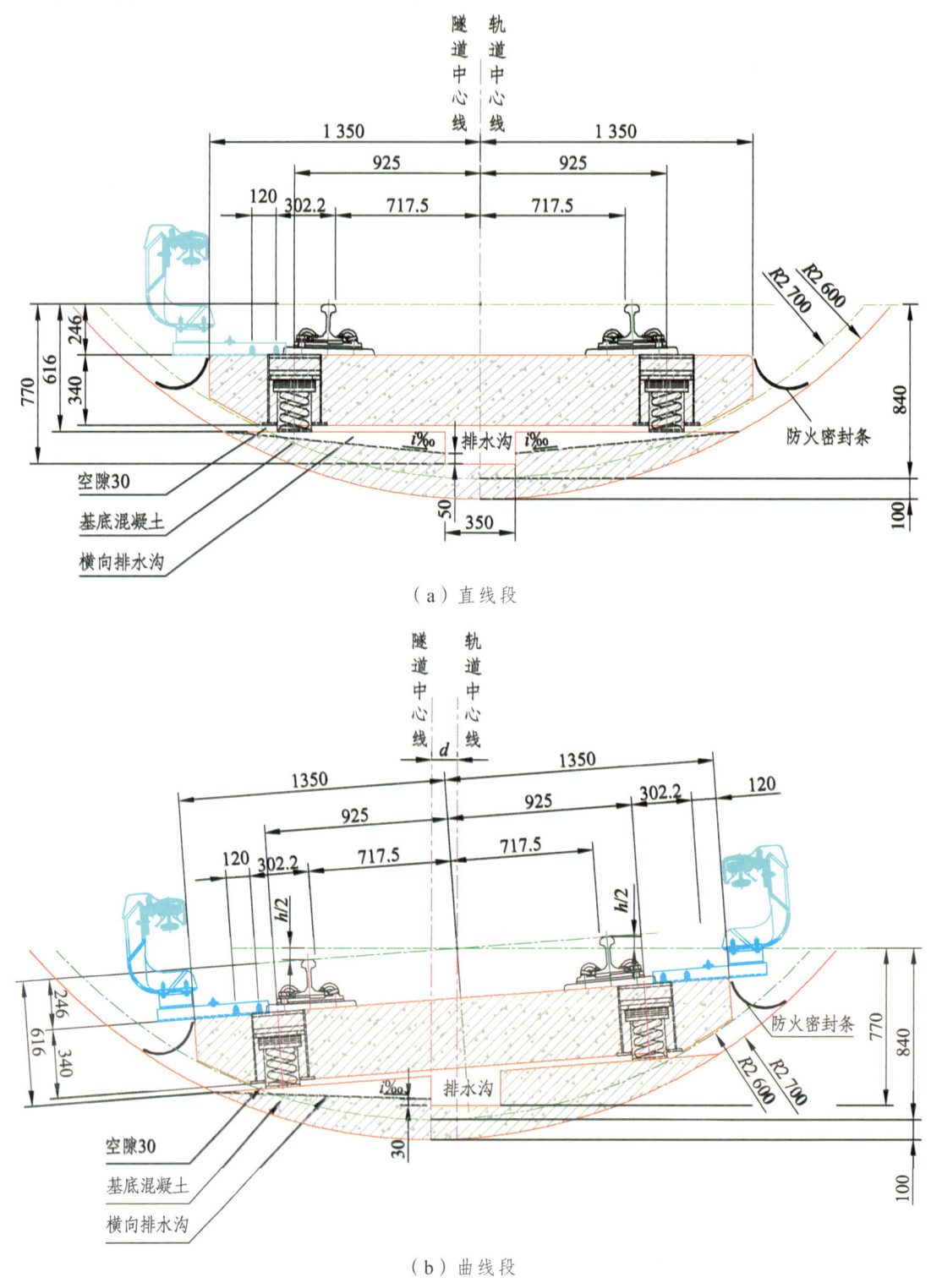

图 4.2-15　山岭隧道预制钢弹簧浮置板道床断面设计图（单位：mm）

图 4.2-16　山岭隧道预制钢弹簧浮置板道床现场实施情况

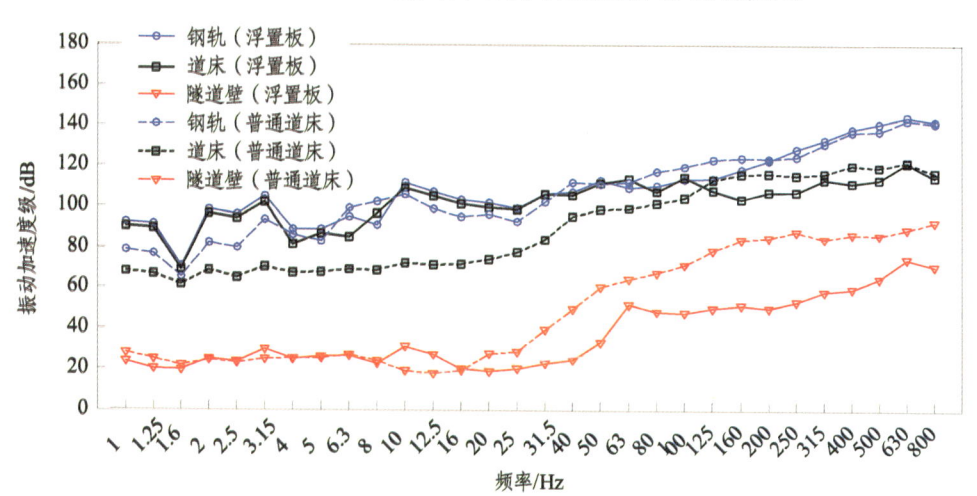

图 4.2-17　山岭山隧道预制钢弹簧浮置板道床与普通整体道床的隧道壁铅垂向振动加速度对比

4.2.2.3　地下及过渡段轨道结构

1）钢筋桁架双块式轨枕整体道床

钢筋桁架双块式轨枕整体道床轨道结构如图 4.2-18 所示，其结构组成自上而下分别为钢轨、扣件、钢筋桁架双块式轨枕、C35 混凝土道床，轨道结构高度为 580 mm、650 mm、900 mm（含最大施工误差），曲线段的超高在道床面上实现。钢筋桁架双块式轨枕整体道床为一般减振道床，该道床在本线的长度共计 10.239 km。钢筋桁架双块式轨枕整体道床现场实施情况如图 4.2-19 所示。

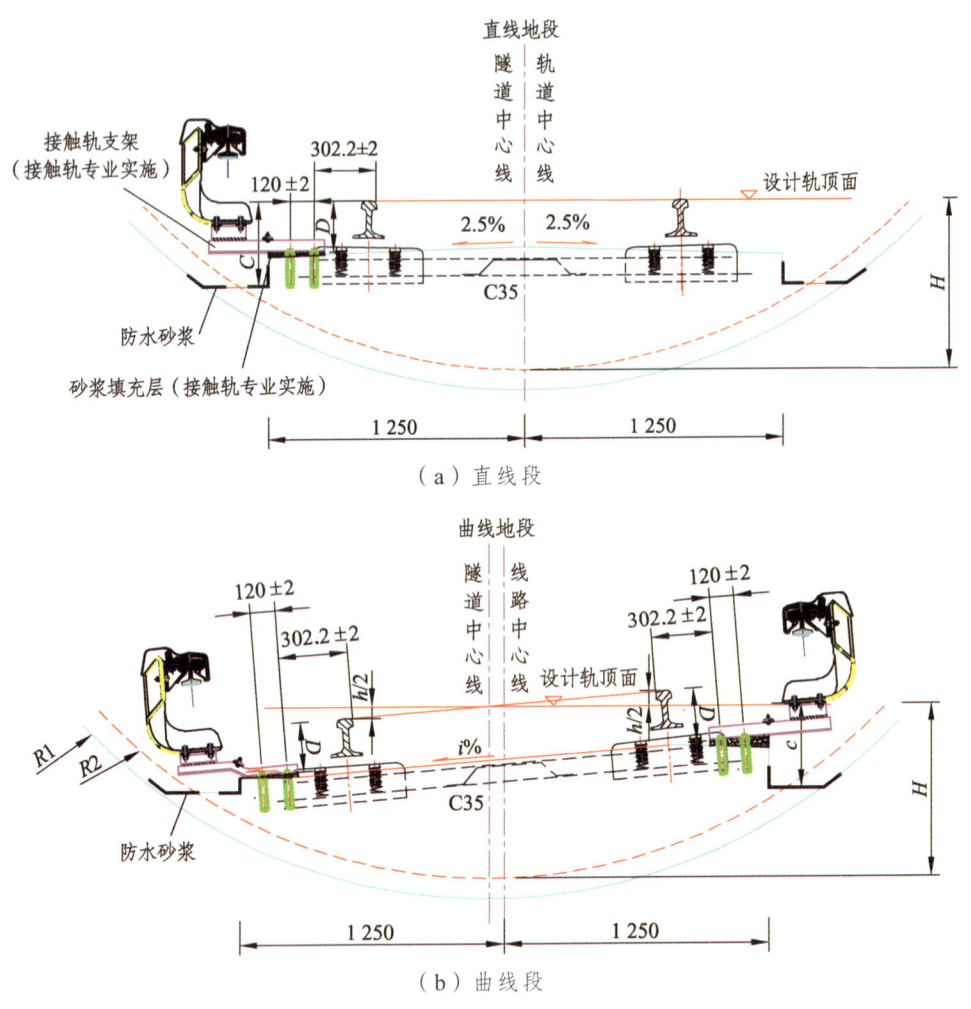

图 4.2-18 钢筋桁架双块式轨枕整体道床断面设计图

图 4.2-19 钢筋桁架双块式轨枕整体道床现场实施情况

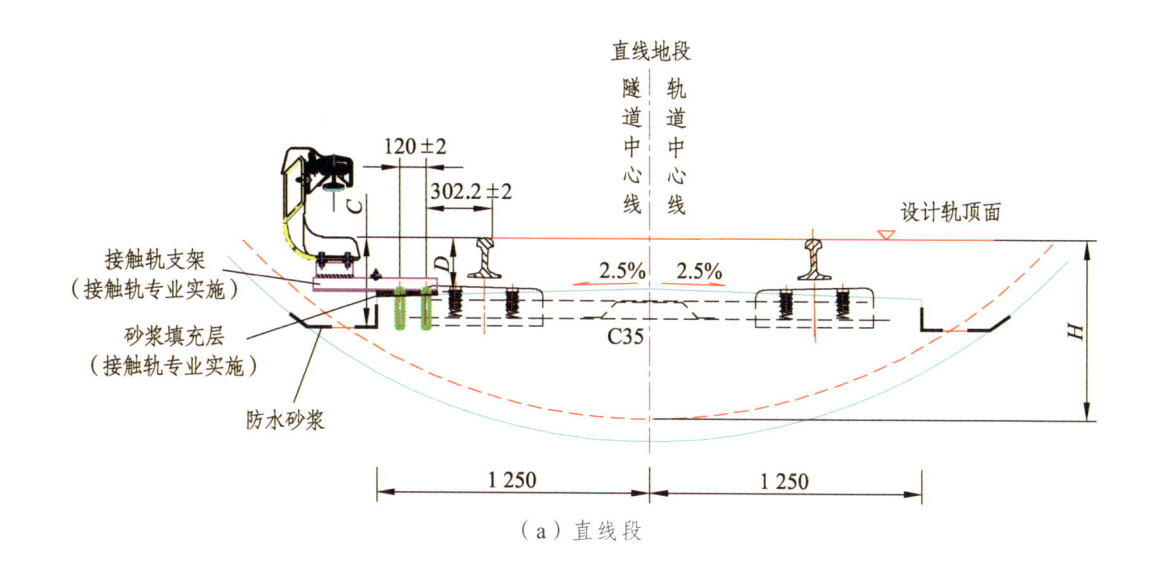

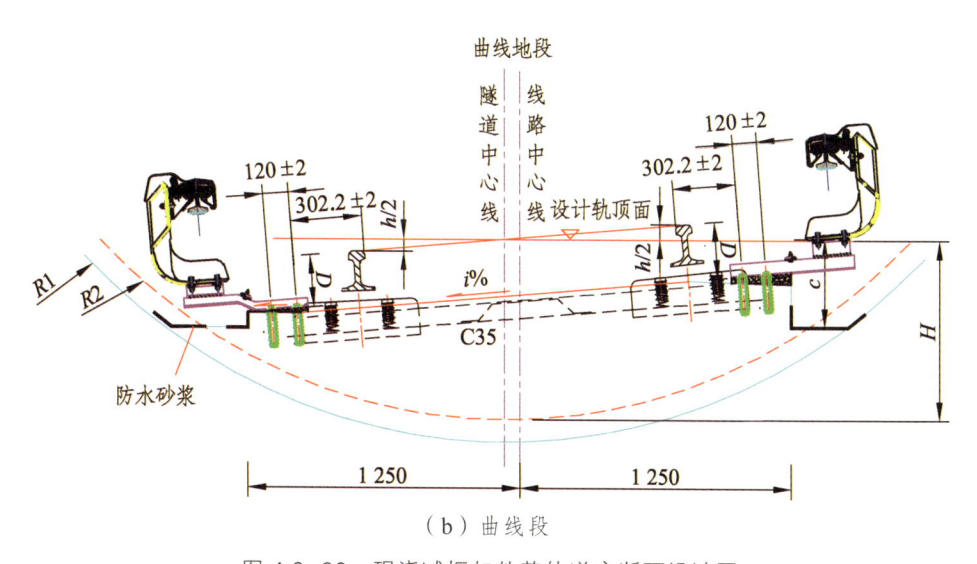

2）现浇减振扣件整体道床

现浇减振扣件整体道床轨道结构如图 4.2-20 所示，其结构组成自上而下分别为钢轨、减振扣件、钢筋桁架双块式轨枕、C35 混凝土道床，轨道结构高度为 580 mm、650 mm、900 mm（含最大施工误差），曲线段的超高在道床面上实现。现浇减振扣件整体道床为中等减振道床，其减振性能要求不低于 5 dB。第三方检测单位现场对比测试结果表明，相比普通整体道床，现浇减振扣件整体道床减振性能为 5.2 ~ 7.6 dB，现场对比测试结果如图 4.2-21、图 4.2-22 所示。现浇减振扣件整体道床在本线的长度共计 1.423 km。

（a）直线段

（b）曲线段

图 4.2-20　现浇减振扣件整体道床断面设计图

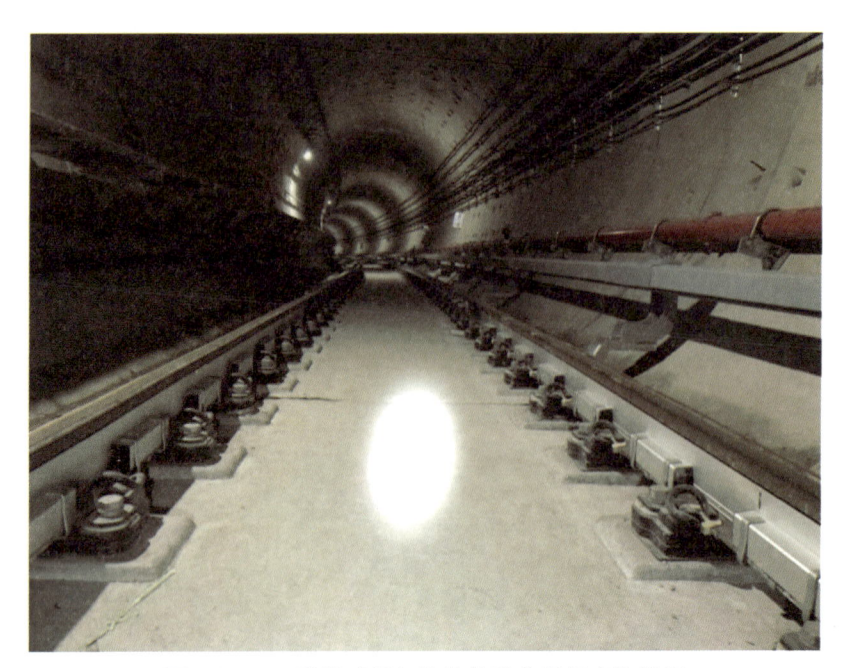

图 4.2-21 现浇减振扣件整体道床现场实施情况

(a) 现浇减振扣件整体道床

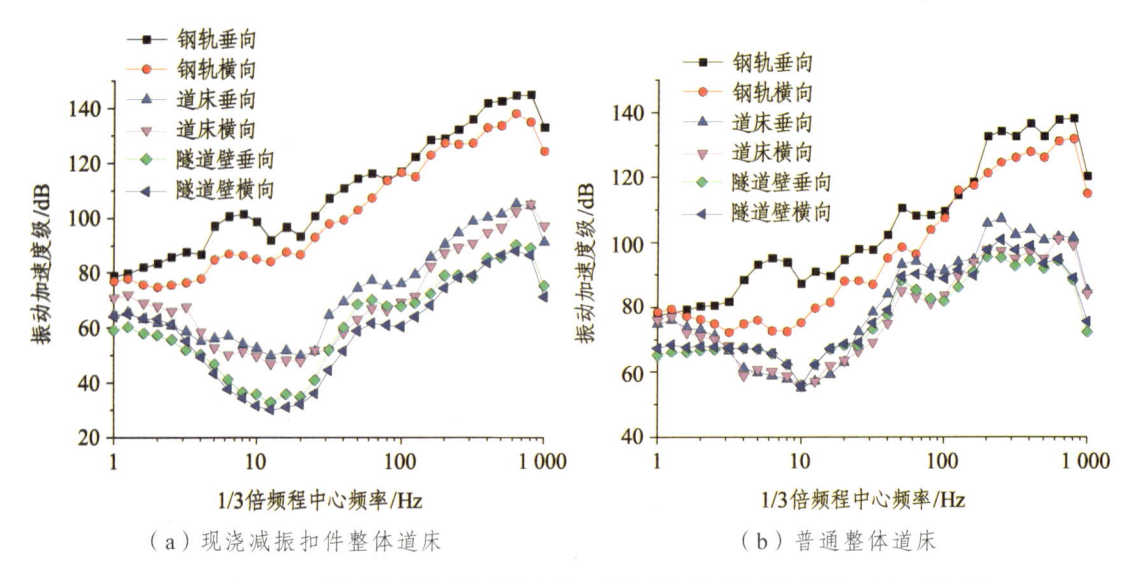

(b) 普通整体道床

图 4.2-22 现浇减振扣件整体道床与普通整体道床的隧道壁铅垂向振动加速度对比

3) 现浇隔振垫浮置板道床

现浇隔振垫浮置板道床轨道结构如图 4.2-23 所示,其结构组成自上而下分别为钢轨、扣件、钢筋桁架双块式轨枕、C40 钢筋混凝土道床板、隔振垫及 C35 钢筋混凝土基底,标准轨道结构高度为 800 mm,曲线段的超高在基底上实现。现浇隔振垫浮置板道床为高等减振道床,其减振性能要求不低于 8 dB。第三方检测单位现场对比测试结果表明,相比普通整体道床,现浇隔振垫浮置板道床减振性能为 14.6 dB,现场对比测试结果如图 4.2-24、图 4.2-25 所示。该道床在本线的长度共计 1.341 km。

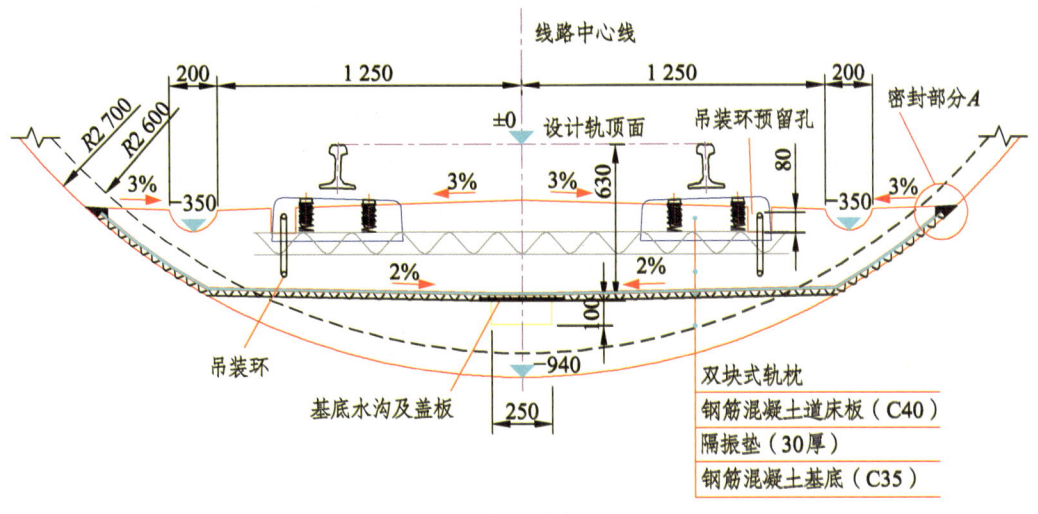

(a) 直线段

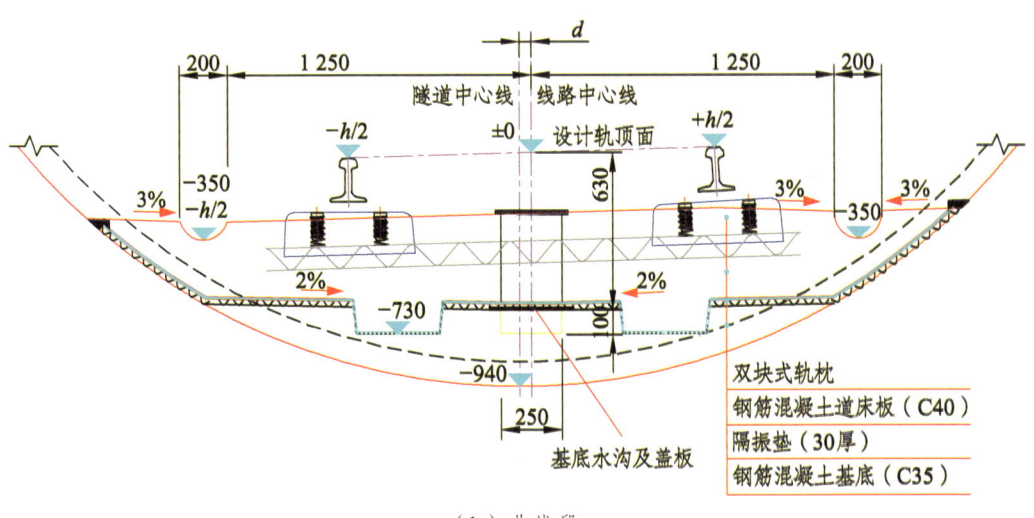

(b) 曲线段

图 4.2-23 现浇隔振垫浮置板道床断面设计图（单位：mm）

4）预制钢弹簧浮置板道床

预制钢弹簧浮置板道床轨道结构如图 4.2-26 所示，其结构组成自上而下分别为钢轨、扣件、预制轨道板、钢弹簧隔振器、水平定位销及 C40 混凝土基底，标准轨道结构高度为 840 mm，曲线段的超高在基底上实现。预制钢弹簧浮置板道床为特殊减振道床，其减振性能要求不低于 10 dB。第三方检测单位现场对比测试结果表明，相比普通整体道床，预制钢弹簧浮置板道床减振性能为 18.25 dB，现场对比测试结果如图 4.2-27、图 4.2-28 所示。该道床在本线的长度共计 0.912 km。

图 4.2-24 现浇隔振垫浮置板道床现场实施情况

图 4.2-25 山岭隧道预制钢弹簧浮置板道床与普通整体道床的隧道壁铅垂向振动加速度对比

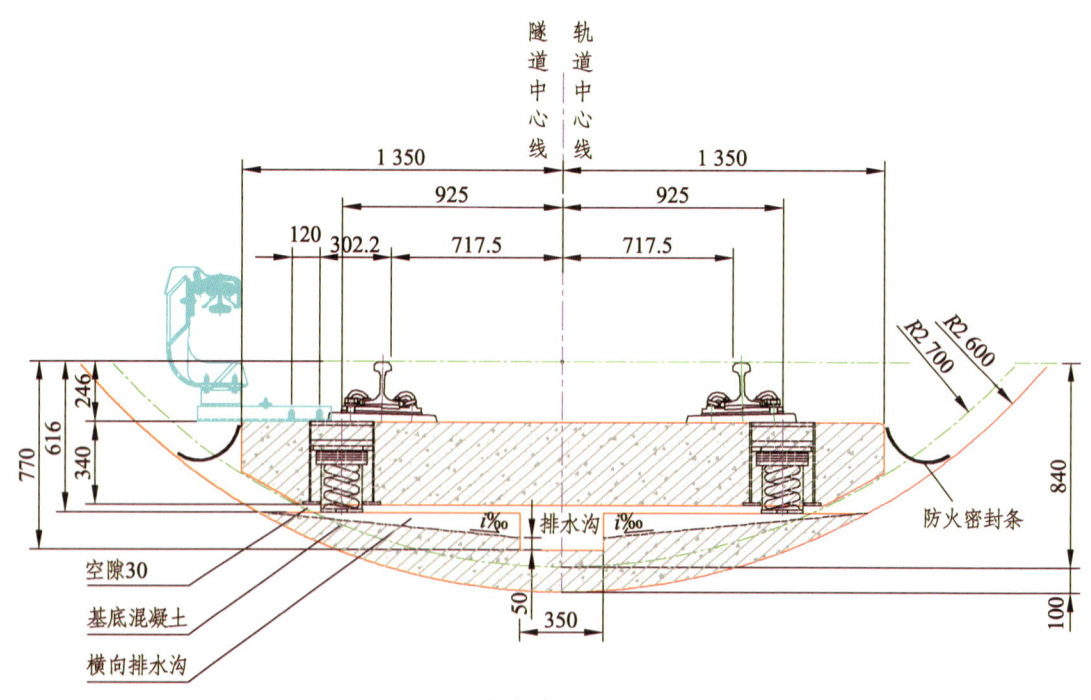

（a）直线段

（b）曲线段

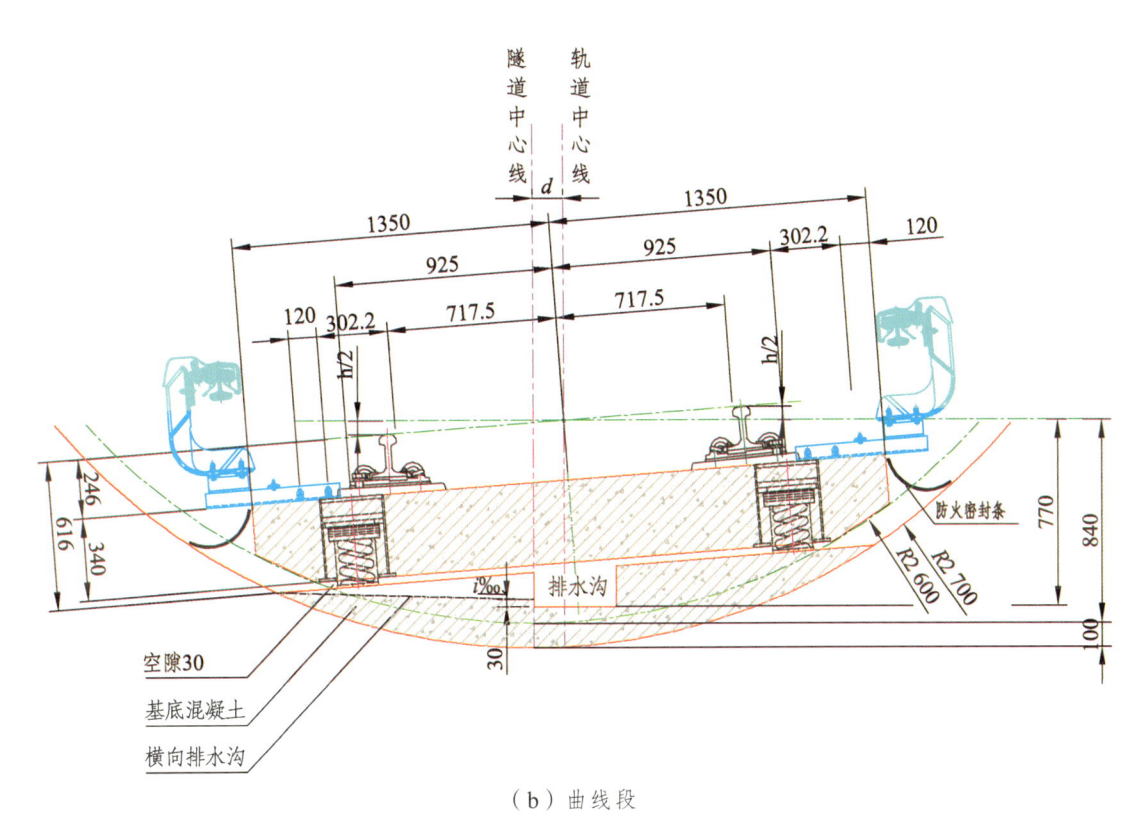

图 4.2-26　预制钢弹簧浮置板道床断面设计图（单位：mm）

图 4.2-27　预制钢弹簧浮置板道床现场实施情况

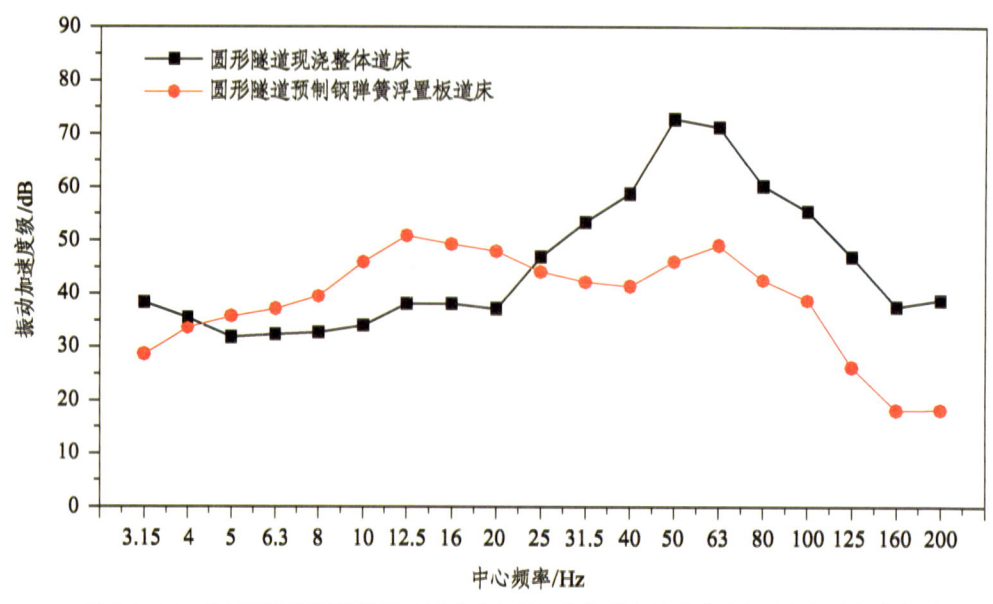

图 4.2-28　地下段预制钢弹簧浮置板道床与普通整体道床的隧道壁铅垂向振动加速度对比

4.3　行车组织方案

4.3.1　预测客流及现状客流

4.3.1.1　预测客流

6号线一期与6号线二期工程（深圳北站—科学馆站）同期于2020年8月开通。根据6号线二期全线客流预测报告（预测范围为松岗站—科学馆站），各设计年度客流预测指标汇总详见表4.3-1。

表 4.3-1　6号线各设计年度客流预测指标汇总

指标	初期	近期	远期
运营线路长度/km	48.6	48.6	48.6
全日客流/万人次	72.3	127.5	174.0
全日换乘客流量/万人次	28.0	48.6	74.5
全日换乘客流比例/%	39	38	43
日客运强度/（万人次/km）	1.5	2.6	3.6
日平均运距/km	13.4	13.2	11.9
高峰小时客流/（万人次/h）	12	20.1	26.7
高峰小时系数/%	17	16	15
早高峰断面/（万人次/h）	2.9	4.2	4.5
晚高峰断面/（万人次/h）	2.7	3.9	4.4

同时，全线初期早高峰最大客流断面出现在阳台山东站——元芬站区间，达到29351人次/h，晚高峰最大客流断面出现在红山站—上芬站区间，达到27250人次/h。具体如图4.3-1所示。

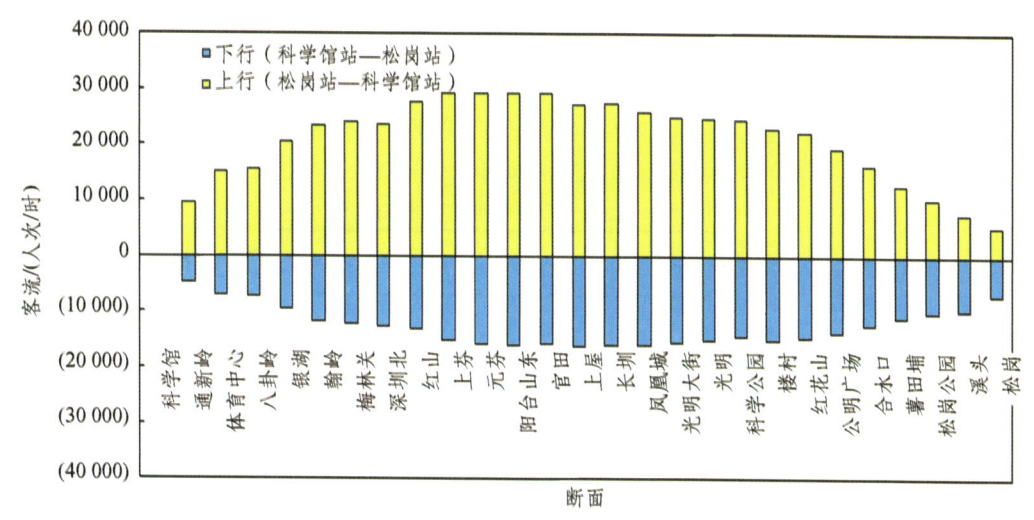

图 4.3-1　轨道交通 6 号线初期早高峰上下客流及断面量

4.3.1.2　现状客流

至 2023 年 3 月，6 号线日均客运量 47 万人次，平均运距 13.6 km，客流潮汐性强，最大断面位于上行方向上芬站—红山站区间，达 3.1 万人次/h，如图 4.3-2 所示。

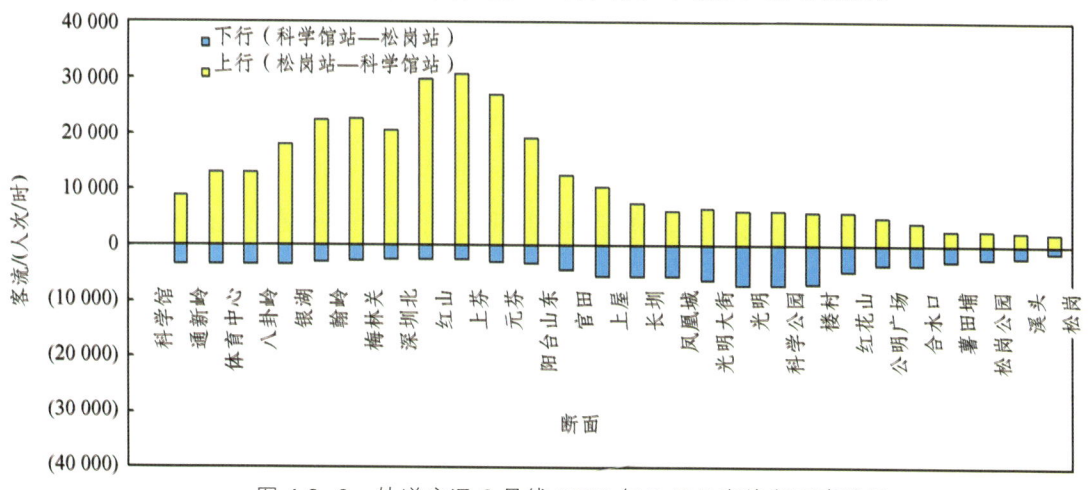

图 4.3-2　轨道交通 6 号线 2023 年 3 月早高峰断面客流量

4.3.2　行车组织

4.3.2.1　车辆制式选择

6 号线工程设计时，预测的远期客流量级为 4.1 万人次/h；6 号线二期延伸至科学馆后，预测的远期客流量级为 4.5 万人次/h。两次预测 6 号线均属大运量轨道交通项目。由于当时深圳线网中以 A 型车为主，从车辆资源共享、运能、环境影响及城市景观多方面考虑，最终 6 号线车辆制式推荐采用 DC 1500 V 三轨地铁 A 型车 6 辆编组。

4.3.2.2　列车运行交路

根据客流断面数据，北端至松岗公园站—薯田埔区间回落至 1/2 断面以下，此站距离线路末端松岗站仅 3 站 4 km，且未设置折返线，故不在线路北端设小交路；同时，远期线路南端至八卦岭—体育馆区间后回落至 1/2 断面以下，而二期工程换乘最大的车站为科学馆站，故从换乘便利性角度考虑，线路南端交路折返点选择在科学馆站是较为合理的。进行 6 号线二期设计时，统筹考虑了松岗站—科学馆站，其结合客流特征，初、近、远期推荐采用单一交路，如图 4.3-3 所示。

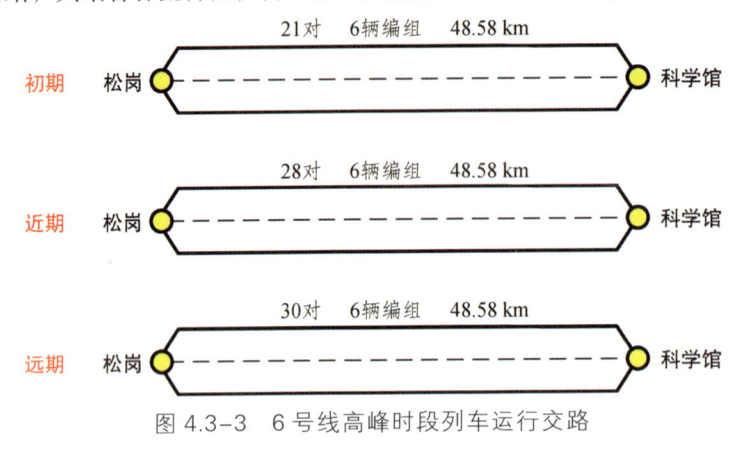

图 4.3-3　6 号线高峰时段列车运行交路

4.3.2.3　车站辅助配线

1）设计方案

综合考虑 6 号线列车运行交路、车辆基地布置及出入线接轨方案、列车运营期间列车故障工况，6 号线全线辅助配线如图 4.3-4 所示。

2）重点车站配线

6 号线采用集中设段的方案，车辆基地选址位于光明新区长圳站西侧。鉴于贯通式车辆基地布置对周边土地及道路交通等方面影响较大，推荐车辆基地采用尽端式布设方式，两条出入段线均从观光站南端接出，为满足全线收发车作业的顺畅和运营成本控制，设计过程中重点研究双向收发车的接轨方案。

（1）方案一：接轨站单岛形式（图 4.3-5）。

① 本方案出入段线具备上、下行方向双向的收发车功能，在正常运营状态下，发往下行方向的出段列车可直接通过出段线将列车发至接轨站；发往上行方向的出段列车则需在接近接轨站时通过交叉渡线进入段线停稳，办理道岔解锁后向上行区间发出，该方向发车同样可通过入段线往上行区间发车。

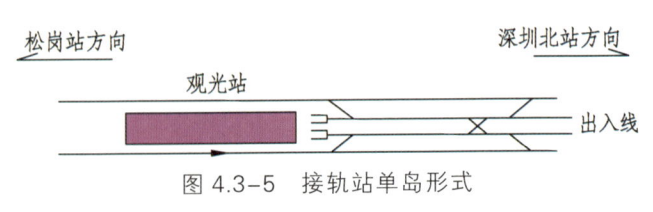

图 4.3-5　接轨站单岛形式

② 本方案接轨站为单岛，车站规模最小（站台宽度为 10 m，车站总宽度为 17.6 m，车站及道岔区影响长度约为 500 m），且车站施工对周边环境影响较小。

（2）方案二：接轨站双岛三线（图 4.3-6）。

① 本方案出入段线具备上、下行方向双向的收发车功能，在正常运营状态下，出段列车通过出段线将列车发至接轨站中间停车线，可办理双方向的上客作业，并向双方向发车；其缺点是上、下行发车均需利用中间股道，能力受到一定影响。

4.3 行车组织方案

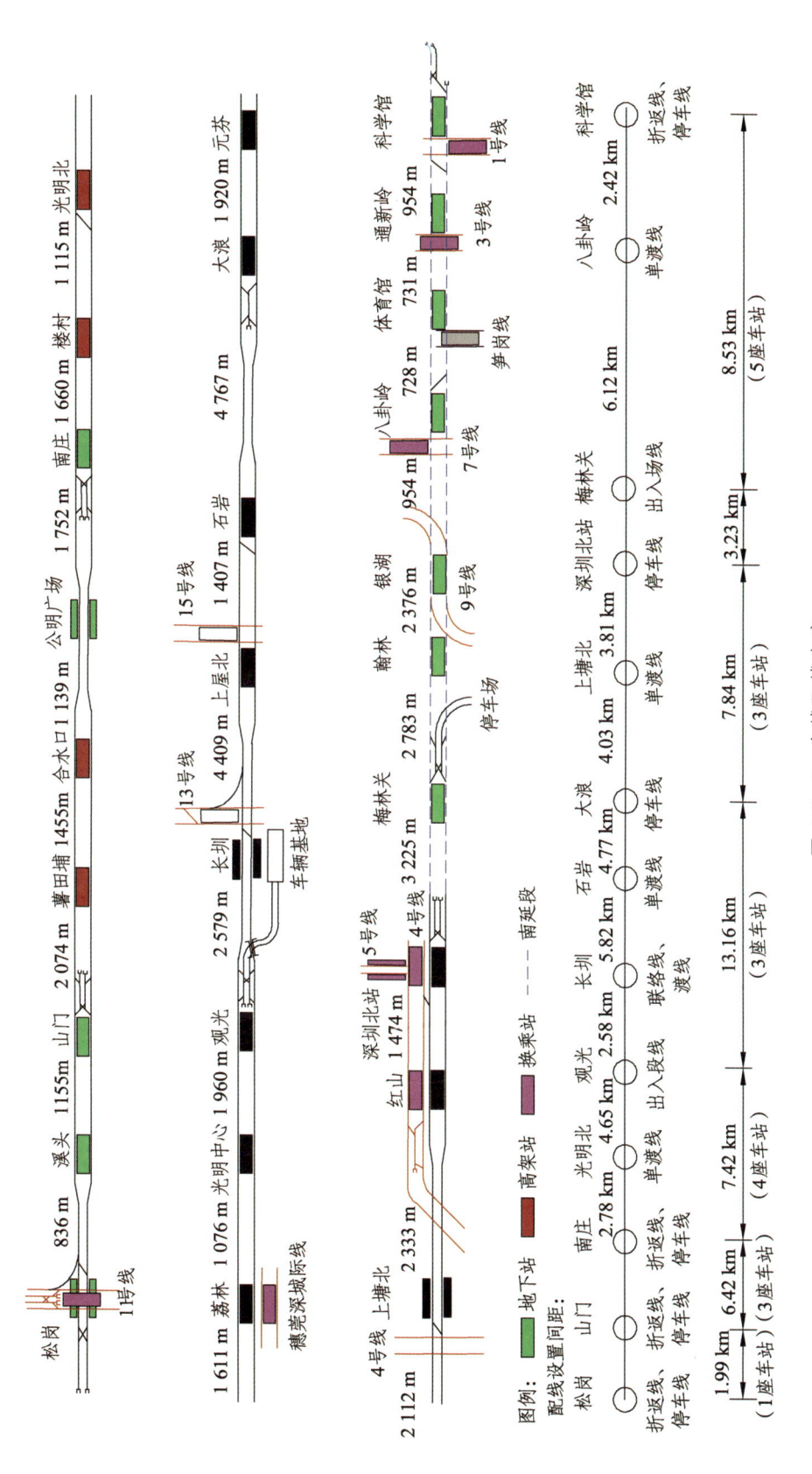

图 4.3-4 全线配线方案

图 4.3-6　接轨站双岛三线

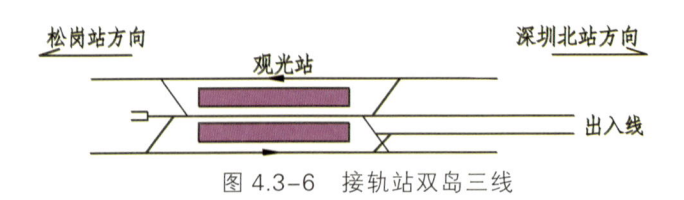

② 本方案接轨站为双岛三线，站台宽度为 9 m，车站总宽度约为 28.8 m，车站及道岔区影响长度约为 470 m，车站规模较大，施工范围对周边环境影响较大。

（3）方案三：接轨站双岛四线（图 4.3-7）。

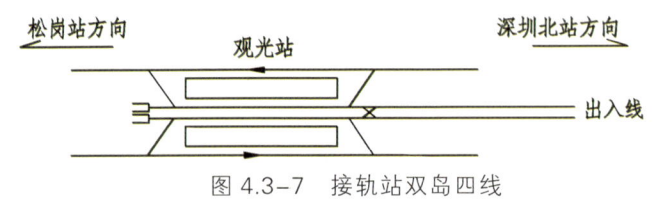

图 4.3-7　接轨站双岛四线

① 本方案出入段线具备上、下行方向双向的收发车功能，在正常运营状态下，发往下行方向的出段列车可直接通过出段线将列车发至接轨站下行站台；发往上行方向的出段列车则需在接近接轨站时通过交叉渡线停靠上行站台，该方向发车同样可通过入段线发车至上行站台。

② 本方案接轨站为双岛三线，站台宽度为 9 m，车站总宽度约为 33.8 m，车站及道岔区影响长度为 420 m，车站规模最大，施工范围对周边环境影响较大。

双向接轨车站配线方案比选见表 4.3-2。

表 4.3-2　双向接轨车站配线方案比选

方案名称	功能	车站宽度/m	车站及道岔区影响长度/m	规模
方案一	满足	17.6	500	小
方案二	满足	28.8	470	中
方案三	满足	33.8	420	大

综合以上分析，以经济、实用、满足基本功能要求为原则，尽量简化，避免浪费，在满足双方向收发车功能的需求上，鉴于接轨站为高架站，从减小车站体量、降低对环境景观和道路交通影响、减少工程代价的角度出发，6 号线长圳车辆基地接轨方案采用单岛接轨方案。

我们对单岛接轨方案的顺向和反向收发车能力进行了分析，分析结果说明单岛双向接轨方案的顺向和反向收发车均可以满足系统能力要求；并且反向收发车引起的列车追踪间隔的缩短不会影响后续列车的正常运营。

我国在城市轨道交通建设过程中，逐渐面临城市扩张和地铁建设用地紧张的局面。本项目设计中提出的单岛接轨双向收发车配线方案，不仅可以减少列车收发车的空跑，降低某个方向接轨道岔故障对正常运营的影响；还可以大大降低工程造价和对周边环境的影响，为后续地铁规划建设提供了很好的示范效果。

4.4　建筑与景观方案

4.4.1　车站概况

深圳地铁 6 号线一期工程全线设站 20 座（表 4.4-1），其中 15 座高架站，5 座地下站。6

号线一期工程分别与广深港客运专线、4号线、5号线、6号线支线、11号线、13号线、18号线（规划）换乘，共设置换乘车站8座。

表 4.4-1　车站概况

	车站名称	站台形式	层数	换乘线路	出入口、风亭数量
1	深圳北站	13 m 岛	高架3层	4号线、5号线、国铁	无
2	红山站	12 m 岛	高架3层	4号线	4个出入口
3	上芬站	10 m 岛	高架3层	无	4个出入口
4	元芬站	10 m 岛	高架3层	无	4个出入口
5	阳台山东站	10 m 岛	高架3层	无	3个出入口
6	官田站	10 m 岛	高架3层	无	4个出入口
7	上屋站	12 m 岛	高架3层	13号线	4个出入口
8	长圳站	6 m 侧	高架3层	18号线	4个出入口
9	凤凰城站	13 m 岛	高架4层	13号线	4个出入口
10	光明大街站	11 m 岛	高架3层	无	3个出入口
11	光明站	12 m 岛	高架3层	6号线支线	4个出入口
12	科学公园站	10 m 岛	高架3层	无	4个出入口
13	楼村站	10 m 岛	高架3层	无	4个出入口
14	红花山站	12 m 岛	地下2层	无	6个出入口 2组风亭
15	公明广场站	6 m 侧	地下1层	13号线	4个出入口 2组风亭
16	合水口站	10 m 岛	高架3层	无	4个出入口
17	薯田埔站	10 m 岛	高架3层	无	4个出入口
18	松岗公园站	10 m 岛	地下2层	无	4个出入口 2组风亭
19	溪头站	10 m 岛	地下2层	无	4个出入口 2组风亭
20	松岗站	6 m 侧	地下3层	11号线	4个出入口 4组风亭

4.4.2　车站规模

6号线以远期超高峰小时客流量为依据，根据列车长度和限界要求，满足乘客乘车和集散安全以及车站运营管理需要，并综合考虑其所处的地理位置、地面交通情况、车站性质以及远期发展规划等因素合理确定车站规模。

车站超高峰系数根据车站规模、车站周围用地情况（商业类、文体、枢纽等）等所决定的客流性质不同分别取 1.1~1.4。为了有效控制工程造价，设计时对本线各车站进行规模和功能分析。本线主要以高架车站为主，下面重点介绍高架车站和换乘车站设计，以及车站综合开发方案。

4.4.2.1　高架车站

站位的设置综合考虑其所处的地理位置、地面交通情况、地下管线位置，以及远期发展规划等因素。为了乘客乘车便捷，除个别车站形式为侧式站台外，其余各车站均为岛式站台，如图 4.4-1 和图 4.4-2 所示。站台计算长度为 140 m，站厅层共设 4 个出入口通道，车站两端布置设备和管理用房。

站厅公共区设置两个非付费区，分别位于车站中部两侧，两个非付费区通过通道连通，付费区位于站厅中间；两端头分别设置一组楼扶梯，解决站台层与站厅层的垂直交通需求，如图 4.4-3 和图 4.4-4 所示。该种站厅布置形式引导性强，既便于识别又使进出站客流有一定缓冲空间，而且满足人流过街的功能要求。

第4章 主要技术标准与工程方案

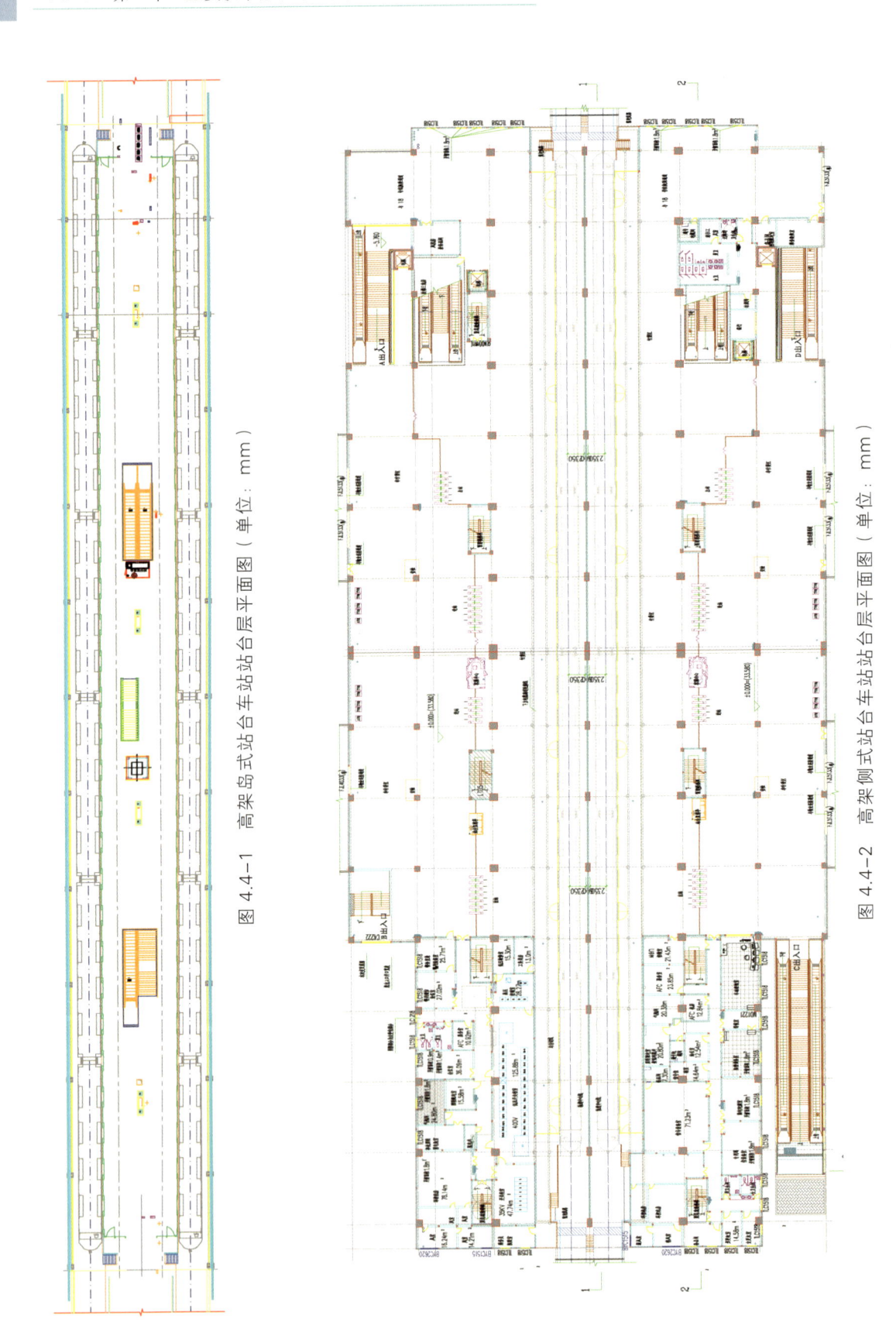

图 4.4-1 高架岛式站台车站站台层平面图（单位：mm）

图 4.4-2 高架侧式站台车站站台层平面图（单位：mm）

4.4 建筑与景观方案　075

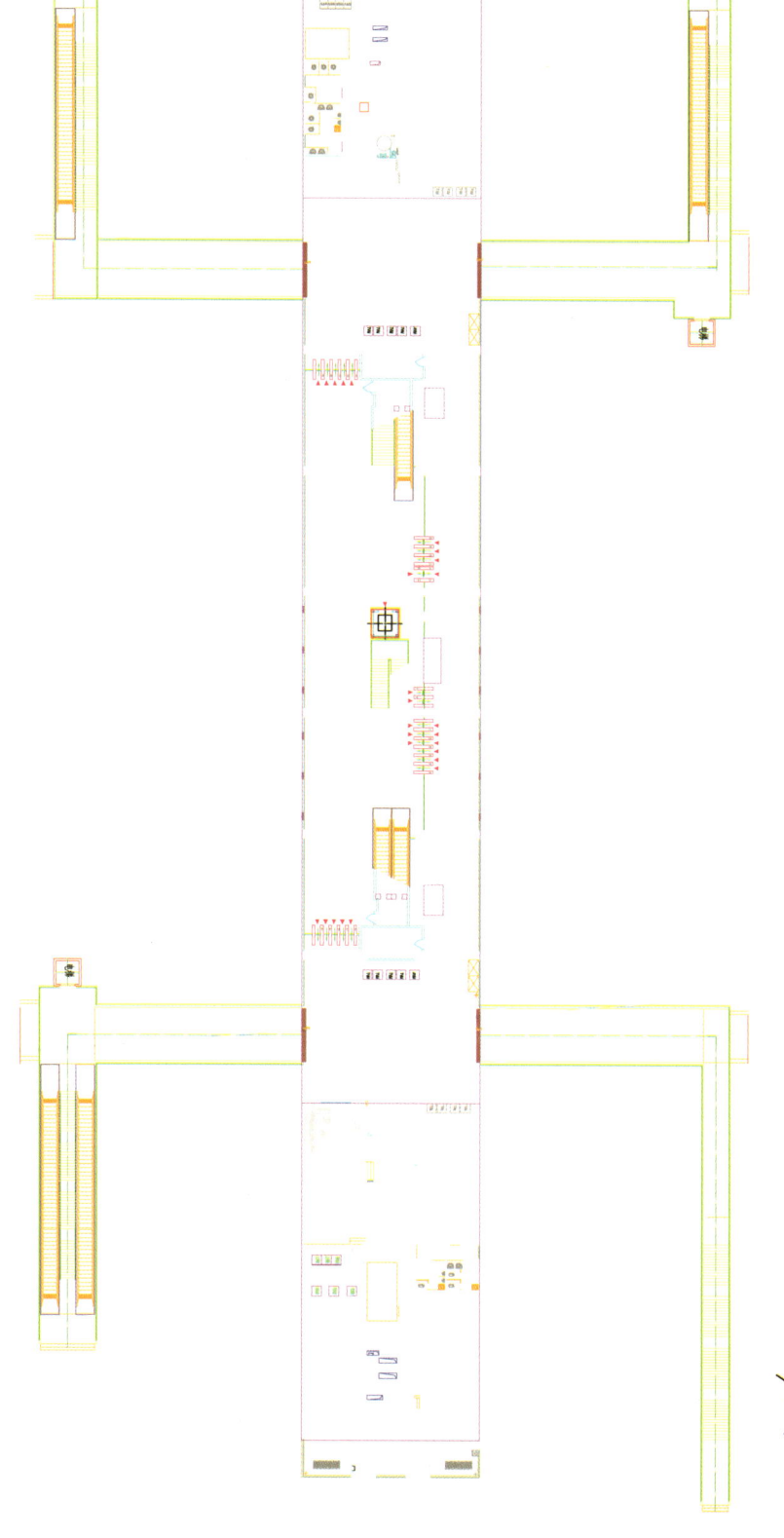

图 4.4-3　高架岛式站台车站站厅层平面图

第4章 主要技术标准与工程方案

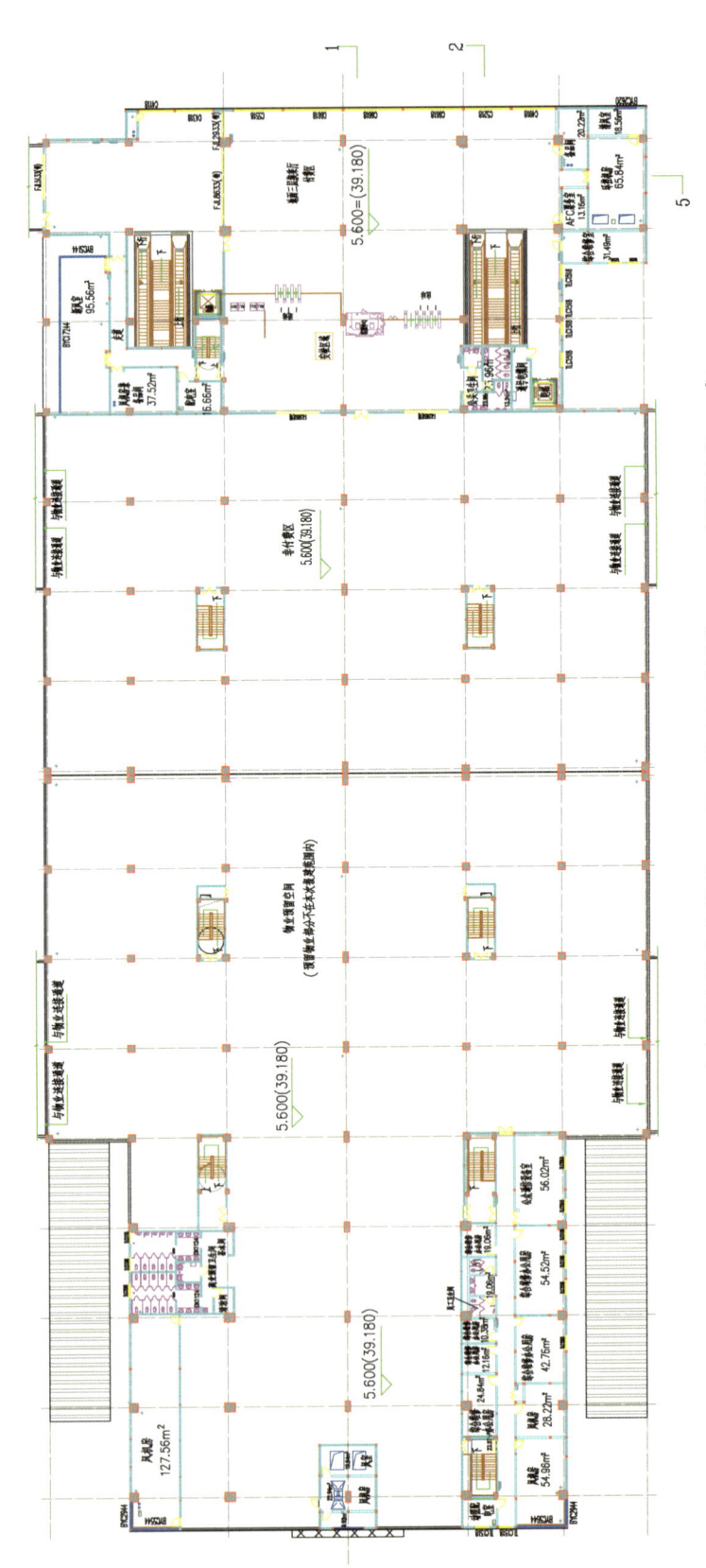

图 4.4-4 高架侧式站台车站站厅层平面图（尺寸单位：mm；面积单位：m²）

侧式站台车站站厅层由于楼扶梯沿车站外侧分别设置，导致非付费区不能连通或者付费区分离。乘客需在站厅选择好方向，以免上错站台。

高架车站采用半开敞式屋盖，能有效减小雨水对站台的影响，并确保站台的自然通风，如图 4.4-5 和图 4.4-6 所示。

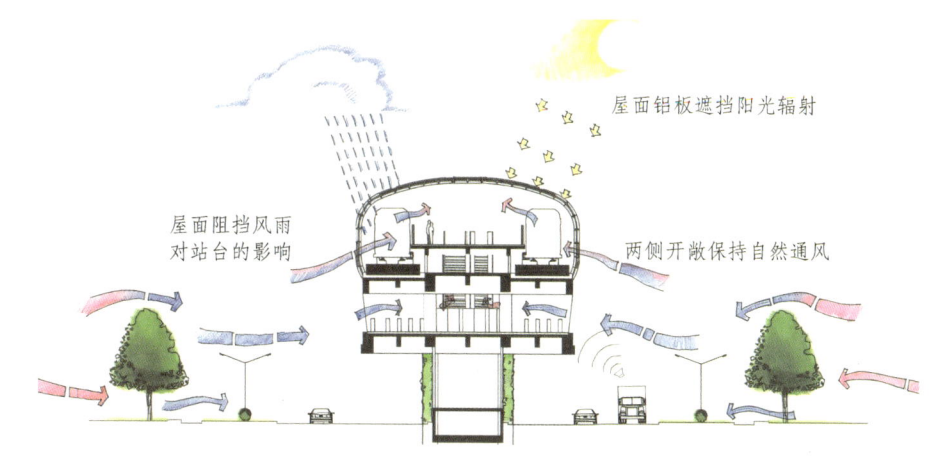

图 4.4-5　高架车站断面图（抗风雨）

图 4.4-6　岛式高架车站与区间实施效果

4.4.2.2　换乘站方案研究

6 号线与 4 号线、5 号线、6 号线支线、11 号线、13 号线、18 号线及广深铁路有换乘关系。全线 20 个车站中有 8 个为换乘站，占全线车站总数的 40%。换乘站数量多、换乘线路多、换乘方式多、换乘站比例高是本线设计的特点。结合线网规划情况，本线的 8 个换乘站分别采用如下换乘方式：

1）岛-侧换乘站：松岗站

11 号线为 14 m 岛式站台车站，6 号线为 6 m 侧式站台车站，如图 4.4-7。

2）平行站厅换乘车站：深圳北站、光明站（原荔林站）

深圳北站为 6 号线和 4 号线换乘站，换乘方式为站厅换乘。

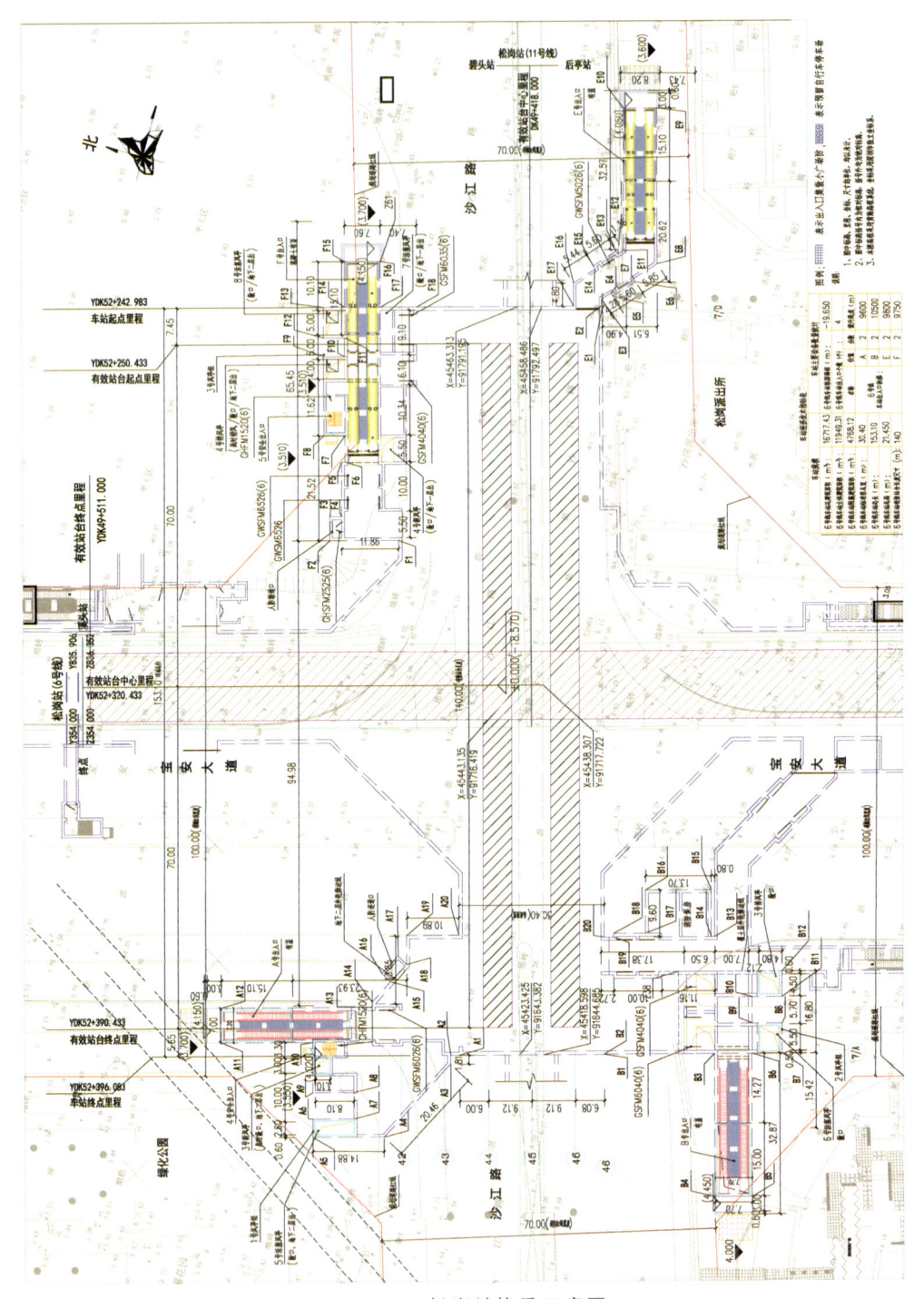

图 4.4-7 松岗站换乘示意图

光明站为 6 号线与 6 号线支线换乘车站，换乘方式为站厅换乘，如图 4.4-8 所示。

3）通道平行换乘：红山站

6 号线红山站与 4 号线红山站平行修建，两站站厅采用 4 个 6 m 宽通道相连，如图 4.4-9 所示。

4.4 建筑与景观方案

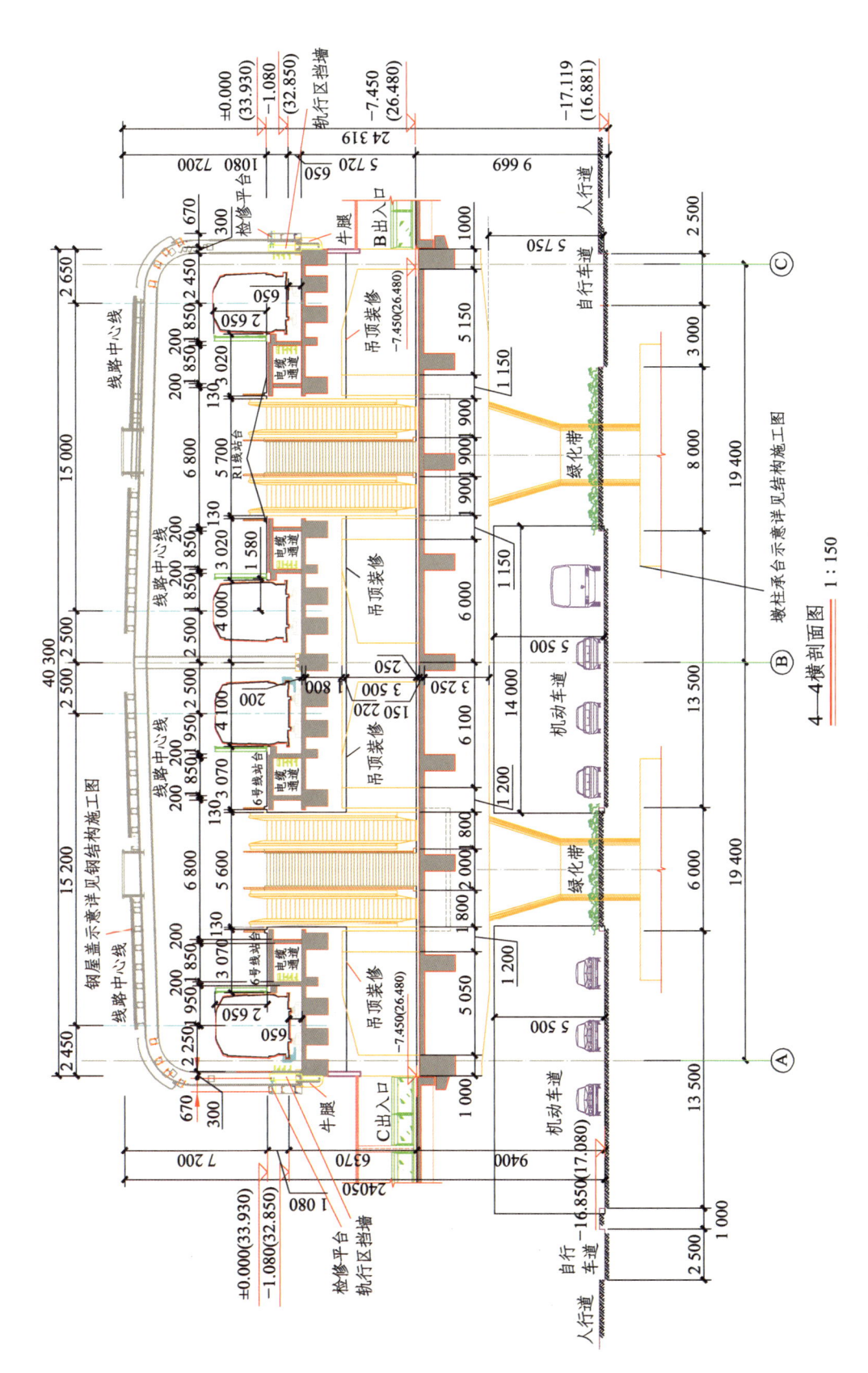

图 4.4-8　光明站剖面图（尺寸单位：mm；标高单位：m）

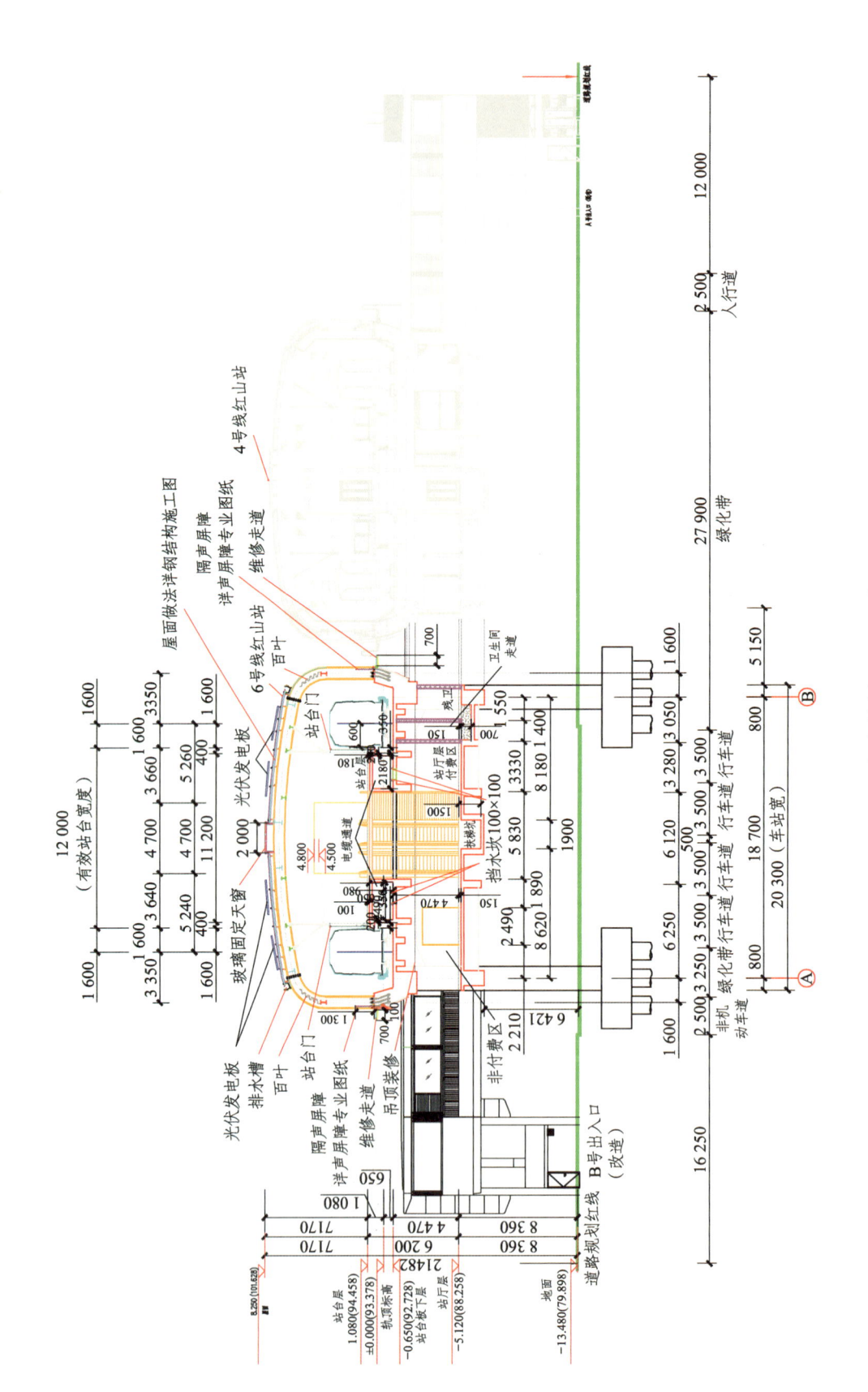

图 4.4-9 红山站剖面图（单位：mm）

4）预留换乘条件：上屋站、长圳站、凤凰城站、公明广场站

长圳站与规划的轨道交通 18 号线换乘，18 号线建设时序较晚，线路走向尚不明确，因此采用预留换乘条件的方式。长圳站地面二层预留换乘接口，待 18 号线确定后进行连接。

上屋站、凤凰城站、公明广场站与轨道交通 13 号线换乘，两线建设时序不同，因此先期实施的 6 号线采用预留换乘条件方式，待 13 号线实施时，通过接口改造实现通道换乘。

4.4.2.3 车站物业开发及综合利用

1）车站内部的物业开发

轨道交通成为城市生活重要的组成部分，人们可以通过车站快速到达城市的商业中心、办公地点以及居住地，站内设置小商业，既可以起到方便乘客的作用，也提升了地铁的使用价值，如图 4.4-10 所示。

图 4.4-10 地铁站点内小商业

2）车站与周边物业接口

深圳地铁 6 号线一期工程位于"关外"的龙华区、光明区及宝安区，现状车站周边多为空地、旧村及工业厂房，可以预见在不远的将来，周边用地属性存在调整可能。对片区层面而言，与地铁站连通可建立轨道、公交、步行无缝衔接的立体慢行系统；对周边地块而言，在与地铁相连后，客流可以通过站厅层直接进出周边地块。

为进一步提高地铁可达性，激发片区商业活力，提升乘客进出地铁舒适性，降低地面客流压力，提升城市街道品质，促进城市地下空间有效开发利用，有必要加强地铁站点与周边地块及公共设施连通。考虑到可能存在和周边物业相接驳的情况，设计时在所有出入口均预留了接口条件。截至 2020 年 8 月通车，已经先后有红山站、上芬站、阳台山东站、上屋站、长圳站、凤凰城站、光明大街站、光明站、公明广场、松岗站共 10 座车站完成物业接驳连通设计或施工。随着 6 号线客流的逐步提升，地铁客流势必会给这些商业带去大量人流，同时商业人流也将反哺地铁客流，从而做到地铁和商业的"双赢"，如图 4.4-11～图 4.4-13 所示。

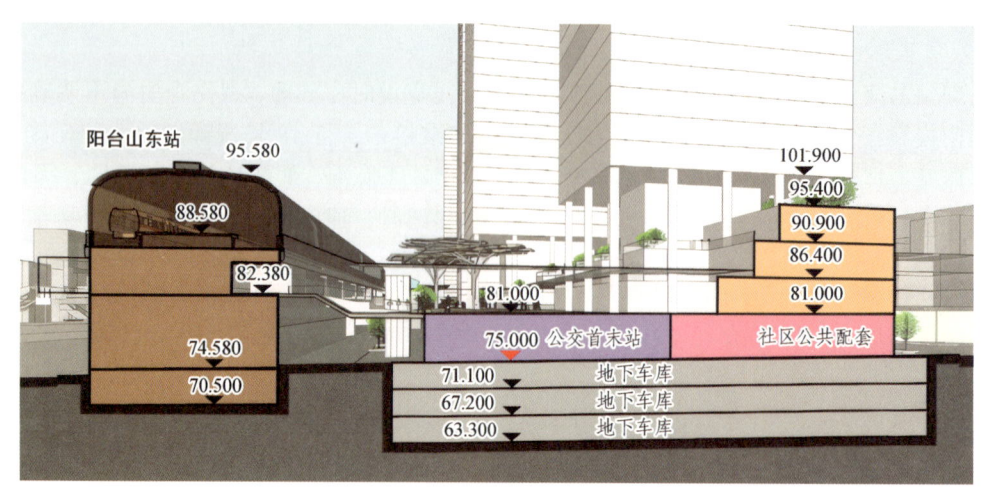

图 4.4-11　阳台山东站与赖屋山城市更新项目接驳（单位：m）

图 4.4-12　阳台山东站与赖屋山城市更新项目接驳

图 4.4-13　凤凰城站与龙光玖龙台项目接驳

4.4 建筑与景观方案　083

3）站城一体化设计（长圳站）

城市轨道交通中的重要车站不仅是城市交通的重要节点，也是城市发展的关键推动力量。站城一体化设计的重要性不言而喻。它不仅可以优化城市空间布局、完善城市立面、提高城市运行效率，还可以提升城市形象和吸引力。它旨在将城市轨道交通枢纽与城市空间进行深度融合，以实现高效、经济且与城市高度一体化的交通站综合区域。

在站城一体化的设计过程中，首先需要规划及交通运输部设计部门对轨道交通片区有足够的认识和理解作为片区开发的前置条件；同时，需要政府、企业和社会各方的共同努力，充分利用城市轨道交通站周边的土地资源，将其打造成为集商业、文化、娱乐等多功能于一体的综合区域。这样不仅可以最大限度地利用城市空间，维持城市的可持续发展，还可以满足居民的多元化需求，提升城市的生活品质。同时，通过科学合理的规划，可以确保城市轨道交通站与城市空间的无缝衔接，实现真正意义上的"站城一体化"。

深圳轨道交通 6 号线沿线物业综合开发研究希望能基于现有城市规划，结合轨道交通引导城市开发（TOD）的理念、市场情况和趋势及创新思维，优化沿线土地的规划，使其能达到利用轨道交通带动新区发展并提升客流和土地利用价值的目的。根据相关 TOD 理念，针对长圳站、长圳车辆段以及政府保障用房项目进行物业发展组合的相关研究。

光明新城位于深圳西北部，定位为"深圳绿色城市示范区"，重点发展高新技术产业，如图 4.4-14 所示。光明新城未来将承担深圳西部地区重要的城市副中心职能。轨道交通 6 号线，将成为带动中部地区尤其是光明新城发展的核心引擎。长圳站为规划地铁 6 号线与 18 号线换乘站，光明新城南部门户之一。长圳站位于光明高新技术产业园西片区，未来将是 6 号线沿线产业发展走廊的中枢节点，处于光明新区产业总体布局的门户区。在轨道交通的带动和吸附作用下，该区域将集聚目前光明高新产业发展所最需要的配套服务设施。在地铁 6 号线、18 号线、高铁等大型公共交通设施建设的推动下，光明高铁站、长圳站、观光站地区将共同构成高新区地区公共中心发展主体结构。长圳站将为高新区提供居住、商业休闲、办公等综合性服务，辐射光明新区南部交通枢纽。深圳地铁 6 号线车辆基地将选址于长圳站地区，位

图 4.4-14　长圳站周边产业定位

于 6 号线以西、南北向布局、双向进出线。同时，规划轨道交通 18 号线东西向沿光侨路穿过长圳站地区，并设站一处。长圳站地区未来将成为集车辆基地、轨道换乘枢纽于一体的综合枢纽地区。

在轨道交通的带动和吸附作用下，长圳站将集聚目前光明高新产业发展、人口集聚所急需的各类配套服务设施。在规划能级方面，长圳站将发展成为光明高新区西片区的片区级中心，发展多元化服务功能。在交通能级方面，长圳站作为 6 号线与 18 号线换乘站、光明新城南部"入口"，紧邻光明高铁站，将形成为光明新区南部服务的片区公共交通枢纽，接驳区域交通，如图 4.4-15 所示。综上，结合地铁站点综合开发带来的城市公共功能和建筑空间集聚效应，长圳站地区综合定位为光明新区城市门户区组成部分、产业发展走廊中枢节点、多元化的城市综合体，如图 4.4-16 所示。

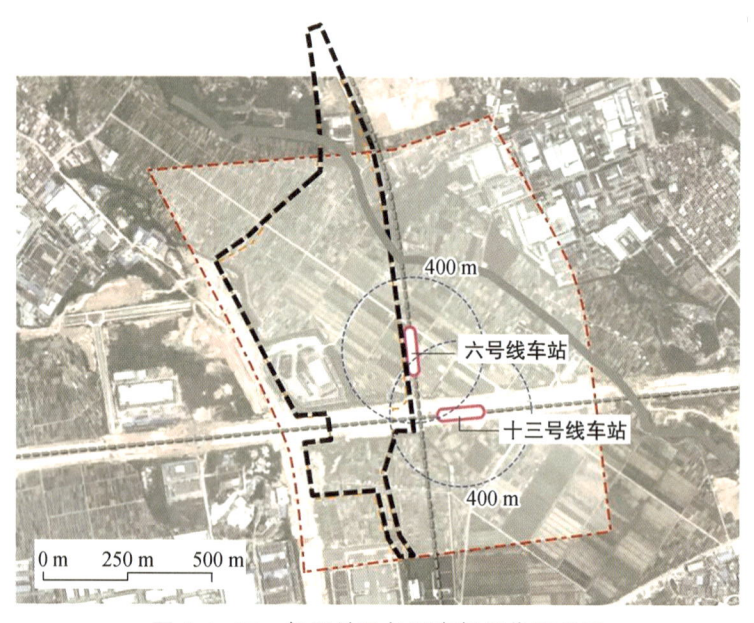

图 4.4-15　长圳站及长圳车辆段位置关系

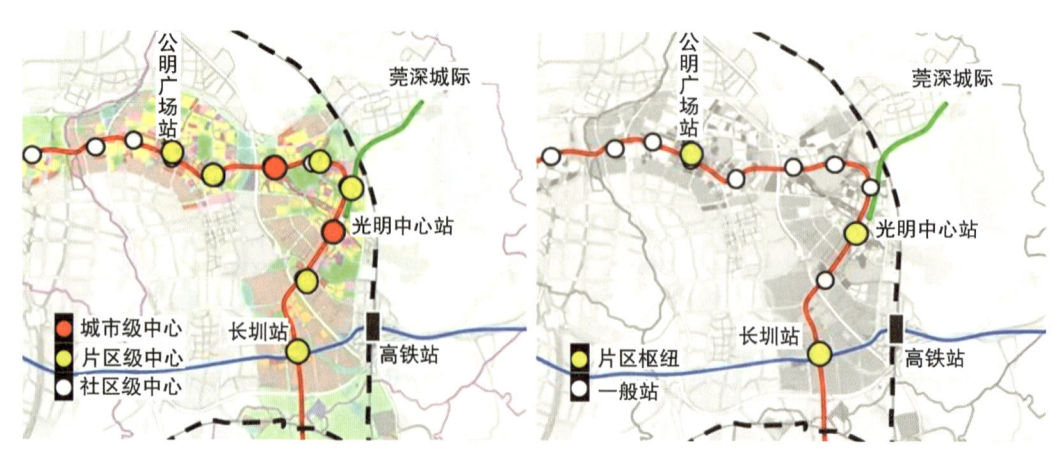

图 4.4-16　长圳站规划及交通能级示意图

4.4 建筑与景观方案

结合打破传统车辆基地低效模式、轨道+物业的综合开发、精明组合物业功能，提升规划定位与综合价值推动区域整合，实现差异化协同发展；创造智能化、人性化的公共交通出行体验，实现分层次的城市空间连接，创造宜人开放空间，如图 4.4-17 所示。

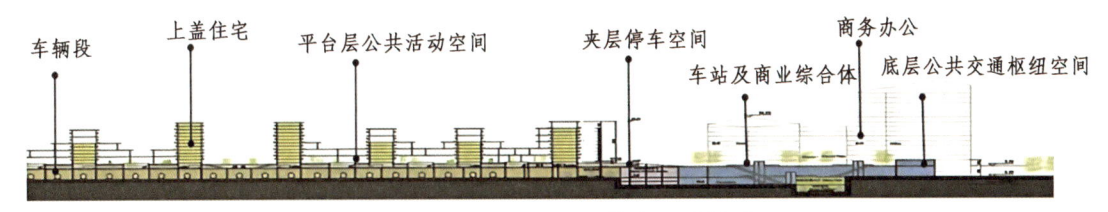

图 4.4-17　TOD 物业开发模式

建设初期用地大部分为以耕地、园地等农业用地为主的非城市建设用地，占 91%，另有一所新建中学及少量工业用地，如图 4.4-18、图 4.4-19 所示。

图 4.4-18　建设初期长圳站周边照片

图 4.4-19　建设初期长圳站规划条件

长圳站规划范围涉及的上位规划包括《深圳市宝安 BA301-08、301-09、301-11、301-12、301-15 号片区（光明高新技术产业园区西片区）法定图则》（2007 年编制，已批）以及《深圳市宝安

301-10&13&14&16&T3 号片区（田寮-玉律片区）法定图则》（2010 年编制，已公示）两个法定图则以及已编制的《光明新区规划》。两片法定图则对长圳站周边地区的用地性质、开发强度、道路交通、公共设施及配套等都作出详细明确的规定。规划长圳站周边作为主要的光明高新产业园区的产业用地，依托轨道站点，发展为产业配套的集中商业、居住及公共设施。

将传统集中于地面或近地面以公共性为主的功能元素、环境元素、空间特征及其设计手法竖向延伸推展，从而实现城市地面的再造和增值。利用城市空间的垂直运动，加强建筑与城市的整合，促进城市的立体化发展。综合体将办公、商业、地铁车站、公交换乘集成于一体，不但实现了不同交通方式的连通，同时提供了多种功能的开发组合，集聚了大量人流，成为整个地区发展的基础。

项目总体布局在不同功能之间分区明确，既满足了商业区的可达性与流动性，也充分保证了居住区的私密性与独立性。与此同时，各分区组团之间又通过水体、绿化系统间的相互渗透，相互复合，以景观为纽带，将整个区域联结成为一个有机的整体，如图 4.4-20～图 4.4-22 所示。

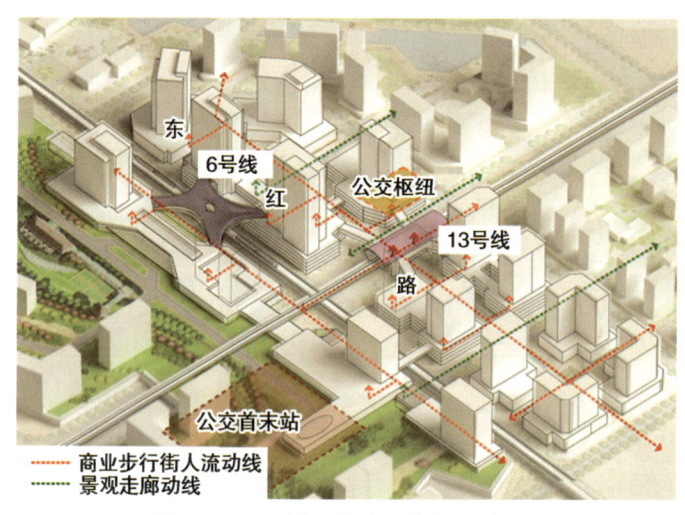

图 4.4-20 地面层交通组织示意图

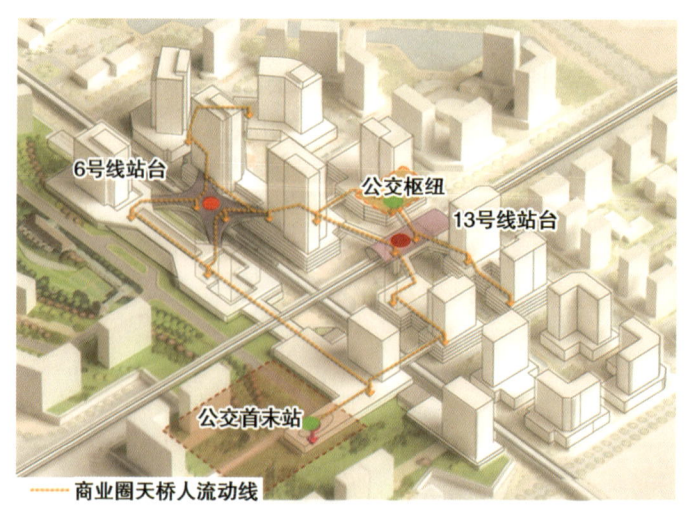

图 4.4-21 站厅层交通组织示意图

图 4.4-22　项目鸟瞰示意图

基于"一轴、三区、两主题"的总体布局结构，长圳站地区划分为核心商业区、文娱休闲社区、乐活社区三大功能组别。

商业中心区：以 6 号线及 18 号线轨道站点为核心，在邻近地块布局核心商业区，集中安排公共服务类功能等，为光明商区提供商业商务服务，主要为商业、办公、酒店及服务式公寓。以 6 号线长圳站车站综合体引领该区域整体发展。

文娱休闲区：以鹅颈河滨水空间为脉络，在两侧布局文娱休闲区，集中安排商业、休闲娱乐空间，同时结合布局住宅、学校等功能。

乐活居住社区：在车辆基地上盖区域及站点外围区域布局住宅功能，为光明高新区从业人员及地铁通勤人员提供居住服务。

整体布局中积极推进滨水生态景观及社区绿地建设，为达到地区的各类人群提供丰富的绿化休闲空间体验。

在设计过程中发现，法定图则规划范围内开发总量安排为 183.6 万平方米，站点 500 m 核心区域用地容积率为 2.5～3.0（另含一处学校容积率约 0.7），外围为 2.5，平均容积率为 2.1。法定图则中站点核心区域开发强度偏低，整体平均容积率偏低，学校和绿地占据核心区大量用地面积，但绿地的布局方式不佳，其服务和带动效率较低。规划中以车站地区发展定位及 TOD 开发策略为依据，结合车辆基地和规划河道的引入，整体调整地区用地开发强度布局结构：自车站向周边区域逐步降低，提高紧邻站点地区开发效率，优化整体空间秩序；配合地区发展定位，将原规划工业类开发量升级置换为办公类物业，布局于站点邻近地块；提高紧邻站点区域开发强度，重点布局集中式商业、酒店、办公、服务公寓等物业类型；结合车辆基地布局、上盖开发住宅，确保满足限高要求，控制开发容积率；结合规划河道，在站点外围布局住宅、学校等物业，将容积率提高至 3.0 左右，在保证各类物业开发需求的同时，落实 6 号线车辆基地、公交枢纽等功能，提高长圳地区对城市交通系统的服务。通过规划调整，规划范围内总体开发量上调 14%，达 209.5 万平方米（未含车辆基地建筑面积），平均容积率达 2.7。总体开发效率提升显著，如图 4.4-23、图 4.4-24 所示。

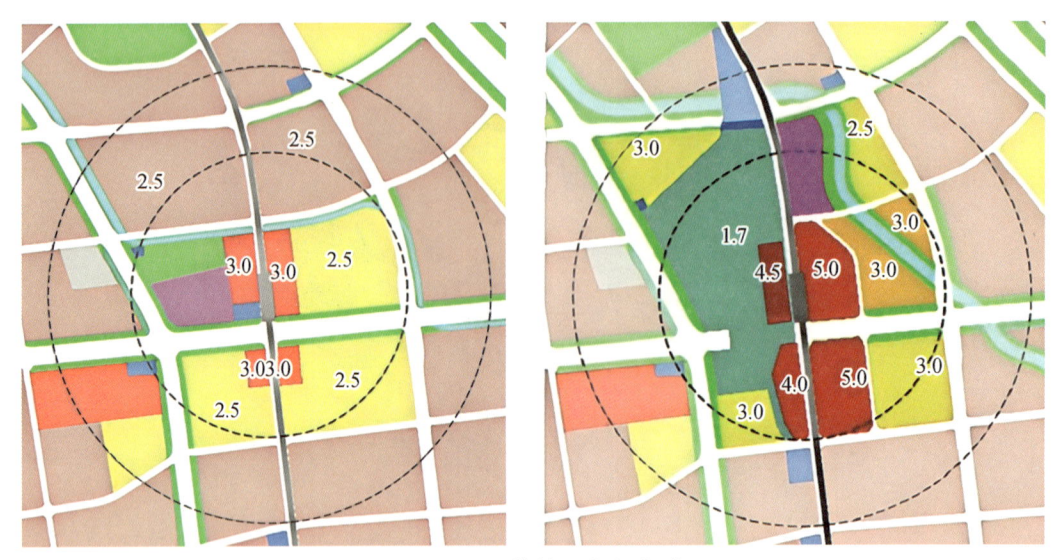

图 4.4-23　调整前后容积率对比

结合车站设置和车辆段技术要求，优化和调整站点周边道路系统，包括同观大道、光侨路下穿车辆基地；打断训塘一路；调整科发一路为主干路；增加支路系统，改善站点周边微循环系统等，形成"两纵两横"主干路系统和"一纵两横"次干路系统。光侨路下穿，既保证主干路的贯通，又可创造南北贯通的商业广场。根据道路设计规范，光侨路从东长路起下穿，下穿长度为 817 m，其中两端敞开段分别为 140 m、120 m（西至东），最大坡度为 6%。规划道路用地占建设用地比例约为 27%，可满足地区交通需求，如图 4.4-25 所示。

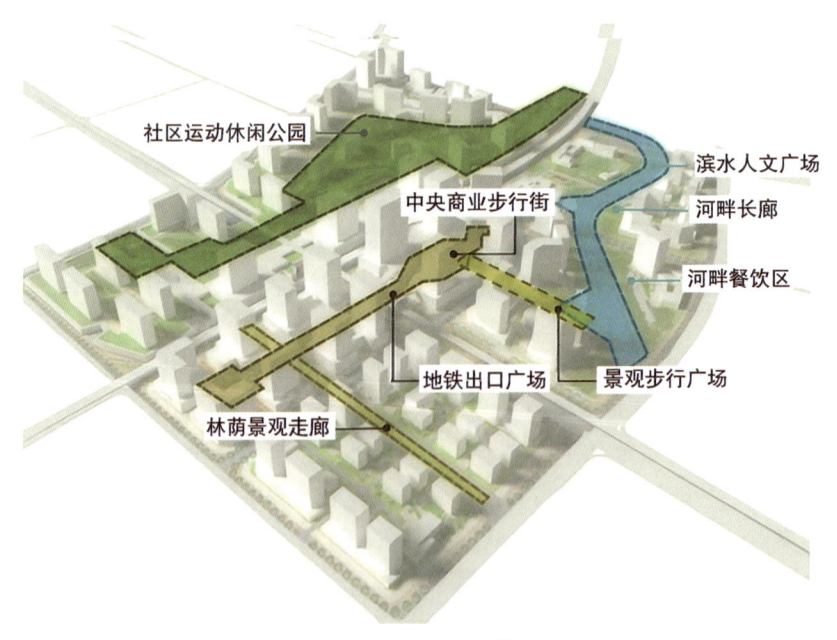

图 4.4-24　景观分区图

4.4 建筑与景观方案   089

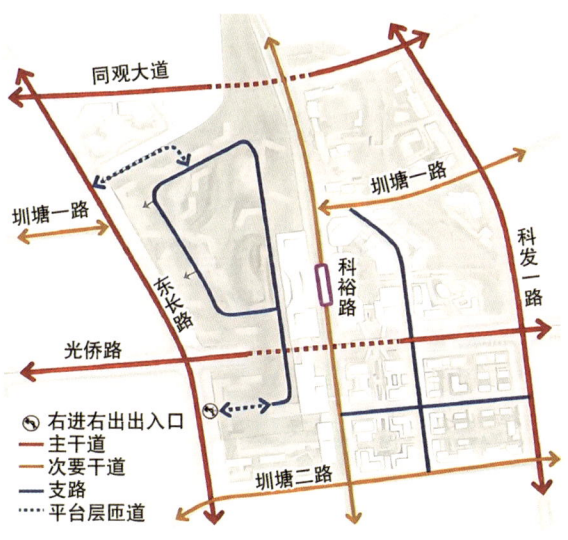

图 4.4-25　车站周边道路分级图

长圳站是常规公共交通与轨道交通的综合交通换乘枢纽，需设置综合换乘服务中心（公共交通枢纽），为以常规公交-轨道交通换乘为主的客流提供服务。综合换乘服务中心以公交站台、站台停车泊位和换乘大厅等换乘设施为主。根据长圳站土地利用规划，未来公交出行客流在 10000~12600 人次/高峰小时左右，考虑 18 号线的因数，片区常规公交客流在 5000~6600 人次/高峰小时左右（不包括常规公交-轨道交通换乘客流），需设置满足 5~6 条线路的中型公交首末站才能满足该部分客流的需求，以停车坪、候车廊、运营调度等功能设施为主。考虑到未来 18 号线长圳站是石岩、光明等周边片区进入深圳西部地区的重要轨道站点，会带来一定的小汽车-轨道交通换乘客流，建议在 18 号线长圳站周边规划预留"P+R"停车设施。结合车站周边用地开发、6/18 号轨道线路与设站的技术要求和车站交通接驳需求，车站周边规划的交通接驳设施包括 2 处公共交通首末站、3 对公交停靠站、3 对出租车停靠站、5 处自行车停车场、1 处社会公共停车场和 1 处"P+R"停车场，车站出入口紧密结合交通接驳设施及周边的主要人流集散点布置，形成方便的换乘系统，如图 4.4-26 所示。

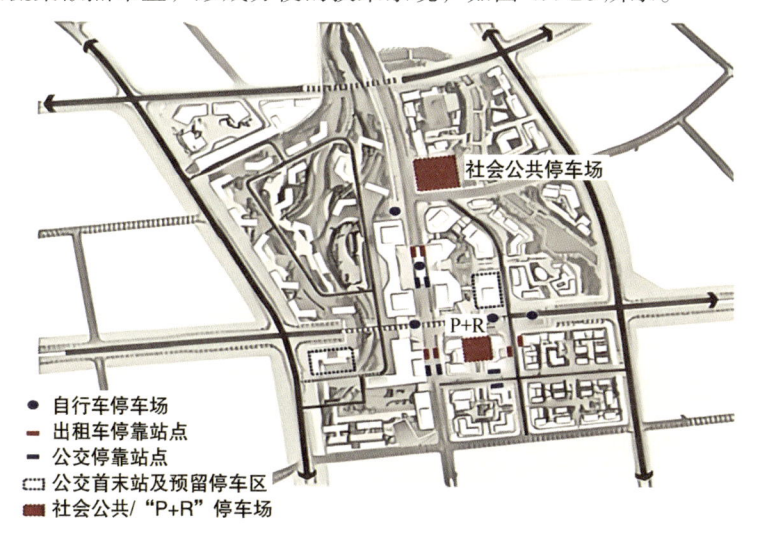

图 4.4-26　车站周边道路分级图

长圳站作为综合体重点开发区域,应能够充分挖掘交通所带来人流的商业价值,形成城市商业中心和休闲中心。建筑底层主要为车辆基地及沿街商业用房,地铁站与商业紧密结合,站点两侧地面一至三层为商业建筑,通过对地铁站站厅采用侧式站台的设计,促进商业人流在站台层同两侧商业空间实现无缝联系,如图 4.4-27 所示。

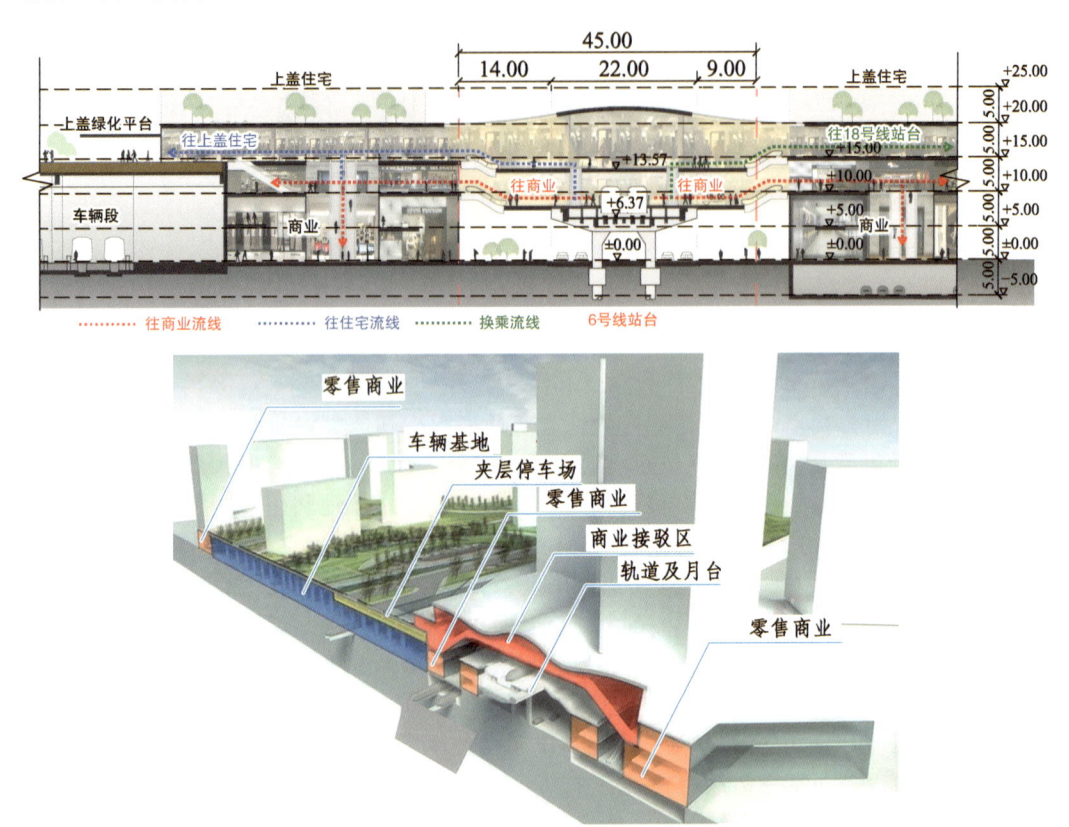

图 4.4-27 TOD 剖面图(单位:m)

4.5 土建结构方案

4.5.1 高架车站

6 号线一期工程共新建 14 座高架车站,高架车站主要以沿道路中间绿化带、不跨平交路口、少占道路资源为原则,结合车站站位、客流吸引、管线迁改、景观融合、道路规划等确定高架车站和天桥出入口结构形式。

4.5.1.1 结构形式分类

高架车站按照列车荷载传递方式的不同分为列车荷载与站房荷载由共同的结构体系承担的"桥建合一"和列车荷载与站房荷载分别由独立结构体系承担的"桥建分离",按照结构形式分为传统的门式框架结构、双悬挑的 Π 形结构、双 Π 形框架等。6 号线高架车站结构形式要素详见表 4.5-1。

表 4.5-1　高架车站结构形式要素

序号	站　名	站台宽度/m	车站长×宽/（m×m）	结构形式	备注
1	红山站	12	150×20.3	门式框架	与 4 号线并行
2	上芬站	10	144×18.1	Π形框架	
3	元芬站	10	144×18.1	Π形框架	
4	阳台山东	10	144×18.1	门式框架	路侧布置
5	官田站	10	144×18.1	Π形框架	
6	上屋站	12	144×20.1	Π形框架	与 13 号线换乘
7	长圳站	6×2	157.9×69.2	框架结构	侧式站台/桥建分离
8	凤凰城站	10	144×18.1	Π形框架	与 13 号线换乘
9	光明大街站	11	144×19.1	Π形框架	
10	光明站	12	144×38.8	Π形框架	与 6 支一体化
11	科学公园站	10	144×18.1	Π形框架	
12	楼村站	10	144×18.1	Π形框架	
13	合水口站	10	144×18.1	Π形框架	
14	薯田埔站	10	144×18.1	Π形框架	

4.5.1.2　高架车站设计

6 号线设计之初即以"建地铁就是建城市"的理念规划设计目标，高架车站结构设计时即与高架区间综合研究布置，经岛式站台与侧式站台的比选，为提升乘客体验感和减小占地规模，标准站选择为Π形结构框架，详见图 4.5-1。

红山站为 6 号线与 4 号线换乘车站，两站并行布置通过站厅层通道换乘，考虑车站下方腾龙路道路横断面布置需求和与 4 号线结构形式一致的因素，红山站采用门式框架。阳台山东站沿布龙路南侧呈东西向布置，为更好地实现结构布置和结构受力采用门式框架。门式框架结构以红山站为例，详见图 4.5-2。

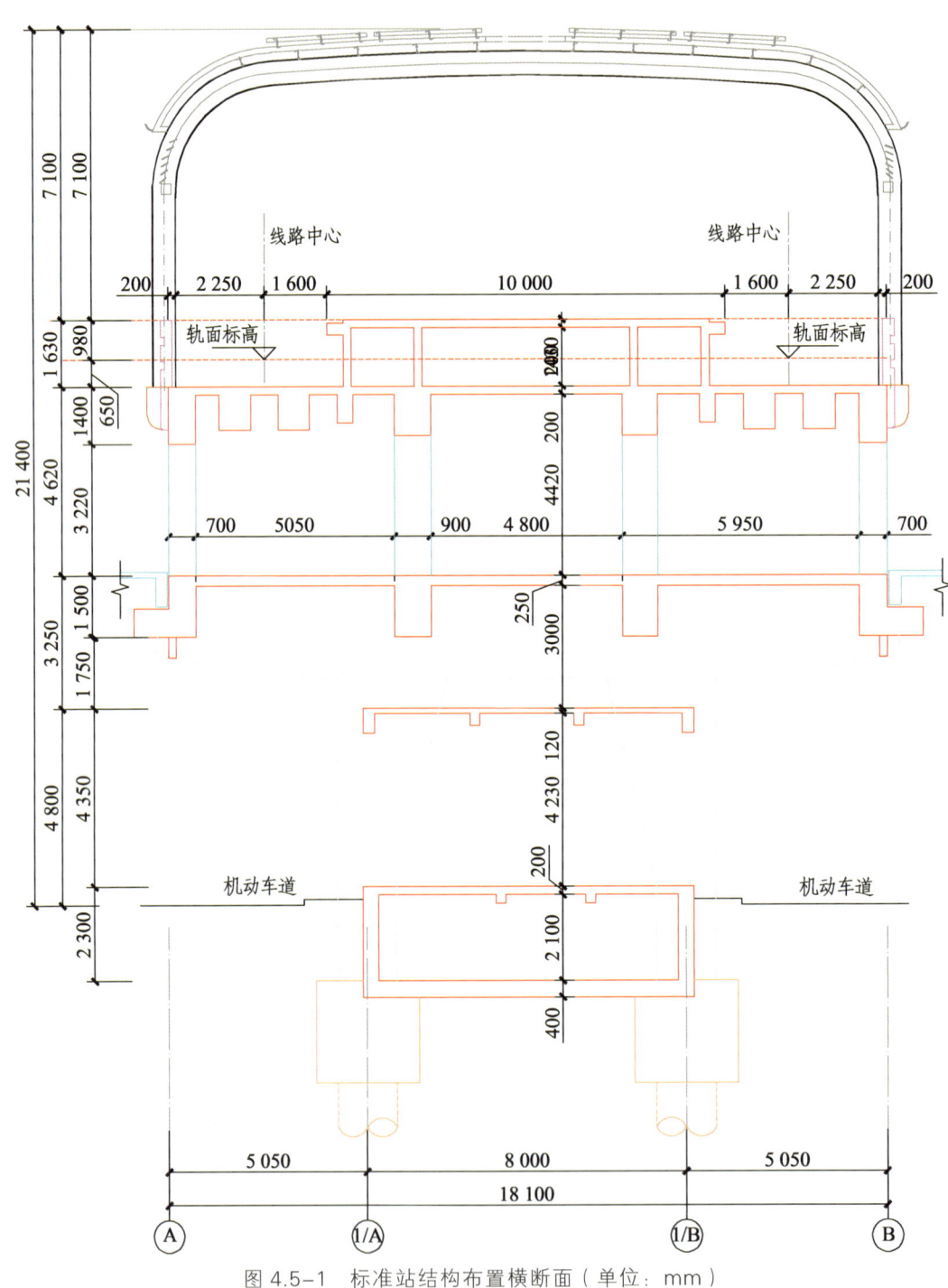

图 4.5-1 标准站结构布置横断面（单位：mm）

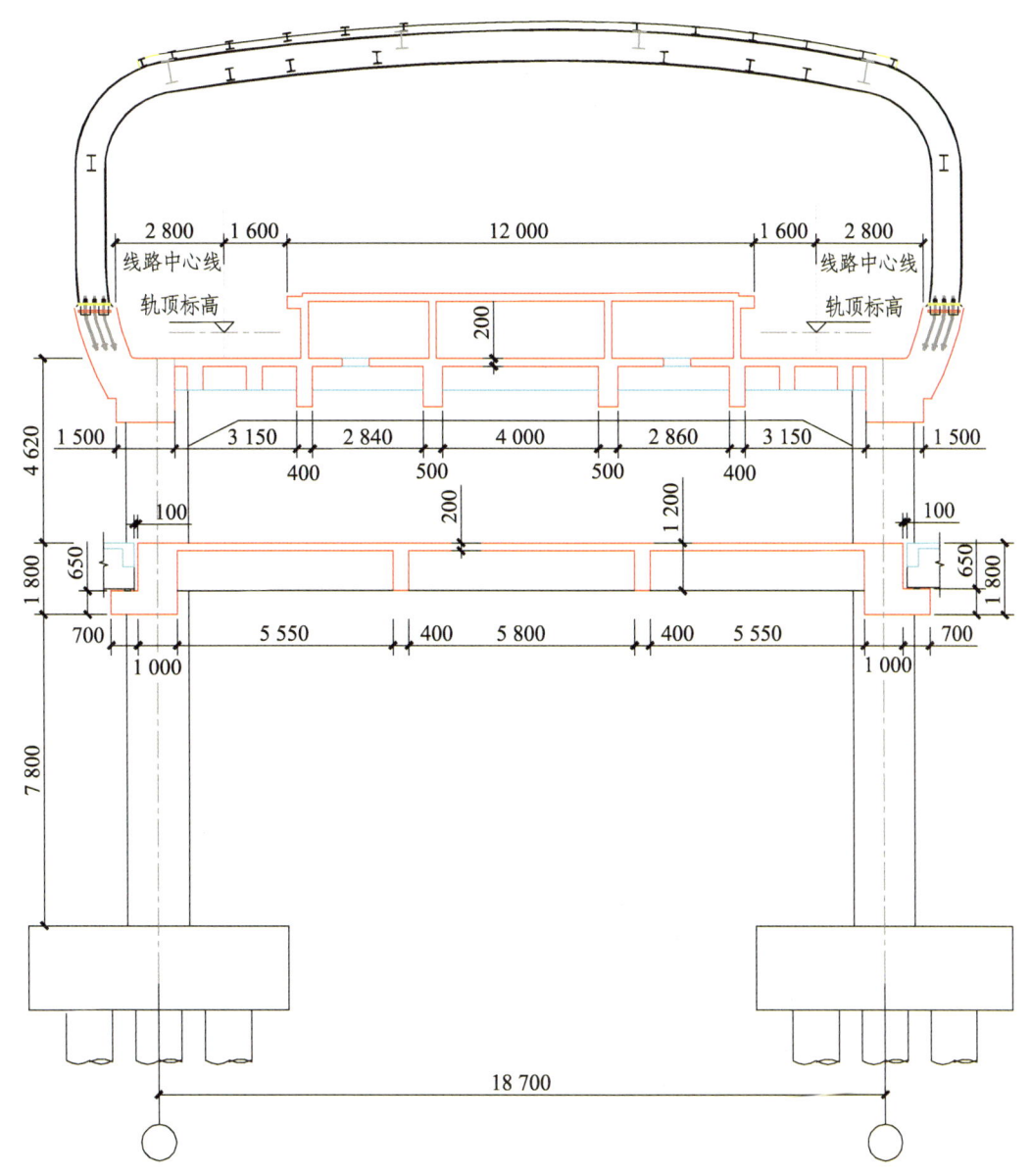

图 4.5-2　红山站结构布置横断面（单位：mm）

长圳站为 6 号线与规划 18 号线换乘车站，原站址范围为农田，结合深圳市城市整体规划和光明区科裕路道路规划，该站建成后将与长圳车辆段盖上物业开发和周边地块开发连为一体，打造无缝衔接的站城融合典范，为减少列车振动对物业开发品质的影响，采用"桥建分离"布置的结构形式，详见图 4.5-3。

光明站为 6 号线与 6 号线支线一体化设计、施工，分阶段运营的高架站，地面为规划光明大道，结构形式选择时除考虑车站功能、限界、钢屋盖的景观方案外，还充分考虑了规划道路的车道、人行道、绿化带、综合管线的布置，最终确定为与标准站一致的Π形结构形式，详见图 4.5-4。

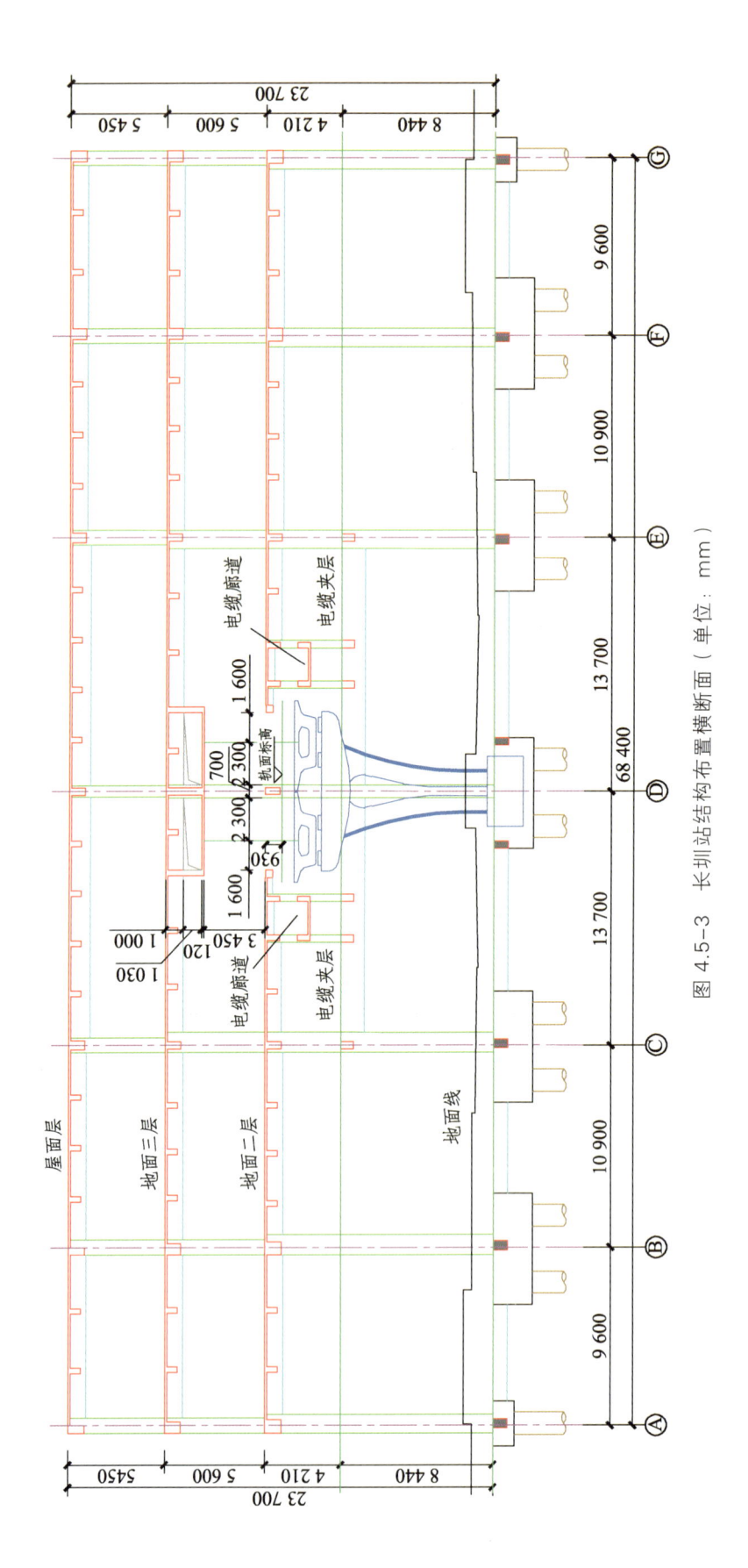

图 4.5-3 长圳站结构布置横断面（单位：mm）

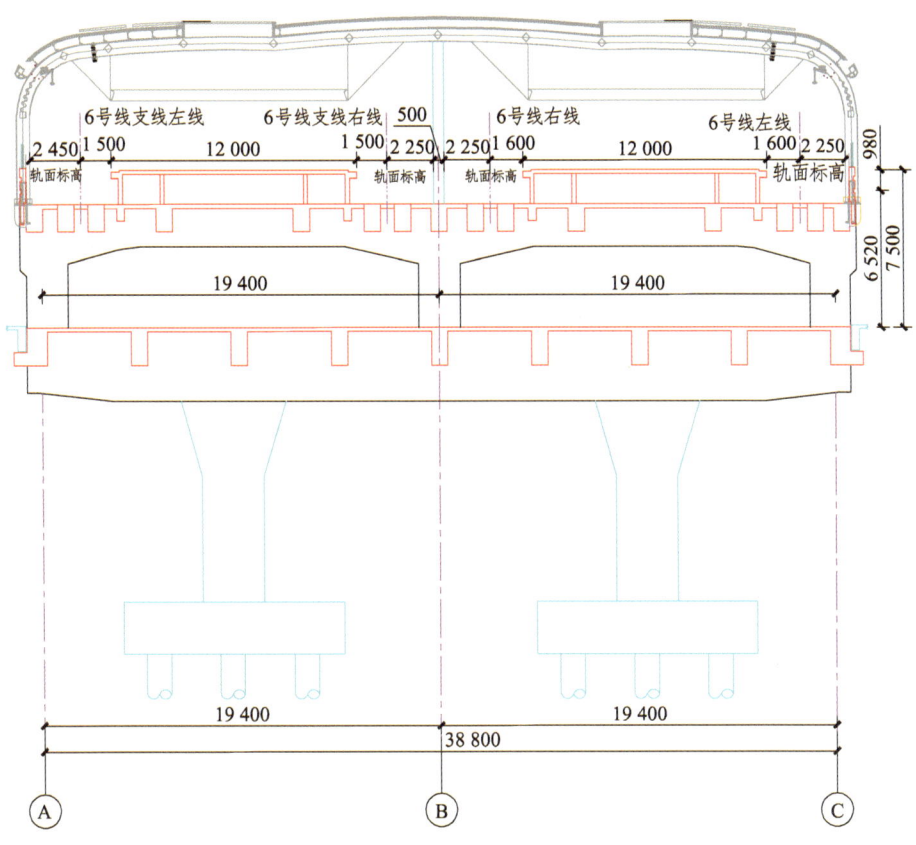

图 4.5-4 光明站结构布置横断面（单位：mm）

4.5.1.3 结构设计创新

1）突破现行设计规范，全面取消伸缩缝设置

混凝土结构存在受温度升高降低引起的热胀冷缩变形，若变形受限将产生温度应力。为减小温度应力的影响，常规设计采取设置伸缩缝解决混凝土的自由变形问题，解决超大、超长混凝土结构受力问题。现行《混凝土结构设计规范》（GB 50010—2010）（2015 年版）亦对伸缩缝的最大间距作了规定：现浇式框架结构露天环境不宜大于 35 m，如混凝土浇筑采用后浇带分段施工、采用专门的预加应力措施或其他措施能减小温度变化的影响，可适当增加伸缩缝的间距。深圳地铁 3 号线、4 号线、5 号线等高架车站沿车站纵向均设置一道伸缩缝，同时设置混凝土后浇带。伸缩缝的设置会对装修景观、站台门安装、钢屋盖安装、光伏板安装等造成影响，并存在后期运营期间屋面漏水的可能性。

地铁 6 号线设计之初，结构设计人员充分研究既有高架站施工及运营期间的问题，深刻理解现行混凝土规范编制的基本原理，充分考虑结构板、梁在温度变化影响下对高架车站横向框架、轨道梁的影响，通过调整横向框架梁的刚度适应温度变化的影响，全面取消高架车站伸缩缝，为国内类似工程提供成功案例参考。

具体技术措施：

（1）车站两端连续 3 处承台埋深加大以减小桥墩刚度，适应温度变化的结构受力需求。

（2）加大两端连续 3 处承台高度尺寸至 3 m，桩基直径采用 1.8 m，以保证墩桩刚度与中间跨一致。具体构造图详见图 4.5-5。

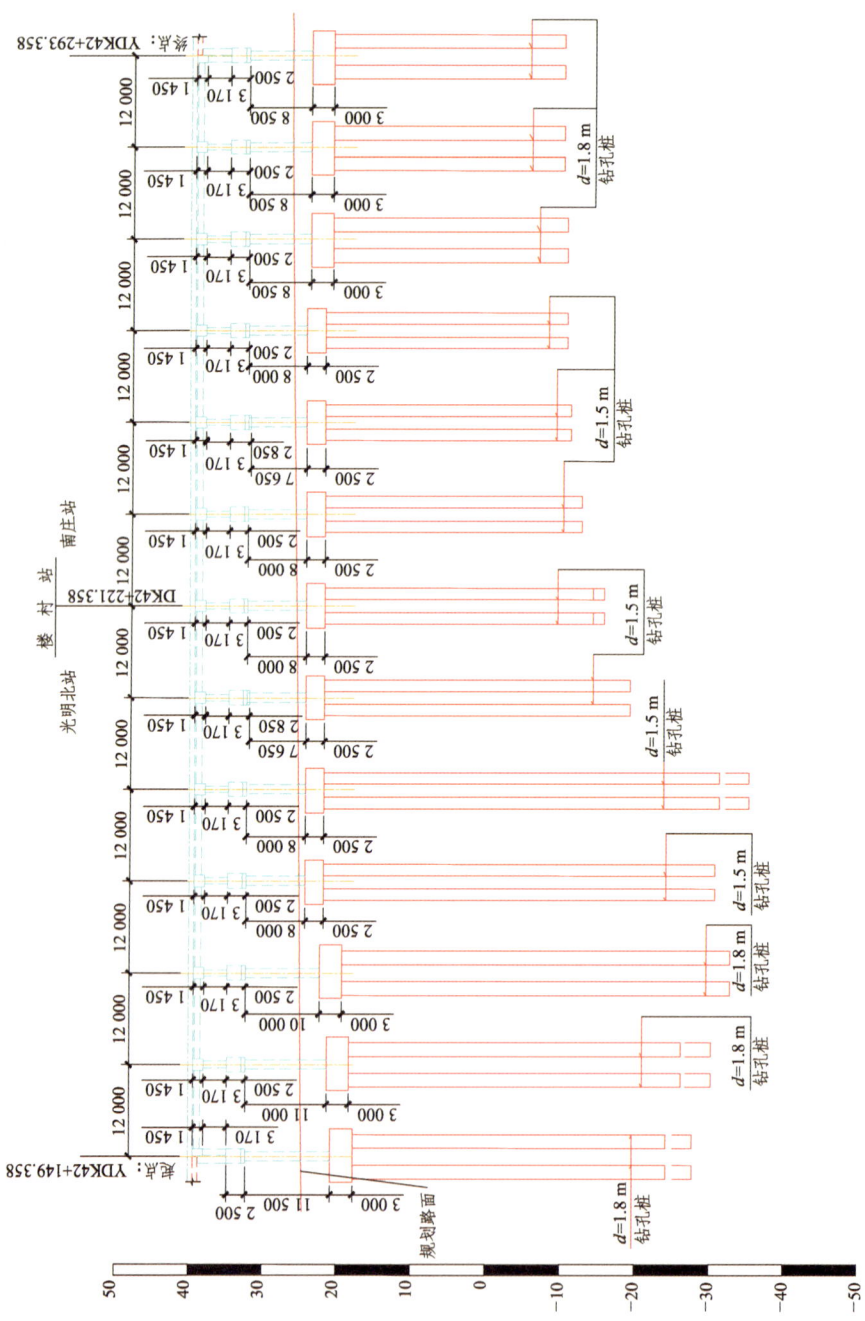

图 4.5-5　高架车站基础布置立面图（尺寸单位：mm；标高单位：m）

2）天桥出入口取消中间支撑墩

6号线高架车站站位一般位于现状路或规划路道路中间，车站Π形结构设置于中间绿化带范围内。出入口采用天桥形式尽量单跨跨越道路，在人行道处设置单柱墩，以最大限度地减小对道路交通的影响、集约利用土地、提升城市景观效果。天桥一端通过梁体支座支撑在车站主体边梁预留的牛腿上，另一端与单柱墩刚性连接。以薯田埔站C号出入口天桥为例，单跨达29 m，采用预应力结构，平面结构布置和立面布置图详见图4.5-6、图4.5-7。

4.5 土建结构方案 097

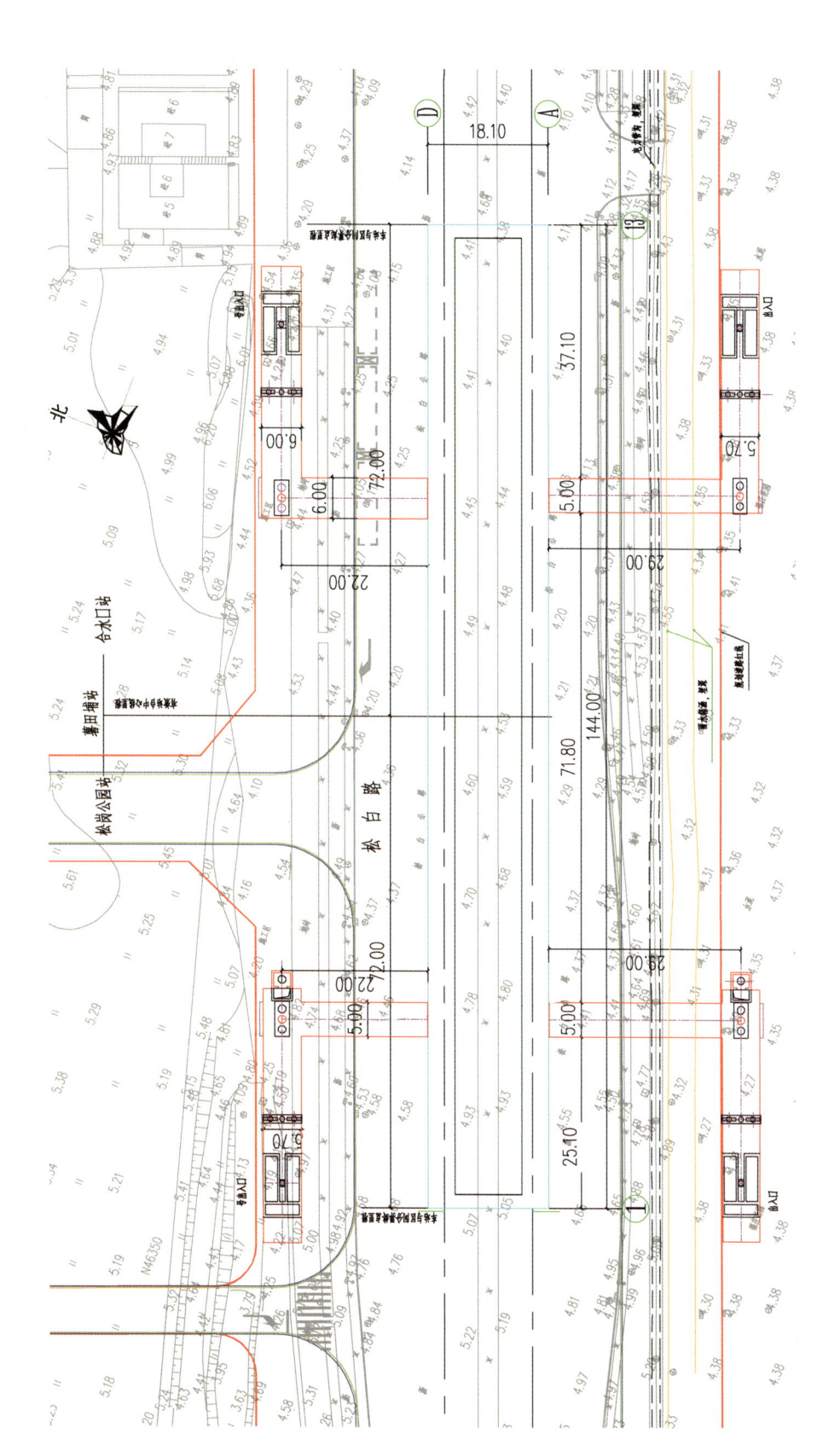

图 4.5-6 薯田埔站总平面图（单位：m）

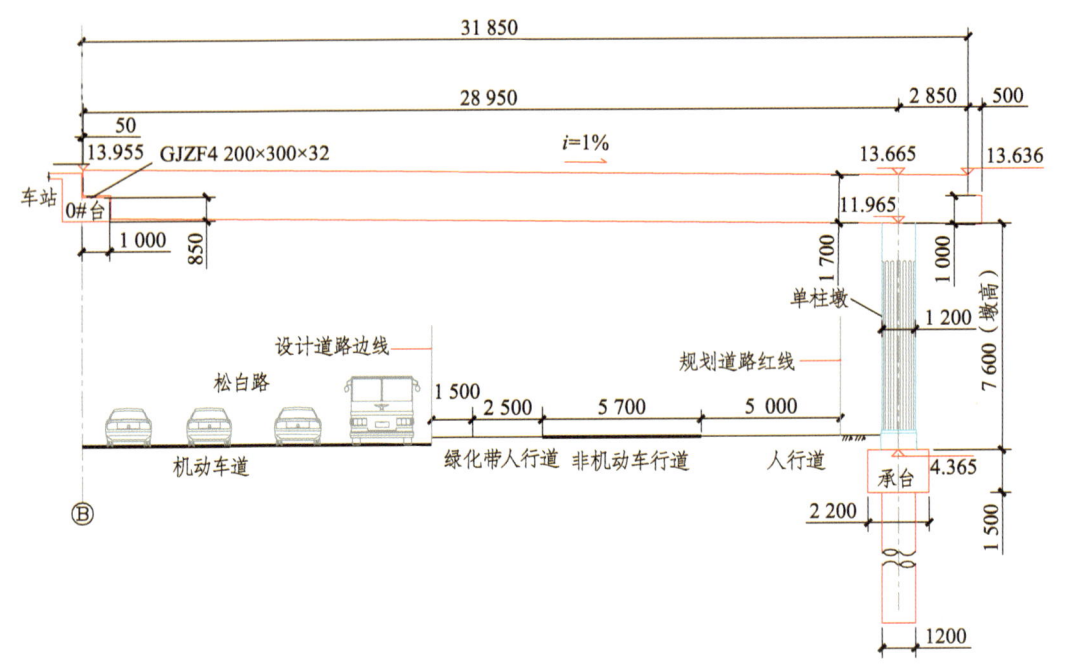

图 4.5-7　薯田埔站 C 号天桥立面图（单位：mm）

3）利用高架区间空间创新性地解决天桥出入口跨路口设置

光明大街站沿光明大道呈南北向布置，位于光明大街与河心路中间，车站主客流主要来自河心路南侧。为更好地吸引客流、提升乘车便捷性和解决人行过街问题，A、D 号出入口由车站端部引出呈 Y 字形布置，主桥一端支撑在车站端部牛腿上，另一端位于区间桥墩侧面牛腿上，跨度达 45.9 m。A、D 号出入口天桥支墩为避开规划右转专用车行道，桥墩偏心设置。天桥结构形式为钢箱梁。具体平面布置图如图 4.5-8 所示。

4.5.2　地下车站

6 号线一期工程共设置 5 座地下车站，分别为红花山站、公明广场站、松岗公园站、溪头站和松岗站。地下车站根据工程地质及水文地质条件、周边建（构）筑物基础形式、地下管线、交通疏解等选择合适的围护结构、支撑形式、开挖工法、主体结构形式等。

4.5.2.1　结构形式

6 号线一期工程地下车站围护结构分为围护桩和地下连续墙两种形式，主体结构分为围护结构参与受力的叠合结构和围护结构与主体结构间设置防水层的复合结构，施工工法分为明挖顺筑法和盖挖逆作法。6 号线地下车站要素详见表 4.5-2。

表 4.5-2　地下车站结构形式要素

序号	站名	围护结构	主体结构	施工工法	备注
1	红花山站	地下连续墙	叠合结构	明挖顺筑	
2	公明广场站	地下连续墙	叠合结构	盖挖逆作	与 13 号线换乘
3	松岗公园站	钻孔灌注桩	复合结构	明挖顺筑	
4	溪头站	地下连续墙	叠合结构	明挖顺筑	
5	松岗站	地下连续墙	叠合结构	明挖顺筑	与 11 号线换乘

4.5 土建结构方案　099

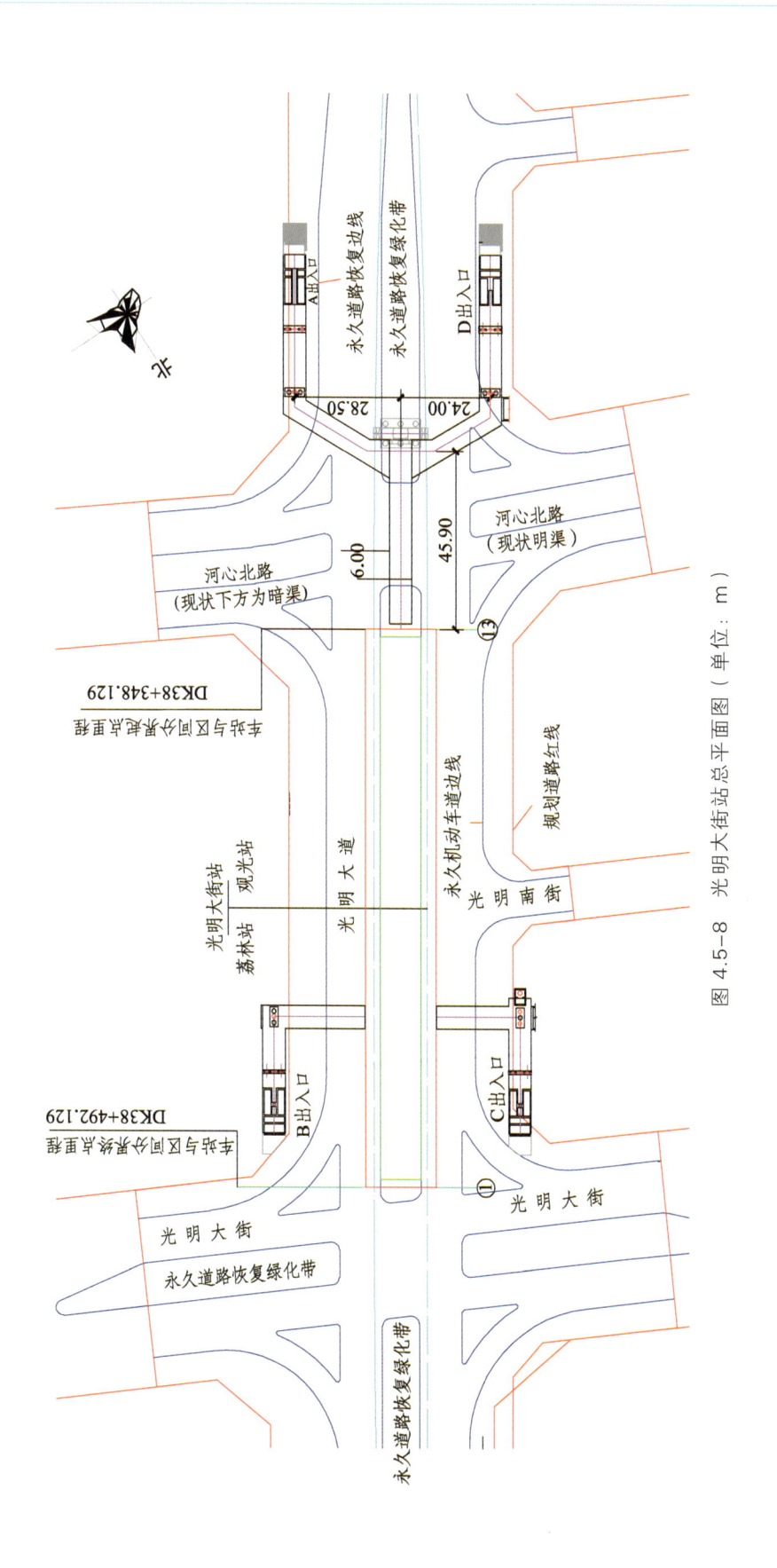

图 4.5-8　光明大街站总平面图（单位：m）

4.5.2.2 地下车站结构设计

6号线沿线地质条件复杂，地下车站所处地质条件各异，下面重点介绍车站结构设计的重点、难点及创新性技术。

1）红花山站

红花山站沿别墅路呈东西向布置，横跨兴发路、红花北路，车站长约587 m，别墅路现状道路呈中间高两端低，兴发路口地面标高约9.0 m，车站中部地面标高约17.5 m，红花北路口处地面标高约11.3 m，最大高差约8.5 m。北侧雍景城地面两层商铺（条形基础）距离车站基坑边约3.9 m，公明中英文学校距基坑边23.3 m；南侧公明商会大厦距离车站基坑边约26.7 m。

工程重难点：解决路面高差给围护结构施工带来的影响，主要是履带吊等施工机具行走坡度要求、施工场地布置等问题。结合周边环境情况，我们采取方案：南侧1:1放坡至13.08 m，北侧靠近雍景城侧采取直径0.6 m、间距3 m的钻孔灌注桩，桩基逆作200 mm厚钢筋混凝土板，基坑开挖至13.08 m处再施工0.8 m厚的地下连续墙围护结构。围护结构横断面如图4.5-9所示。

2）公明广场站

公明广场站为地下一层侧式站台车站，车站全长282.4 m，宽为34.4～60.0 m，覆土厚度约3.68 m，基坑小里程端宽为56.4 m，大里程端宽为32.4 m，基坑开挖深度为12.1～13.1 m，过轨通道处深约20.3 m。围护结构形式采用1 m厚地下连续墙，侧墙采用叠合结构。

车站位于创维路、长春路之间的松白路正下方，沿松白路路中呈东西向布置。车站北侧为三和百货、中泰商场、公明邮政等建筑，南侧紧邻公明排洪渠。松白路规划红线宽为90 m（含公明排洪渠），主车道为双向9车道，辅道为单向2车道。车站所处松柏路主路宽为47.5 m。为减少交通疏解倒改次数，尽早还路于民，同时解决宽大异型基坑支护体系架设困难问题，本工程采用盖挖逆作法施工，车站总平面图详见图4.5-10，其典型横断面图详见图4.5-11。盖挖逆作范围包括车站主体结构、A号出入口、1号风亭组。

工程重难点：

（1）在深厚砂层（厚达7.5 m），采用改性泥浆进行护壁，保证了连续墙成槽及连续墙浇筑质量，达到永久结构耐久性要求。

（2）车站结构沿纵向设置施工缝，主要受力钢筋通过预留一级钢筋接驳器连接，打破施工缝垂直分布筋设置的传统。

3）松岗公园站

松岗公园站位于沙江东路和燕罗路交叉口西南侧，沿沙江东路布置。车站为地下两层岛式站台（11 m宽）车站，车站前设配线段，车站总长为504.3 m，标准段宽为20.1 m。车站两层段覆土厚度为2.1～4.6 m，一层段覆土厚度为9.8～11.8 m。车站北侧为集信名城12层主楼、集信名城幼儿园、集信名城3层建筑等建筑，南侧为麒麟新村6层建筑、沙溪市场监管所、松岗卫生监督所等建筑。车站周边现状主要为山地。沙江东路道路宽为32.5 m，双向6车道，道路幅面较宽，路面交通流量较大。松岗公园站围护结构横断面图如图4.5-12所示。

场地范围内主要地层为素填土、强风化砂岩、中风化砂岩、微风化砂岩、中风化砂质泥岩、微风化砂质泥岩，地层呈竖向或斜向布置。中、微风化砂质泥岩单轴极限抗压强度分别为6.5 MPa（天然）、12 MPa（饱和），中、微风化砂岩单轴极限抗压强度分别为19 MPa（饱和）、33 MPa（饱和）。围护结构选型为直径1 m、间距1.2 m的钻孔灌注桩，土层范围内桩间设置双重管旋喷桩止水方案。

工程重难点：站址范围内沙江路下方存在一南北向 8 m 宽的地下车行通道，施工期间需要临时封闭、回填、施作围护结构、主体结构回筑阶段恢复。为解决标高差异问题，地下车行通道底板与车站顶板共用，顶板局部下沉约 1 m，满足地下通道高度要求，详见图 4.5-13。

4）溪头站

溪头站为深圳市城市轨道交通 6 号线工程中间站，设于沙江路与规划的溪头路交叉口以西，沿沙江路呈东、西走向。这是首次在深圳试点车站结构全面预埋滑槽，结合设备区、公共区综合支吊架的安装需求，针对滑槽预埋定位、固定进行了专门研究，以解决混凝土浇筑振捣对滑槽安装精度的影响，如图 4.5-14、图 4.5-15 所示。

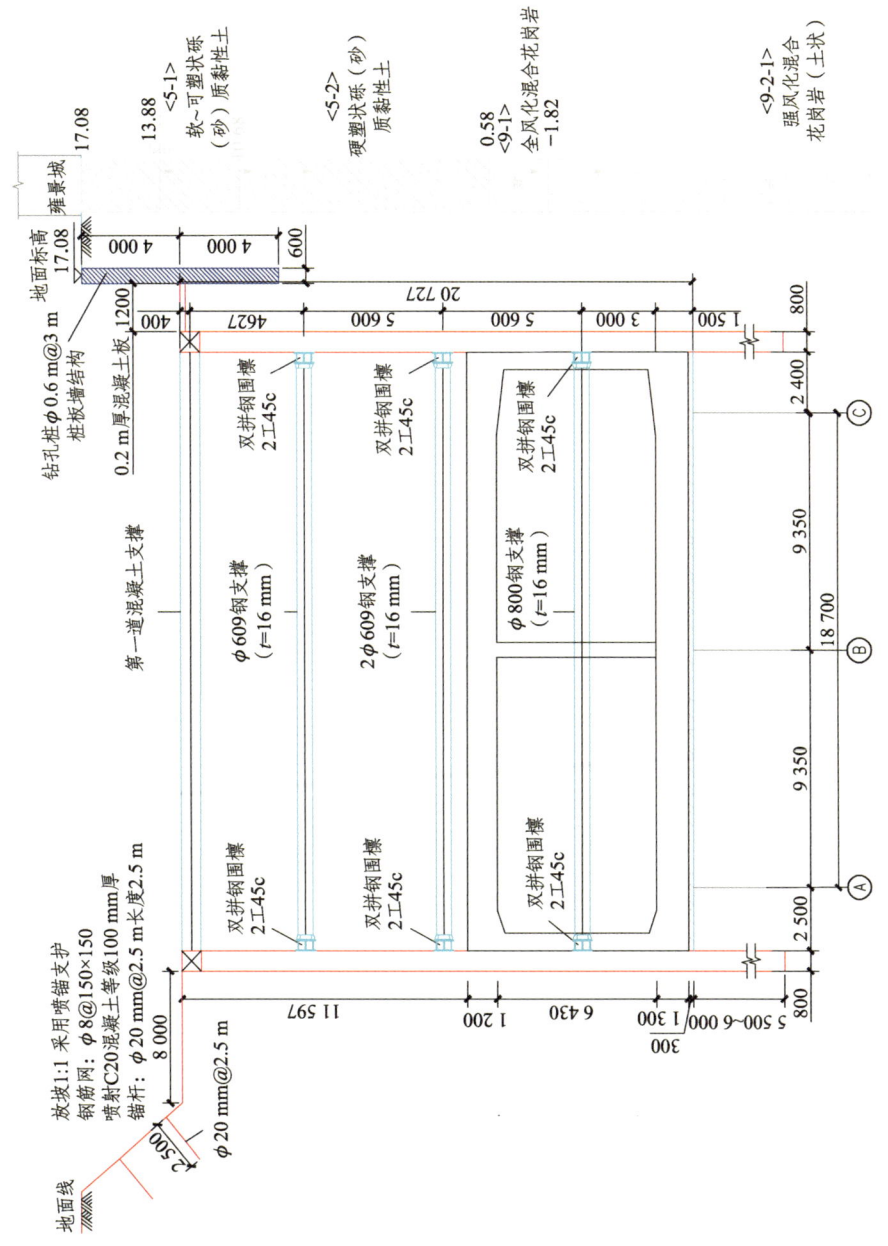

图 4.5-9 围护结构横断面图（单位：mm）

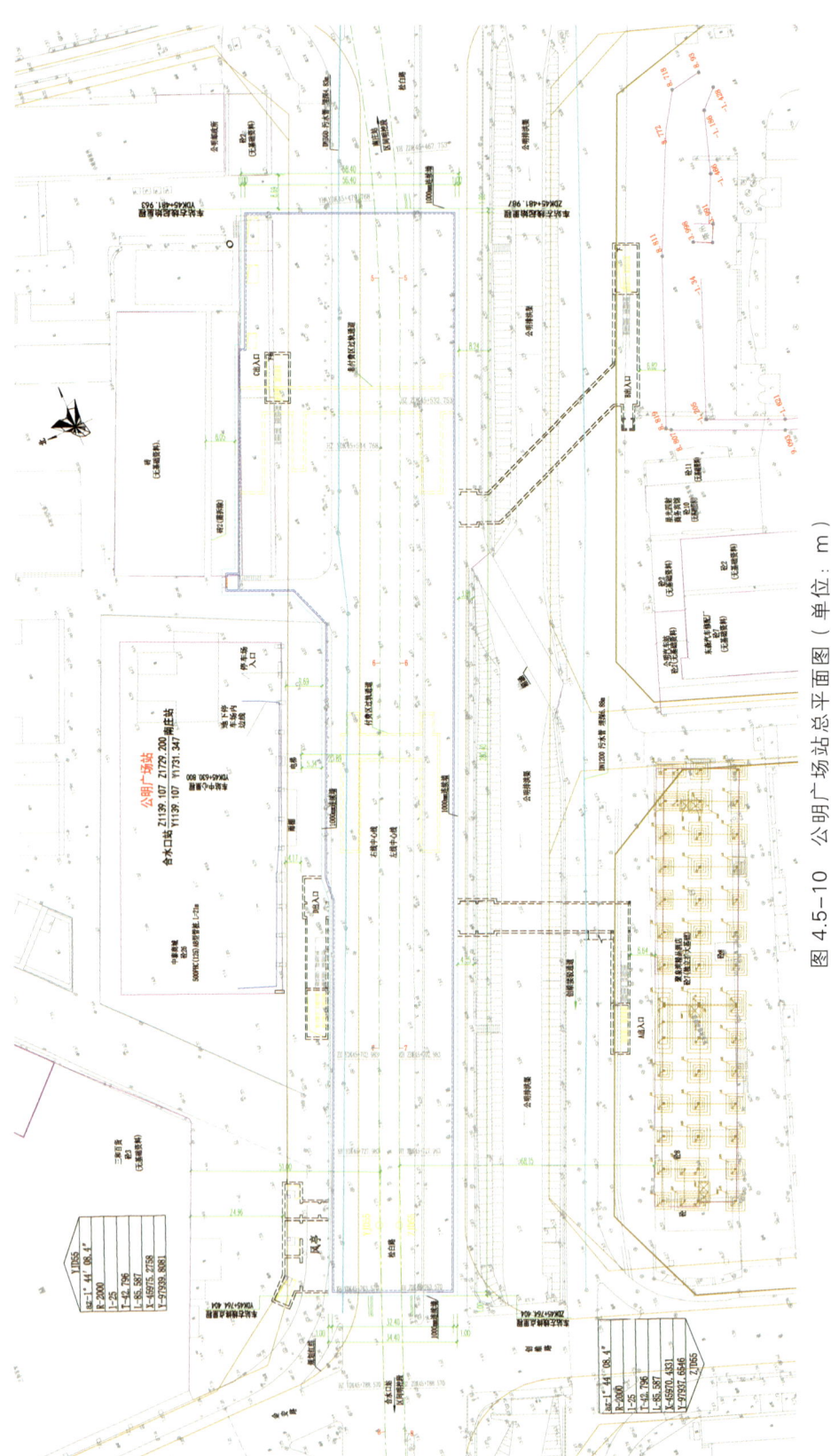

图 4.5-10 公明广场站总平面图（单位：m）

4.5 土建结构方案 | 103

图 4.5-11 公明广场典型横断面图（单位：mm）

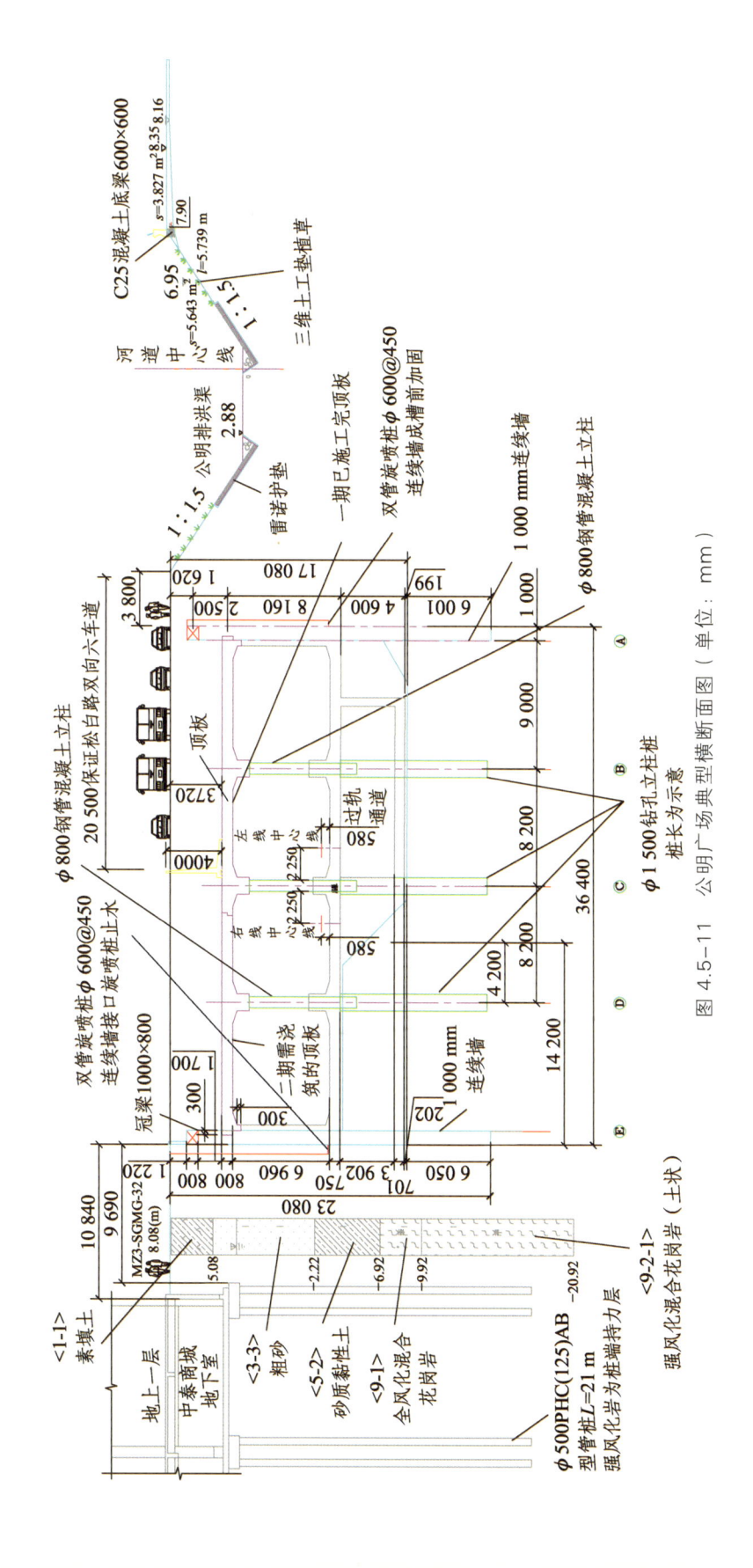

图 4.5-12 松岗公园站围护结构横断面图（单位：mm）

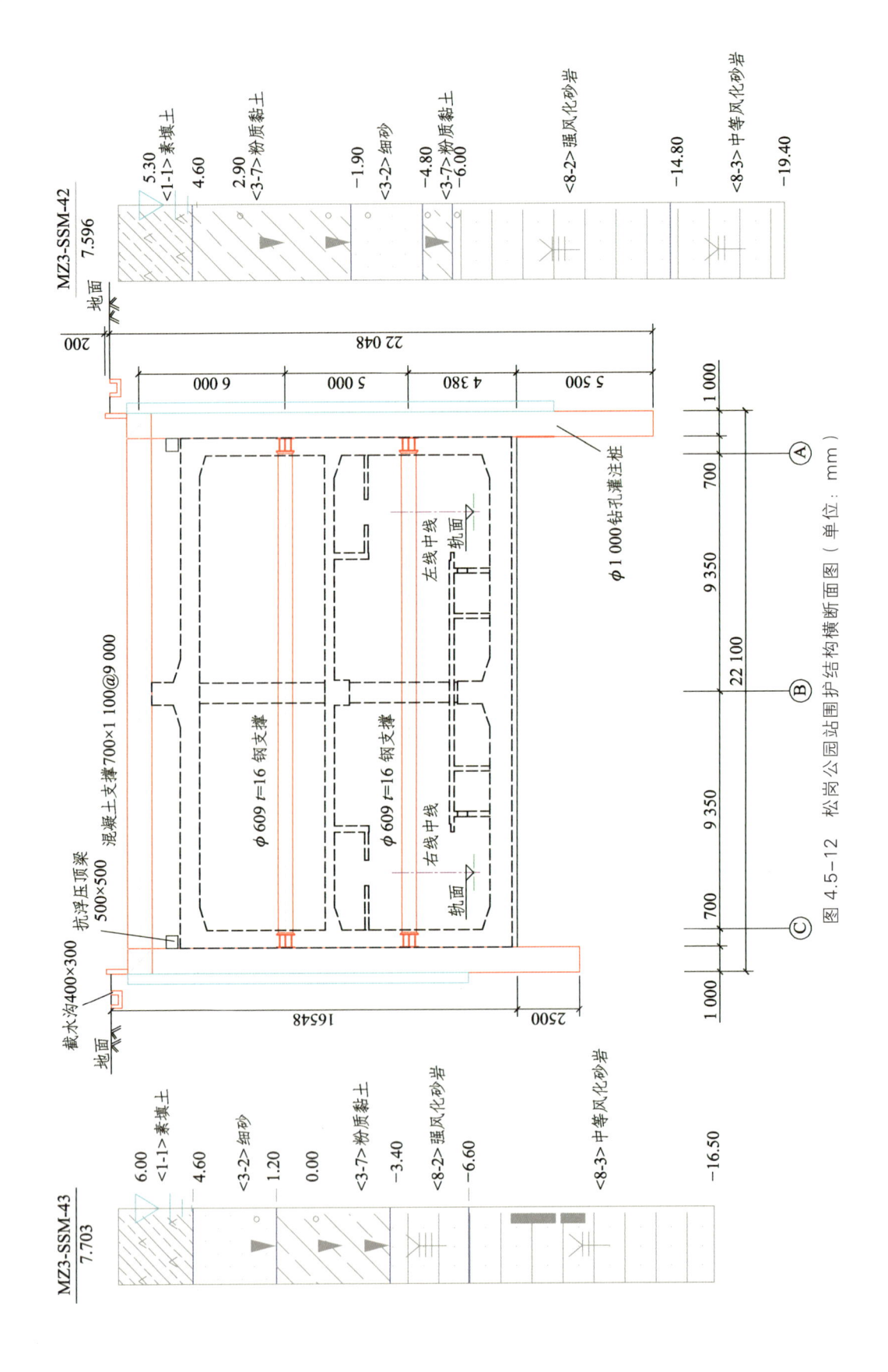

4.5 土建结构方案 105

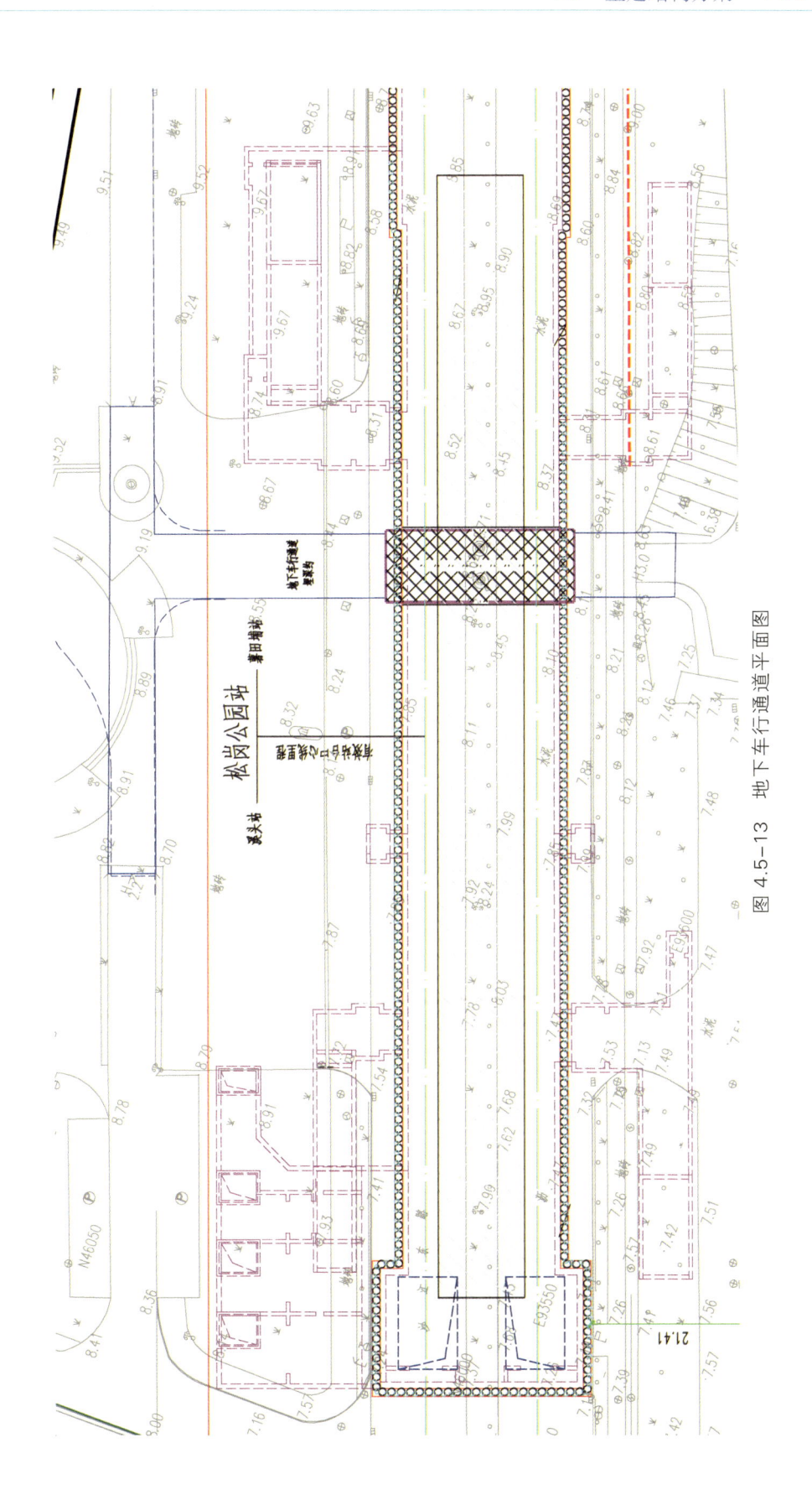

图 4.5-13 地下车行通道平面图

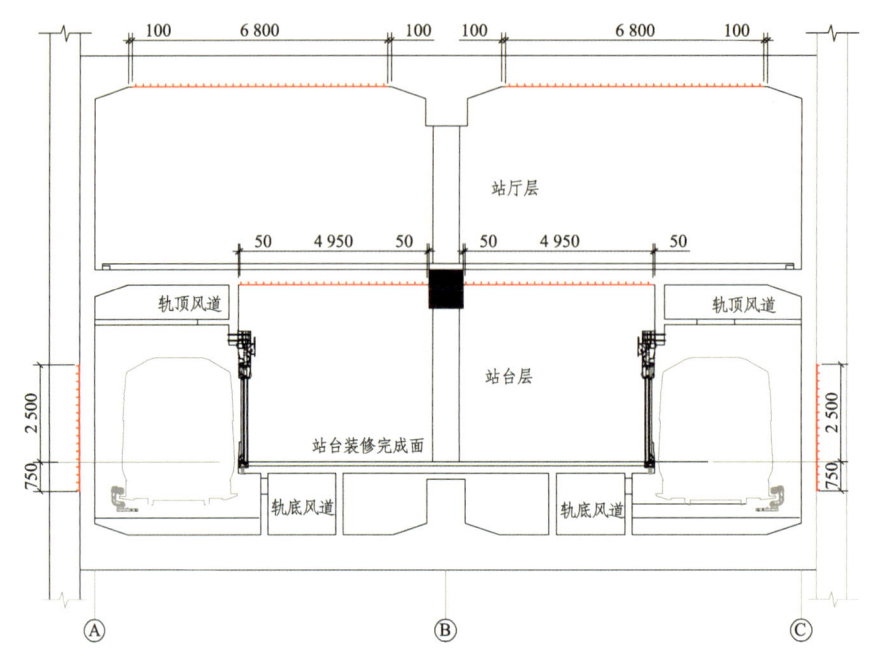

图 4.5-14　设备区预埋滑槽布置图（单位：mm）

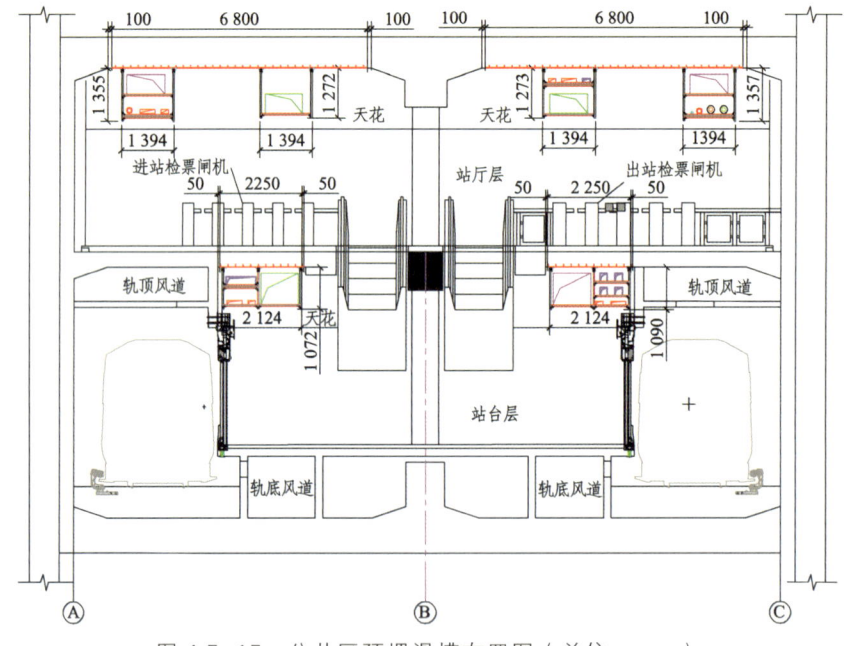

图 4.5-15　公共区预埋滑槽布置图（单位：mm）

5）松岗站

深圳地铁 6 号线一期工程松岗站位于沙江路与宝安大道交叉口，沿沙江路呈东、西向布置，与 11 号线换乘，换乘节点已由 11 号线施工完毕，剩余 78.5 m 分东、西两个基坑施工。车站东北象限为空地；东南象限为松岗派出所，车站基坑距离松岗派出所 1 栋 5 层的房屋净距仅为 1.57 m（沙江路按 70 m 规划红线，需拆除）；西北象限为沙埔围花园；西南象限为沙埔围统建楼。车站平面图详见图 4.5-16。

4.5 土建结构方案

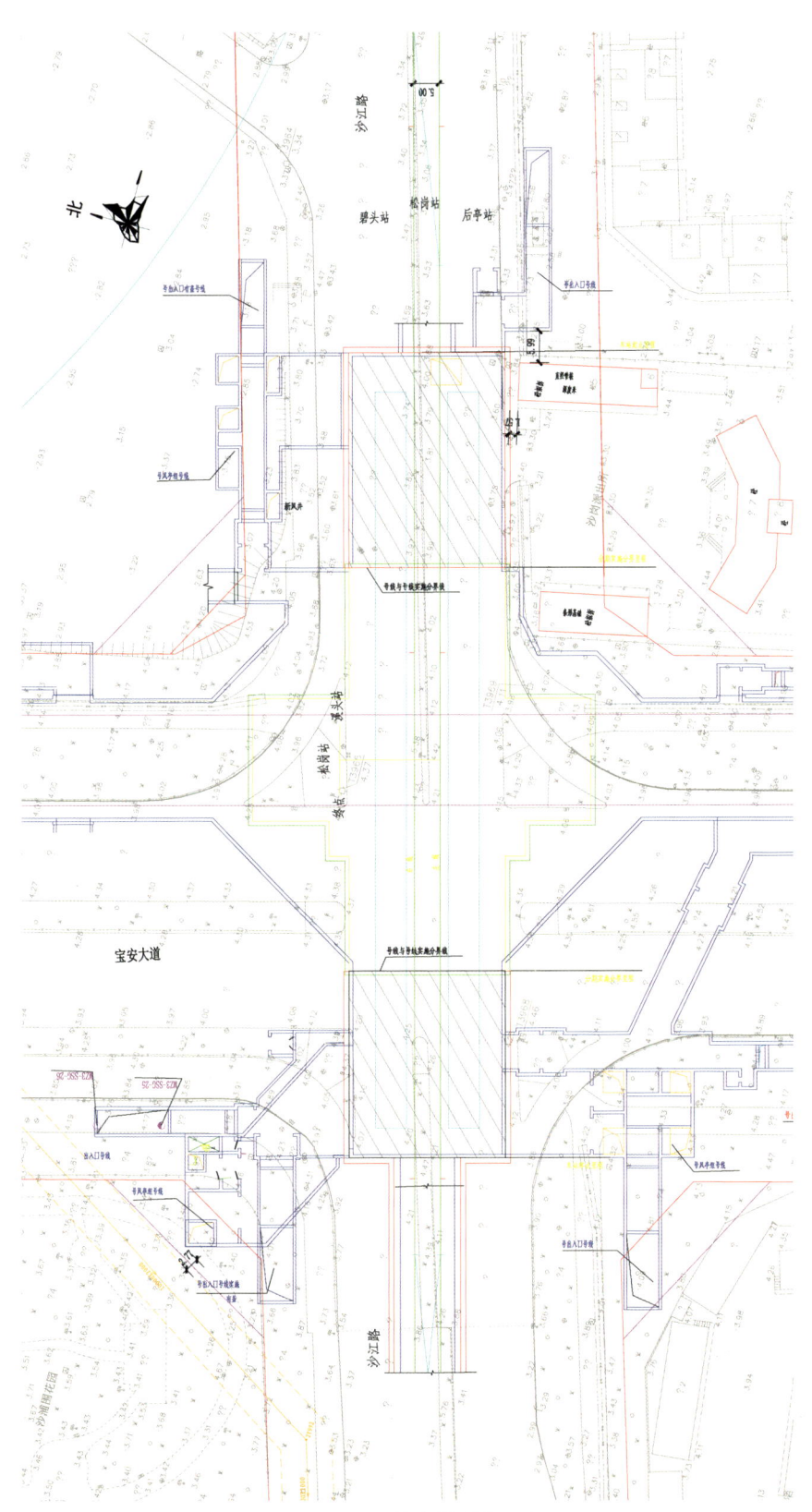

图 4.5-16 松岗站总平面图

6号线与11号线换乘节点已由11号线先期施工完毕，6号线位于地下三层，11号线位于地下二层，6号线剩余工程为换乘节点两侧的基坑。基坑宽为30.4 m，西基坑长约35.6 m、东基坑长约40.9 m，基坑深约25.5 m。车站主体围护结构采用1.0 m厚地下连续墙+内支撑的支护方式，基坑安全等级为一级。

工程重难点：东基坑距松岗派出所宿舍楼（5层）仅1.57 m，宿舍楼基础类型为直径340 mm管桩，深度为8~9 m，摩擦桩。因该房屋侵入道路红线，且距离基坑边很近，工程风险较高，原设计按拆除处理。施工时，因拆迁进度缓慢，基坑开挖至底及主体施工期间，宿舍楼仅腾空处理。围护结构形式由原第一道混凝土支撑+四道钢支撑调整为五道混凝土支撑，施工过程中对该建筑的水平位移、竖向沉降、裂缝等进行监测，监测数据表明小净距邻近既有建筑物，围护结构选用地下连续墙能起到更好的止水帷幕作用，混凝土支撑作为内支撑能有效地控制水平位移，是保护邻近建筑物结构安全的最有效措施。

4.5.2.3 设计创新

1）叠合结构侧墙的推广应用

除松岗公园站采用围护桩以外，其余4座车站主体围护结构均采用地下连续墙方案，如图4.5-17所示。为减小基坑开挖宽度、减少钢筋混凝土工程量，践行绿色节能发展理念，设

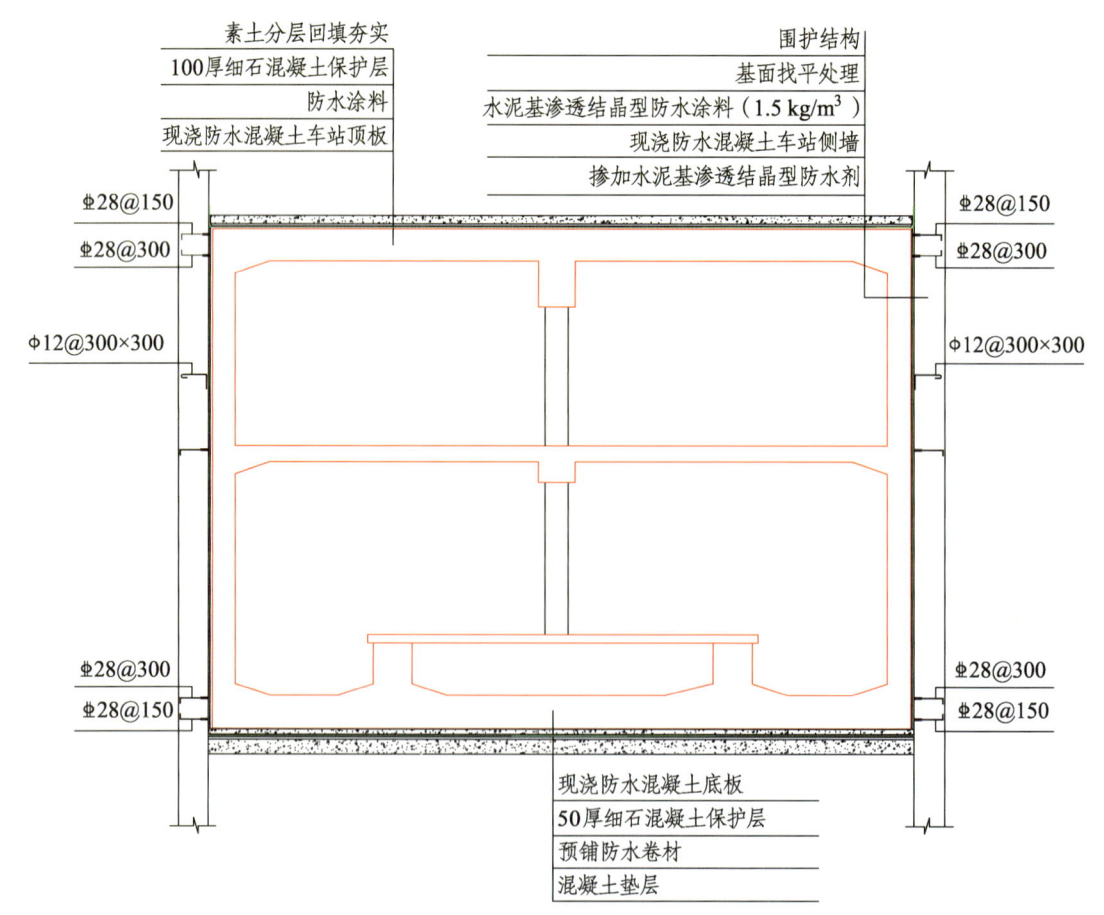

图4.5-17 叠合结构车站横剖面示意图（单位：mm）

计上采用地下连续墙的车站均采用叠合结构形式。叠合结构设计关键点：车站纵向采取平坡设计，解决底板、中板、顶板钢筋预留接驳器的精度控制难题；钢筋接驳器结合主体结构墙板交接处上缘受拉、下缘受压的原则，上缘钢筋间距为 150 mm，下缘钢筋间距为 300 mm；地下连续墙预留"胡子筋"解决叠合结构界面抗剪问题；主体结构侧墙添加水泥基渗透结晶型防水剂材料以增加混凝土的自防水效果。

2）超浅埋穿越河道关键技术研究

公明广场站邻近公明排洪渠，公明排洪渠沿松柏路南侧布置，承担重要的区域泄洪能力，C、D 号出入口横跨公明排洪渠，顶板距河床底仅 1.23 m，边坡坡脚与顶板几乎相接，如图 4.5-18 所示。技术关键点：根据百年一遇洪水位的防洪评估，开展分期导流围堰的设计和明渠导流断面的制定、地铁运营期间和公明排洪渠后期维护对地铁的影响分析，通过对公明排洪渠河床拓宽、加深的研究，调整通道纵坡至 3%，预留河道改造条件；主体结构采用全包防水卷材和混凝土自防水设计，确保达到受周围静水影响下的一级防水等级的效果。

4.5.3 区间隧道

本线区间隧道工程有阳台山站至官田站区间下穿阳台山隧道、上屋站至长圳站下穿大雁山隧道、红花山站至公明广场站区间隧道、薯田埔至松岗公园站地下段、松岗公园至溪头站区间隧道、溪头站至松岗站区间隧道、松岗站站后折返线隧道。隧道工法涵盖：明挖顺筑工法、TBM 工法、盾构工法、矿山法。各段工法及其关键点见表 4.5-3。

表 4.5-3 隧道工法及其关键点

序号	区间名称	工法及长度	关键点
1	阳台山东站至官田站地下段	420 m 明挖段+2231 m TBM+578 m 矿山法（单洞双线）	① 矿山法下穿素王食品厂别墅； ② TBM 工法下穿广深港客运专线； ③ TBM 工法下穿石清路隧道； ④ 矿山法下穿直径 800 mm 高压燃气管； ⑤ 矿山法下穿机荷高速； ⑥ 矿山法下穿违建别墅群； ⑦ 阳台山北侧出洞段偏压隧道设计； ⑧ 洞门设计
2	上屋站至长圳站地下段	706.9 m 明挖段+2374 m 矿山法（单洞双线）	① 矿山法下穿龙潭古隧道； ② 矿山法上跨鹅石引水隧洞（北引水线）； ③ 矿山法上跨公明引水隧洞； ④ 矿山法下穿西气东输燃气管道； ⑤ 明挖法下穿规划大外环高速

续表

序号	区间名称	工法及长度	关键点
3	红花山站至公明广场站区间	985.3 m 盾构法 +156.4 m 明挖段	① 盾构下穿公明中学园丁楼；② 小净距明挖基坑毗邻七天酒店
4	薯田埔至松岗公园地下段	245.4 m 矿山法（单洞单线）	① 下穿 1.0 m×0.8 m 混凝土雨水箱涵；② 下穿 5.9 m×2.5 m 混凝土雨水箱涵
5	松岗公园站至溪头站区间	1020 m 盾构法	① 侧穿国道 107 沙江立交桥桩基；② 隧道范围内孤石处理
6	溪头站至松岗站	230 明挖段 +380 m 盾构法	① 变断面单层深埋明挖主体结构受力分析；② 盾构下穿聚豪酒店
7	松岗站站后折返线	280 m 明挖段	深埋 18 m 单层隧道结构受力问题研究

4.5.3.1 阳台山东至官田站区间山岭隧道

阳台山东站至官田站区间隧道穿越阳台山森林公园，由东向西敷设，先后下穿广深港客专隧道、石清路公路隧道、高压燃气管和机荷高速公路，在塘丽一路出隧道，与高架相接。区间穿越地段地形起伏较大，隧道埋深为 2～141 m。隧道最大线路纵坡为 29.014‰，最小纵坡为 4.9‰，为 V 形坡；竖曲线半径为 5000 m。隧道洞身主要位于中微风化花岗岩层，局部穿越上软下硬地层；此外，区间矿山法段隧道穿越 F2 断层，TBM 隧道段穿越 F2-2 次生断层。TBM 隧道段先后以小角度下穿广深港客专隧道（净距为 30.07 m，水平交角为 25°）、石清路公路隧道（净距为 42.98 m）。工程重点、难点及应对措施如下：

1）首次在深圳地铁中采用双护盾 TBM 下穿广深港客运专线

隧道斜交下穿运营中的广深港客运专线，6 号线隧道与广深港客运专线隧道均位于微风化花岗岩地层中，原方案拟采用单洞双线矿山法施工，采取电子数码雷管控制爆破以减少对广深港客运专线的影响。后因广铁集团要求需采取机械法下穿，以减少地铁施工对广深港客运专线运营的影响，经研究在深圳地铁工程中首次引入双护盾 TBM 工法。TBM 隧道设计参数：隧道内净空 ϕ5400 mm、管片厚度 400 mm、外径 ϕ6200 mm、预制管片环宽 1.5 m。下穿前，设计开展了安全评估，通过建立地层-结构模型进行了数值模拟；施工过程中通过对 TBM 掘进参数的研究、下穿前 100 m 试掘进段的试验、动态监控量测等综合措施，地铁 6 号线成功下穿广深港客运专线，既有运营隧道的沉降不超过 2 mm。阳台站东至官田站区间下穿广深港客运专线纵断面如图 4.5-19 所示。

2）首次采用桩基支托结构解决浅埋暗挖法下穿高压燃气管

高压燃气管直径为 0.8 m，钢质，埋深为 1.5～1.9 m，设计压力为 4 MPa。下穿保护措施：下穿前沿燃气管纵向间距 18 m 设置桩基支托结构保护，桩基直径为 1 m，托架梁采取双拼 H 型钢；该区间矿山法下穿高压燃气段以管道为中心前后各 7 m 范围内采取静态爆破，在此基础上前后外扩 45 m 范围内采取电子数码雷管控制爆破，减小浅埋隧道爆破振动、开挖卸载、地层扰动等对高压燃气管的影响，如图 4.5-20 所示。

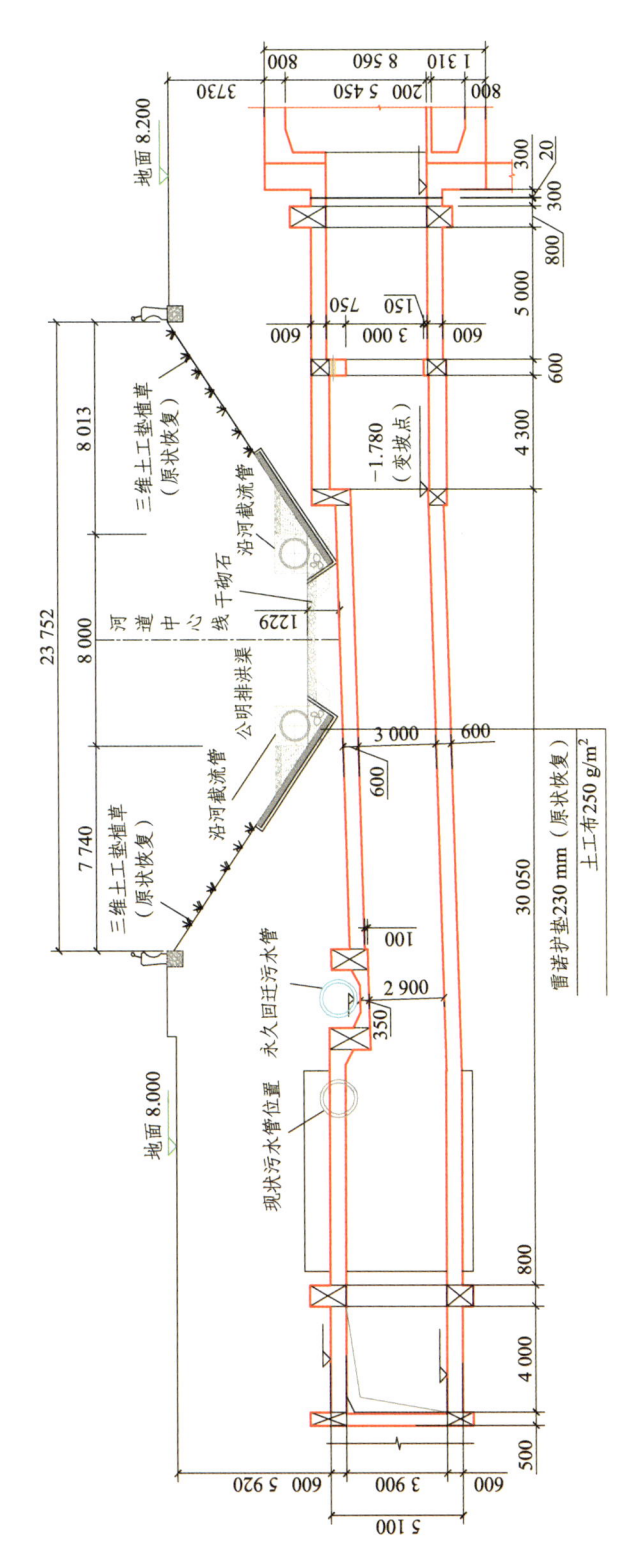

图 4.5-18 公明广场站 C 口横剖面图（单位：mm）

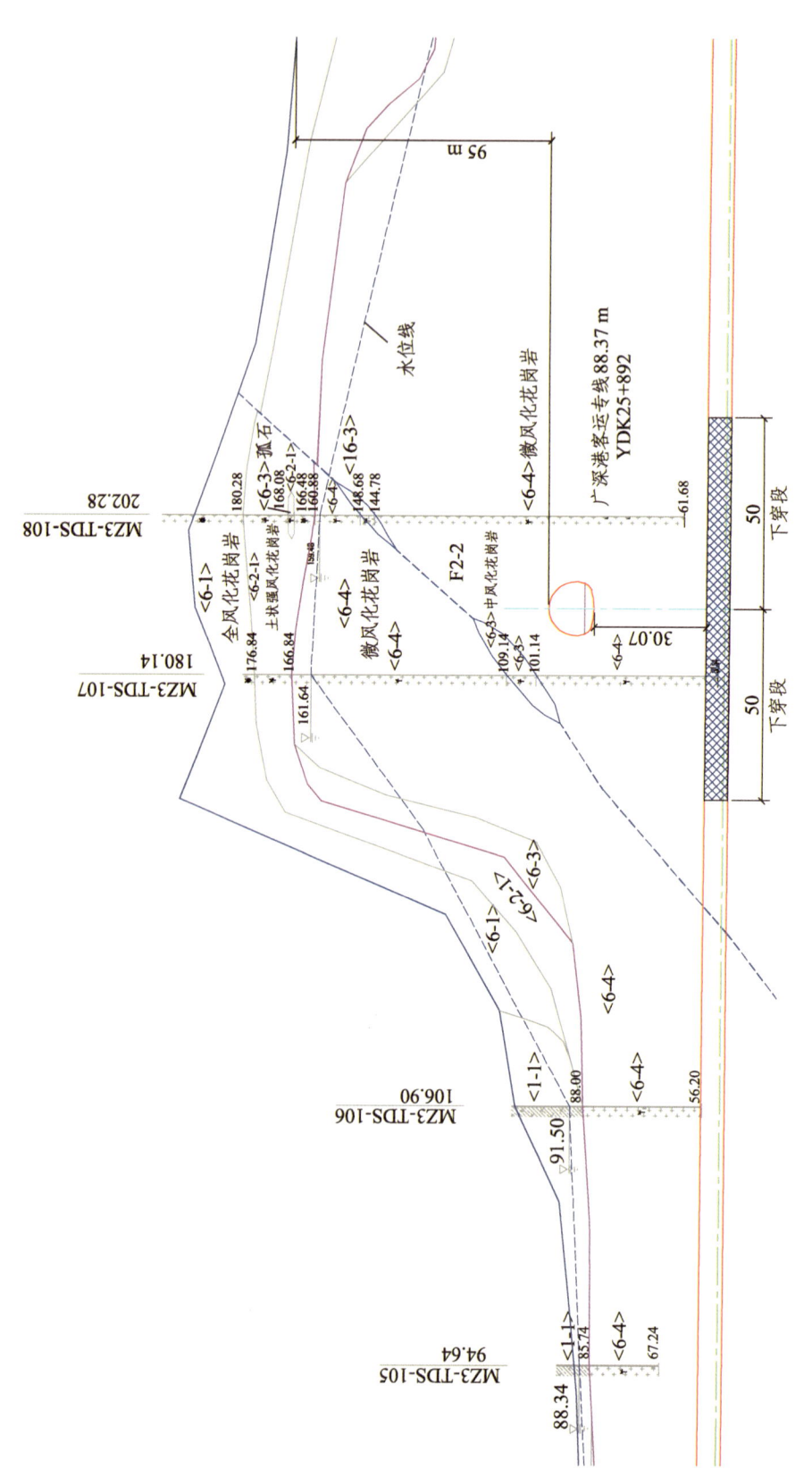

图 4.5-19　阳台站禾至官田站区间下穿广深港客运专线纵断面（单位：m）

4.5 土建结构方案 | 113

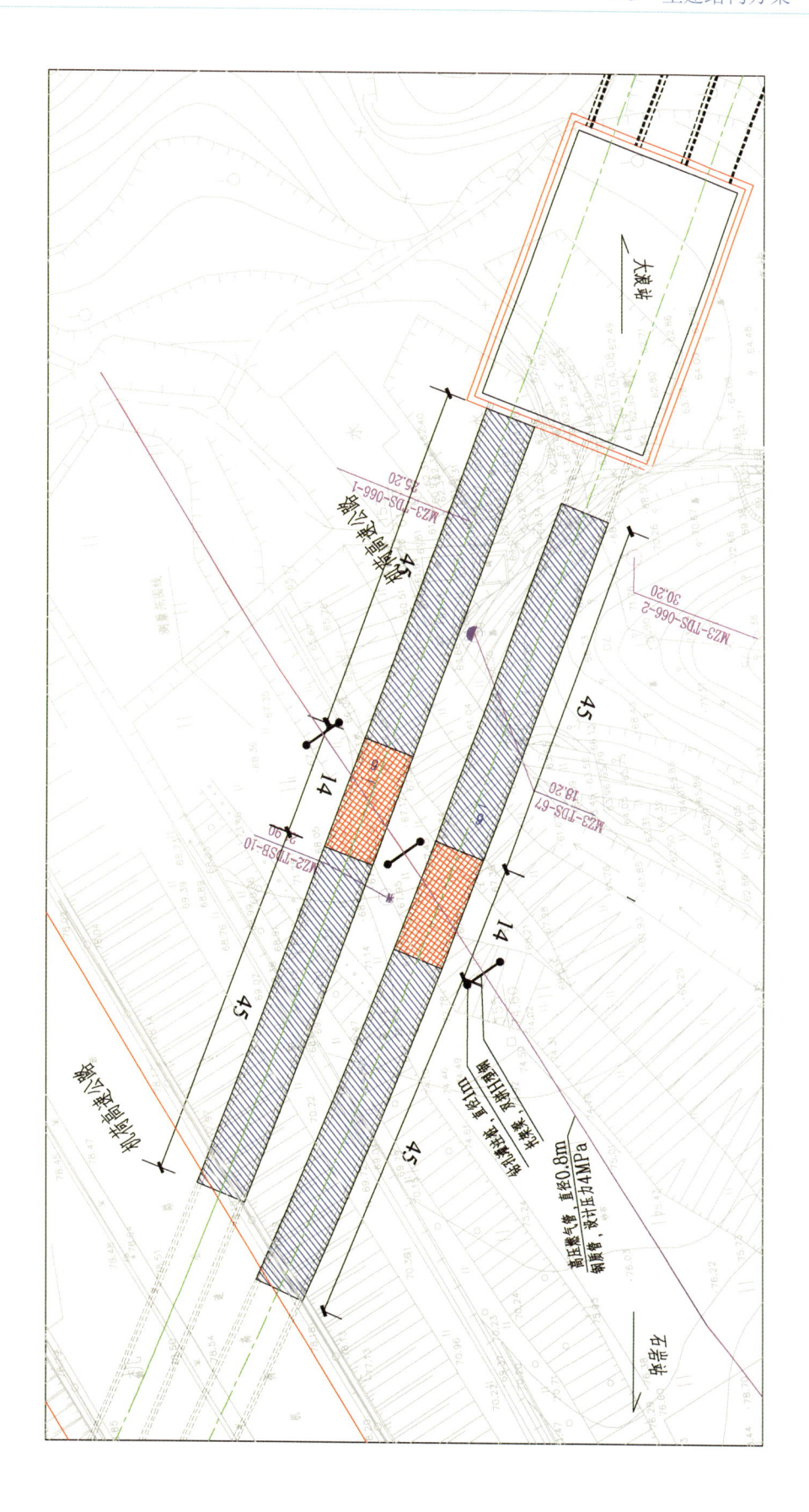

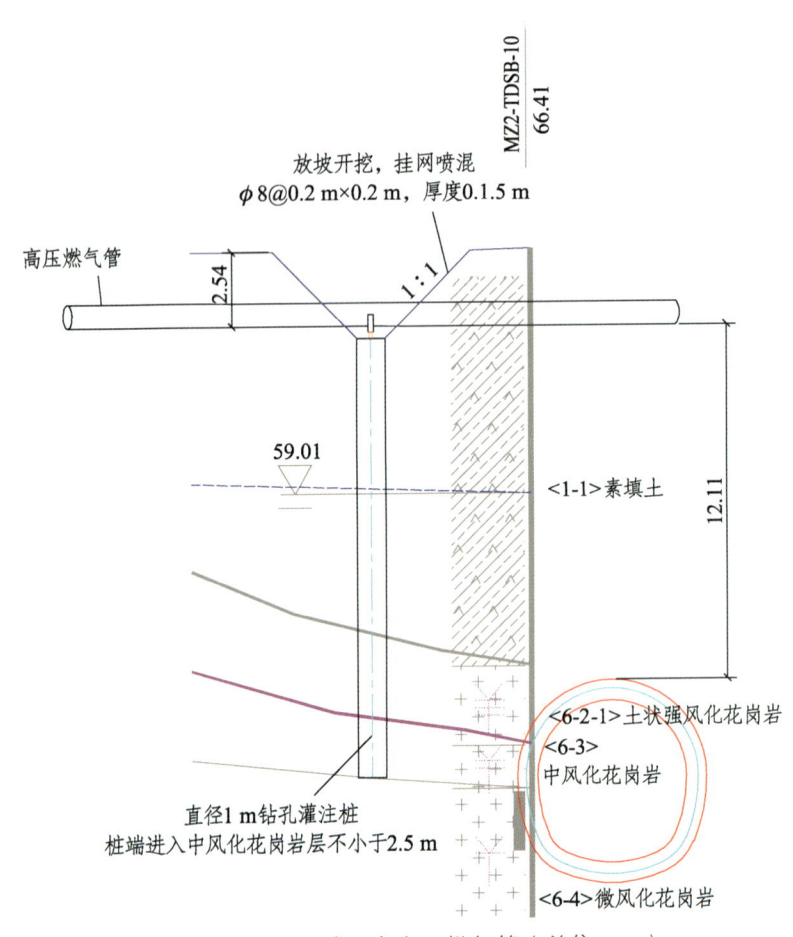

图 4.5-20 矿山法下穿高压燃气管（单位：m）

4.5.3.2 上屋站至长圳站区间山岭隧道

上屋站至长圳站区间暗挖隧道段穿越大雁山低丘陵地貌，小里程端与路基连接，大里程端与中间风井连接，地面标高为 40～190 m。区间隧道采用单洞双线隧道形式，线间距为 5.3 m，隧道开挖净宽为 11.4～14.7 m。暗挖隧道先后下穿龙潭古公路隧道、上跨北引水线鹅颈隧洞和公明引水隧洞、下穿西气东输燃气管道。本区间最大线路纵坡为 29‰，最小纵坡为 4‰，竖曲线最小半径为 5000 m。隧道最大拱顶埋深为 136.1 m。工程重点、难点及应对措施如下：

1) 采用限量排水方案解决深埋地铁隧道高水头难题

隧道采用矿山法施工，单洞双线，单洞面积最大达 145 m²。按照传统水压力计算原则，地下水取全水头进行受力计算，136.1 m 埋深水压力达 1361kPa，常规隧道衬砌设计难以满足受力要求。根据我院在西部山区多年工程设计经验，采用限量排放的衬砌设计方案。具体措施为：通过对围岩注浆封堵等措施控制隧道涌水量；围岩初衬处理完后，要求初衬表面基本干燥，无明水（局部裂隙水无法封堵的可埋管引排），要求隧道总涌水量小于 0.2 m³/(d·m)，双线隧道总涌水量小于 0.4 m³/(d·m)。衬砌厚度为 400 mm。防水横断面详见图 4.5-21。

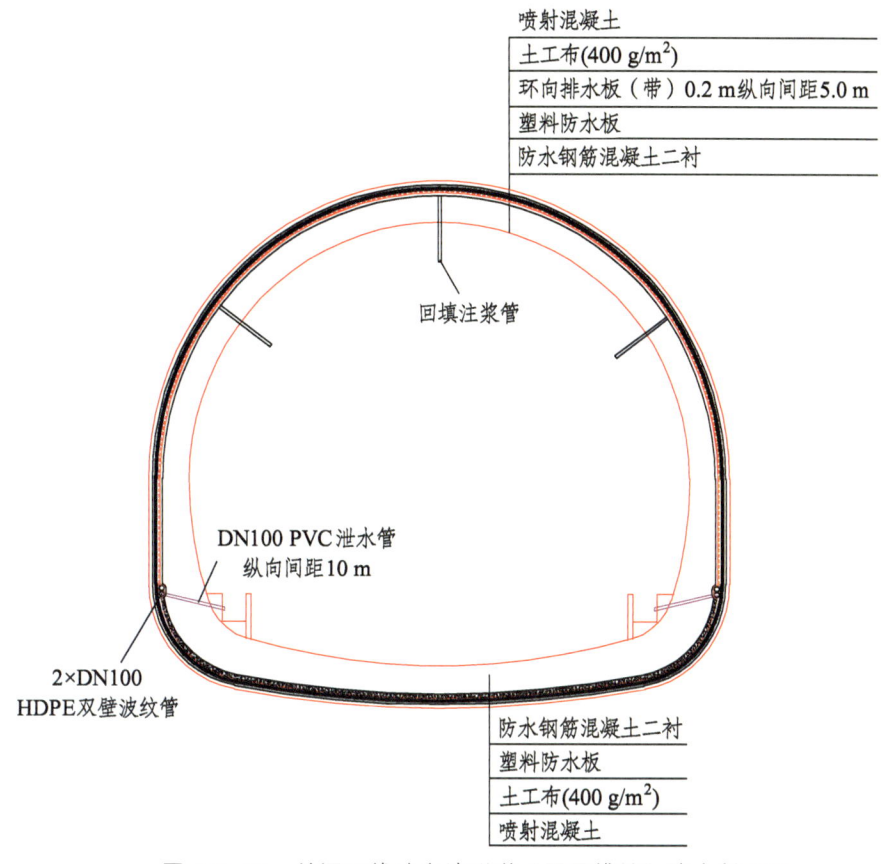

图 4.5-21　单洞双线矿山法隧道"限量排放"防水断面图

2）大断面矿山法隧道下穿西气东输西二线高风险方案

隧道下穿西气东输西二线管道，管径为 914 mm，材质为高密度聚乙烯套管，设计压力 10 MPa、运营压力 4 MPa。交叉段区间隧道洞顶为强风化花岗岩地层，洞身位于中、微风化花岗岩地层中，西气东输西二线管道位于<1-1>填土层，净距为 17.3 m。

下穿采取的措施：

① 为减少爆破振动对燃气管的影响，下穿段硬岩采用静态爆破。

② 隧道位于全断面微风化花岗岩地层、围岩等级Ⅳ级段，采用上下台阶法开挖；洞顶位于强风化地层、围岩等级Ⅴ段，采用以化大断面为小断面的 CRD 工法，对开挖轮廓外扩 3 m 范围土层（含全强风化岩层）进行深孔注浆，浆液采用 1∶1 水泥水玻璃，以提高加固效果。

③ 施工期间加强对燃气管道及地面沉降变形的监测，燃气管道沉降控制标准为不大于 10 mm/10 m。

矿山法下穿西气东输二期措施如图 4.5-22 所示。

3）矿山法隧道上跨北引水线鹅石隧道、公明引水隧洞关键技术

区间隧道在微风化花岗岩地层Ⅲ级围岩地层段上跨北引水线鹅石隧道、公明引水隧洞。

(a)（单位：m）

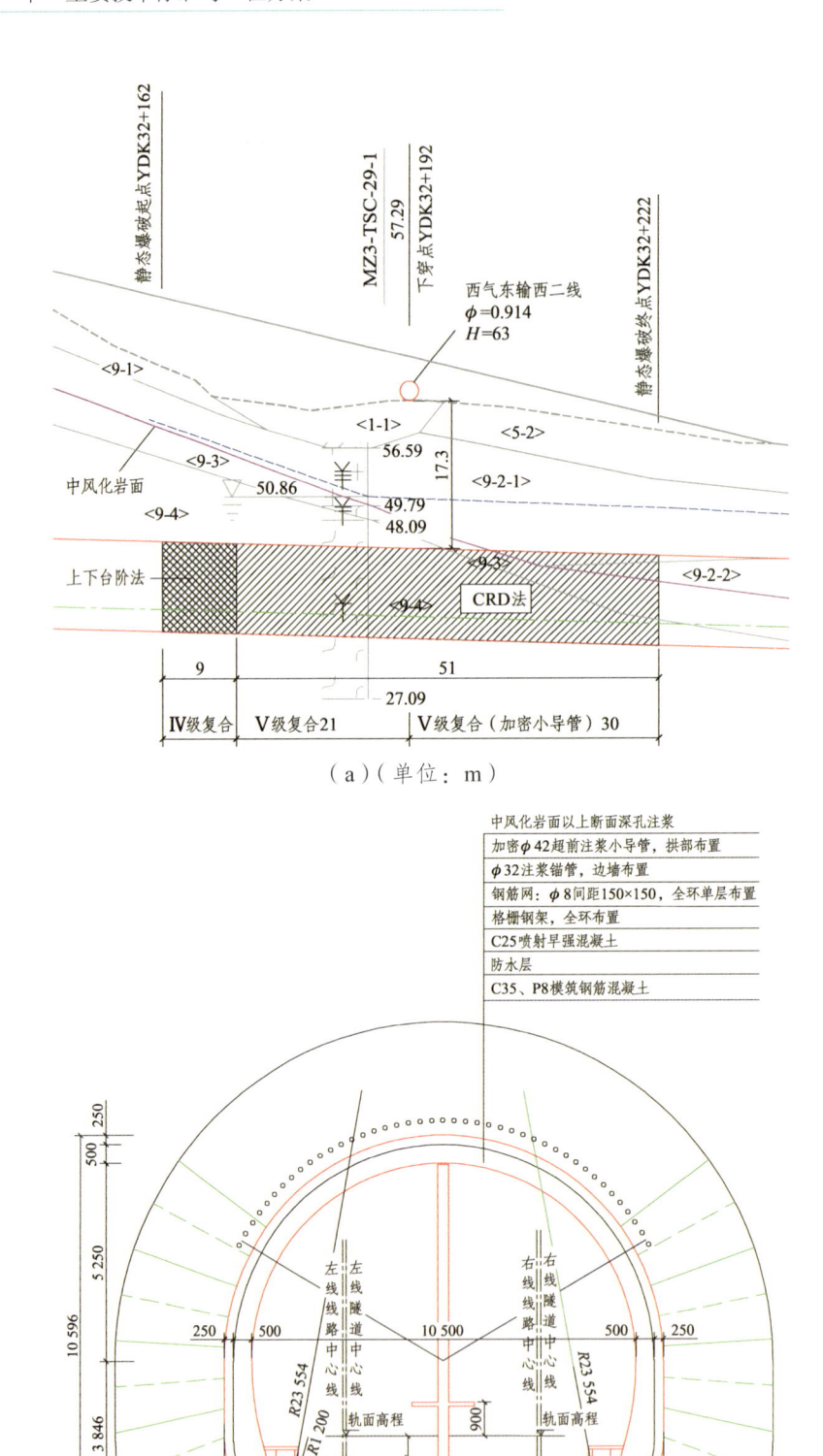

(b)（单位：mm）

图 4.5-22　矿山法下穿西气东输二期措施

地铁与引水隧洞上下位置关系是设计时选线的考虑重点，经综合比选研究确定地铁隧道上跨引水隧洞方案，如图 4.5-23 所示。采取的措施：尽量加大二者净距；地铁隧道开挖采取 CRD 工法分部开挖；交叉点前后 15 m 采取数码雷管控制爆破，振速不大于 1.5cm/s；对既有隧道采取自动化监测。

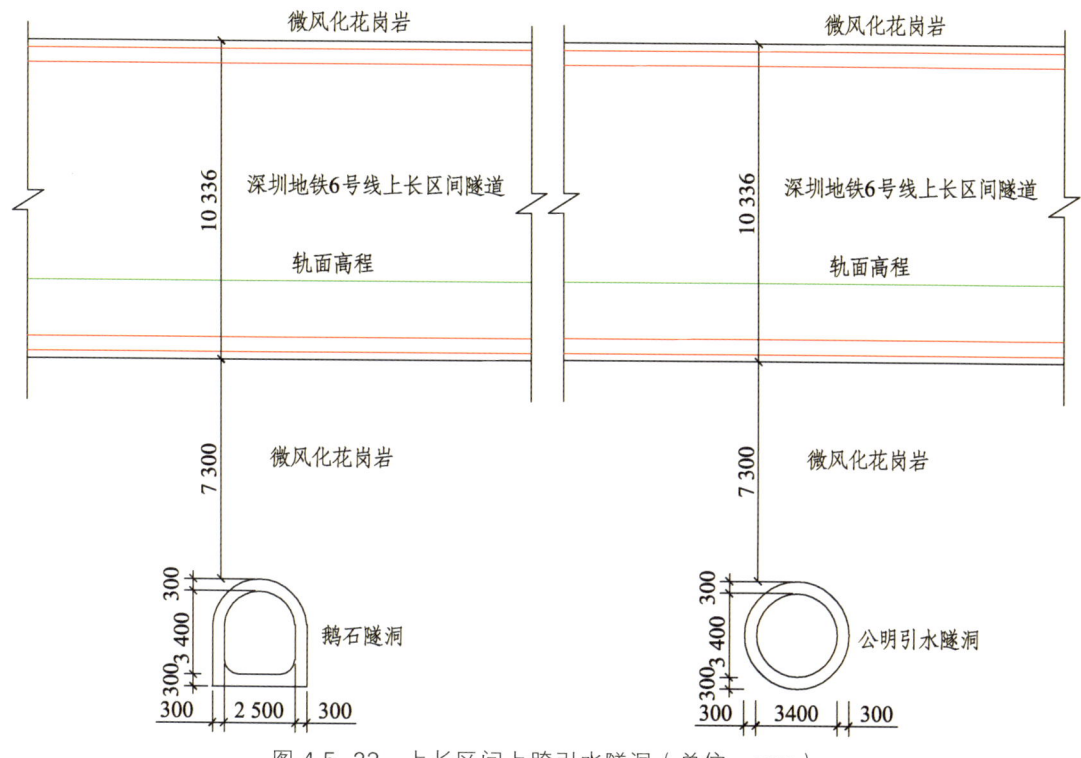

图 4.5-23　上长区间上跨引水隧洞（单位：mm）

4.5.3.3　红花山站至公明广场站区间隧道

红花山站至公明广场站区间隧道下穿红花山公园、振明路、金辉路后接入松柏路公明广场站，区间长度为 999.8 m，采用盾构法和明挖法施工。由于公明广场站为地下一层侧式站台，所以红公区间盾构隧道与明挖区间分界里程以盾构隧道满足左、右线最小间距和最小覆土厚度而定。盾构隧道下穿红花山公园段主要位于全风化花岗岩地层中，其余地段隧道主要位于中粗砂、砾砂和硬塑状黏性土地层中，采用复合式土压平衡盾构机。明挖段邻近周边建筑物较多，围护结构采取地下连续墙，通过加深明挖区间围护结构、设置桩基础等措施预留将来 13 号线公明广场站暗挖施作车站条件。

红公区间明挖段与盾构区间交界处明挖区间围护结构边距离七天连锁酒店房屋边缘净距拉开至 2.4 m 的房屋保护措施（图 4.5-24）；围护结构选择止水效果好的地下连续墙，分幅宽度为 4 m；对酒店采取跟踪注浆措施；设置水位观测井兼回灌井，保证地下水位变动幅度在 1 m 范围内。

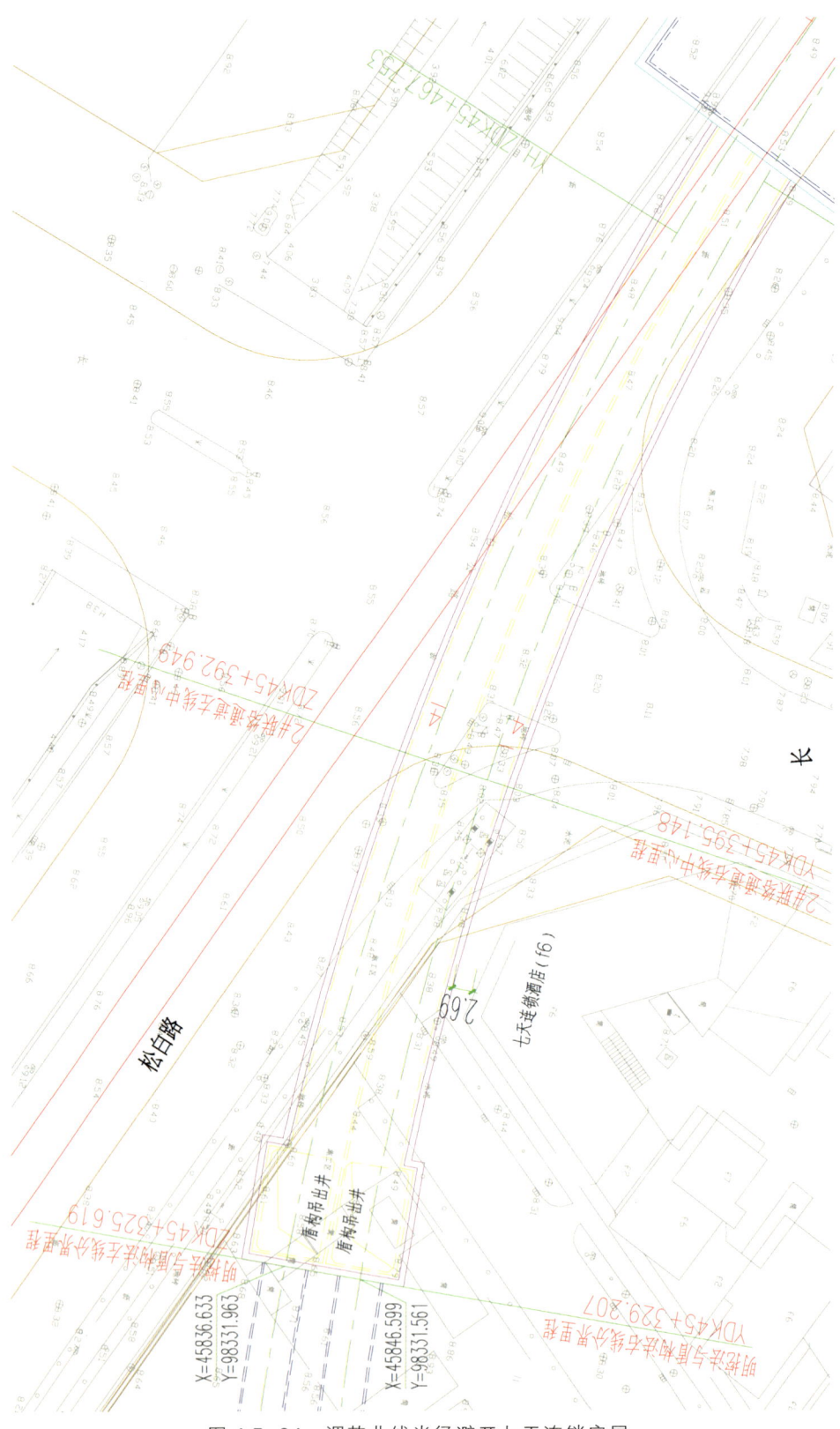

图 4.5-24　调整曲线半径避开七天连锁房屋

4.5.4 区间桥梁

本线高架区间线路长 24.454 km，其中上芬—松岗公园区间高架 20.697 km 梁采用 U 形梁结构，其余部分深圳北站—上芬区间高架桥与并行的 4 号线保持一致采用箱形梁结构。高架线路 3 次跨越深圳地铁 4 号线，两次上跨龙大高速，一次上跨南光高速，桥墩托换下穿福龙路，小角度斜交上跨公明排洪渠，28 次跨越城市道路路口。由于箱梁段设计较为常规，本节重点介绍 U 形梁段桥梁结构。

深圳地铁 6 号线是深圳市首次大规模成功应用预制 U 形梁的城市轨道交通线路。U 形梁虽然具有降低结构高度、降噪效果好、景观效果好、断面空间结合利用率高、集成性能好等优点；但相较于传统箱梁其缺点也比较明显，即 U 形梁是开口截面，抗扭性能差，传力复杂，特别是 U 形连续梁，更难以准确模拟结构受力情况。为把深圳地铁 6 号线建设成为深圳地铁乃至全国地铁高架线路的样板工程，设计引入了全新的设计理念，并以 U 形梁为突破口进行关键技术创新，形成了城市轨道交通 U 形梁成套关键技术，解决了设计和施工中的诸多技术难题。

4.5.4.1 国内首个以"景观、环保、节能"为主题的 U 形梁地铁高架线路

秉承"景观、环保、节能"的设计原则，景观造型上引入"生命树"的概念，用美学原理对桥梁和桥墩进行综合景观设计；简支梁部均统一模板，按照全线集中预制、梁上运架施工的原则进行设计；首次实现了预埋槽道全面应用于高架区间和车站。

深圳地铁 6 号线一期工程桥梁占全线长度的 65%，高架线路穿越城市和村庄，对既有道路和城市风貌影响极大。为了使桥梁景观与结构完美融合，工程师们做了多种方案比选。最终，设计从上至下采用弧线元素，避免直线元素的生硬与强大视觉冲击力造成的不适，在结构安全的前提下最大化减小体量，使行人有好的视觉感受，在满足深圳特区的特殊景观和环境需求的前提下，利用美学原理对桥梁和桥墩进行综合景观设计，造就了简洁柔和、新颖大方的桥梁结构；利用墩身和桥下空间进行绿化设计，将高架线路建设成为绿色走廊，实现高架桥梁与城市景观协调发展（图 4.5-25）。

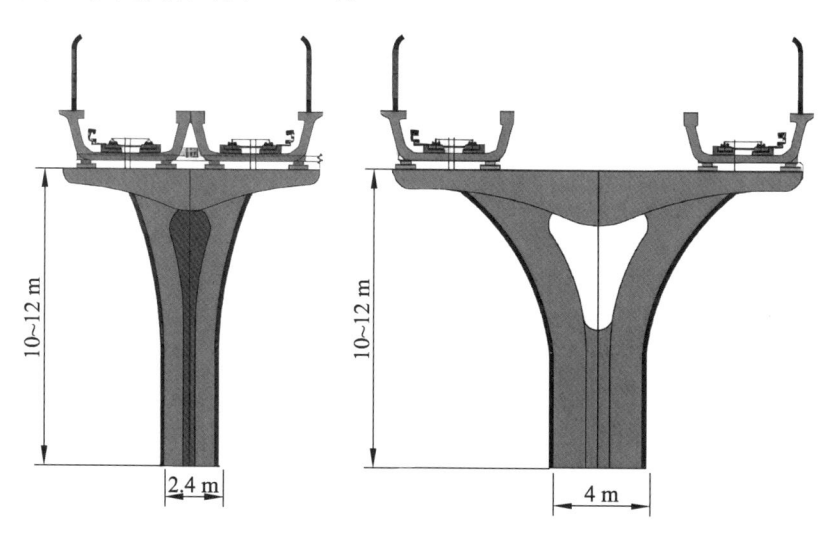

图 4.5-25　标准墩到喇叭口 Y 形墩有效过渡

同时注意细节设计，尽量做到景观和结构功能和谐统一，如 U 形梁与箱梁的衔接墩盖梁部位，在箱梁盖梁外侧设挡块使盖梁衔接自然；全线排水管内藏于桥墩中，避免外露带来的侧立面凌乱，保证高架外立面的整洁，有效提升了桥梁景观；梁体两侧挡板采用拉槽处理，避免了梁体的单调，不仅提升了桥梁侧面的视觉效果，还能有效截流，避免雨水顺梁侧散流，兼顾了景观和环保的和谐统一。

1）U 形梁

本线 U 形梁段桥梁除节点大跨连续梁外，其余梁部均按照全线集中预制、梁上运架施工的原则施工。本线梁部的预制装配施工将现场现浇作业量降到最少，从而减少了桥梁施工对城市居民生产生活的影响。

在梁部及桥墩的造型上，无论是 30 m U 形梁，还是 25 m、35 m U 形梁，梁体的外观尺寸均保持一致，从而实现景观上的统一及模板的通用。在桥墩的外形上，无论是标准花瓣墩还是 Y 形墩，各档桥墩外形风格完全一致，柱身截面根据受力情况进行分档。桥墩盖梁设置可调节段，以适应线间距变化。在各档桥墩内部尽管线间距不同，但是桥墩模板也可以通用，从而保证区间桥梁无论是在车站"喇叭口"还是在一般的标准段，桥梁景观均做到了统一协调。桥梁外形的统一及模板的通用，提升了桥梁的整体景观，有效降低了工程投入。

2）标准墩

本线标准墩根据线间距共分为三型：标准墩 I 型适用于左右线间距为 $5.0 \text{ m} \leqslant S \leqslant 5.3 \text{ m}$ 的情况，标准墩 II 型适用于左右线间距为 $5.3 \text{ m} < S \leqslant 6.0 \text{ m}$ 的情况，标准墩 III 型适用于左右线间距为 $6.0 \text{ m} < S \leqslant 7.5 \text{ m}$ 的情况。Y 形墩也分三种类型：I 类 Y 形墩适用于左右线间距为 $7.5 \text{ m} < S \leqslant 11 \text{ m}$ 的线路，II 类 Y 形墩适用于左右线间距为 $11 \text{ m} < S \leqslant 14 \text{ m}$ 的线路，III 类 Y 形墩适用于左右线间距为 $14 \text{ m} < S \leqslant 15.2 \text{ m}$ 的线路。几类墩的尺寸及实景如图 4.5-26～图 4.5-30 所示。

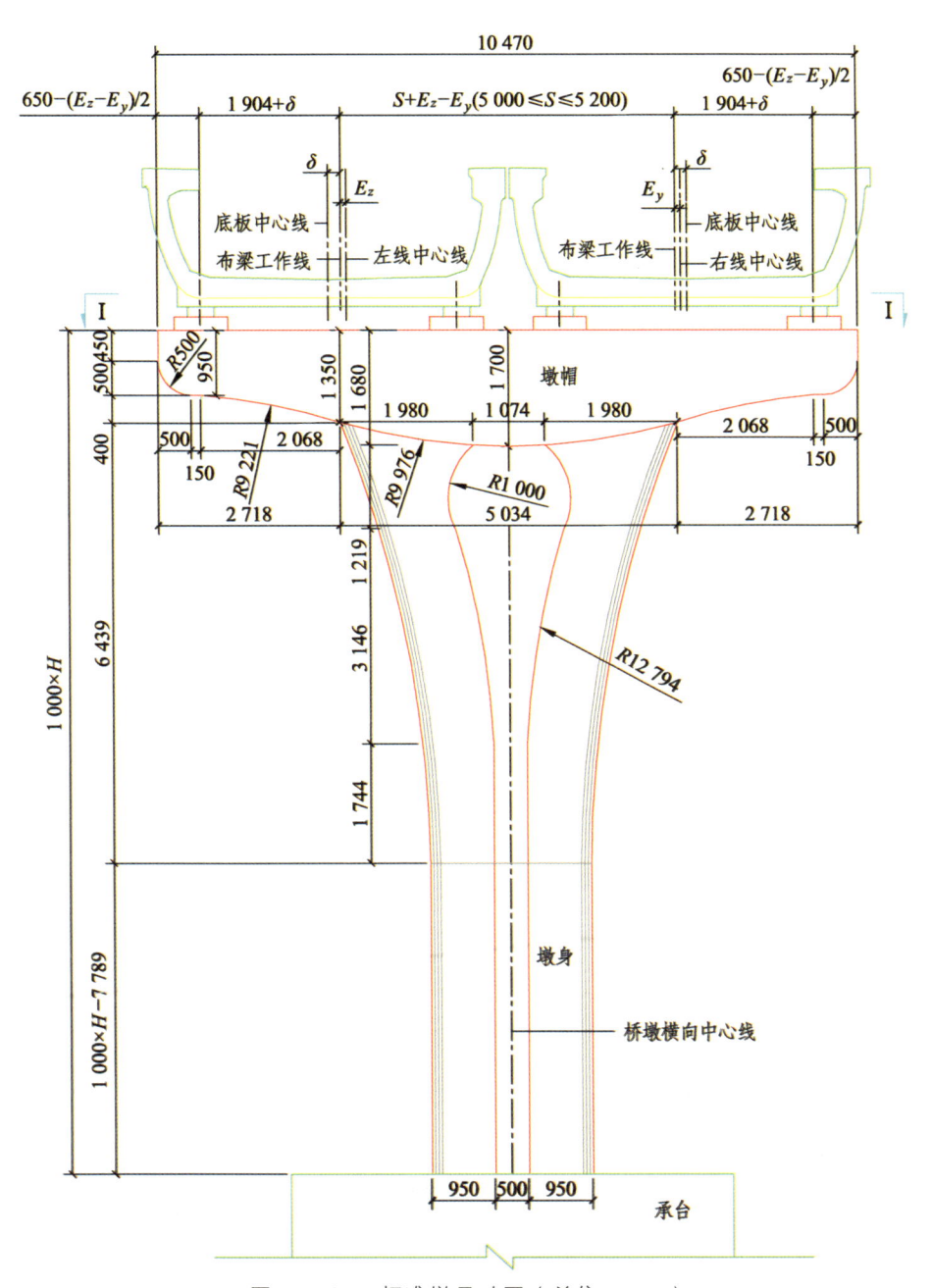

图 4.5-26 标准墩尺寸图（单位：mm）

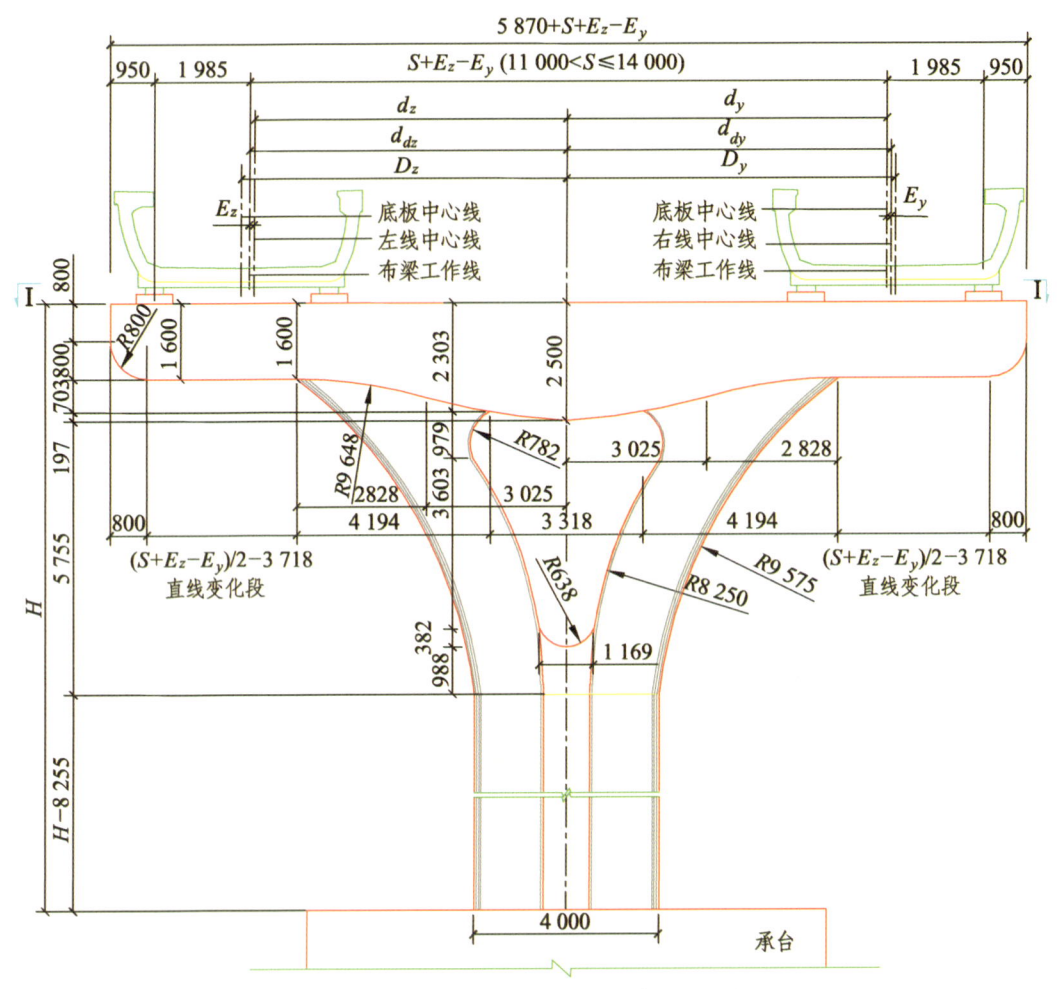

图 4.5-27　Y 形墩尺寸图（单位：mm）

图 4.5-28　标准墩实景图

图 4.5-29　喇叭口 Y 形墩实景图

图 4.5-30　双层墩实景图

4.5.4.2　采用城市轨道交通中最大跨度简支 U 形梁

深圳地铁 6 号线是深圳市首条采用 U 形梁作为主要梁型的地铁高架线路。本项目设计了 35 m 跨简支 U 形梁，其中梁体长度为 34.9 m，梁体计算跨度为 34 m。该 U 形梁为目前国内外城市轨道交通领域内计算跨度最大的简支 U 形梁。由于 U 形梁具有整体性能差、抗扭刚度不足的特点，所以国内 U 形梁跨度一般不超过 30 m。我们综合考虑该条线路跨越较多路口，提出采用 35 m U 形梁作为跨路口的布跨方式，布跨更灵活，有效减少了路口连续梁数量，减少了大量投资。

U 形梁作为一种下承式开口结构，相对常规整孔箱梁结构，梁体截面弱、梁体上缘受压面积小，同时由于深圳地铁 6 号线采用了浮置板道床，部分地段梁上设置了全封闭声屏障，梁上荷载比一般地铁高架桥梁结构大得多。深圳地铁 6 号线成功解决了 35 m 简支 U 形梁的梁体上缘压应力及梁体活载挠度、梁体残余变形控制难题，进行了系统创新设计。

1）优化截面形式，改善结构受力

结合城市轨道交通中常用的 U 形梁结构形式，我们分析了直腹板、斜腹板、圆形腹板等几种不同 U 形梁结构，并对以上结构方案的构造细节进行了系列优化设计。通过分析得到当 U 形梁腹板的内外表面均为圆弧形，且为同心圆时，U 形梁的腹板及底板靠近腹板位置处的结构受力明显优于其他结构形式，另外加大底板及腹板角隅点倒角尺寸，能有效改善 U 形梁的受力。根据分析结论，本线采用了大倒角的同心圆弧形腹板 U 形梁。

2）创造性地采用了先张为主、后张为辅的预应力结构体系

由于 U 形梁为开口薄壁结构，梁体预应力体系宜采用先张法预应力以改善梁体受力。在梁体数量较大时，先张法预应力结构由于节约波纹管及锚具，具有更好的经济效益。深圳地铁 6 号线高架线路长，梁片数量规模大，故宜选用先张法预应力结构。

35 m 跨度 U 形梁梁体跨度大，受运营荷载控制，梁体预应力钢束布置较多，因此若采用传统的先张法，梁体预应力需在梁体施工之初就要一次张拉到位，梁体压应力水平较高，由于混凝土梁体在施工早期收缩、徐变发展较快，梁体的变形受梁体应力水平、混凝土收缩、徐变影响，必将发展较快，梁体的残余变形将难以控制。为解决以上问题，本线 35 m U 形梁选用了以先张为主、辅以后张的预应力结构体系。在梁体施工初期，仅张拉先张预应力钢束，待

梁体由张拉台座吊装至存梁台座后，再行张拉后张预应力钢束。考虑到 U 形梁"薄壁开口"的截面特点，后张预应力钢束优先选用小束，后张钢束仅在靠近倒角及腹板局部布置，避免后张预应力钢束在管道未压浆前对梁体造成较大损伤。采取以上方案有效控制了梁体残余变形，并显著改善了施工过程中梁体的应力水平。

3）优化结构尺寸，兼顾逃生与景观

由于 U 形梁梁体受压面积小，梁体上缘应力及变形大，梁体跨度大进一步加剧了 U 形梁的梁体压应力及梁体变形控制难度。

为改善梁体应力，常用的方法是调整梁体预应力钢束布置或梁体截面尺寸，但当截面尺寸受限制时，预应力钢束增加的量也将受到截面的制约。当 35 m U 形梁采用与 30 m U 形梁完全一致的截面时，即使梁体底板预应力钢束用到极限，梁体上缘的压应力依然超过规范限值。而 U 形梁梁体上翼缘兼作检修及疏散通道，上翼缘的高度受到车门开启高度的限制，并不能一味加高 U 形梁结构尺寸，梁体外侧翼缘调整必将改变 35 m U 形梁的外观，以致 35 m U 形梁与 30 m U 形梁相接位置处衔接不顺畅，影响桥梁整体景观。

为改善梁体受力并解决梁体结构尺寸调整与梁体景观及疏散逃生通道设置冲突的问题，通过仔细分析梁体受力特点，由于梁体中部弯矩大、梁端弯矩小，在紧急状况下，人员疏散主要通过 U 形梁内侧翼缘进行。结合疏散需求及景观影响，设计提出了在跨中梁段在外侧翼缘局部加高、加宽梁体截面，在梁端截面逐渐调整为 30 m 简支 U 形梁截面，使梁体结构安全、疏散功能不受影响，确保全线桥梁景观效果协调一致，如图 4.5-31、图 4.5-32 所示。

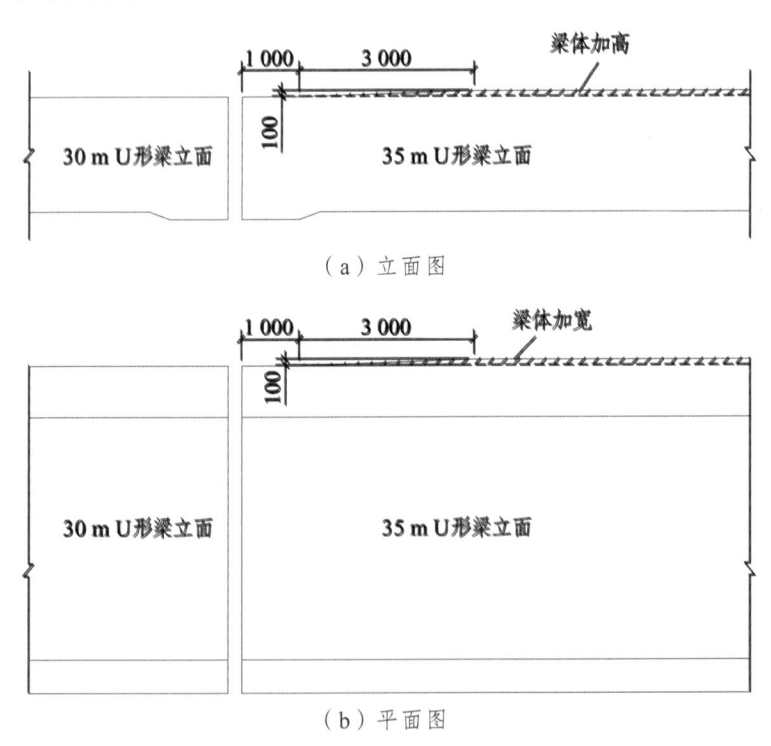

（a）立面图

（b）平面图

图 4.5-31　35 m U 形梁立面图和平面图（单位：mm）

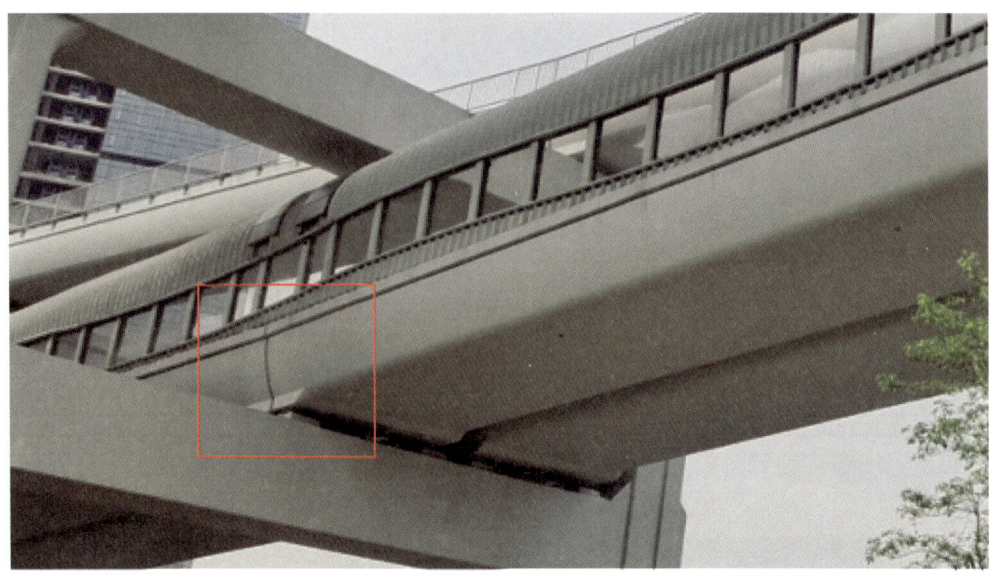

图 4.5-32　U 形顺接实景图

4.6　常规设备方案

4.6.1　通风空调

通风空调系统包括地下区间隧道通风及防排烟系统、车站通风空调及防排烟系统。

4.6.1.1　隧道通风及防排烟系统

隧道通风及防排烟系统包括隧道通风系统（含防排烟系统）和车站隧道通风系统（含防排烟系统）两大部分。

隧道通风及防排烟系统需要满足的主要功能如下：

（1）列车正常运营时有效排除隧道内的余热余湿，确保隧道内温度最热月日最高平均温度不大于40℃；同时，保证正常运营时在区间隧道内乘客新风量要求。

（2）在列车阻塞时向阻塞区间提供一定的通风量，控制隧道温度满足列车空调器正常运行及补充列车内乘客所需的新风量，为充分利用活塞风，送风方向尽量与行车方向一致。

（3）列车发生火灾时应能及时排除烟气和控制烟气流向，保证乘客安全疏散及消防扑救的需要。

基于上述功能需求，目前采用的隧道通风及防排烟系统如下：

1）活塞风井方案选择

（1）双活塞风井方案。

双活塞风井方案，即对应于上、下行线在车站进站和出站端部各设置1座机械/活塞风井、1座排风井（TEF系统与车站大、小系统合用）、1座新风井（大、小系统合用），车站每端共设置4座风井的方案，如图4.6-1所示。

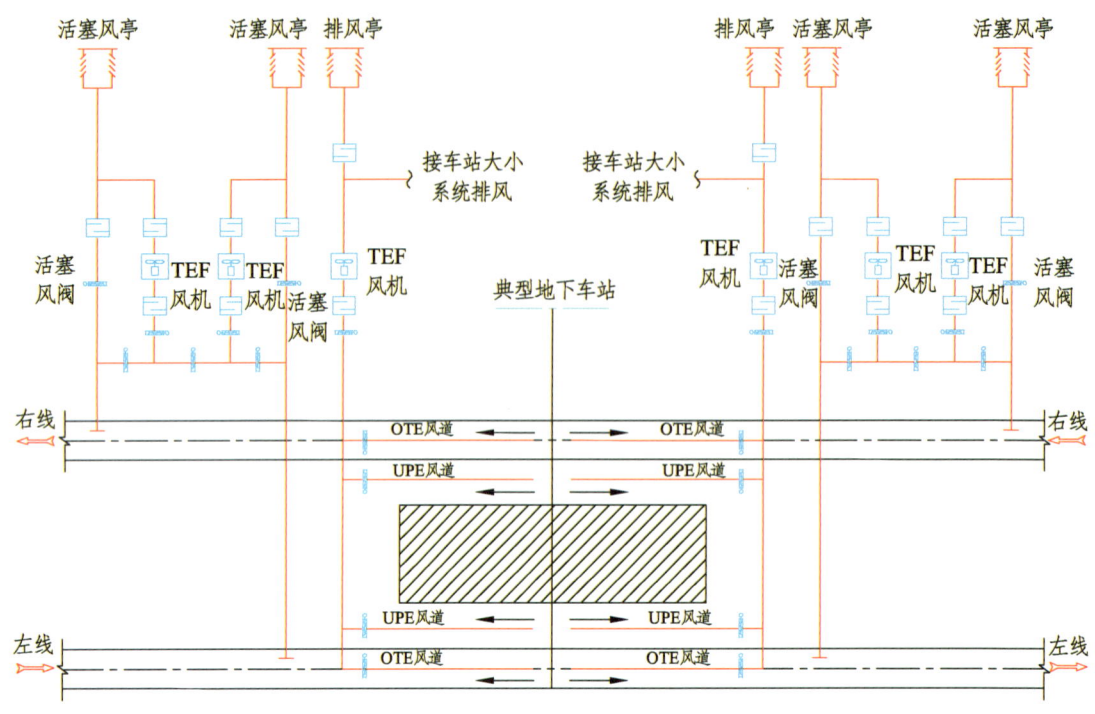

图 4.6-1　常规双活塞隧道通风系统形式原理

目前，该种形式应用广泛。该方案隧道通风系统在车站每端设置 2 台 TVF 风机、1 台 TEF 风机，TVF 风机与 TEF 风机分开设置；2 台 TVF 风机完全互为备用，能实现"同送或同排"和"一送一排"的运行方式。

但是由于对风井本身的面积及各风口间最小 5 m 净距要求，在城市土地日益紧张、城市环境景观标准日趋提高要求的情形下，风井的数量不仅受到规划用地的限制，而且对车站建筑的布置、周边环境及对工程造价均有较大的影响。

（2）单活塞风井方案。

单活塞风井方案，即对应于上行或下行线在车站进站或出站端部仅设置 1 座机械/活塞风井、1 座排风井（TEF 系统与车站大、小系统合用）、1 座新风井（大、小系统合用），车站每端共设置 3 座风井的方案，如图 4.6-2 所示。该形式在车站每端设置 2 台 TVF 风机、1 台 TEF 风机，TVF 风机与 TEF 风机独立设置；2 台 TVF 风机完全互为备用，但只能实现"同送或同排"的运行方式。

通过进一步的模拟研究和分析，我们发现无论采用何种方案，均能满足列车正常运行所需的隧道内新风和阻塞及事故通风需求，但双活塞方案对于在事故工况下模式的选择有明显的优势，且就正常运行期间，区间内新风量大小、站台门滑动门承压的风险导致开关门出现故障的频率来看，采用双活塞会优于单活塞系统，因此，全线地下区间主推双活塞方案，在地面条件很困难时推荐单活塞方案。

结合本线实际情况，全线 5 座地下车站采用活塞风井，具体设置见表 4.6-1。其中红花山站、公明广场站采用单活塞风井，松岗公园站、溪头站、松岗站均采用双活塞风井。

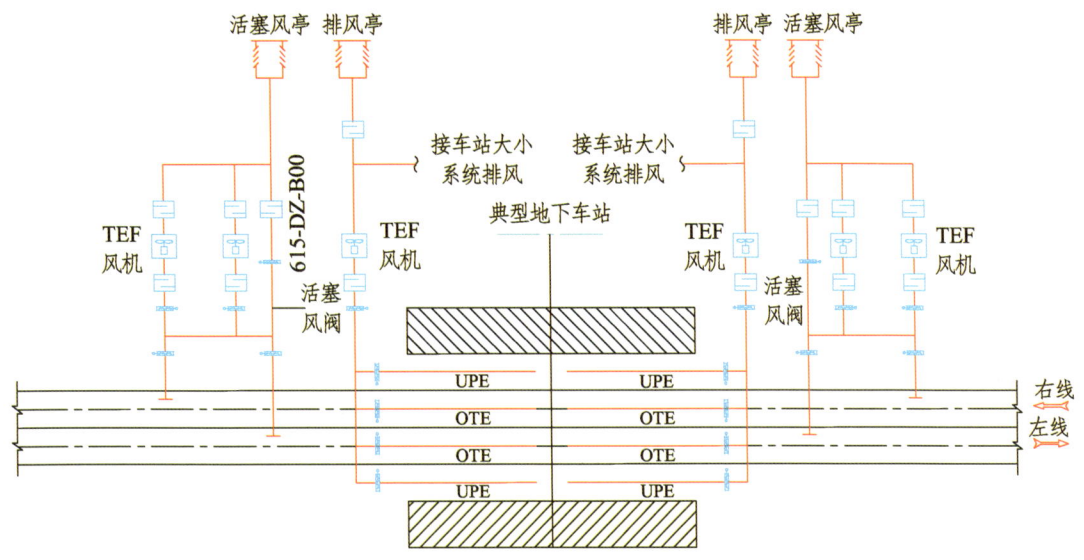

图 4.6-2　单活塞隧道通风系统形式原理

表 4.6-1　地下车站隧道通风活塞风井设置统计

序号	车站名称	车站形式	活塞风井数量	活塞风井面积/m²	备注
1	红花山站	地下二层岛式站台	2	16	单活塞按 20 m²
2	公明广场站	地下一层侧式站台	2	16	单活塞按 20 m²
3	松岗公园站	地下二层岛式站台	4	16	
4	溪头站	地下二层岛式站台	4	16	
5	松岗站	地下二层侧式站台	4	16	与 11 号线换乘

2) 配线和特殊区域的隧道通风方案

(1) 独立山岭隧道通风系统。

根据线路、行车资料核算，在阳台山隧道、大雁山隧道内均会出现同向两列车运行情况，因此，在上述两个区间内需设置中间风井。同时，考虑到射流风机安装方便，对区间隧道结构影响小，可以充分考虑设置冗余度等特点采用射流风机作为诱导式通风设备。因此，在中间风井两侧区段适当地方设置射流风机或推力风机组，以达到诱导气流作用。射流风机可逆转，前后设置 2D 消声器，耐高温 280 ℃/1 h。

① 阳台山隧道。

阳台山隧道长度为 3290 m，需设置中间风井。中间风井机房与区间牵引变电所合建；上、下行隧道分别对应一条活塞风道，设置 2 台区间事故风机，事故风机可逆转，型号为 No.20A，Q=60/46 m³/s，H=900/520Pa，N=90/37 kW，N=90 kW 耐高温 250 ℃/1 h，风机后设置与风机联动的事故风阀。通过开启和关闭不同的阀门，可以实现活塞通风工况和事故工况。每条隧道内小里程端结合土建施工工法各设置 4 组（每组 2 台）射流风机，每组射流风机间距约 190 m，大里程端结合土建施工工法（TBM）优化原射流风机群组方案，采用在混合所内对应于上、下行线各设置一台推力风机方案，如图 4.6-3 所示。

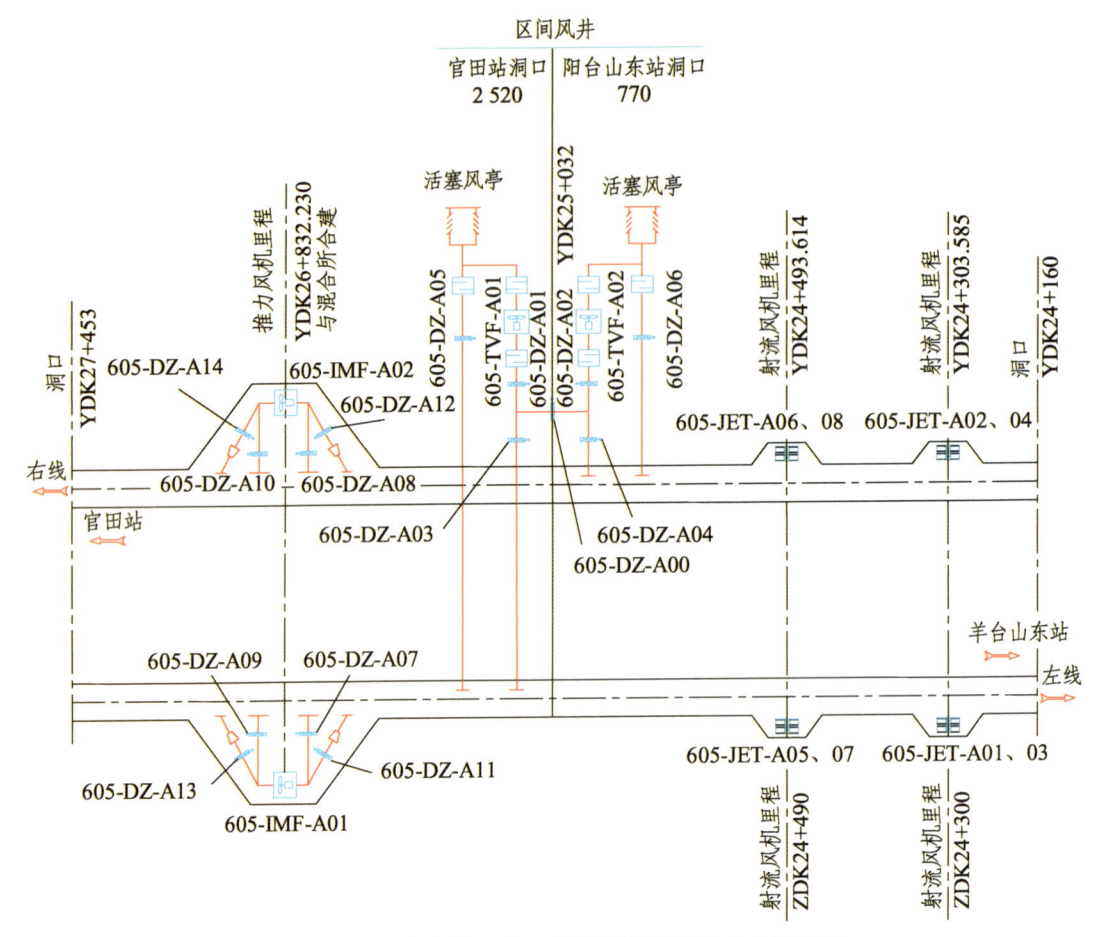

图 4.6-3 阳台山东—官田站区间隧道通风系统原理图

② 大雁山隧道。

大雁山隧道长度为 2940 m，需设置中间风井。上、下行隧道分别对应一条活塞风道，设置 2 台区间事故风机，事故风机可逆转，型号为 No.20A，$Q=60/46 \text{ m}^3/\text{s}$，$H=900/520\text{Pa}$，$N=90/37 \text{ kW}$，$N=90 \text{ kW}$ 耐高温 250 ℃/1 h，风机后设置与风机联动的事故风阀。通过开启和关闭不同的阀门，可以实现活塞通风工况和事故工况。每条隧道内各设置 4 组（每组 2 台）射流风机，每侧靠中间风井设置 2 组，组间间距约 180 m，如图 4.6-4 所示。

（2）特殊地段隧道通风系统。

本线在楼村站、红花山站（原南庄站）、公明广场站与合水口站有高架、地下区间的转换；薯田埔站到松岗公园站（原山门站）之间从高架进入地下。为保证洞口到车站间阻塞或火灾工况时的气流组织，与独立隧道通风方案相似，采用射流风机作为诱导式通风设备。在洞口到红花山站（原南庄站）隧道每侧洞口处设置 2 组（每组 2 台）射流风机，组间间距为 60 m；在洞口到松岗公园站（原山门站）隧道每侧洞口处设置 2 组（每组 2 台）射流风机，组间间距为 100 m。

在红花山站（原南庄站）站后设置双停车线，山门站站前设置双停车线，松岗站站前设置单渡线，松岗站站后设置交叉渡线。上、下行线在配线处两侧隧道连通，形成大断面，因此，必须在配线处采用诱导式通风，以保证前、后隧道在阻塞或火灾工况时的气流组织。

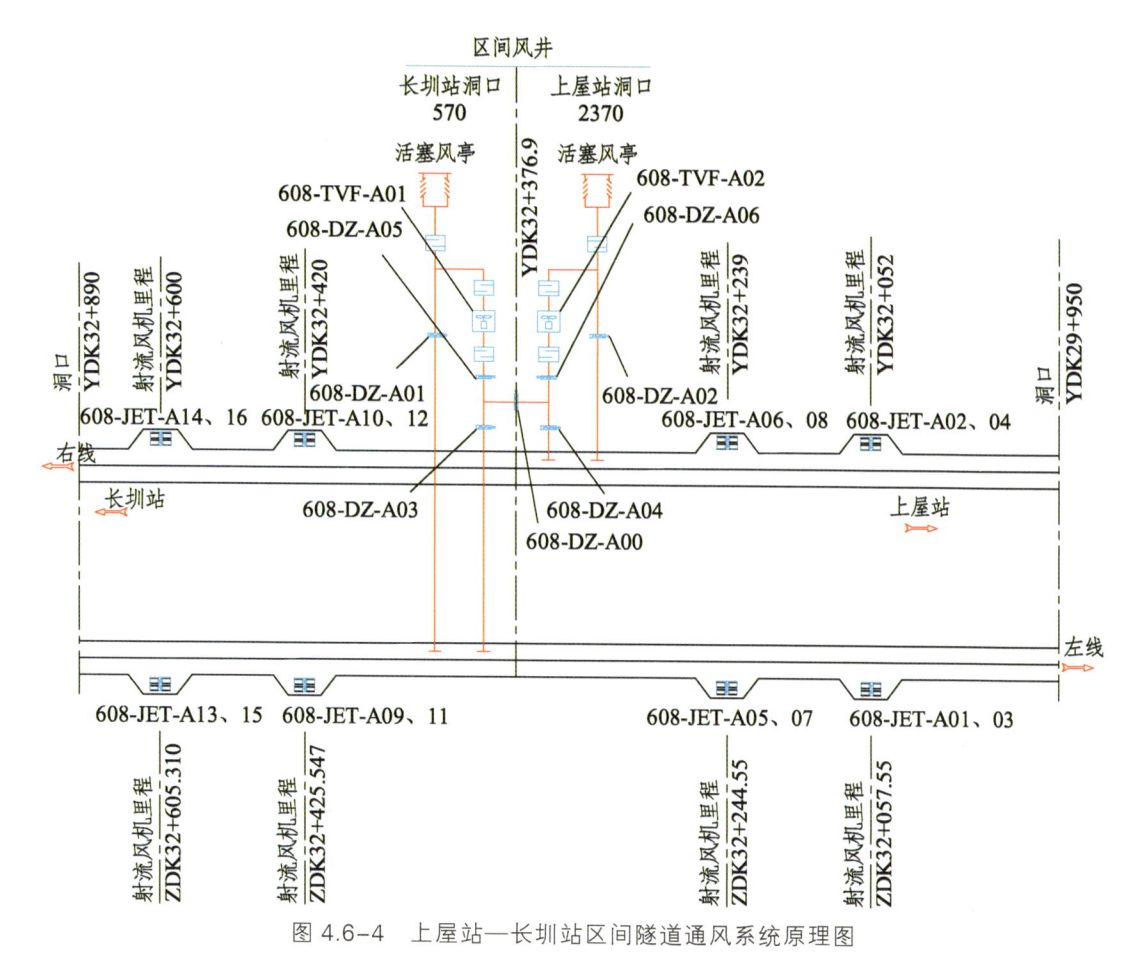

图 4.6-4　上屋站—长圳站区间隧道通风系统原理图

松岗站为本线终点站，在端头设置活塞风井，以保证隧道进风和阻塞或火灾工况时的气流组织，活塞风井面积为 16 m²。

① 松岗站。

松岗站为地下二层侧式站台车站，在站前、站后均设置配线区域，并设置与地铁 11 号线的联络线，在站后交叉渡线区域考虑设置 2 组射流风机，在站前交叉渡线和接近联络线区域对应上下行线各设置 1 台推力风机，车站按双活塞风井形式考虑，配置共计 4 台隧道风机、2 台轨排风机及若干风阀。联络线内设置 1 组射流风机，待联络线实施时完善，如图 4.6-5 所示。

② 松岗公园站（原山门站）。

松岗公园站为岛式站台车站，在站前设置配线区域，本站为高架转地下区域的站点，在配线区域停车线及正线明挖处外扩设置射流风机群组，以满足该段区间的隧道防排烟气流组织需求，车站按双活塞风井形式考虑，配置共计 4 台隧道风机、2 台轨排风机及若干风阀，配线区域内设置 2 组射流风机，上、下行线路对应设置 2 组射流风机，共计 16 台，如图 4.6-6 所示。

③ 红花山站（原南庄站）。

红花山站为岛式站台车站，在站前与高架洞口相接，站后设置双停车线区域，本站小里程端受到地面条件制约，采用单活塞方案，在大里程端采用双活塞形式，在停车线区域设置 2 组射流风机群组，在高架和地下洞口处设置 2 组射流风机群组，如图 4.6-7 所示。

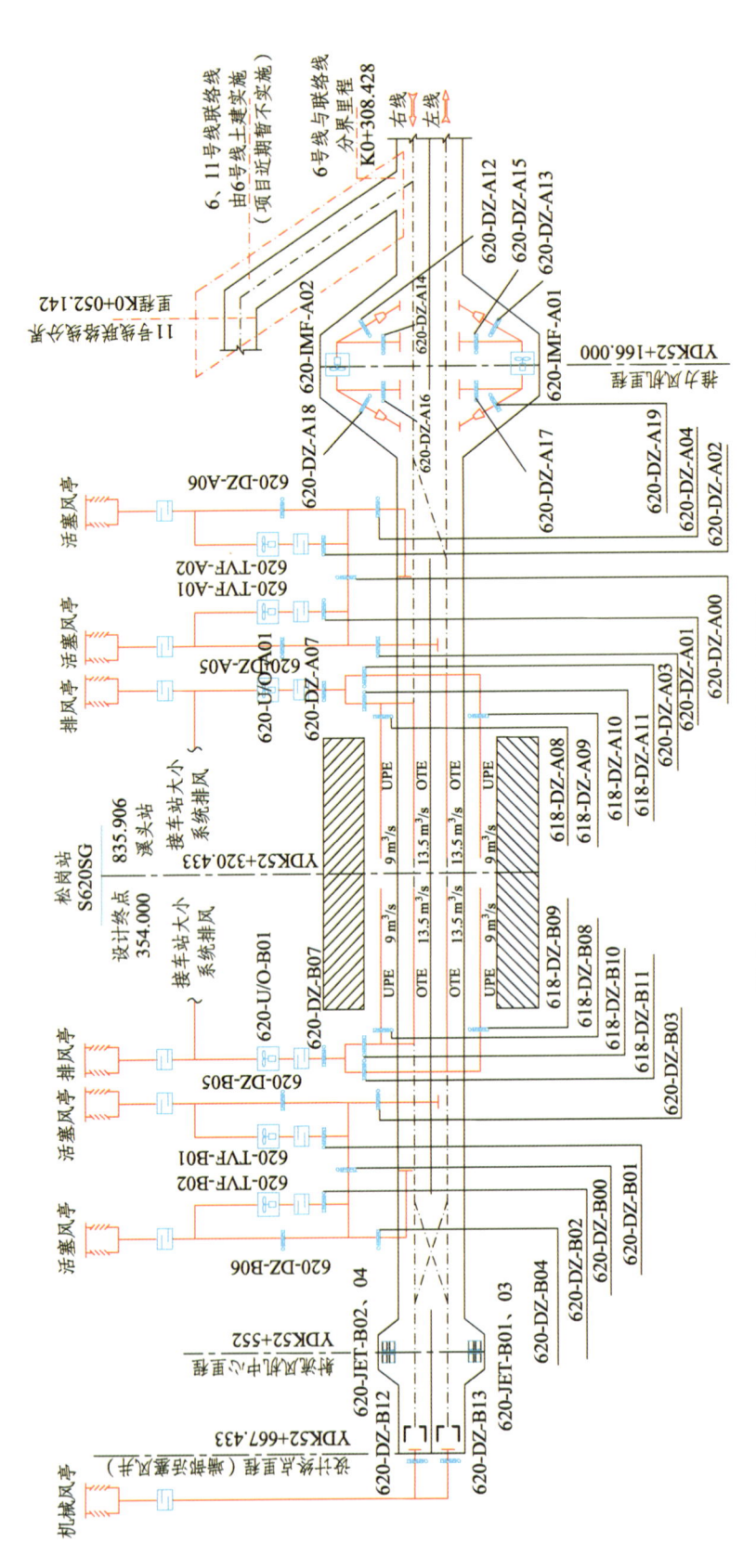

图 4.6-5 松岗站隧道通风系统原理图

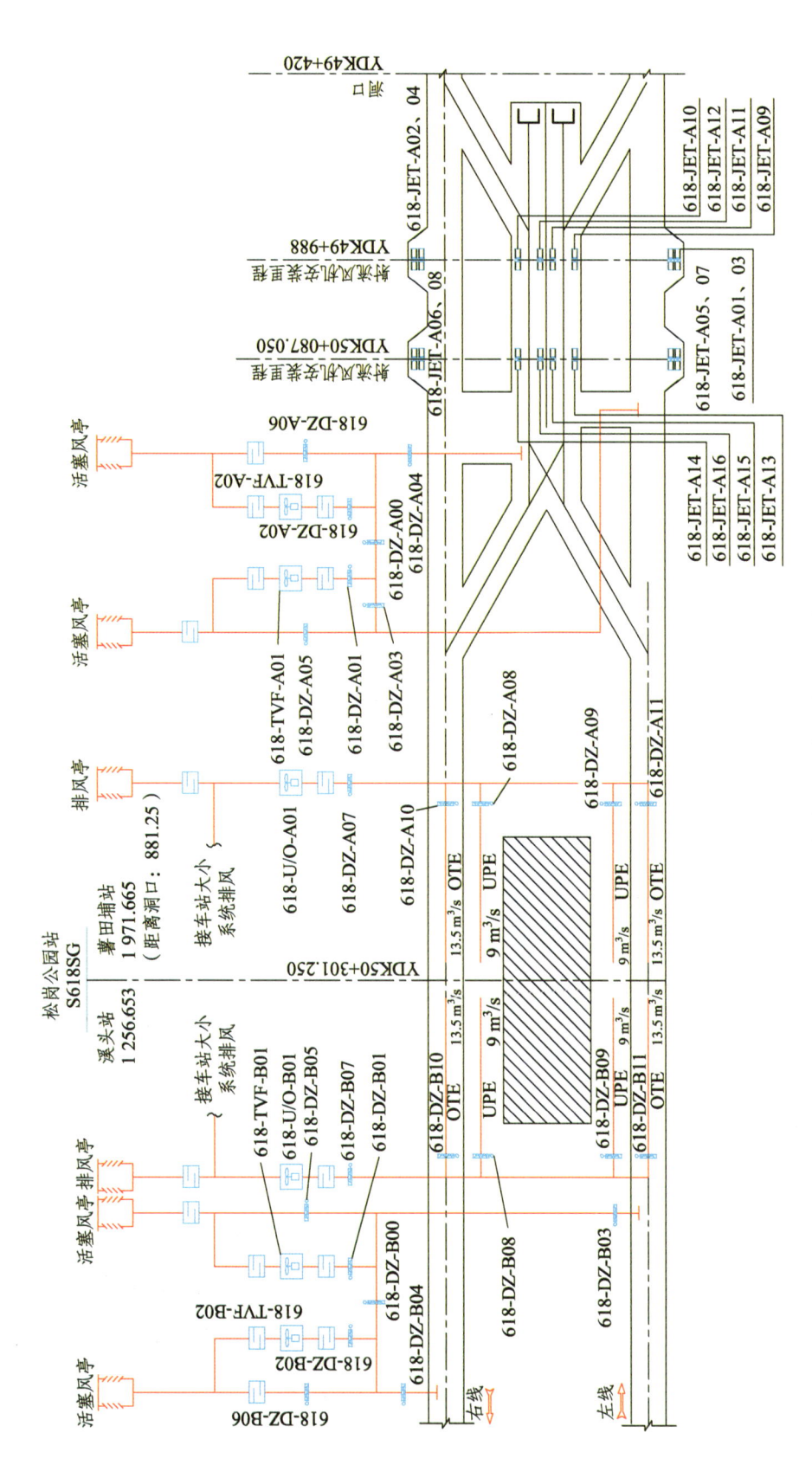

图 4.6-6 松岗公园站隧道通风系统原理图

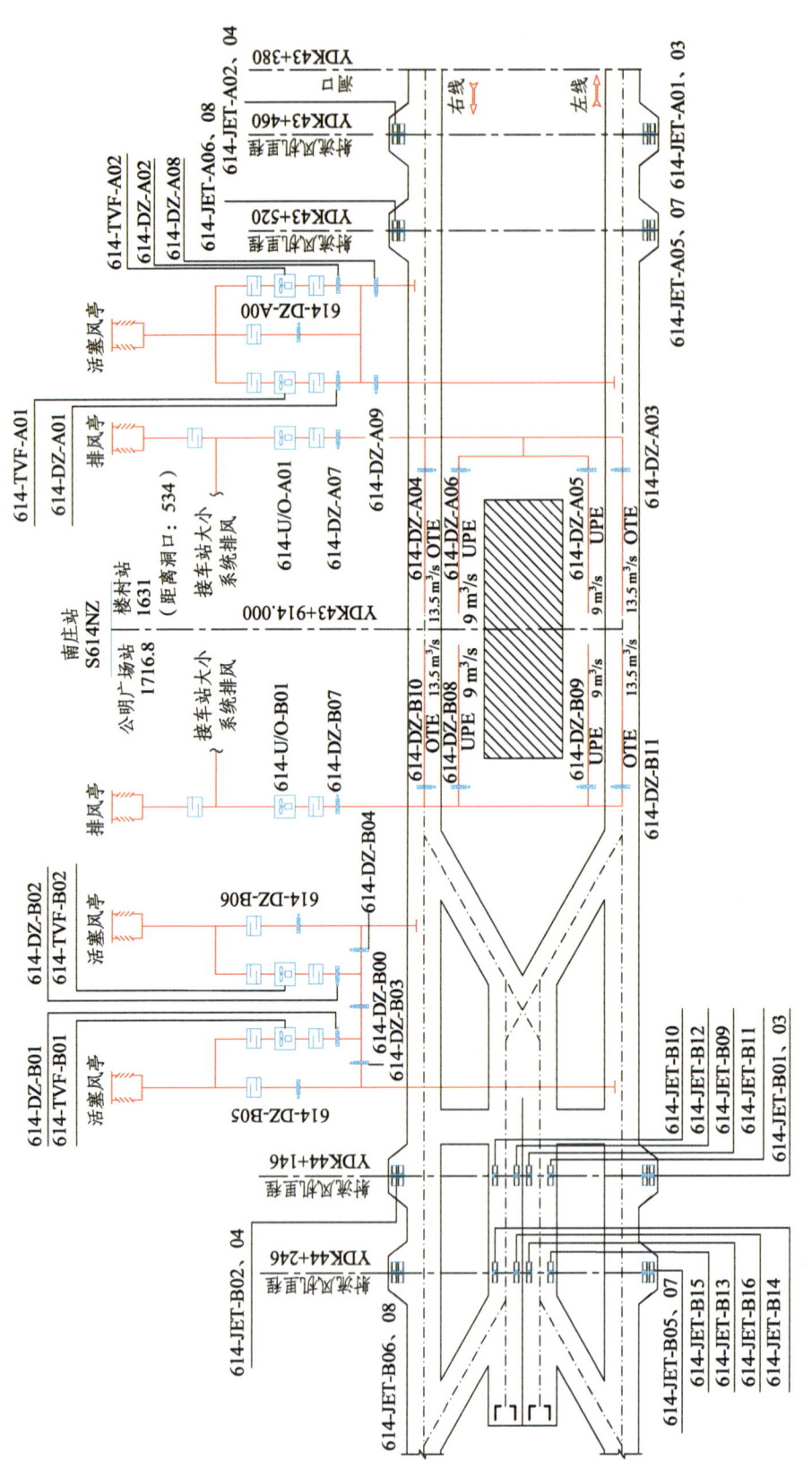

图 4.6-7 红花山站隧道通风系统原理图

3）全线射流风机、推力风机数量统计

6号线地下区间隧道射流风机、推力风机设置情况见表4.6-2。

表4.6-2 地下区间射流风机、推力风机设置情况

里程	数量/台 上行线	数量/台 下行线	主要设备参数	备注
YDK24+303.585	2	2	射流风机，Q=11.2 m³/s，推力495N，ϕ630 mm，N=18.5 kW，风口流速为 22.3 m/s	阳台山山岭隧道
YDK24+493.614	2	2	射流风机，Q=11.2 m³/s，推力495N，ϕ630 mm，N=18.5 kW，风口流速为 22.3 m/s	阳台山山岭隧道
YDK26+832.230	1	1	推力风机，Q=35 m³/s，推力1550N，ϕ1410 mm，N=75 kW	阳台山山岭隧道
YDK32+052	2	2	射流风机，Q=14.7 m³/s，推力635N，ϕ630 mm，N=22 kW，风口流速为 37.1 m/s	大雁山山岭隧道
YDK32+239	2	2	射流风机，Q=11.2 m³/s，推力495N，ϕ630 mm，N=18.5 kW，风口流速为 22.3 m/s	大雁山山岭隧道
YDK32+420	2	2	射流风机，Q=11.2 m³/s，推力495N，ϕ630 mm，N=18.5 kW，风口流速为 22.3 m/s	大雁山山岭隧道
YDK32+600	2	2	射流风机，Q=11.2 m³/s，推力495N，ϕ630 mm，N=18.5 kW，风口流速为 22.3 m/s	大雁山山岭隧道
YDK43+460	2	2	射流风机，Q=11.2 m³/s，推力495N，ϕ630 mm，N=18.5 kW，风口流速为 22.3 m/s	楼村站—南庄站隧道
YDK43+520	2	2	射流风机，Q=11.2 m³/s，推力495N，ϕ630 mm，N=18.5 kW，风口流速为 22.3 m/s	楼村站—南庄站隧道
YDK44+146	4	4	射流风机，Q=11.2 m³/s，推力495N，ϕ630 mm，N=18.5 kW，风口流速为 22.3 m/s	南庄站—公明广场站隧道
YDK44+246	4	4	射流风机，Q=11.2 m³/s，推力495N，ϕ630 mm，N=18.5 kW，风口流速为 22.3 m/s	南庄站—公明广场站隧道
YDK49+988	2	2	射流风机，Q=11.2 m³/s，推力495N，ϕ630 mm，N=18.5 kW，风口流速为 22.3 m/s	薯田埔站—山门站区间
YDK50+087	2	2	射流风机，Q=11.2 m³/s，推力495N，ϕ630 mm，N=18.5 kW，风口流速为 22.3 m/s	薯田埔站—山门站区间
YDK52+166	1	1	推力风机，Q=35 m³/s，推力1550N，ϕ1410 mm，N=75 kW	溪头站—松岗站区间
K0+180	联络线 2 台		射流风机，Q=11.2 m³/s，推力495N，ϕ630 mm，N=18.5 kW，风口流速为 22.3 m/s	现场暂未实施
YDK52+552	2	2	射流风机，Q=11.2 m³/s，推力495N，ϕ630 mm，N=18.5 kW，风口流速为 22.3 m/s	松岗站后折返线

4.6.1.2 车站通风空调及防排烟系统

车站通风空调及防排烟系统包括地下站通风空调及防排烟系统和高架站通风空调及防排烟系统。地下车站通风空调系统分为公共区通风空调及防排烟系统、车站设备管理用房通风空调及防排烟系统和车站空调水系统,高架车站通风空调系统分为公共区通风及防排烟系统、车站设备管理用房通风空调及防排烟系统。

1) 地下站通风空调及防排烟系统

(1) 车站公共区通风空调系统。

地下车站均采用地下车站公共区通风空调及防排烟系统,在车站两端各设置 1 台空调机组、1 台回/排风机和 1 台排烟风机,由风阀调节全新风量,各服务半个车站;但两端的模式转换、调节系统同时动作,按小新风空调、全新风空调和全通风三种工况运行,工况转换采用焓值、温度联合控制。车站公共区环境温度控制采用回风温度控制。

正常运营时应能为乘客提供过渡性舒适环境。

当车站公共区发生火灾时,车站公共区防排烟系统(可与其他系统协调动作,例如站内隧道通风系统)能迅速排除烟气,保证乘客的安全疏散。图 4.6-8 给出了地下车站通风空调及防排烟大系统原理。

本线包含 5 个地下车站:红花山站、公明广场站、松岗公园站、溪头站和松岗站。地下站公共区通风空调及防排烟采用如图 4.6-8 所示的全空气双风机一次回风变风量系统,排烟风机单独设置。组合式空调机组和回排风机均为变频控制。组合式空调机组设置空气净化装置,与空调柜风机联锁。风机入口的排风管与排烟管合用,风机出口端的风管单独接入排风道。排烟风机开启时,烟气流不流经排风管上的消声器。站厅、站台公共区均采用上送上回的气流组织形式。

(2) 车站公共区计算统计表(表 4.6-3)。

表 4.6-3 全线地下站公共区通风空调及防排烟设计汇总

车站编号	名称	大系统 站厅(含通道、转换厅) 系统形式	空调送风量/(m³/h)	排烟量/(m³/h)	大系统 站台 系统形式	空调送风量/(m³/h)	排烟量/(m³/h)	公共区通风空调冷量/kW	站厅公共区面积/m²	站台公共区面积/m²	是否为换乘站
614	南庄站	全空气系统	70250	99000	全空气系统	37500	91600	710	1650	1360	否
615	公明广场站	全空气系统	61000	138000	全空气系统	52200	106800	750	4080		否
618	山门站	全空气系统	46500	96600	全空气系统	71500	87000	746	1610	1450	否
619	溪头站	全空气系统	73100	120000	全空气系统	48705	80000	658	1540	1340	否
620	松岗站	全空气系统	40000	120000	全空气系统	42000	98400	727	1600	1640	是

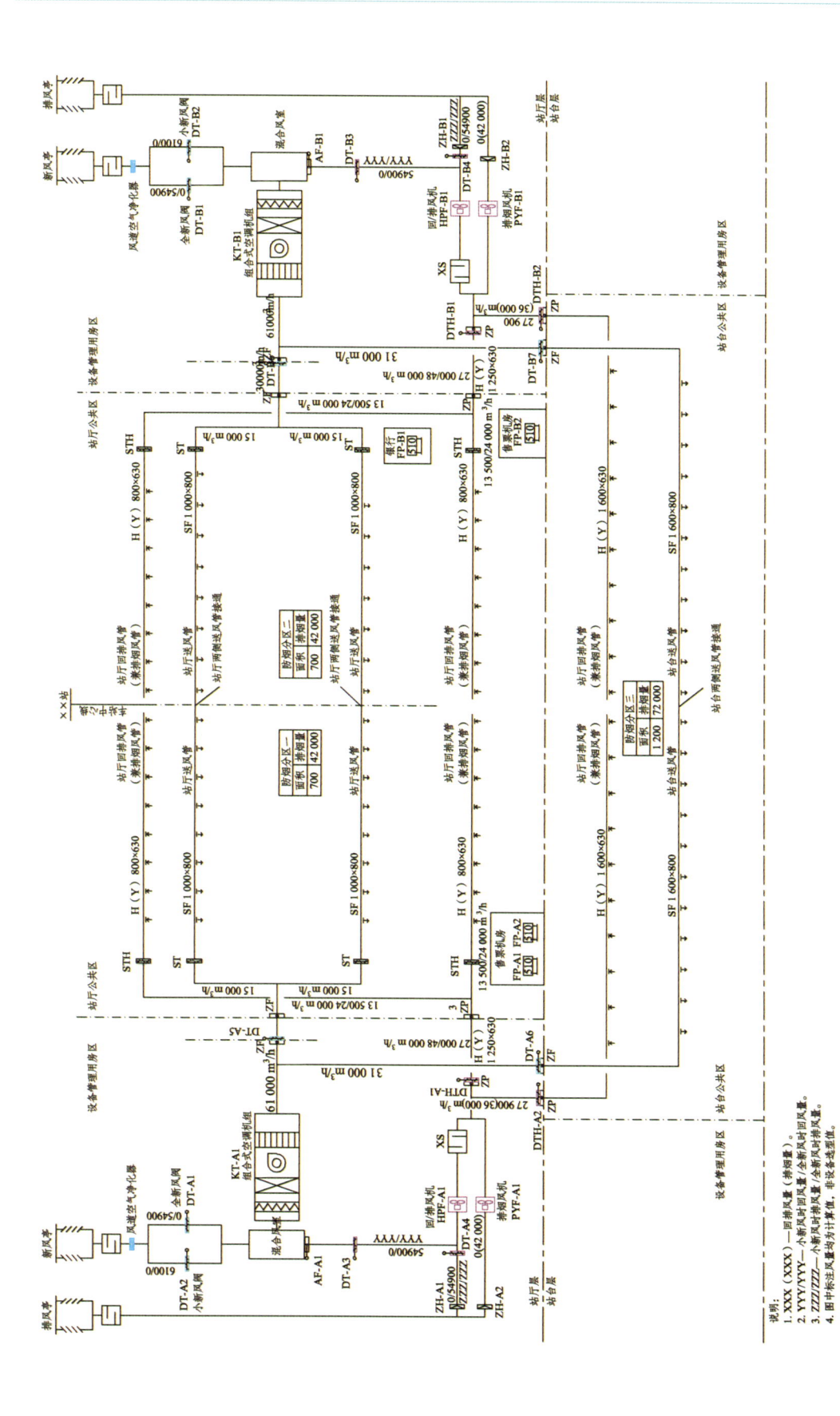

图 4.6-8 地下车站通风空调大系统原理

(3)车站设备管理用房通风空调系统。

正常运营时,应能为地铁工作人员提供舒适的工作环境及设备良好的运行环境;当车站设备管理用房区发生火灾时,系统应能及时排除烟气或隔断火源、烟气,保证地铁工作人员的安全疏散;表4.6-4给出了地下站设备管理用房区域暖通分类标准。

表 4.6-4 地下车站主要管理、设备用房设计标准

类别	设计标准	运行时间/h	消防模式	房间名称
第1类	空调管理用房	24	人工灭火或机械排烟(面积大于50 m²)	车站控制室
第2类	空调管理用房	18	人工灭火	站长室、会议室、更衣室、值班室等
第3类	空调设备用房	24	人工灭火	AFC票务室、AFC设备室、警用通信设备室等
第4类	空调设备用房	24	气体灭火	车站弱电设备室、通信设备室、信号设备室、党政通信设备室、公众通信机房、环控电控室、高压控制室、应急照明室、站台门控制室
第5类	冷风降温	24	气体灭火	35 kV开关柜室、整流变压器室、1500 V直流开关柜室、0.4 kV开关柜室、跟随所
第6类	通风房间	24	机械排烟	通风空调机房、冷水机房、超过20 m的内走道
			人工灭火	照明配电室、电力电缆井、消防泵房、备用房、检修室、储藏室、车站备品库、工务用房、气瓶室
第7类	独立排风	24	人工灭火	茶水室、盥洗室、卫生间、污水/废水泵房、保洁工具间、垃圾间及垃圾收集间

地下车站设备管理用房区域的空调全部采用全空气系统,每套空调系统设置一台柜式风机盘管机组、回排风机及相应的风阀和管道,针对气灭房间考虑增设下排风口,以便火灾后快速排出废气。

(4)车站空调水系统。

空调水系统为车站公共区和设备管理用房提供冷源,在正常运营时间内满足车站各空调系统运行及负荷调节要求。

常规系统是由冷水机组、冷却塔、冷冻水泵、冷却水泵等设备以及相关的管道、阀门等附件材料组成的制冷系统,冷却塔设置在地面绿化带内,满足车站的用冷需求。本线路空调水系统首次在深圳地区采用大温差7 ℃形式,减小了冷水一侧冷水管管径和水泵容量,运行良好。

① 每个车站靠近负荷中心侧设置一个冷水机房,为车站大设备管理用房提供冷源。一般情况下,每座车站设置2台冷水机组、2台冷水泵(并联运行,互为备用)、2台冷却水泵(并联运行,互为备用)。

② 制冷设备采用双机头螺杆式冷水机组，冷量调节范围为 15%~100%，以保证在夜间设备管理用房运行时，所需供冷量处于机组冷量调节范围内，避免出现冷水机组频繁启动或保护性停机的现象。

③ 冷却塔设置于通风良好的地面或风亭上。各塔的存水盘连通，连通管管径不小于一台塔的进水管。宜设出水集管以平衡各塔之间的阻力，集管管径宜比单台塔进水管大两号。每台塔进、出水管均成对设置电动蝶阀。冷却塔用地范围内设防盗护栏。

④ 冷水泵、冷却水泵均采用变频控制，供、回水温差采用 7 ℃（7~14 ℃）。水泵出水侧止回阀采用限流止回阀。末端水管系统宜分开设置。

⑤ 冷水机房内设分水器、集水器（或集管），在分水器和集水器间设压差旁通装置；水处理装置靠近保护设备布置。

⑥ 空调机组末端回水管上设电动二通阀，该阀经流通能力计算确定其口径，使其工作特性满足负荷调节要求。

⑦ 冷水机房、公共区通风空调及防排烟通风空调机房设置冲洗水池，且水池位置应远离配电箱。

南庄站、公明广场、山门站、溪头站、松岗站均采用常规制冷方案：在车站内部空调负荷中心一端设置冷水机房。选用冷水机组 2 台、冷水泵 2 台、冷却塔 2 台。冷却塔设置在地面风亭附近。

其中松岗站 6 号线与 11 号线共用冷水系统，冷水系统由 11 号线负责设计。

2）高架站通风空调及防排烟系统

（1）车站公共区通风空调系统。

高架车站公共区一般采用自然通风的方式，根据深圳地铁高架车站在传统自然通风条件下乘车环境不理想的现状，在不改变车站外部造型（景观）的前提下，首次提出高架车站基于优化自然通风模式下的湍流复合通风技术，通过数值模拟分析和局部空气扰动强化人与环境充分换热，营造过渡性舒适环境，提高候车舒适度。

高架站站厅：位于站台下部，区域空间相对封闭，为切实改善乘客通过站厅乘车环境，我们提出在高架站站厅公共区两侧外部采用上部百叶+中部上悬窗+下部百叶、站厅公共区内部设置可变速摇头自喷雾风扇强化局部气流湍流的方案，实践证明效果非常好。

高架站站台：站台公共区往往位于最上层，虽沿线路方向两端与大气连通，但是，站台采用高站台门后，列车进站散热和周围大气环境对候车环境舒适度造成极大影响。通过数值模拟分析，采用在站台公共区钢结构顶部设置采光通风百叶+钢结构两侧上部百叶+中部开口+站台局部通风器+桁架可变速固定摇头扇+局部空调候车室的多重复合空气调节方式，可在对内部景观方式影响最小的条件下，满足过渡性舒适及其他防雨、自然排烟、节能运行等多方面功能需求。同时，针对乘客中身体不适者设置空调候车室，处处体现人文关怀，如图 4.6-9 所示。

图 4.6-9　高架车站站台通风设计（自然通风+局部气流扰动）

（2）车站设备管理用房通风空调系统。

正常运营时，应能为地铁工作人员提供舒适的工作环境及设备良好的运行环境。

当车站设备管理用房区发生火灾时，系统应能及时排除烟气或隔断火源、烟气，保证地铁工作人员的安全疏散；表 4.6-5 给出了地下站设备管理用房区域暖通分类标准。高架车站空调均考虑采用多联式空调机组形式。

表 4.6-5　高架车站主要管理、设备用房设计标准

类别	设计标准	运行时间/h	消防模式	房间名称
第 1 类	空调管理用房	24	机械防烟	车站控制室
第 2 类	空调管理用房	18	人工灭火	站长室、会议室、更衣室、值班室等
第 3 类	空调设备用房	24	人工灭火	AFC 票务室、AFC 设备室、警用通信设备室、车站计算机室、通信设备室、信号设备室、党政通信设备室、公众通信机房、环控电控室、高压控制室、应急照明室、站台门控制室
第 4 类	通风房间	24	机械排烟	超过 20 m 的内走道
			人工灭火	35 kV 开关柜室、整流变压器室、1500 V 直流开关柜室、0.4 kV 开关柜室、跟随所、照明配电室、电力电缆井、消防泵房、备用房、检修室、储藏室、车站备品库、工务用房、气瓶室
第 5 类	独立排风	24	人工灭火	茶水室、盥洗室、卫生间、污水/废水泵房、保洁工具间、垃圾间及垃圾收集间

（3）备用空调系统。

根据深圳市地铁运营集团的要求，在车站控制室、专用通信设备室、信号设备室、监控设备室、弱电电源室、站台门控制室、高压控制室等房间内除正常设置通风空调系统以外，还需补充设置备用空调系统，全线备用空调采用分体空调形式，其原理如图 4.6-10 所示。

4.6 常规设备方案　139

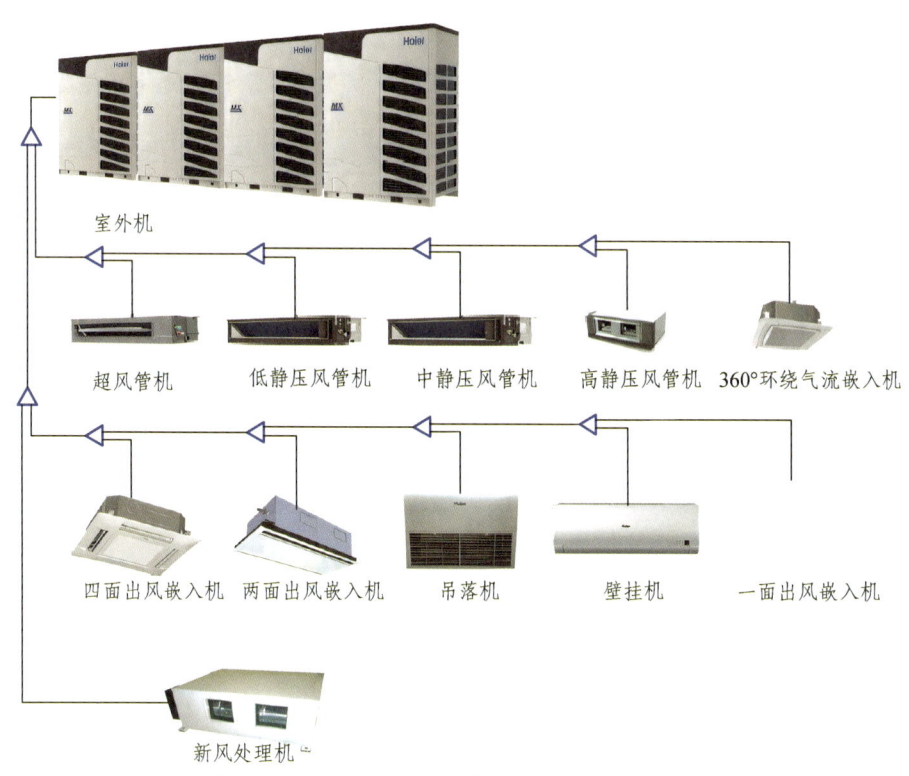

室外机

超风管机　低静压风管机　中静压风管机　高静压风管机　360°环绕气流嵌入机

四面出风嵌入机　两面出风嵌入机　吊落机　壁挂机　一面出风嵌入机

新风处理机

图 4.6-10　备用空调（多联机系统形式）原理

4.6.1.3　设计创新

1）基于综合监控系统群控技术+冷冻水大温差技术

本项目首次在深圳地铁三期调整项目中采用了基于综合监控系统冷源群控技术的一次泵变流量+冷源侧大温差冷水系统（7 ℃温差）技术，相比较于传统 5 ℃温差系统，不仅大大降低了冷源系统的输配能耗、减小管径、优化布管空间，更是提高了整个冷源系统 COP 值，节约了电耗。

本项目提出了相关控制策略，对公共区空调系统的送风机、回排风机与空调冷水系统的冷水泵采用解耦变频控制，避免了因空气与水的热惯性差异导致被控参数振荡。

2）基于优化自然通风模式下的湍流复合通风技术

高架车站在传统自然通风条件下乘车环境热舒适恶劣，本线在不改变车站外部造型（景观）的前提下，首次提出高架车站基于优化自然通风模式下的湍流复合通风技术，通过采用 CFD 流体力学软件进行数值模拟分析，采用局部空气扰动强化人与环境充分换热，营造过渡性舒适环境，提高候车舒适度。为保证通风及排烟效果，檐高 h 不应低于 2.6 m，拱高 H 的最大值不宜大于檐高的 1.5。

3）首次提出平疫结合地下空间空气品质提升技术

新冠疾病属于呼吸道传染病，其传染途径主要通过呼吸道飞沫传播、接触传播、空气气溶胶传播等方式，传统的空气调节系统往往会不经意间成为病毒传播的载体和"帮凶"。我们首次提出在设计全过程中考虑平疫结合地下空间空气品质提升技术，全面改善地铁车站的空气品质，降低传染风险。该技术创新点如下：

国内首次采用 Wells-Riley 空媒传染病预测模型+示踪气体法针对地下车站公共区不同区域感染风险进行评估，对传统地下车站公共区风口的分布进行模拟验证，对通风空调气流组织进行优化，平疫控制并举。

国内首次引入国际上先进的 Wells-Riley 空媒传染病概率预测模型，在分析地铁地下车站内当出现潜在感染者候车时，站内通风空调系统方案中污染物分布的发展变化。在通风空调系统设计中，我们优化传统气流组织方案，对于小系统设备管理用房区采用全面按上送、下回的形式，对于大系统公共区站厅部分采用中部设置送风、两侧回风形式；通风空调控制工艺模式中增加关于疫情下的通风模式和相关说明，同时对风口数量、风口分布、风口风量、风口风速等进行分析，以监测人员密集区域污染物浓度的分布和采取措施降低污染浓度和范围。

创造性地针对防疫盲区——通风管道内表面长时间无法有效清理导致积尘附带病菌的顽疾，首次引入能人机共存的卫生消毒级别的管道内表面消杀系统，并根据细菌生长时间，提出确保人机共存的平疫运行策略。通过实际车站的使用并经过第三方权威机构测试认证，效果非常好，这在全国地铁中尚属首次采用。

4.6.2 给排水及消防

4.6.2.1 生产、生活给水系统

（1）生产、生活给水系统从车站、车辆段、停车场、主变电站、控制中心等建筑物附近市政给水管网接入一条满足要求的引入管，生产、生活给水引入管与消火栓引入管在室外水表井内分开。

（2）采用生产、生活用水和消防用水分开的给水系统，生产、生活给水系统为枝状管网。

（3）生产、生活给水系统主要供车站范围内的冲洗用水、空调系统补水和卫生间、盥洗间及茶水间生活用水。

4.6.2.2 排水系统

（1）本线的污水及卫生间冲洗水等生活污水应经化粪池处理后，就近排入城市污水系统。

（2）结构渗漏水、生产及消防废水就近排入城市雨水系统。

（3）车站露天出入口、敞开式风亭、高架车站、高架区间以及车辆段等附属建筑的雨水就近排入城市雨水系统。地下区间通过泵房提升至市政雨水系统，高架区间通过暗埋在桥墩结构内部的重力排水管接至市政雨水系统。

（4）车辆段和停车场的生产污水设置污水处理装置进行处理，达到当地和国家现行的排放标准后排放。

4.6.2.3 水消防系统

（1）本线消防给水水源采用城市自来水。

（2）为保证不间断供水，满足供水要求的车站水消防系统从两端风亭附近不同的城市给水管网分别接入一条DN150引入管，每一条给水引入管按通过100%消防用水设计流量计算，两

条引入管互为备用,引入管上设置闸阀和倒流防止器。不满足压力要求的车站,设置加压系统。

(3) 消防给水管网采用水平成环、竖向成环的环状消防供水管网。

(4) 地下区间每条隧道分别从相邻车站消防给水环状管网上引入一根 DN150 消火栓给水干管,形成一个完整的环状消防给水管网。高架区间消防采用外救,利用道路沿线消防设施。

(5) 车辆基地除设置室内、外水消防系统外,综合楼等位置按规范要求设置自动喷水灭火系统。

4.6.2.4 其他灭火器系统

(1) 地下车站及车辆基地、控制中心的重要电气设备用房设置气体灭火系统。
(2) 沿线各车站及各类建筑物均设置灭火器。

4.6.3 动力照明

动力照明系统由变电所低压配电系统、动力设备配电和控制系统、照明设备配电和控制系统、防雷接地系统 4 个部分组成,负责为各种低压用电设备提供和分配电能。

4.6.3.1 低压配电系统

1) 系统主接线及运行方式

变电所 0.4 kV 低压侧采用单母线分段的主接线方式,两段母线分别由两台变压器供电。两段母线间设置母联断路器,两段母线上设置三级负荷母线,通过三级负荷总断路器与之连接。对于设置分布式光伏发电系统的高架车站,光伏电源在变电所进线断路器前与车站低压配电系统并网供电。

正常运行时,母线分段断路器断开,两路电源各带一半负荷同时独立运行。当一路电源失电时,对应进线断路器跳闸,两段母线上的三级负荷总断路器自动跳闸,然后母联断路器合闸,由另一路电源负担全部一、二级负荷。当电源恢复时,断开母联断路器,系统恢复正常运行。

2) 不同等级负荷配电方式

一级负荷:自变电所两段 0.4 kV 母线各引一路电源至设备附近,两路电源一主一备在线路末端自动切换。站厅、站台公共区的正常照明由两段 0.4 kV 母线各负担一半,交叉配电。

二级负荷:从变电所单回路供电至设备就地配电箱。

三级负荷:从变电所的三级负荷母线单回路供电至设备配电箱。

3) 控制与监视

降压变电所采用智能低压系统,监控单元设于 SCADA 柜,通过现场总线与各智能断路器、智能仪表及 PLC 连接,构成现场网络后与 SCADA 系统连接。智能低压系统对进线、母线分段、三级负荷总开关等回路进行监控,实现进线、母线分段、三级负荷总开关间的联锁关系。同时,三级负荷总开关及一、二级非消防负荷预留由 FAS 远端切除条件。

4.6.3.2 动力设备配电和控制系统

（1）车站设备主要采用放射式配电，辅以树干式；车辆段动力设备按车间和分区域供应，采用放射式与树干式相结合的方式。

（2）地下车站在通风空调设备比较集中的负荷中心设置环控电控室，为通风空调设备供电。高架车站通风空调设备由变电所直供，地下区间通风设备由车站或区间变电所直接供电。

（3）车站通信、BAS/FAS、AFC 系统等弱电设备采用集中 UPS 统一供电，UPS 电源引自变电所两段母线；信号、公安通信、民用通信、站台门等用电设备自成系统，由变电所 0.4 kV 一、二级负荷母线经双电源切换后供电。其他设备由变电所以专用回路供电，小容量分散二、三级负荷由设置在照明配电室内的小动力配电箱分片供电。

（4）区间及车站设备用房均设置维修电源，区间维修电源引自车站变电所，车站维修电源引自车站二级负荷小动力箱。

（5）环控配电技术方案：

① 环控电控柜主接线采用双电源切换方案，每个环控电控室内设置两段一、二级负荷母线，每段母线的两路进线电源分别来自低压开关柜的两段母线，环控一、二级负荷的电源由环控电控柜双电源自动切换后以单回路方式提供；环控冷水机组由变电所 0.4 kV 低压开关柜直接供电，其他环控三级负荷由环控电控室三级负荷母线供电。

② 区间射流风机采用就地设置双电源切换箱配电，变频多空调在室外机处集中设置配电箱。

③ 通风空调设备一般采用直接启动方式，设备单机容量 ≥55 kW 时采用软启动，根据工艺有变频要求的设备采用变频控制。

④ 通风空调设备采用三级控制方式，即控制中心控制（NOCC）、车站控制（BAS 控制）和就地控制（环控电控室控制），其中就地优先级最高。

4.6.3.3 照明配电与控制系统

（1）照明应满足不同区域的照度和使用功能要求，便于维修，并与建筑形式和装修风格相协调。

（2）在车站适当位置设置照明配电室，车站及区间的照明配电箱集中设在照明配电室内，车站两端照明配电室的供电范围以车站中心线为界，照明设备配电采用放射式和树干式相结合的方式。

（3）每个照明配电室内设两个总照明配电箱，电源分别引自低压柜两段母线。两个总照明配电箱交叉向公共区照明、出入口通道照明、设备及管理区照明、区间照明及一般导向照明配电箱供电。

（4）采用应急照明电源装置（EPS）为车站及相邻区间应急照明提供电源，应急照明作为正常照明的一部分，应急供电时间应满足不少于 90 min。

（5）车站照明采用智能照明控制系统，对公共区照明、区间过渡照明进行开关及调光控制，对导向标志照明、安全照明、区间照明、广告照明进行开关控制，或对车站各区域照明进行模式控制等。

4.6.3.4 防雷接地系统

（1）低压配电采用中性点直接接地的 TN-S 系统，动力照明配线一般采用三相五线、单相三线。

（2）高架车站利用金属屋面作为接闪器，利用站台层结构钢梁和选取车站结构柱内的两根主筋作为引下线，实现导泄雷电流入地。防雷引下线直接与综合地网相连。

（3）高架区间利用桥梁两侧金属声屏障作为接闪器，利用桥墩的主筋作为防雷引下线，在声屏障立柱上焊接镀锌扁钢作为区间防雷接地干线，桥面上的设备及金属构件与之可靠连接。接地干线与防雷引下线采用地极保护器连接，保证雷击时连通泄流，平时断开。

（4）车站设置强弱电及防雷接地共用的综合接地网，由水平接地体、垂直接地体及接地引上线等组成，接地网接地电阻不应大于 0.5 Ω，特殊情况下接地电阻不应大于 1 Ω。

（5）车站通过设置多级浪涌保护器（SPD），将入侵雷电波削减到电子设备的承受水平以下，第一级安装在变电所 0.4 kV 低压开关柜进线侧，第二级安装在各系统配电箱，第三级安装在特别敏感电子设备前端。

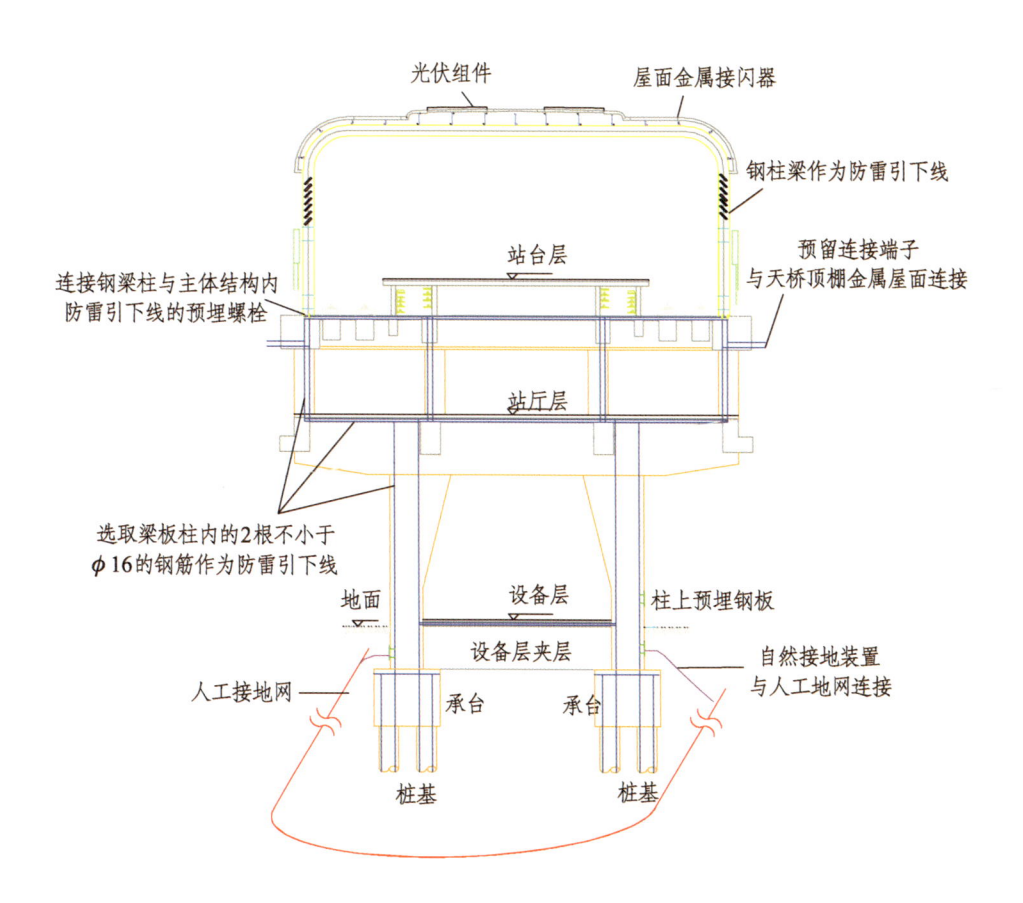

高架车站及高架区间外部防雷接地如图 4.6-11。

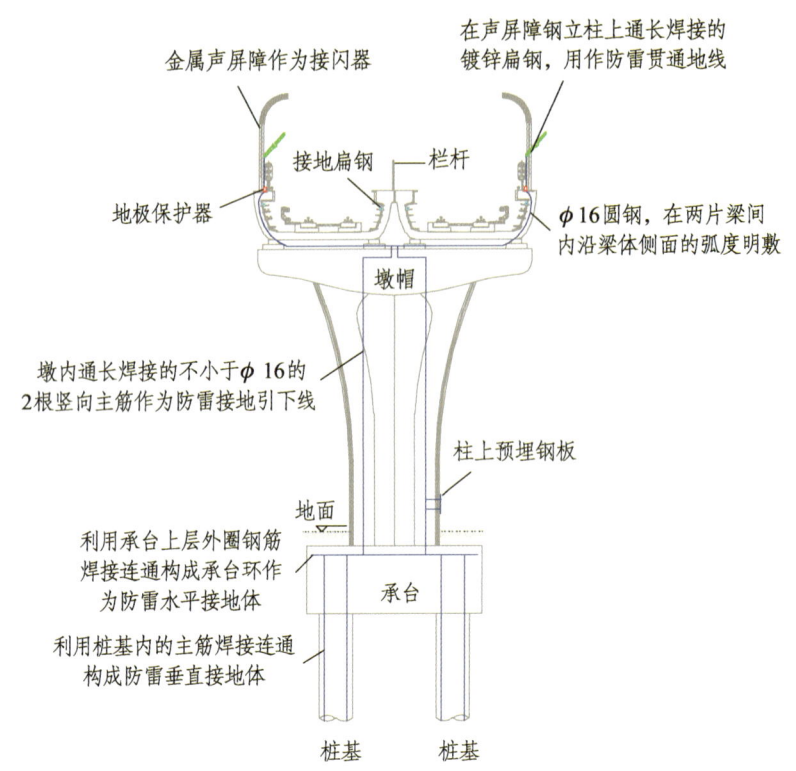

图 4.6-11　高架车站及高架区间外部防雷接地示意图

4.7　牵引供电方案

4.7.1　供电网络方案

4.7.1.1　供电网络接线方案

深圳市城市轨道交通 6 号线工程中压供电网络采用 110（220）kV/35 kV 两级电压供电、牵引动力照明混合网络的方式。

中压供电网络接线方案是否合理，直接影响到供电系统的可靠性、供电网络及相关子系统（主变电所、牵引变电所、降压变电所、电力监控）的工程投资，以及运营管理方便性、运营维护工作量和运营成本的高低等。目前，中压供电网络的接线方案众多，各有优缺点，但国内已建、在建和拟建城市轨道交通中压供电网络的绝大部分均采用了分区环网方案，国内对分区环网方案的运行管理已积累了丰富的经验。因此，深圳市城市轨道交通 6 号线工程中压供电网络采用分区环网方案。

根据 6 号线工程车站及区间用电负荷的具体分布情况，结合主变电所的设置位置，以及 35 kV 供电环网电缆，采用光纤纵联差动保护作为主保护，过电流保护为后备保护。全线 35 kV 供电网络共分为 6 个供电分区，分别为：

第 1 分区：松岗站、溪头站、松岗公园站；

第 2 分区：薯田埔站、合水口站、公明广场站、红花山站、楼村站；

第 3 分区：科学公园站、光明站、光明大街站、凤凰城站、长圳站；
第 4 分区：长圳车辆段；
第 5 分区：上长区间所、上屋站、官田站、阳官区间所、阳台山东站；
第 6 分区：元芬站、上芬站、红山站、深圳北站。
供电网络接线方案如图 4.7-1 所示。

4.7.1.2 供电网络运行方式

1）正常运行

主变电所 35 kV 母线分段断路器分闸，两回 110（220）kV 进线电源、两台主变压器、两段 35 kV 母线分列运行。松岗主变电所承担松岗站—楼村站段的牵引负荷和动力照明一、二、三级负荷，光明主变电所承担科学公园站—阳台山东站段（含车辆段）的牵引负荷和动力照明一、二、三级负荷，龙胜主变电所承担元芬站—深圳北站段的牵引负荷和动力照明一、二、三级负荷。

2）非正常运行

当松岗、光明和龙胜主变电所的一回 110（220）kV 进线电源或一台主变压器解列时，35 kV 母线分段断路器合闸，由另一个线路变压器组承担该所正常供电范围内的牵引负荷和动力照明一、二级负荷。

当松岗主变电所解列时，将设置在科学公园站变电所的 35 kV 供电环网联络开关合闸，由光明主变电所承担该两所正常供电范围内的牵引负荷和动力照明一、二级负荷。

当光明主变电所解列时，将设置在科学公园站变电所的 35 kV 供电环网联络开关合闸，由松岗主变电所承担该两所正常供电范围内的牵引负荷和动力照明一、二级负荷。

当龙胜主变电所解列时，将设置在元芬站变电所的 35 kV 供电环网联络开关合闸，由光明主变电所承担该两所正常供电范围内的牵引负荷和动力照明一、二级负荷。

4.7.1.3 供电网络电缆截面选择

1）电缆选择原则

（1）电缆载流量和网络末端电压水平应满足：

① 在系统规模高峰小时负荷情况下，当一座主变电所解列、由相邻主变电所通过 35 kV 环网联络开关和环网电缆进行支援供电时，35 kV 环网电缆能够承担其供电范围内的牵引负荷和动力照明一、二级负荷。

② 在系统规模高峰小时负荷情况下，当供电分区内任意一座牵引变电所或降压变电所的一回 35 kV 进线电源解列时，另一回 35 kV 进线电源能够承担其供电范围内的牵引负荷和动力照明一、二级负荷。

③ 在任何运行方式下，35 kV 供电网络各节点的压降均不应大于额定值的 5%。

（2）电缆应能够承受各种运行工况下的最大短路电流。

（3）电缆选型应满足深圳 6 号线安全性要求和不同敷设环境的要求。

（4）电缆类型的选择应考虑工程实施的方便性。

（5）电缆截面选择应考虑线路继续延伸时的供电要求。

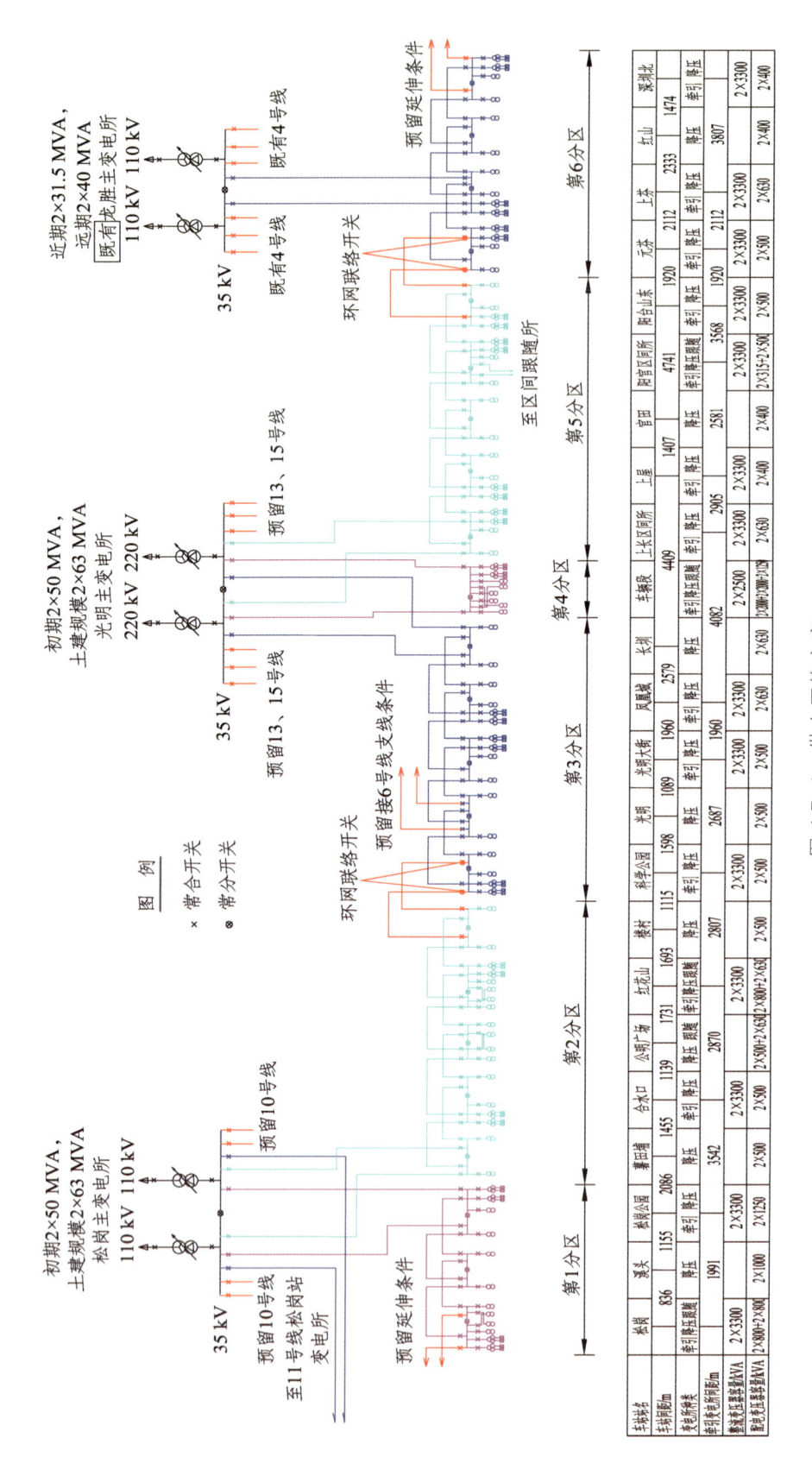

图 4.7-1 供电网络方案

2）电缆类型及截面选择结果

根据上述原则，深圳市城市轨道交通 6 号线 35 kV 电缆选型为：

地下区段选用铜芯、低烟、无卤、阻燃、交联聚乙烯绝缘、铠装、单芯电缆，并具有防水、防鼠功能；

地面及高架区段选用铜芯、低烟、低卤、阻燃、交联聚乙烯绝缘、铠装、单芯电缆，并具有防水、防紫外线、防鼠功能。

35 kV 电缆截面选择结果见表 4.7-1。

表 4.7–1　35 kV 电缆截面选择结果

序号	电缆起点	电缆终点	正常运行电流/A Ⅱ电缆	正常运行电流/A Ⅰ电缆	最大负荷电流/A	电缆截面积/mm²
1	松岗站	溪头站	9	65	103	3×（1×150）
2	溪头站	松岗公园站	19	75	84	3×（1×150）
3	松岗公园站	松岗主所	107	79	174	3×（1×150）
4	松岗主所	薯田埔站	4	4	445	3×（1×300）
5	薯田埔站	合水口站	97	9	449	3×（1×300）
6	合水口站	公明广场站	101	12	452	3×（1×300）
7	公明广场站	红花山站	104	104	600	3×（1×300）
8	红花山站	楼村站	108	108	546	3×（1×300）
9	楼村站	科学公园站	0	0	442	3×（1×300）
10	科学公园站	光明站	4	91	352	3×（1×300）
11	光明站	光明大街站	9	96	348	3×（1×300）
12	光明大街站	凤凰城站	86	100	345	3×（1×300）
13	凤凰城站	长圳站	90	194	367	3×（1×300）
14	长圳站	光明主所	94	198	370	3×（1×300）
15	车辆段	光明主所	36	77	88	3×（1×150）
16	光明主所	上长区间所	4	72	172	3×（1×300）
17	上长区间所	上屋站	100	74	251	3×（1×300）
18	上屋站	官田站	106	79	255	3×（1×300）
19	官田站	阳官区间所	110	187	290	3×（1×300）
20	阳官区间所	阳台山东站	214	188	394	3×（1×300）
21	阳台山东站	元芬站	0	0	152	3×（1×300）
22	元芬站	上芬站	70	4	117	3×（1×300）
23	上芬站	龙胜主所	78	3	104	3×（1×300）
24	上芬站	红山站	82	7	86	3×（1×300）
25	红山站	深圳北站	155	104	253	3×（1×300）

4.7.2 接触轨(网)方案

4.7.2.1 接触轨方案

1)接触轨主要技术要求

接触轨采用钢铝复合导电轨,导电轨的基本技术特性执行《城市轨道交通钢铝复合导电轨技术要求》(CJ/T 414—2012),选择 3000 型钢铝复合轨,具体见表 4.7-2。

表 4.7-2 钢铝复合导电轨基本技术特性

序号	项目名称	单位	参数
1	导电轨高	mm	105
2	导电轨底宽	mm	80
3	钢带有效接触面宽	mm	≥65
4	轨头总宽	mm	92
5	质量	kg/m	15(1±3%)
6	标准长度	m	15
7	不锈钢带厚度	mm	≥4.8
8	20℃时电阻	Ω/km	<0.0083
9	额定载流量	A(DC)	>3000
10	截面积	mm²	4000^{+50}_{0}
11	线膨胀系数	1/K	19.73×10^{-6}
12	磨耗量	mm/万次	≤0.05/70

2)接触轨安装位置

接触轨布置应以"尽量少断轨,保证连续性"为原则,保证接触轨良好地向电动车组提供电能。

考虑 6 号线车站以岛式车站为主,故正线接触轨一般安装于列车行进方向的右侧,在车站、道岔及检修线等特殊区段可换边布置。安装位置应根据车辆集电靴的限界轮廓、安装尺寸及与相邻走行轨的距离确定。在圆曲线及缓和曲线上,接触轨安装应根据曲线情况与走行轨保持一致。

3)接触轨安装方式

接触轨采用下部接触授流的方式,接触轨绝缘支架底座安装在轨道整体道床、预制轨道板道床或者轨枕上,接触轨典型安装图详见图 4.7-2。

深圳地铁 6 号线以高架线路为主,为了减少线路对沿线城市景观的影响,正线全部采用三轨授流方式。车辆段为了运营安全,采用架空接触网授流,接触网采用单承力索、单接触线的全补偿简单链型悬挂,库内安装有困难时可采用单接触线的补偿弹性简单悬挂。

车辆段柔性悬挂:悬挂点处接触线距轨面的高度一般为 5000 mm,接触线距轨面的最低高度不小于 4400 mm;各电化库线的库内接触线悬挂高度根据车辆检修工艺要求确定。架空接触网简单链形悬挂安装如图 4.7-3。

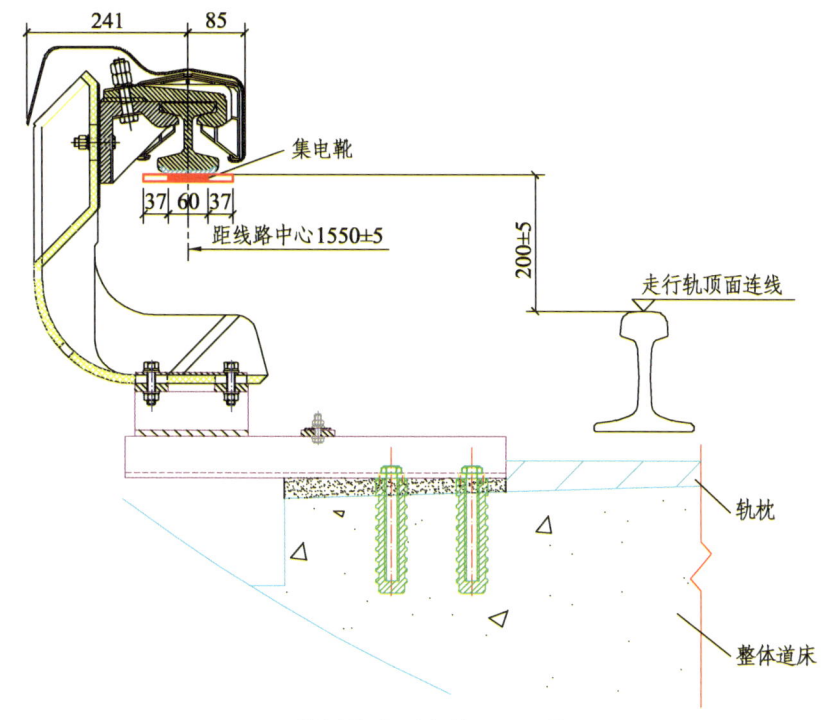

图 4.7-2 接触轨典型安装图（单位：mm）

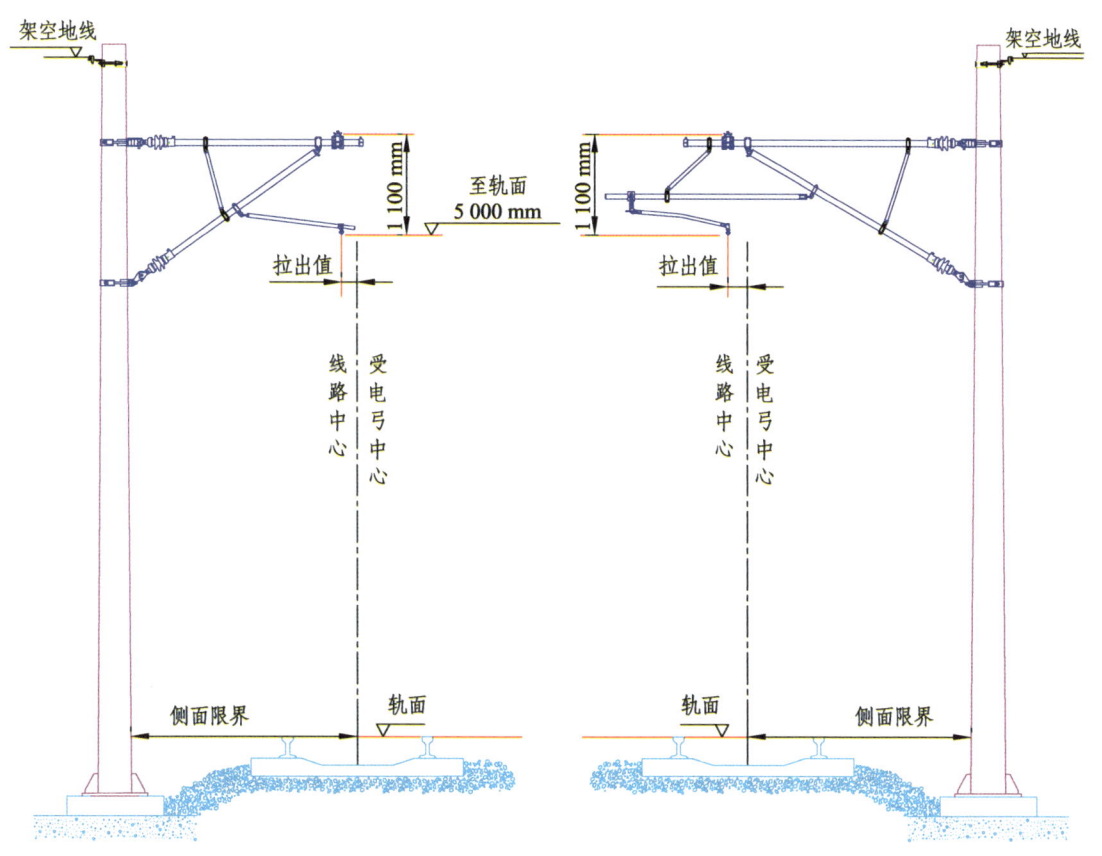

图 4.7-3 架空接触网简单链形悬挂安装示意图

4.7.3 电力监控系统方案

电力监控系统由设置在控制中心的电力调度系统、各变电所的变电所综合自动化系统、供电车间的供电复示系统、车辆段与综合基地内的接触网电动隔离开关集中监控系统以及用于子站与控制中心进行数据传输的传输通道构成。

4.7.3.1 电力调度系统

全线在控制中心（NOCC）设置一套电力调度终端及相关的调度配套设备，用于监视和控制全线的供电系统设备。

4.7.3.2 变电所综合自动化系统

变电所综合自动化系统采用集中管理，分层、分布式系统结构。系统由站级管理层、通信网络层、间隔设备层组成，完成对供电系统设备的控制、保护、监视及运行数据的测量。

安装在各开关柜内的各间隔层设备采用保护测控一体化装置，完成相应的继电保护和现场设备运行的监控功能。各保护测控一体化装置均支持网络通信，并具备自诊断、自恢复和故障报警功能。

变电所其他智能电子设备，如变压器温控器、直流屏管理单元等均应支持现场网络通信功能。

系统配置专用维护设备，包括便携式维护计算机及具有输入、输出、模拟量等功能的便携式模拟器等。

4.7.3.3 供电复示系统

为提高供电系统设备的维护管理水平及工作效率，在车辆段供电车间设置一套供电复示系统，对全线供电系统设备的运行状况进行实时监视。

4.7.3.4 车辆段接触网电动隔离开关集中监控系统

在车辆段内各设置一套接触网电动隔离开关集中监控系统，该系统由电动隔离开关集中监控系统主站和若干子站，以及连接电动隔离开关集中监控系统主站和子站的光纤环网构成，用于对车辆段变电所房间外的电动隔离开关、单向导通装置、钢轨电位限制装置等设备的运行状态实施远程集中监控。在维修调度室和DCC各设置一台监控主站，维修调度室有控制功能，DCC有监视功能。

4.7.3.5 数据传输通道

控制中心电力调度系统与各变电所综合自动化系统、供电复示系统间的数据传输通道由综合监控系统一配置，但应满足电力监控系统的冗余和实时性要求，可实现故障情况下主备用通道的自动/手动切换。

4.7.3.6 EPB紧急停电装置

本工程正线采用接触轨供电方式，为防止故障时区间疏散乘客，或者误入轨行区的乘客触碰到带电接触轨，在各车站设置EPB紧急停电装置，该装置由EPB控制元件和EPB继电器箱构成。

EPB 继电器箱接收 EPB 控制元件的控制信号，向对应直流馈线断路器发出跳闸信号或联跳信号，同时须闭锁相关直流断路器合闸，未经人工当地/远方复归，禁止本地/远程操作对应直流馈线断路器，直到人工当地复归 EPB 控制按钮后，方可进行直流断路器本地/远程合闸。

4.7.4 杂散电流监测系统方案

4.7.4.1 系统配置方案

杂散电流监测系统由参比电极、道床收集监测网测试端子、隧道及 U 形槽监测网测试端子、桥梁监测网测试端子、智能传感器、数据采集服务器、通信电缆及杂散电流计算机综合管理系统组成，具体构成方式如下：

（1）在每个测试点，将参比电极端子和杂散电流监测网测试端子接至智能传感器，并将各区段内上、下行线路的智能传感器通过通信电缆分别连接到位于对应变电所内的数据采集服务器。智能传感器采集的数据经数据采集服务器接入自动化集成系统，经自动化集成系统的数据传输通道传至供电车间的杂散电流计算机综合管理系统。

（2）智能传感器完成对参比电极与结构钢筋的电位监测，并将测量到的模拟信号转换为数字信号。

（3）数据采集服务器完成对各区段内上、下行线路的所有智能传感器的信息收集，并将收集的信息通过自动化集成系统的数据传输通道实时传送到供电车间的杂散电流计算机综合管理系统。

（4）杂散电流计算机综合管理系统由计算机、管理软件、打印机和 UPS 电源等组成，具有对现场信号进行实时在线采集、存储、显示、查询以及输出打印等功能。

4.7.4.2 测试端子和参比电极设置原则

（1）在地下车站站台两端的进出站信号机附近的道床和隧道壁上分别设置 1 个测试端子。
（2）在区间隧道离车站 250 m 左右距离的道床和隧道壁上分别设置 1 个测试端子。
（3）在山岭隧道区间牵引变电所附近的道床和矿山法区间隧道壁上分别设置 1 个测试端子。
（4）在高架车站站台两端的进出站信号机附近的道床和桥梁伸缩缝处设置 1 个测试端子。
（5）在高架区间距离车站 250 m 左右的道床和桥梁上设置 1 个测试端子。
（6）上、下行线路分别按照上述原则设置测试端子。
（7）对应每个测试端子，在相距不超过 1 m 的范围内，设置 1 个参比电极。

4.8 弱电系统方案

4.8.1 通信系统

通信系统主要由专用通信系统、公众通信系统和警用通信系统构成。专用通信系统主要包括专用传输系统、公务电话系统、专用电话系统、专用无线通信系统、时钟系统、广播系统、通信电源（弱电综合 UPS）系统、乘客信息系统、集中告警系统、录音系统等；公众通信系统由铁塔公司建设，不纳入本线地铁建设内容；警用通信系统包括传输、无线、计算机网络、视频监视、电源及接地、有线电话、视频会议及通信线路等子系统。

4.8.1.1 专用传输系统

1）系统功能

6号线工程专用传输系统应能传输下列各类系统的语音、数据及图像信息：公务电话系统、专用电话系统、无线通信系统、有线广播系统、时钟系统、不间断电源系统（UPS）、集中录音系统、综合车地无线系统、自动售检票（AFC）、综合监控系统（含云系统）、安防系统、乘客信息系统、办公自动化（OA）系统、其他运营管理系统等。

2）技术选择

增强性MSTP是指基于SDH、分组交换以及波分光层传输的新一代多业务综合传送平台，支持不同组网应用——纯分组模式应用、混合组网应用（分组模式和TDM模式叠加组网）和纯TDM模式应用，实现数据业务和传统SDH业务的优化处理。多业务的类型包括TDM业务、数据业务、IP化语音、视频、各种虚拟专线业务等。融入了分组交换核心技术ITU-T G8113.1的MPLS-TP环网功能，增强了对分组业务的处理能力。

3）系统构成

深圳地铁6号线工程在本线各车站、控制中心以及车辆段分别设置1套MSTP+设备（华为OSN 1800）。考虑本线路采用基于云计算的云平台方案、安防系统的云存储方案，因此专用传输系统设置双中心节点组网，控制中心、车辆段作为环网中心节点，采用跳站方式与6号线二期工程的车站以及停车场构成双环网，全线车站按2个100Gbit/s自愈环相切于控制中心和车辆段。

4.8.1.2 专用无线通信系统

1）系统功能

地铁专用无线通信采用800M TETRA数字集群方式组网。地铁无线通信在满足运营本身所需的列车无线调度通信和停车场无线通信外，根据地铁运营管理的实际情况，还应满足管理所需的必要调度通信，如日常维修的维修调度无线通信、紧急情况下防灾调度无线通信以及必要的站务无线通信等。

2）系统构成

深圳地铁6号线工程共设21个基站，其中20个设置在车站，1个设置在长圳车辆段，数字集群移动通信系统由网络基础设施、移动台和调度台等组成。网络基础设施主要单元和设备构成有中心交换控制器、归属位置寄存器、访问位置寄存器、网管设备、基站、基站控制器等，并在控制中心设置调度服务器，接收ATS信号、连接管理调度台等。

4.8.1.3 公务电话系统

1）系统功能

公务电话能为地铁管理部门、运营部门、维修部门提供一般公务联络，主要是电话业务和部分非话业务（如传真等）。系统能够提供各种新业务功能（热线、呼出限制、呼入限制、闹钟、呼叫等待、呼叫转移、缩位拨号、追查恶意呼叫、会议），能识别非话业务能力，能与分组交换网连接，能与无线集群系统连接，能与本地公用电话网互联，实现与本市用户（包括火警 119、匪警 110、救护 120 等）通话，还可以实现国内、国际长途通信。

2）系统构成

本工程在深云 NOCC 设置汇接局软交换设备、网管及计费设备、网络交换机等，并分别接入设置于 NOCC 与竹子林的软交换出局点，实现 6 号线工程的公务电话系统与市话联网。在各车站、车辆段设以太网交换机、接入网关、总配线架等设备，通过传输系统提供的总线型以太网通道与控制中心软交换设备连接，完成站内公务电话功能要求。

4.8.1.4 专用电话系统

深圳地铁 6 号线工程专用电话系统由调度电话、站内电话、站间电话等组成，功能如下：

1）调度电话

调度电话是为列车运营、电力供应、日常维修、防灾救护提供指挥手段的专用通信系统，要求迅速、直达，不允许与运营无关的其他用户接入该系统。调度电话分为行车调度电话、电力调度电话、环控调度电话和维修调度电话。各调度员可对本系统的用户进行单呼、组呼、全呼、紧急呼叫，可对通话进行录音。

2）站间行车电话

车站值班员通过站间电话可以与相邻车站值班员、联锁站值班员或停车场值班员直接相互通话。

3）站内电话

车站值班员（车辆段值班员）可以通过站内电话与本站（段）其他有关值班人员直接通话。车站值班员或车辆段值班员与站（段）内有关人员、相邻车站值班员、联锁站值班员的通话可以采用单呼、组呼或全呼方式。

4.8.1.5 广播系统

1）系统功能

深圳地铁 6 号线工程地铁广播系统由正线（含中心、车站）广播系统、车辆段广播系统、车辆广播系统构成。其中，车辆段广播系统纳入车场智能化系统设计，且车辆广播纳入车辆设计，不在本工程范围内。

2）系统构成

地铁运营广播子系统由中心级广播和车站级广播两级广播构成，它们之间通过有线传输网提供的通道连接，传输语音和控制数据。

4.8.1.6 时钟系统

1）系统功能

深圳地铁 6 号线工程时钟系统作为地铁通信系统的一部分，在地铁运营过程中为工作人员、乘客及全线自动化系统（SCADA、ATS、AFC、EMCS、FAS 等）提供统一的时间标准。同步系统为地铁各线传输系统的同步提供统一的同步信息源以提高运营效率和质量。

2）系统构成

深圳地铁 6 号线工程时钟系统由中心一级母钟、车站二级母钟、子钟、传输通道接口组成。

4.8.1.7　集中录音系统

1）系统功能

集中录音系统是保留地铁内各系统通信过程，提高管理部门信息收集、处理能力，联动及反应能力，为各级管理人员提供准确、及时的分析数据，提高管理的工作效率。

2）系统构成

深圳地铁 6 号线工程录音系统采用集中控制管理方案，由控制中心对全线录音仪进行集中控制管理。

在控制中心设置 2 台互为主备的录音服务器及 1 台网络管理及查询终端。

控制中心通信室设置 2 台数字集中录音仪及交换机，正线车站以及车辆段分别设置 1 台数字集中录音仪。控制中心录音设备采用 1+1 热备的方式工作。

控制中心、车辆段和车站的录音仪通过传输系统提供的 100Mbit/s 以太网通道连接，物理接口为 RJ45。

4.8.1.8　集中告警系统

1）系统功能

集中告警系统是利用计算机网络技术和计算机本身的数据处理能力，将通信系统中各子系统的有关故障告警信息集中在告警系统终端上进行显示，能及时收集全线通信设备故障告警信息，实现不同等级故障的分级显示，并具有声光告警显示、记录和打印功能，同时将故障信息发送到综合监控系统。

2）系统构成

深圳地铁 6 号线工程集中告警系统，是在通信各子系统网管终端的基础上，对各子系统经选择的主要状态信息进行汇总、显示、确认及故障定位。各子系统本身的故障管理、配置管理、性能管理、安全管理在各自系统的维护管理设备上进行。

4.8.1.9　综合 UPS 及接地系统

1）系统功能

深圳地铁 6 号线工程电源设备对以下弱电设备系统提供综合不间断电源（UPS）供电：专用通信系统、系统及系统终端设备、PIS 系统、安防系统、综合监控系统、计算机网络系统、光伏系统停车场智能化系统等。

2）系统构成

（1）电源系统。

深圳地铁 6 号线工程在控制中心设置了两套 120 kV·A UPS，单机运行，一套给通信、PIS、云存储等设备供电，一套单独给综合监控云平台供电。各车站设置一套 100 kV·A 容量的 UPS 设备，车辆段设置一套 120 kV·A。

（2）电源监控系统。

深圳地铁 6 号线工程在控制中心设置电源中心网管设备，车站、车辆段、主变电所内综合 UPS 电源、智能配电柜、高频开关电源设备通过传输系统提供的以太网传输通道接入中心网管设备，从而实现对弱电综合 UPS 电源、智能配电柜及高频开关电源设备的集中监控、管理功能。

4.8.1.10　综合车地无线系统

1）系统功能

深圳地铁 6 号线工程车地无线通信（综合承载）系统采用基于 1.8GHz TD-LTE 通信技术，为信号、通信、车辆等专业的车地无线业务提供高速、低时延、稳定、灵活的透明传输通道，实现信号 CBTC 业务信息、车辆状态信息、紧急文本下发等信息高可靠、安全的车地无线传输。

2）系统构成

本工程 TD-LTE 车地无线通信（综合承载）系统由控制中心设备、基站设备、车载设备、天馈设备和传输链路等组成。

A 网与专用无线通信合用漏缆，B 网单独设置漏缆，RRU 通过合路器分别接入专用无线通信及 6 号线泄漏同轴电缆。

BBU 与核心网之间通过传输系统提供的 1000Mbit/s 共享以太网通道连接，所有 RRU 及室外设备均达到 IP65 的标准。

定向及全向天线用于侧式车站轨行区及车辆段咽喉内列车可到达区域。

4.8.1.11　警用通信系统

警用通信系统是一个以地铁公安指挥中心为主体、派出所、警务站为补充的三级管理体系，能够实现全局资源共享，为公安机关开展日常工作和及时发现、快速处置突发事件，为领导科学决策及公安部门合理调动警力提供充分的技术手段。

地铁警用通信系统由警用有线通信和信息网络子系统、警用无线通信子系统、警用视频监控子系统以及警用视频会议子系统等构成。

1）警用有线通信和信息网络系统

有线通信和信息网络系统包括数字传输设备、网络接入设备、光缆、VoIP 电话、UPS（不间断电源）、机房环境监控、警用智能综合采集设备等基础设施，为地铁警务室提供基础办公条件的同时，还为其他系统提供可靠的、冗余的、可重构的、灵活的传输信道；依托数字传输系统为无线通信系统、视频监控系统、信息网络系统各类设备提供网络接入。

2）警用无线通信系统

深圳地铁公安无线通信系统采用 350MHz PDT 数字集群移动通信系统，该系统是为了加强轨道交通线管辖范围内的日常公安管理，同时确保各车站范围内出现重大案情或公安事件时，市公安局和公交公安分局等各级公安指挥人员能够对现场各警务人员统一进行指挥调度，并保证轨道交通地下车站消防救援工作的顺利进行，实现地下车站的出入口通道、站厅层、站台层、指挥中心及其他地面警务人员畅通的无线通信联系。

3）警用视频监控系统

深圳地铁 6 号线工程地铁警用视频监控系统的建设是为深圳市公安局、深圳市公安局公交分局和地铁派出所、地铁站警用分控中心、警务室民警能及时监视地铁线路人员流动、突发客流变化情况，掌握社会治安状况，及时控制处理发生的治安、刑事案件，保障地铁社会治安秩序。

4）警用视频会议系统

本次工程在 6 号线地铁派出所建设一套高清视频会议终端系统，将其纳入深圳市公安局视频会议系统（华为 MCU）统一管理，实现地铁派出所、深圳市公安局公交分局、深圳市公安局的视频会议和可视化指挥功能，以满足使用需求。

4.8.2 信号系统

信号系统既要满足安全、可靠、准点、舒适的运营要求，同时也必须考虑建设时期的技术发展和将来的运营成本。

4.8.2.1 安全与运营要求

（1）信号系统必须确保列车运行安全。

（2）满足运营及行车组织要求，即正线列车最高行车速度为 100 km/h，平均旅行速度为 44 km/h，最小行车间隔为 2 min。

（3）按照预定的时刻表（运行图）连续不中断地组织列车运行。

（4）在列车运行秩序发生混乱时，要求在最短时间内恢复正常。

（5）在控制中心能对全线列车进行集中自动监控、自动调整，行调人员能随时有效地对列车运行进行人工干预。

（6）具有灵活、可靠的降级控制模式，最大限度地实现列车运行和列车控制的自动化。

（7）对运营的控制必须做到职责明确，责权交接手续严密。

4.8.2.2 系统方案

1）CBTC 系统列控模型

系统主要由基于通信的连续式车-地通信设备、地面定位设备、后备列车占用/空闲检查设备、轨旁 ATP 控制设备、车载设备构成。移动闭塞是一种基于通信的列车自动控制系统，列车和地面控制设备之间通过现代通信传输技术，采用各种传输介质漏缆快速地进行车-地信息传输，列车不断地向地面给出列车位置报告、列车状态信息，地面控制设备不断地根据前行列车的位置和进路状态向列车传递移动授权、限速点位置及限速值、前方信号机状态、线路条件、中央控制命令等信息。列车根据接收到的信息，计算出当前的限制速度和离移动授权点的距离。在正常追踪运行时，后续列车的移动授权点的位置将随着前行列车的移动而不断前移。列控模型如图 4.8-1 所示。

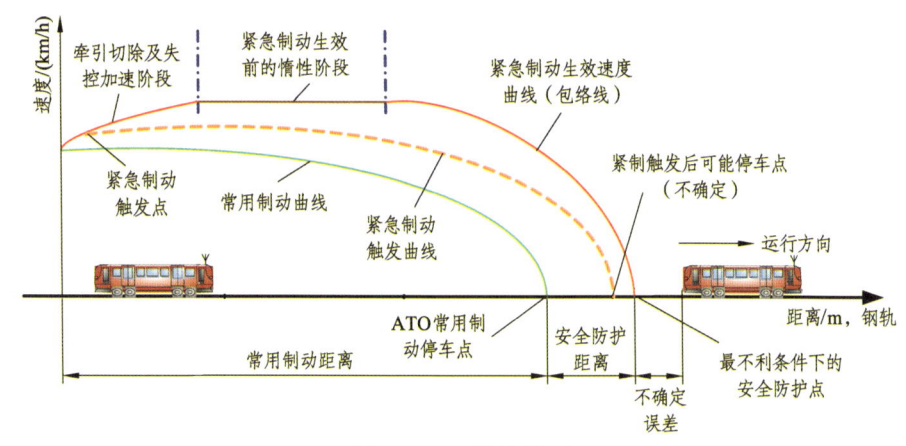

图 4.8-1　列控模型

2）降级系统

基于点式应答器的 ATP/ATO 系统在城市轨道交通中多以移动闭塞的降级模式或者初期运营方式存在，CBTC 连续式通信 ATP/ATO 系统故障后，系统采用由联锁、计轴、应答器及车载点式 ATP 设备等构成的点式 ATP/ATO 系统进行降级运行。

点式 ATP/ATO 对列车控制运行仍是基于固定闭塞列车间隔原理。列车的间隔由基于传统进路监督（当允许列车越过信号机进入区间的所有进路条件满足时，给出开放信号显示）的联锁系统来保证。通过 LEU 连接到信号机，用以根据信号机的显示来选择可变数据应答器发送的报文信息。如果信号机为开放，则列车在通过应答器时，信号机对应的可变数据应答器向车载子系统发送一个点式移动授权。在点式 ATP/ATO 列车控制系统中，车载子系统通过轨道数据库的信息、接收到的点式移动授权以及自身的定位信息，计算、更新列车运行的速度-距离曲线，监督并控制列车运行。

基于点式应答器的 ATP/ATO 系统原理图如图 4.8-2 所示。

针对本工程的运营需求，本阶段点式 ATP/ATO 系统设计至少满足初期运营能力要求。

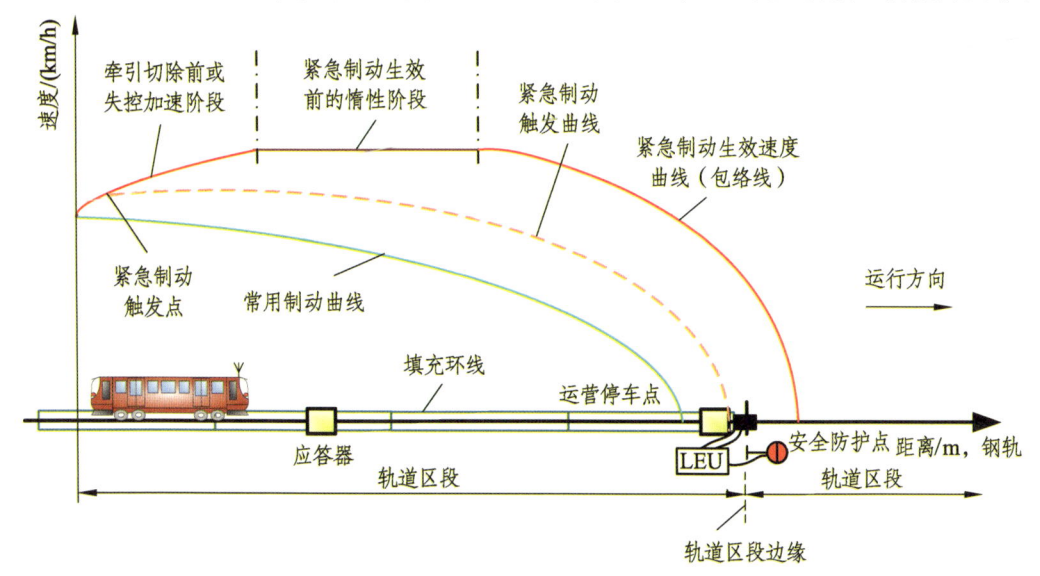

图 4.8-2　基于点式应答器的 ATP 系统列车速度控制原理图

3）监测维护系统设计方案

在地铁信号系统中，监测维护子系统一般可分为三部分：车辆段/停车场计算机监测、电源屏维护支持系统、正线维护支持子系统。每一部分均独立运行，给运营维护带来极大不便。本工程新设集中监测系统，该系统功能涵盖上述三部分功能。具体结构如图 4.8-3 所示。

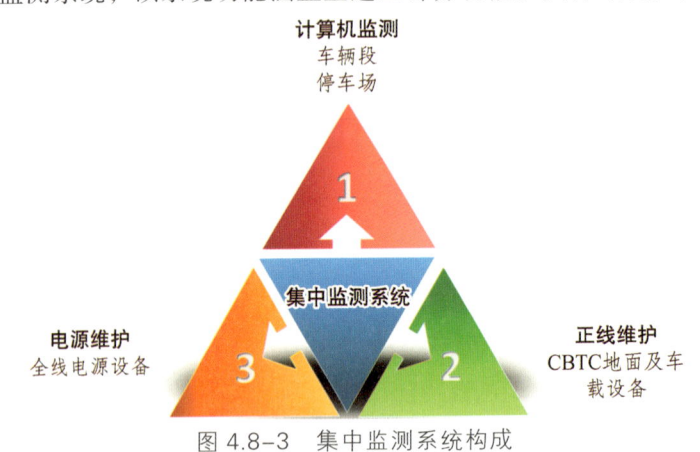

图 4.8-3 集中监测系统构成

监测维护终端分布于车站、车辆段、停车场、控制中心等地，并通过通信网络互联。通过整合原有维护支持子系统，既可提高信号系统维护效率，又可减少现有维护终端数量。

4.8.3 综合监控与车场智能化系统

4.8.3.1 集成和互联

综合监控系统与集成系统存在内部接口，与互联系统存在外部接口，通过相关接口实现集成、互联系统的相应功能。

集成系统的中心级功能、车站级功能、传输网络以及维护维修系统全部由综合监控系统实现，综合监控系统应考虑相应的后备措施，在综合监控系统故障失效的情况下集成子系统应仍能降级运行。

互联系统是独立的系统。ISCS 系统与它们在不同的监控级别接口，进行信息交互，实现综合监控系统的互联系统功能。

ISCS 系统集成的子系统有：火灾自动报警系统（FAS）、环境与设备监控子系统（BAS）、电力监控系统（SCADA）、能源管理系统、节能控制系统、风机振动监测系统。

ISCS 系统互联的子系统有：安防系统（ISDS）、乘客信息系统（PIS）、广播系统（PA）、自动售检票系统（AFC）、信号系统（SIG）、时钟系统（CLK）、站台门（PSD）、通信网管系统、大屏幕系统、智能照明系统、车场智能化系统、杂散电流监测系统、接触网可视化自动接地系统。

4.8.3.2 总体构成

在总体结构上，综合监控系统采用分层分布式控制结构，由三层网络组成：中心级监控网络层、车站级监控网络层和底层设备级分散控制网络层。中心级和车站级之间通过骨干网连接。

综合监控系统从硬件设备配置上分为三层：中心级综合监控系统（CISCS），云平台提供相应的硬件资源；车站级综合监控系统（SISCS），云平台提供计算、存储、网络资源，接口设备由综合监控系统实施；现场级控制设备（集成子系统部分）。

综合监控系统的软件从逻辑上分为三层：数据接口层专门用于数据采集和协议转换；数据处理层对收集的数据进行判断和处理；人机界面层用于操作终端上显示人机界面，使运营人员完成各种监控和操作。

4.8.3.3 综合监控系统方案

综合监控系统（SISCS）由冗余的以太网交换机（云平台提供）、云点服务器（具有承载GCC图形显示、FAS维护、全流量回溯、车站级业务系统灾备服务及安装阶段调试功能）、云桌面（云平台提供）、防火墙（云平台提供）、串口服务器、综合后备盘（IBP）和车控室操作台等设备组成。

车站级综合监控系统（SISCS）通过车站以太网交换机连接车站服务器、车站瘦客户机、打印机、防火墙、串口服务器、牵引降压混合变电所综合自动化子系统控制信号屏、车站环境与设备监控子系统PLC控制器、车站火灾报警系统车控室火灾报警控制器、感温光纤测温主机、车站级电气火灾监控设备。车站以太网为冗余的双星形网络。

4.8.3.4 火灾自动报警系统方案

车站级FAS子系统作为车站级综合监控系统的内部子系统。

本工程车站级FAS系统由火灾自动报警系统（含气体灭火控制部分）、感温光纤测温系统、电气火灾监控系统及吸气式感烟火灾探测报警系统四大部分组成。

FAS系统设备由设在监控设备室的维护工作站（图文工作站与维护工作站合设，利用车站云节点服务器实现其功能）、车站控制室火灾报警控制器、气体灭火控制器、车站级电气火灾监控设备和感温光纤测温主机以及设在现场的气体灭火控制盘、气体灭火辅助控制箱、各类智能火灾报警探测器、手动火灾报警按钮、电话插孔、监视模块、控制模块、声光报警器、警铃、放气指示灯、消防对讲电话、电气火灾探测器、感温光纤、线型光束感烟探测器、吸气式烟雾探测主机及吸气式探测管、现场回路总线及其他相应现场设备等组成，如图4.8-4所示。

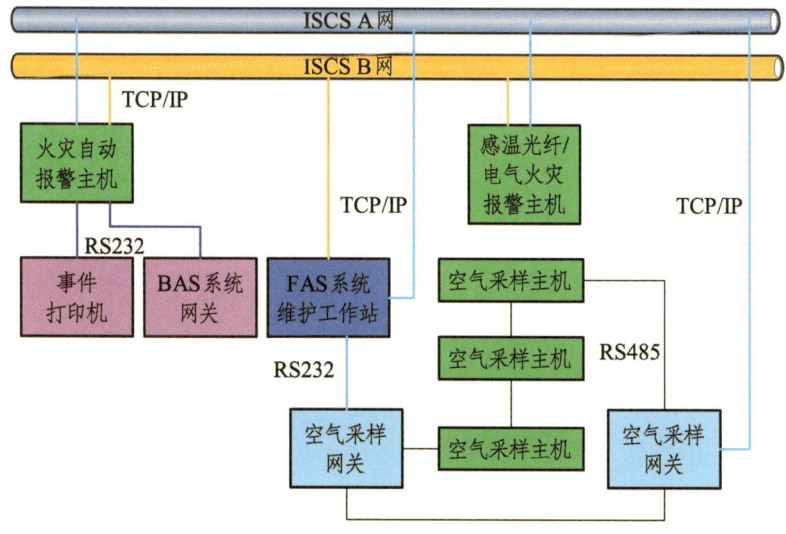

图 4.8-4　FAS系统构成

4.8.3.5 环境与设备监控系统方案

BAS 系统为车站级综合监控系统的内部子系统。

BAS 子系统由控制器（冗余 PLC）、远程 I/O（RI/O）、串口服务器、交换机、现场网络、各类传感器等设备组成，如图 4.8-5 所示。

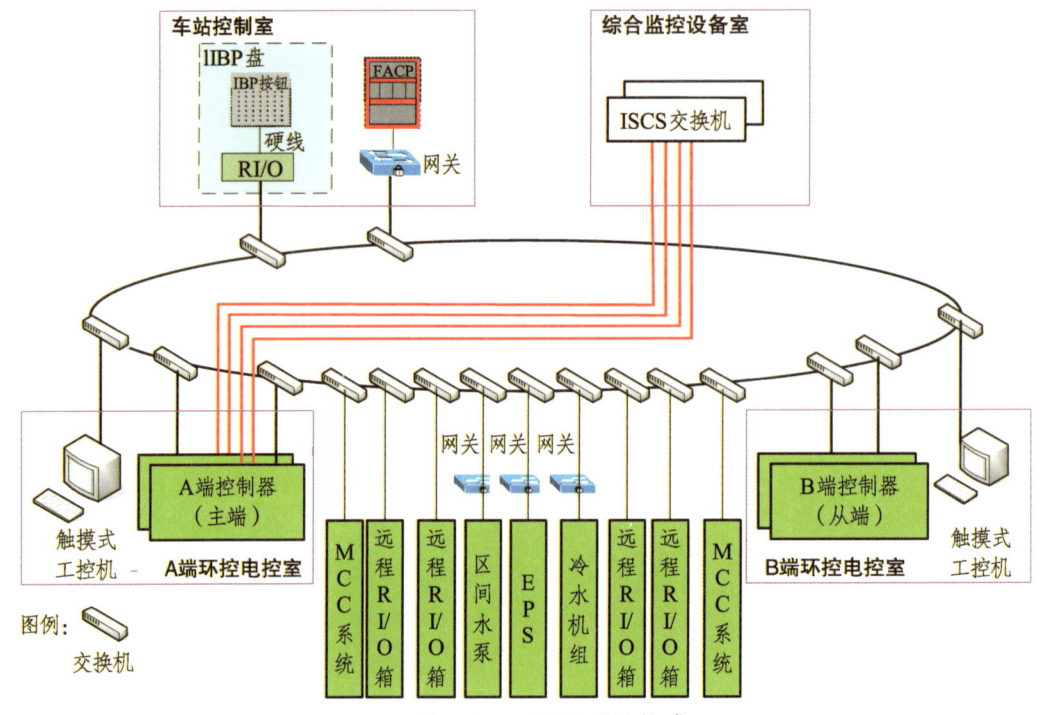

图 4.8-5 BAS 系统构成

车站级 BAS 系统可以采用冗余现场总线式方案和工业以太网方案。

在车站两端环控电控室各设置一套冗余的 BAS 控制器，负责车站两端设备监控。车控室侧冗余控制器每个机架设置 2 块独立的以太网模块，接入车站级综合监控系统（SISCS），控制器与各远程 I/O 通过自愈环形工业以太网或冗余现场总线相连。在车控制室设置远程 I/O 或 PLC，用于 IBP 盘监控。

在车站及车站所辖区间（存在由本车站配电水泵的区间）的环控机房、蓄电池室、照明配电室、车站各类水泵房或水泵附近、IBP 盘内等地方设置远程 I/O 模块，监控现场设备，原则上不在区间设置 BAS 控制箱。

在设备房、公共区、风管、水管等地方设置温湿度、温度、二氧化碳、压力、压差、流量等传感器，在空调器出水管设置动态平衡调节阀等设备采集环境等参数以及控制阀门开度等。

车站两端的控制器使用 MCC 现场总线完成对 MCC 智能设备的监控。

4.8.3.6 车场智能化系统方案

智能化集成系统由云计算平台承载，应完全支持智能化集成数据整合平台技术架构，结合计算机技术、网络技术、通信技术、自动控制技术，对车场内所有相关设备进行全面有效的监控和管理，丰富建筑的综合使用功能和提高物业管理的效率，确保车场各单体建筑内所有相关设备处于高效、节能、最佳运行状态，从而为工作人员提供一个安全、舒适、便捷、高效的工作环境。

车场智能化集成系统包括楼宇自动化系统、火灾自动报警系统、广播系统、停车场管理系统等。

互联系统包括视频监控系统、门禁系统、入侵防盗报警系统等。

本工程内包含的其他系统有：运营综合信息网络及综合布线系统、车场资讯及有线电视系统、供电及 UPS 不间断电源系统等。

4.8.4 自动售检票系统（AFC）

深圳地铁 6 号线工程 AFC 系统的总体架构分为多线路中央计算机系统、车站计算机系统、售检票终端设备以及票务中心系统、培训及维修中心系统。本工程 AFC 系统将接入 CLC 系统，接受统一管理。

4.8.4.1 车站计算机系统

车站计算机系统由车站计算机、监控管理工作站、票务（维护）工作站、紧急按钮控制器、网络设备等构成。

软件由操作系统软件、数据库系统软件、车站级应用软件和防病毒软件构成。

深圳地铁 6 号线一期每个车站设人脸服务器 2 台，AFC 维护工作站 1 台，其中 AFC 服务器和维护工作站设在 AFC 机房。

AFC 紧急按钮设在自动化集成的 IBP 盘上，并通过硬线与自动检票机相连。

目前主流的车站网络方案主要有两种，一种是星形以太网结构，另一种是环形以太网结构。

在星形以太网结构方案中，售检票设备分成几组分别接入邻近的现场交换机，然后现场交换机再接入车站交换机，由车站交换机实现与中央计算机系统的联网。该方案是比较传统的网络结构方案，有大量的应用案例，组网成本较低，但网络可靠性不如环形网络。

在环形以太网方案中，车站交换机和现场交换机采用以太网交换机，并以环形总线的方式组成环形网络。售检票设备仍然是分成几组接入邻近的现场交换机。该方案的好处是环形网络提供了链路冗余功能，环形网中的单点线路中断不影响网络的正常工作。

星形以太网和环形以太网都有在地铁中成功应用的案例，6 号线二期工程与先期建设的轨道交通线路及 6 号线一期工程保持统一，采用环形以太网组网方案。

4.8.4.2 售检票终端设备

车站售检票终端设备主要由自动售票机（TVM）、自动充值验票机（AVM）、半自动售票机（BOM）、进站检票机（EnG）、出站检票机（ExG）、双向检票机（BG）、宽通道检票机（WG）和便携式验票机等组成。

4.8.4.3 车票

目前深圳地铁中使用的车票主要有轨道交通专用车票和"深圳通"卡两种，其中轨道交通专用车票由轨道交通清分中心统一采购和发行,"深圳通"卡由深圳通公司发行。两种车票采用的都是非接触式 IC 卡技术。

6 号线一期售检票设备上设票卡读写器,系统和设备兼容深圳地铁轨道交通专用车票和"深圳通"车票,并预留对将来可能引入的香港"八达通"、广州"羊城通"等的兼容条件。

另外,用手机作为电子车票的乘车方式也已经在地铁线网中开始试用,6 号线一期售检票设备也兼容其应用。

4.8.4.4 培训及维修中心设备

培训系统主要由模拟多线路中央计算机、模拟车站计算机、典型车站售检票设备和网络设备组成。

维修设备主要由专用维修工具和用于维修测试的售检票设备组成。

4.8.4.5 自动售检票云平台与互联网+方案

深圳地铁 6 号线将接入 CLC 二期云平台系统,云平台将承担线网互联网票务管理职能,满足线网互联网终端统一管理、互联网车票统一发行和管理、业务密钥统一生成和管理、运营参数统一管理、乘客服务统一界面、统一系统业务和接口规则等需求,负责系统的安全管理,实现运营公司对外的信息服务等功能,如图 4.8-6 所示。系统的业务界面、维护界面、管理界面等均应符合业主的要求。车站级可取消车站计算机,车站级功能在云平台实现后下传至车站云操作终端。车站级取消 AFC 设备房间,与综合监控、通信、安防共用弱电综合设备室。

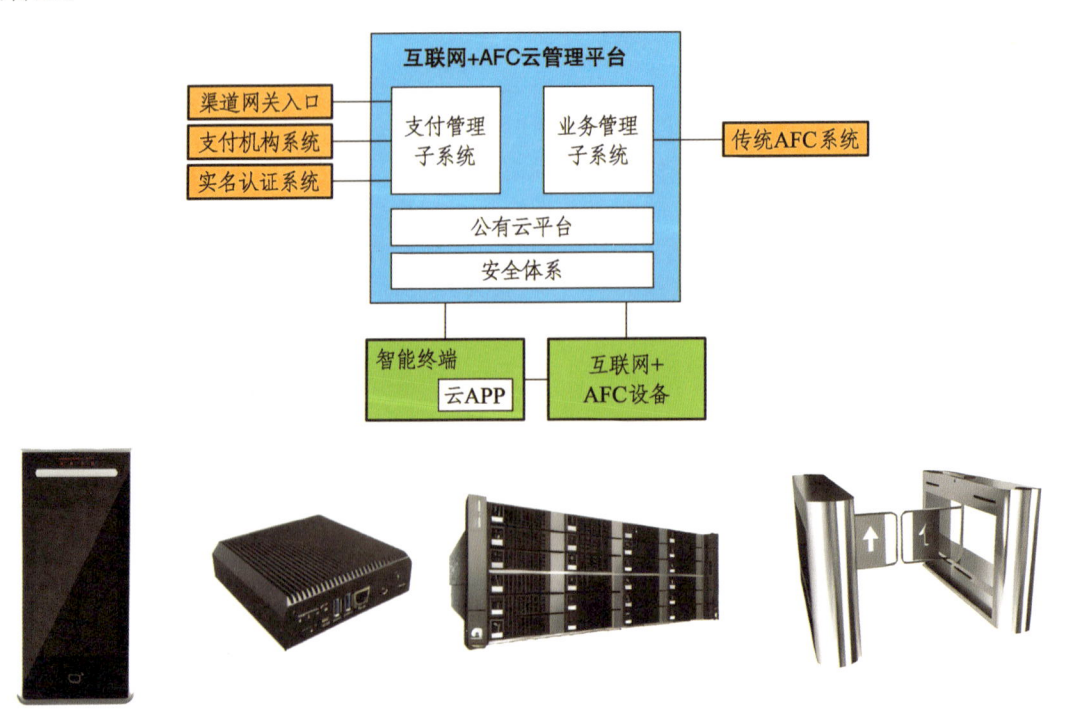

图 4.8-6 自动售检票云平台与互联网+方案

1）车站终端互联网化

深圳地铁 6 号线车站终端设备采用手机为核心载体，运用二维码技术、NFC 技术、移动支付技术，增加人脸识别技术，依托云服务和大数据计算支撑，以原有 AFC 服务为基础，提供互联网票务服务，并带动互联网增值服务。互联网技术的应用，取代了实体车票，方便乘客乘车体验，减少了运营成本和建设成本。

2）信用支付体系

6 号线构建了基于云架构、实名制和账户制，能够支持智能票务、智慧客服和客流大数据开发的下一代 AFC 系统，实现信用支付。

4.8.5 安防系统

综合安防系统由中央级、车站级（含车辆段）、终端级三级系统构成，中央和车站（含车辆段）两级管理模式，主要包括安防集成管理子系统、安防网络子系统（由综合监控系统提供接入设备）、视频监视子系统、门禁子系统、周界报警子系统、车场控制中心（DCC）大屏幕显示及乘客求助告警子系统。

本工程安防系统对车站、车辆段、区间变电所的设备和管理用房、出入口、票务室等重点区域提供出入管理、登记、实时视频监、门禁等功能，有效保障地铁运营安全。

4.8.5.1 安防集成管理系统

1）系统功能

深圳地铁 6 号线工程安防集成管理系统作为安防系统的运行管理核心和集成管理平台，应能够提供一个完整的安防集成管理子系统平台，采用开放式架构和先进的系统集成技术构建。系统应能够对各个集成的子系统进行数据采集、联动处理和综合监视管理。系统能够完成安防系统内各子系统（包括视频监视子系统、门禁子系统、乘客求助及告警子系统、智能配电单元）之间的信息交换和联动控制。

该系统实现对各车站、车辆段/停车场（由车场智能化系统实施）、主所/区间所的所有视频监视、门禁、乘客求助及告警设备的监控，应能满足系统运作、授权、设备监测与控制、网络管理、数据库管理、维修管理及系统数据的集中采集、统计、保存、查询等功能。主要应包含但不限于以下功能：

（1）系统配置管理。

系统可对所有集成子系统的功能、参数、优先级、联动等进行配置管理，设置综合安防系统运作参数，可以通过网络下达运作命令及将系统参数配置到各个车站、车辆段、停车场、主变电所、区间跟随变电所。

系统可以对安防系统中的各个子系统的集成联动关系进行配置管理，通过结合深圳地铁实际业务运营特点，实现面向业务的自动化、半自动化的事件触发流程模式操作。

（2）系统性能管理。

中心集中监控、管理安防系统车站、车辆段、主变电所、区间跟随变电所所有集成子系统相关设备运行状况和网络状况，收集各种统计数据用于监视或校正系统设备运行参数，为系统优化提供统计分析手段；管理网络及车站级工作站通信，对系统及网络具有在线监视、自诊断、自恢复及在线修复功能，并可显示网络负荷情况；能够完成系统性能监视、性能控制和性能分析等功能。

（3）系统故障（维护）管理。

控制中心维护人员应能通过网管工作站实现安防系统车站、车辆段、停车场、主变电所、区间跟随变电所所有终端设备维护管理。系统应具备以下功能：

图形化界面集中监控中央级、车站级以及终端设备的通信状态、运行状态及故障情况，当出现状态变化或故障时，能准确、实时地显示；当一台终端设备具有多个状态或故障时，应能全部显示，在状态变化后，应能及时更新状态信息，更新时间不大于 5s；应具备录像丢失告警功能。

2）系统构成

控制中心设中央级计算机系统，用于管理和监控全线安防系统。本工程中央级计算机系统由综合监控云平台实现。车站设车站服务器系统，用于管理和监控车站的安防系统。本工程的车站级服务器系统也由综合监控云平台提供虚拟资源实现，控制中心与车站之间通过通信系统提供的传输通道进行连接，主变电所安防系统设备接入邻近车站安防系统的网络接入设备。

（1）中央级。

安防系统中央级设备安装在控制中心，主要包括中央服务器、应用管理服务器、视频管理服务器、门禁管理服务器、授权/发卡工作站、打印机、接入交换机、监控管理工作站、视频回放工作站、调度员辅助工作站、不间断电源（UPS）等设备。

（2）车站级。

车站级安防系统设于各车站，主要由车站级服务器、工作站、接入交换机等组成，用于车站的安防系统的监控、管理。系统具有对本站设备进行监控管理、配置管理、操作显示以及图像监控等功能。

车站的服务器同样由综合监控云计算平台提供虚拟资源，车站工作站由综合监控提供桌面云瘦终端。

4.8.5.2 视频监控系统

1）系统功能

深圳地铁 6 号线工程视频监视子系统由分布于车站、车辆段、主变电所、区间变电所等场所的摄像头、监视器，以及控制中心的视频系统管理平台、视频云存储设备等组成，完成视频采集、处理、存储、监视与控制、管理等功能。

视频监视子系统包括运营视频监视和警用视频监视系统两个相对独立的系统，本视频监视子系统技术卷不包含警用视频监视系统内容，其内容详见警用信息通信系统技术卷。本节所述运营视频监视系统主要包括正线、车辆段/停车场等地面视频监视系统及车载运营视频监视系统。运营视频监视子系统和警用视频监视系统各自建设后端平台，各自存储图像，运营公共区监控图像与警用共享。

运营视频监视子系统采用集中式部署，车站、停车场不再设置视频系统管理平台，控制中心（NOCC）设置系统主管理平台，车辆段设置系统灾备管理平台。视频存储设备同样采用集中式部署，控制中心设置视频云存储设备，为车站、主所、跟随变电所、停车场视频图像信息提供存储空间；在各车站、停车场设置备用数字网络硬盘录像机，作为车站、停车场与中心通信中断时的备用存储设备；车辆段设置视频云存储设备为车辆段视频图像信息提供存储空间。

2）系统构成

视频监视系统主要由前端网络数字摄像机、监视器、系统管理平台及车站、车辆段、停车场与控制中心（OCC）存储设备等组成。系统由调度指挥中心（OCC）、车站、列车三级组成，通过综合监控系统搭建的虚拟骨干网实现系统联网。

视频监控系统构成如图4.8-7所示。

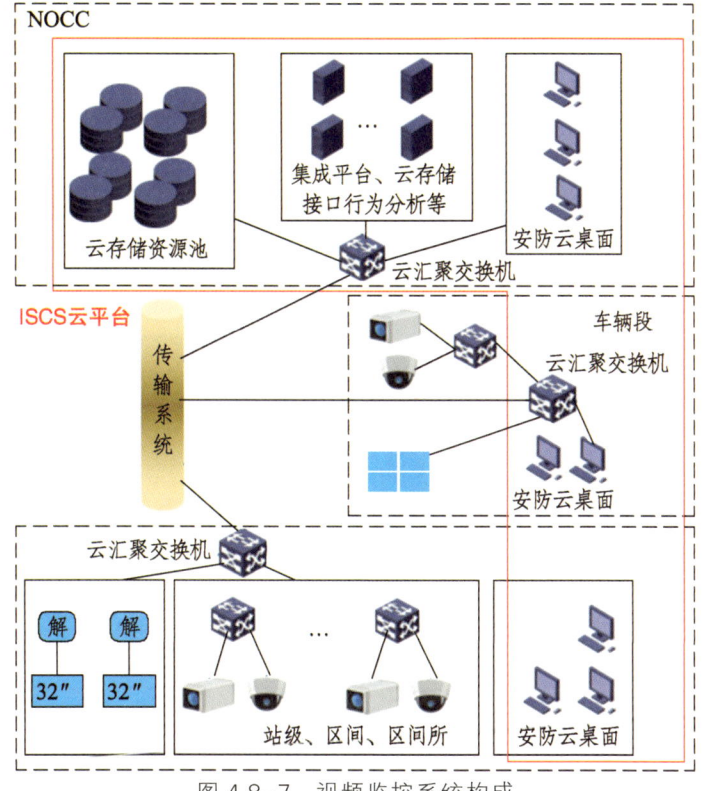

图 4.8-7 视频监控系统构成

4.8.5.3 门禁系统

1）系统功能

门禁子系统对轨道交通车站、车辆段设备管理区通道门和设备管理用房进行统一监控和管理，同时可用于地铁人员的考勤自动化管理，提高运营管理水平。门禁子系统设备需采用可靠性高、技术先进、扩展方便、智能化程度高、便于调试维护和管理、布线简便的工业级设备。

门禁子系统采用集中管理分散控制模式，设中央管理级、车站管理级（车辆段/停车场）和现场设备三层网络架构，并且应采用二级数据库管理，即中央级数据库和车站级数据库。车站级服务器的本地系统需能够独立运行，而不依赖于中央级系统或系统网络。中央级系统数据对车站级数据作冗余设置，车站级服务器定时、实时或人工将本地数据上传至中央级服务器，中央服务器更新过的数据信息也会回传至各车站级服务器，实现两级数据库的同步。

2）系统构成

门禁子系统由设置在控制中心的中央级门禁管理层（含1个发卡和授权中心）、设置在车站及车辆段的车站级门禁管理层、现场设备层及通信网络等组成。门禁子系统为三层结构：中央管理级、车站管理级、现场设备。在控制中心设立一个中央管理级，各车站及车辆段、停车场设立车站管理级，区间变电所的门禁设备作为现场设备接入相邻车站管理级；中央级与车站级通过以太网通道连接，车站级与现场设备间通过以太网或现场总线方式连接。

系统主要由下列部分构成：门禁系统管理软件、门禁系统服务器（带自动备份设备、自恢复软件等）、门禁控制系统工作站、主控制器、读卡控制器及相关接口设备、读卡器、IC卡、出门按钮、电锁、门磁等设备等。

（1）中央管理级。

中央管理级设于控制中心（NOCC），包含服务器、中央级授权、发卡工作站和系统软件等。

（2）车站管理级。

车站管理级设于各车站车控室，包含车站级管理工作站（由综合安防系统工作站完成）（车辆段及停车场设置于安防设备室）、打印机、通信接口设备及系统软件等。

（3）现场设备。

现场设备包括主控制器、就地控制器、读卡器、开门按钮、电锁、门磁等。

（4）传输网络。

中央管理级与车站管理级间的信息传输采用通信系统提供的安防 TCP/IP 传输通道传输。现场设备通过以太网或现场总线方式连接。

4.8.5.4 乘客求助及告警系统

1）系统功能

车站各乘客求助点可与车控室实现双向视频语音通话求助功能，呼出接通时有回铃音；

车站残疾人卫生间可与车控室实现语音通话求助功能，呼出接通时有回铃音；

各求助对讲可一键发起对车控室求助告警主机的呼叫，车控室求助告警主机能显示求助乘客求助发起的位置；

求助发起时车控室告警主机实现声光告警；残卫求助发起时，车控室告警主机与残卫实现双向声光告警；

车控室求助告警主机正在通话时，再有乘客求助呼叫，主机应显示呼叫分机发起位置；

乘客发起一键求助呼叫时，能联动周围某个监控摄像头，车控室求助告警主机能立即弹出监控画面；

求助及残卫求助电话具备耳声助听器放大功能，戴助听器的乘客能够无障碍使用求助电话；

残卫求助电话既能满足轮椅高度一键呼叫，又可满足站立高度一键呼叫，具有双求助按键。

2）系统构成

乘客求助电话由求助电话主机、求助电话分机、残疾人专用求助电话组成。

6号线工程单独设置求助电话主机以及求助电话分机，不接入专用通信电话交换机，各求助电话分机直接接入求助电话主机。

报警按钮设在重要的票务室、售票问讯处以及车控室等区域。报警按钮的安装位置应方便工作人员在紧急情况下的操作。报警按钮通过硬线连接到车站控制室 IBP 盘和警务室的报警灯（或警铃）。每个报警按钮对应一组报警灯（或铃警），以区分不同的报警位置。

售票机房和售票问讯处的报警按钮按下时，车站控制室和警务室相应的报警灯应闪烁（或警铃发出报警声），直到报警按钮被人工复位。车站控制室的报警按钮按下时，只有警务室的对应报警灯发出报警信号（或警铃发出报警声），同时向控制中心安防计算机发出报警信号。

乘客求助及告警子系统设备应具备联网功能，提供完善的控制、管理功能和软件以及电子地图软件，能够纳入综合安防系统软件的统一管理，实现中心和车站的两级监控、管理功能；在监控终端上应能够以电子地图方式显示求助电话、紧急报警按钮等终端设备的布局和工作状态；管理终端应能够记录、查询相关求助、报警事件；当求助电话被使用时，系统应能够实现对求助图像和声音的同时录像，录像保存时间不低于 360 h。

布置原则如下：

公共区求助电话安装在站厅、站台垂直电梯门口及公共区域，残疾人洗手间专用求助电话安装在残疾人专用洗手间内；

紧急报警按钮安装在票务室、客服中心的隐蔽位置；

声光报警器安装在车控室内侧观察窗上方。

4.8.5.5 周界报警系统

1）系统功能

周界报警系统的传感光缆在检测到围栏振动时，能够迅速锁定振动防区，通过算法匹配过滤和多防区联动判断的方法，有效剔除刮风、下雨、雷电和汽车通行造成的环境振动干扰。

周界报警系统当检测到相对独立的单点位置产生的振动信号后，应可通过设定时间窗口来检验振动信号是否符合所定义单位时间内的报警事件。有效剔除实际现场环境出现的一次性干扰。

周界报警系统检测到振动信号后，应可通过设定的振动次数来评判振动信号是否满足所定义的报警事件，有效剔除不明物体的偶尔撞击造成的干扰。

周界报警系统检测到振动信号后，可通过设定振动幅度来判定报警事件，有效剔除小动物的出没造成的干扰。

周界报警系统应具备可以检测被测围栏的振动曲线并能实时显示的功能，同时能在此振动特性曲线的基础上实现报警灵敏度每防区独立可调，以适应不同位置的、松紧程度不一的围栏，有效剔除误报和漏报。

周界报警系统可根据现场实际条件对防区进行划分，并可按照用户要求对划分出的防区实现任意的撤防和布防，提供用户完善的周界动态控制管理手段。防区范围：10~300 m。

当报警事件发生时，系统能在电子地图上显示报警事件发生的防区位置，并且报警事件能够通过控制主机联动 CCTV 系统，控制摄像机指向报警位置。

周界报警系统使用光纤作为振动传感器，室外传感和信号传输部分应不需要供电即可完成振动检测和信号回传。

2）系统构成

深圳地铁 6 号线工程周界报警系统布设于车辆段，其传感光缆在检测到围栏振动时，能够迅速锁定振动防区，通过算法匹配过滤和多防区联动判断的方法，有效感知侵入情况，该系统主要由振动光缆、传输光缆、光学模块、光纤报警器、光纤报警主机和管理软件等部分组成。

该系统主要由振动光缆、传输光缆、光学模块、光纤报警器、光纤报警主机和管理软件等部分组成。其主要设备技术要求如下：

（1）光缆。

系统中光缆既是入侵探测器，又是振动信号回传的传输通道，且完全不用供电。每条振动光缆的最大长度大于 300 m，可以保护不小于 3 m 的金属围栏。

振动光缆带有抗紫外线材料，应使用普通室外通信光缆不需另外加工，可以直接安装固定在围栏上。

可根据现场围栏的高度和类型设置振动光缆的密度，满足不同的安全监测级别。

（2）光纤入侵报警器。

光纤入侵报警器作为智能光纤周界系统的信号采集、信号预分析、信号传输平台。可连接 8 个由振动传感光缆构成的 8 个防区，将前端被监控现场的振动传感光缆回传的精密光学微振感知信号，进行无损还原、科学运算、信号预分析，信号按通道向中央报警控制主机回传。

入侵报警器可通过 IP 网络接口与管理主机进行通信、管理和维护，通信方式为普通网络接口，可以采用同轴双绞线、光纤或无线通信方式进行报警信号的近距离和远距离传输。

（3）光纤报警控制主机。

根据振动信号发生光干涉后的振幅、强度、信号特征等与数据库中的报警数据进行比对，自动准确判断告警发生防区位置发出声光报警并在电子地图上显示，也可通过协议对接在客户需要的报警平台上显示电子地图和报警信号。系统在本地和管理控制室等多地同时发出报警信号提醒各级接警中心值班员注意，值班员可根据情况采取相应措施或通过增加相应的公共广播系统警告非法入侵人员，终止其非法入侵行为。

周界报警系统构成如图 4.8-8 所示。

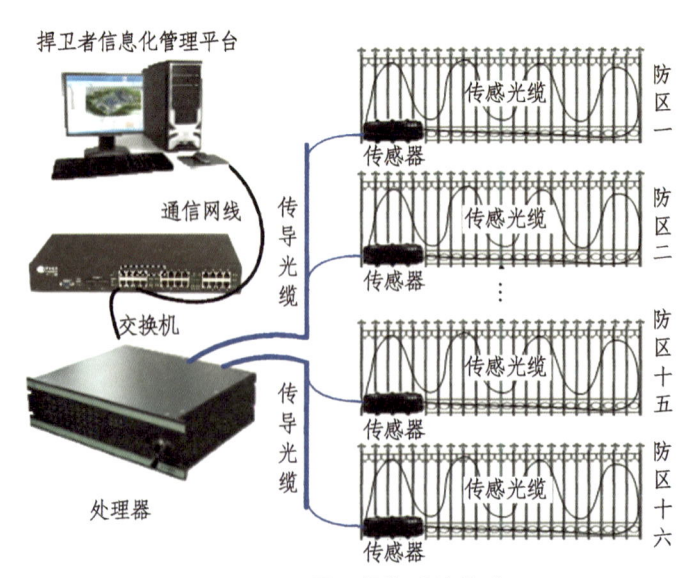

图 4.8-8 周界报警系统构成

4.8.5.6 大屏幕显示系统

1）系统功能

深圳地铁 6 号线工程的长圳车辆段设车场控制中心（DCC），其定位是为车辆段的行车调度控制中心、车辆检修管理中心和乘务出勤管理中心提供服务。

DCC 设备用房主要有 DCC 控制室、DCC 设备室、乘务出勤调度室、交接班室，其中 DCC 控制室设行车调度、车辆检修调度、乘务出勤调度等调度设备，DCC 控制室、网管室、司机出勤调度室、培训室以及消防控制室等房间设置安防云桌面以及配套设备等。

2）系统构成

6 号线工程大屏幕系统主要设备包括显示单元、多屏拼接控制器、大屏幕管理控制配套软件等设备。

该系统提供 DCC 系统需要集中展示的信息，包括视频监控画面、站场平面全景图等。结合场所条件，规划大屏幕布置：

① 在 DCC 控制室设置单体屏幕 55 in（1 in=2.54 cm）的 3 行×4 列 DLP 投影单元。
② 屏幕显示方案与指挥大厅内席位布局相对应。
③ 显示信号系统提供的站场平面全景图。
④ 显示整个场段运营区域、场、段列车内的视频监视图像。
⑤ 显示安保系统、车辆段智能化系统、综合监控系统的告警信息。

3×4 块屏的各种图像和信息可以满屏显示、分区显示、轮流显示或叠加显示，其显示内容和显示方式可由 CCTV 监视器控制键盘和大屏幕控制器控制。紧急情况下，可按预定的紧急显示方案显示，并可设置紧急报警的优先级别。

消防控制室大屏幕显示系统主要功能如下：

① 在消防控制室设置单体屏幕 55in 的 2 行×3 列 DLP 投影单元。
② 显示场段内 CCTV 的监视图像。
③ 显示安保系统、车辆段智能化系统、综合监控系统的告警信息。

4.8.6 乘客信息系统

4.8.6.1 系统功能

乘客信息系统（PIS）是实现以人为本、进一步提高地铁为乘客服务质量、加快各种信息（如乘客行车、安防反恐、运营紧急救灾、地铁公益视频信息、天气预报、新闻、交通信息）传递的重要设备。6 号线工程 PIS 系统的功能定位应遵循主播运营、安防反恐信息，适当插播地铁公益视频信息、天气预报、新闻、交通信息，在紧急情况下运营紧急救灾信息优先使用的原则。

乘客信息系统包括网络子系统、中心子系统、车站子系统、车载子系统和车地无线通信子系统。乘客信息系统视频传输采用 HD-SDI 视频传输标准，通过全光路传输方案实现播控设备至显示终端的连接，系统具备 $N+1$ 冗余热备功能，播控系统质量满足广电级标准。系统具有高可靠性、强扩展性等特点。PIS 系统在火灾及阻塞情况下，能够在中心或车站发布疏散指示等紧急信息至所有显示终端。为保证信息及时发布，中心发布/取消全线所有显示终端的紧急信息完成时间 ≤ 60 s。

6 号线工程乘客信息系统采用基于云架构的方案，云平台由综合监控专业提供，视频传输采用 HD-SDI 视频传输标准。

4.8.6.2 系统构成

1）中心子系统

中心子系统由本工程负责设计。中心子系统主要由中心服务器、中心多媒体视频服务器、中心直播数字电视编码器、中心音视频切换矩阵、车载视频解码器无线控制器主机等设备组成。

中心服务器为虚拟服务器，由云平台划拨计算和存储资源。

2）车站子系统

车站子系统实现如下功能：集中监控和管理车站内的乘客信息系统、接收中心子系统的数据并分发至车站内的每一显示终端、外部系统数据的导入和导出、向车站内的显示设备发放信息、站内的站务信息的编辑保存等功能。

车站子系统主要由 LCD 显示控制器、LED 条屏、视频切换设备、音视频转换器、43 in LCD 显示屏、激光投影设备（含投影幕布）、激光投影设备控制器、液晶拼接屏播放控制器、液晶拼接屏（3×1）、光纤收发器、区间 AP 终端等设备组成。

3）车载子系统

车载子系统主要由司机室监控主机、客室监控主机、车载 19 in LCD 显示屏、车载 AP 终端、车载 AP 天线、车载工业以太网三层交换机、车载工业以太网二层交换机、车载触摸显示屏、拾音器等设备组成。

4）传输网络

车载无线传输平台采用符合 IEEE 802.11ac 协议的无线局域网技术，主要由控制中心无线控制及管理设备（交换机、控制器）、车辆段、停车场及沿线区间的无线接入点（AP）和车载无线设备等设备构成。中心无线网络交换机（控制器）设置于控制中心，按双机互为备份模式工作，在其中一台出现故障时，所有 AP 的控制管理能自动切换到另一台交换机上，实现业务的无缝接管。

在全线及车辆段设置车地无线传输网设备和天线，在控制中心设置本线车地无线传输网的网络管理设备，管理和控制本线车地无线传输网的工作，以在全线范围内，实时完成车-地之间的图像和数据传递。

乘客信息系统构成如图 4.8-9 所示。

4.8 弱电系统方案 | 171

图 4.8-9 乘客信息系统构成

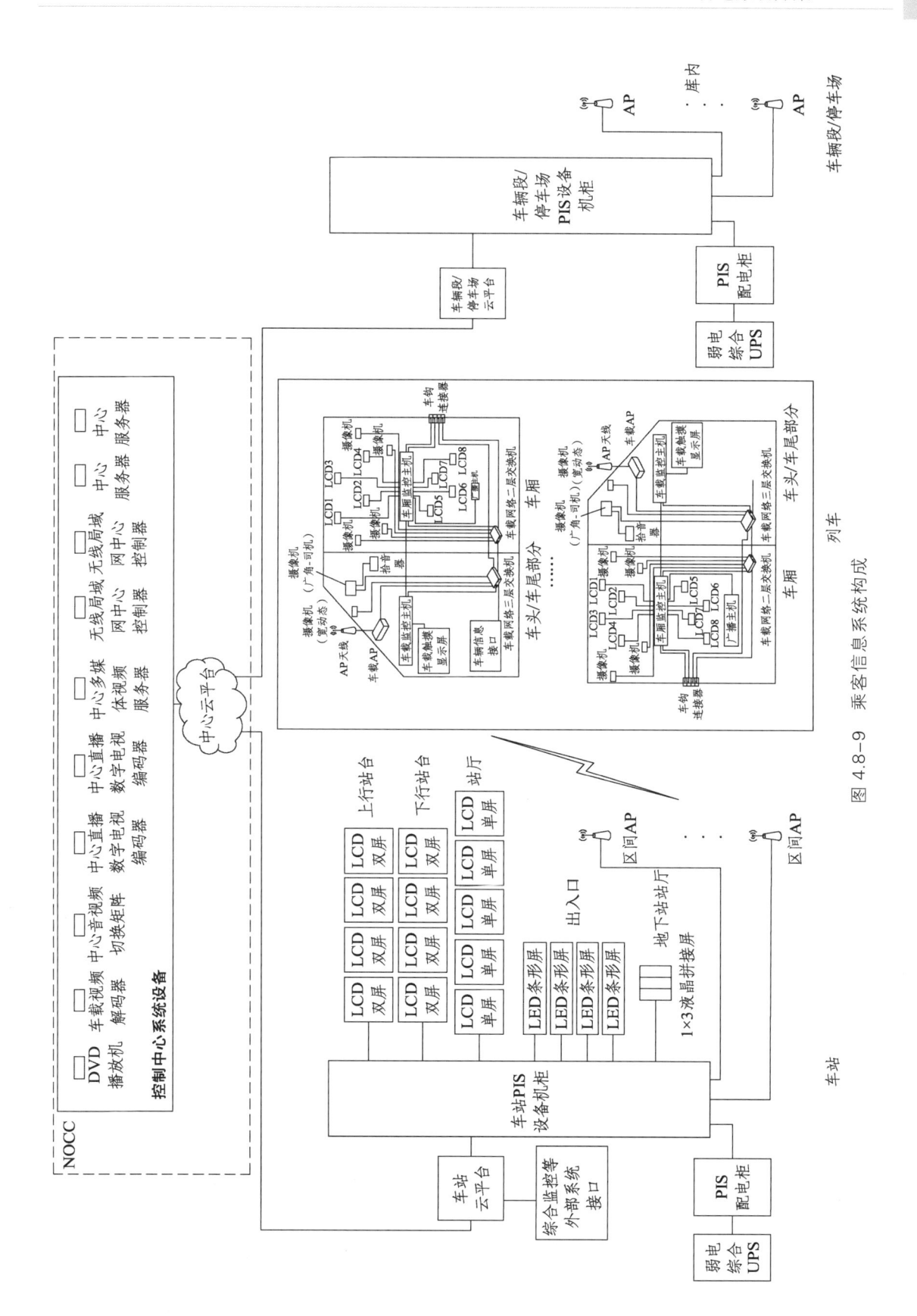

4.9 车辆基地方案

4.9.1 车辆基地方案概述

4.9.1.1 设计历程

1)第一阶段

从 2012 年 12 月到 2013 年 5 月,结合 6 号线要进行南延的建设规划,经过长达半年与规划部门的协调,为了更大程度地发挥长圳地块的开发潜力,将长圳车辆段段型由贯通式调整为尽端式布置,如图 4.9-1 所示。2013 年 8 月,通过政府及专家评审。这一时期由 PPP 项目建设主体香港地铁公司主导设计标准。

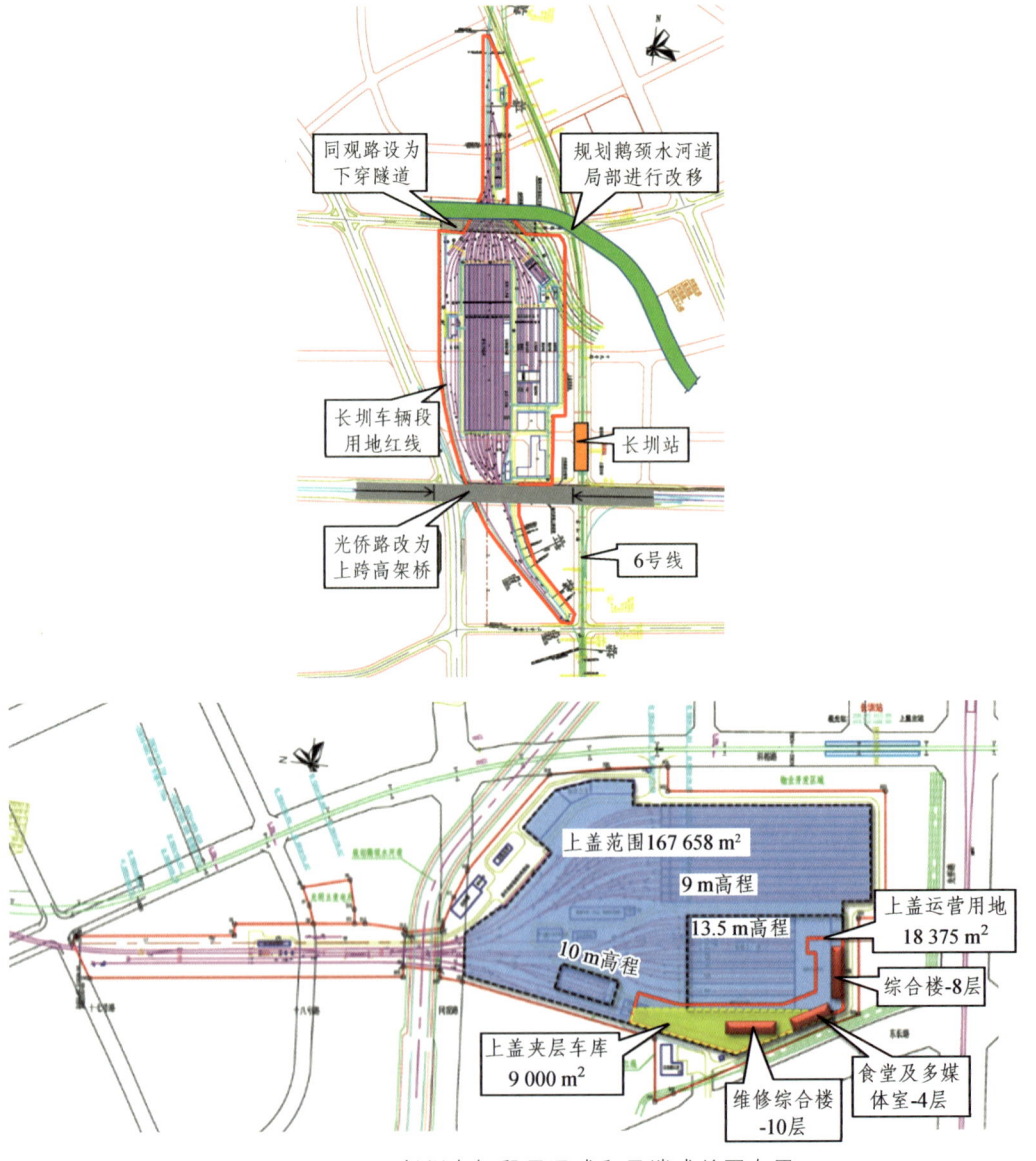

图 4.9-1 长圳车辆段贯通式和尽端式总图布局

2）第二阶段

2015 年 3 月份港铁退出项目管理，由深圳地铁集团作为建设运营主体单位，全面开展 6 号线一期工程建设管理工作，车辆段部分设计标准由港铁标准变更为深圳地铁标准。

主要变化内容有：库内由三轨供电改为接触网供电（车辆配置蓄电池）；将列检线线间距由 2.0 m 缩减至 1.6 m，突破了国标，压缩库房宽度为 8 m，节约了宝贵的土地资源。但是，仍保留了部分与深圳地铁集团传统不同的港铁标准：布置进线洗车设备和不设置喷漆库等。

3）第三阶段

长圳车辆段场坪工程的施工图于 2015 年年底完成，车辆段主体工程的施工图于 2016 年 9 月月底完成。

4.9.1.2 本线车辆基地的布局和功能定位

根据《深圳市城市轨道交通近期建设规划（2011—2016）》，6 号线设置线网型 A 型车大架修基地，承担 6、10（现 12 号线）号线车辆的大架修任务，在 6 号线松岗站设置 6/10（现 12 号线）号线联络线。初设修编将 6 号线车辆段定位为 6 号线和 13 号线车辆的大架修基地，但 6/13 联络线设置在 6 号线上屋北站，因上屋北站为高架站，设置该联络线拆迁代价太大，取消 6、13 号线联络线设置。因此，长圳车辆段只承担 6 号线本线车辆大架修任务。

长圳车辆段与综合基地由车辆段、综合维修中心、物资总库组成，是深圳地铁 6 号线列车运用、停放、检修基地，同时承担了 6 号线支线（B 型车 6 辆编组）列车初期停放和检修任务。其承担的任务范围如下：

（1）承担本线车辆的大修及架修任务。
（2）承担车辆段配属列车的乘务、停放、列车技术检查和洗刷清扫等日常维修和保养任务。
（3）承担本线列车的定修和临修任务。
（4）承担车辆段配属列车的三月检及双周检任务。
（5）承担本线列车运行中出现事故时的救援工作。
（6）负责全线的材料供应和段内设备机具的维修及调车机车的日常维修工作。
（7）承担本线工建、机电、供电、通信、信号等系统设备的维修和养护任务。
（8）承担了 6 号线支线（B 型车 6 辆编组）列车初期停放和检修任务。
（9）承担了 6 号线支线正线救援以及正线各系统设备的维修和养护任务。

4.9.1.3 本线车辆检修工作量及设计规模

1）配属车辆数量

配属车辆数量见表 4.9-1。

表 4.9-1 配属车辆数量

项目	初期	近期	远期
运用车/（列/辆）	28/168	38/228	49/294
备用车/（列/辆）	4/24	4/24	4/24
检修车/（列/辆）	4/24	6/36	8/48
配属车/（列/辆）	36/216	48/288	61/366

2）检修任务量及设计规模

（1）检修任务量见表 4.9-2。

表 4.9-2　检修任务量

修　程	初期	近期	远期
年列车走行公里/万列公里	468.70	611.47	808.11
大修/（列/年）	—	5.10	6.73
架修/（列/年）	—	5.10	6.73
定修/（列/年）	31.25	30.57	40.41
三月检/（列/年）	124.99	163.06	215.50
双周检/（列/年）	781.17	1019.12	1346.85

（2）检修台位数量见表 4.9-3。

表 4.9-3　检修台位数量

修　程	初期	近期	远期
大修/列位	—	0.67	0.89
架修/列位	—	0.40	0.53
定修/列位	0.90	0.88	1.16
三月检/列位	1.20	1.57	2.07
双周检/列位	1.87	2.45	3.23

（3）6 号线大架修任务量见表 4.9-4。

表 4.9-4　6 号线车辆大架修任务量

项　目	6 号线	6 号线南延、西延	合计
大修规模/列位	0.89	0.45	1.53
架修规模/列位	0.53	0.27	0.91
合计/列位	1.42	0.72	2.44

注：①6 号线南延长度为 12.2 km。②施工图设计时，计算考虑 6 号线西延 6 km，但根据最新规划，6 号线不再西延。

（4）车辆段设计规模见表 4.9-5。

表 4.9-5　6 号线车辆段设计规模

修　程	长圳车辆段
大架修/列位	3
定修/列位	2
临修/列位	1
（双周/三月检）/列位	5
停车列检/列位	46

因 6 号线首期段和 6 号线二期开通时序基本一致，将长圳车辆段远期预留的 8 列位设置到 6 号线南延段的民乐停车场（晚 6 个月开通），车辆段停车列检列位由 54 列位调整为 46 列位，见表 4.9-6。这样更有利于车辆基地综合开发。

表 4.9-6　长圳车辆段主要技术经济指标

序号	项　目		数　量		
1	编组辆数/辆		6		
2	设计规模	年份	初期	近期	远期
		（停车/列检）/列位	46	46	46
		（双周/三月检）/列位	5	5	5
		定修/列位	2	2	2
		临修/列位	1	1	1
		（大修/架修）/列位	3	3	3
3	土石方	填方/m³	583512		
		挖方/m³	295558		
		清表（淤）/m³	122070		
		合计	1001140		
5	轨道	铺轨/km	20.214		
6	征地面积/hm²		24.61（其中厂区用地面积为 23.61）		
7	新建房屋面积/m²		235900		
8	拆迁房屋/m²		20256		

4.9.1.4　长圳车辆段选址

长圳车辆段选址位于规划科裕路以西、规划同观路以南、东长路以东、光侨路以北的围合地块。该地块现状以可建设用地为主，有一处平均 5 m 宽的明渠穿过地块西侧。地块内有一处民办学校和少量平房须拆迁。同时，规划同观路和十九号路横穿地块，且东北侧有规划的鹅颈水河道，如图 4.9-2 所示。

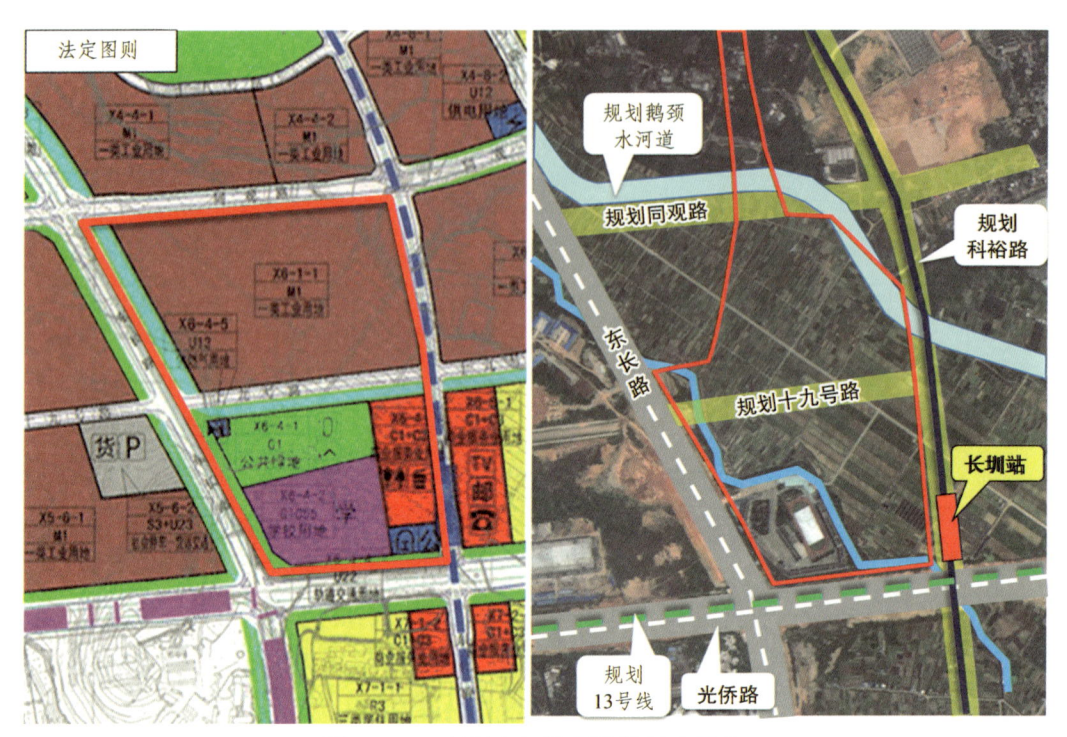

图 4.9-2　长圳车辆段用地规划及现状

4.9.2　总平面布置方案

长圳车辆段以运用库和检修主厂房为主体进行总平面布置。运用库采用南北尽端式布置在车辆段的东部，检修主厂房与运用库呈并列式布置在运用库西侧，其北端为入库端。调机及工程车库设于检修主厂房和运用库咽喉岔区之间，紧挨材料堆场。洗车线采用咽喉区八字线通过式布置，洗车机库设于出入段线东侧。镟轮间和试车间合设于检修主厂房咽喉区西侧。轮对踏面检测棚设于出段线上。试车线设于车辆段最西侧，长约 995 m，试车最高速度约为 73 km/h，列车最高速度 100 km/h 的试车作业需上正线进行。在调机及工程车库西侧设待修线 1 条，为相邻线大架修车辆检修预留。

厂前区位于运用库和检修主厂房以南的地块，东侧紧邻规划东红路和 6 号线长圳站，西侧紧邻东长路。厂前区分为物资总库、综合楼、维修综合楼，车辆段办公房屋、乘务员公寓、食堂浴室、部分综合维修用房等集中设置于综合楼内。物资总库设于检修主厂房南侧。牵引降压混合变电所、污水处理站和压缩空气站设于检修主厂房西侧。危险品库设在车辆段最北端。新车装卸场设于危险品库西侧。公安派出所单独设于试车线西侧。段内道路呈环状布置，在东红路上设置一个车行出入口，在光侨路上设置一个车行出入口。在东长路上设置两个车行出入口，一个出入口通向段内公安派出所，另一个出入口通向物资总库。该方案工艺流程顺畅，布局紧凑合理，车辆段总用地面积 28.36 hm^2，其中厂区用地面积为 28.04 hm^2。段址内拆迁面积约为 20256 m^2，车辆段收容能力为 66.5 列，用地面积指标为 703 m^2/辆。总平面布置图如图 4.9-3 所示。

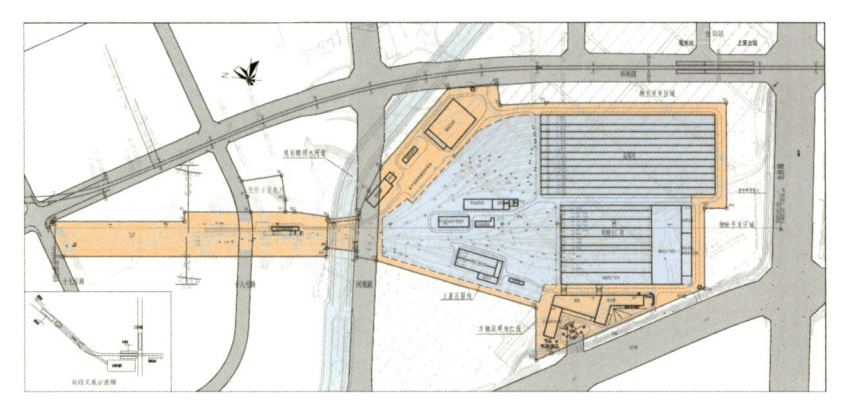

图 4.9-3　车辆段总平面布置图

4.9.3　厂房组合及主要建筑

4.9.3.1　停车列检库

停车列检库位于车辆段的中东部，长 312 m，宽 138.8 m，建筑高度为 9.3 m，总建筑面积 43381.9 m²，停车能力为 46 列位，功能主要为列车停放及日常检修作业。不同于正线接触轨供电，停车线和列检线采用接触网供电，每股道可停放列车 2 列，如图 4.9-4、图 4.9-5 所示。

4.9.3.2　检修库

检修主厂房位于车辆段的中部，长 234 m，宽 137.5 m，建筑高度为 13.8 m，总建筑面积 34952 m²，由大/架修库、临修库、定修静调双周三月检库、吹扫库，以及空调机组间、受流器间、车钩缓冲器间、门窗间、空压机间、制动机检修试验间、电气检修试验区、电器电子试验间、车辆电子板件存放间、材料间、构架检修间、电机试验间、备品间、轴承间、设备车间及运转办公楼等构成。

大修/架修库长 177 m、宽 38.5 m，库内设 3 条大/架修线，均按 6 辆编组列车 1 列位考虑。车库设 10 t 桥式起重机 2 台，以满足吊运转向架和其他部件的需要，每条股道均设 3 辆 1 编组单元整体式地下架车机 1 组，分单元承担车辆的架落车作业。

临修库长 177 m、宽 9 m，库内设 2t 桥式起重机 2 台。股道两侧设车顶作业平台。

2 条定修线均设柱式检查坑，股道两侧设车顶作业平台，股道中间设中间作业平台。

静调线上设有柱式检查坑，股道一侧设有双层作业平台，靠近定修线一侧设有车顶作业平台。

5 条双周/三月检线均在股道间设置双层作业平台，股道两侧设中间作业平台。

吹扫库长 177 m、宽 9 m，吹扫线上设有柱式检查坑，股道两侧设有中间作业平台。

转向架及轮对间长 116.5 m、宽 21 m，考虑转向架、轮对及轴承的检修。

大架修库与转向架及轮对间西侧的辅助车间长 234.75 m、宽 21 m，内设有空调机组间、受流器间、车钩缓冲器间、门窗间、空压机间、制动机检修试验间、电气检修试验区、电器电子试验间、车辆电子板件存放间、材料间。

转向架及轮对间南侧设有车间备品间和电机试验间。

在整个检修库东南角设有运转办公楼。

检修库平面图和剖面图如图 4.9-6、图 4.9-7 所示。

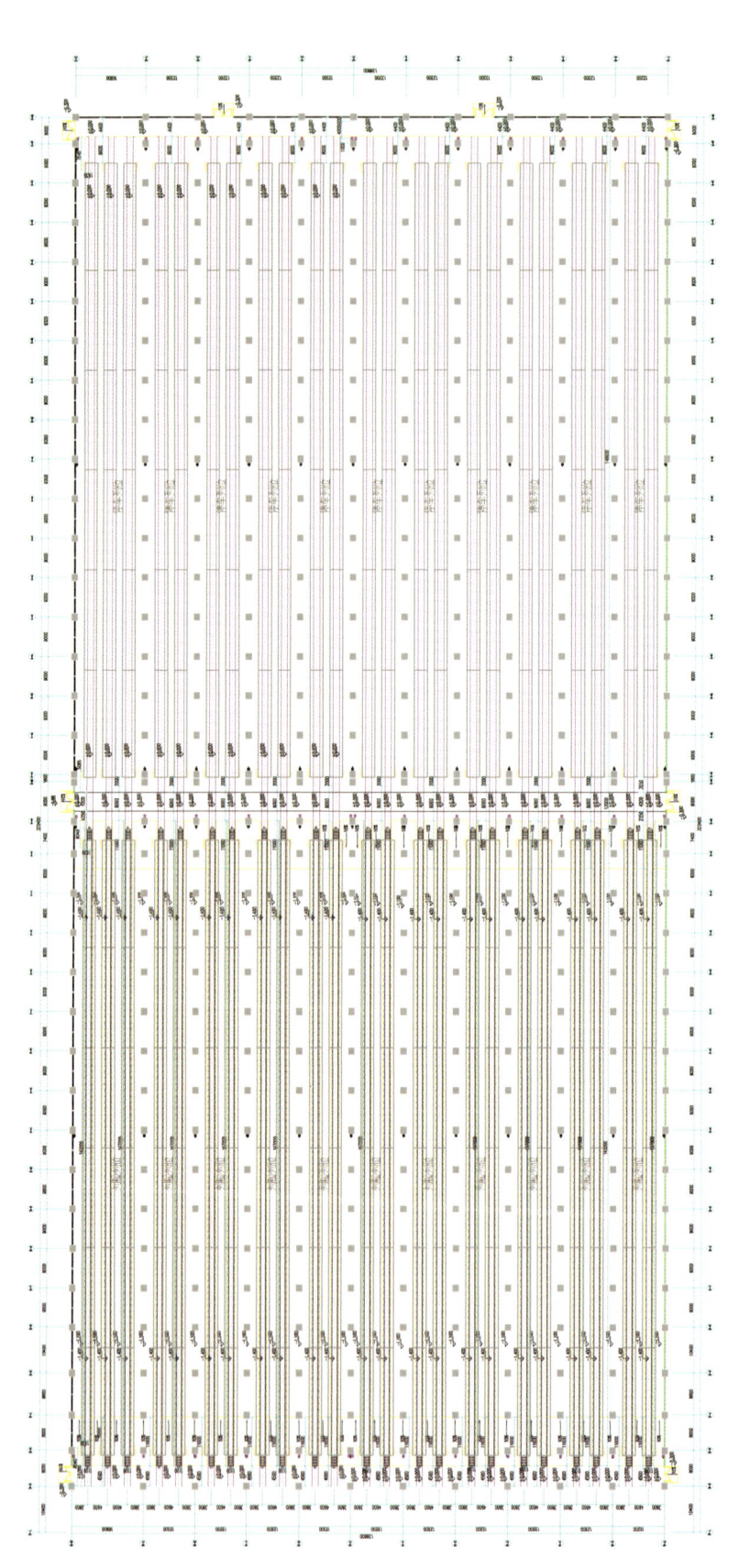

图 4.9-4 停车列检库平面图（单位：mm）

4.9 车辆基地方案　179

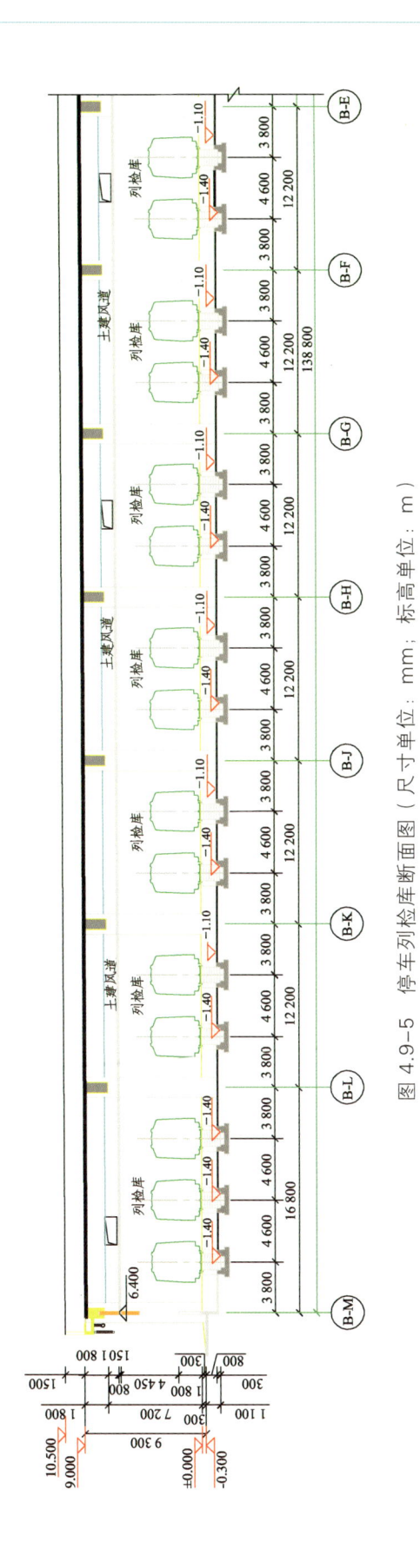

图 4.9-5　停车列检库断面图（尺寸单位：mm；标高单位：m）

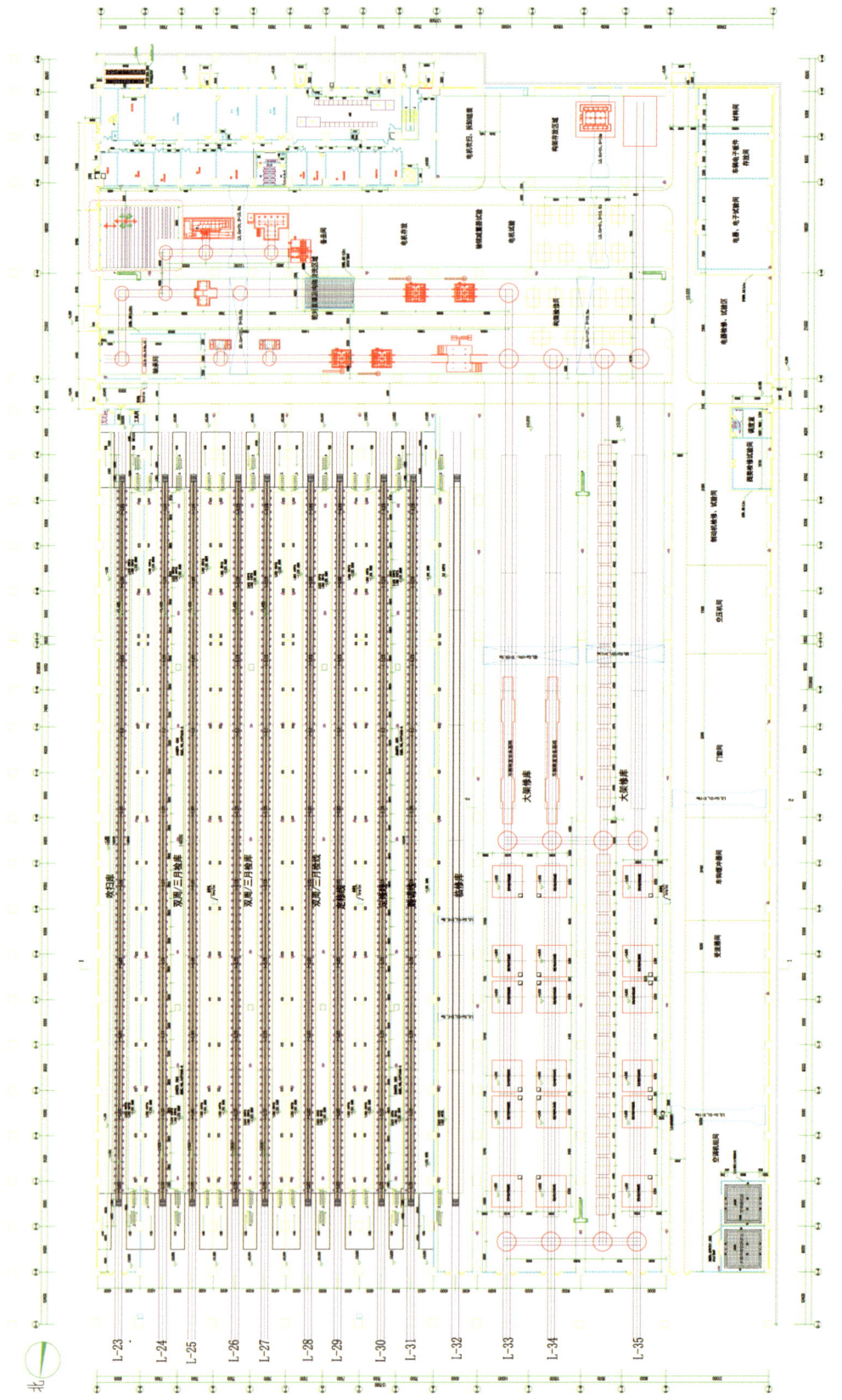

图 4.9-6　检修库平面图（单位：mm）

4.9 车辆基地方案 181

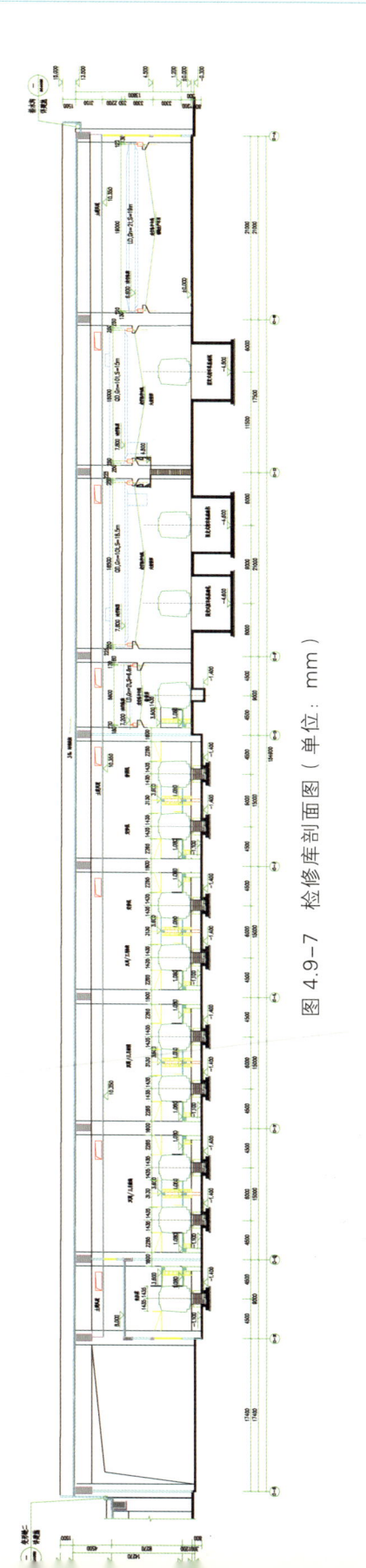

图 4.9-7 检修库剖面图（单位：mm）

4.9.3.3 其他房屋

调机及工程车库设于检修主厂房咽喉区西侧,与镟轮间合设。洗车机直接设置在出入段线上。试车间设于检修主厂房咽喉区西侧,位于镟轮间南侧。运用库及检修主厂房的咽喉区之间空地设有供电车间、压缩空气站、污水处理站及牵引降压混合变电所。试车线设于车辆段最西侧,长约 980 m,试车最高速度约为 73 km/h,列车最高速度为 100 km/h 的试车作业需上正线进行。综合楼及员工公寓设于整个车辆段西侧,紧邻东长路,车辆段办公房屋、乘务员公寓、食堂浴室、部分综合维修用房等集中设置于综合楼内。物资总库、蓄电池间、易燃品库及机加工间设于运用库咽喉区与鹅颈水河道包夹区域,位于整个车辆段的东侧,沿东南向西北方向按前述顺序布置。新车装卸场设于此区域西侧。

4.9.4 主要工艺设备

长圳车辆段及综合基地关键设备主要有洗车机、不落轮镟床、地下整体式固定式架车机、调机及工程车等大型专用设备。

4.9.4.1 洗车机

洗车机是清洗吹扫类设备中的大型关键设备,用于保证车辆日常运营过程中保持良好的清洁状态,如图 4.9-8 所示。设备选型要求工位合理、流程简洁、洗车效果良好、水循环利用率高等。洗车机在国内地铁车辆段使用广泛,效果良好,产品成熟,可选用知名厂商的成熟产品。

4.9.4.2 不落轮镟床

不落轮镟床是保证车辆安全运行的必需设备,用于消除车辆走行部日常运行过程中发生的擦伤、偏磨等不良现象,保证同一轴轮对和同一转向架轮对的轮径尺寸保持在严格的公差范围内,如图 4.9-9 所示。目前,普通不落轮镟床工作效率,在每次镟两刀(全轮廓镟削)的情况下,每班(8 h 工作制)加工量约为 12 条轮对,1 列 6 辆编组列车有 24 条轮对,需要 2 班工作。地铁 6 号线线路全长约 37 km,远期配属车辆达到 61 列,1 台普通不落轮镟床可以满足日常镟轮需求。

图 4.9-8　洗车机　　　　　　图 4.9-9　不落轮镟床

4.9.4.3 地下整体式固定式架车机

固定式架车机是在车辆检修时为方便拆装转向架及车底设备的架落车设备,如图 4.9-10

所示。该设备需要承受较大的荷载,并需具备同步起升功能,技术含量高,构成复杂,制造精度要求很高,属于涉及检修作业安全的关键设备,现国产架车机技术已很成熟,在很多车辆段都已经应用,6号线最终采用国产设备。

图 4.9-10　地下整体式固定式架车机

4.9.4.4　调机及工程车

调机是用于车辆基地内车辆牵引以及其他运输、维修方面需要的设备,如图 4.9-11 所示。工程车是为工务、电务、工程、救援等部门配备的配套设备,其各项功能应满足建筑、线路及供电设备施工维修、列车救援时的牵引作业和调车动力设备,以及人员、施工物料、器材的专用车辆运输作业要求等。为满足运营维护需求和环保要求,设计全部采用电力蓄电池机车。

4.9.4.5　钢轨铣磨车

深圳地铁线网暂无钢轨铣磨车。目前,深圳地铁一、二期工程已配备 2 组钢轨打磨车 [1号线 1 组 20 磨头(2 辆)的钢轨打磨车,5 号线 1 组 16 磨头(2 辆)的钢轨打磨车],三期工程的 9 号线配置了一组 20 磨头钢轨打磨车。

图 4.9-11　调机及工程车

相比钢轨打磨车，钢轨铣磨车具有效率高、无火花、无粉尘污染等优势，如图 4.9-12 所示。经深圳地铁集团研究决定，取消深圳地铁 6、10 号线钢轨打磨车，在 6 号线配置 1 台电动钢轨铣磨车，用于深圳地铁线网共享。

图 4.9–12　钢轨铣磨车

4.9.5　站场路基工程

4.9.5.1　站场线路

（1）出入段线：出入段线最小曲线半径为 250 m；最大坡度为 35‰。两条出、入段线分别从观光站站前左右正线接出，与正线并行约 700 m 后，下穿左正线，以 26.2‰和 26.09‰的下坡进入车辆段，为高架桥梁敷设方式。出段线最小曲线半径为 600 m，线路长约为 1226.923 m，最大纵坡为 30.337‰；入段线最小曲线半径为 605 m，线路长度约为 1272.584 m，最大纵坡为 30.184‰。

（2）试车线：试车线在车辆段西侧设置，紧邻检修库，试车线有效长约 980 m。试车线尾部穿综合楼架空层，能满足 73 km/h 速度试车要求，最高速试车须在正线进行（长圳站—凤凰城站区间）。

（3）车场线：最小曲线半径为 150 m，轨顶高程为 23.336 m。车场线一般设计为平坡，困难时库外线路可设在不大于 1.5‰的坡道上。

4.9.5.2　路基土石方及地基加固工程

1）土石方

车辆段平基土石方在场地清表后需进行冲击碾压方可进行土方填筑，具体冲击碾压范围为：改移鹅颈水河道北侧为边沟（S1、S2，含边沟平台）以内，改移鹅颈水南侧地段为路肩线以内。

（1）填方地段：上盖外股道区（最外侧股道外侧 4 m 范围内）的路基表层 0.5 m 内填筑改良封闭土或非渗水性封闭土（A、B 组），上盖内股道区的路基表层 0.5 m 内填筑封闭土（A、

B、C 组），非股道区路基表层填筑 A、B、C 组填料；路基表层 0.5 m 以下填 A、B、C 组填料。填方地段的原地面表层主要是种植土、素填土、杂填土和淤泥等，本次设计考虑清除表层厚 0.5 m。

（2）挖方地段：股道区的路基表层采用 0.35 m 厚改良封闭土+0.15 m 厚中粗砂夹复合土工膜，当路基面附近有软土时，还需在路基面表层下铺土工格栅+0.2 m 厚碎石垫层；路基底层 1.5 m 厚度内不满足规范要求时，换填 A、B、C 组填料。

车辆段土石方填筑采用分层填筑，分层碾压夯实，并分层做压实度检测，压实度、粒径和填料组别应满足压实标准要求。填料分类按《铁路路基设计规范》（TB 10001—2005 及 2009 年局部修订）执行，填料压实标准要求详见《地铁设计规范》（GB 50157—2013）相关规定。

2）地基加固

（1）DK0+027.331~DK0+290，长 262.669 m；DK0+365~DK0+460，长 95 m；两侧人工弃土高边坡采用强夯预加固。强夯加固范围见平面布置图，加固区分为Ⅰ区和Ⅱ区，先进行Ⅰ区加固，开挖土层土体后再进行Ⅱ区加固。

（2）出入段线 L43、L44 股道基线里程 DK0+27.331~+50 长 22.669 m、洗车线 L47 股道基线里程 DK0+362.4~447.4 长 85.0 m 为普通整体道床及过渡段，道床基底按地基加固平面布置图所示范围采用国标图集《预应力混凝土管桩》（10G409）PHC-500-AB-100 AB 型预应力高强混凝土管桩加固，管桩外径为 500 mm，壁厚为 100 mm，混凝土强度等级为 C80，十字形桩尖。出入段线及洗车线过渡段部分桩顶设置直径为 1.0 m 的桩帽，桩帽采用 C40 钢筋混凝土现浇。

（3）DK0+358~DK0+420 咽喉区，长 62 m，基底采用水泥土搅拌桩加固。桩直径为 50 cm，桩按正三角形布置，桩间距为 1.1~1.2 m。桩长 7~11 m，加固深度穿透软弱土层，进入持力层不小于 2.0 m。

3）路基支挡

DK0+027.331（RDK0+982.416）~DK0+220 右侧，长 192.669 m，进站端 L44 和 L45 股道之间设置 L 形挡墙，如图 4.9-13 所示。起点墙高为 6 m，终点墙高为 2 m，最大墙高为 6 m，墙身采用 C40 钢筋混凝土现场浇筑。DK0+220~DK0+230 顺接尺寸为 1 m×0.5 m 的 C40 混凝土护肩。

4.9.5.3　站场道路及排水

1）道路

车辆段通段道路分别从科裕路（次入口）及东长路（主入口）引入，共 2 个出入口。车辆段通段道路与既有道路连接时，路面高程与既有路设计路面高程可在 3 m 范围内顺接。在通段道路正式实施之前，先以临时道路与既有道路连接，待主体工程基本完成后再铺设沥青混凝土路面与之相连通。检修主厂房及停车列检库周边道路设计路面高程为 21.87 m，车辆段道路设计路面横坡采用 2%。车辆段通段道路考虑运营和消防的要求，主出入口（东长路）采用 10.0 m 宽度（路面采用沥青混凝土路面），次出入口（科裕路）采用 10.0 m 宽度（路面采用沥青混凝土路面），净空不低于 4.5 m。

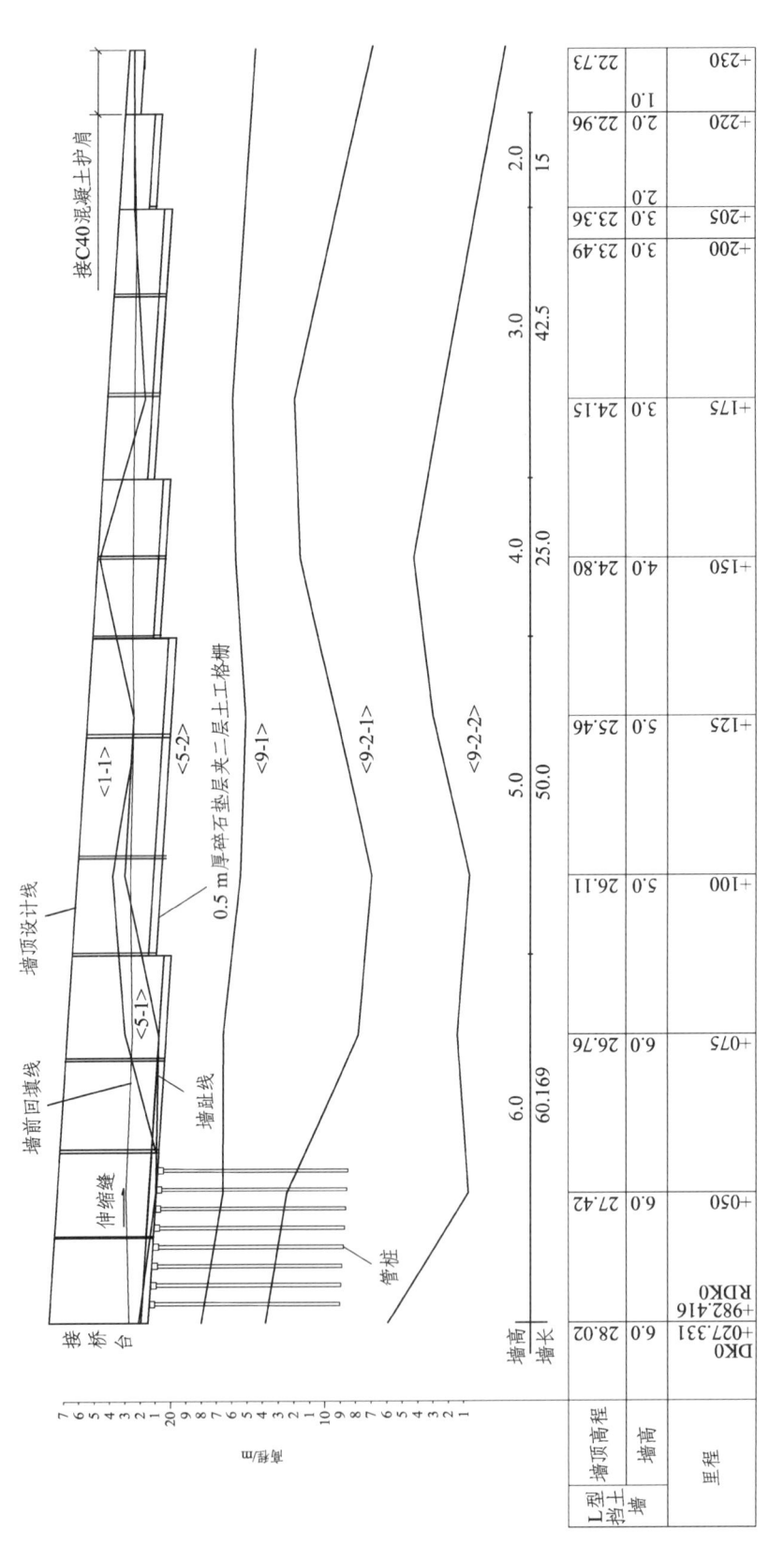

186 第 4 章 主要技术标准与工程方案

图 4.9-13 长圳车辆段 L 形挡墙纵断面图（单位：m）

车辆段道路与铁路线路平面交叉时设置为平过道。平过道两侧路面标准不应低于相邻道路路面标准,并应在平过道之前设置限高为 4.5 m 的警示牌。

(1)路面材料采用沥青混凝土,选用 70 号沥青,道路施工应严格按《公路沥青路面施工技术规范》办理。设计荷载采用公路-Ⅱ级。

(2)段内设有主干道和一般道路,主干道路面宽度为 7.0 m,设 2.0%双向或者单向横坡;一般道路宽度为 4.0 m,设 2.0%单向横坡。

(3)采用排水管道排水的道路边缘均设立缘石;采用排水槽排水的道路路边设平面石,详细设计见《沥青路面典型断面图》中《路缘石大样图》及国家建筑标准设计图库 GBTK2006-H 型路缘石(8),图集号为 05MR404。道路与场坪高差较大且不便设路缘石时,设 0.5 m 宽 C25 混凝土脚墙,以保护路面结构。

(4)段内道路纵断面尽量采用平坡,尽可能避免因道路的起伏而与路旁电缆沟壁形成交错起伏的现象,影响景观。

(5)为了满足大型设备运输和消防车通行的要求,对主要道路平面最小曲线半径采用 12 m。考虑到大型设备的运输频率很低,在道路结构强度上不作改变,道路结构按照站场Ⅱ级道路设计,采用 12cm 厚的沥青混凝土面层、36cm 厚的水泥稳定碎石基层,并设平面石及路缘石。

2)排水

(1)停车列检库及其咽喉区的上盖雨水(除靠南侧的部分上盖雨水、停车列检库东侧的排洪沟汇水)、东侧的路面雨水、东北侧的新车装卸场及物资总库等上盖范围外的雨水均以排洪沟、排水槽及排水管方式排往鹅颈水河。

(2)停车列检库靠南侧的部分上盖雨水和检修主厂房的上盖雨水、车辆段南侧路面雨水、检修主厂房西侧的三角地块的雨水均以排洪沟、排水管方式排往改移明渠。

(3)检修主厂房咽喉区和停车列检库及其咽喉区、试车线和镞轮线的上盖雨水均以排洪沟的方式排往鹅颈水内。

(4)根据车辆段生产性质及要求,确定采用排水沟、排水管、纵横向排水槽相结合的排水系统。股道区设渣底式纵向排水槽,段内主干道一侧设排水管或者公路排水槽,经汇集后集中排入鹅颈水河。

(5)纵向排水槽坡度不小于 2‰,横向排水槽坡度不小于 5‰;排水管坡度不小于 3‰。

(6)为了方便地表水的汇集及环境美观,除了穿越股道的横向排水槽采用钢筋混凝土盖板(设计荷载采用中-活载)外,公路排水槽采用钢铬盖板(承重型,设计荷载采用汽-20、挂-100 级),纵向排水槽采用钢铬盖板(设计荷载采用 0.02 MPa)。

4.9.5.4 桥涵

1)车场线桥

本桥采用(23.5+23.5)m 预应力混凝土 T 构梁,梁端平行于鹅颈水河道中心线布置。梁部为实心变宽箱梁,箱梁顶宽从 17.5 m 变到 28.8 m,箱梁底宽从 15.8 m 变到 27.1 m,梁高为 1.4 m,支座处梁高为 1.8 m。轨面到梁顶高为 0.62 m。本桥桥墩采用圆端形桥墩,桥墩边缘线与设计河道中心线平行,圆端半径为 900 mm。桥墩台桩基均按钻(冲)孔柱桩设计,直径为 1 m。

2）试车线桥

本桥采用（23.5+23.5）m 预应力混凝土 T 构梁，梁端平行于鹅颈水河道中心线布置。梁部为实心箱梁，梁体曲梁曲做。箱梁顶宽为 4.9 m，梁高为 1.4 m，支座处梁高为 1.8 m。轨面到梁顶高为 0.85 m。桥墩采用圆端形桥墩，桥墩边缘线与设计河道中心线平行，圆端半径为 1500 mm。

3）场内道路桥

本桥采用（23.5+23.5）m 预应力混凝土 T 构梁，梁体与鹅颈水河斜交。梁部为实心板梁，箱梁顶宽为 8.2 m，梁底宽为 5.2 m，梁高为 1.4 m，支座处梁高为 1.8 m。桥墩采用圆端形桥墩，桥墩轴线与设计河道中心线平行，圆端半径为 890 mm。

长圳车辆段桥址平面图如图 4.9-14 所示。

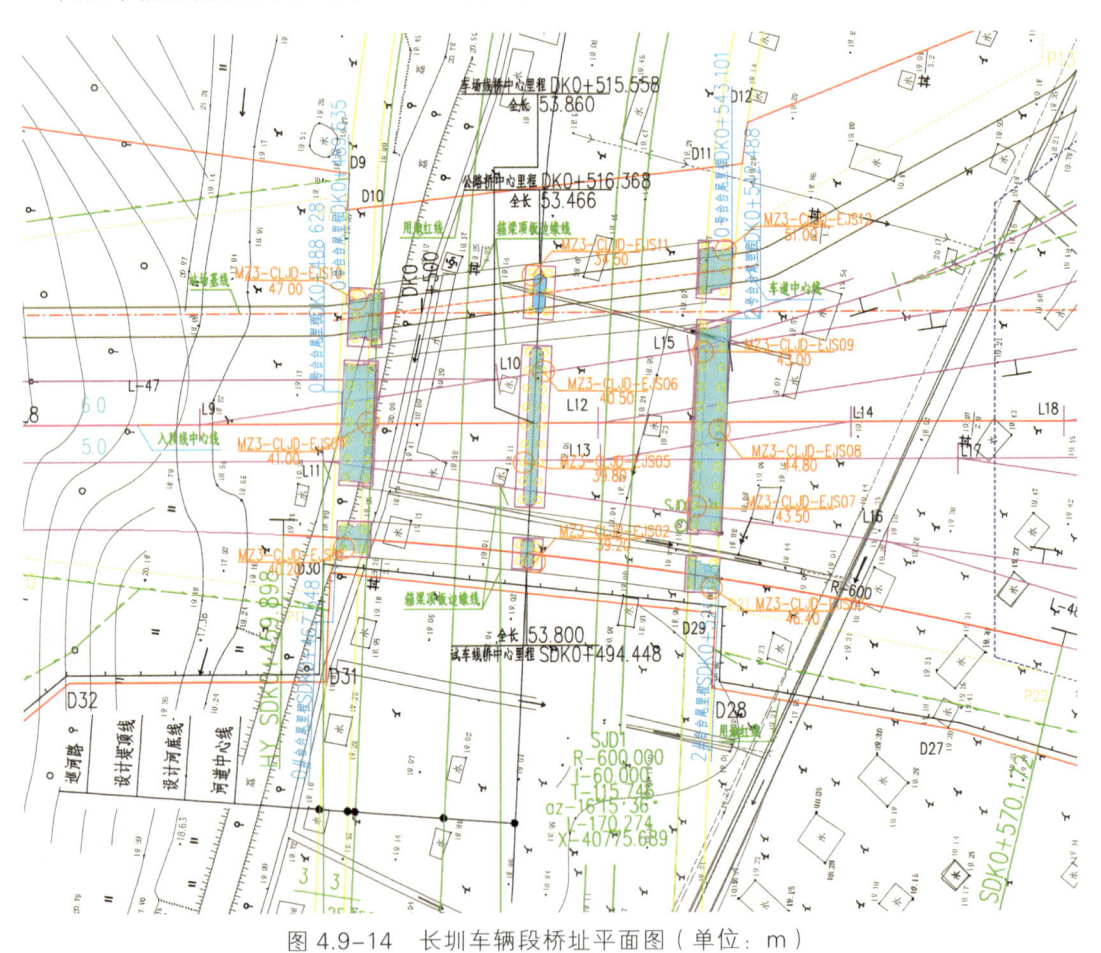

图 4.9-14　长圳车辆段桥址平面图（单位：m）

4.9.6　房屋建筑工程

4.9.6.1　房屋建筑工程概述

长圳车辆段位于科裕路以西、同观路以南、东长路以东及光侨路以北的合围地块，定位为车辆大架修段，承担地铁 6 号线车辆的大修及架修、定修任务，承担车辆段停放、整备、运用、检修以及各种运营设备保养维修并承担物资保障等任务。南北长约 1280 m，东西宽约 240 m，占地 24.61 hm²，建筑面积 23.59 hm²。长圳车辆段共包含 16 栋单体建筑，其中 14 栋为厂房建筑，如检修主厂房、停车列检库、物资总库等，2 栋为厂前区建筑，主要为综合楼、公安派出所及员工公寓。其中，综合楼高 25 层、员工公寓高 15 层，配套一层地下车库，共设置员工宿舍 585 间，可容纳约 1500 名员工入住。

车辆段采用停车列检库和检修库尽端并列式布置，盖下为车辆段厂库房及轨行区，设置 46 列位，其中检修库设置 10 条股道，停车库设置 23 条股道，列车供电形式主要采用接触网供电，其总平面图如图 4.9-15 所示。盖上为预留物业开发，计划住宅面积 42.7 hm²，商业面积 6 hm²。车辆段共设置两处出入口，主入口与东长路连接，次出入口与科裕路连接，场内道路呈环状布置，能够满足生产、生活和消防要求。

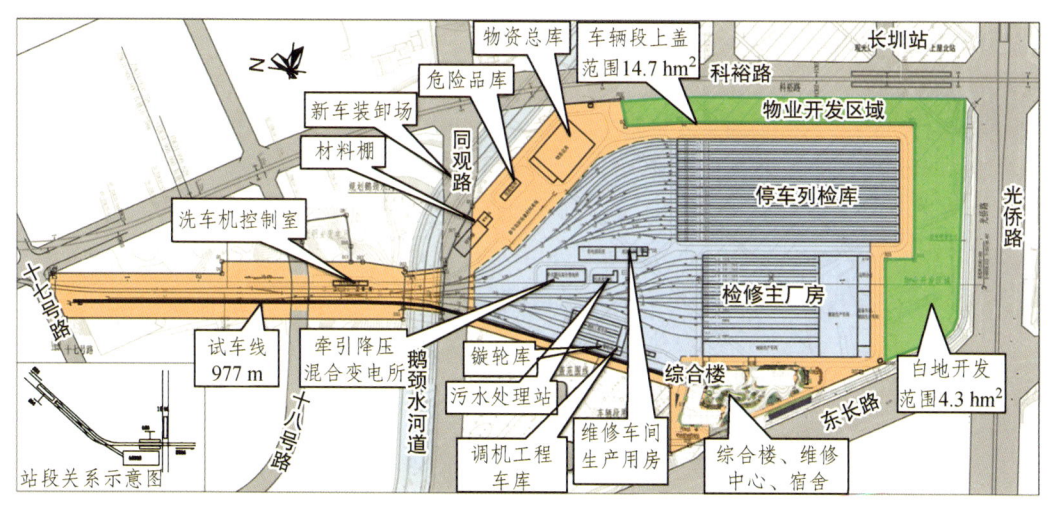

图 4.9-15 长圳车辆段总平面图

4.9.6.2 建筑设计

1）设计年限

车辆段设计年限为 50 年，结构抗震烈度为 7 度。物业开发工程设计等级为一级，建筑（上盖转换层）设计年限为 100 年，结构抗震烈度为 7 度。

2）主要设计原则

车辆段用地范围按远期规模预留，其站场股道、房屋建筑和机电设备按近期需要实施。车辆段房屋布置应符合城市规划要求，并结合生产工艺的需要统筹规划，力求布局紧凑、联系方便、路线短捷。房屋建筑在满足车辆段使用功能的前提下尽量合建。通过腾挪部分停车列位规模至二期民乐停车场，新增面积 4.3 hm² 左右的净地供物业开发。房屋建筑的形体处理应考虑深圳地区的地理环境、气候特点、当地的建筑风格及建筑的使用性质来确定其造型处理，要体现当代建筑的特色，办公房屋和生活服务类用房在建筑造型上注重新颖活泼、简洁明快、具有时代感并与周围的环境相协调。车辆段所有建筑均应符合有关国家规范及深圳市地方规范规定。车辆段的布置应满足消防及疏散的要求。

3）场地标高及建筑高度

长圳车辆段除综合楼、公安派出所及员工宿舍、洗车机棚及控制室、易燃品库、物资总库、机加工间、蓄电池间外，其余位置均预留了物业上盖条件。其中检修主厂房设一个物业上盖区域，顶盖相对标高为 13.5 m；停车列检库库、咽喉道岔区等设一个物业上盖区域，盖顶相对标高为 9 m。调机工程车库的库顶标高为 10 m。

长圳车辆段一般室外道路绝对高程为 21.87 m，站场轨面高程为 22.17 m，道路与局部场地标高根据站场要求设置。

4）主要房屋建筑布置

（1）门卫 A/B。

两个门卫室分别位于车辆段的东侧、西侧的出入口处，长为 6.8 m，宽为 2.7 m，建筑高度为 3.17 m，每栋建筑面积为 20 m²。

（2）停车列检库。

停车列检库位于车辆段的中东部；长为 312 m，宽为 138.8 m，建筑高度为 9.3 m，总建筑面积为 43381.9 m²；火灾危险性类别为戊类，建筑耐火等级为一级；平面主要根据工艺要求布置，功能主要为列车停放及检修作业。

（3）检修主厂房。

检修主厂房位于车辆段的中部；长为 234 m，宽为 137.5 m，建筑高度为 13.8 m，总建筑面积 34952 m²；火灾危险性类别为丁类，建筑耐火等级为一级；平面主要根据工艺要求布置。

（4）综合楼。

综合楼用地位于长圳车辆段西侧，西临东长路，东侧为上盖盖体，如图 4.9-16 所示。综合楼共 25 层，层高地下室为 5.35 m，一层为 5.1 m，二层为 4.2 m，三层为 4.2 m，其余均为 3.9 m，建筑高度为 99.75 m，总建筑面积为 34432 m²；功能为车辆段办公。其中：1 层为消防设备室及入口大厅，2 层为运营办公用房，3 层为信号设备室，4 层为通号中心用房，5~6 层为客运分公司办公用房，7~8 层为维修中心办公用房，9~11 层为车辆中心办公用房，12~15 为扩展配置及车辆段各单位办公会议室，16~25 层为预留办公用房。

图 4.9-16 长圳车辆段综合楼实景照片

（5）公安派出所及员工宿舍。

公安派出所及员工公寓位于车辆段西侧，用地形状呈三角形，地块中部有镟轮线和试车线延伸进入；建筑共 15 层，总建筑面积为 40237 m²；为一类高层建筑，建筑耐火等级为一级。其中，1~2 层为公安派出所、物管、食堂、多功能厅，3~16 层为员工宿舍。

裙房：首层为各工区的工具间和厨房，二层设置餐厅及多功能厅，三层为活动平台。

根据《深圳市应建人防工程报建审核行政许可实施办法》的规定，综合楼地下一层按平时为设备用房和地下车库，战时为甲类人防地下室，平战结合的使用原则进行设计，人防设计面积为 1950 m²。平时停车数量为 182 辆，其余均为设备房；战时设 3 个抗力等级为核 6 级常 6 级的人员掩蔽所，防化等级为丙级，为二等人员掩蔽所，掩蔽人数为 5129 人，分 4 个抗爆单元。

（6）试车间。

试车间位于车辆段的西侧；长为 27 m，宽为 6 m，建筑高度为 4.5 m，总建筑面积为 112.8 m²；为丁类厂房，耐火等级为一级；平面根据相关专业提资要求布置。

（7）调机工程车库及镟轮间。

调机工程车库及镟轮间位于车辆段的西侧；长为 81 m，宽为 41 m，建筑高度为 10.3 m，总建筑面积为 3128.3 m²；火灾危险性类别为丁类，建筑耐火等级为一级；平面主要根据工艺要求布置。

（8）污水处理站。

污水处理站位于车辆段的中部；长为 36 m，宽为 18 m，建筑高度为 6.3 m，总建筑面积为 415.8 m²；火灾危险性类别为戊类，建筑耐火等级为一级；平面功能主要根据给排水专业及工艺专业要求布置。

（9）牵引降压混合变电所。

牵引降压混合变电所位于车辆段的中部；长为 45 m，宽为 18 m，建筑高度为 5.3 m，内设电缆夹层，总建筑面积为 1681.7 m²；火灾危险性为丁类，建筑耐火等级为一级；平面主要根据牵引供电要求布置。

（10）供电车间及压缩空气站。

供电车间及压缩空气站位于车辆段中部；建筑长为 72 m，宽为 18 m，建筑高度为 9.3 m，2 层，总建筑面积为 2300 m²；丁类厂房。

（11）物资总库。

物资总库位于车辆段东侧，盖外建筑；建筑长为 77.8 m，宽为 53.8 m，建筑高度为 12.3 m，总建筑面积为 5028.4 m²；火灾危险性类别为丙类仓库，建筑耐火等级为二级；平面主要根据工艺要求布置。

（12）蓄电池间。

蓄电池间位于车辆段的东部；建筑长为 18 m，宽为 15 m，建筑高度为 5.8 m，总建筑面积为 276.6 m²；火灾危险性类别为甲类厂房，建筑耐火等级为一级；平面主要根据工艺要求布置。

（13）易燃品库。

危险品库位于车辆段的东北部；长为 22.8 m，宽为 9 m，建筑高度为 4.2 m，总建筑面积为 222.99 m²；火灾危险性类别为甲类，建筑耐火等级为一级；离周边建筑边缘距离大于 25 m，离最近股道距离大于 30 m，离车辆段内主要道路的距离为 10 m，离车辆段外的道路距离大于 20 m；平面主要根据工艺要求布置。

（14）机加工间。

机加工间位于车辆段的东北部；建筑长为 28 m，宽为 27 m，建筑高度为 12.0 m，共 3 层，总建筑面积为 1568 m^2；火灾危险性类别为丁类，建筑耐火等级为二级；平面主要根据工艺要求布置。

（15）洗车机棚及控制室。

洗车机棚及控制室用地位于长圳车辆段北侧；长为 60 m，宽为 13.65 m，建筑高度为 8.4 m，总建筑面积为 936 m^2；火灾危险性类别为戊类，建筑耐火等级为二级；平面主要根据工艺要求布置。

5）建筑立面及造型

鉴于长圳车辆段建设位置位于光明区的中心地带，地理位置重要，北侧地块为规划城市公园，西侧为规划学校及既有东长路市政主干道，路对面为海纳中心办公区，南侧、东侧为物业开发用地，盖体需按城市建筑外立面进行设计；同时为落实市政府的最新要求，提出城市公共交通不能成为城市伤疤，应与城市的景观设计相呼应和统一，与深圳设计之都相匹配。因此，对盖体外立面进行了景观设计。

长圳车辆段上盖盖体装修根据其面向的地块性质不同，分为三个区段进行分别设计：

A 区：盖体外侧主要为车辆段新车装卸线、物资库等生产区房屋；考虑与整个场段颜色一致，整洁大方。

B 区：盖体外侧为物业开发白地；考虑整体的统一性，与后期物业色调衔接的一致性，美观整洁，不影响物业开发品质。

C 区：盖体外部主要为规划学校区域、城市干道东长路；考虑与综合楼的色调一致、城市景观的完整和延续，做到整体、大方、现代。

盖体外立面分区范围如图 4.9-17 所示。

本着经济美观和与后期物业具有相容性的原则，盖体的立面设计主要遵循以下几点：

（1）用色方面，经与物业开发方沟通，物业开发方建议用浅色系好搭配，颜色不宜过多，整体大气。

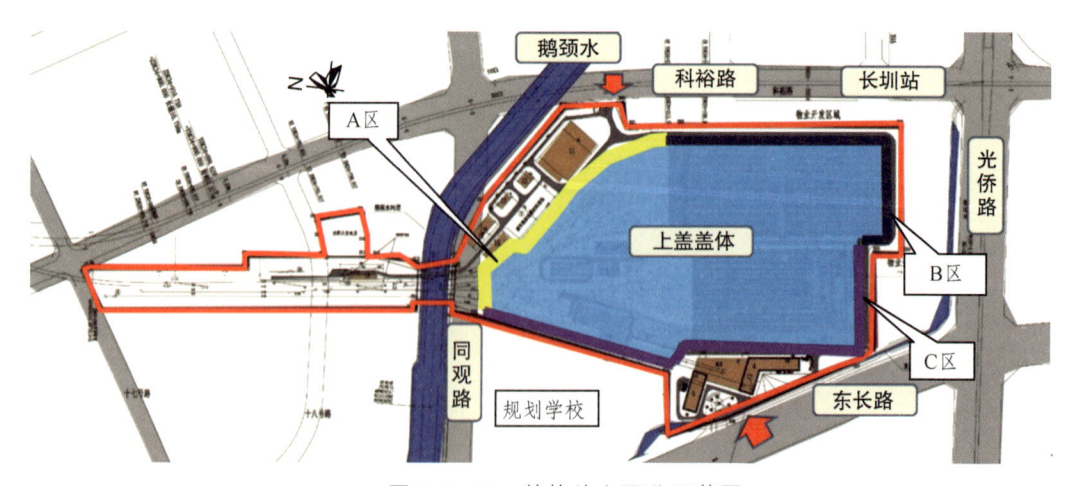

图 4.9-17　盖体外立面分区范围

（2）用材方面，采用外墙涂料（真石漆）、铝合金百叶、铝单板三种材料组合。

（3）根据分区不同，在考虑整体效果一致性的前提下，通过不同材料的对比和组合，采用横向的线条成组布置，营造一个整体、延伸、沉稳的立面效果。

A区采用银灰色金属漆与赭石色金属漆搭配，并做拉线处理，达到在对比变化中统一的效果，如图4.9-18所示。

图 4.9-18　A区盖体外立面效果图

B区采用真石漆、贴砖材质组合，并增加铝合金防雨百叶、铝单板两种材质作为装饰，如图4.9-19所示。

图 4.9-19　B区盖体外立面效果图

C区采用真石漆、贴砖材质组合，并增加铝合金防雨百叶、铝单板两种材质作为装饰，如图4.9-20所示。

图 4.9-20　C区盖体外立面效果图

4.9.7 消防设计

4.9.7.1 土建工程

车辆段与上盖物业开发平台之间采用耐火极限为 4 h 的结构梁、板、柱进行分隔,盖体梁保护层厚度为 60 mm,板保护层厚度为 45 mm,两者之间的人员疏散出口分别独立设置,上盖物业开发的人员疏散通道不经过车辆段。

盖体上无开孔,盖体边沿的建筑按防火间距退让或设防火墙分隔。车辆段内盖体、单体建筑防火分区的划分,厂区生产部分按《建筑设计防火规范》(GB 50016—2014)第 3.3.1 条的有关规定执行,仓库部分按《建筑设计防火规范》(GB 50016—2014)第 3.3.2 条的有关规定执行,办公部分按《建筑设计防火规范》(GB 50016—2014)第 5.3.1 条的有关规定执行。不同的防火分区之间采用耐火极限不小于 3 h 的防火墙分隔。

长圳车辆段盖体占地面积为 148208.01 m^2,建筑面积为 236121.74 m^2,盖下主要为检修主厂房、停车列检库、维修车间、牵引降压混合变电所、污水处理站、道岔区、运输救援通道等功能区,单体耐火等级一级。盖下功能区均为丁戊类厂库房和戊类的道岔区及运输救援通道,整个盖体划分为一个防火分区,火灾危险性等级为丁类;同时对厂库区内的辅助生产区域(工班、值班、待班等),采用耐火时限不小于 3 h 的防火墙与生产部分进行防火分隔,通往生产区的门采用甲级防火门。整个盖体的防火分区面积不限。

4.9.7.2 机电设备

1)电气

长圳车辆段设有两路 35 kV 地铁专用电源,两路 35 kV 电源分别引自光明主变电所不同的 220 kV/35 kV 变压器,两路电源相互独立互为备用。

本车辆段共设 3 座 35 kV 变电所:一座牵引降压混合所及两座跟随式变电所。其中:一座降压所与牵引所合建变电所独立设于车辆段咽喉区,内设两台 35 kV/0.4 kV 干式变压器,容量为 2000 kV·A,主要供洗车机棚及控制室、机加工间、易燃品库、蓄电池间、物资总库、门卫 1、维修车间、牵引降压混合所、污水处理站、调机工程库及镟轮间、停车列检库、咽喉区室外照明、盖下排烟风机的动力照明用电;一座跟随式变电所设于运转办公楼内,内设两台 35 kV/0.4 kV 干式变压器,容量为 2000 kV·A,主要供检修主厂房、运转办公楼、盖下排烟风机的动力照明用电;一座跟随式变电所设于综合楼内,内设两台 35 kV/0.4 kV 干式变压器,容量为 2000 kV·A,主要供综合楼、公安派出所及员工公寓、门卫 2、厂房区室外照明、盖下排烟风机的动力照明用电。变电所低压侧采用单母线分段的接线方式,中间加母联断路器,并设三级负荷分母线。

本工程用电负荷可分为消防负荷和非消防负荷。消防负荷主要有消防排烟风机、消防水泵、消防系统设备、FAS 设备、应急照明等,均为一级负荷。各单体用电负荷等级见表 4.9-7。

表 4.9-7　各单体用电负荷等级

名称	一级负荷	二级负荷	三级负荷
综合楼及员工公寓	通信综合 UPS、消防风机、EPS、消防水泵、电梯、人防用电、信号设备	正常照明、插座、空调	冷水机组、冷却水泵、汽车充电桩
检修主厂房	应急照明、通信综合 UPS、消防风机、EPS	正常照明、工艺设备	检修插座箱
停车列检库	应急照明、消防风机、EPS	正常照明、工艺设备	检修插座箱
检修主厂房内运转办公楼及跟随所	应急照明、通信综合 UPS 电源、弱电	正常照明、工艺设备	多联机设备
调机工程车库	应急照明、消防风机	正常照明、通风设备、工艺设备	电热设备
维修车间	应急照明	正常照明、通风设备	—
机加工间	应急照明	正常照明、通风设备、工艺设备	—
牵引降压混合变电所	应急照明	正常照明、通风设备、工艺设备	—
洗车机棚及控制室	应急照明	正常照明、通风设备、工艺设备	—
易燃品库	—	正常照明、通风设备、	—
蓄电池间	应急照明	正常照明、通风设备、工艺设备	—
污水处理站	应急照明	正常照明、生产及维修设备、通风设备、工艺设备	—
盖下室外	消防风机、应急照明	正常照明、工艺设备	—

检修主厂房、停车列检库、物资总库、维修车间、盖下道路应急照明采用集中应急照明电源 EPS 配电，蓄电池后备时间不小于 90 min，在火灾情况下由 FAS 给出信号，强制启动应急照明，满足人员安全疏散要求。其余单体应急照明采用灯具自带蓄电池配电，应急照明蓄电池后备时间不小于 90 min。

2）消防给水和灭火设施

给水水源采用市政自来水，按双水源考虑，拟分别从东长路、科裕路上市政给水干管引接出一根 DN250 给水管供车辆段使用，车辆基地内的室外消火栓、室内消火栓及喷淋给水系统与生活、生产给水系统分开设置，各成独立系统，消防给水与生活生产给水分开计量。市政给水管网的供水压力约为 0.28 MPa，满足室外消火栓用水、综合楼地下室消防水池补水的水量及水压要求。

消防水池的补水来自市政给水管网，补水管的管径为 DN100。

车辆段物资总库、综合楼、公安派出所及员工宿舍设置自动喷水灭火系统。

车辆段各单体建筑每层均根据规范要求配置灭火器。

车辆段综合楼、易燃品库、物资总库属 A 类火灾,灭火器按严重危险级配置,手提式灭火器最大保护距离为 15 m,每个消防柜内设 2 具 MF/ABC5 磷酸铵盐灭火器。

3)防排烟

盖下各单体及区域根据其火灾危险性、自然通风排烟条件,参照规范相关条文设置排烟设施。因盖体高度大于 6 m,故不划分防烟分区,火灾时按建筑单体(功能区域)开启机械排烟系统,新鲜空气由盖体边沿向火灾区域流入,以利人员疏散及防排烟系统控制。盖外建筑严格按照防火规范的相关规定设置防排烟设施。

根据上述建筑对盖下区域火灾危险性类别的划分,盖下运输救援通道火灾危险性类别为戊类,但考虑到盖下运输救援通道为消防扑救及人员疏散的主要场所,为了消防扑救及人员疏散的安全性,设置机械排烟系统作为加强措施。盖下需设机械排烟的运输救援通道面积为 11700 m²,风机选用单速消防柜式离心风机,火灾时排除烟气。盖下运输救援通道净高超过 6 m,可不划分防烟分区,排烟量按照不小于 60 m³/(h·m²)计算。设置单速消防柜式离心风机 9 台(PYF-1~PYF-9)(风量为 85800 m³/h),风机吸风端设 280 ℃防火阀,风机吊装于盖下,用防火板包敷,并且要做不小于 2 h 的防火保护。排烟风机及烟气流经的辅助设备应能在 280 ℃的环境条件下连续工作不小于 0.5 h。补风利用盖体敞开的周边自然补风。

盖下道岔区火灾危险性类别为戊类,由于道岔区可燃物较少且无人员停留,可视为无人区。另外,盖下有人员经常作业的厂房均已设置机械排烟设施,故道岔区不设置排烟设施。

4)火灾自动报警系统

根据长圳车辆段单体建筑的区域分布特点,段内设计 1 台控制器主机、5 台区域报警主机,主机设置在综合楼的车辆段消防控制中心,区域报警主机根据单体建筑分设情况分别设置在综合楼、物资总库、牵引降压混合变电所、检修主厂房、洗车棚等区域。采用光纤通信形成环形网络,FAS 系统在车辆段消防控制中心设置图形监视计算机一台(由车场智能化系统统一提供)。

在车辆段各工区、综合楼、设备及管理用房、公安派出所、员工宿舍、走道等处设置智能光电感烟探测器,在综合楼地下车库设置智能感烟探测器、智能感温探测器,在易燃易爆品库设置防爆探测器,在综合楼气体灭火保护区设置智能光电感烟探测器及智能感温探测器。每个回路设置两个带隔离底座的探测器,具体位置在现场施工时确定。在气体灭火控制器回路中,为提高系统的安全性,在不同气体保护区监控模块之间加装隔离模块。在火灾报警主机系统总线上设置总线短路隔离器,每只总线短路隔离器保护的火灾探测器、手动火灾报警按钮和模块等消防设备的总数不应超过 32 点;总线穿越防火分区时,在穿越处设置总线短路隔离器。

4.9.8 主要技术创新

长圳车辆段是 6 号线列车运用、停放、检修的基地,承担 6 号线所有地铁车辆(A 型车 6 辆编组)的大架修任务,同时承担了 6 号线支线(B 型车 6 辆编组)列车初期停放和检修任务,是国内第一座同时兼容 A 型车和 B 型车运用和检修功能的地铁车辆段。长圳车辆段还同期进行上盖物业的综合开发，是国内第一座全面应用海绵城市技术、年径流量控制率高于 70%的地铁车辆段，践行了"绿水青山就是金山银山"的建设理念，解决了上盖车辆段这种排水大户如何建设高标准海绵城市的重大难题，为"生态车辆段"的理念推广创造了先例。长圳车辆段也是"环境友好型、人文艺术型"理念的先行者，是地铁车辆段从经济适用的工业建筑向生态、人文、艺术的城市综合体转型的经典案例。比起单纯的工程规模和工程形式上的创新，长圳车辆段在建筑生态、人文、艺术内涵上的设计创新更具有时代意义和推广价值。此外，本段在空间上克服了与多处市政道路和河道合理布局难题，在平面上通过上盖平台与车站和周边自融为一体，设计上具有功能定位复杂、协调量大、技术新、设计难度高的特点。其中，以车辆段上盖为核心的 TOD 设计关键技术、上盖平台预留及预留开发技术、城市综合体形象的综合楼建筑设计、海绵城市应用等详见其他章节。其他技术创新如下：

4.9.8.1 入段线洗车

长圳车辆段是由深圳地铁公司自行运营的第一个采用入段线通过式洗车模式的地铁车辆段。这种洗车模式不设置单独的洗车线，洗车机直接设于入段线的进段端，且洗车机只负责列车表皮的侧洗作业，端洗作业在检修库内进行。设计从限界、信号控制、运营维护等多个方面充分研究，解决了诸多设计难题。在这种模式下，车辆段减少了两条洗车牵出线，减少了一条洗车线，咽喉区用地宽度收缩了 15 m。这种模式在提高洗车效率和节约地铁用地方面都存在很明显的优势，这也将更加符合土地日趋紧张趋势下的地铁建设需要。因此，长圳车辆段洗车机入段线布置形式也是一种值得推广的洗车机布置形式，如图 4.9-21。

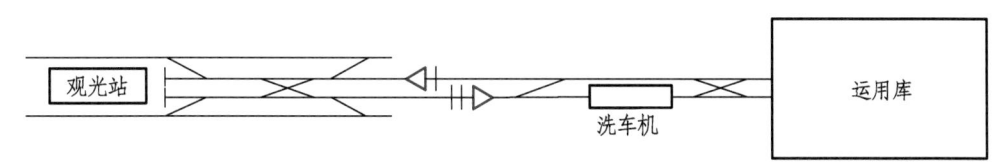

图 4.9-21 洗车机入段线布置形式示意图

4.9.8.2 A、B 兼修

深圳地铁 6 号线长圳车辆段是 6 号线列车运用、停放、检修的基地，承担 6 号线所有地铁车辆（A 型车 6 辆编组）的大架修任务，同时承担了 6 号线支线（B 型车 6 辆编组）列车初期停放和检修任务，是国内第一座同时兼容 A、B 型车运用和检修功能的地铁车辆段。深圳地铁 6 号线支线工程全长 11 km，独立运营，车辆采用 B 型车 6 辆编组、接触网供电，初期不设车辆基地。为实现该项目的可行性，提出依托深圳地铁 6 号线长圳车辆段来实现 6 号线支线独立运营的方案，但地铁 6 号线车辆采用 A 型车 6 辆编组、接触轨制式，两者车辆形式、供电制式、限界等方面差异很大。设计分别在 6 号线支线车辆运送、运用、检修和正线救援等各方面提出解决方案，对长圳车辆段内主要检修设施进行兼容设计。

深圳地铁 6 号线车辆为 A 型车，正线采用三轨供电，长圳车辆段内采用接触网供电；6 号线支线车辆为 B 型车，采用接触网和接触轨双制式供电方式。因此，6 号线支线车辆可以自行进出长圳车辆段。6 号线支线初期车辆可直接利用长圳车辆段近期的富余停车列检线进行运用作业。长圳车辆段近期富余 1 个列位双周/三月检，双周/三月检和定修列位的配置一样，都是设置双层作业平台，而 6 号线支线近期双周/三月检和定修列位总需求为 1 个，可直接利用长圳车辆段一个富余的双周/三月检列位。因长圳车辆段双周/三月检列位的双层作业平台边距离线路中心线为 1600 mm，停放 B 型车后，车辆与作业平台之间的间隙宽度达到 150 mm，可在作业平台边缘增加金属渡板，减小间隙。

  6 号线支线车辆的临修作业在长圳车辆段的临修线上进行，若涉及更换转向架等架车作业，则须在大架修线上进行。长圳车辆段设置 3 条大架修线，每线前端设置一单元（3 辆编组）的固定式架车机，固定式架车机采用的是 A 型车的定距和轴距尺寸，无法架 B 型车。因此，考虑在其中一条线的后半段设置壁式检查坑，以及一单元（3 辆编组）的移动式架车机，从而解决本线 B 型车临修架车的问题。更换的转向架检修作业须在深圳地铁 3 号线横岗车辆段内进行，通过汽车进行运输。

  若 6 号线支线无法在 5 年内设置段场，则须考虑 6 号线支线列车的架修作业。考虑由 6 号线长圳车辆段与 3 号线横岗车辆段共同来承担本线车辆架修任务，即 6 号线支线车辆在长圳车辆段内进行解编解体、车体检修、组装、调试等作业，本线车辆的转向架整体通过汽车运往横岗车辆段内检修。横岗车辆段设有 4 列位的大架修列位，在满足深圳地铁 3 号线本线车辆大架修需求外，还有 2 列位富余，因此可以承担 6 号线支线车辆的转向架架修任务。长圳车辆段设有 3 列位的大架修列位，在满足深圳地铁 6 号线本线车辆大架修需求外，近期还有 1 列位富余，因此可以承担 6 号线支线车辆的架修任务。长圳车辆段内须增加一组移动式架车机（架三辆车）以及列车称重设备，以满足 B 型车的架修作业需求。

4.9.8.3 改善运营条件和提高运营安全性

  采用工业移动冷气机在室内进行对流换气，从而达到检修库内通风降温的目的，如图 4.9-22 所示。该设备降温效果明显，在较潮湿地区（如南方地区），一般能达到 5～9 ℃左右的明显降温效果；投资造价低、不占用建筑面积，与传统压缩机空调系统相比，造价不足其一半，并且设备不占任何建筑面积；使用灵活，可随工作地点变化移动设备位置，或根据温度变化、作业人员变化灵活调整设备数量，噪声低、振动小。

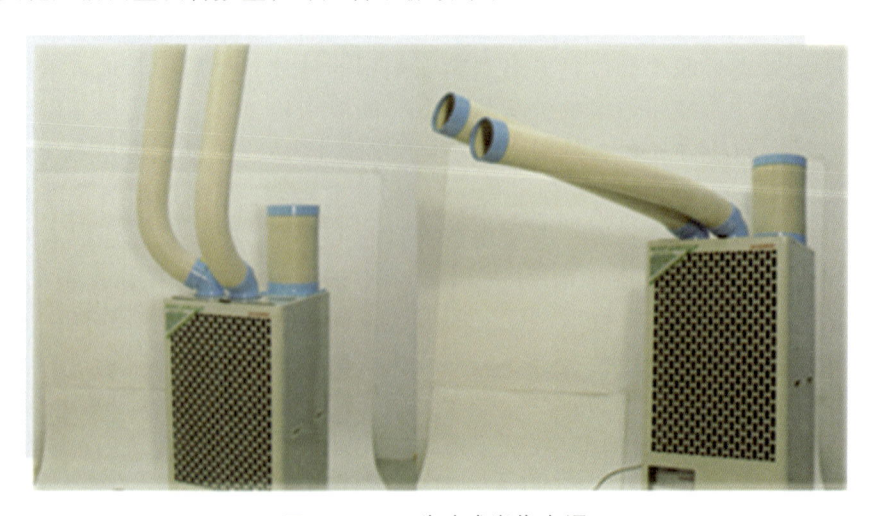

图 4.9-22 移动式岗位空调

路灯及咽喉区投光灯采用光控、时控、远程、就地相结合的控制方式，自动控制与手动控制相结合，方便运营管理，如图 4.9-23 所示；检修库、运用库采用 DALI 调光控制，现场可根据实际作业需求，灵活调整灯具的亮度，节约用电。

图 4.9-23　智能照明控制系统

长圳车辆段选址位于规划科裕路以西、规划同观路以南、东长路以东、光侨路以北的围合地块，该地块现状以可建设用地为主，有一处平均 5 m 宽的明渠穿过地块西侧。地块内有一处民办学校和少量平房须拆迁。同时，规划同观路和十九号路横穿地块，且东北侧有规划的鹅颈水河道，如图 4.9-24 所示。

4.9.8.4　停车线赋能检修作业

为释放长圳车辆段 TOD 开发土地价值，经过运营检修作业分析论证、标准规范研究，通过停车线赋能检修作业，实现功能达到、用地不增的成效。在停车线上配置检查坑，线间距维持《地铁设计规范》（GB 50157—2013）中停车线的标准，即车体间通道 1.6 m、车体到柱边 1.4 m，较列检线车体间通道 2 m、车体到柱边 1.8 m 的标准实现了压缩库房宽度 8 m 的目标，为车辆段库边白地开发创造了规划条件，实现了绿地到物业的业态转变，带来了可观的社会经济效益，反哺地铁建设。

图 4.9-24　长圳车辆段用地规划及现状

4.9.8.5　车载蓄电池牵引

深圳地铁 6 号线车辆采用第三轨授流形式。正线采用三轨供电有利于运营维护和景观，但车辆段检修库内采用三轨供电将给检修作业人员安全带来隐患。因此，深圳地铁 3 号线横岗车辆段的检修库内采用了滑触线供电形式，保证了检修人员作业安全。但同时，滑触线供电方式在列车收发车效率和滑触线设备故障率方面都存在一定劣势。

基于此，长圳车辆段在设计之初便开始研究车载蓄电池牵引系统的可行性。车载蓄电池牵引系统功能定位为进出车辆段检修库时调车转线使用，能实现列车自带动力进入检修库和运用库，能保证列车收发车效率，且检修库内取消了三轨系统，保证了作业安全。车辆蓄电池牵引技术的应用，实现了车辆进出车辆段检修库的走行要求，解决了 3 号线停车列检因滑触线故障率引发的运营发车效率问题。

第 5 章

绿色低碳技术创新

5.1 经济高效的地铁综合选线技术

5.1.1 地铁建设和运营的可持续发展研究情况

未来城市可持续发展战略中最重要的项目之一，是公共交通与土地利用的整合。在全球发达国家和地区的可持续发展城市中，几乎都能找到公共交通与土地一体化开发的案例，其中尤以日本的案例最具代表性，如图 5.1-1 所示。1987 年 4 月，日本因国有铁道难以为继，政府实行了国铁分割与民营化改革。企业扭亏为盈、稳健经营，实现了企业可持续发展，同时也保证了轨道交通的持续运营和经营。在发达国家中，日本选择了从未有人尝试的国铁民营化改革，而且取得了经营上的巨大成功。其主要原因是国铁参考了民营铁路所践行的"日本式铁路经营"成功模式，也就是实现 TOD、R+P 与 PPP 结合的开发经营模式。

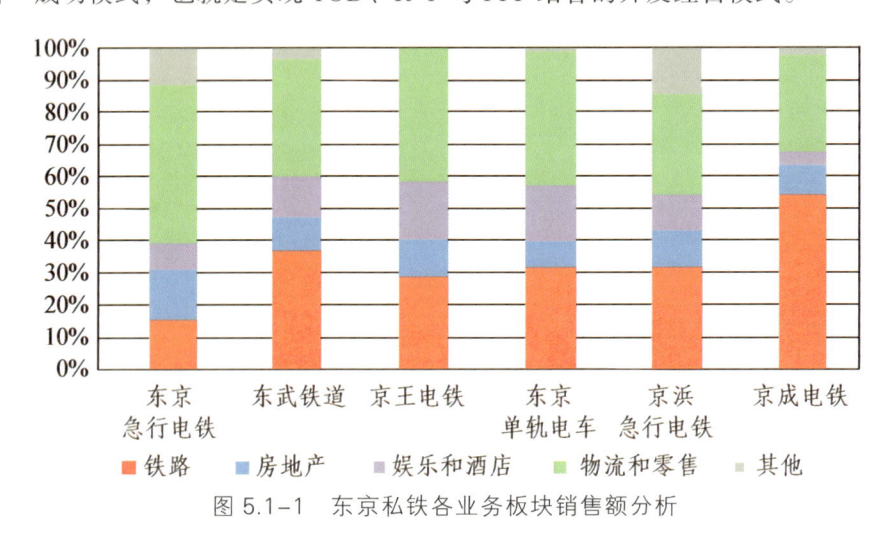

图 5.1-1 东京私铁各业务板块销售额分析

日本铁路发展模式的经验表明，以人口稠密、经济活跃的大城市圈为基础，依托积极的沿线开发与多元化经营，可以实现企业的稳健发展。

我国香港的港铁公司 MTR 是世界上少数能实现盈利的轨道交通企业之一，多半盈利来自地铁上盖的物业开发、物业租赁和物业管理，同时也得益于香港地铁的较高票价（港铁平均每程车费 7.5 港币，约合 6.9 元人民币；北京地铁平均每程车费 5.5 元人民币），它能够相对减轻地铁日常运营维护带来的财务压力。港铁在新线规划建设前，通过可行性研究找出资金缺口，香港特区政府再将沿线相关地块交由港铁进行物业开发，以填补资金缺口，通过轨道建设和新市镇建设及地铁上盖开发实现财务平衡并盈利。因此，香港地铁在 TOD 方面也积累了成功的经验，基于香港容积率上限高，港铁能够保证上盖物业业态和功能的高度复合化、垂直化，从而降低风险，且更好地连接轨道交通。这不仅创造了巨大的物业开发收益，还带来了大量的轨道交通客流和票务收入。MTR 在内地已有项目包括北京地铁 4 号线和深圳地铁龙华线、深圳天颂等。

目前，国内上海、北京、广州、成都、南京等地也越来越重视城市轨道交通可持续发展问题，并做了一些这方面的探索。虽然境内外都有成功案例，但各城市的土地政策和项目环境条件差异较大，经验可以借鉴而不能简单复制。因此，如何实现资源的节约和集约利用，实现城市轨道交通可持续发展仍然是需要不断研究和总结提升的重要课题。

5.1.2　地铁综合选线技术研究思路

（1）首先对项目相关的城市规划、综合交通规划、轨道交通线网规划及各层次枢纽规划等成果及背景进行深度解读、分析和研究。

（2）从城市规划空间布局及发展方向、线网规划的层次及功能定位、沿线土地利用规划及建设情况等出发，对线路区段进行合理划分；对各区段内城市路网、交通状况及控制点进行分析，以识别各区段内备选线路可能通道及适合的敷设方式；在选线原则与技术标准的指导下，进行区段内线位和敷设方式初步选线比选论证。

（3）对地铁站点进行分类分析，结合主要控制点布置、现状与规划人流集散结点、城市各级中心核心区布局及路网布局等，以站点覆盖人口最大化为目标，以站点布置与城市用地规划有机协调为原则，进行各区段内站位初步规划研究和比选。

（4）在初步分析比选方案的基础上，通过收集基础资料及现场实地调研，进行沿线城市土地开发潜力分析、用地储备情况及用地规划可调性分析，并依据地形地貌、地质情况、环境敏感点、工程实施条件及地铁运营组织条件等对各初步方案的线位、站位、场段及敷设方式进行技术、经济和环境等全寿命周期成本的综合比选和研究优化。

（5）在研究过程中充分征求政府及沿线相关部门和单位意见，最终确定线路方案比选的推荐方案，提交相关部门决策后开展相关前期研究和勘察设计工作，使本项目建设成为经济高效的城市轨道交通的目标能够落地顺利实施。

5.1.3　线路敷设方式的选择

5.1.3.1　线路概况

6 号线工程是深圳中部发展轴城市轨道交通线网的市域快线，是广东省和深圳市重点市政公用交通工程。

项目位于深圳市龙华区、光明区和宝安区，线路起自深圳北站，终于松岗站，线路全长 37.626 km，全线设车站 20 座。

5.1.3.2　敷设方式的选择

随着地铁建设成本的不断高涨，运营补亏压力随着建设运营规模的增加不断加大。目前，国内地铁工程造价普遍在 6 亿~9 亿元/正线公里，部分线路已超过 10 亿元/正线公里。运营成本方面，根据城市轨道交通协会相关统计资料，2019 年全国轨道交通企业日常运营成本（不含设备折旧、大修更新等）的中位数为 1126.15 万元/km，而票务收入的中位数为 556.37 万元/km，收支缺口约为 570 万元/km。

总结过去 30 多年城市轨道交通快速发展经验，"重建设、轻运营，重投资、轻效益，重工程、轻服务"的模式亟待改变，有必要从轨道交通长期可持续发展的角度，探讨如何规划建设经济高效的城市轨道交通线路，使城市轨道交通全寿命周期成本最低、投资效益和收益最大；如何通过项目规划建设使项目收益能有效解决项目建设资金和运营成本的资金筹措，以至实现项目收益与运营补亏平衡等地铁可持续发展目标，是本项目地铁综合选线研究的重点和难题。

本项目穿越的龙华、光明和宝安区域有城市建成区、城中村聚集区、集中连片工业厂区、城市规划发展区、城市山岭绿地区，线路主要沿现状和规划城市主干道布设，具有以高架线路敷设（包括可自然通风和排水的地面以上山岭隧道）的先天优势。

5.1.3.3　高架线路的优点

1）节省工程投资、降低运营费用

在同一线路中，若同时具备地下、高架和地面三种敷设的条件，根据我们的研究分析，其造价比大略为 3.5∶2∶1。因此，在有条件的地方，尽可能采用地面或高架敷设方式。

以经济适用、节能高效和节约资源的方式进行轨道交通建设，科学合理地做好总体设计和各专业及专项设计，可以大大降低轨道交通的建设与运营费用，使轨道交通以经济高效的建设和运营方式，实现可持续发展。

6 号线全长 37.626 km，其中高架段长 24.616 km，地上线占比近 70%，高架车站占比为 75%。

经测算，6 号线采用高架敷设为主的方式。根据 2021 年 6 号线运营统计数据，高架站每年运营能耗较地下站节省 58%~65%（深圳空调季节超过 6 个月）。

2）节约工期

地铁如采用地下线方式，因车站、区间通风、空调设备布置需要，地下车站规模大，且需要设置的地面设施多，实施期间管线迁改和交通疏解也较高架线更复杂。因此其建设成本和运营费用均远远高于高架线，同时施工难度和建设周期也较长：

地下车站施工期一般为 20~22 个月，地下区间盾构法为 12~14 个月，矿山法为 20~24 个月；

高架车站施工期一般为 10~15 个月，区间为 8~12 个月，主要受制于前期征地拆迁。

参照原深圳地铁 3 号线一期工程及本项目的高架段，高架段线路比同期开工建设的地下段可提前 6 个月以上建成。

5.1.3.4　小结

在项目前期线路方案研究阶段，研究团队结合规划线路沿线主要位于城市更新和待发展片区、工程地形地貌条件、城市周边环境现状、规划发展等要求，在总结深圳地铁前三轮建设规划项目经验基础上，采用先进的航空摄影和测量技术辅助综合选线，经过 4 年多大量前期线路方案综合比选，在尽量确保 100 km/h 列车最高运行速度的前提下，对线路进行了高架、地面及地下等多种敷设方式的比选。最终为在深圳特区内规划建设一条以高架敷设为主、地下敷设为辅，经济高效和绿色低碳的城市轨道市域骨干快线工程奠定了坚实的技术基础。

5.1.4　地铁线路综合选线技术方法研究

结合本项目以高架敷设为主、地下敷设为辅的特点，同时依据沿线更新和待发展片区、地形地貌、地质情况、环境敏感点、工程实施条件及城市周边环境现状等对线站位和敷设方式提出了以下几种选线方法。

5.1.4.1　结合规划线网进行客流选线

这种方法主要选择符合各种规划条件，满足沿线城市规划发展功能需要，同时服务沿线城市组团、成熟社区和客流集散地等，确保具备良好客流效益的线路。

6号线串联了中部综合组团（龙华、观澜和坂雪岗、大浪片区）、西部高新组团（公明、光明及石岩地区）、西部工业组团（松岗片区），线站位应覆盖组团核心区域。

5.1.4.2 锚固交通枢纽和换乘节点选线

这种方法主要利用大型交通枢纽（如火车站、汽车站、公交场站等）与相邻轨道交通线路换乘衔接，达到锚固线路换乘节点、方便居民便捷出行的目的。它不仅体现了地铁"以人为本"的换乘设计理念，还充分发挥出轨道交通网络功能，提升了网络化客流效益，具有方便快捷的服务特色。

6号线与大型综合枢纽深圳北站接驳，沿线与4号线、5号线、6号线支线（远期与东莞1号线贯通）、11号线、13号线及规划18号线换乘接驳，换乘线路多，换乘点和换乘方式直接影响线站位和客流换乘效果。

5.1.4.3 结合地形和地质条件选线

这种方法是在选线过程中充分考虑地形、地质条件，线路穿山越岭时尽可能将线路敷设在稳定可靠的地层中，线路洞口标高尽可能在地面以上，实现自然通风和排水，以节省运行成本。在城市中心地带，线路主要沿城市主干道并在道路红线范围内布置，可以减少线路穿越街坊和高层建筑的概率，减小施工难度，并充分考虑市政管线、河道等控制因素的影响。

6号线在布龙路、光明大道、公园大道及松柏路段，以及穿越阳台山和大眼山时均采用了地形、地质选线方法。

5.1.4.4 结合工程条件和减少征地拆迁选线

这种方法在选线过程中充分考虑线路工程的实施难度，当线路穿越大片城中村时，沿线房屋密集、拆迁困难大、实施时间长引起工期不可控等，需要结合现状条件选出一条工期可控、拆迁量小、可实施性较高的线路通道。

6号线在红山至上芬段、石岩段、南庄段及薯田埔至山门站区段均结合工程实施条件及房屋拆迁对线路路由进行了选择调整。

5.1.4.5 结合地块城市更新和TOD选线

线路选线要符合城市的总体规划发展方向，在城市更新范围、重点开发地块区域，要通过以轨道交通为导向的开发来实现片区的规划发展，使轨道交通的作用和利益发挥到最大。

6号线上屋北段、长圳车辆段、光明段、楼村段均有机结合了沿线城市地块更新项目设站选线。

5.1.5 地铁线路综合选线技术研究成果及应用

5.1.5.1 线路起点选择

线路起点的选择综合考虑规划线网、客流、枢纽换乘节点等因素研究是否需要延伸，研究分析如下：

1）客流因素

6号线在深圳北站（综合枢纽）、红山站与4号线并线运行，远期全日6号线与4号线换乘量为 20 万人/d，换乘量中，21%为逆向换乘量，79%为顺向换乘量。从客流预测的情况来看，光明区与市中心区客流交换量较大。起点深圳北站南延如图 5.1-2 所示。

图 5.1-2 起点深圳北站南延示意图

2）线网因素

6 号线起点设在深圳北站，从周边的规划情况来看，线路延伸的方向主要考虑沿线服务的规划用地中心，通过对深圳市线网的分析以及与规划部门的沟通，6 号线有向市中心区延伸的必要性，6 号线前期研究和设计时在起点深圳北站已考虑预留向市中心延伸条件，且为后续 6 号线二期预留实施条件，现已建成，和 6 号线一期同期开通运营。

5.1.5.2　上芬站段线站位选择

该段线路主要结合规划地块、工程征拆及周边客流服务等因素进行了综合比选研究。

上芬站位于布龙路南侧地块内，与 4 号线上塘站覆盖重合较多，也不方便接驳布龙路两边客流，且该站设置于地块内将影响地块的规划开发功能。因此，前期研究和设计时选择将上芬站由地块内移至布龙路上，如图 5.1-3 所示。

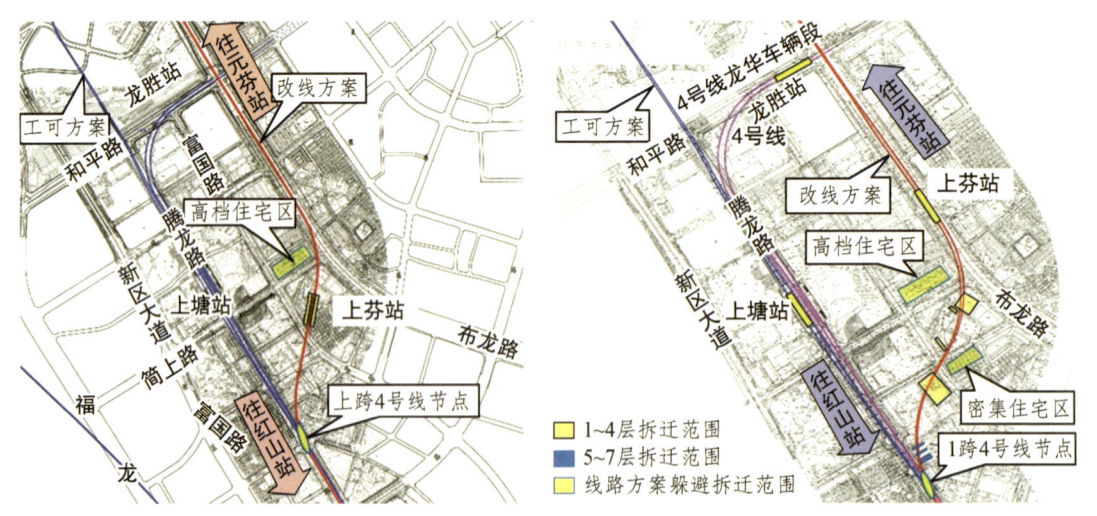

图 5.1-3 上芬站线站位调整前后对比示意图

对该段线站位方案进行调整后，车站由地块内的侧式站台调整为路中的岛式站台，线路路径稍作调整。调整后方案拆迁量共减少约 3.2 hm^2，对规划地块的影响大大减小，同时更利于吸引周边客流。

5.1.5.3 松岗公园段线站位选择与优化调整

该段线路主要结合沿线道路条件、周边成熟社区客流及社会稳定风险等因素进行了综合比选研究。

松岗公园站原站位于深路堑中,偏离客流中心,站位设置不尽合理,为利于客流吸引,前期研究适当延长地下段,将松岗公园站位设置于集信名城小区前,受线形条件限制,该段须调整为地下敷设,线路出薯田埔站后即开始下坡,并在到达燕罗路前埋入地下。

如图 5.1-4 所示,通过客流选线方法对该段线站位方案进行优化调整后,松岗公园站站位西移约 300 m,调整后的方案有利于线路周边客流吸引,减少了对土地的影响和周边居民的上访,降低了社会稳定风险,利于 6 号线工程的顺利建设。

图 5.1-4 山门段线站位调整示意图

5.1.5.4 线路综合选线效果评价

6 号线经全路段综合选线优化调整后,全线最大曲线半径为 4000 m,最小曲线半径为 400 m(仅 1 处),$R>600$ m 的曲线占全线曲线总长度的 60%,小半径曲线多集中在车站端部,对全程旅行速度及时间的影响小;全线纵断面坡度小于 25‰的坡段长度占总长度的 80%,线路纵坡整体条件良好。经综合选线运营后评价分析,6 号线是一条安全舒适、经济高效、绿色低碳的城市轨道交通市域快线。

5.1.6 地铁线路综合选线全生命周期成本分析

城市轨道交通工程是资金耗费巨大的系统工程,不同的敷设方式造成的工程投资、建设工期和后期运营费用等差异巨大,因此本节将结合 6 号线前期研究的敷设方式比选进行全生命周期成本分析。

5.1.6.1 研究思路

6 号线敷设方式,根据经济高效的建设和运营理念,通过综合分析比选推荐以高架敷设为主。就敷设方案而言,对于全生命周期成本研究的思路如下:

1)成本分析

全寿命周期成本主要由建设成本、运营及其他费用构成。

建设成本按照建设期一次性投入考虑,同时需要考虑不同资金筹措方案构成的运营期债务资金成本。

运营期间的总成本包括运营成本、摊销费、折旧费、财务费用及营业外支出。其中，运营成本包括职工薪酬、动力费、综合维修费、营运费、其他费用五部分。前期研究中仅考虑敷设方式的差异导致的成本差异，对运营成本中的动力费进行分析，其余费用由于影响较小暂不考虑。

2）运营收入估算分析

地铁运营收入以票价收入为主，其他收入为辅。线站位相同的条件下敷设方式不同导致的客流差异不大，故运营收入不受敷设方式的影响。

综上，以下主要对建设成本及动力费进行分析。

5.1.6.2 建设成本

根据深圳地铁前三期规划建设项目相关统计分析，深圳境内高架段较地下段建设工程投资节省约 2.6 亿元/正线公里。从同期建设以地下线敷设为主的项目技术经济指标在 7 亿~9 亿元/正线公里测算（表 5.1-1、表 5.1-2），本线技术经济指标为 4.91 亿元/正线公里。

表 5.1-1　深圳同期工程建设情况统计

序号	线路	敷设方式	主体概算批复/亿元	运营时间	长度/km	竣工结算指标/（亿元/km）	批复概算指标/（亿元/km）
1	6号线	高架+地下	184.7	2020-8-18	37.626	4.83	4.91
2	9号线二期	全地下	92.423	2019-12-8	10.8	7.22	8.56
3	6号线二期工程	全地下	83.5509	2020-8-18	11.77	正在结算	7.1
4	10号线工程	全地下	294.7024	2020-8-18	29.3	7.6	10.06
5	8号线一期工程	全地下	99.7584	2020-10-28	12.143	6.13	8.22
6	2号线三期工程	全地下	30.1764	2020-10-28	3.78	6.15	7.98

表 5.1-2　深圳市轨道交通动力照明运营能耗基本情况统计

序号	项目名称	平均每座高架车站 2017	2018	2019	2020	2021	平均每座地下车站 2017	2018	2019	2020	2021
1	7号线	—	—	—	—	—	306	296	281	299	226
2	9号线	—	—	—	—	—	272	259	248	280	226
3	11号线	126	124	119	113	108	484	453	440	427	355
4	5号线二期	—	—	—	—	—	—	—	323	317	283
5	9号线二期	—	—	—	—	—	—	—	—	320	270
6	6号线	—	—	87	81	—	—	—	—	245	209
7	6号线二期	—	—	—	—	—	—	—	—	273	236
8	10号线	—	—	—	—	—	—	—	—	346	285
9	8号线一期	—	—	—	—	—	—	—	—	302	312
10	2号线三期	—	—	—	—	—	—	—	—	252	265
11	3号线三期	—	—	—	—	—	—	—	—	295	279

因此，6 号线采用以高架为主的敷设方式较全地下敷设方式，节省建设费用约 41.45%，运营期较地下线可节约运营成本 65%，在经济高度发达的深圳特区建成了一条经济高效和可持续发展的轨道交通示范线。

5.1.6.3 动力费

动力费主要分为动力牵引电、动力照明电两大部分。以下按照 25 年运营期计算动力费节省。

1）动力牵引电

列车受到的空气阻力和车载耗能设备的不同是线路敷设方式对牵引能耗影响的主要表现形式。一般来说，列车在地下线路运行中受到的空气阻力要大于地上线路，两种线路敷设方式所克服的空气阻力做功大小也不一样，相同条件下地下线的能耗高于地上线约 15%。根据相关数据，2020 年深圳地铁线网的平均能耗为 2.11 千瓦时/车公里，则 6 号线高架段每趟列车高架段（24.616 km）可节省的费用为：

2.11×15%×24.616×6（编组）×0.8（电价）=37.4 元

根据 6 号线设计方案，初、近、远期全日行车量为 188 对/h、244 对/h、276 对/h，考虑各年限之间行车量线性增长，则各年的节省成本及年均节省成本见表 5.1-3。

表 5.1-3　6 号线动力牵引电节省成本统计

年份	第 1 年	第 2 年	第 3 年	第 4 年	第 5 年	第 6 年	第 7 年	第 8 年	第 9 年
年节省牵引成本/万元	410	461	513	535	557	579	601	622	644
年份	第 10 年	第 11 年	第 12 年	第 13 年	第 14 年	第 15 年	第 16 年	第 17 年	第 18 年
年节省牵引成本/万元	666	672	678	684	689	695	701	707	713
年份	第 19 年	第 20 年	第 21 年	第 22 年	第 23 年	第 24 年	第 25 年	合计	平均
年节省牵引成本/万元	719	724	730	736	742	748	754	16280	651

根据以上分析，6 号线采用高架敷设后，每年节省牵引用电成本约 651 万元，25 年计算期内的牵引用电成本节省约 1.63 亿元。

2）动力照明电

动力照明电主要是车站的动力照明。一般来说，地下车站需要照明系统消耗能源辅助完成线路的正常运营。此外，地下车站由于位置位于地下，不仅需要扶梯系统运送旅客，还要借助通风空调保障通风和维持车站环境的温度及湿度，而地上车站由此带来的能源消耗要远小于地下车站。可以说车站的敷设方式对车站能耗的大小有重要的影响。根据估算，高架站每年运营耗电能耗较地下站节省约 65%，约 170 万千瓦时/年。

同时，根据深圳地铁运营的相关数据，2020 年 1 号线、2 号线、5 号线、7 号线、9 号线 5 条以地下敷设为主的 A 型车 6 辆编组线路全线动力照明总用电量（万千瓦时/年）为 8607、7187、6923、6567、5604。根据上述 5 条线的车站情况，推算 A 型车 6 辆编组地下站动力照明平均用电量为 300 万千瓦时/年。

6号线全线高架站15座，经测算6号线高架站节省动力照明费用为2040万元/年。25年计算期内的动力照明用电成本节省约5.1亿元。

5.1.7 研究成果与实施效果

综上所述，6号线采用以高架敷设为主的方式，每千米建设成本较地下线路节省约41.45%。同时，每年可节省牵引用电费用及动力照明费用分别约为651万元、2040万元，合计节省约2691万元。按照25年计算期，可节省运行成本合计6.7亿元。

在当前我国建设低碳环保社会的大背景下，如何实现"双碳"目标、建设节能型轨道交通系统已经成为轨道交通系统规划设计与建设管理中的一个重要研究课题，也是行业发展的方向和追求的目标。

6号线通过综合选线技术研究建设以高架敷设为主的地铁骨干市域快线，已成为一条绿色低碳的轨道交通线路，既节省了项目建设和运营成本，亦践行了绿色低碳的国家政策，具有明显的经济及社会效益，并实现了轨道交通经济高效和可持续发展目标。

5.2 综合减振降噪技术在城轨高架线路中的研究与应用

5.2.1 城轨高架线路综合减振降噪技术研究目的及研究意义

随着我国城市轨道交通线网建设密度的加大，其引发的环境噪声振动污染也日益严重，特别是关于高架线环境噪声污染投诉和维权事件不断增多，已引起环境主管部门和地方政府的高度重视，有关部门近年陆续出台相关文件要求加强城市轨道交通噪声振动控制。在已建成运营的轨道交通线路中，高架线噪声污染控制往往单一采用声屏障结构，其对降低列车轮轨噪声等一次噪声有一定的效果，但其无法降低桥梁二次结构噪声，反而由于其单悬臂结构，在列车运行振动激励作用下，声屏障本身成为新的二次结构噪声源，从而使整体降低轨道交通环境综合噪声的效果大打折扣。此外，桥梁结构二次噪声对近场尤其是线路两侧建筑的低楼层室内声环境有较大不利影响，尤其是穿越人口稠密区域时，低频二次结构噪声污染影响更为明显。这主要是由于低频噪声波长大，衰减慢，传播距离远，且对人体健康有危害，明显增加人体烦恼度，从而引发更多的环保投诉和纠纷，导致各大城市高架轨道交通常常遭到沿线居民的强烈反对，即使高架线所在道路宽度满足国家规范要求的情况下，沿线居民也要求改为地下敷设。但由于地下敷设方式的建设投资费用远高于高架方式，这已影响到部分城市轨道交通建设进度和规模，再加上后期运营费用的大幅增加，逐步影响城市轨道交通高架线路的可持续发展。因此，开展城市高架轨道交通环境振动与噪声关键技术研究具有十分重要的战略意义。

深圳轨道交通6号线是深圳轨道交通线网中的外围线路，线路串联龙华、石岩、光明、公明、松岗等片区。线路全长约49.514 km，包括高架段长25.561 km，地下隧道段长16.348 km，山体隧道段长6.161 km，过渡段长1.444 km。全线共设车站20座，5座地下站，15座高架站。高架段占线路总长的51.6%左右，沿线分布有大量居住、文教办公、医院等振动与噪声敏感点，且存在较多的待开发用地。项目环评阶段沿线居民强烈反对高架敷设，建设单位承诺采取综合减振降噪措施，整体降低 6 号线噪声影响水平，将 6 号线建设成安静环保的绿色高架示范线。鉴于此，建设、设计单位在设计过程中立项开展了"深圳地铁 6 号线轮轨振动及噪声计算预测对比研究"、"城市轨道交通高架线 U 型梁综合降噪技术研究"等研究工作。

因此，6 号线建设、设计单位组成联合研究课题组，对"城市轨道交通高架桥轨道减振降噪一体化技术创新与应用"开展系统的研究工作，开发了直观评价沿线振动噪声情况的振动与噪声地图，并指导制定了减振降噪一体化控制措施设计。本工程在综合减振降噪方面的相关研究成果解决了当前城市高架轨道交通面临的相关技术难题，成功指导了深圳地铁 6 号线的建设。

5.2.2 深圳地铁 6 号线噪声地图研究

传统的噪声预测采取经验公式，以离散点/列表方式给出沿线敏感点噪声情况，数据结果误差较大、统计不全面且显示不直观。

本工程结合 6 号线工程实际，通过建立"列车-轨道-桥梁-半无限空间土体大耦合振动模型"，联合城市高架线路预测方法及三维场景建模、显示与编辑技术，实现全区域噪声地图三维预测展示，此技术具有噪声预测精确高、统计全面以及可视化直观展示的优点。

5.2.2.1 噪声地图的定义

噪声地图是指利用计算机仿真技术或者测试监控技术，将噪声源数据、地理空间数据、建筑物分布状况、道路状况、公路和铁路交通资料以及相关地理信息经综合、分析和计算后生成的反映该区域现状或预测该区域噪声状况的数据地图。2002 年，欧盟公布的欧洲环境噪声指引对欧洲的环境噪声控制有着标志性的意义，作为指引的三项主要内容之一的噪声地图的制作也成为环保科研人员的研究热点。

噪声地图以图形化的方式来展现特定区域现有的或预测的噪声数据资料，利用不同的彩色网格或噪声等高线代表不同的噪声水平。表示范围从局部小范围区域到大面积地区，具有查寻噪声超标热点、展现噪声暴露程度和影响人口数、表现受影响人群的烦恼度、辅助环境噪声管理等功能。开展噪声地图研究，能够科学、动态、直观地反映城市环境噪声污染特点、污染原因、污染趋势以及污染控制要点，为城市环境噪声管理、治理以及预警预报提供科学手段与方法。

5.2.2.2 基于 6 号线工程的高架噪声地图

6 号线的行车条件为：6 辆 A 型车编组、设计速度 100 km/h、发车间隔为 2 min（远期）、满载率为 30%、运营时间为 6:00—24:00（其中昼间行车时段为 6:00—22:00，夜间行车时段为 22:00—24:00）。

考虑列车运行曲线，本次计算按照区间和站点的划分，将 6 号线全线分为 35 段。其中：科学公园站—楼村站区间段的昼间和夜间二维噪声地图如图 5.2-1 所示，二维噪声等高线如图 5.2-2 所示。光明大街站—励林站区间段的昼间和夜间二维噪声地图和二维噪声等高线如图 5.2-3 和图 5.2-4 所示。

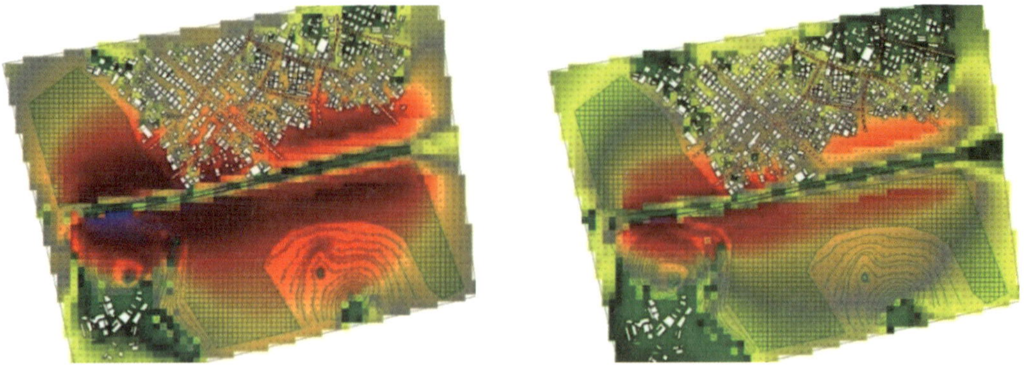

(a)昼间　　　　　　　　　　　　　　(b)夜间

图 5.2-1　科学公园站—楼村站区间段二维噪声地图

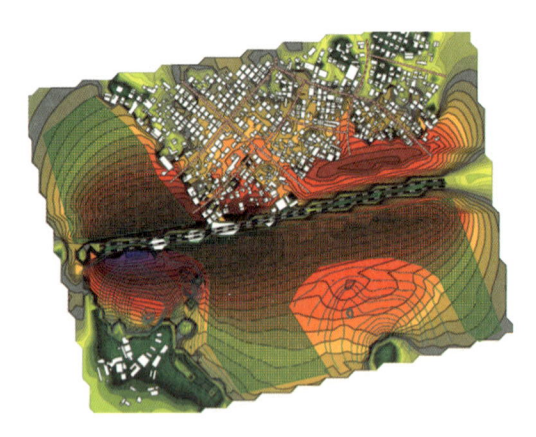

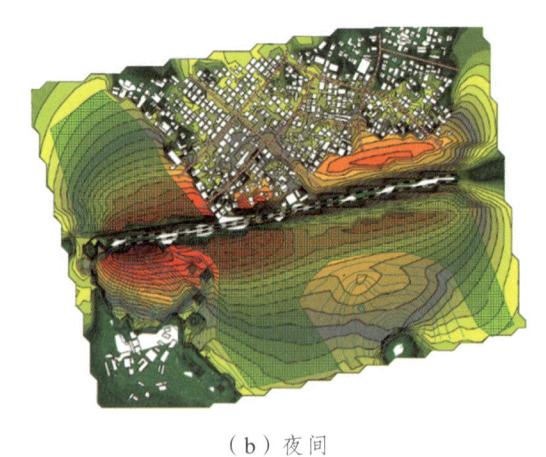

(a)昼间　　　　　　　　　　　　　　(b)夜间

图 5.2-2　科学公园站—楼村站区间段二维噪声等高线

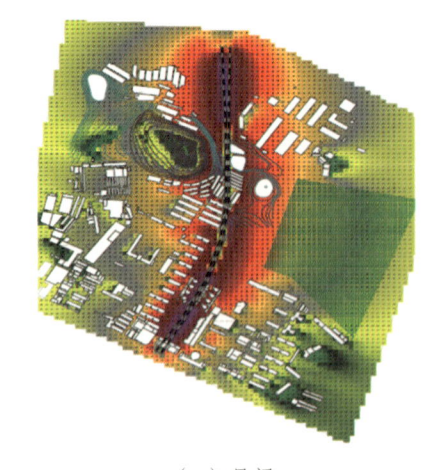

(a)昼间　　　　　　　　　　　　　　(b)夜间

图 5.2-3　光明大街站—励林站区间段二维噪声地图

（a）昼间　　　　　　　　　　　　　　（b）夜间

图 5.2-4　光明大街站—励林站区间段二维噪声等高线

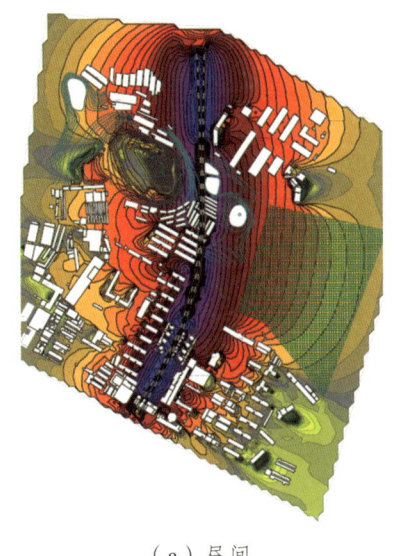

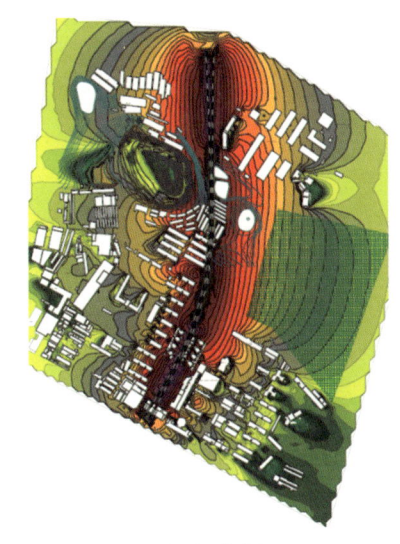

图 5.2-1 和图 5.2-2 展示了轨道交通 6 号线在科学公园站—楼村站区间段产生的环境噪声昼间（6:00—22:00）和夜间（22:00—6:00）等效连续声级，图 5.2-3 和图 5.2-4 展示了轨道交通 6 号线在光明大街站—励林站区间段产生的环境噪声昼间（6:00—22:00）和夜间（22:00—6:00）等效连续声级，图中对每个计算域予以标识。从图中可以看到 6 号线采取减振垫浮置板轨道+箱形梁桥组合时，环境噪声符合《声环境质量标准》（GB 3096—2008）的要求。此外，由图可知：夜间噪声比昼间小，这是因为夜间行车密度比昼间要小；高架线两侧的噪声较大，随着距离线路越远，噪声越小，这主要是因为噪声本身在大气中衰减以及建筑物的反射遮挡作用。

对于环境管理部门和规划部门而言，噪声地图的应用将有助于其认知实施某具体轨道交通项目后所带来的环境噪声影响的实际情况，为其制定相关政策法规、分析降噪措施的费用效益情况提供支持；对于普通大众来讲，噪声地图为其提供了一个查阅平台，有利于其深入了解声环境状况，作为环境评价体系的一部分参与监督。此外，对于相关科研部门而言，噪声地图有利于噪声污染的直观展现，以及噪声所带来健康问题的研究。噪声地图的这些功能是其他噪声评价方法所不能比拟的。

5.2.3　深圳地铁 6 号线振动地图研究

5.2.3.1　振动地图研制技术研究

地铁列车在地下轨道上行驶时轮轨之间的动作用力经钢轨-扣件-轨枕-道床-隧道结构传至地面及建筑物。对于地铁交通环境振动的影响因素，除了在修建线路时地基的物理特性这一基本无法人为改变的因素外，主要还有列车因素、轨道因素和隧道因素及建筑物因素。列车因素主要包括列车轴重、轴间距、一系和二系弹簧刚度和阻尼等；轨道因素则主要包括轨道各部件的几何尺寸、物理属性以及轨道不平顺等；隧道因素包括结构尺寸和形状、单位结构质量、埋深等。

上述诸多影响因素并存,导致了地下轨道交通环境振动预测和仿真分析的复杂性。与此同时,关于地下轨道交通环境振动的仿真理论也有多种,如有限元法、有限元+边界元法、有限元法+薄层法以及有限元法+无限元法等。本研究采用有限元法+统计能量法,因其能较为全面地反映大耦合系统的三维振动情况,为振动地图的绘制提供基础。

5.2.3.2 研究成果

1) 分析模型的建立及其计算参数的选取

对于地下地铁列车引起的环境振动,由于本次研究未能提供沿线建筑物的详细特征及其大地的物理属性,因此,只选取了公明广场站局部和公明广场站附近的聚泉湾精品酒店进行计算,该楼房的构造模型通过 Google 地图直接读取。选定后的计算域如图 5.2-5 所示,从图中可以看出整个系统包括车辆-轨道-隧道-地基和楼房,是一个非常庞大的系统。本节列车-轨道-隧道-地基-楼房耦合动力学模型的建模思路如下:

① 将车辆-轨道-隧道-地基和楼房大耦合系统分为车辆-轨道-隧道-地基和地基-楼房两个子系统。

② 对于子系统一——车辆-轨道-隧道-地基耦合系统,采用有限元法列方程和求解,并将求解结果作为激励加载在子系统二上;对于子系统二——地基-楼房耦合系统,则采用统计能量法建立方程并求解。

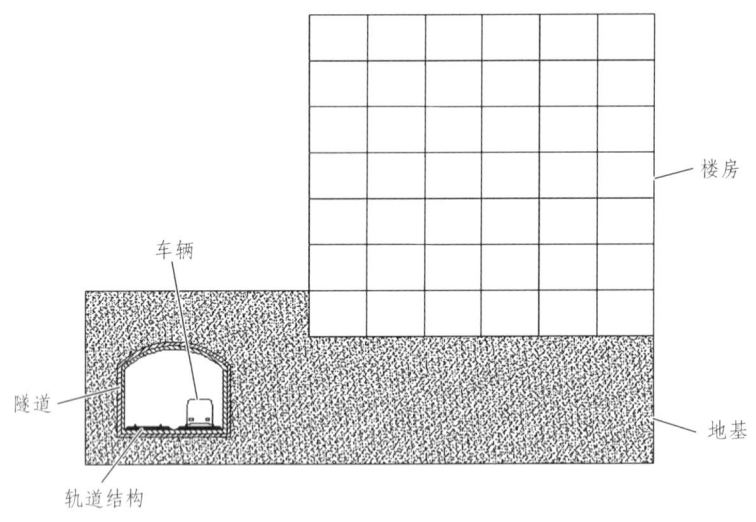

图 5.2-5 地下轨道交通环境振动计算域

2) 求解结果及其分析

基于车辆-轨道耦合动力学理论,我们建立了车辆-轨道-隧道-地基耦合振动模型,采用地铁 A 型车,运行速度为 100 km/h,轨道形式为推荐的减振垫+浮置板轨道,以公明广场站附近的聚泉湾精品酒店为原型。

对于子系统二,采取统计能量法进行仿真分析,建立模型如图 5.2-6 所示。考虑到具有相似模态的集合可以视为一个子系统,再次将楼房分为 26 个子系统,计算得到局部轨道-隧道-房屋振动地图如图 5.2-7 所示。图中显示的为垂向 Z 振级,颜色越深的部分表明振动越剧烈。

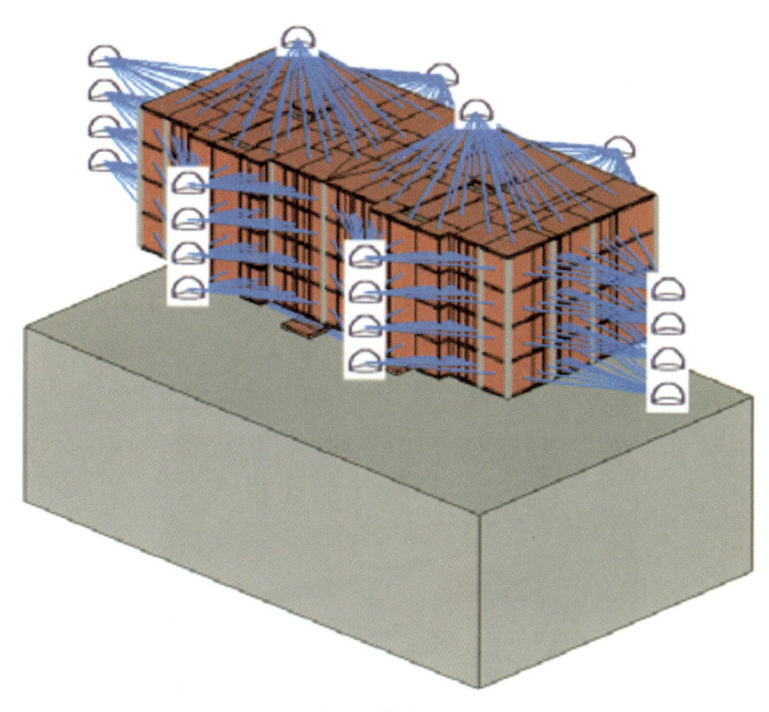

图 5.2-6　地基-楼房统计能量法模型

由图 5.2-7 可以清晰地看到，地铁 A 型车以 100 km/h 速度经过时，公明广场站附近的聚泉湾精品酒店的振动情况。

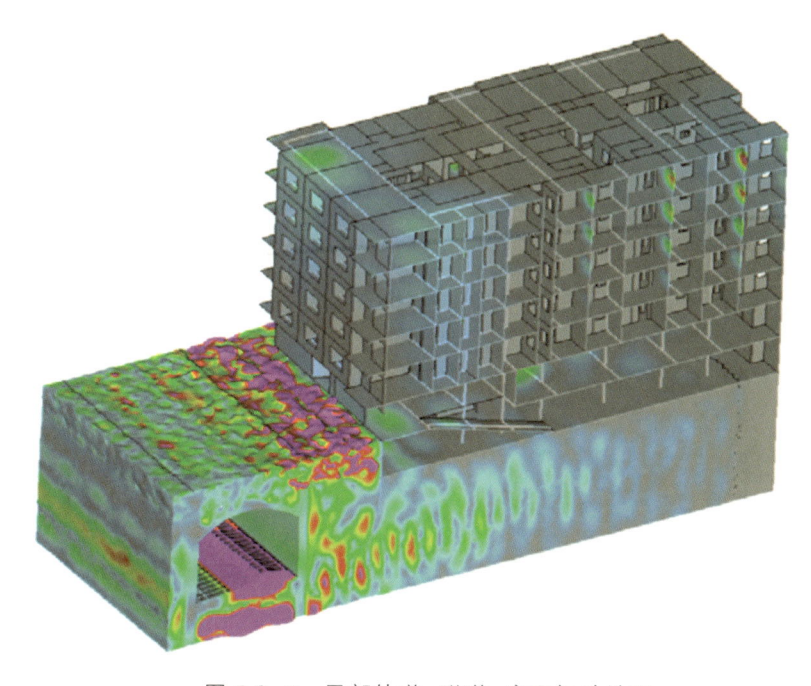

图 5.2-7　局部轨道-隧道-房屋振动地图

5.2.3.3 小结

振动地图能全面反映地下轨道交通轨道-隧道-地基及其沿线建筑物的振动情况,通过振动地图可以给新建铁路项目的选线、轨道选型以及减振措施提供决策指导。

5.2.4 城市轨道交通高架段综合减振降噪技术研究

传统高架线路减振、降噪措施独立设计,振动和噪声往往不能得到同步控制。本工程结合高架沿线振动噪声地图预测结果,在高架段制定了"声屏障+桥梁内侧吸音板+浮置板道床+道床吸音板(小半径)"全方位的综合减振降噪一体化设计方案,有效控制了轨道交通沿线振动和噪声影响,如图 5.2-8 所示。

图 5.2-8 减振降噪一体化方案

其中,声屏障可至少降低噪声 6 dB,U 形梁内侧吸音板降低噪声 2 dB,浮置板道床降低振动至少 8 dB,道床吸音板降低噪声 3 dB。采用综合减振降噪一体化技术后可将高架段振动噪声强度有效地控制在《环评报告书》和国家标准规范范围内。

此外,本工程也将轨道减振降噪一体化技术的部分创新成果纳入地下段减振降噪设计中,在环境敏感点采取了设置减振扣件、隔振垫浮置板道床、钢弹簧浮置板道床、静音钢轨及道床吸音板等措施,其中减振扣件、隔振垫浮置板道床、钢弹簧浮置板道床可分别降低振动约 5 dB、8 dB、10 dB,静音钢轨与道床吸音板分别削弱噪声约 3 dB,有效地将地下段振动噪声强度控制在《环评报告书》和国家标准规范范围内。

本工程在减振降噪方面所取得的研究成果及实施经验,将进一步丰富国内地铁振动噪声控制的设计理念,提升城市轨道交通环境保护设计的内涵,推动轨道交通的绿色发展。

5.2.5 研究成果与实施效果

本工程结合项目实际特点,开展专项研究和工程设计,在国内首次尝试将振动地图、噪声地图纳入工程振动噪声预测中,实现了沿线振动噪声的时空可视化预测;提出了"综合减振降噪"设计理念,在国内轨道交通领域首次制定并应用了"声屏障+桥梁内侧吸音板+浮置板轨道+道床吸音板(小半径)"的综合减振降噪技术方案。

通过综合减振降噪技术的应用和工程实践,深圳地铁 6 号线实现了全线减振降噪指标 100%

达到环境保护要求，一次性通过环保验收并成功开通运营的目标。

依托本工程形成的科学技术成果"城市轨道交通高架线路振动与噪声控制关键技术研究及应用"，经中国中铁股份有限公司组织科技鉴定，经专家组评审，认为其整体技术达到国际先进水平。

5.3 低碳节能技术在城市轨道交通中的应用和实践

5.3.1 城轨绿色低碳和节能环保技术研究情况

5.3.1.1 分布式太阳能光伏发电研究情况

根据相关资料统计分析，我国能源近76%由煤炭供给，这种过度依赖化石燃料的能源结构已经造成了很大的环境、经济和社会的负面影响。中国政府已宣布在2030年前碳排放达到峰值，争取2060年前实现碳中和。在可再生能源中，以分布式光伏发电为代表的清洁式可再生发电技术凭借其投资成本低、建设区域广、利用效率高、环境友好等特点得到了快速发展。我国光伏设备生产能力逐年增强，成本不断降低，市场不断扩大，装机容量也不断增加，中国截至2020年年底的累计装机容量达到2.5343亿千瓦，世界排名第一。

近年来，太阳能光伏建筑集成及并网发电得到了快速发展。建筑光伏集成具有建筑的功能，同时又可用来发电，是太阳能光伏系统与建筑的完美结合体，是电力工业可持续发展的理想范例，国际社会十分重视。并网发电技术是当今世界光伏发电的发展趋势，并网光伏发电技术是光伏技术步入大规模发电阶段而成为电力工业组成部分的重大技术步骤。与离网运行的太阳能光伏电站相比，并网不必考虑负载供电的稳定性和供电质量问题；光伏电池可以始终运行在最大功率点，由于大电网接纳太阳能所发的全部电能，提高了太阳能发电的效率，并省略了蓄电池作为储能的环节，大大降低了光伏电站的建设和运营成本。

太阳能光伏发电在轨道交通的大型交通枢纽、站场建筑中获得了应用，如上海虹桥枢纽、南京南站枢纽、广州地铁鱼珠车辆段等。由于城市轨道交通车站沿线路呈珠链式分布，一般位于周边建筑群密集区域，具有车站站点分散、车站建筑规模偏小、屋面有一定弧度等特点，同时轨道一般位于车站地面二层以上，列车进站时车站会出现振动现象，给光伏发电应用带来诸多限制和难点。因此，城市轨道交通的正线车站难以借鉴大型交通枢纽、站场建筑的光伏发电系统方案。

分布式光伏发电在城市轨道交通高架车站中的规模化应用，在国内外还没有成功应用案例，同时光伏发电技术与城市轨道交通高架车站相结合的研究也较少；且城市轨道交通对车站建筑景观、防灾等要求非常高，对供电系统可靠性的要求也不同于一般建筑物。需对光伏发电系统与城市轨道交通高架车站的结合进行深入研究。

5.3.1.2 再生制动能量利用研究情况

地铁列车制动时将产生大量的制动能量，如何高效、安全地利用此部分能量一直是牵引供电设计领域研究的问题。国内外对再生制动能量处理方式的研究从未停止，从最初的电阻消耗型，到后来的储能型、逆变回馈型，随着技术的不断发展，越来越多的制动能量处理方案在轨道交通中探索前行。

1）电阻消耗型

电阻消耗型方案技术成熟，它是将列车制动产生的能量通过电阻装置转化为热能直接消耗掉，转化的热能使得环境温度抬升，增加了环控负载。该处理方式完全没有节能效果；同时电阻在工作时会发出刺耳的噪声，对周围居民生活影响较大。因此目前该方案在国内外已完全被淘汰。

2）储能型

目前国内外的储能型方案主要分为超级电容储能和飞轮储能两种，再生制动能量吸收装置通过 IGBT 逆变器将列车的再生制动能量吸收到大容量电容器组或飞轮单元中。当供电区间内有列车起动、加速需要取流时，超级电容装置或飞轮装置再将所储存的电能释放出去进行再利用。

在超级电容方面，主要有德国西门子公司生产的 IGBT 斩波控制技术的电容储能装置（SITRAS-SES），其在德国科隆、美国宾夕法尼亚州、韩国、日本等地的地铁线路中有所应用。国内在北京地铁 5 号线也有采用，但由于当初配置的储能容量有限，且维护费用较高，已停运。国内的湖南恒信电气股份、株洲时代电气、青岛四方车辆研究所也在研制超级电容储能装置，但目前产品成熟度不高。

在飞轮储能方面，主要以英国一家 UPT 公司研制的设备为主，其在美国的纽约 Far Rockaway 线、我国香港城巴、英国伦敦地铁、法国里昂地铁等中使用。国内的镇江大全赛雪龙、千驷驭、盾石磁能科技也在研制飞轮储能装置，其中盾石磁能科技公司在北京地铁的房山线有 1 套挂网试运行。

3）逆变回馈型

随着 IGBT 功率元器件容量和控制技术的突破，近年来逆变回馈型的方案在轨道交通领域的应用认知度越来越高。目前国外主要有西门子、AAB 等公司，国内主要有北京千驷驭、株洲时代电气、许继电气、湖南恒信、新风光、南京亚派等公司在不断研究改进。

逆变回馈型的方案目前主要有逆变至 0.4 kV 侧、逆变至中压侧（35 kV 或 10 kV 侧）三种方案。这三种方案在设备投资、土建占地面积、逆变回馈能量、系统控制策略方面都各有优缺点。逆变至 0.4 kV 侧虽然设备投资小，但由于受 0.4 kV 负荷容量的限制，其逆变回馈的容量有限，无法达到实际高效的节能效果；逆变至中压侧（35 kV 或 10 kV 侧）的方案虽然设备一次性投资较大，但其在逆变回馈容量和供电可靠性方面都更具优势。

目前，国内外对列车再生制动能量的处理方式较多，但如何结合轨道交通线路特点以及现阶段产品设备的技术发展趋势选择更为高效、可靠的再生制动能量治理方案显得尤为重要。

5.3.2 高架车站分布式光伏发电技术研究与应用

5.3.2.1 应用背景

进入 21 世纪后，化石能源的大规模开发利用带来的能源危机和环境危机凸显，在国家"双碳"目标下大力发展可再生能源，推进能源低碳转型是国家的重要战略。在可再生能源家族中,以分布式光伏发电为代表的清洁式可再生发电技术凭借其投资成本低、建设区域广、利用效率高、环境友好等特点得到了快速发展。

轨道交通特别是地铁作为缓解城市交通压力的重要措施,较好地解决了大城市日益严重的交通问题,但其本身也是城市耗能大户。以深圳地铁为例,2020年全年运营总耗电约13.5亿千瓦时,能耗费用占运营成本超过20%,从设计源头上挖掘节能潜力是一项重要任务。

深圳市太阳年总辐射量可达531.6kJ/cm², 太阳能资源十分丰富。6号线高架线路约占65%,包括12座高架车站具备利用太阳能发电的良好条件。在轨道交通中利用光伏发电技术减少对城市电网的用电需求,将推动交通能源低碳转型,是促进城市轨道交通行业绿色低碳可持续发展的重要举措,也可为实现"双碳"目标做出积极贡献。

5.3.2.2 高架车站光伏建筑一体化方案

1) 光伏与车站建筑结合形式选择

光伏与建筑物的结合形式大体可分为两类:一类是光伏方阵与建筑的结合;另一类是光伏方阵与建筑集成,也称为光伏建筑一体化设计。结合地铁高架车站特点,经全寿命周期成本分析,6号线采用光伏建筑一体化设计,车站建筑在景观设计时充分考虑光伏系统要求,将光伏、建筑和美学融为一体,与城市景观相融合。光伏发电系统与地铁车站同步设计、同步施工,提高了车站整体美观性。

2) 屋面光伏与建筑结合方案

6号线在车站造型方案比选时充分考虑了高架车站在通透、轻巧、节能及光伏组件安装等方面的要求,屋顶采用门式弧形钢结构网架形式,屋面外板选用直立锁边铝镁锰合金屋面板,屋面板每隔400 mm设一道板肋。光伏组件整体平铺于车站顶棚上,通过光伏支架固定在屋面板上,光伏支架采用专业夹具与铝镁锰屋面板肋固定连接,既保证了光伏组件与屋面板结构的连接强度,也不影响屋面结构布置及防水,实现了光伏发电系统与车站建筑完美结合,如图5.3-1所示。

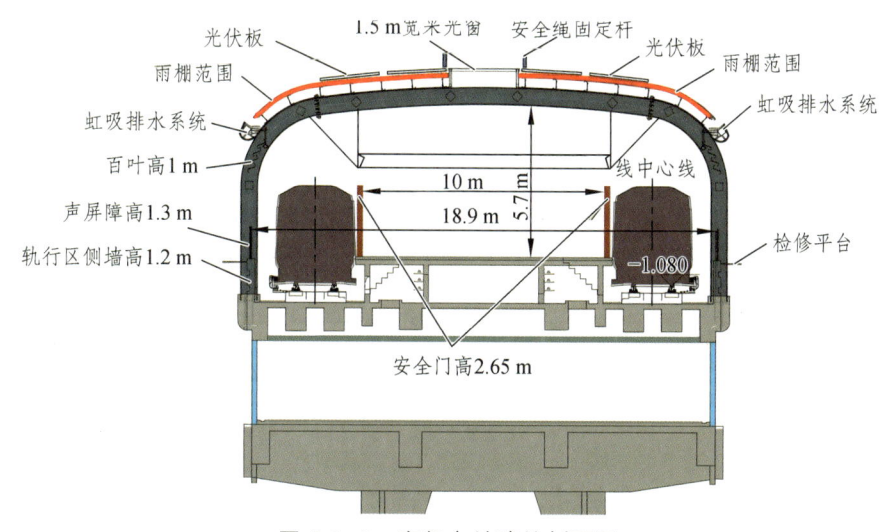

图5.3-1 高架车站建筑剖面图

6号线高架车站光伏建筑一体化方案,在保持原有建筑景观设计理念的前提下,在车站屋面安装光伏组件,并依据采光、遮阳、通风等功能需求进行整体设计,为光伏发电系统与高架车站景观相融合提供了新思路,如图5.3-2所示。

图5.3-2 车站光伏建筑一体化实景图

3)太阳能光伏组件选择及布置

太阳能电池主要分为晶硅电池、薄膜电池。晶硅电池目前发展最成熟,商业化程度最高,市场占有率超过90%;晶硅电池可分为单晶硅电池和多晶硅电池。薄膜电池的优点是材料用量少、成本低,最大缺点是多数品种光电转化率比晶体硅低。结合太阳能电池在转化效率、成本上的差异,通过全寿命周期成本分析,本项目采用转化效率达18.6%的高效单晶硅光伏组件,光伏组件尺寸为1956 mm×991 mm×40 mm,单块光伏组件最大输出功率为360W_p。

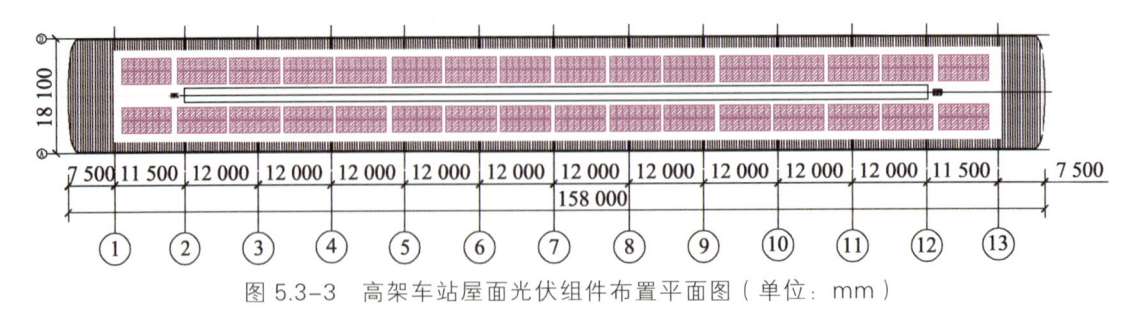

6号线标准高架车站屋顶面积约为2800 m^2,考虑到钢结构屋面受力、检修与维护等多种因素,光伏组件有效安装面积约为1500 m^2,安装了512块单晶硅光伏组件,车站装机容量为184.32 kW_p。光伏组件在屋面上的布置如图5.3-3所示,每16块光伏组件构成一个光伏方阵,高架车站分布式光伏发电系统由32个光伏方阵构成。

图5.3-3 高架车站屋面光伏组件布置平面图(单位:mm)

4)光伏方阵屋面钢结构受力条件

高架车站屋面光伏方阵采用专用夹具与铝镁锰屋面板肋固定,夹具固定点位选择在铝镁锰面板固定座的正上方,夹具布置间距为 0.4 m,与屋面板肋一致。光伏方阵荷载通过光伏组件压件传递到铝合金光伏支架上,光伏支架再通过夹具固定在铝镁锰屋面板肋上,光伏组件、支架及夹具的荷载通过夹具传递到屋面板上,如图 5.3-4 所示。

图 5.3-4 光伏方阵在钢结构屋面上的固定实例

深圳地区台风频繁,合理的光伏支架系统设计方案至关重要。我们利用 SM Solver 和 SAP2000 软件,建立光伏组件在车站屋面上安装的数学模型,对光伏组件与屋面间的连接方式进行了三维受力进行分析,计算光伏支架系统的夹具、支座、压块受力情况,提出了分布式光伏系统对车站屋面的结构受力条件要求如下:

(1)预留光伏系统荷载不大于 $0.4kN/m^2$,单个支点夹具承受向上拉力不大于 2.18kN,向下压力为恒载设计值 0.33kN+活载设计值 0.4kN。

(2)屋面板夹具支座材料抗拉、抗压和抗弯强度为 160 N/mm^2、抗剪强度为 90 N/mm^2。

(3)光伏组件在屋面安装时需设不小于 2.5cm 的泄风口。

光伏支架系统连接夹具固定点位置如图 5.3-5 所示。

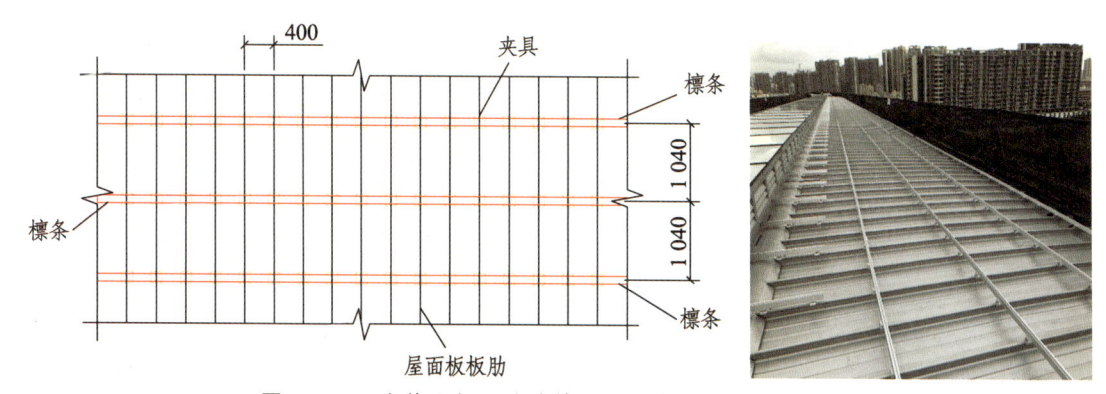

图 5.3-5 光伏支架系统连接夹具固定点位置(单位:mm)

设计时还充分考虑了列车进出站点所带来的振动问题,通过模拟计算和实测验证,优化光伏支架系统布置,采用了特殊的防松动措施,使得支架系统不仅满足受力要求,还能适应深圳地区地铁系统特有的台风灾害及列车运行振动等现实问题。光伏发电系统并网运行至今已近两年，已经受住多次极端台风天气的考验，亦未发现因列车振动而出现支架系统松动的情况。

5.3.2.3 分布式光伏发电系统并网方案

1）并网接入方式选择

光伏发电从系统上分为独立光伏发电系统和并网光伏发电系统两类，后者不需配置蓄电池，从而使成本大幅降低。从供电可靠性及经济性角度考虑，地铁高架车站宜选用并网光伏发电系统。根据地铁供电系统的特点，在 35 kV 交流侧、400 V 交流侧和 1500 V 直流侧可作光伏并网发电的接入点。由于地铁车站用电负荷较大，可供安装太阳能光伏组件车站屋面的面积又有限，经计算各车站日时发电量均小于日时的用电量，仅能满足车站部分动力照明用电需求，故地铁高架车站光伏发电系统选择在 400 V 低压侧并网方式。

高架车站变电所设两台 35 kV/0.4 kV 配电变压器，低压供电系统采用单母线分段的主接线方案，正常情况下两台变压器各带一半用电负荷。为保证最大限度地优先使用光伏电源，选择在动力变压器低压侧出线与低压进线断路器上端之间的母线处为并网点接入，通过两段母线给车站动力照明负荷供电，维持两段母线供电平衡。系统主接线如图 5.3-6 所示。

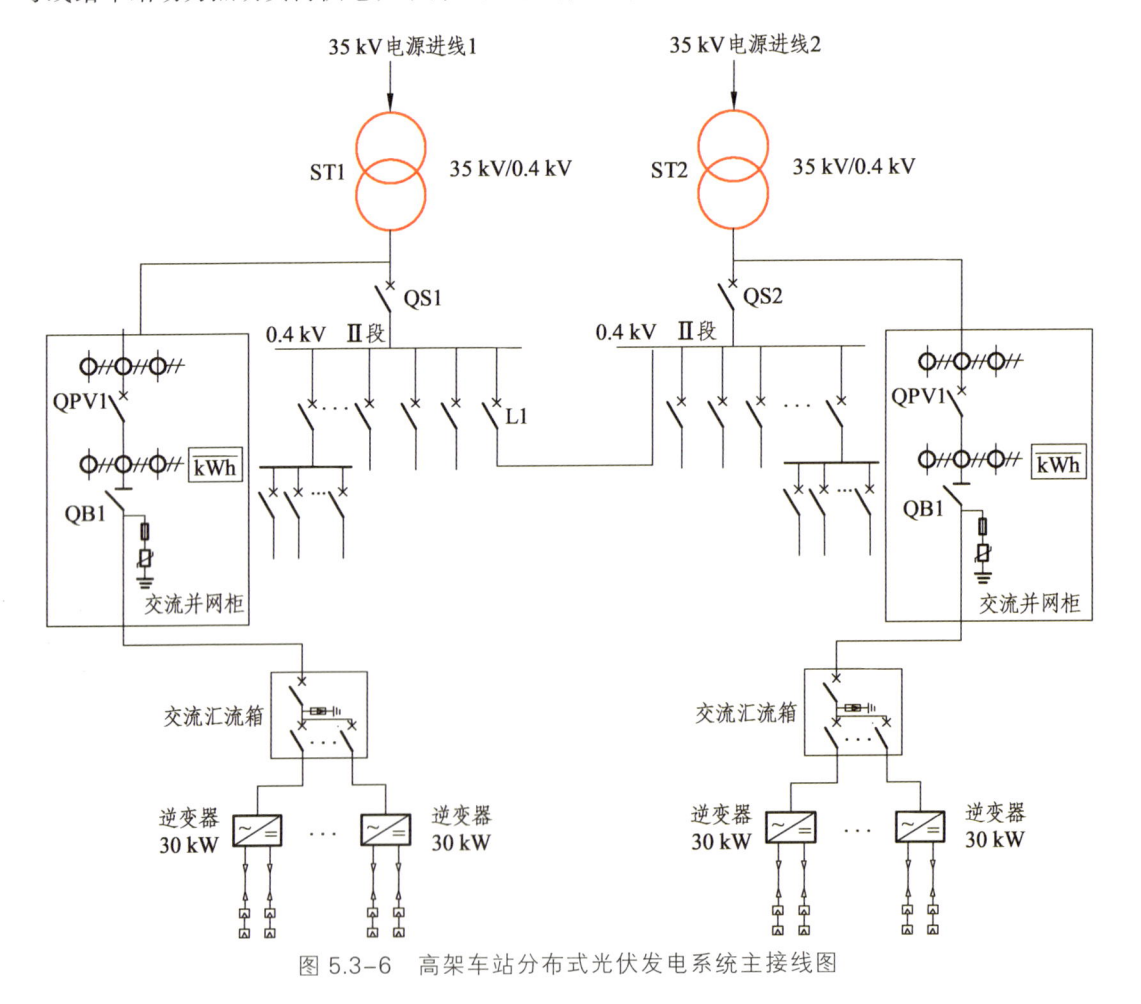

图 5.3-6　高架车站分布式光伏发电系统主接线图

结合系统装机容量，每座车站配置 6 台 30 kW 组串式智能逆变器，每台逆变器接入 5~6 个光伏方阵，采用 2 台 5 进 1 出的交流汇流箱，分成 2 个并网点，并网于车站 2 台配电变压器 0.4 kV 低压侧母线上。车站动力照明负荷优先使用光伏电源，光伏发电量不足部分由地铁电网补给；光伏系统不能发电时由地铁电网供电。

在并网接入点设置并网监控装置，实时监测变电所 0.4 kV 进线断路器的电压和电流，当出现通信故障或其他故障（变电所故障或光伏系统故障）时，并网监控装置会控制光伏交流并网断路器，断开并隔离光伏发电系统与车站供电系统，避免故障扩大或相互影响，确保供电的可靠性。

2）对地铁供电系统可靠性的影响

地铁车站光伏发电成珠链式独立分布，各车站光伏发电系统分别接入本站供电系统低压侧后，地铁供电系统网络结构由两路市政电源接入变为多电源接入结构。潮流计算和模拟分析表明，分布式光伏发电接入车站低压侧后，前端线路负载率略有下降，但不影响供电系统潮流方向；光伏发电接入后系统短路容量增大，短路电流随之增大，进而提高了保护装置灵敏度。因此，地铁供电系统原有保护配置满足光伏发电系统接入后的稳定运行要求。

5.3.2.4 光伏发电系统监控方案

监控系统通过对光伏发电系统的运行状态、设备参数、环境数据等进行监视、测量和控制，对当前和历史发电量、节能减排情况进行对比统计分析，实现系统安全、可靠及经济运行。

深圳地铁 6 号线充分利用地铁特有的综合监控系统、能源管理系统、乘客资讯系统和通信传输通道对各车站光伏发电系统进行管理。车站光伏发电监控单元通过车站级综合监控系统、能源管理系统，利用地铁通信传输系统连接至控制中心级能源管理系统，对全线光伏发电数据进行整合，为运营、检修、管理等提供全面、便捷、差异化的数据和服务，同时为进一步优化提供实际数据支持。

5.3.2.5 光伏发电系统附属设施

1）防雷接地设计

高架车站光伏发电系统设备的保护接地、工作接地、屏蔽接地及防雷接地共用车站综合接地系统，接地电阻不大于 4 Ω。

屋面光伏系统采用 50 mm×5 mm 的热浸锌扁钢组成不大于 10 m×10 m 或 12 m×8 m 的接闪器，接地扁钢与屋面预留接地端子可靠焊接。光伏组件采用接地线相互连接，并不少于两点与光伏支架可靠连接，支架不少于两点与扁钢网格可靠电气连接；屋面监控、环境监测仪支架和冲洗给水管等金属构件也需与接地扁钢网格可靠电气连接。在光伏逆变器、交流汇流箱和并网柜中逐级加装防雷浪涌保护器，实行多级防雷保护。

2）屋面检修与维护通道设计

屋面检修与维护通道布置在屋面采光天窗四周等人员通行区域（如图 5.3-2 中的黄色区域），方便工作人员安装和维护光伏组件，提高光伏组件安装和维护的安全系数。

检修和维修通道包括固定支架和人行板，通道距光伏组件水平距离约 200~300 mm，高出光伏组件 0~100 mm。人行板采用 400 mm 宽树脂格栅材料，采用光伏专用夹具和角钢固定安装。

3）光伏组件清洁设计

光伏组件表面受车站周边环境影响难免会积灰，积灰过多会降低系统发电量，因此屋面光伏组件需定期清洁。考虑到深圳属于多雨地区，采用的光伏组件具有自洁功能，在自然雨水后可自行达到清洁状态，系统设计时采用人工清洁方式，在长期未下雨时由人工冲洗屋面光伏组件。

屋面两端预留给水接入条件，水压满足对屋顶清洁的要求，对于不满足条件的车站在站台增设给水管道泵；在屋面沿采光天窗四周布置 DN50 不锈钢水管，安装了 12 个水龙头，以便接管清洗。

4）屋面监控设计

为方便运维人员掌握屋面光伏组件日常情况，在屋面设置了 2 处视频监控高清摄像头，可对屋面光伏设施进行无死角监视。同时，在屋面设置了一套环境监测仪，可对环境温度、太阳能辐照强度、风速等气象数据进行监测。屋面视频监控和环境监测数据均接入光伏发电监控系统，在车控室通过综合监控系统也可方便查看车站屋面光伏系统情况。

5.3.2.6 实施效果

6 号线分布式光伏发电系统已于 2020 年 8 月 26 日正式并网运行，2021 年年度发电量统计数据如图 5.3-7 所示。根据统计数据，高架车站光伏发电量可满足高架车站全年约 30%的动力照明用电需求，其高峰发电时段（正午前后约 2 h）甚至可提供高架车站约 80%的用电量，可基本实现高架车站用电"自给自足"。

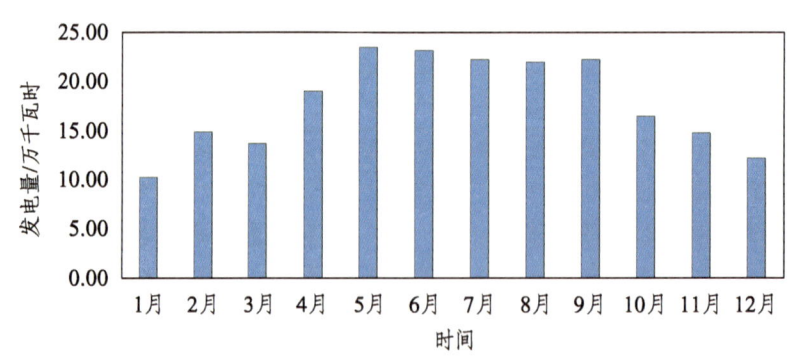

图 5.3-7　高架车站光伏发电系统 2021 年发电量统计例图

光伏发电系统 25 年设计寿命期内预计总发电量 5856 万千瓦时，减排二氧化碳 22.58 万吨，纯经济收益约 5047 万元，实现了经济效益与生态效益的双丰收。

5.3.2.7 发展展望

6 号线高架站分布式光伏发电系统的创新设计和并网发电，填补了太阳能光伏发电在城市轨道交通高架车站中规模化应用的空白，形成了一整套城市轨道交通高架车站太阳能光伏发电应用技术方案，进一步为小容量、分布式光伏发电在城市轨道交通中的推广应用提供了示范案例,对城市轨道交通节能减排、降低运营成本具有重要意义。随着光伏发电成本进一步降低及国家"双碳"目标的设立,"光伏+轨道交通"更具广泛的经济效益和显著的社会效益,对推动分布式光伏发电在我国城市轨道交通中的应用起到引领和示范效应。

5.3.3 再生制动能量吸收技术研究与应用

5.3.3.1 背景

地铁作为一种大运量、高密度的交通工具,在城市公共客运交通中扮演着越来越重要的角色,其列车运行具有站间运行距离短、运行速度较高、起动及制动频繁等特点。目前,地铁列车普遍采用 VVVF 动车组列车,其制动一般为电制动(再生制动、电阻制动)和空气制动(机械制动)两级制动,速度在 5 km/h 以下及 80 km/h 以上时采用空气制动,速度在 5~80 km/h 时以再生制动和电阻制动为主,空气制动为辅。

传统的列车电阻制动做法是将制动电阻装设在车辆底部,列车在中高速运行状况下制动时采用以电制动为主,空气制动为辅,电制动优先,电制动力不足时由空气制动补充的方式。其中电制动时优先采用再生制动,再生制动电能通过牵引网被相邻列车吸收,当再生制动能量不能完全被相邻车辆吸收利用时,将造成牵引网电压升高,为保护牵引网设备和机车设备,限制牵引网电压进一步升高,须投入电阻消耗多余的再生电能,即采取电阻制动。因此,大部分再生制动能量被制动电阻吸收,变成热能并向周围散发,热量直接排放在隧道内,导致隧道和车站内的温度升高,增加了环控系统的负担和运营成本。

如何结合当前的技术发展及工程的具体情况,选择合理可行的再生制动能量处治方案,实现再生制动能量的实时吸收与利用,达到绿色、低碳、节能的目标是牵引供电设计领域值得研究和探索的问题。

5.3.3.2 国内外列车制动能量处治方案

国内外对列车再生制动能量处治方案的研究从未停止,从最初的电阻消耗型,到现在的储能型、逆变回馈型,随着技术的不断发展,越来越多的再生制动能量处治方案在轨道交通中探索前行。

1) 电阻消耗型

电阻消耗型方案技术成熟、控制简单,它是将列车制动产生的能量通过电阻装置转化为热能直接消耗掉,转化的热能使得环境温度抬升,增加了环控负载。该处治方式完全没有节能效果;其电阻在工作时还会发出刺耳的噪声,对周围居民生活影响较大。因此该处治方案目前在国内外已基本被淘汰。

2) 储能型

目前,国内外的储能型方案主要分为超级电容储能(图 5.3-8)和飞轮储能(图 5.3-9)两种,再生制动能量吸收装置通过 IGBT 逆变器将列车的再生制动能量吸收到大容量电容器组或飞轮单元中。当供电区间内有列车起动、加速需要取流时,超级电容装置或飞轮装置再将所储存的电能释放出去进行再利用。

图 5.3-8　超级电容　　　　　　　　图 5.3-9　飞轮储能

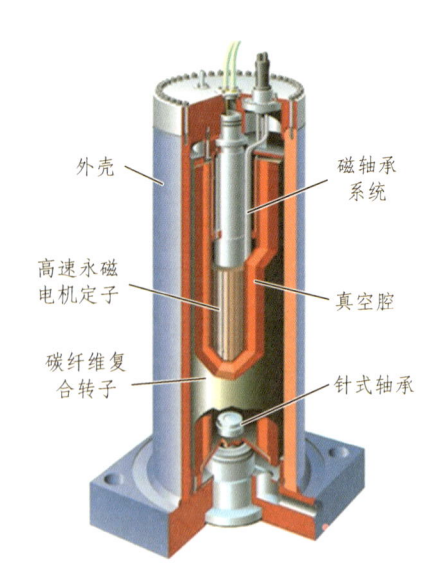

超级电容国外主要有德国西门子公司生产的 IGBT 斩波控制技术的电容储能装置（SITRAS-SES），在德国科隆、美国宾夕法尼亚州、韩国、日本等地的地铁线路中有所应用。国内在北京地铁 5 号线也有试点采用，但由于当初配置的储能容量有限，且维护费用较高，最终停用了。目前，国内的湖南恒信电气股份、株洲时代电气、青岛四方车辆研究所等企业也在研制超级电容储能装置，其中青岛四方车辆研究所在北京地铁有挂网试运行，但目前轨道交通中全线应用并运营的案例还没有。

飞轮储能国外以英国 UPT 公司研制的设备为主，在美国纽约的 Far Rockaway 线、我国香港城巴、英国伦敦地铁、法国里昂地铁等中有所使用。国内目前有北京千驷驭、盾石磁能科技等公司在研制，其中盾石磁能科技公司在北京地铁有挂网试运行，但在轨道交通中全线应用并运营的案例暂时没有。

3）逆变回馈型

随着 IGBT 功率元器件容量和控制技术的突破，近年来逆变回馈型的方案在轨道交通领域的应用认知度越来越高。逆变回馈型方案无须进行能量的储备，可实时地将制动能量直接回馈到电网上，及时发生及时利用，充分实现制动能的在线吸收与利用。

逆变回馈型的方案主要有逆变至低压侧（0.4 kV 侧）和逆变至中压侧（35 kV 或 10 kV 侧）两种方案。这两种方案在设备投资、土建占地面积、回馈容量、系统控制策略方面都各有优缺点。逆变至低压侧虽然设备投资较小，但由于受低压侧负荷容量的限制，其逆变回馈的容量有限，无法实现高效的节能效果。逆变至中压侧的方案虽然设备一次性投资较高，但其在逆变回馈容量和供电可靠性方面都更具优势，如图 5.3-10 所示。因此，目前国内外轨道交通项目基本以逆变至中压侧（35 kV 或 10 kV 侧）为主。

目前，国内外生产制造逆变回馈设备的厂家已较多，国外主要有西门子、AAB 等公司，国内主要有北京千驷驭、株洲时代电气、许继电气、湖南恒信、山东新风光、南京亚派等公司。逆变回馈型方案在国内诸多城市的轨道交通中已有全线应用的案例。

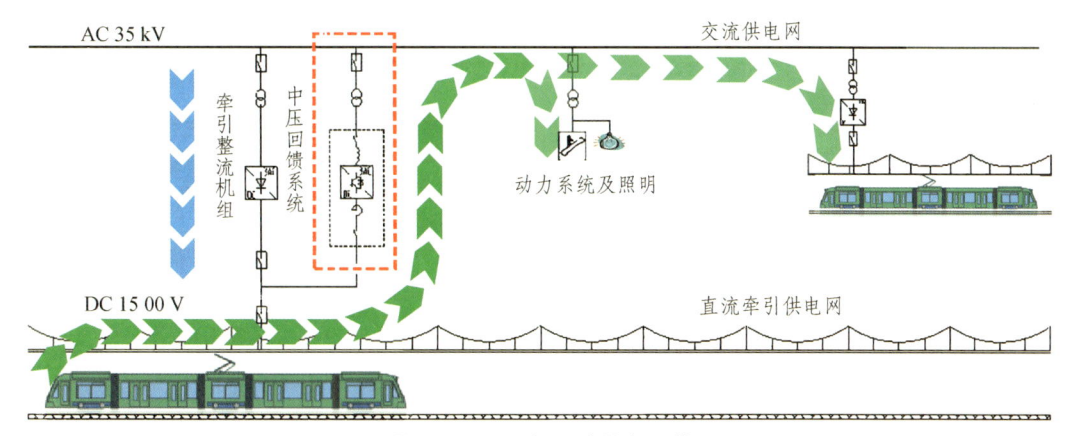

图 5.3-10　中压型逆变回馈

5.3.3.3　再生制动能量吸收方案

6 号线采用了逆变至 35 kV 侧的再生制动能量吸收装置，将列车制动产生的能量直接回馈到 35 kV 电网侧，由 35 kV 电网将电能分配给其他负载使用，实现了列车再生制动能量的在线吸收与利用，如图 5.3-11 所示。

图 5.3-11　再生制动能量吸收装置现场安装实景图

中压型再生制动能量吸收装置无须进行能量的储备，实时地将能量直接回馈到电网上，及时发生及时利用，具有占地空间小、节能效果明显等优点。

5.3.4　实施效果

6 号线开通运营后，对全线 11 套再生制动能量吸收装置从 2020 年 11 月至 2021 年 4 月共计 6 个月的现场数据进行了统计分析，如图 5.3-12 所示。根据统计数据，6 号线 11 套再生制动能量吸收装置平均每月回馈电量约 37 万千瓦时，回馈电量约占牵引能耗的 13%，全年可

节约电量约 444 万千瓦时，节能效果显著。

图 5.3-12　各站点每日平均回馈电量和每月总回馈电量

再生制动能量吸收装置在 6 号线中的工程化应用，有效减少了地铁运营成本、降低了碳排放，引领和推动了城市轨道交通供电系统技术方案的自主创新和技术进步。

5.4　海绵城市的绿色环保技术在城市轨道交通设施建设中的应用

5.4.1　城轨绿色环保海绵城市技术研究情况

海绵城市是指将城市建设成像海绵一样，既能吸收大量雨水又能释放雨水，使城市本身具备抵抗自然灾害与适应恶劣环境的能力。遇到暴雨天气时，雨水能够被海绵城市吸收、储蓄、渗入、净化，在需要时储存的雨水可以被利用。

目前，美国、英国、法国、韩国、日本、瑞士、新加坡及德国等国家的海绵城市建设处于领先水平，针对城市内涝、水环境恶化、水资源流失等制定了一系列措施。美国的大多数城市目前实行的还是传统的水利设施设计理念，不过一些干旱地区正在重新规划，建设海绵城市；法国通过建立城市水循环系统，增添蓄水中心、储水池、净水处理中心等，使城市免受洪涝之灾，同时提升了水循环利用率；日本通过建设储水池提升了雨水再利用率，同时路面使用大粒石子、透水砖等材料提高地面的透水性能，并形成了一整套的绿地保护体制；瑞士城市拥有完善的、遍布全城的城市给排水管道和生活污水处理厂，通过在建筑物外面装设专用雨水流通管道，内部建蓄水池，将雨水处理后再使用；新加坡通过规划城市排水系统、建立大型蓄水池、严格规范地面建筑排水标准，形成了一整套设计科学、分布合理的雨水收集和城市排水系统。

相比欧美发达国家来说，我国海绵城市的建设相对比较晚。2013 年 12 月，习近平总书记在中央城镇化工作会议上提出要"建设自然积存、自然渗透、自然净化的'海绵城市'"。2015 年 8 月 12 日，水利部从城市水利的角度发布了海绵城市建设的相关指导意见，提出了要因地制宜、科学合理地制定海绵城市建设总体目标和子指标，管理好城市河湖水域，连通河湖水系，做好水生态治理与修复。2015 年 10 月 16 日，国务院从国家海绵城市建设的角度，确定了海绵城市建设目标，大约 80%的雨水要渗透或回用，2020 年城市建成区 20%以上的面积达到目标要求，2030 年城市建成区 80%以上的面积达到目标要求。当前，很多试点城市在海绵城市建设领域取得了良好效果，比如北京、济南、深圳等，并为中国海绵城市建设提供了很多指导意见。

深圳市作为第二批海绵城市国家试点城市之一，于 2017 年陆续出台海绵城市建设相关政策文件，但大部分海绵城市项目重点聚焦于小区、学校以及公园等场所。目前，针对城市轨道交通项目的海绵城市（低影响开发设施）建设指标和应用案例很少，需对城市轨道交通项目的海绵城市建设进行深入研究。

5.4.2　海绵城市设施建设条件研究

5.4.2.1　长圳车辆段工程概况

长圳车辆基地选址位于深圳光明区规划科裕路以西、规划同观路以南、东长路以东、光侨路以北的围合地块，该地块现状以可建设用地为主，有一处平均 5 m 宽的明渠穿过地块西侧。规划同观路和十九号路横穿地块，东北侧有规划的鹅颈水河道。

长圳车辆基地位于光明区光明街道，街道用地性质以居住用地、商业用地及配套公共服务设施用地为主，总用地面积约 110.65 hm²，规划计容建筑面积约 230 hm²。长圳车辆段地块位于长圳车辆基地范围内，规划用地性质为居住用地及商业用地，用地面积约 31.44 hm²。

长圳车辆段是 6 号线工程的重要组成部分，紧邻长圳站。长圳车辆段定位为车辆大架修基地，承担 6 号线车辆的大修及架修、定修，车辆停放、整备、运用、检修以及各种设备保养维修，物资保障等任务。

本工程规划建设长圳车辆段公安派出所及员工公寓、综合楼及其裙房工程，位于车辆基地西南侧，该工程包括 15 层 49.65 m 高的公安派出所及员工公寓楼、25 层 99.15 m 高的综合楼以及 3 层 13.2 m 高的裙房，综合楼为框剪结构，公安派出所及员工公寓楼、裙房为框架结构，如图 5.4-1 所示。综合楼有一层地下室，地下室面积为 10347 m²。车辆段盖上规划为 TOD 开发项目。

图 5.4-1　项目用地范围图

5.4.2.2　现状基础条件分析

1）气候与降雨

项目所在行政区光明区属于亚热带海洋性气候区，温暖多雨，夏长冬短，在气候区划上属于南亚热带湿润大区闽南-珠江区。光明区多年平均气温为 22 ℃，以 2017 年数据为例，最高温为 8 月份的 39.6 ℃，最低温为 12 月份的 6.5 ℃，如图 5.4-2 所示。

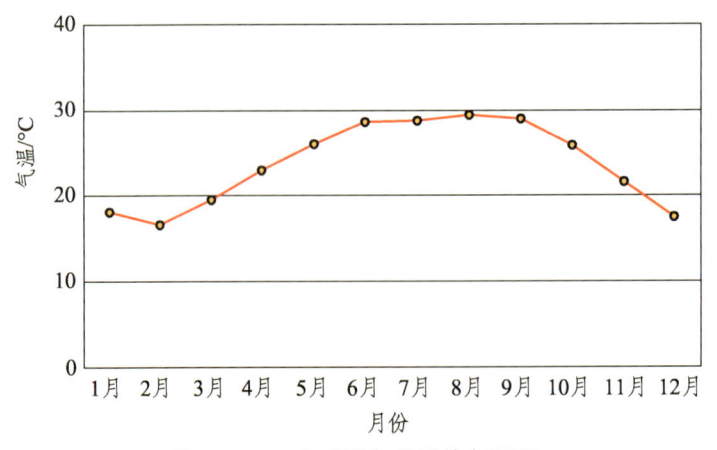

图 5.4-2　光明区各月平均气温图

项目所在行政区光明区年降雨量平均为 1926 mm，降雨量年内分配不均匀：全年 86%的雨量出现在汛期（4—9 月）；每年 10 月至次年 3 月降雨量少，占全年总量的 14%。

鉴于 2014 年 4 月《光明新区海绵城市专项规划及实施方案》采用如图 5.4-3 所示的深圳市雨量资料进行海绵城市专项规划，为了保证与《光明新区海绵城市专项规划及实施方案》相衔接，本研究也采用图 5.4-4 所示的深圳市年径流总量与设计降雨量曲线的关系图进行海绵城市设施蓄水容积确定工作。

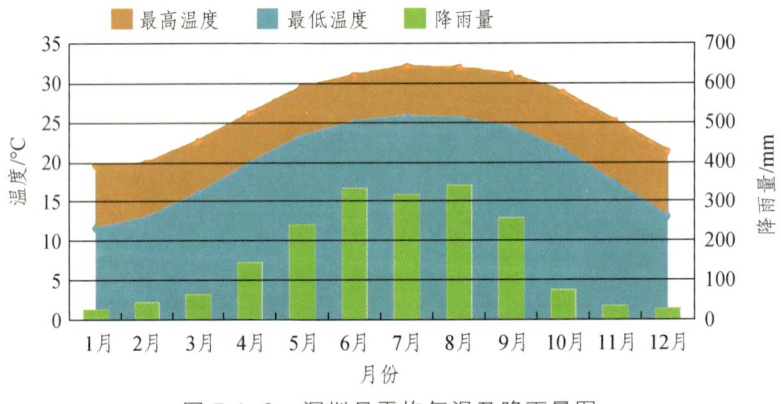

图 5.4-3　深圳月平均气温及降雨量图

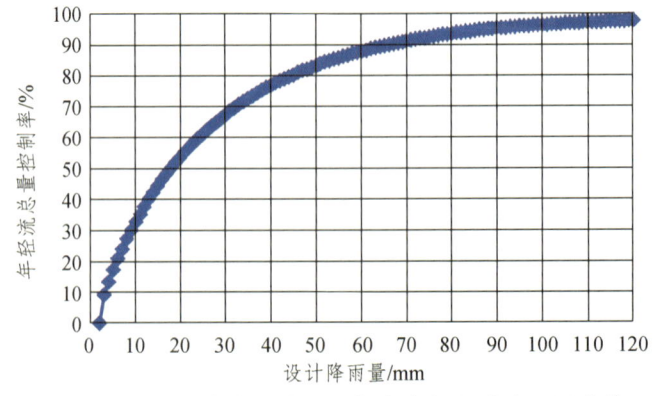

图 5.4-4　深圳市年径流总量控制率与设计降雨量曲线

2）土壤

根据地质勘察报告，项目所在地地层与岩石种类较多，表层为第四系全新统人工填筑土（Q_4^{ml}），其下为第四系海积层（Q_4^{ma}）淤泥质粉质黏土、淤泥质细砂及冲洪积层（Q_4^{al+pl}）的淤泥质粉质黏土、砂层、粉质黏土，基岩上部多为残积土（Q^{el}）所覆盖，下伏基岩由沉积岩与岩浆岩共同组成，沉积岩有震旦系（Z_h）长石石英片岩、三叠系（T_3x）的砂岩和砂质泥岩，岩浆岩主要为加里东期的混合花岗岩、花岗岩和燕山期的花岗岩，见表5.4-1。

表5.4-1 工程地质分层及渗透性评价情况一览

层号	地层名称	透水性	抽水试验 $K/$（m/d）	《深圳市基坑支护技术规范》（SJG 05—2011）表 F.0.1	渗透系数建议值 $K/$（m/d）
<1-1>	素填土	弱透水	—	—	0.4
<3-2>	粉、细砂	中等透水	—	1.88～7.78	9
<3-3>	中、粗砂	强透水	5.585	6.91～67.4	18
<3-4>	砾砂	强透水	—	48.4～86.4	40
<3-6>	粉质黏土（硬塑）	微透水	—	2.85×10-4～9.94×10-2	0.005
<3-7>	粉质黏土（软～可塑）	微透水	—	2.85×10-4～9.94×10-2	0.001
<3-8>	有机质土	不透水	—	1.73×10-5～1.99×10-2	0.0005
<5-2>	砾（砂）质黏性土（硬塑）	弱透水	—	1.12×10-2～5.18×10-2	0.03
<9-1>	全风化混合花岗岩	弱透水	—	5.18×10-2～0.53	0.4
<9-2-1>	强风化混合花岗岩（土状）	弱透水	—	0.53～2.22	0.8
<9-2-2>	强风化混合花岗岩（半岩半土状）	中等透水	—	0.53～2.22	2.2
<9-3>	中等风化混合花岗岩	中等透水	—	0.53～2.22	1.5
<9-4>	微风化混合花岗岩	弱透水	—	6.5×10-2～5.18×10-1	0.3

依据《深圳市海绵城市专项规划及实施方案》，项目所在地土壤类型属于壤土区。

3）地下水

地下水根据含水介质岩类和含水空隙特征，可划分为松散岩类孔隙水、基岩裂隙水两种类型。

松散岩类孔隙水主要储存在第四系松散堆积层中，项目区孔隙潜水主要赋存于场地的砂层中。地下水埋深一般为0.8～6.6 m，平均埋深在3.62 m，标高一般为11.53～18.99 m，以孔隙水为主，局部地段因上覆冲洪粉质黏土、淤泥质粉质黏土等弱、微透水层，具承压性，主要受大气降水补给，少量接收地表水下渗补给和鹅颈水侧向补给，水量较丰富。

基岩裂隙水分风化裂隙水及构造裂隙水，受含水层岩性、地质构造、地貌条件、基岩风化程度的影响。总体上，基岩裂隙水发育具非均一性。因项目区下伏基岩为混合花岗岩，该岩体结构致密，自然孔隙率低，岩体本身透水性较差。基岩裂隙水主要赋存于岩石强、中等风化带中。全风化岩及砂砾状（土状）强风化岩含水量少，富水性差；半岩半土状强风化带内风化裂隙较密集，裂隙贯通性较好，为地下水的富集提供了良好的空间；中等风化岩的导水性和富水性主要受构造裂隙控制，具各向异性。因此在半岩半土状强风化、中等风化风化壳中，地下水水量较丰富，岩体的透水性等也较好。同时场区存在F8-7次生断层，断裂带附近岩体因挤压破碎，为地下水的富集提供了良好的空间，在断裂破碎带中，构造裂隙水量较丰富。

地下水位特别是上层潜水水位动态与大气降雨关系最为密切，水位峰谷值出现时间与降雨量峰谷值出现的时间基本一致。水位随降雨季节开始而回升，随旱季到来而下降，年平均水位变幅为 1.2~3.5 m；承压水水位峰值较雨季滞后 1 个月左右，年水位变幅不大，一般为 0.5~2.0 m；近地表水地段，地下水与东坑水等地表水关系较为密切，年水位变幅为 2.5~3.8 m。地下水对地表水的补给作用十分明显（表 5.4-2）。

表 5.4-2 地下水波动范围

里程	地面标高范围值/m	勘察期间稳定水位标高/m	水位测量日期	水位变化范围建议值/m	
				最低水位标高	最高水位标高
车辆基地 C1 区	17.88~20.96	11.53~18.99	2011-12-31—2016-04-02	11.50	20.50

4）地形地貌

场地属于冲洪积平原地貌，地势平坦，起伏小，地形地貌条件简单。地面标高为 16.40~23.35 m，场区因施工填土堆积，形成垄岗状地貌，填土堆积相比原地面增加 2~5 m，如图 5.4-5 所示。

5）河流水系

长圳车辆基地出口位置与鹅颈水相交，规划在河道管理范围内建设的项目有车辆检修基地、与主线接线轨道高架桥。鹅颈水河道河底宽 4 m，上开口宽度约为 10 m，左右岸为填土土坡，河道高程约为 18.67 m，河道达到 20 年一遇行洪标准，如图 5.4-6 所示。

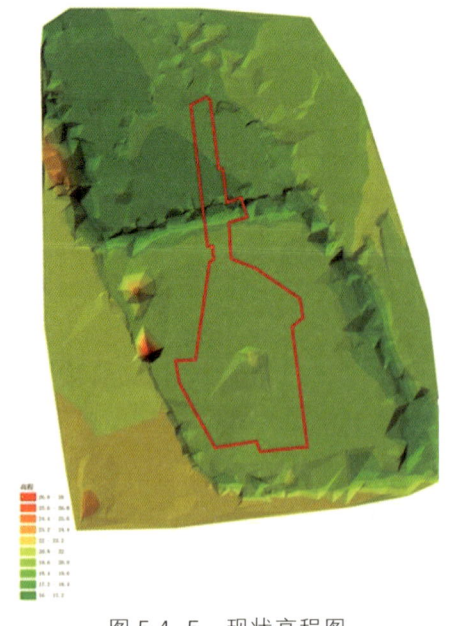

图 5.4-5　现状高程图

图 5.4-6　河流水系图

项目场地内有一定绿地,通过与河道整合、治理及改造,可有效提升整体环境品质,将长圳车辆基地打造为具有良好景观价值的空间。

6)水文分析

根据现状地形图,结合现状卫星地图,利用 ArcGIS 模拟分析项目场地内现状水文条件,如图 5.4-7 所示。场地内除北部与鹅颈水相交,下部有一段排水明渠外,长圳车辆段不易内涝。

5.4.2.3 区域规划条件分析

1)竖向条件

长圳车辆段场地属冲洪积平原地貌,地势平坦,起伏小,地形地貌条件简单。地面标高为 15.93~34.43 m。鹅颈水以北场区人工弃填土填埋堆积,形成垄岗状地貌,地面高程相对原有地貌最高抬升约 8 m,填土边界起伏大,形成约 40°的斜坡,如图 5.4-8 所示。

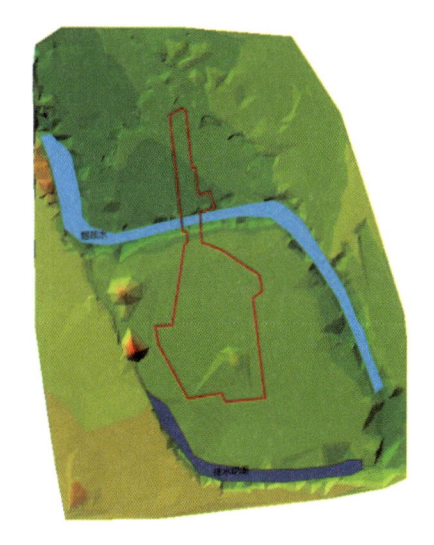

图 5.4-7 模拟现状水文图　　图 5.4-8 竖向控制图(单位:m)

项目建设场地整体东北高,西南低。考虑到项目建设性质及与周边环境协调,建设海绵城市时,大体保持原标高不变,在局部地区做微调。

2)生态空间

根据《深圳市海绵城市建设专项规划及实施方案》、《深圳市光明新区建设项目低冲击开发雨水综合利用规划设计导则》、《光明新区海绵城市专项规划及实施方案》以及《光明新区建设项目源头类海绵设施竣工验收要求》(试行),长圳车辆段所在区域属于较低生态敏感区、海绵功能强区。

整个区域的海绵城市建设要求,需要以绿地为载体来落实"渗、滞、蓄、净、用、排"的六字方针,应用小规模、分散化、多层次的绿地布局,更好地兼顾整个建设区域的雨水运行和管理。

整个建设场地的两侧为条状绿化带,且建设场地西北角有一片自然绿地,鹅颈水跨越建设场地而过。因此在海绵城市建设时,应将以上绿地与自然景观相结合,成团组成两条生态廊道,如图 5.4-9 所示。

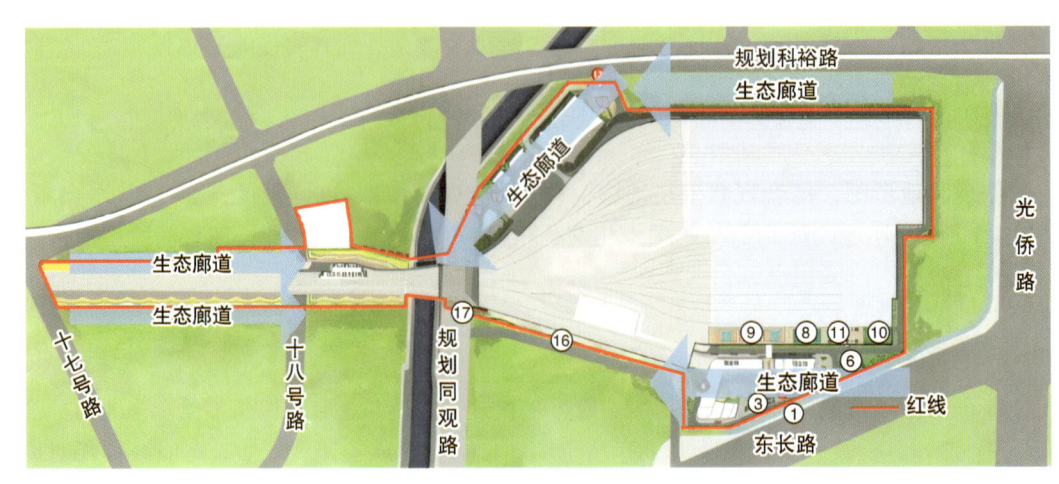

图 5.4-9　生态廊道系统构建

综上所述，长圳车辆段具备实施海绵城市设施的良好条件，在确保城市排水防涝安全的前提下，可最大限度地实现雨水在城市区域的积存、渗透和净化，促进雨水资源的利用和生态环境保护。

5.4.3　海绵城市建设总体方案研究

5.4.3.1　建设总体思路

1）海绵城市设施建设限制条件

（1）车辆段建设对原有地形地貌改变较大，原有的山体、农田等被改变。

（2）车辆段建成后，每天会有大量的洗车污水需要处理。

（3）车辆段上方是大面积不透水盖板，需要处理大量的雨水，包括引流和水质处理，但是车辆段周围能用于净化雨水的绿地很少。

车辆段现状如图 5.4-10 所示。

图 5.4-10　车辆段现状

2)建设目标

(1)承接区域山水格局,构建与周边生态系统相融合的生态环境。

(2)落实上层次规划和政策文件中确定的海绵生态空间格局、径流总量控制率、区域排水防涝、雨水径流污染控制、雨水调蓄等设施的建设和生态修复要求。

(3)构建以绿色生态系统为本底的海绵体。

(4)实现"小雨不积水、大雨不内涝、热岛有缓解"的宜居、宜业生态海绵城区的效果。

3)构建点、线、轴、面海绵系统

(1)结合场地绿化及地形,合理布局点式、线式、面式海绵设施,并进行有机连接,实现区域水文循环系统的有机平衡。

(2)利用场地竖向条件以及现状管道,设置构建雨水管渠和浅表流相结合的排水系统,优化径流组织路径。

(3)结合景观设计,实现多级滞蓄净化空间。

车辆段排水系统如图 5.4-11 所示。

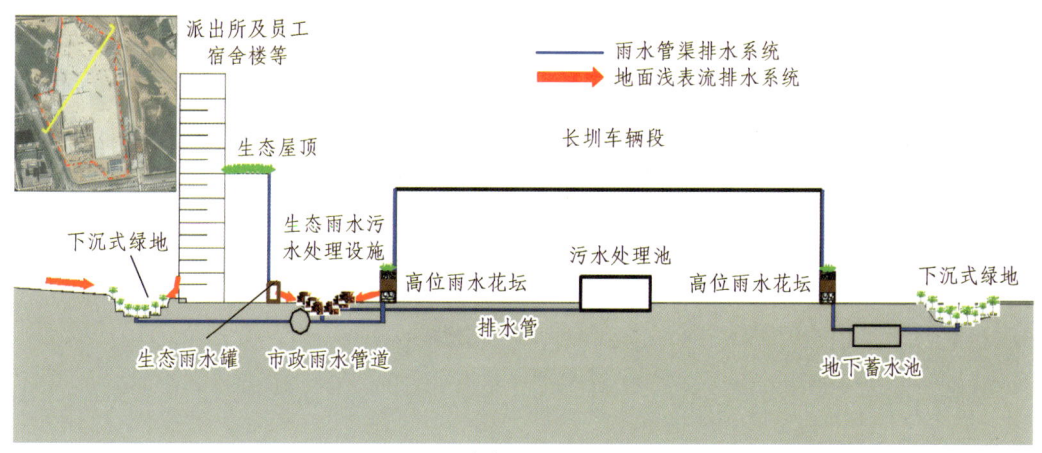

图 5.4-11 车辆段排水系统示意图

5.4.3.2 海绵城市设施系统方案

结合区域气象、地理、地质条件,依据"渗、滞、蓄、净、用、排"六字方针,构建海绵城市设施系统方案:

(1)结合场地竖向条件、绿地布局,在地面绿化空间局部建设雨水花园等与地块、道路雨水径流进行有效衔接,形成区域径流泄蓄的连续浅表流通道,可有效控制雨水径流面源污染。

(2)在地块内开展源头海绵城市建设的基础上,通过构建地块内部径流组织、局部径流转输、雨水行泄三级雨水排放通道,与区域内雨水排水管网进行有效衔接共同组成区域排水系统。

(3)地块源头海绵系统构建:结合建筑场地、地上地下设计绿化及地块周边实体绿地,层层滞蓄、消纳雨水;根据每个地块的建筑覆盖率等特点,合理分解各地块所需消纳的雨水比例,针对性点式布设;结合地块南侧退线空间在地面层布设线性雨水花园及在北侧设置下沉式绿地,并与区域径流行泄通道相衔接,形成顺畅的地面雨水径流行泄通道。

(4)构建创新的海绵城市设施(生态污水处理设施、生态雨水罐、高位花坛、生态雨水口等),使其既可以用于滞蓄净化雨水,又可以进一步处理中水,如图 5.4-12、图 5.4-13 所示。

第 5 章 绿色低碳技术创新

绿色屋顶净化雨水和控制径流

部分收集雨水作为浇灌用途

小区和城市道路采用透水铺装，经过雨水花园、下沉式绿地净化雨水和控制径流

浅表流系统，采用植草沟形式，净化转输雨水

雨水调蓄池，控制径流

水生植物净化雨水

部分收集雨水作为浇灌用途

图 5.4-12　生态污水处理设施和区域径流泄蓄示意图

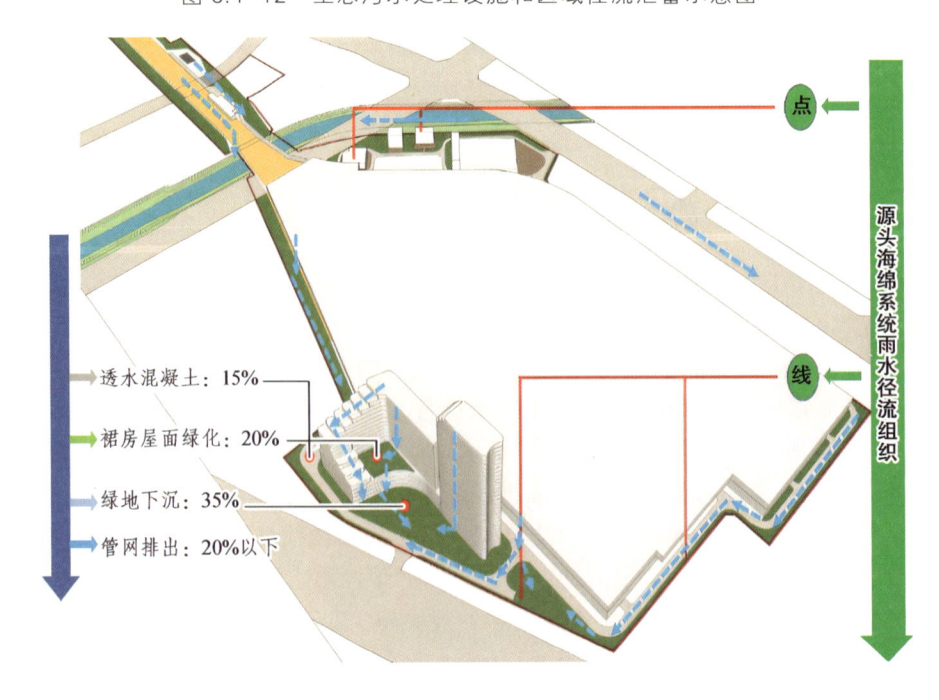

透水混凝土：15%
裙房屋面绿化：20%
绿地下沉：35%
管网排出：20%以下

点

线

源头海绵系统雨水径流组织

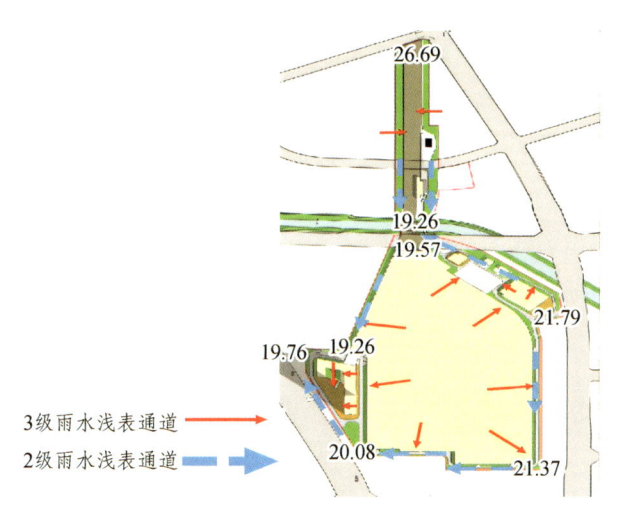

图 5.4-13　区域浅表流排水系统图和地块源头海绵系统示意图（单位：m）

5.4.3.3　海绵城市设施布置方案

1）海绵车辆段建设目标

参考《深圳市海绵型道路建设技术指引》（试行）（2017 年 7 月）、《光明新区海绵城市专项规划及实施方案》（2018 年 4 月）、《深圳市海绵城市规划要点和审查细则》关于海绵城市建设指标的各项规定，结合长圳车辆段的实际情况，经过反复论证，确定了表 5.4-3 所示的长圳车辆段海绵城市建设指标。

表 5.4-3　长圳车辆段海绵城市设施指标

类别	项	指标	目标值	控制要求	指标层级
水生态	1	年径流总量控制率	70%	控制性	区域/地块
	2	（不透水基础）透水铺装率	45%	控制性	地块
	3	绿地下沉式比例	60%	控制性	地块
	4	绿色建筑率（绿色屋顶率）	50%	指导性	地块
水环境	5	水环境质量	IV 类	控制性	区域
	6	径流污染削减率（SS）	58%	控制性	区域
	7	雨污分流比例	100%	指导性	区域
水资源	8	雨水资源利用率	1.5%	指导性	区域
水安全	9	内涝防治标准	50 年	控制性	区域
	10	河道防洪排涝标准	200 年	控制性	区域

注：① 绿色屋顶比例：指进行屋顶绿化具有雨水蓄滞净化功能的屋面面积占全部屋顶面积的比例。
　　② 透水铺装比例：指具有渗透功能铺装面积占全部铺装面积的比例。

2）汇水分区

根据地块建设高程、建筑形态特点以及车辆段排水规划，将规划区划分为 6 个汇水分区，如图 5.4-14 所示。

3）下垫面分析

建设单元内下垫面作为降雨的直接产流面，直接决定了海绵设施的应用类型和规模，因此海绵设施方案布局前应首先对场地内下垫面的种类和规模进行梳理和分析，如表 5.4-4、图 5.4-15 所示。

图 5.4-14　项目汇水分区图

表 5.4-4　汇水分区下垫面解析

地块	用地类型	面积/m²	比例/%
1	建筑	4876.41	13.29
	绿地	13373.06	33.16
	铺装	18454.36	53.55
	合计	36703.84	100
2	建筑	5963.53	25.93
	绿地	9395.08	40.83
	铺装	7649.2	33.24
	合计	23008.8	100

续表

地块	用地类型	面积/m²	比例/%
3	建筑	54088.4	77.5
	绿地	2868.93	4.11
	铺装	12783.72	18.39
	合计	69741.05	100
4	建筑	50905.11	86.62
	绿地	3817.54	6.64
	铺装	3883.5	6.74
	合计	57606.13	100
5	建筑	40414.34	86.53
	绿地	3419.55	7.51
	铺装	2715.75	5.96
	合计	45548.63	100
6	建筑	5610.87	31.47
	绿地	5735.84	32.18
	铺装	6478.83	36.35
	合计	17825.55	100

4）综合径流系数与设计需求滞蓄容积计算

根据《海绵城市建设技术指南——低影响开发雨水系统构建》，综合径流系数为各地块径流系数的权重平均值，按照下式进行计算：

$$\Psi = (\Psi_1 \times F_1 + \Psi_2 \times F_2 + \cdots + \Psi_n \times F_n) / (F_1 + F_2 + \cdots + F_n)$$

设计需求调蓄容积按照下式进行计算：

$$H = V/10\Psi F$$

其中 V——设计调蓄容积（m³）；

H——设计降雨量（mm）；

Ψ——综合雨量径流系数（见综合雨量径流系数计算）；

F——汇水面积（hm²）。

雨水花园滞蓄容积=雨水花园面积×有效滞水深度
生态屋顶滞蓄容积=生态屋顶面积×有效滞水深度
综合径流系数与需求调蓄容积计算结果见表5.4-5。

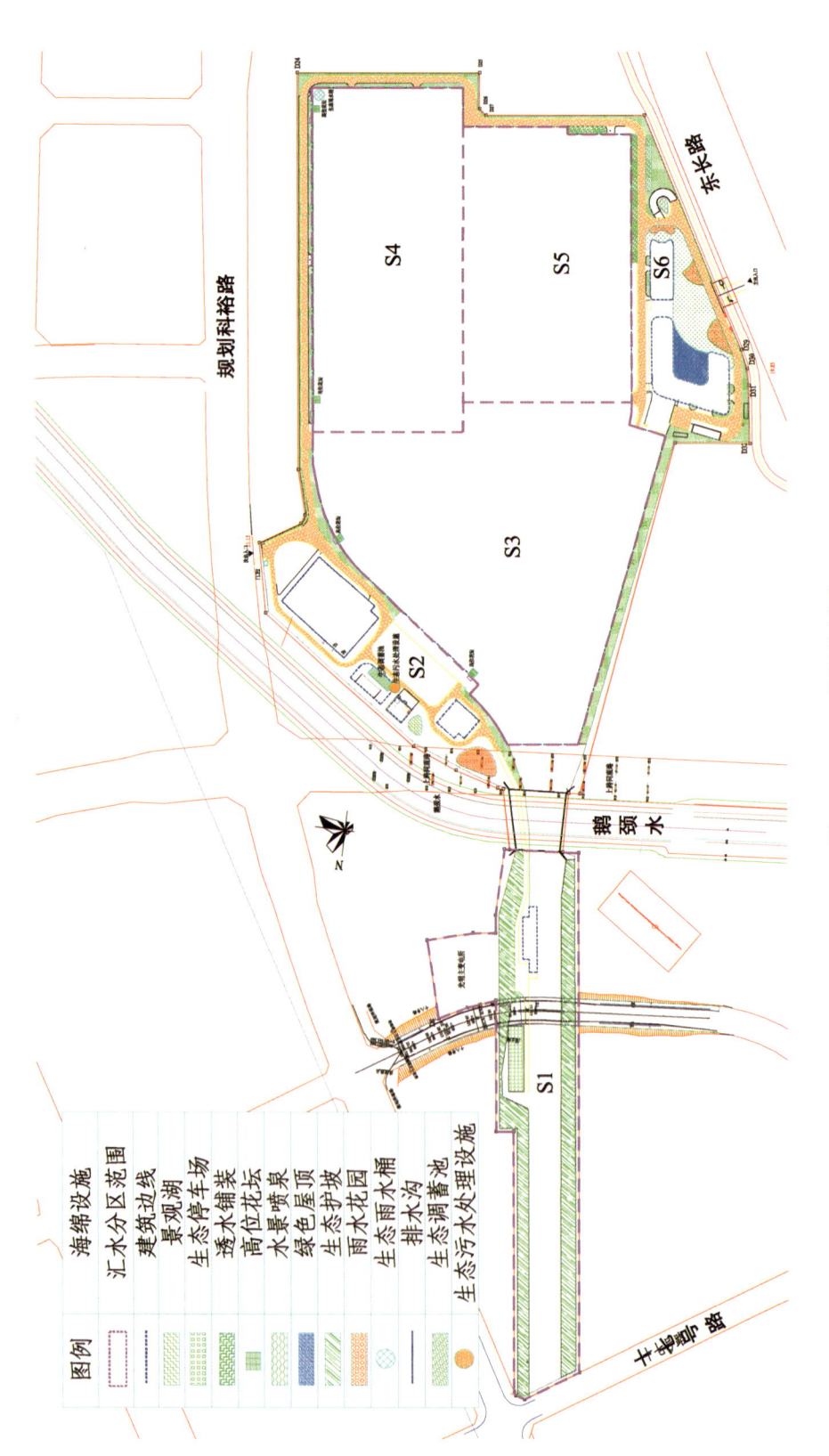

图 5.4-15 下垫面分析图

表 5.4-5 需要调蓄容积计算

分区编号	总面积/m² (1)	改造前径流系数 (2)	改造后径流系数 (3)	年径流总量控制率 (4)	设计降雨量 (5)	需求调蓄容积/m³ =10×(1)×(3)×(5)/1000
1	36703.84	0.60	0.57	70%	31.3	655.41
2	23008.80	0.52	0.48			342.99
3	69741.05	0.78	0.75			1642.69
4	57606.13	0.78	0.67			1203.08
5	45548.63	0.70	0.66			942.56
6	17825.55	0.48	0.42			234.86
合计	250434	0.70	0.64			5022.59

5）海绵城市建设方案比选

根据研究区域特点，结合下垫面分析结果，选择适宜的海绵设施进行布局。考虑到地铁长圳车辆段主基地后期有上盖建筑，屋面上会修建绿色屋顶，因此将此海绵城市设施布置分为两种方案进行考虑。其中：方案一考虑了后期在车辆段主基地屋面上修建生态屋顶；方案二则不考虑后期车辆段主基地屋面上的生态屋顶，而尽可能地充分利用建设场地沿红线周边的绿地。

（1）建设方案一。

主要设施类型及布置如下：在宿舍楼裙楼部分以及主基地屋面设置生态屋顶；在车道使用透水铺装；在绿地内设置雨水花园，收集周边铺装径流雨水；修建污水处理中心对洗车污水进行处理；在车辆段主基地周围没有绿地的部分雨水排水管旁修建高位雨水花坛，对雨水进行截留处理。

根据表 5.4-6 布置的海绵城市设施，设计调蓄容积与实际需求调蓄容积对比见表 5.4-7。

表 5.4-6 方案一海绵城市设施调蓄规模布置

汇水分区编号	生态屋顶 面积/m²	有效深度/m	调蓄容积/m³	雨水花园 面积/m²	下沉深度/m	调蓄容积/m³	其他/m³	总容积/m³
1	—		—	—		—	—	—
2	0		0	1100		550	生态调蓄池100 景观湖220	870
3	4078	0.16	653	—	0.5	—	高位花坛10	663
4	10481		1678	—		—	生态雨水桶5	1682
5	8383		1341	—		—	高位花坛15	1351
6	900		144	700		350	—	574
合计	23842	0.16	3815	1800	0.5	900	350	5065

表 5.4-7　方案一设计调蓄容积与需求调蓄容积对比

分区编号	汇水面积/m²	设计调蓄容积/m³	需求调蓄容积/m³
1	36703.84	—	655.41
2	23008.8	870	342.99
3	69741.05	663	1642.69
4	57606.13	1682	1203.08
5	45548.63	1351	942.08
6	17825.55	574	235.86
合计	250434	5140	5022.59

由表 5.4-7 可得出，方案一布置的海绵城市设施完全满足需求调蓄容积。按照方案一海绵城市设施布置，可得到年径流总量控制率与海绵城市设施所占比例，见表 5.4-8。

表 5.4-8　方案一年径流总量控制率与海绵城市设施占比

分区	年径流总量控制率/%	建筑 屋面面积/m²	建筑 屋顶绿化面积/m² 面积率/%	绿化 面积/m²	绿化 生物滞留设施面积/m² 面积率/%	铺装 总面积/m²	铺装 透水铺面积/m² 面积率/%
1	—	4876.41	—	13373.06	—	18454.36	1307.5 7.1
2	93.70	5963.53	—	9395.08	1100 11.7	7649.2	3447.4 45
3	41.47	50011	4078 8.1	2868.93	—	12783.7	500 4
4	80.26	40424.1	10481 25.9	3817.54	—	3883.5	2888.5 74.4
5	80.97	32031.4	8383 26.1	3419.54	—	2715.7	2533.5 93.3
6	93.03	5921.37	900 5.1	5735.84	700 12.2	6478.8	5830.9 90
合计	70.8	139227	23842 17.1	38609.9	1700 4.4	51965.36	16507 32

建设场地根据绿地和竖向的情况，设置雨水花园、生态屋顶、透水铺装等海绵设施对场地内的径流雨水进行消纳。海绵设施平面布置如图 5.4-16 所示。

（2）建设方案二。

方案一在设计时考虑了后期车辆段上盖建筑修建的生态屋顶，且该生态屋顶考虑了结构内蓄水。方案二则不考虑长圳车辆段上盖建筑后期修建的生态屋顶，而是将建设范围内沿红线周边的绿地建设为生态滞留带，且将宿舍楼裙楼部分修建为绿色屋顶。

主要设施类型及布置如下：在宿舍楼裙楼部分设置绿色屋顶；在车道使用透水铺装；在绿地内设置雨水花园，收集周边铺装径流雨水；修建污水处理中心对洗车污水进行处理；在车辆段主基地周围没有绿地的部分雨水排水管旁修建高位雨水花坛，对雨水进行截留处理；沿建设场地周边修建生态滞留带对周边雨水进行收集处理。

根据表 5.4-9 布置的海绵城市设施，设计调蓄容积与实际需求调蓄容积对比见表 5.4-10。

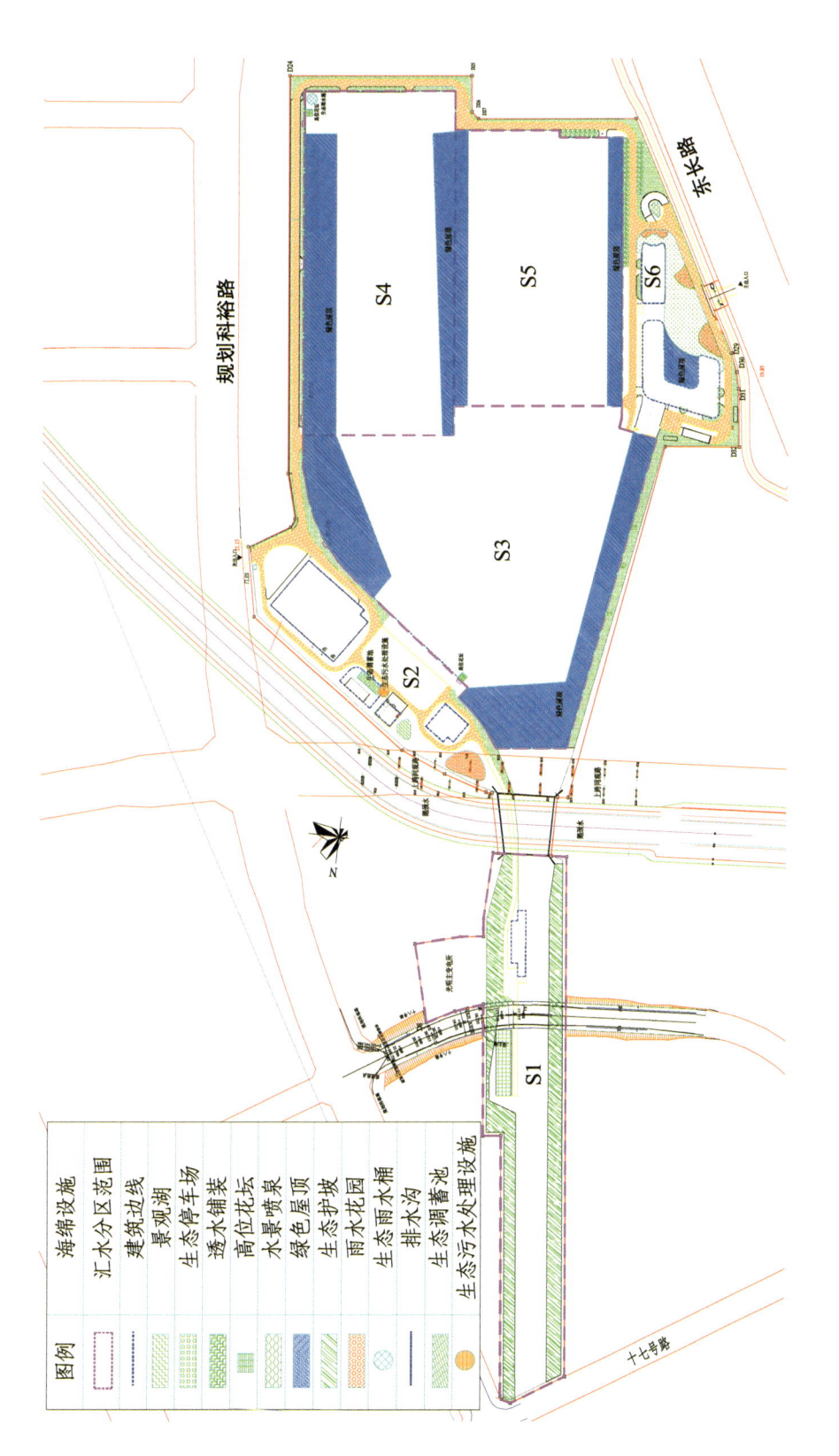

5.4 海绵城市的绿色环保技术在城市轨道交通设施建设中的应用 243

图 5.4-16 方案一海绵城市设施布置图

表 5.4-9　方案二海绵城市设施调蓄规模布置

汇水分区编号	生态滞留带 面积/m²	下沉深度/m	调蓄容积/m³	雨水花园 面积/m²	下沉深度/m	调蓄容积/m³	其他/m³	总容积/m³
1	—		—	—		—	—	—
2	2000		200	1500		900	生态调蓄池100 人工水景220	2420
3	1000	0.6	600	—	0.6	—	高位花坛10	610
4	1000		600	—		—	生态雨水桶5	605
5	1000		600	—		—	高位花坛10	610
6	500		300	1000		600	喷泉80	980
合计	5500	0.6	3300	2500	0.6	1500	425	5225

表 5.4-10　方案二设计调蓄容积与需求调蓄容积对比

分区编号	汇水面积/m²	设计调蓄容积/m³	需求调蓄容积/m³
1	36703.84	—	655.41
2	23008.8	2420	342.99
3	69741.05	610	1642.69
4	57606.13	605	1203.08
5	45548.63	610	942.08
6	17825.55	980	235.86
合计	250434	5225	5022.59

由表 5.4-10 可得出，方案二布置的海绵城市设施完全满足需求调蓄容积。按照方案二海绵城市设施布置，可得到年径流总量控制率与海绵城市设施所占比例，见表 5.4-11。方案二海绵城市设施布置如图 5.4-17 所示。

表 5.4-11　方案二年径流总量控制率与海绵城市设施占比

分区	年径流总量控制率/%	建筑 屋面积/m²	屋顶绿化面积/m² 面积率/%	绿化 面积/m²	生物滞留设施面积/m² 面积率/%	铺装 总面积/m²	透水铺装面积/m² 面积率/%
1	—	4876.41		3373.06	—	18454.36	1307.5 7.1
2	100	5963.53	—	9395.08	3500 37.3	7649.2	3447.4 45
3	39.34	50011	—	2868.93	1000 34.9	12783.7	500 4
4	47.92	40424.1	—	3817.54	1000 26.2	3883.5	2888.5 74.4
5	55.57	32031.4	—	3419.54	1000 29.3	2715.7	2533.5 93.3
6	100	5921.37	1210 20.4	5735.84	1500 26.2	6478.8	5830.9 90
合计	71.52	139227	1210 0.87	38609.9	8000 20.7	51965.36	16507 32

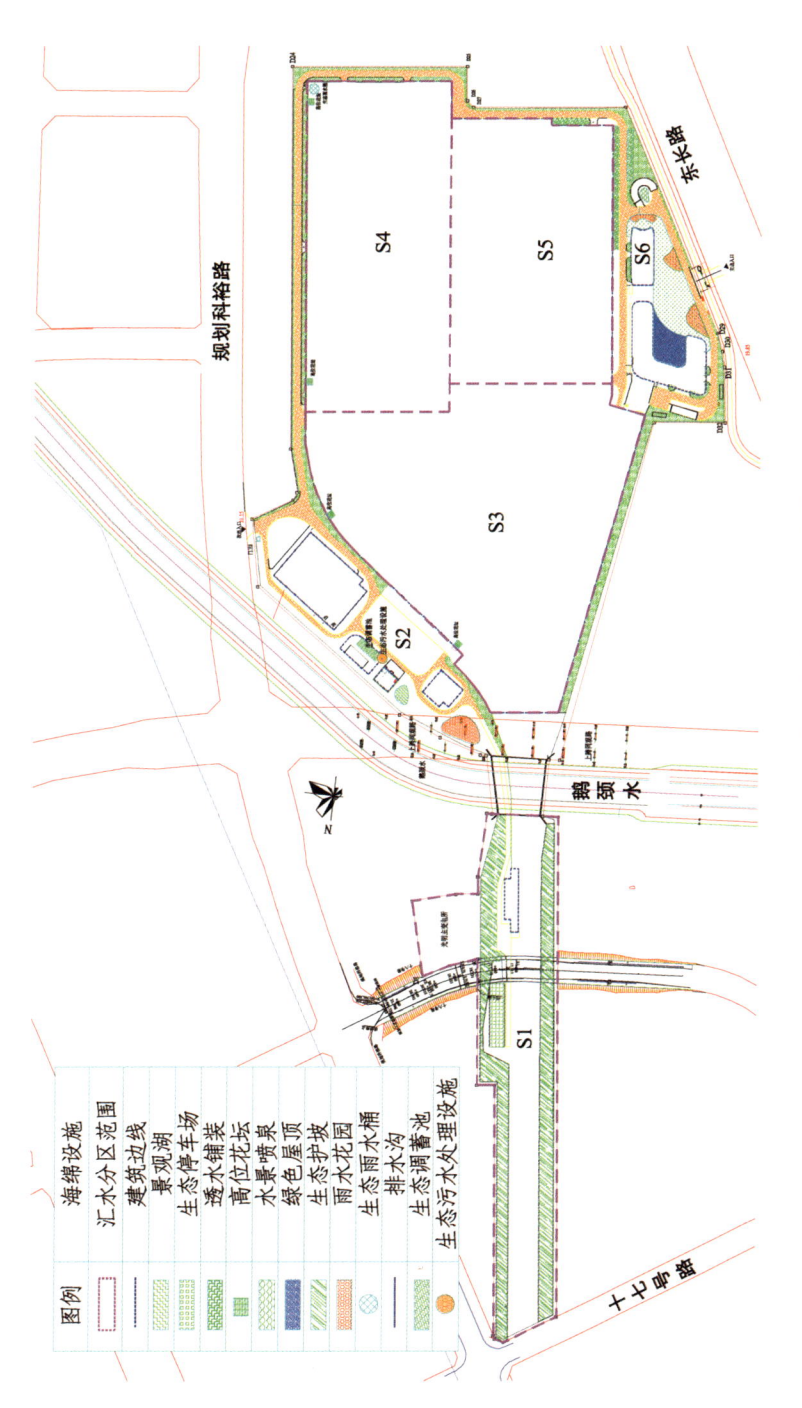

5.4 海绵城市的绿色环保技术在城市轨道交通设施建设中的应用 | 245

图 5.4-17 方案二海绵城市设施布置图

根据《深圳市海绵城市规划要点和审查细则》(2016年11月),建造海绵城市设施后,方案一与方案二海绵城市设施规模表和自评表见表 5.4-12 ~ 表 5.4-14。

表 5.4-12　建设项目海绵设施建设目标

指标类型	序号	指标名称	影响因素	影响因素		目标值
控制目标	1	年径流总量控制率/%	用地性质	排水分区	内涝风险等级	70
			居住小区公共建筑	鹅颈水	高□ 中□ 低☑	
	2	雨水管网设计暴雨重现期/年	—			5
	3	面源污染削减率/%	所在汇水区			50
			II类、III类水体汇水□			
			IV类水体汇水区　□			
			其他汇水区　　　□			
引导性	4	(不透水下垫面)透水铺装率/%				90
	5	绿地生物滞留设施比例/%				60
	6	绿色屋顶率(仅公共建筑项目需要)/%				50
	7	不透水下垫面径流控制比例/%				70

表 5.4-13　方海绵城市设施规模对比

名称	单位	数值		备注
		方案一	方案二	
生态停车场	m²	1409	1409	
透水铺装	m²	15098	15098	
生态滞留带	m²	0	5500	
雨水花园	m²	1800	2500	
生态屋顶	m²	23842	1210	
高位花坛	m³	20	20	
人工水景	m³	300	300	其中220 m³为2号汇水分区内的景观湖(滞洪池),80 m³为6号汇水分区内的人工喷泉
生态雨水桶	m³	5	10	位于4号汇水分区
生态调蓄池	m³	100	100	位于2号汇水分区景观湖下

5.4 海绵城市的绿色环保技术在城市轨道交通设施建设中的应用

表 5.4-14 海绵城市设施地块用地自评对比

项目		方案一		方案二	
年径流总量控制率目标/%		70		70	
年径流总量控制率目标对应设计降雨量/mm		31.3		31.3	
汇水区域划分					
汇水分区个数		6		6	
汇水分区面积/m²		250434		250434	
下垫面解析					
屋顶	总面积/m²	164159.02		164159.02	
	屋顶绿化面积/m²	23841.57		1210.5	
车道面积	总面积/m²	47164.98		47164.98	
	透水铺装面积/m²	16507.75		16507.75	
绿化面积	总面积/m²	38610		38610	
	雨水花园/生态滞留设施/m²	1800		8000	
综合径流系数		0.64		0.64	
需要控制容积		5022.6		5022.6	
专门设施核算					
具有控制容积的设施	总容积/m³	5139.65		5230	
	生物滞留设施蓄水容积/m³	4364.65		4800	
排水设施	污水管网收集率/%	100		100	
综合自评	控制目标评价	目标值	完成值	目标值	完成值
	年径流总量控制率/%	70	70.8	70	71.5
	雨水管网设计重现期/年	5	5	5	5
	引导性指标	要求值	完成值	要求值	完成值
	绿色屋顶率/%	50	17.1	50	0.87
	绿地生物滞留设施比例/%	60	4.4	60	20.7
	透水铺装率/%	90	32	90	32
	不透水下垫面径流控制比例/%	70	75	70	75
	结论	本项目控制目标达标，部分引导性指导不达标		本项目控制目标达标，部分引导性指导不达标	

方案一考虑了车辆段主基地后期上盖物业建筑修建的生态屋顶，方案二充分利用建设场地内周边绿地，将其修建为生态滞留带，以控制处理周边雨水径流。

从年径流总量控制率来看，方案一年径流总量控制率为70.80%，方案二年径流总量控制率为 71.52%，两者均满足年径流总量控制率 70% 的要求。但是，方案一将未来的生态屋顶的修建纳入了计算指标，若不计算该部分指标，则远远无法满足年径流总量控制率目标要求。

从海绵城市建设工程造价估算结果来看，方案一要达到 70% 年径流控制率目标要求，所需要的总造价为 1898.89 万元；而方案二达到这种目标的工程造价为 1126.11 万元。

综上分析，地铁长圳车辆段海绵城市建设适宜选择方案二。方案二海绵城市设计理念先进，海绵设施齐全，尤其是具有适用于地铁车辆段及上盖 TOD 开发的海绵城市设计和建设。

5.4.4 研究成果与实施效果

5.4.4.1 海绵城市车辆段建设实践

长圳车辆段采用了 8 种海绵城市措施 [雨水花园、高位花坛、多功能蓄水池（景观湖）、生态停车场、生态调蓄池、绿色屋顶、植草沟、下沉绿地]，采用生态、自然的景观手法打造具有现代气息的全国首座生态海绵车辆段，如图 5.4-18 所示。

① 主入口　② LOGO 景墙　③ 景观树池　④ 试车线　⑤ 下沉式绿地　⑥ 停车场　⑧ 屋顶花园
⑨ 次入口花园　⑩ 景观湖　⑪ 雨水花园　⑫ 红花三角梅　⑬ 紫花三角梅　⑦ 景观水池

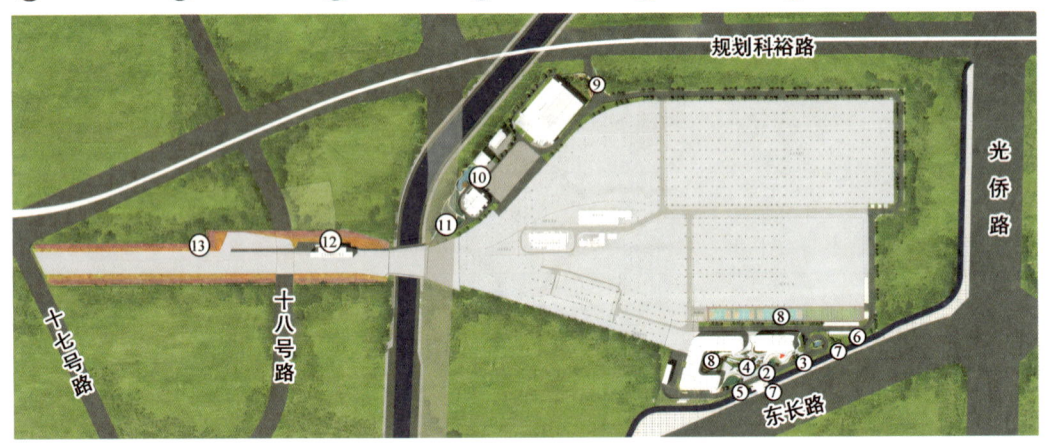

图 5.4-18　车辆段海绵城市措施布置平面图

景观湖设置在机加工车间西侧，用于收集周边设施和屋顶雨水，平时作为景观湖。按人工湿地的景观湖设计，平均深度为 0.6 m，如图 5.4-19、图 5.4-20 所示。

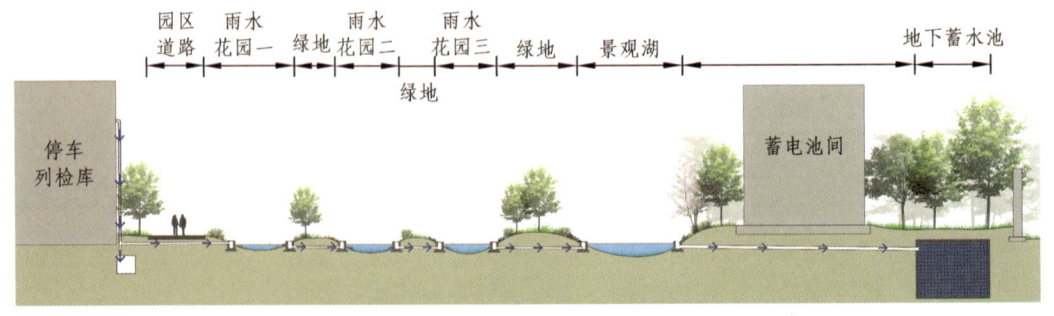

图 5.4-19　雨水花园、景观湖、地下蓄水池的功能示意横断面

5.4 海绵城市的绿色环保技术在城市轨道交通设施建设中的应用　249

图 5.4-20　景观湖、雨水花园实景照片

雨水湿地区设置有：3 个下沉绿地，总面积为 785 m²；一个景观湖，面积为 450 m²；一个地下蓄水池，容积为 200 m³。

雨水由停车列检库的排水管引入雨水湿地，雨水湿地逐级溢流至景观湖，然后由景观湖溢流至地下蓄水池。多余的雨水可通过地下蓄水池预留的溢流口排至站场排水管网。蓄水池储存的雨水可在枯水期时反补至雨水湿地和景观湖。

植草沟、下沉式绿地设置于停车列检库与道路之间的绿地内，植草沟长度共计 400 m，下沉式绿地面积共计 200 m²。道路的雨水排入后，通过植物的净化排向附近的雨水井，如图 5.4-21 所示。

（a）　　　　　　　　　　　　　　　（b）

图 5.4-21　植草沟、下沉式绿地实景照片

车辆段共设置了 4 个高位花坛，位于检修主厂房东侧和北侧，由花管、碎石层、混合土、植物构成，用于处理建筑屋面虹吸式雨水管接入的雨水。最终多余的雨水汇入排水管网，如图 5.4-22 所示。

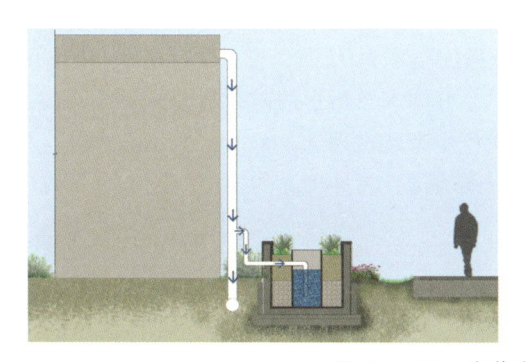

图 5.4-22　高位花坛做法、实景照片

生态停车场设置在综合办公区东侧，面积共 1400 m²，由透水的植草砖面层、沙土、砾石层构成。生态停车位能有效地将雨水下渗，缓解路面积水情况，如图 5.4-23 所示。

图 5.4-23　生态停车位、生态屋顶实景照片

生态屋顶主要设置在生态厂区上方、综合办公区裙房屋顶平台，首期实施的是员工宿舍三层屋顶，面积为 300 m²。在屋顶花园设置有 3 处光导管，这是车辆段首次将生态屋顶与光导管结合，不仅具有屋顶花园的美感，也能运用自然光线进行照明，是绿色建筑的完美体现。

本项目中 PP 模块调蓄池设置在地下，用于储存下沉式绿地及雨水花园等滞水设施滞留及净化后的雨水，如图 5.4-24 所示。调蓄模块一方面能让暴雨天气下的雨水花园、下沉式绿地等加快净水、排水，从而能减少地面径流；另一方面也能在雨季储水、旱季用水，减少车辆段用水需求对外界的依赖程度。

图 5.4-24　生态地下蓄水池实景图

5.4.4.2　海绵车辆段应用效果

长圳车辆段采用海绵城市技术措施后，年径流总量控制率为 72.1%，总调蓄容积为 5215 m³，污染物削减率达 61.3%，年节约用水 1920 t，实现了部分雨水及污水的回收利用，降低了污水处理费、水费，践行了"绿水青山就是金山银山"的绿色生态建设理念，解决了上盖车辆段这种排水大户如何建设高标准海绵城市的重大难题，为"生态车辆段"设计理念的推广应用创造了先例。

5.4.4.3　车辆段海绵城市建设指标

结合国家及地方对海绵城市建设指标的各项规定，以及本项目的应用实践，我们首次提出了适合城市轨道交通车辆段的海绵城市建设指标（表 5.4-15），为车辆段海绵城市的建设提供了参考。

表 5.4-15　车辆段海绵城市设施建设目标

序号	指标类型	指标名称	目标值
1	控制目标	年径流总量控制率/%	70
2		面源污染削减率/%	50
3		雨水管网设计暴雨重现期/年	5
4	引导性目标	人行道、停车场、广场透水铺装比例/%	90
5		绿地下沉比例/%	60
6		不透水下垫面径流控制比例/%	70

5.5 高品质建设地铁百年工程

中铁二院自 2010 年 8 月中标 6 号线工程勘察设计总承包，到 2020 年 8 月 18 日开通运营，历时 10 年，在高品质设计和建设地铁上砥砺前行、反复磨砺，坚守初衷，攻坚克难，将 6 号线打造成了高品质建设地铁 100 年工程的"深圳样本"。

"严守质量红线、坚守品质核心"，百年大计、安全第一、质量至上，质量管控和保障是高品质建设地铁的基石。设计工程中坚持不懈做到了"五抓"，即：抓体系建设、抓履职尽责、抓设计策划、抓过程控制、抓成果评审。按照质量管控体系，采取事前指导、过程控制、成果校核的思路开展全程设计，做到了基础资料齐全，规范执行正确，技术与功能匹配。

围绕高品质建设地铁 100 年工程的目标，总体组先后编制了《设计原则与技术要求》、《设计文件组成与深度》、《文件编制统一规定》、《设计接口划分与管理规定》、《设计进度与计划管理办法》、《限额设计管理办法》、《变更设计管理办法》、《会审和会签统一规定》等 18 项设计方面的技术性和管理性文件；根据不同设计阶段，编制了各专业的参考图、标准图、通用图、模板图等指导全线设计的技术文件。

项目团队以"匠人、匠心"的精神，通过持之以恒的努力，锲而不舍的追求，以 10 年之磨砺，践行高品质建设地铁 100 年工程的初衷，各专业在绿色建造、低碳运营的研究、应用和创新中收获颇丰。

5.5.1 U 形梁设计成套技术研究与应用

5.5.1.1 U 形简支梁关键技术

1）U 形简支梁概述

U 形梁是一种下承式桥梁，适用于铁路桥和公路桥。英国最早于 1952 年修建的罗什尔汉桥是预应力混凝土 U 形梁，日本、德国、澳大利亚相继在铁路桥梁中应用 U 形梁。城市轨道交通领域，法国里尔建造了双线跨度为 50 m 的预应力 U 形梁，法国 13 号线上跨塞纳河设计了跨度为 85 m 的预应力 U 形梁（矩形腹板、双层底板），智利、阿联酋、沙特阿拉伯、韩国等国家均有建造 U 形梁的工程，上述项目 U 形梁运行状况良好。日本和苏联对 U 形梁设计形成了技术标准。

我国从 20 世纪 80 年代初开始研究 U 形截面梁，限于施工工艺复杂，实施过程中存在较多问题，未大面积推广。近年来，国内学者对 U 形梁的设计相关理论进行了研究，在铁路和公路桥梁上有了少量应用案例。我国目前存在 3 座 U 形梁铁路桥：北京铁路枢纽双桥编组站内的京秦线跨越京承线而设的二孔 24 m 跨度的单线 U 形梁桥；京承线双怀段的怀柔车站附近，跨越京丰公路，设计为一孔 20 m 跨度的双线 U 形梁桥；浙赣复线江西弋阳葛水河桥，跨度为 25 m+40 m+25 m 的单线铁路连续 U 形梁。国内首座 U 形结构公路桥是湖北省沙洋县境内的青龙桥工程，全桥布置为 13 m（简支钢筋混凝土 U 形梁）+（26+40+26）m（预应力钢筋混凝土连续 U 形梁）+5×13 m（预应力钢筋混凝土连续 U 形梁），桥长为 170 m，宽为 6.2 m。

国内对预应力混凝土 U 形梁动力试验的研究较少，北京交通大学与比利时铁路公司合作，对巴黎至布鲁塞尔之间高速铁路线上的 Antoing 大桥的 50 m 跨度的多跨预应力混凝土简支 U 形梁进行了动力试验，试验中列车速度达 265~310 km/h。通过现场试验和结果分析，得到桥梁的频率、振型、阻尼等自振特性和高速列车作用下桥梁结构的动挠度、梁和桥墩的横向和竖向加速度、橡胶支座的相对位移、梁体的动应变等动力响应特性。

深圳地铁 6 号线全长约 37.626 km，高架线路长 24.616 km，占全线总长的 65%，其中除 4 号、6 号线并行段（长约 3.3 km）采用现浇箱梁外，其余为预制 U 梁段，U 梁段共长 21.191 km。基于深圳地铁 6 号线，开展了 U 形梁结构受力形式、计算理论、制运架等方面的研究与应用。

2）简支梁结构选型

目前，比较适合城市轨道交通高架桥梁的结构形式有 U 形梁结构、预应力混凝土箱梁结构、预应力混凝土 T 形梁结构等。针对几种常用梁型结构，从受力、经济、适用、施工及美观各方面进行综合比较分析，见表 5.5-1。几种常用梁型的结构如图 5.5-1~图 5.5-3 所示。

表 5.5-1　各梁型的特点和适用性情况比较

项目	U 形梁	箱梁	T 梁
梁高/m	≈0.3	≈1.8~2.0	≈2.2
工程实例	我国上海地铁 8 号线	我国深圳地铁 3 号线	加拿大多伦多轻轨
功能适用性	很好	好	一般
景观性	很好	好	差
整体性	好	很好	一般
经济性	很好	一般	一般
国内设计水平	已有先例，正处于发展阶段，较成熟	成熟，经验丰富	成熟，经验丰富
国内施工水平	已有先例，正处于发展阶段，较成熟	成熟，经验丰富	成熟，经验丰富
国内主要施工方法	整孔预制吊装，节段拼装，支架现浇	预制节段拼装，现场浇筑	预制吊装，现场拼接
经济跨度/m	≤35	25~30	20~25
发展趋势	城市轨道交通高架桥梁结构很好的发展方向，目前国内已有部分线路采用，并做了相当多的基础性研究工作，解决了设计、施工和架设相关的成套技术后，即可实现在城市轨道交通高架桥梁上的广泛应用	解决大吨位运输吊装设备问题后，能实现工厂化规模生产	须有效解决景观问题后，才能提升其在城市桥梁结构的发展空间

说明：① 梁高为 L_p=30 m 时的数据，非极端值。

② 各梁型均按桩长在 30~40 m 和墩高在 10~12 m 分析而得。

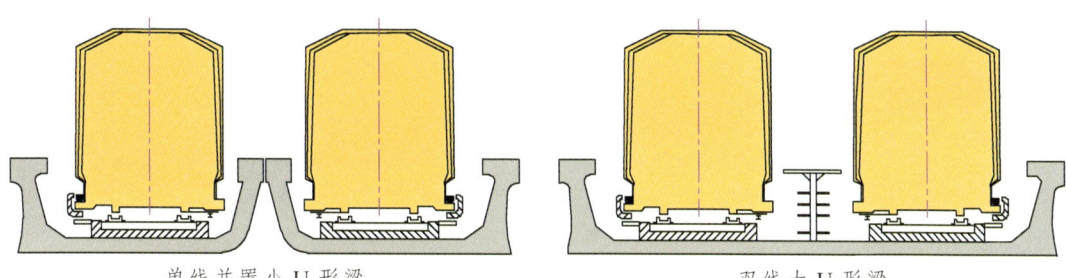

单线并置小 U 形梁　　　　　　　　　　　双线大 U 形梁

图 5.5-1　U 形梁结构图

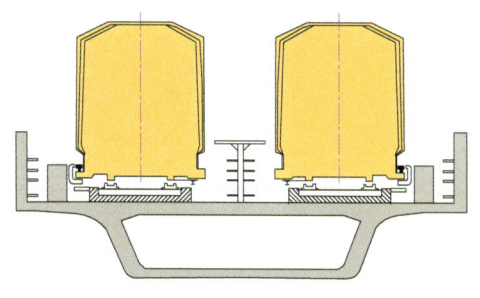

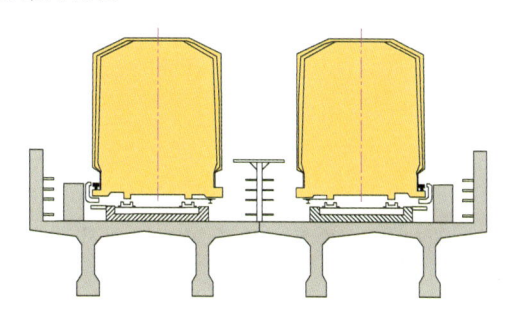

图 5.5-2　箱梁结构图　　　　　　　　图 5.5-3　T 形梁结构图

综上比较，单线并置 U 形梁方案应用于城市轨道交通高架线路具有较明显适应性优点，具体如下：

（1）降低结构高度。

轨道交通高架桥梁的结构高度在很大程度上取决于高架结构下方的道路交通净空要求。通常轨道标高是在这一净空高度的基础上增加结构底面和轨顶面之间的高度。对于箱梁结构来说，结构底面至轨顶面之间的高度为 1.6~2.0 m。而对于 U 形高架结构来说，这一高度为 0.25~0.5 m。因此，通过采用 U 形梁结构可以降低轨道标高 1.05~1.75 m，如图 5.5-4 和图 5.5-5 所示。

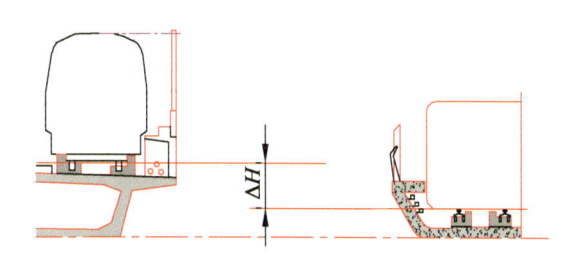

图 5.5-4　降低线路标高效果　　　　　图 5.5-5　减少视觉冲击效果

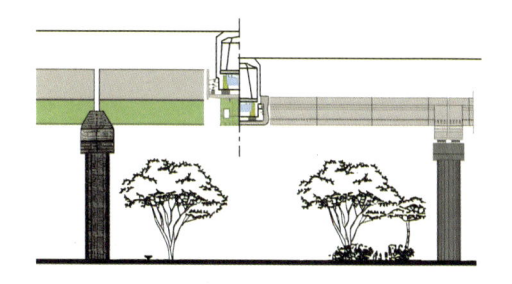

（2）降噪效果好。

轨道交通车辆行驶于 U 形梁断面中，其轮轨走行系统的噪声受到两侧主梁上腹板的阻隔，在一定程度上减少了车辆噪声对周围环境的影响。U 形梁相对箱形梁无箱体共鸣噪声，且可有效降低噪声 6~10 dB，环保效果优点突出。

（3）断面空间综合利用率高。

U 形梁两侧腹板除满足结构受力需求外，可兼作隔声挡板和防冲撞的作用，避免另设隔声挡板；腹板上方的翼缘基本与列车车厢地板处于同一水平位置，可兼作紧急疏散和维修通道；U 形梁下部空间可布置通信、信号、电力等专业管线。

（4）安全性能高。

U 形梁两侧腹板可将因偶发因素或地震作用下脱轨列车拦在 U 形梁体内，避免脱轨列车倾覆坠落，较传统箱形梁或其他上承式梁设置专用防撞墙，具有更好的可靠性，较大地提高了地铁运行的安全性能。

（5）集成性能好。

相较于传统箱形梁，U 形梁预制时，可系统考虑疏散平台、栏杆、电缆桥架和声屏障基础等附属结构后期安装需求而进行先期预留预埋，大大减少了现场打孔再现场安装工作量，提高了附属结构安装基础的可靠性，同时缩短了设计和施工周期。

（6）景观效果好。

U 形梁相比传统箱梁，梁体截面积及体积均较小，侧面采用弧形设计更是减弱了结构高度的视觉冲击力，体形更显轻盈，运营期间车辆主要位于 U 形梁腹板构筑的腹腔内，两者相得益彰地打造了城市一道靓丽的风景线。

3）U 梁截面确定

结合国内外 U 形梁的研究资料，初步拟定 4 种截面形式，采用 ANSYS 软件分别建立空间实体模型，对 U 梁的关键应力进行研究分析，通过分析对比确定最合理的梁体截面形式，如图 5.5-6 ~ 图 5.5-13 所示。

图 5.5-6　直腹板 U 形梁

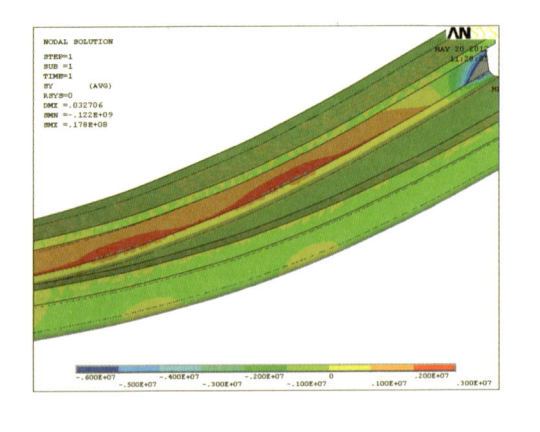

图 5.5-7　1∶4.5 斜腹板 U 形梁

图 5.5-8　1∶3.75 斜腹板 U 形梁

图 5.5-9　圆弧腹板 U 形梁图（单位：mm）

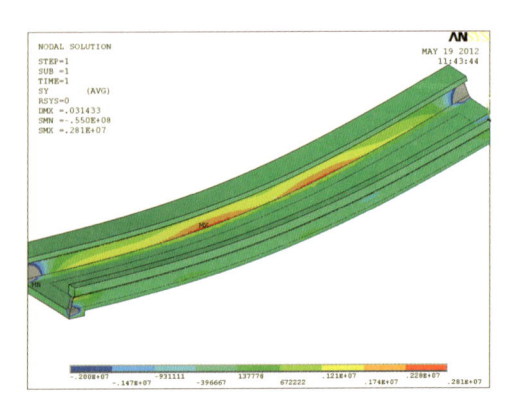

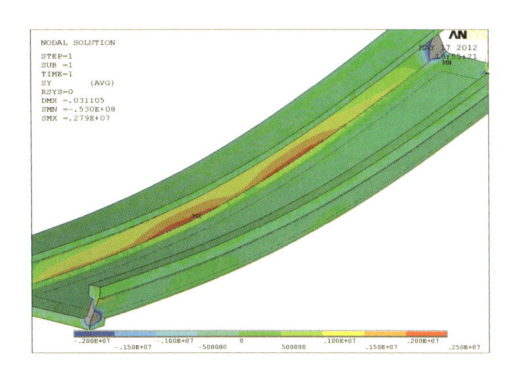

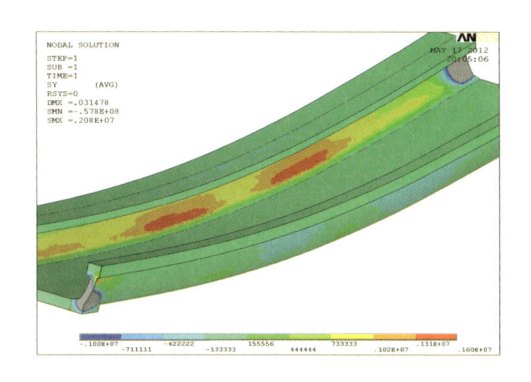

图 5.5-10　直腹板外腹板内侧竖向正应力（3 MPa）　图 5.5-11　斜腹板外腹板内侧的竖向正应力（2.8 MPa）

图 5.5-12　斜腹板外腹板内侧的竖向正应力
（2.5 MPa）

图 5.5-13　圆腹板外腹板内侧的竖向正应力

结论：斜腹板 U 形梁随着腹板变陡（腹板斜率变小），底板横向正应力加大，腹板正应力亦有加大趋势，当采用圆弧腹板后底板正应力、腹板拉应力较斜腹板及直腹板 U 形梁应力状况均较好。其中腹板正应力变化比较明显，且从以上 4 幅应力图中可以看出，最大拉应力的区域位置也向腹板中部移动，这对梁体腹板的斜截面抗裂比较有利。因此采用圆弧腹板 U 形梁。

4）U 形梁计算温度确定

现行规范对 U 形梁的温度作用模式没有明确规定，因此实际 U 形梁设计中标准也不尽相同。目前常用的温度模式主要有以下 3 种：

（1）铁路箱梁温度模式，具体取值按《铁路桥涵混凝土结构设计规范》附录 B 取值，如图 5.5-14 所示。

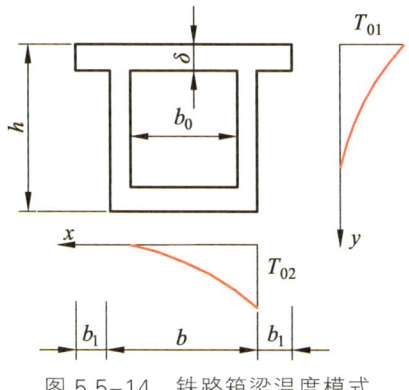

图 5.5-14　铁路箱梁温度模式

箱形梁为闭口结构，上部有顶板遮挡，梁体底板不会直接受到太阳照射，因此该温度模式直接作用于 U 形梁不妥。

（2）线性梯度温差模式（图 5.5-15）：该温度模式考虑了 U 形梁薄壁开口截面的特点，腹板及底板均按线性的温差梯度变化。该温差梯度与 U 形受力模型较吻合，深圳地铁 6 号线及其他部分城市轨道交通项目采用的是该温度模式。

图 5.5-15 线性梯度温差

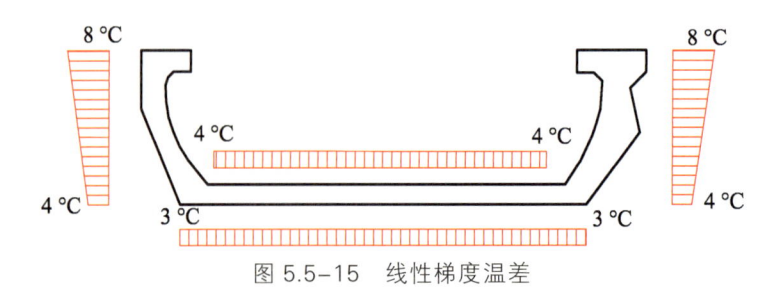

（3）非线性梯度温差模式。山东大学董旭等以青岛某无砟轨道交通 U 形梁为研究对象，对 U 形梁断面进行了 48 h 日照温度场及自应力现场连续观测，并进行分析拟合，得到了 U 梁温度模式取值建议公式：

$$t_{yw} = \begin{cases} t_m e^{-13y} & A \leqslant y < B \\ t_n & B \leqslant y \leqslant C \\ \dfrac{(y-D)\,t_n}{C-D} & C < y \leqslant D \end{cases} \quad (5.5\text{-}1)$$

其中：A、B 分别为上翼缘顶、底；C、D 分别为底板顶、底。

$$t_{yb} = t_b e^{-15y} \qquad A_2 \leqslant y \leqslant B_2（A_2、B_2 为底板顶底） \quad (5.5\text{-}2)$$

对深圳地铁 6 号线简支 U 梁，分别按以上 3 种温度模式加载，得到梁体的主要变形及应力，见表 5.5-2。

表 5.5-2　不同温度模式下梁体的变形及应力

项目	单位	温度模式 1	温度模式 2	温度模式 3
跨中竖向位移	mm	4.154	3.451	-1.3
跨中上缘应力	MPa	-2.7	0.4	-4.6
跨中上缘应力	MPa	-0.3	-0.1	1.2

从表 5.5-2 可以看出当采用温度模式 1 时，由于底板没有温度变化，故梁体变形主要为上拱变形，该值为 3 种温度模式中最大值。模式 3 由于考虑到 U 梁为开口截面，梁体底板会和上翼缘一同受热变形，梁体变形主要体现为轴向变形，梁体竖向变形较小。由于简支梁均为静定结构，梁体在非线性温度模式作用下，其温度应力主要体现为自应力，梁体截面温度梯度变化越大，梁体截面的自应力也就越大，因此温度模式 3 得出的梁体正应力最大。考虑到 U 梁为开口薄壁截面，在太阳辐射下梁体底板必将随上翼缘一同发生温度变化，同时根据表中计算结果，从结构安全角度出发建议采用温度模式 3 作为简支 U 梁的温度取值模式。

5）U 形简支梁静力计算

（1）梁体参数。

深圳地铁 6 号线工程结构部分采用 30 m 预应力混凝土简支 U 形梁截面。U 形梁全长

29.94 m，支承中心线之间的距离为 29.04 m。U 形梁截面高度为 1.9 m，支点附近 1 m 段内底部加强，总梁高为 2.02 m，二者之间用 0.36 m 线性变化段过渡。主梁总宽为 6.3 m，道床板宽度为 3.53 m，道床板厚度为 0.28 m，支点附近厚度为 0.4 m，U 形梁腹板为曲线，厚度为 0.28 m。桥梁结构布置形式如图 5.5-16 ~ 图 5.5-19 所示。

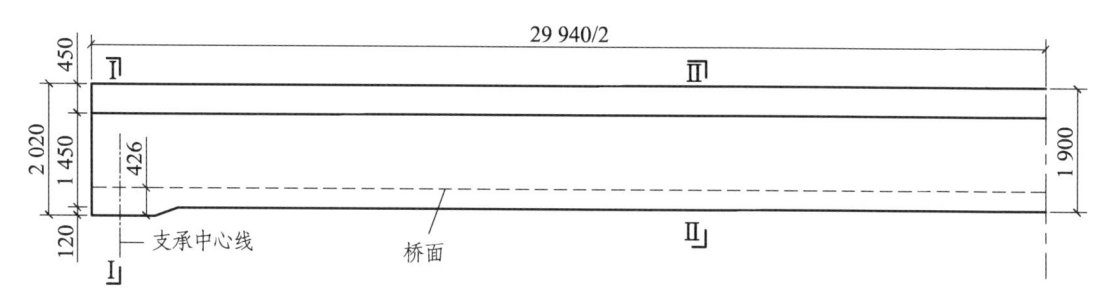

图 5.5-16　1/2 全桥立面布置图（单位：mm）

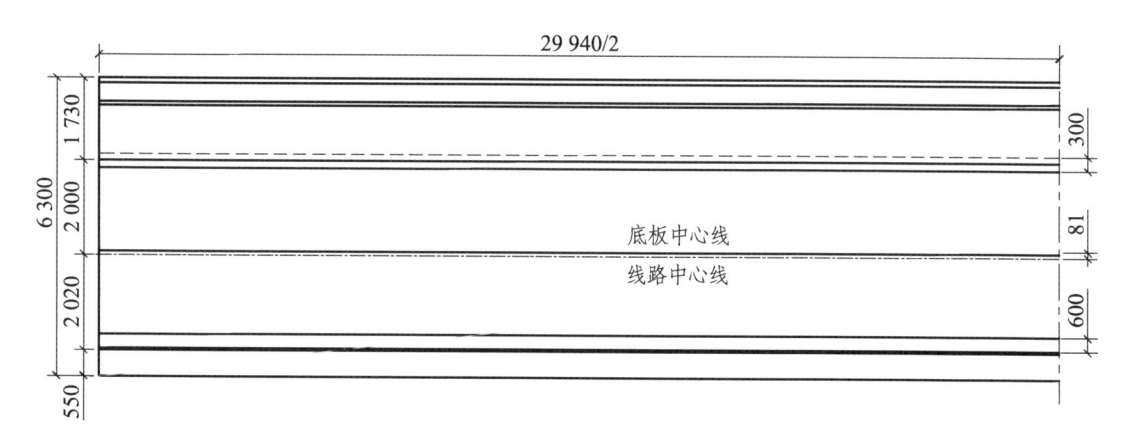

图 5.5-17　1/2 全桥平面布置（单位：mm）

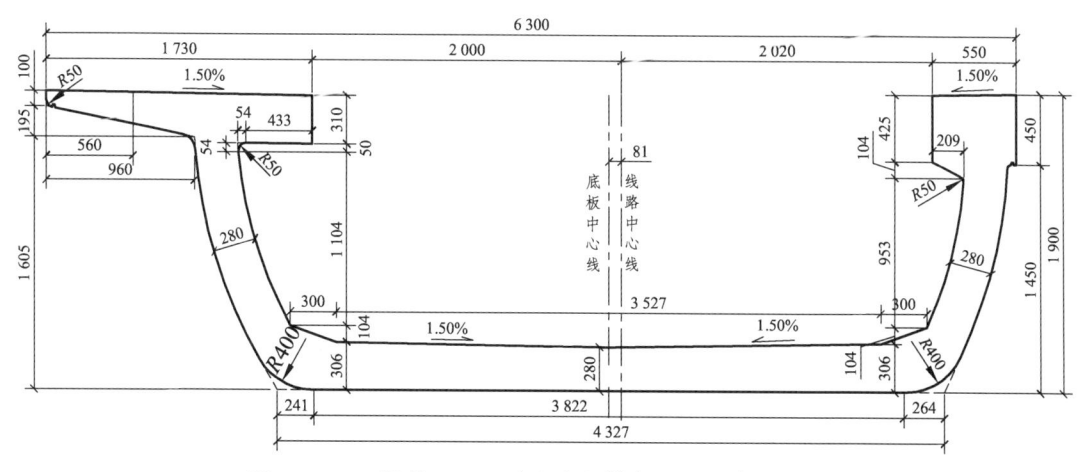

图 5.5-18　梁体 Ⅰ—Ⅰ（支点）横断面（单位：mm）

258　第 5 章　绿色低碳技术创新

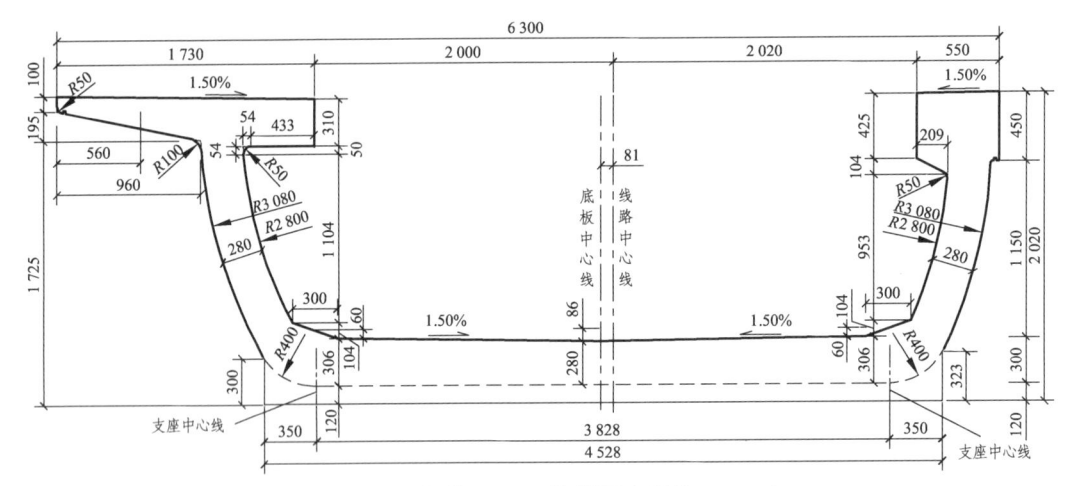

图 5.5-19　梁体 Ⅱ—Ⅱ 横断面（单位：mm）

梁部结构采用 C55 混凝土，预应力体系采用高强度低松弛 7Φ15.2 钢绞线，钢束均布置 U 梁底板，钢绞线两端分别设有 2 m、3 m、5 m 套管，将钢绞线于纵向分区域锚固。

（2）计算模型。

① 空间实体单元模型。

U 形梁空间受力特性明显，单纯依靠一般的平面杆系分析程序难以准确地分析结构的内力状态和应力状态，因此该组合连续梁必须进行三维实体有限元分析。三维实体模型的建立以分析结构的实际空间位置、尺寸、材料特性、连接方式、荷载条件以及钢筋的影响为依据，运用限制变形还原内力的原理确立结构分析的初始状态，在此基础上进行大规模的足尺模型分析，由此得到详尽、准确、可靠的分析结果。

本次计算分析采用大型有限元通用分析软件 ANSYS 程序。空间分析模型的建立要考虑如下几条基本原则：

·尽量真实反映结构，如实反映结构形状和尺寸的变化，如腹板厚度的变化、构件的长度、截面的倒角、梗肋等。

·单元类型的正确选取：除少数构造复杂的区域选用棱柱体单元外，应尽量选用规则的六面体单元，采用 SOLID45 实体单元，模拟真实的桥梁结构。

·在保证求解精度和速度的前提下，取用适当简化的模型。

·建模过程中尽量减少病态单元的出现：在网格划分时采用先将截面划分为规则的三角形和四边形，然后以纵向按一定长度进行拉伸，建立全桥模型。因而网格划分得十分规则，避免出现病态单元而影响计算结果。

·外部荷载的施加严格按照实际情况进行（如荷载的大小、作用位置以及方向）；边界条件严格按照约束支座中心对应的节点和正确的约束方向施加。

·混凝土单元按线性考虑。

计算模型如图 5.5-20、图 5.5-21 所示，混凝土采用 SOLID45 单元，预应力筋采用 LINK8 单元，不考虑普通钢筋对结构承载力的贡献。

② 空间梁单元模型。

通过 MIDAS 移动荷载分析得到了简支 U 梁跨中最不利活载布置情况（图 5.5-22、图 5.5-23）。

立体图　　　　　　　　　　　　　立面图

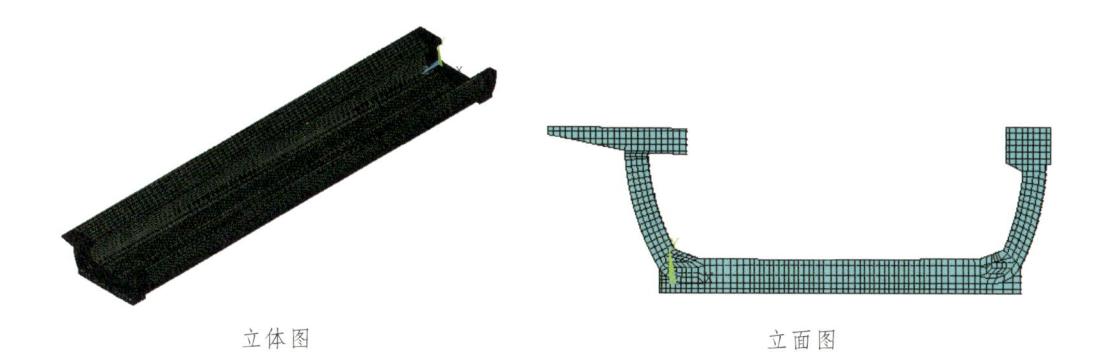

图 5.5-20　全桥实体单元有限元模型

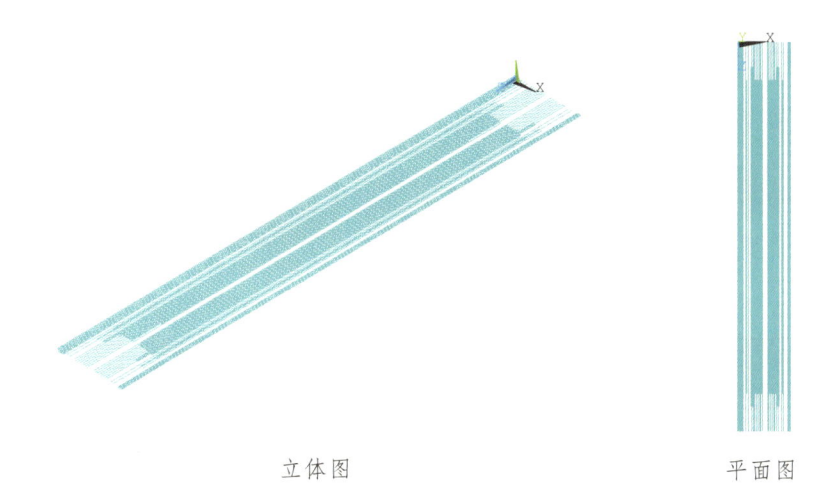

立体图　　　　　　　　　　　　　平面图

图 5.5-21　预应力钢束模型

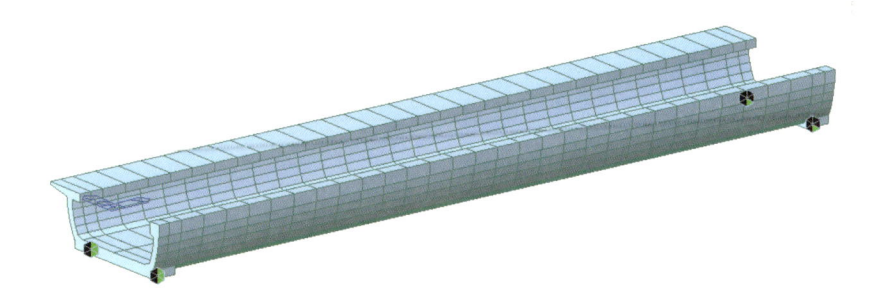

图 5.5-22　空间梁单元模型

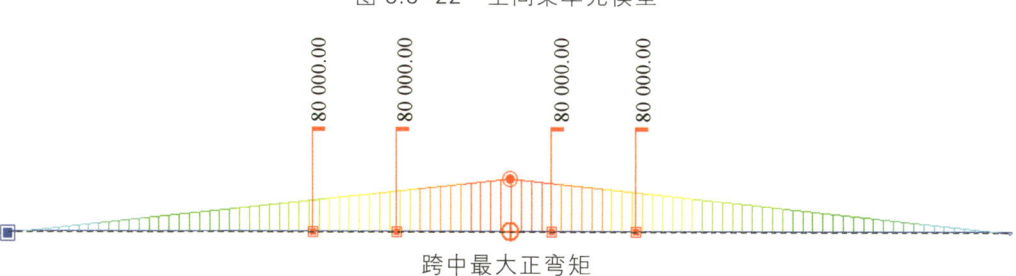

跨中最大正弯矩

图 5.5-23　活载最不利位置布置图

结构名称约定：为方便叙述，对于涉及的桥梁结构位置名称进行约定，详见图 5.5-24。此外，关于位置坐标的叙述均指在整体坐标系下，整体坐标系原点布置在梁端截面底板中心线处，坐标轴方向如图 5.5-24 所示。

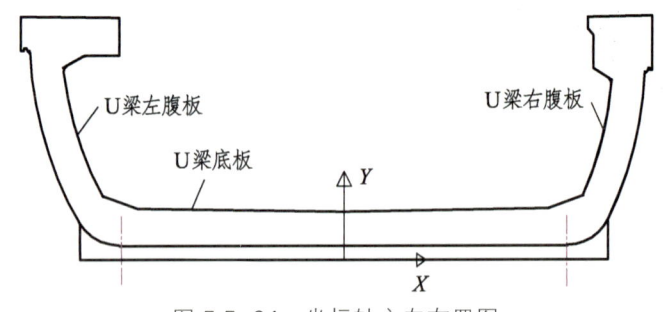

图 5.5-24　坐标轴方向布置图

对于应力计算结果，以受拉为正，受压为负；对于位移计算结果，与整体坐标系相同为正，反之为负。

（3）U 形简支梁静力特性分析。

本节主要研究桥梁结构在以下 4 种工况下的受力情况，荷载工况见表 5.5-3。

表 5.5-3　荷载工况

工况名称	荷载类型
工况 1	自重+二恒
工况 2	预应力
工况 3	活载作用下跨中出现最大正弯矩
工况 4	梯度温度

（4）U 形简支梁稳定性分析。

根据简支 U 形梁所承受的荷载，考虑主力和附加力共同作用时，结构的屈曲分析。考虑以下两种情况：

工况 1：自重+二期恒载+预应力+n×地铁荷载

工况 2：自重+二期恒载+预应力+地铁荷载

工况 1 一阶失稳为中跨部分整体扭转失稳，二阶失稳为中跨部分右腹板局部弯曲失稳，通过迭代求解得到结构的稳定系数分别为 249 和 364。可见，在地铁荷载作用下，结构的稳定性问题要弱于强度问题，梁部具有足够的稳定性。

工况 2 一阶失稳为中跨部分整体扭转失稳，二阶失稳为左、右腹板横弯失稳，其稳定系数分别为 44 和 71。结构稳定性的计算结果进一步印证了对于跨中开口截面部分，中跨扭转失稳为结构最主要的失稳形式。

综上所述，结构稳定性满足规范要求。

6）组合梁动力分析

（1）桥梁动力分析模型。

首先采用通用软件 MIDAS 来建立该桥的梁单元、板单元分析模型，然后将 MIDAS 的数据文件导出，利用电子表格生成西南交通大学桥梁结构振动与稳定研究室自行研制的桥梁结构动力分析软件 BDAP V2.0［通过铁道部（现国家铁路局）鉴定，并获国家版权局软件著作权（2009R11S009559）、2009 年国家科技进步二等奖］所需要的数据文件，从而建立桥梁的动力分析模型。

采用两种软件同时进行该桥的自振特性计算，并进行对比，最后利用 BDAP 进行车桥耦合动力仿真分析。

主要计算参数如下：

主梁：C55 混凝土；

设计活载：地铁 A 型车辆；

二期恒载：按实际值加载。

利用 MIDAS/Civl 2012 建立此桥的有限元模型，其中梁单元模型包括 41 个节点、32 个单元，板单元包括 5148 个节点、4998 个单元。其有限元模型如图 5.5-25 所示。

梁单元模型

板单元模型

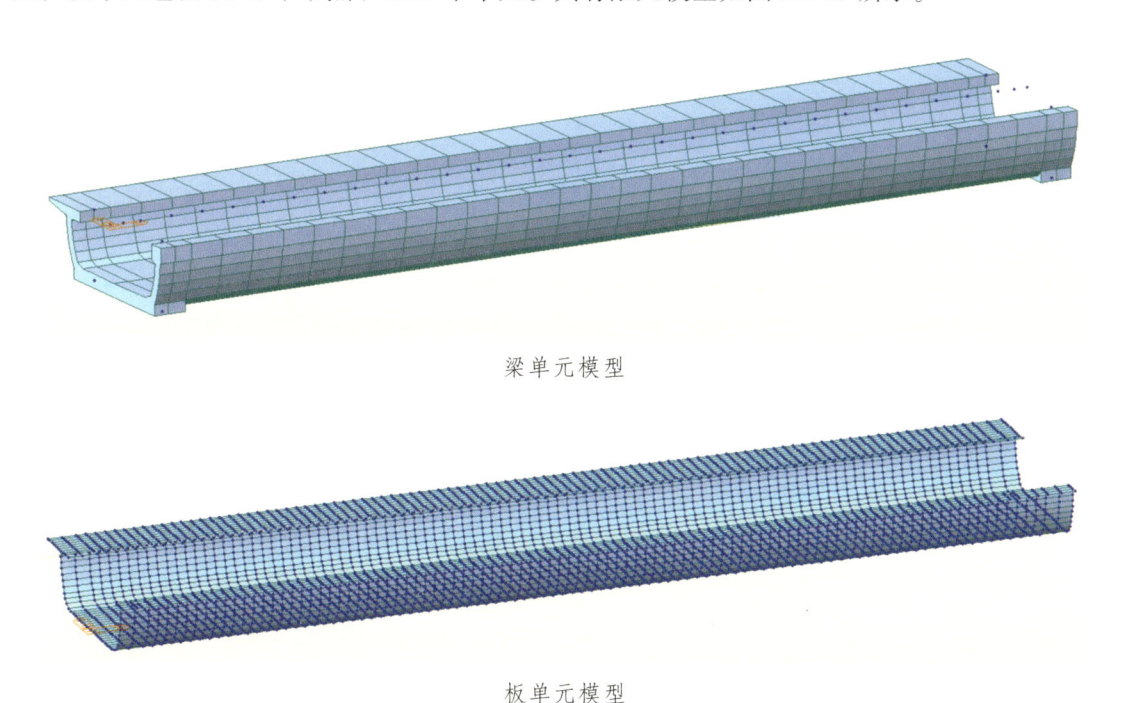

图 5.5-25　30 m 简支 U 梁空间有限元模型

（2）简支梁桥梁自振特性分析。

采用通用软件 MIDAS 和西南交通大学桥梁结构振动与稳定研究室自行研制的桥梁结构动力分析软件 BDAP V2.0，根据上节所建立的桥梁动力分析模型，进行桥梁自振特性分析。表 5.5-4、表 5.5-5 分别列出了 30 m 简支 U 梁梁单元、板单元模型的自振特性分析结果。

表 5.5-4　30 m 简支 U 梁（梁单元）自振特性

阶次	自振频率/Hz	自振周期/s	振型特点
1	3.383	0.296	梁体一阶正对称竖弯
2	4.312	0.232	梁体一阶正对称横弯
3	9.249	0.108	梁体一阶反对称横弯
4	11.874	0.084	梁体二阶反对称竖弯
5	14.036	0.071	梁体二阶正对称横弯
7	18.777	0.053	梁体二阶反对称横弯
9	25.724	0.039	梁体三阶正对称竖弯
13	40.059	0.025	梁体三阶反对称竖弯

表 5.5-5　30 m 简支 U 梁（板单元）自振特性

阶次	自振频率/Hz	自振周期/s	振型特点
1	2.742	0.365	梁体扭转+正对称横弯
2	3.462	0.289	梁体正对称竖弯
3	8.084	0.124	梁体扭转+反对称横弯
4	10.150	0.099	梁体扭转+正对称横弯
6	11.142	0.090	梁体扭转+反对称竖弯
10	17.217	0.058	梁体局部振动
15	25.380	0.039	梁体局部振动

根据 30 m 简支 U 梁自振特性分析结果可知：梁单元模型在振动过程中振型形状只有横弯和竖弯；板单元模型的振型除竖弯、横弯外，还耦合扭转变形、局部振动，更符合实际桥梁的振动特性，故在车桥耦合动力仿真分析中采用板单元模型。

（3）简支梁车桥耦合动力仿真分析。

对 30 m 简支 U 梁进行车桥空间耦合动力仿真分析，得到车桥动力响应，包括机车车辆的最大竖向振动加速度、横向振动加速度、斯佩林（Sperling）指标、轮重减载率、脱轨系数、轮对横向力、梁部跨中竖向与横向动位移、梁部跨中振动加速度等数据，并记录了这些响应的时程曲线。

7）简支 U 梁研究主要结论

（1）U 形简支梁桥梁静力分析结果。

对于 30 m 预应力混凝土简支 U 形梁这种结构，采用平面杆系分析程序无法全面考查结构受力特性。本次结构分析在 MIDAS 初步分析的基础上，采用通用有限元程序 ANSYS 对简支 U 形梁的传力机理、力学行为进行研究，得到如下结论：

梁部在荷载作用下，正弯矩工况中的腹板上翼缘有内倾趋势，下翼缘有外倾趋势，说明截面横向要发生变形，从而导致 U 梁左、右腹板上翼缘内、外侧应力不等。

梁在竖向荷载作用下，在各横截面上，U 梁右腹板顶缘纵向压应力水平最高，比左腹板大；道床板下缘左侧纵向压应力比右侧大。预应力钢束在横向上的布置会影响截面的横向弯曲受力，从而影响梁的纵向正应力。

在竖向荷载的作用下，道床板会产生横向的弯曲正应力，其中性轴在道床板中心附近；数值上，左侧腹板附近数值最小，中心位置最大。预应力和温度梯度产生的横向正应力很小。

由于剪力滞和U形梁左、右腹板约束的影响，从道床板左侧到右侧纵向正应力数值不断降低。

对简支U梁，从跨中截面到支点截面，腹板上下缘和道床板竖向压应力较为均匀；在支点附近竖向压应力的梯度变化较为明显，说明简支梁竖向力的传递集中在支点附近。

对简支U梁，竖向荷载作用下，跨中附近剪应力数值较小，支点附近剪应力数值较大，且剪应力主要由腹板承担。

在主力组合作用下，跨中截面右腹板顶缘产生较大的主压应力，数值为-14.55 MPa；最大主拉应力产生于道床板下缘，数值为 3.75 MPa。在支点截面，最大的主拉及主压应力均产生于腹板与道床板交接处，其数值分别为 5.4 MPa 和-9.75 MPa。

在主+附组合作用下，桥梁各部的应力水平同主力组合作用下相差不大。

当地铁荷载采用跨中弯矩最不利加载时，跨中截面道床板下挠，右侧变形最大，约 7.9 mm，小于规范容许值。左腹板上缘横向变形量最大，达 1.1 mm，左腹板扭转角约 0.039°。

模态分析表明：结构一阶竖弯频率为 3.317 Hz，一阶扭转频率为 8.861 Hz，无明显整体横弯振型，多为两侧腹板的横向振动。

屈曲分析表明：考虑结构自重、二期恒载、预应力效应后，梁部在地铁荷载作用下，一阶失稳为跨中部分整体扭转失稳，二阶失稳为跨中部分右腹板局部弯曲失稳，其稳定系数分别为 249 和 364，结构稳定性满足规范要求。对于一般意义上的稳定系数，结构一阶失稳同样为中跨部分整体扭转失稳，二阶失稳为左、右腹板横弯失稳，其稳定系分别为 44 和 71。可见跨中扭转失稳为简支U梁桥最主要的失稳形式。

（2）U形简支梁桥梁动力分析结果。

根据车桥耦合振动分析理论，针对深圳地铁 6 号线工程 30 m 简支 U 梁，采用空间有限元方法建立起全桥动力分析模型，对该桥的空间自振特性进行了计算；同时，对该桥在地铁 A 型车作用下的车桥空间耦合振动进行了分析，考虑了超员、定员、空车三种工况，评价了该桥的动力性能以及列车运行安全性与舒适性。其主要结论如下：

① 桥梁自振特性分析。

30 m 简支 U 梁对应的基频见表 5.5-6。

表 5.5-6　30 m 简支 U 梁基频

桥梁名称	一阶竖向/Hz
30 m 简支 U 梁	3.462

② 桥梁振动性能。

30 m 简支 U 梁在地铁 A 型车（考虑超员、定员、空车三种工况）以速度 60~140 km/h 过桥时，梁跨中竖向振动位移最大值为 8.779 mm，梁跨中横向振动位移最大值分别为 1.092 mm；主梁跨中竖向振动加速度最大值为 0.481 m/s^2，主梁跨中横向振动加速度最大值为 0.755 m/s^2。桥梁的振动位移和加速度均在限值以内。

③ 列车行车安全性。

30 m 简支 U 梁在地铁 A 型车（考虑超员、定员、空车三种工况）以速度 60～140 km/h 范围通过时，机车与车辆的脱轨系数、轮重减载率、轮轨横向力等安全性指标均在限值以内，说明列车运行的安全性能得到保障。

④ 列车行车舒适性。

30 m 简支 U 梁在地铁 A 型车（考虑超员、定员、空车三种工况）以速度 60～140 km/h 范围通过时：

在超员工况下：车辆竖向舒适性在速度为 60 km/h、80 km/h 时能达到"优"，在速度为 100 km/h 时为"良"，在速度为 120 km/h、140 km/h 时为"合格"；车辆横向舒适性在速度为 60 km/h 时均为"优"，在速度为 80 km/h、100 km/h 时为"良"，在速度为 120 km/h、140 km/h 时仅为"合格"。

在定员和空车工况下：车辆竖向舒适性在速度为 60 km/h、80 km/h 时能达到"优"，在速度为 100 km/h 时为"良"，在速度为 120 km/h、140 km/h 时为"合格"；车辆横向舒适性在速度为 60 km/h 时均为"优"，在速度为 80 km/h 时为"良"，在速度为 100 km/h、120 km/h、140 km/h 时仅为"合格"。

综上所述，深圳地铁 6 号线工程 30 m 简支 U 梁在地铁 A 型车（包括超员、定员、空车三种工况）以设计车速 100 km/h 通过时，桥梁的动力性能、地铁 A 型车的安全性均满足限值要求，在设计速度为 100 km/h 时，定员、超员和空员情况下车辆的竖向舒适性均为"良"，而横向舒适性为"良"或"合格"。

（3）相关建议。

在荷载组合作用下，跨中截面道床板发生下凹局部变形，其下缘受拉作用相对突出，应在跨中附近的道床板中设置足够的普通钢筋以防止开裂。

在竖向荷载作用下，跨中截面道床板中心位置沿厚度方向上的横向正应力变化梯度较大，可在此处配置适当的横向预应力筋改善其受力情况。

在支座附近梁段，U 梁左、右腹板与道床板交接处刚度差异较大，有应力集中现象，建议在此处设置更为平滑的过渡段，同时配置足够的普通钢筋以抵抗较大的主拉压应力。

此简支 U 梁左、右腹板并不对称，在竖向荷载作用下，道床板左侧纵向拉应力大于右侧，右腹板上缘纵向压应力大于左腹板，此可为受力钢筋的布置提供部分依据。

5.5.1.2　U 形梁 + 箱形梁组合梁关键技术

1）U 形梁 + 箱形梁组合梁关键技术概述

城市轨道交通工程不可避免地存在跨平交路口、跨高速路、跨箱涵等大跨桥梁设置需求，箱形梁较 U 形梁对大跨的适应性更强。若能通过技术创新解决大跨箱形连续梁与 U 形梁的过渡衔接问题，将大幅度提升 U 形梁的普适性和通用性。深圳地铁 6 号线工程通过研究创新性地提出集大跨连续箱梁桥与 U 形梁截面于一体的新型连续 U 梁结构。该结构很好地解决了简支 U 形梁与大跨结构的过渡问题，提升了结构自身的景观效果；但该梁型腹板参与受力，梁体受力复杂，需进一步研究其受力状态。

2）组合梁构造及相关参数

深圳地铁 6 号线跨路口（28.8+48+28.8）m 三跨连续梁桥采用变截面箱梁+U 形梁组合截面。

桥梁全长 105.6 m，中支点附近梁段在道床板底部设置箱形结构以承受负弯矩作用。中支点处梁高为 4.28 m，跨中梁高为 2.02 m，桥宽沿线路方向从 10.9 m 线性变至 11.2 m。道床板平均厚度为 0.43 m，主梁腹板为曲腹板，厚为 0.28 m。桥梁结构布置形式如图 5.5-26 ~ 图 5.5-31 所示。

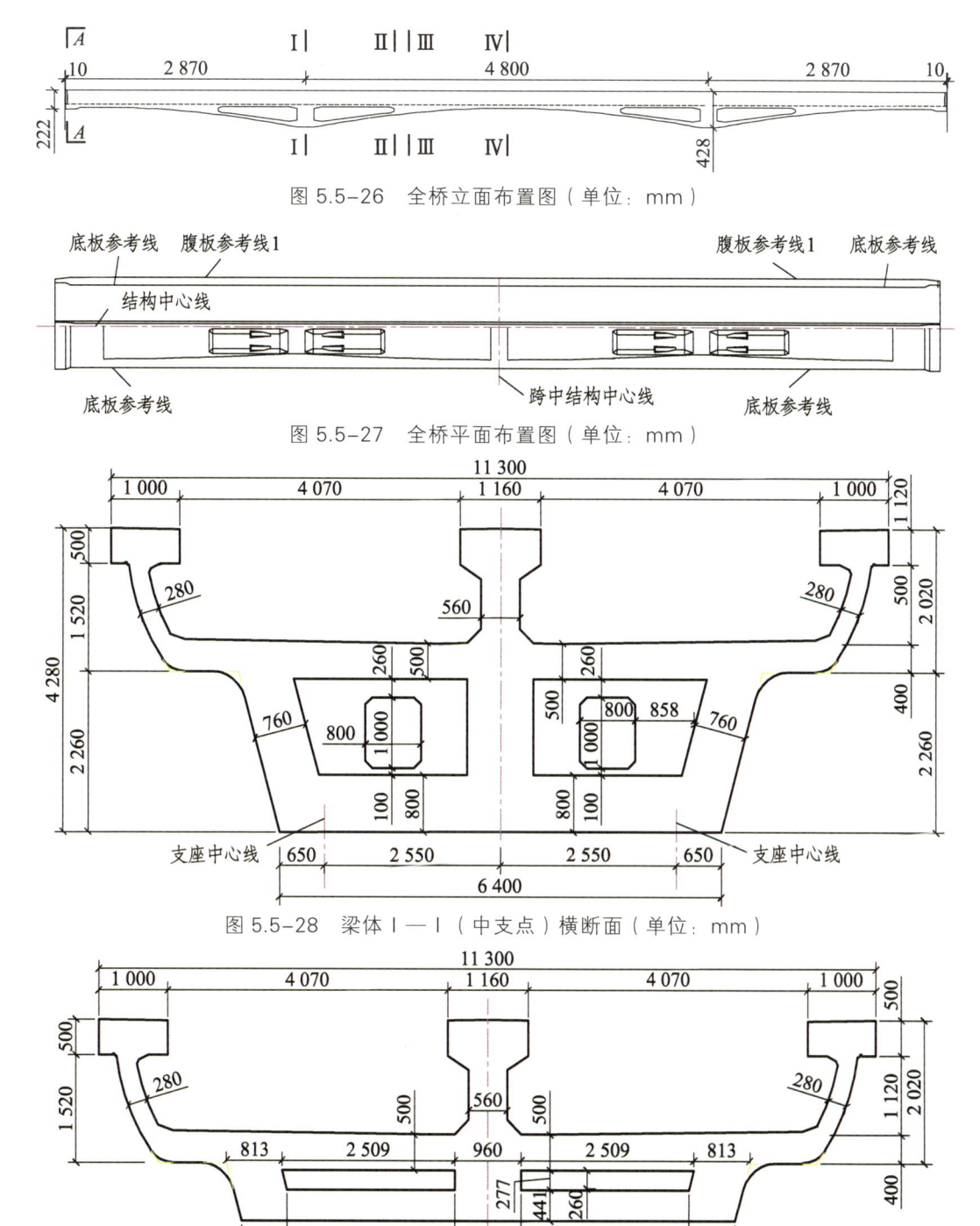

图 5.5-26 全桥立面布置图（单位：mm）

图 5.5-27 全桥平面布置图（单位：mm）

图 5.5-28 梁体 I—I（中支点）横断面（单位：mm）

图 5.5-29 梁体 II—II 横断面（单位：mm）

梁部结构采用 C55 混凝土，预应力体系采用高强度低松弛 φ15.2 钢绞线，其中箱梁腹板钢束采用 17φ15.2 钢绞线，U 梁上翼缘钢束采用 9φ15.2 钢绞线，U 梁底板和腹板钢束采用 15φ15.2 钢绞线。

图 5.5-30　梁体Ⅲ—Ⅲ横断面（单位：mm）

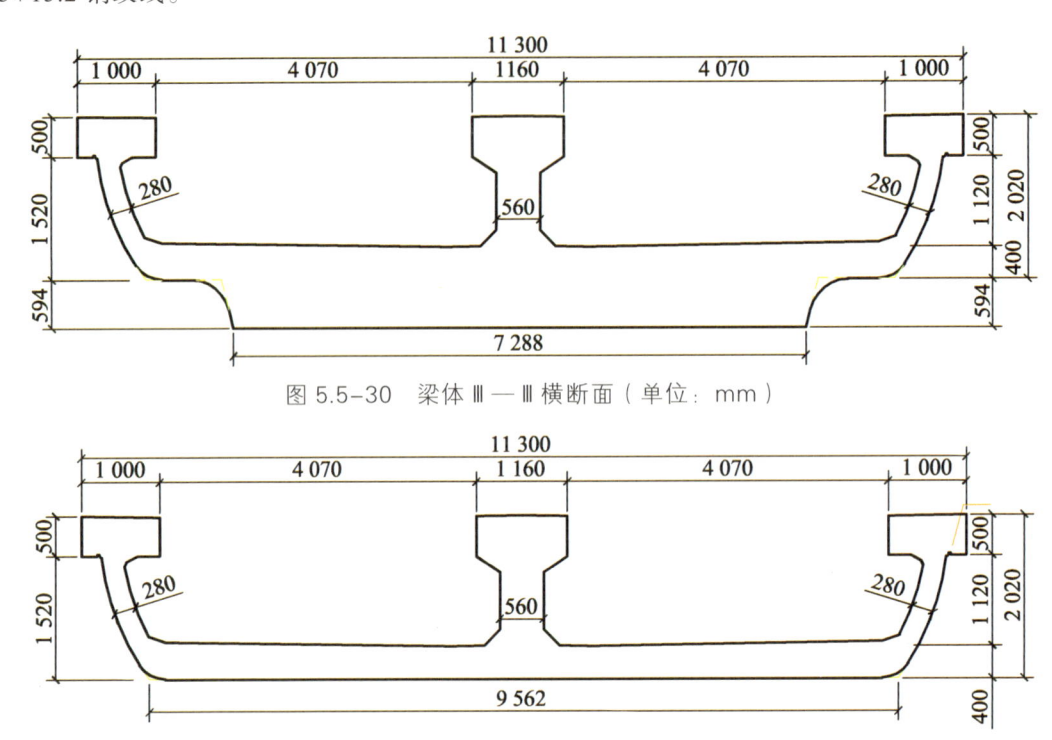

图 5.5-31　梁体Ⅳ—Ⅳ（跨中）横断面（单位：mm）

3）组合梁静力计算

（1）空间实体单元模型。

U 形梁空间受力特性明显，单纯依靠一般的平面杆系分析程序难以准确地分析结构的内力状态和应力状态，因此该组合连续梁必须进行三维实体有限元分析。三维实体模型的建立以分析结构的实际空间位置、尺寸、材料特性、连接方式、荷载条件以及钢筋的影响为依据，运用限制变形还原内力的原理确立结构分析的初始状态，在此基础上进行大规模的足尺模型分析，由此得到详尽、准确、可靠的分析结果。

本次计算分析采用大型有限元通用有限元分析软件 ABAQUS 程序。空间分析模型的建立要考虑如下几条基本原则：

·尽量真实反映结构，如实反映结构形状和尺寸的变化，如腹板厚度的变化、构件的长度、截面的倒角、梗肋等。

·单元类型的正确选取：除少数构造复杂的区域选用四面体单元外，应尽量选用规则的六面体单元，且在关键部位运用二阶单元如 C3D20R，以提高计算精度，在一般部位运用线性单元如 C3D8，以提高计算效率。

·在保证求解精度和速度的前提下，取用适当简化的模型。

·建模过程中尽量减少病态单元的出现：在网格划分时采用逐段体扫掠，这种网格既可以是线性的（无中节点），也可以是一次的（有中节点的），使剖分后的单元为标准的六面体单元,以免因出现金字塔单元而引起结果误差。

·外部荷载的施加严格按照实际情况进行(如荷载的大小、作用位置以及方向);边界条件严格按照支座对结构的实际约束(支承区域的大小、约束方向)施加。

·混凝土单元按线性考虑。

计算模型如图 5.5-32~图 5.5-34 所示,混凝土采用 3D Stress 单元,预应力筋采用 Truss 单元,不考虑普通钢筋对结构承载力的贡献。

立体图　　　　　　　　　　　　　立面图

图 5.5-32　全桥实体几何模型

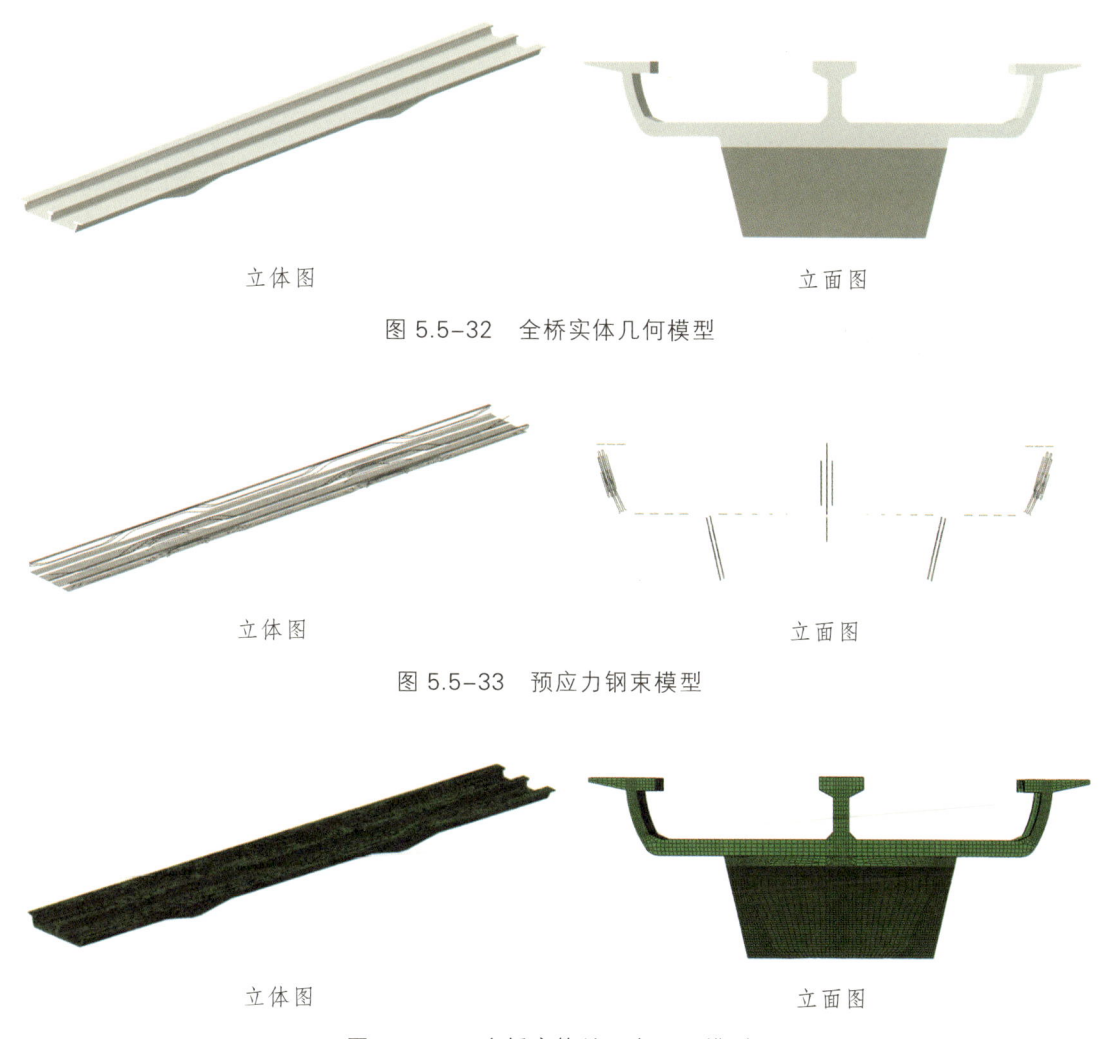

立体图　　　　　　　　　　　　　立面图

图 5.5-33　预应力钢束模型

立体图　　　　　　　　　　　　　立面图

图 5.5-34　全桥实体单元有限元模型

(2)空间梁单元模型。

本研究通过 MIDAS 移动荷载分析得到了边跨跨中最不利活载(双线加载)、中支点最不利活载(双线加载)以及中跨跨中最不利活载(单、双线加载)布置情况,如图 5.5-35、图 5.5-36 所示。

图 5.5-35　空间梁单元模型

中跨跨中最大正弯矩（双线加载）

中支点最大负弯矩（双线加载）

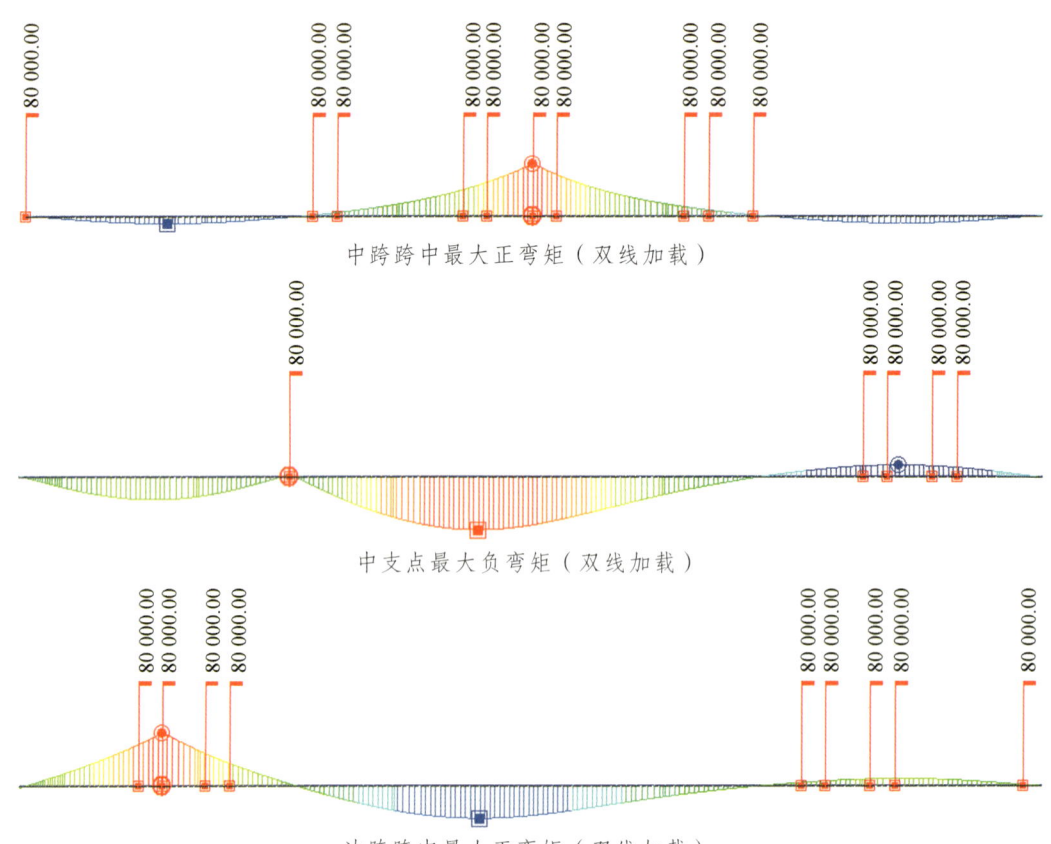

边跨跨中最大正弯矩（双线加载）

图 5.5-36　活载最不利位置布置图

(3) 结构名称约定。

为方便叙述，对于涉及的桥梁结构位置名称进行约定，详见图 5.5-37。此外，关于位置坐标的叙述均指在整体坐标系下，整体坐标系原点布置在中跨跨中截面下缘与桥轴线相交处，坐标轴方向如图 5.5-37 所示。

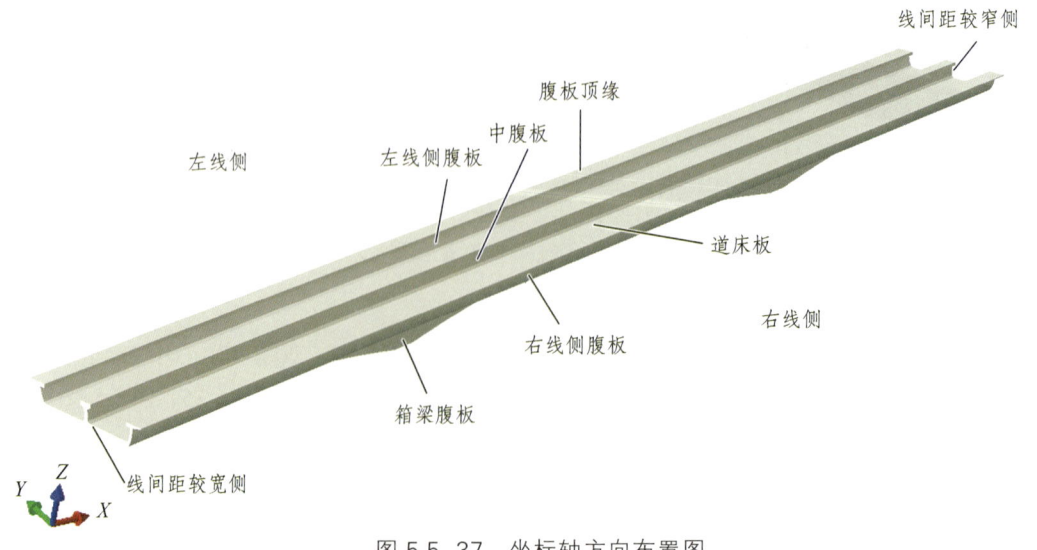

图 5.5-37　坐标轴方向布置图

对于应力计算结果，以受拉为正，受压为负；对于位移计算结果，与整体坐标系相同为正，反之为负。

（4）组合梁静力特性分析。

① 全桥纵向正应力。

本节主要研究桥梁结构在以下 7 种工况下的受力情况，荷载工况见表 5.5-7。

（5）组合梁稳定性分析。

根据组合连续梁所承受的荷载，考虑主力和附加力共同作用时，结构的屈曲分析，考虑以下两种情况：

表 5.5-7　荷载工况

工况名称	荷载类型
工况 1	自重+二恒
工况 2	预应力
工况 3	边跨跨中最大正弯矩（双线加载）
工况 4	中支点最大负弯矩（双线加载）
工况 5	中跨跨中最大正弯矩（双线加载）
工况 6	整体升温 25 ℃
工况 7	整体降温 25 ℃

工况 1：自重+二期恒载+预应力+$n×$地铁荷载

工况 2：自重+二期恒载+预应力+地铁荷载

工况 1 一阶和二阶失稳均为中跨部分整体扭转失稳，通过迭代求解得到结构的稳定系数分别为 916 和 933。可见，在地铁荷载作用下，结构的稳定性问题要弱于强度问题，梁部具有足够的稳定性。

工况 2 一阶和二阶失稳均为中跨部分整体扭转失稳，其稳定系数分别为 198 和 203。

综上所述，结构稳定性满足规范技术要求。

4）组合梁动力分析

（1）桥梁动力分析模型。

首先采用通用软件 MIDAS 来建立该桥的梁单元、板单元分析模型，然后将 MIDAS 的数据文件导出，利用电子表格生成桥梁结构动力分析软件 BDAP V2.0 所需要的数据文件，从而建立桥梁的动力分析模型。

采用两种软件同时进行该桥的自振特性计算，并进行对比，最后利用 BDAP 进行车桥耦合动力仿真分析。

主要计算参数如下：

主梁：C55 混凝土；

设计活载：地铁 A 型车辆；

采用空间梁单元来模拟三跨连续梁，桥面二期恒载以面分布形式作为均布质量分配到梁单元中。

全桥动力分析模型如图 5.5-38 所示，该模型共有节点 45 个，梁单元 44 个。

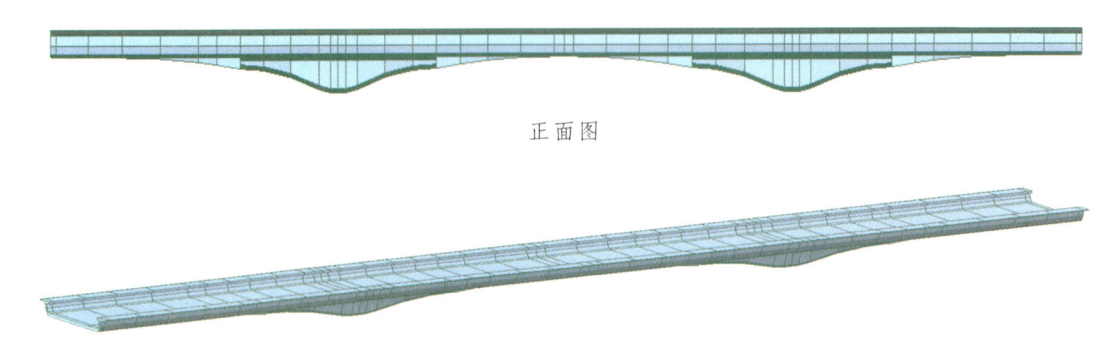

正面图

立体图

图 5.5-38　深圳地铁 6 号线（30+48+30）m 连续梁桥空间有限元模型

（2）桥梁自振特性分析。

根据上节所建立的桥梁的动力分析模型，进行桥梁自振特性分析以及在超员、定员、空车作用下的动力响应分析。表 5.5-8 列出了深圳地铁 6 号线工程（30+48+30）m 连续梁桥的自振特性频率分析结果。

表 5.5-8　（30+48+30）m 连续梁桥自振频率

阶　　次	自振频率/Hz	自振周期/s	振　　型
1	2.074	0.482	一阶正对称竖弯
2	3.874	0.258	一阶反对称竖弯
3	4.966	0.201	二阶正对称竖弯
4	5.664	0.176	一阶正对称横弯
5	7.262	0.138	二阶反对称竖弯
6	8.184	0.122	一阶反对称横弯
7	8.371	0.119	二阶正对称横弯
9	11.718	0.085	二阶反对称横弯

（3）车桥耦合动力仿真分析。

根据相关计算模型与计算原理，对深圳地铁 6 号线（30+48+30）m 连续梁桥进行车桥空间耦合动力仿真分析，得到车桥动力响应，包括机车车辆的最大竖向、横向振动加速度、Sperling 指标、轮重减载率、脱轨系数、轮对横向力、梁部跨中竖向与横向动位移、梁部跨中振动加速度等数据，并记录了这些响应的时程曲线。

5）组合梁主要结论与建议

（1）桥梁静力计算结论。

对于箱梁+U 形梁组合连续梁这种特殊结构，采用平面杆系分析程序无法全面考查其结构受力特性。本次结构分析在 MIDAS 初步分析的基础上，采用通用有限元程序 ABAQUS 对组合连续梁的传力机理、力学行为进行研究，得到如下结论：

梁部在荷载作用下，正弯矩区段的腹板上翼缘有内倾趋势，下翼缘有外倾趋势，负弯矩区段的腹板变形情况相反。这说明截面横向要发生变形，从而导致截面上、下翼缘的内、外侧应力不等。

在竖向荷载作用下，在各横截面上，U 梁中腹板顶缘纵向拉应力水平最高。U 梁两侧腹板顶缘的纵向正应力沿横桥向由内至外逐渐增大。

跨中承受较大的正弯矩时，道床板会发生局部下凹变形，从而导致在此处道床板上缘极小区域会出现纵向压应力，而其下缘受拉情况更为突出。

由于剪力滞的影响，在中支点截面上，道床板与箱梁腹板交界处的纵向正应力较其他位置更大。

梁部左、右两道腹板为曲腹板，并且上、下翼缘不对称，其形心主惯性矩轴与整体坐标系轴存在一定的夹角，也就是说两道腹板存在斜弯曲，从而导致弯扭耦合，再加上二期恒载、活载作用，结构横向正应力比一般常规结构要更加明显。

道床板在荷载作用下会发生局部变形，产生局部横向弯矩。线路中心线处道床板沿厚度方向上的横向正应力变化梯度较大，其中以中跨跨中截面最为突出。

在竖向荷载作用下，支座处 U 梁腹板主要承受竖向压应力，而跨中附近 U 梁腹板主要承受竖向拉应力。这说明作用在道床板上的竖向荷载，主要通过 U 梁腹板及箱梁结构传递到支座。

在荷载作用下，中支点截面和中跨跨中截面上，U 梁腹板承受竖向剪应力较小。在 1/4 跨截面附近，U 梁腹板承受竖向剪应力值相对较大。

在主力组合作用下，中跨跨中截面道床板局部下凹变形较大，其下缘一定厚度内第一主应力处于 1.6 MPa 的水平。中支座截面上，在道床板与箱梁腹板交界处，道床板上缘第一主应力水平达到 2.6 MPa；在恒载作用下，此处的横向正应力达到了 3 MPa。这是由于箱梁腹板的介入导致此处刚度差异较大，箱梁腹板外侧的道床板受力状态近似于悬臂板。

在主+附组合作用下，桥梁各部的应力水平同主力组合作用下相差不大。

当地铁荷载采用中跨跨中最不利双线加载时，跨中截面道床板整体下挠，距桥梁中心线 2.1 m 处竖向变形最大，约 8.0 mm；两侧腹板变形对称，均有内倾趋势，其中腹板顶缘向内横移变形达 0.28 mm，腹板扭转角约 0.011°（向内）。单线加载时，道床板下挠最大值约为 4.9 m。除此之外，截面同时发生了扭转变形，加载侧竖向挠度比另一侧大了约 2.1 mm，两侧腹板变形不对称，加载侧腹板整体向外横移，并伴随向内 0.002°的扭转变形，其中腹板顶缘变形量最大，约 0.29 mm；另一侧腹板则整体向内横移，向内扭转 0.014°，腹板顶缘变形量最大，达 0.58 mm。

模态分析表明：结构一阶竖弯频率为 2.398 Hz，一阶扭转频率为 4.661 Hz，无明显整体横弯振型，多为两侧腹板的横向振动。由于跨中结构为开口截面，扭转频率较低，U 形梁两侧腹板的局部振动振型密集，梁部横弯以腹板为主，当在梁腹板上安装声屏障等结构时，需加以考虑。梁部横向自振频率满足规范要求。

屈曲分析表明：考虑结构自重、二期恒载、预应力效应后，梁部在地铁荷载作用下，一阶和二阶失稳均为中跨部分整体扭转失稳，其稳定系数分别为 916 和 933，结构稳定性满足规范要求。对于一般意义上的稳定系数，结构一阶和二阶失稳均为中跨部分腹板顶缘局部失稳，其稳定系数分别为 198 和 213。

（2）桥梁动力计算结论。

本研究根据车桥耦合振动分析理论，针对深圳地铁 6 号线工程（30+48+30）m 连续梁桥，采用空间有限元建立起全桥动力分析模型，对该桥的空间自振特性进行了计算；同时，对该桥在超员、定员、空车作用下的车桥空间耦合振动进行了分析，评价了该桥的动力性能以及列车运行安全性与平稳性，为该桥设计工作提供参考依据。其主要结论如下：

① 桥梁自振特性分析。

深圳地铁 6 号线工程（30+48+30）m 连续梁桥梁体基频：梁体一阶正对称竖向频率为 2.074 Hz，梁体一阶反对称竖向频率为 3.874 Hz。

② 桥梁振动性能。

在超员情况下以速度 80~140 km/h 运行时，各跨跨中竖向和横向振动位移最大值：第 1 跨梁分别为 2.6962 mm、0.0094 mm，第 2 跨梁分别为 5.5658 mm、0.0385 mm，第 3 跨梁分别为 1.7521 mm、0.0126 mm；横向和竖向振动加速度最大值：第 1 孔分别为 0.2706 m/s^2、0.0432 m/s^2，第 2 孔分别为 0.2414 m/s^2、0.0513 m/s^2，第 3 孔分别为 0.1600 m/s^2、0.0211 m/s^2。

在定员情况下以速度 80~140 km/h 运行时，各跨跨中竖向和横向振动位移最大值：第 1 跨梁分别为 2.0679 mm、0.0094 mm，第 2 跨梁分别为 2.0057 mm、0.0401 mm，第 3 跨梁分别为 1.5975 mm、0.0092 mm；竖向和横向振动加速度最大值：第 1 孔分别为 0.2602 m/s^2、0.0402 m/s^2，第 2 孔分别为 0.2337 m/s^2、0.0495 m/s^2，第 3 孔分别为 0.1576 m/s^2、0.0213 m/s^2。

在空车情况下以速度 80~140 km/h 运行时，各跨跨中竖向和横向振动位移最大值：第 1 跨梁分别为 1.3383 mm、0.0161 mm，第 2 跨梁分别为 1.3190 mm、0.0638 mm，第 3 跨梁分别为 1.0566 mm、0.0173 mm；竖向和横向振动加速度最大值：第 1 孔分别为 0.2166 m/s^2、0.0899 m/s^2，第 2 孔分别为 0.2038 m/s^2、0.0568 m/s^2，第 3 孔分别为 0.1307 m/s^2、0.0302 m/s^2。

可见，在上述列车作用下，深圳地铁 6 号线工程（30+48+30）m 连续梁桥各跨的竖向和横向振动位移较小，桥梁竖向和横向振动加速度均小于规范规定的限值，说明桥梁的振动性能良好。

③ 列车行车安全性。

在超员、定员、空车三种情况下以速度 60~140 km/h 通过（30+48+30）m 连续梁桥时，动车与拖车的脱轨系数、轮重减载率、轮轨横向力等安全性指标均在限值以内，保证了列车的行车安全。

④ 列车乘坐舒适性。

深圳地铁 6 号线工程（30+48+30）m 连续梁桥在超员、定员、空车三种工况下以速度 60~140 km/h 通过时：

超员工况下：车辆竖向舒适性在速度为 60 km/h、80 km/h、100 km/h 时能达到"优"，在速度为 120 km/h、140 km/h 时为"良"；车辆横向舒适性在速度为 60 km/h、80 km/h 时均为"优"，在速度为 100 km/h 时为"良"，在速度为 120 km/h、140 km/h 时仅为"合格"。

定员工况下：车辆竖向舒适性在速度为 60 km/h、80 km/h、100 km/h 时能达到"优"，在速度为 120 km/h 时为"良"，在速度为 140 km/h 时为"合格"；车辆横向舒适性在速度为 60 km/h、80 km/h 时均为"优"，在速度为 100 km/h 时为"良"，在速度为 120 km/h、140 km/h 时仅为"合格"。

空车工况下：车辆竖向舒适性仅为"合格"。

综上所述，深圳地铁 6 号线工程（30+48+30）m 连续梁桥在地铁 A 型车（包括超员、定员、空车三种工况）以设计车速 100 km/h 通过时，桥梁的动力性能、地铁 A 型车的安全性均满足限值要求；在设计速度为 100 km/h 时，定员、超员和空员情况下车辆的竖向舒适性均为"优"或"良"，而横向舒适性为"良"或"合格"。

（3）相关建议。

在荷载组合作用下，中跨跨中道床板发生局部下凹变形，其下缘受拉作用相对突出，应在跨中附近的道床板中设置足够的普通钢筋，以限制其变形量。

在中支座附近梁段，U 梁与箱梁结合处刚度差异较大，箱梁腹板外侧的道床板受力状态近似于悬臂板，导致此处道床板上缘在恒载作用下产生较大的横向拉应力，建议在此处设置更为平滑的过渡段使得结构沿横桥向上的刚度得以平缓过渡。

本结构大部为开口截面，形状也非常复杂，角隅、梗肋比较多，所以在三维实体模型分析中，应力集中现象比较多，曲腹板的弯扭耦合现象突出，腹板两侧应力状态不对称。对于实桥，需在角隅、梗肋等处加强普通钢筋配置，以期达到控制局部应力的目的。

5.5.1.3　区间特殊 U 形梁关键技术

1）顶推 U 形连续梁

楼南区间跨龙大高速桥梁为深圳地铁 6 号线的重要控制性节点工程之一，线路与龙大高速公路斜交 78°，平面曲线半径为 1200 m，纵坡为 23.8‰，轨面与龙大高速路面最小距离约 6.44 m，控制条件严苛，桥梁施工不能影响桥下龙大高速的行车，故应尽量降低梁高。初步设计方案拟采用 2×65 m 下承式简支钢桁梁，桁高为 9 m，主桁中心距为 11 m，顶推施工，但简支钢桁梁体量较大，减振效果差，景观融入度差，后期维养工作量大，与城市轨道交通工程的定位不符，施工图阶段经反复比选和论证，采用了中跨顶推、边跨原位现浇接长的 U 形连续梁方案。该方案采用（45+65+45）m U 形连续梁，全长为 155 m，最大跨度为 65 m，顶推长度为 89 m，总质量为 4600t 的 U 形梁上跨龙大高速，桥梁底部与龙大高速路面最小距离仅 5.74 m（图 5.5-39、图 5.5-40）。U 形连续梁的应用，不仅有效地和前后简支 U 形梁进行了顺接，极大改善了景观和当地环境的融入度，也解决了轨面与路面最小距离只有 6.44 m 这一控制净空距离，实现了高架桥梁与城市景观协调发展。

国内连续梁顶推主要是箱形混凝土梁或者钢箱梁，U 形梁为开口截面，横向抗扭刚度弱，结构受力复杂，上跨龙大高速段顶推桥梁是国内城市轨道交通领域首次对 U 形连续梁采用顶推工艺的桥梁，设计难度大，顶推工艺复杂，且本桥位于曲线和大纵坡上，连续梁主跨达到 65 m。连续梁受力不同于一般简支梁，连续梁在顶推过程中受力需发生多次转换，设计考虑因素多，工况复杂，施工精度及施工技术保障要求高。U 形连续梁顶推法施工首次成功运用于深圳地铁建设，也是大断面曲线预应力混凝土 U 形梁顶推施工在国内铁路及轨道交通建设中的首次运用，对中国铁路及轨道交通建设的设计和施工具有极高的借鉴意义，扩大了 U 形梁应用范围，如图 5.5-41、图 5.5-42 所示。

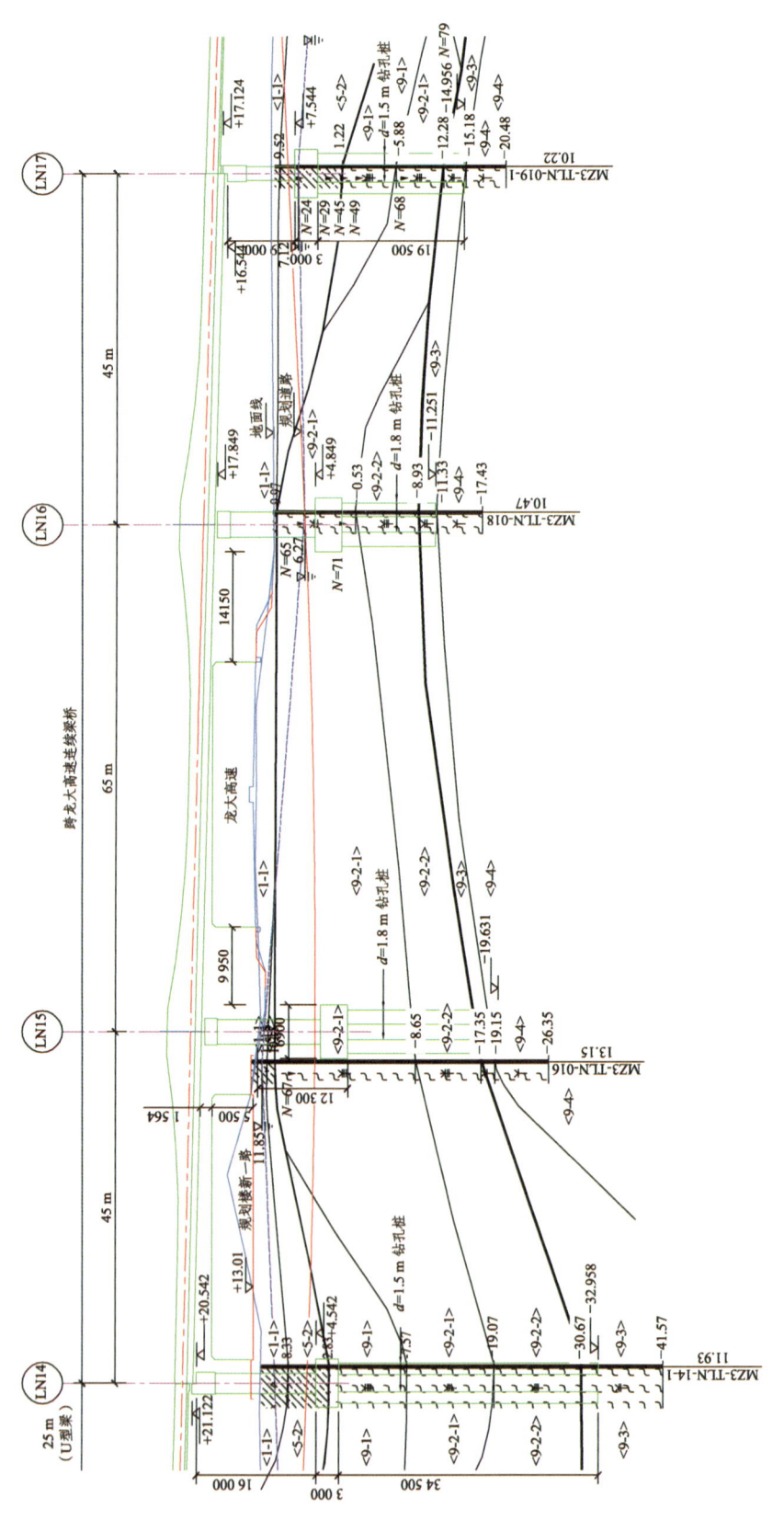

图 5.5-39 U形连续梁顶推上跨龙大高速立面图（尺寸单位：mm；标高单位：m）

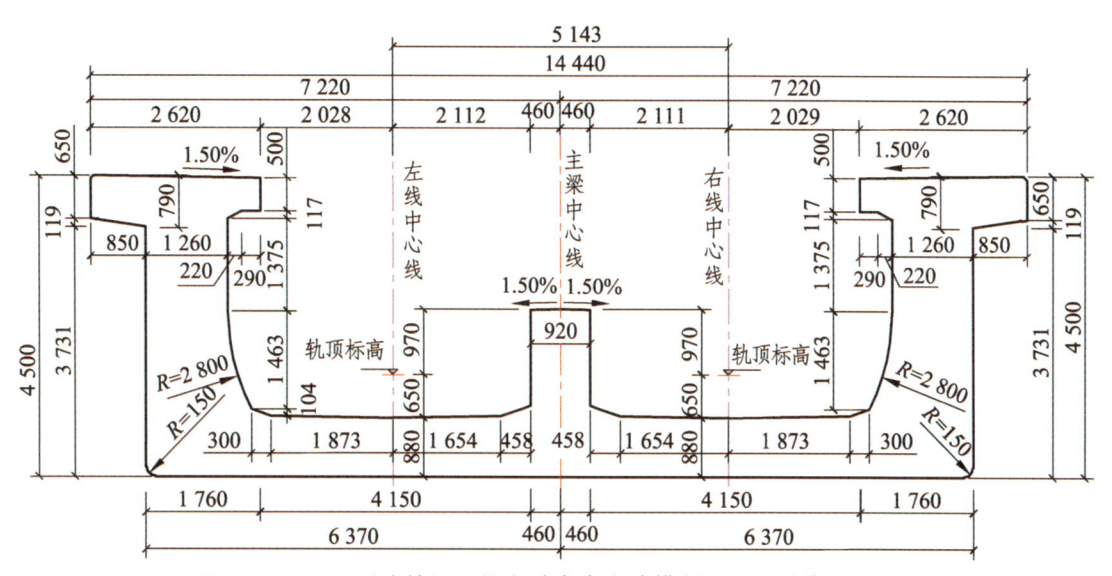

图 5.5-40　U 形连续梁顶推上跨龙大高速横断面图（单位：mm）

图 5.5-41　U 形连续梁顶推上跨龙大高速过程图

图 5.5-42　U 形连续梁跨龙大高速成桥图

2)主跨 150 m "U+箱 V 形" 刚构连续梁

合薯区间主跨 150 m U+箱 V 形刚构连续梁为梁圳地铁 6 号线的重要控制性节点工程之一，线路平面位于半径 550 m 的曲线上。桥梁沿主干道松白路路中敷设，并随松白路转南斜跨公明排洪渠，需小角度跨越公明排洪渠且避免对其进行改造，设计和施工难度极大。

初步设计采用（40.331+80+150+80+39.791）m 五跨一联连续梁，初步设计阶段桥位主墩处无钻孔（施工图阶段补充 8 个钻孔），无法准确模拟桩土作用，在其他结果均满足规范要求的情况下，为增大结构横向刚度，选择采用五跨一联；施工图设计阶段完善了钻孔资料，在能够根据规范要求准确模拟桩土作用并且横向刚度结果满足规范要求的情况下，经设计团队的反复方案比选和 BIM 精确模拟，认为三跨一联较五跨一联受力更加简洁，可减少跨中后期收缩徐变变形，最后采用三跨一联并最终确定采用跨度为（90.331+150+89.791）m 的四墩三跨方案，全长为 330.122 m，主跨为 150 m 的 V 形刚构连续梁，两侧相接的两跨采用简支 U 形梁，减少了搭设支架带来的占地等问题，同时可减少施工措施费用，整体造价减少了约 1100 万元。

该桥是目前国内轨道交通领域最大跨度的 U+箱 V 形刚构连续梁，其结构避免了常规大跨混凝土连续刚构桥结构胖、大、粗的形象。此桥结构上充分发挥了梁体和拱肋的各自优势，拱肋承担弯矩和轴向压力，梁体承担弯矩和拉力，同时大大减小了连续刚构中温度对矮墩的影响，整体造型美观，结构轻盈，投资经济，与周边环境协调统一，是城市轨道交通桥梁建设理念的一种创新。桥梁结构景观性强，主墩无支座，顺桥向抗弯刚度大，受力性能好，行车平稳顺畅，养护简便，无须对箱涵进行改造，交通疏解工作量小。大桥建成后，结构轻盈美观，和周边环境融入度极好，成为当地的一座地标性建筑，如图 5.5-43 ~ 图 5.5-45 所示。

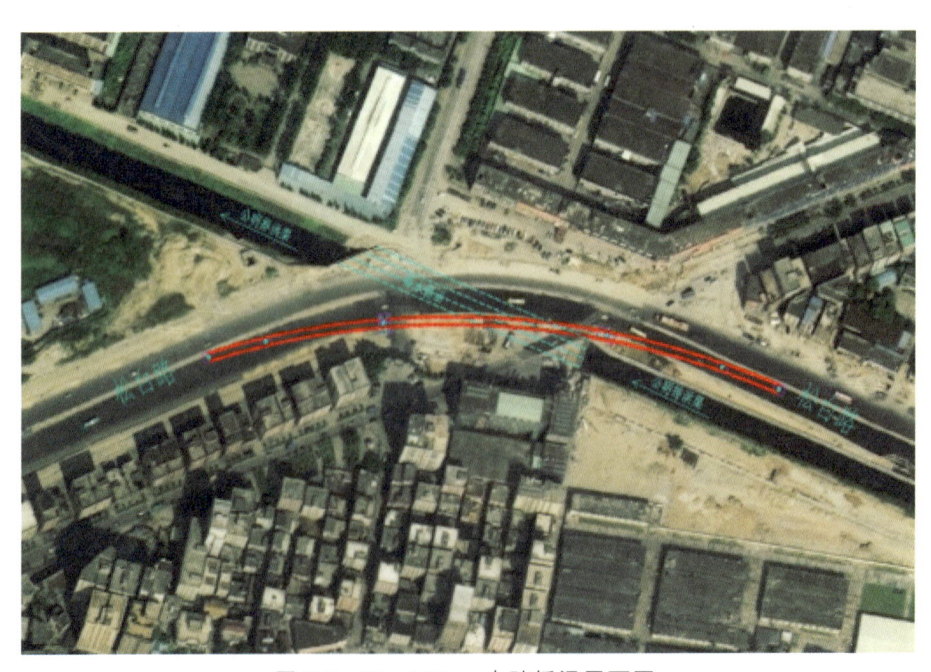

图 5.5-43 150 m 大跨桥梁平面图

图 5.5-44　150 m 大跨桥梁立面图（单位：m）

图 5.5-45　150 m 大跨桥梁成桥图

3）设计成果和技术创新

深圳作为中国改革开放建立的第一个经济特区，也是全球领先的创新之城，政府积极倡导大胆创新、开放创新、全面创新和再创新。深圳 6 号线高架桥设计中大胆采用了新理念、新思维、新技术，打破常规，对诸多关键技术进行了创新，在满足功能需要前提下，着力对景观、降噪进行了用心打造，实现了高架桥梁与城市景观协调发展。深圳地铁 6 号线 U 形梁高架段不仅仅是"城市发展轴的一条经济高效的地铁高架线"，也是一道"景观优美和环境安静的风景线"，更是一条"节能环保和绿色低碳的地铁高架示范线"。通过将本研究成果应用到工程建设中，成功建成并开通运营实现了地铁桥梁与城市发展的和谐与统一，对地铁桥梁的设计和建设起到了积极示范作用。

随着我国经济的快速发展，城市轨道交通建设也进入了快车道。截至 2022 年年底，国内已有 55 个城市开通运营城市轨道交通线路，总长度达到了 10287 km，车站 5800 余座。城市轨道交通建设成本和运营补亏随着建设规模增大而不断增长，城市财政压力进一步加大。因此，高架轨道交通系统将是经济高效轨道交通建设的发展方向。但是，对于城轨高架新型结构、新工法和新工艺的应用，涉及专业多、系统多、工序多，需要系统研究和解决的问题较多。深圳地铁 6 号线工程的高架桥 U 形梁研究、设计和建设的成功实践，能够对正在建设及后期即将开工建设的轨道交通工程高架线路提供借鉴和参考，推动我国城市轨道交通建设水平不断迈上新的台阶。

深圳地铁 6 号线 U 形梁高架桥设计在多项内容上进行了创新：依托于本项目的科研"城市轨道交通 U 形梁关键技术研究"（10336008（10-12））已结题；针对大石区间福龙路桥墩托换，形成了《双门架墩托换既有桥墩施工工法》（〔2019〕96 号）；在中国城市轨道交通协会颁布了《城市轨道交通预埋槽道及套筒技术规范》（T/CAMET 02002—2019）；已授权《一种长联无缝桥建合一高架车站结构》《一种轨道交通预应力先张法混凝土 U 形梁预制施工工艺》两项发明专利和《一种适用于城市轨道交通领域的变高度可顶推"山"形连续梁结构》实用新型专利。主要设计成果和技术创新如下：

（1）深圳地铁 6 号线设计了 35 m 跨简支 U 形梁，其中梁体长度为 34.9 m，梁体计算跨度为 34 m。该 U 形梁为目前国内外城市轨道交通领域内计算跨度最大的简支 U 形梁。

（2）U形连续梁顶推法施工首次成功运用于深圳地铁建设，也是大断面曲线预应力混凝土 U 形梁顶推施工在国内铁路及轨道交通建设中的首次运用，对中国铁路及轨道交通建设的设计和施工具有极高的借鉴意义，扩大了 U 形梁应用范围。

（3）合薯区间（90.331+150+89.791）m 大跨 V 形 U+箱刚构连续梁为深圳地铁 6 号线的重要控制性节点工程之一，线路平面位于半径为 550 m 的曲线上，为城市轨道交通领域最大跨度的 V 形 U+箱刚构曲线连续梁。

（4）首次在城市轨道交通领域，通过关键技术研究解决岛式高架车站及区间喇叭口对运架一体化施工的影响。

5.5.2 高架桥梁体运架系统研究与应用

5.5.2.1 高架桥梁体运架系统概述

深圳地铁 6 号线大部分地段均沿市政道路路中敷设，从提高车站站台利用效率和乘车环境质量、减小车站体量和节约用地的角度出发，大部分车站均设计为岛式车站，车站两端线间距拉开，形成喇叭口。秉承"绿色、环保、节能"的建设理念，本线简支梁采用梁场集中预制、梁上运架施工方案。为了减少施工对环境的影响，并保持全线桥梁景观的协调一致，全线高架桥梁尽可能统一采用简支 U 形梁。车站两端线间距变化带来的"喇叭口"，使左右两线桥梁逐渐拉开；同时，本线存在架桥机通过岛式站台车站、下穿福龙路、小半径曲线连接车辆段出入段线等诸多特殊节点，给梁体的架设带来巨大的挑战；另外，目前国内在运架设备方面，多为 T 梁和箱梁而设计，在 U 形梁方面比较欠缺。由于城市轨道交通 U 形梁结构的特殊性和城市空间的紧凑性，国内用于客运专线的架桥机和大型吊车都不能满足 U 形梁架设要求，急需对 U 形梁运架方案和施工装备进行系统和专项研究设计。同时，从城市施工道路条件和建设工期目标要求方面考虑，预制 U 梁架设也是整个高架线路建设的重点和难点。

深圳地铁 6 号线高架段共 1315 片 U 形梁预制、运输、架设。U 形梁设计跨度为 20 m、25 m、26 m、27 m、28 m、30 m、32 m、35 m，跨度 20～30 m 的采用先张法预应力混凝土结构，32 m、35 m 的采用先张和后张结合预应力混凝土结构。20～30 m U 形梁上部宽为 5.52 m、中部梁高为 1.9 m、端部 1 m 范围内梁高为 2.02 m，30 m U 形梁质量为 206t；35 m U 形梁上部宽为 5.52 m、梁高为 2.02 m、质量为 256t。U 形梁截面如图 5.5-46 所示。

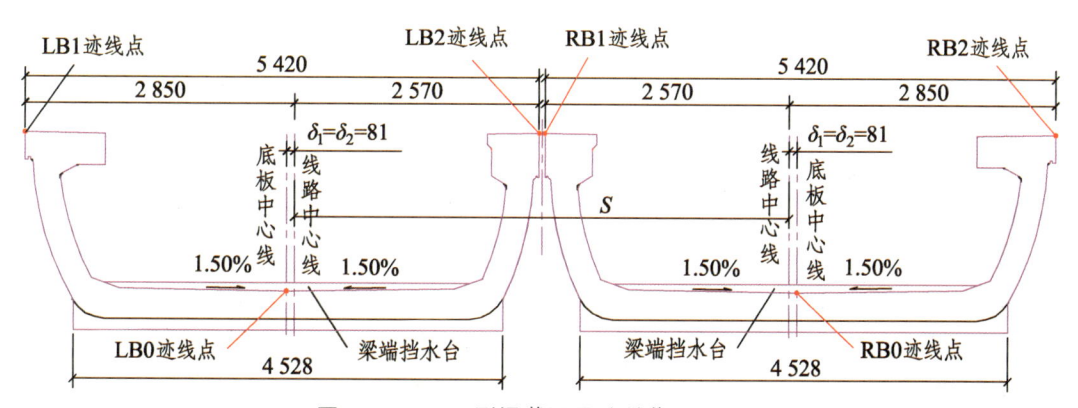

图 5.5-46 U 形梁截面图（单位：mm）

全线最大纵坡为 3%（长圳车辆段进出线处），架桥机架设的最小曲线半径为 R=450 m（长观区间）。根据现场的实际情况，架梁主要采用跨线龙门吊和专用架桥机进行架梁，车站两端的 U 形梁，线间距小于 6.3 m 的可采用架桥机一次就位，线间距大于 6.3 m 的在墩顶需进行二次横移就位，架桥机和运梁车考虑过车站。

5.5.2.2 架设特点、难点及应对措施

U 形梁架设工程经过发展，对于标准线路架梁已有一套比较成熟的施工工艺，采用龙门吊集中提梁、运梁车线上运梁、架桥机架梁的施工方法对周围的环境干扰最小，也最为经济高效。

施工难点一：大部分车站为岛式车站，由于施工用地受限，架桥机必须要过站架梁，岛式车站两端多是分叉段。因此，需要先用架桥机将 U 形梁按标准线路中心距临时放置，等该区段 U 形梁全部架设完毕后，架桥机退回提梁点，再依次将每一孔 U 形梁人工横移到位，如图 5.5-47、图 5.5-48 所示。大量分叉段 U 形梁需要人工横移，是本工程的一个显著特点和难点。组织具有施工经验的专业架桥机厂家针对本工程的设计特点，制订专项架桥机设计方案、专项施工方案，对于分叉段移梁采用专用移位器施工。

图 5.5-47　车站喇叭口运架梁（并置状态） 　　图 5.5-48　建成后车站喇叭口

施工难点二：高架桥梁下穿福龙路门式墩，6 号线主线从福龙路门式墩下方穿过，在 DS024～DS026 墩处，主线入地前的两孔下穿福龙路托换后的门墩。由于盖梁与门墩间的净空高较低，加上该处桥墩下方是小河沟，采用架桥机以外的其他施工方法难度较大，最终采用架桥机施工，但对架桥机架梁时的总高度有严格限制，如图 5.5-49 所示。借鉴其他线路架桥机设计经验改进设计本工程的架桥机，使其满足下穿架梁的高度要求。

图 5.5-49　下穿福龙路现状图

施工难点三：出入线从车辆段出段与主线交汇点到与主线等高并置为四线区段，桥墩呈多种形式变化（有普通花瓣墩、单层门墩、双层门墩、异型弹弓墩、高台门墩、大挑臂花瓣墩等），且该区段的桥墩高度普遍较高（最高桥墩高为 24 m），U 形梁跨径较大（最大跨径 35 m 有多孔，吊重 256t）。如果使用履带吊抬吊，其吨位和吊装难度都较大；若使用跨线龙门吊装，需要封锁光明大道的大部分车道，对交通影响较大，如图 5.5-50 所示。再者，由于该区段地形地势起伏变化较大，无论是采用履带吊抬吊还是跨线龙门吊吊装，都需要大吨位履带吊和龙门吊的施工基础，对场地进行较大的土方处理，不仅临时工程成本高，并且需要对下部管线进行改迁。因此，最终决定该区段 U 形梁采用架桥机架设加人工滑移的方法施工。

图 5.5-50 出入线从开始与主线汇合段形象图

5.5.2.3　U 形梁运架总体方案

根据现场条件及施工成本，经过反复对比分析，决定采用如下施工方法：采用架桥机架梁，"定点上梁，梁上运梁，桥机架梁，自行转跨"的施工技术。"定点上梁，梁上运梁，桥机架梁，自行转跨"就是说，在线路某几处选择固定地点，作为固定提梁点，满足运梁车辆能够到达的要求，减少运梁便道铺设范围，通过提梁设备将运输车辆上的 U 形梁吊装至 U 形梁上的运梁小车上，由 U 形梁上的运梁小车进行运输，这样可最大限度地减小对地面道路的影响。运梁小车喂梁到架桥机后，通过架桥机将 U 形梁逐跨安装到位。架桥机转跨是自行完成的，不用借助其他吊装机械。根据现场道路和用地条件及施工工期要求，全线设置 4 个提梁点，架梁方法选择、提梁点设置、架梁顺序详见主要施工方案。

5.5.2.4　详细运架方案

1）施工顺序

架桥机架梁总体施工步骤如下：

步骤一：提梁点场地硬化，轨道基础制作，提梁门吊轨道铺设；

步骤二：提梁门吊进场，在提梁点场地拼装，并架设提梁点处 3 孔 U 形梁作为架桥机的拼装平台；

步骤三：架桥机和运梁车随后进场，在已架好的桥面上拼装；

步骤四：门吊将拉运至提梁点的 U 形梁换装到桥面运梁车，运梁车喂梁到架桥机尾部，架桥机完成架梁；

步骤五：架桥机从提梁点开始向一个方向架设，直至该方向 U 形梁全部架设完毕，桥机退回至提梁点；

步骤六：如果提梁点另一个方向需要架梁，架桥机具备双向施工功能，在提梁点借助门吊稍作调整后即可反向施工；

步骤七：所有架梁任务全部结束后，架桥机、运梁车退回至提梁点，架桥机先拆除退场或转运至下一个提梁点，轮胎式收轨龙门吊完成收轨后再拆除退场或转至下一个提梁点。

2）变跨施工站位

本线 U 形梁有 35 m、32 m、30 m、28 m、27 m、26 m、25 m、20 m 等跨径，架桥机在施工过程中，需要变换跨径，原则是架桥机的中支腿位置始终保持不变，架跨径≤30 m 的梁时，让架桥机前端悬出。架桥机架 35 m 以下跨径的梁时施工站位如图 5.5-51、图 5.5-52 所示（32 m、27 m、26 m 跨与此类似）。

（1）坡道段 U 形梁架设。

深圳地铁 6 号线的最大纵坡为 3%，架桥机架设的最小曲线半径为 $R=450$ m。

架桥机正常状态下可适应 35 m 跨、±3%的坡度，其主要有前支腿、中支腿和辅助支腿三个支腿，如图 5.5-53、图 5.5-54 所示。前支腿即一号支腿，正常状态下可收 1.2 m、顶 0.8 m，立柱下部与地梁连接之间可随时安装加高节以适应更大的下坡桥；中支腿即二号支腿，可调节 1.2 m；辅助支腿即三号支腿，正常状态下可收 0.6 m、顶 1.0 m，下部连接底板可随时安装加高节以适应更大的上坡桥。架桥机架设上下坡桥时，架桥机拼好后，根据桥梁坡度调整前中后支腿的高度，架桥机主梁允许有 <1%的坡度。

（2）曲线段 U 形梁架设。

小曲线半径架梁是 U 形梁架桥机的施工难点，本项目中架桥机架设的最小曲线半径为 $R=450$ m，在此对小曲线半径架梁原理进行说明。

通过在上海地铁 11 号线架设最小曲线半径 $R=630$ m，青岛 R3 线一期架设最小曲线半径 $R=450$ m 的施工经验总结，对原有架桥机的结构和施工工艺做出了多方面改进，具体改进措施如下：

①大幅缩减了架桥机主梁长度，由原来的 75 m 缩减为 65 m。

②加大了架桥机的主梁中心距，由原来的 8 m 调整为 10 m。

③中支腿增加横移机构，保证架桥机在曲线段上架梁时能适当调整角度。

④去掉了架桥机后支腿以尽量缩短架桥机后半部分的悬出长度，更有利于较小曲线半径上的喂梁。

⑤改进了架桥机的施工工艺，在架设 35 m 以下跨径的梁时，让架桥机前端悬出前支腿，始终只保留架桥机尾部有两运梁车刚好能够喂进梁的长度即可。

以上改进保证了本工程曲线段的施工架梁。

架桥机过孔是以运梁车固定在尾部辅助支腿处作为动力，配合二号支腿上的带动力反托滚轮将架桥机推进至下一孔。

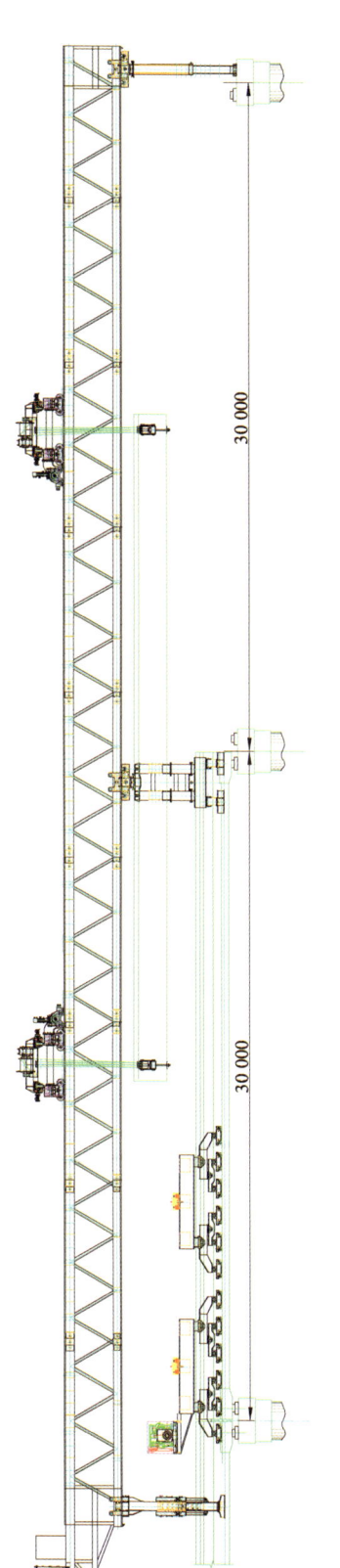

图 5.5-51　架桥机架 30 m 梁施工站位图（单位：mm）

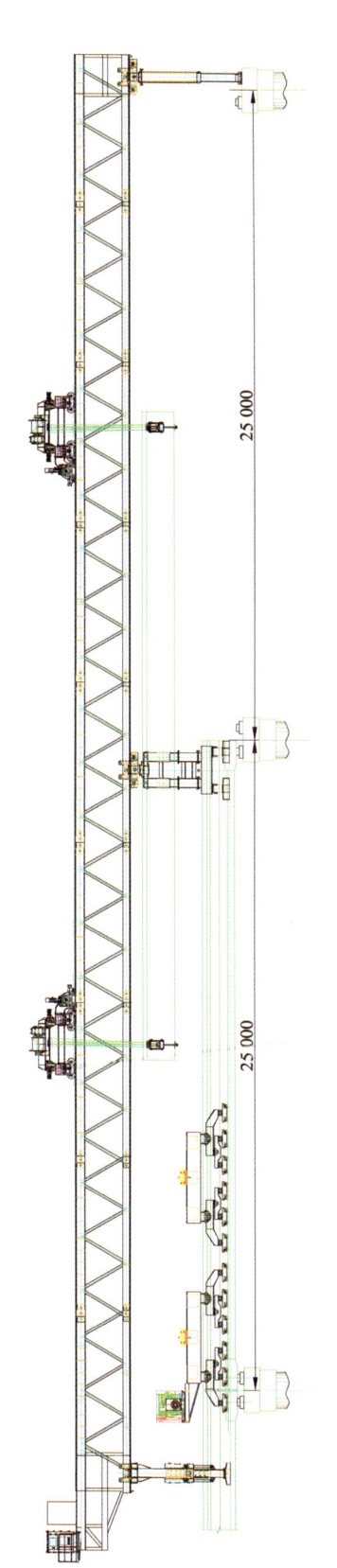

图 5.5-52　架桥机架 25 m 梁施工站位图（单位：mm）

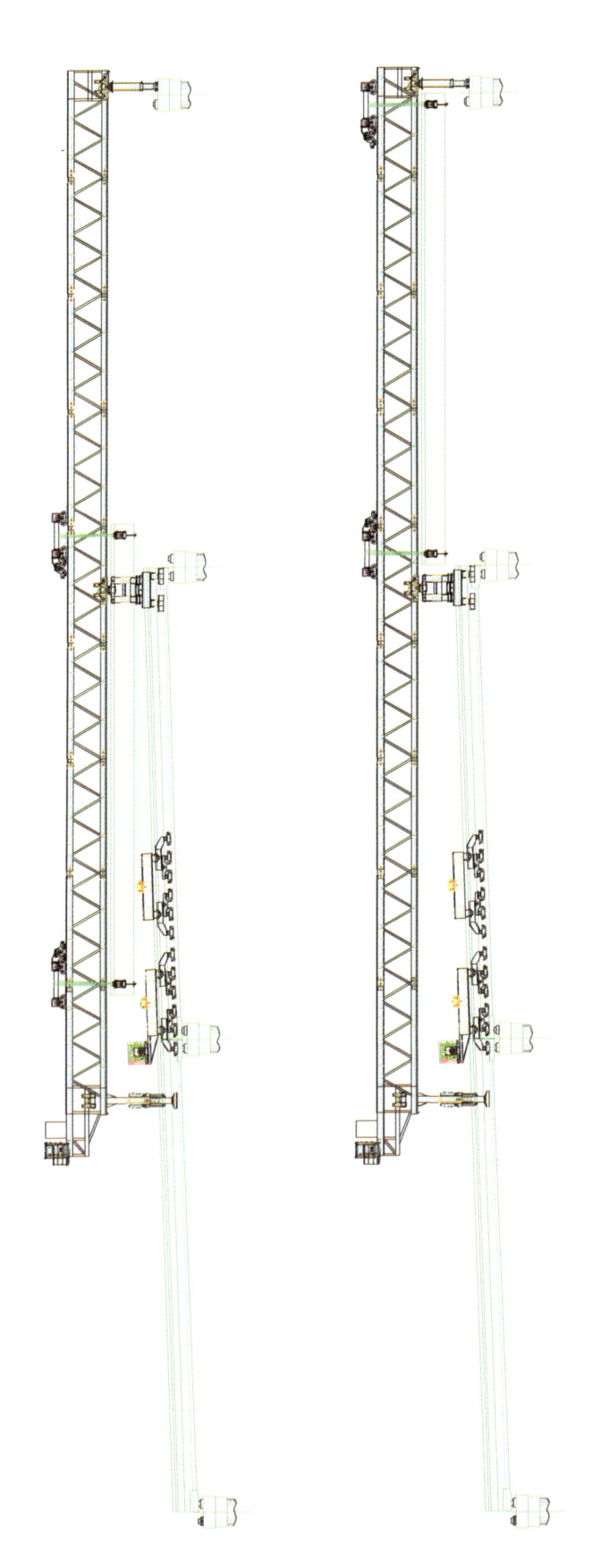

图 5.5-53 架桥机在 35 m 跨径 3% 上坡桥时的架梁演示（单位：mm）

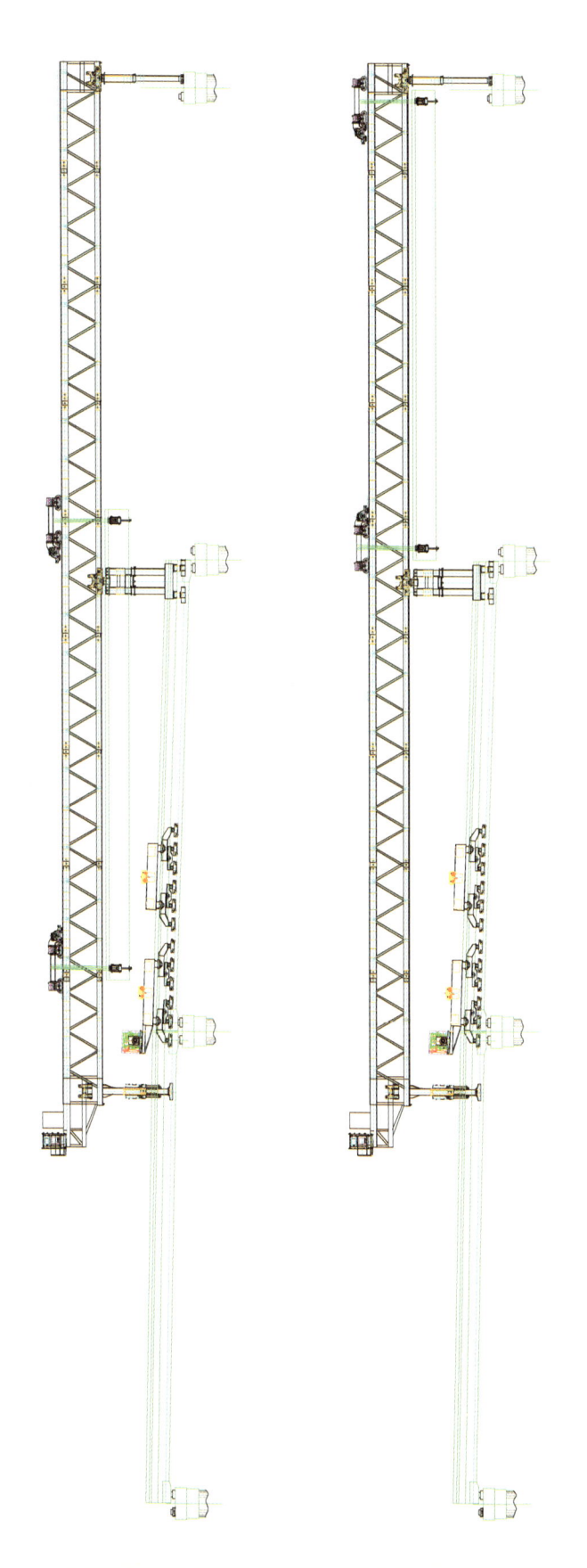

图 5.5-54　架桥机在 35 m 跨径 3% 下坡桥时的架梁演示（单位：mm）

当进入曲线段时，过孔前应首先对架桥机作如下调整，以保证架桥机推进至下一孔时能准确地支撑于盖梁上方。图 5.5-55 为架桥机过孔前调整示意图。

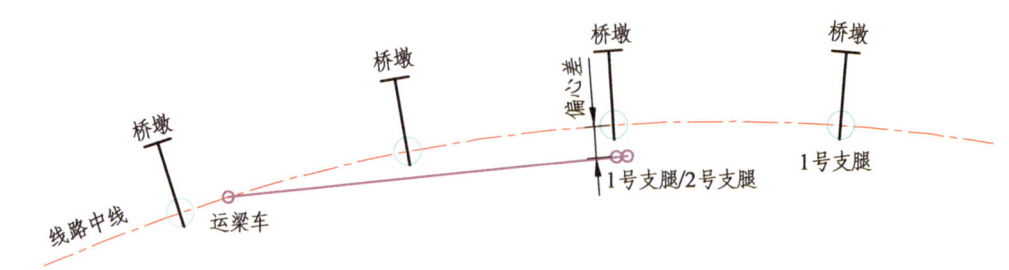

图 5.5-55　架桥机在曲线段过孔前的调整示意图

首先要确定架桥机过孔至前方盖梁时一号支腿支撑于标准位置的状态，即架桥机一号支腿中心和尾部运梁车中心都位于线路中心线上时，二号支腿的偏心差值，如图 5.5-56 所示。

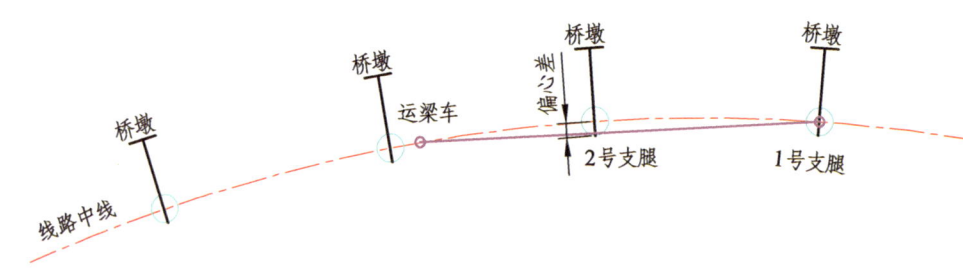

图 5.5-56　架桥机在曲线段上架梁站位时中支腿的偏心差

根据此偏心差值，架桥机在过孔前首先调节出二号支腿偏心，这样架桥机在过孔后，便能把一号支腿准确地支撑于前方盖梁的预定位置，如图 5.5-57 所示。

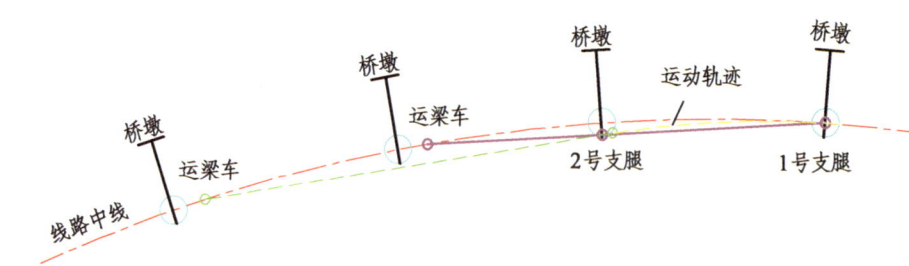

图 5.5-57　架桥机在曲线段上过孔时前支腿的运动轨迹

3）移位器移梁

进出岛式车站时会有分叉段，分叉段架梁需要将 U 形梁先按标准线路中心距临时放置，待全部 U 形梁架设完毕后，架桥机退回，然后采用专用移梁装置将梁倒序依次横移到预定位置。架桥机能够完成 U 形梁架设无须横移的最大线路中心距是 6.3 m，当线路中心距大于 6.3 m 时就需要用到移位器。移位器的采用是实现梁体横移最关键的设备。

U 形梁的横移采用轨道滑移，滑动部分采用不锈钢板，接触面涂抹黄油润滑。移梁装置

（即移位器）3D 图如图 5.5-58 所示。

移位器移梁施工主要包括以下几个步骤：

步骤一：先用架桥机将 U 形梁按标准线路中心距放置在临时支座上，待全部 U 形梁架设完毕后，架桥机退回提梁点；收轨门吊完成收轨后也退至提梁点。临时支座的摆放位置如图 5.5-59 所示。

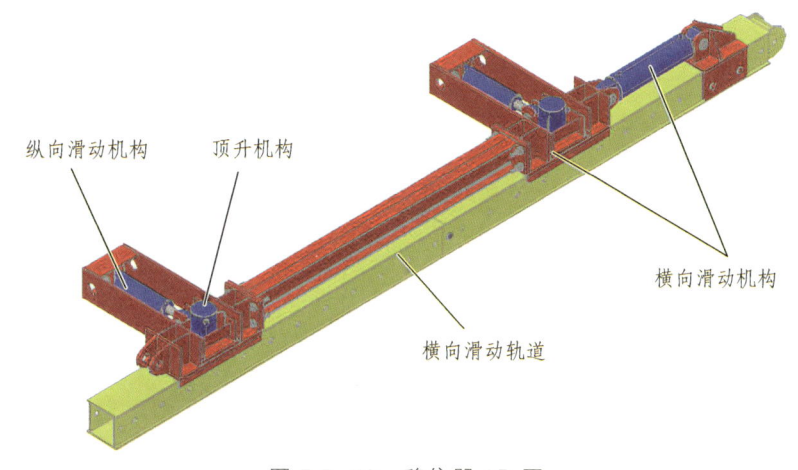

图 5.5-58　移位器 3D 图

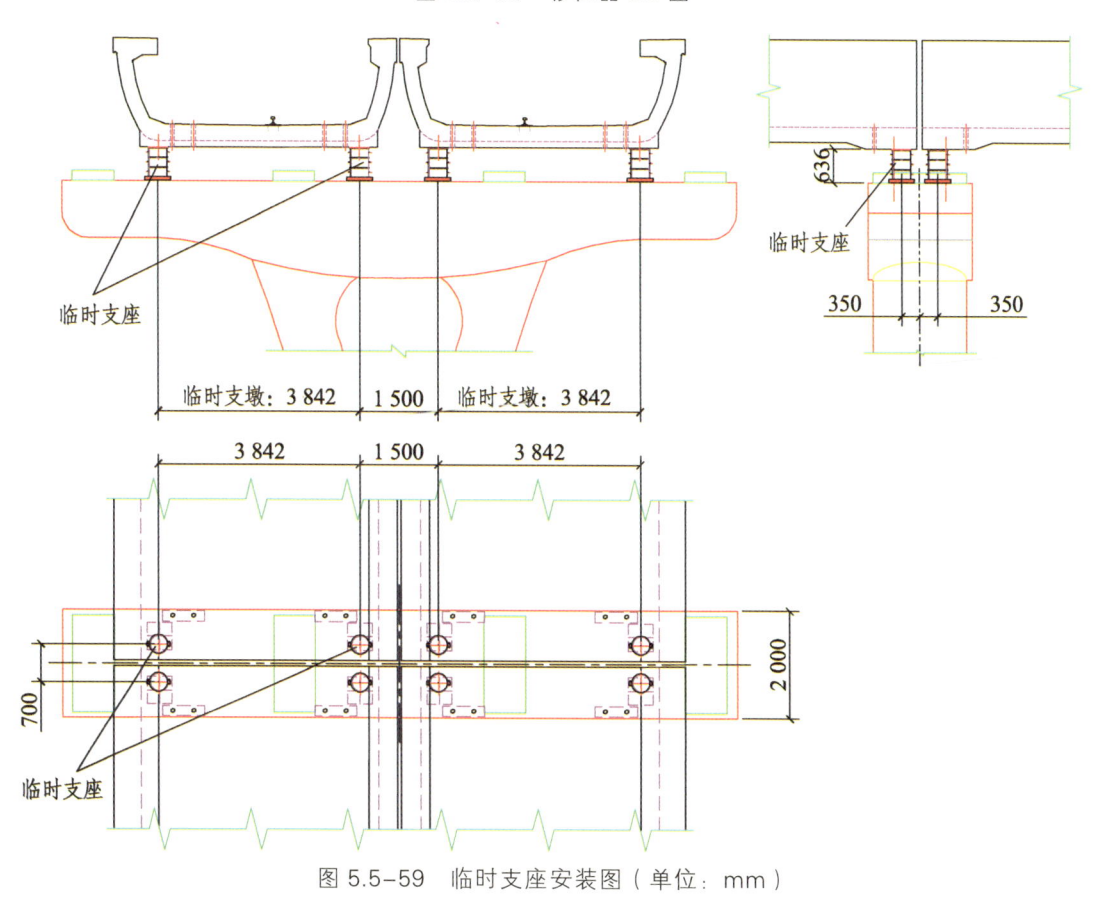

图 5.5-59　临时支座安装图（单位：mm）

步骤二：在梁底铺设移位器滑道并安装移位器；然后在梁底安装倒换千斤顶，将 U 形梁略微顶起，撤除临时支座，并将 U 形梁落于移位器顶升千斤顶上。移位器滑道位置及倒换千斤顶位置如图 5.5-60、图 5.5-61 所示。

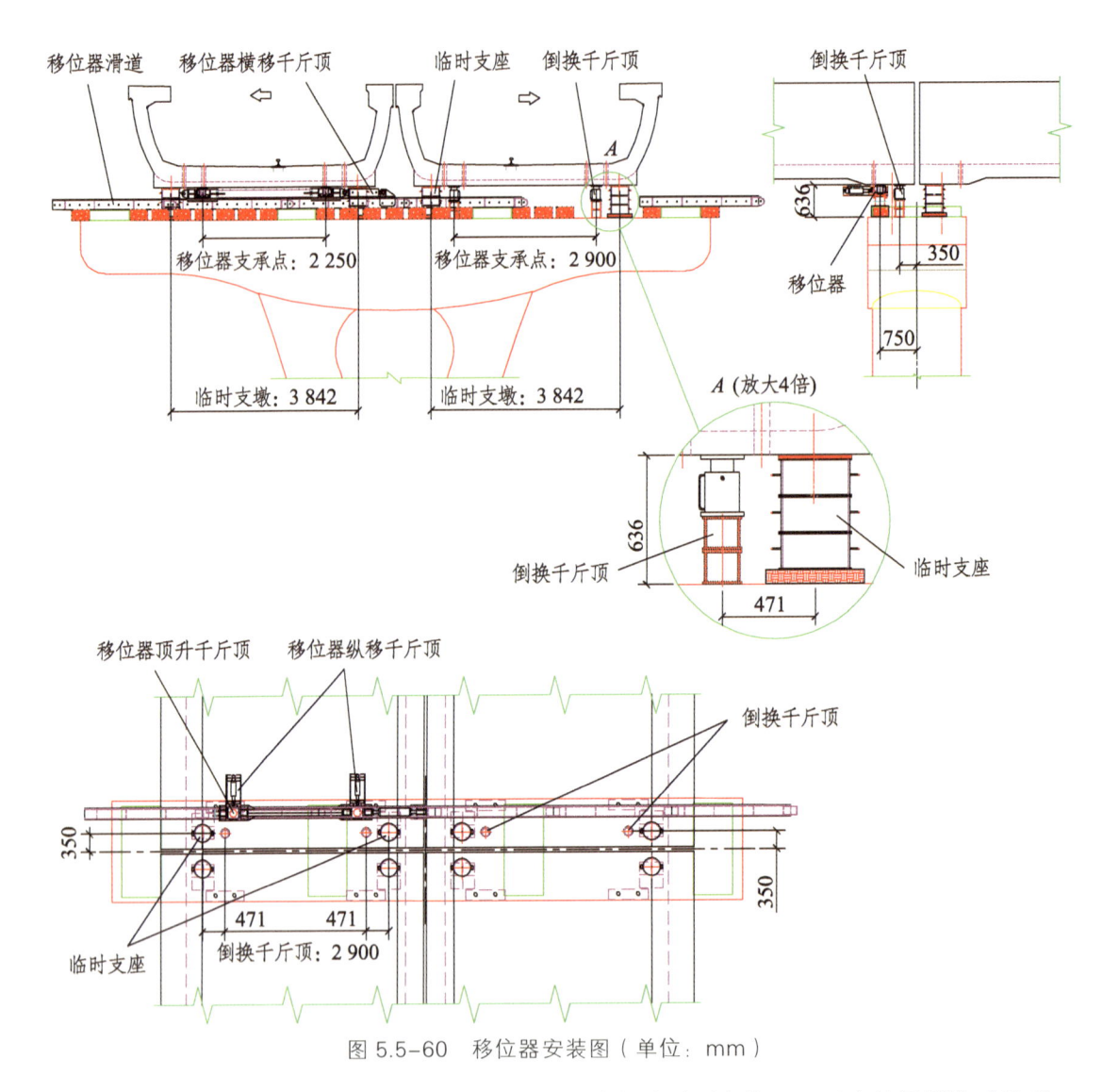

图 5.5-60　移位器安装图（单位：mm）

步骤三：接通移位器，将 U 形梁沿移位器滑道滑移到预定位置；再次放置倒换千斤顶，将 U 形梁置换到倒换千斤顶上，安装 U 形梁永久支座；循环降落倒换千斤顶，直到 U 形梁降至设计标高、锚栓杆落入锚栓孔内时，即可灌浆。

重复上述步骤，滑移另一侧 U 形梁到预定位置并灌浆；待灌浆强度达到设计值时，方可拆除倒换千斤顶进行下一孔 U 形梁滑移作业。

说明：为方便移梁施工时搬运移梁工具，移位器移梁时需要围绕盖梁四周搭建一圈脚手架，脚手架宽为 1 m，平台上面高度比盖梁上面低 0.9 m，如图 5.5-62 ~ 图 5.5-64 所示。

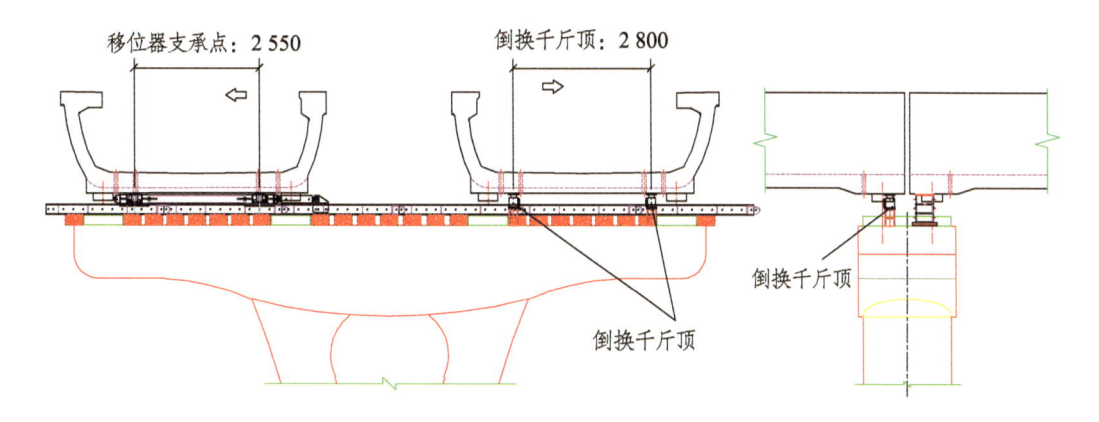

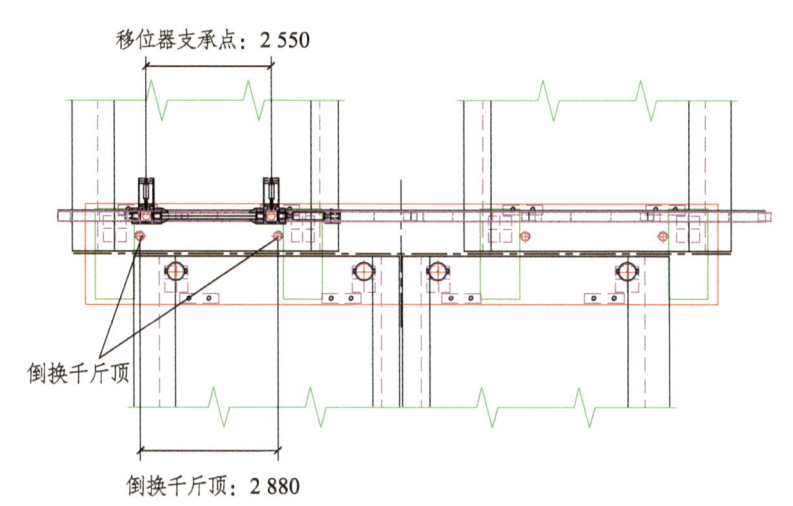

图 5.5-61 移位器倒换图（单位：mm）

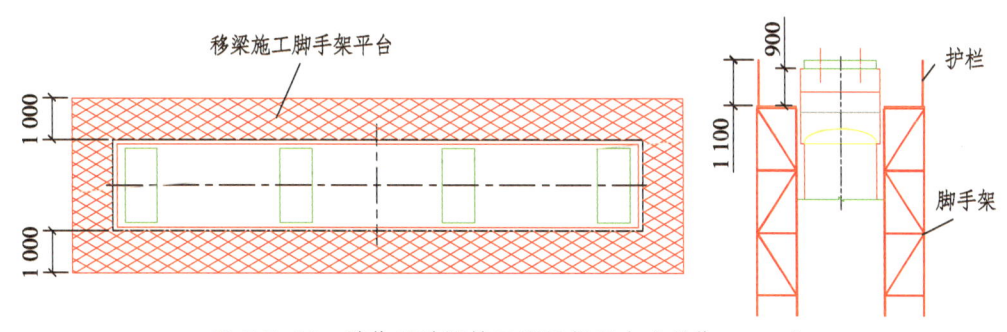

图 5.5-62 移位器移梁施工脚手架平台（单位：mm）

图 5.5-63 移位器移梁

图 5.5-64 移位器移梁

4）下穿福龙路架梁（图 5.5-65、图 5.5-66）

图 5.5-65 下穿福龙路施工现场照片

图 5.5-66　下穿福龙路架梁图

在 DS024~DS026 墩处，主线入地前的两孔下穿福龙路托换后的门墩，由于桥墩盖梁顶到托换后门式墩盖梁底间间距较小（7.76 m），加上该处桥墩下方是小河沟，采用架桥机以外的其他施工方法难度较大，若采用架桥机施工，需要对架桥机稍作改造，降低桥机总体高度方可满足下穿架梁施工。具体解决方案如下：

架桥机的吊梁小车主梁改造成下凹式，以最大限度降低架桥机总高（7.64 m）。

架梁时先不装支座，以增大盖梁到门墩下部的净空高度。DS024~DS025 一孔两片梁都先不装支座，都先放在垫石上；DS025~DS026 一孔第一片 U 形梁先不装支座临时放于垫石上，第二片 U 形梁横移下落至离垫石 1 m 高时再装支座，然后落梁灌浆；接下来再将第一片 U 形梁吊起一定高度后安装支座，再落梁灌浆。架桥机退至 DS024~DS025 一孔，再分别将两片 U 形梁提起，安装支座，然后灌浆，完成后架桥机便可退回提梁点调头反向施工。

架 DS025~DS026 一孔时，架桥机主梁可以有不大于 1%的下坡，也可为下穿架梁争取一定的净空高，如图 5.5-67、图 5.5-68 所示。

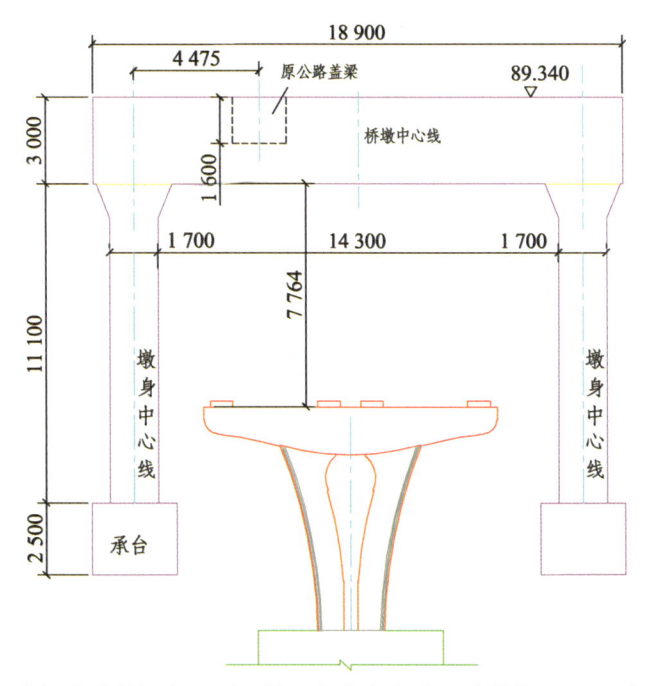

图 5.5-67　下穿福龙路盖梁上面到门墩下部净空高（尺寸单位：mm；标高单位：m）

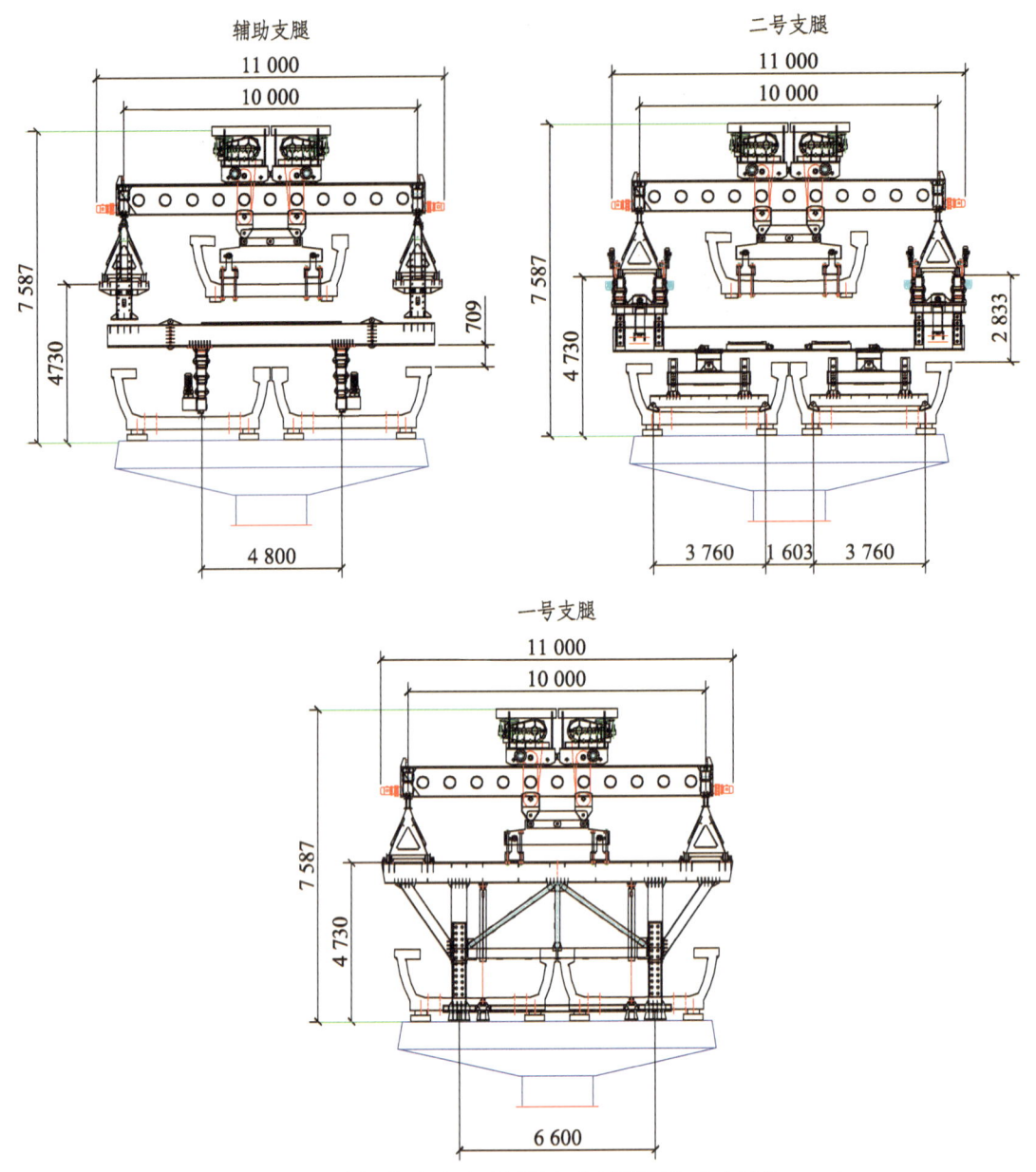

图 5.5-68 下穿福龙路改造后桥机各支腿断面高度（单位：m）

架设 DS024~DS025 一孔时，架桥机部分还未进入门墩下方，按正常架梁时的支腿高度即可满足架设要求，如图 5.5-69 所示。架梁步骤与正常架梁时工艺相同，唯一改变的就是高度降低。

架设 DS025~DS026 一孔时，架桥机主梁、前支腿和前天车需要穿过门墩下方，此时架桥机比正常架梁时的高度再降 400 mm，总高度降为 7637 mm（盖梁面到天车最顶部），再加上架桥机前支腿还可降低 200 mm 使桥机主梁有 0.6%的向下纵坡，而门墩下部净空高为 7764 mm，下穿门墩时还富余 197 mm，如图 5.5-70 所示。

图 5.5-69　下穿福龙路架设 DS024~DS025 一孔（单位：mm）

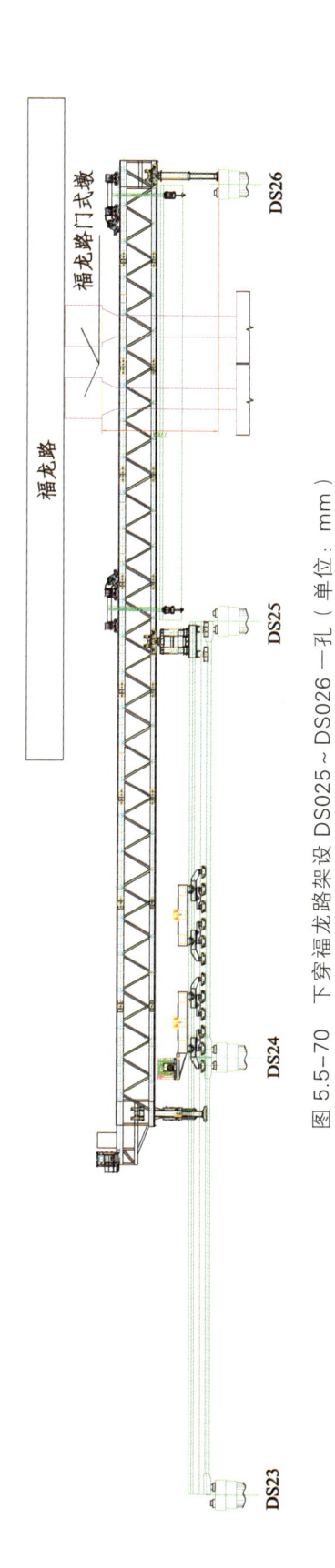

图 5.5-70　下穿福龙路架设 DS025~DS026 一孔（单位：mm）

5）出入段线架梁

（1）施工难点及对策。

长圳车辆段出入线段 U 形梁从与主线交汇点到最终与主线等高并置为四线段，桥墩的形式呈多种样式变化，加上该段桥墩高度较高（最高桥墩 24 m），U 形梁最大跨径也多为 35 m 跨（吊重 256 t），如使用履带吊或跨线龙门吊吊装，存在以下几个问题：

① 光明大道上交通疏解难度大。

② 该段范围内管线迁改多，且迁改工期不可控。

③ 运梁便道处理较复杂。

④ 地基处理费用高。

经研究和优化施工方案，采用架桥机直接架设出入线的 U 形梁，则架桥机高度和宽度受到 47#、48#双层门墩上部盖梁以及 49#~52#异型墩上部小桥墩的限制，为此需要对 47#~52#墩分成两次施工，第一次先浇筑下部盖梁，待下部出入线 U 形梁全部架设完毕后，桥机退回提梁点，再浇筑上层的立柱和盖梁，如图 5.5-71~图 5.5-74 所示。

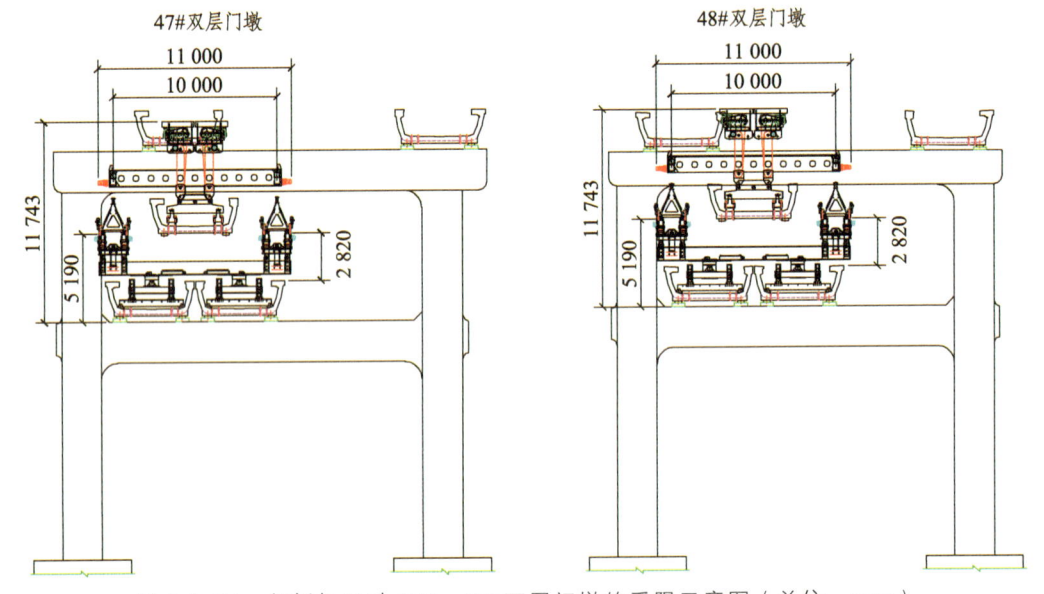

图 5.5-71 架桥机通过 47#、48#双层门墩的受限示意图（单位：mm）

5.5.2.5 研究与创新成果

结合深圳地铁 6 号线地形地貌和道路交通条件，为保证深圳气候和本线潮汐客流特点，车站采用岛式站台。为确保车站两端喇叭口 U 形简支梁的顺利实施，设计提出了"先并置、后横移"的梁体运架方案，实现了全线 U 梁运架一体实施。其主要研究和创新成果如下：

（1）岛式车站"喇叭口"梁体架设采用预先将两片简支 U 形梁架设并置于线路左右线中心，待全线梁体运输完毕后横向移梁至梁体在运营状态下的位置的实施方案。由于梁体在施工状态下位置与运营状态位置存在较大差异，梁体结构设计中充分考虑了支点位置变动带来结构受力差异，梁体摆放位置不一致带来梁片干扰问题，并建立了梁体在运营及施工状态下的 BIM 模型，对梁片干扰情况进行检查。在车站的设计中通过设置"辅助梁"方式，预留运梁车的运输通道，确保了岛式车站前后 U 形梁的预制运架的顺利实施。

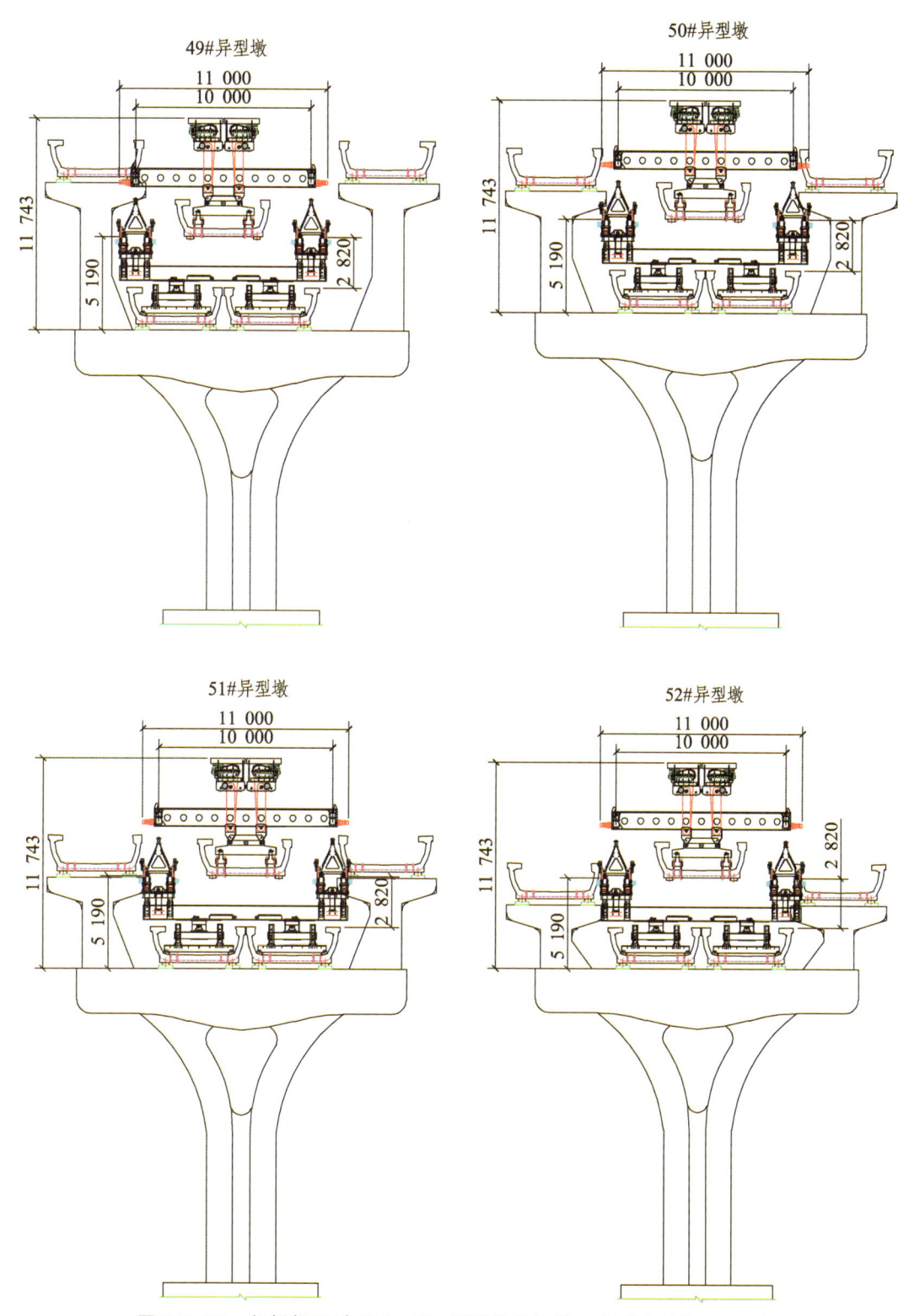

图 5.5-72　架桥机通过 49#～52# 异型墩的受限示意图（单位：mm）

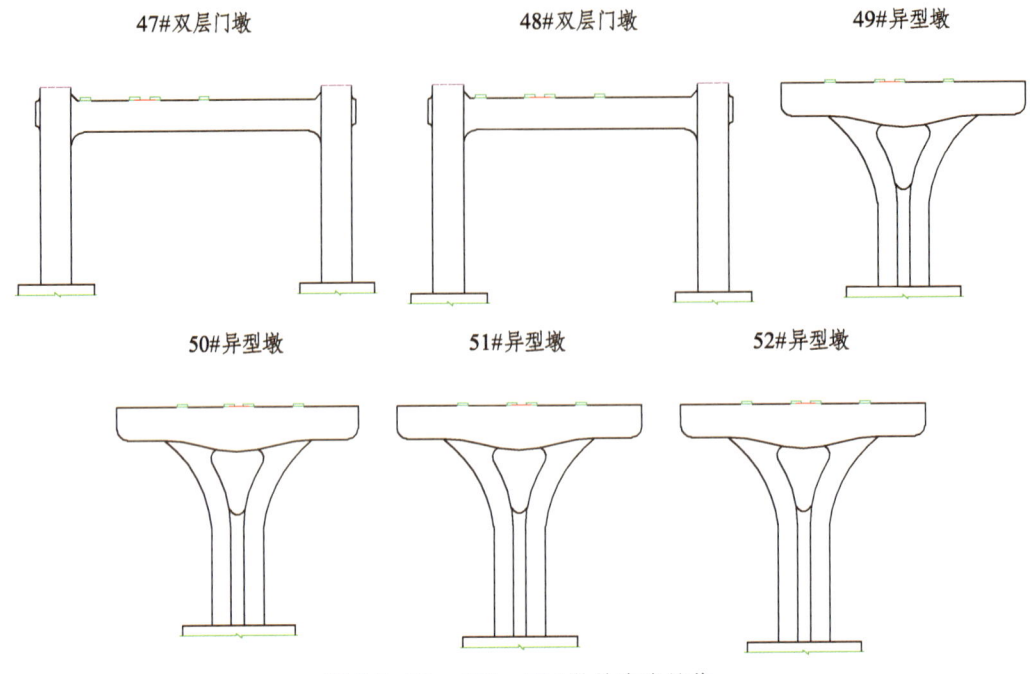

图 5.5-73　47#~52#墩首次浇筑位

图 5.5-74　出入段线成桥图

（2）长圳车辆段出入线段与正线交汇段桥梁结构形式复杂，通过合理筹划施工顺序，改变架梁工艺，实现了特殊4线立体交叉桥梁的预制运架施工；下穿福龙路架梁对架桥机架梁时的总高度有严格限制，通过和架桥机厂家密切配合，改进设计本工程的架桥机，使其满足下穿架梁的高度要求，安全高效地完成了本线多处架梁重难点施工。

（3）深圳地铁6号线高架桥针对各种线路、地形、限高和特殊结构的预制U形梁运架方案的成套技术研究，形成了较为科学完整的全套U形梁的运架施工工艺，使深圳地铁6号线工程U形梁施工全面实现工厂化、专业化、机械化、系统化预制运架，为我国其他同类工程提供了借鉴和参考，推动了我国城市轨道交通智慧建设水平不断迈上新的台阶。

5.5.3 全面预留预埋技术研究与应用

5.5.3.1 预埋槽道研究及应用

1）预埋槽道概述

目前，多数城市轨道交通工程的管线及设施一般在结构上采用人工钻孔（打膨胀螺栓）的方式进行安装，不仅本身的安装质量难以保障，还会对结构造成破坏，并增加运营维护工作量和成本；深圳地铁 6 号线是以高架为主的地铁工程，其桥梁结构内配置有预应力筋，如被植筋钻孔破坏后果严重；同时钻孔植筋施工会产生大量的烟尘和噪声污染，恶劣的施工环境还会对工程人员的健康造成严重影响，全面推广预埋槽道及其精细化设计可以解决这一难题。

预埋槽道是一种预埋于混凝土结构内，由冷加工或热加工的槽身和至少两个锚杆组成的金属构件，用于固定外部的管线、设备及设施等。

在深圳地铁 6 号线工程的设计中，我们充分认识到了现场打孔安装的各种问题，锐意进取、大胆创新，第一次大范围、全工法地将预埋槽道应用于所有区间和试点车站，实现了预埋槽道在地铁上的全面应用。预埋槽道在地铁工程中的大规模成功应用，大大提高了管线安装效率，加强了机电安装质量，降低了土建结构损伤，改善了安装施工环境，为将来安装其他设备预留了条件，减少了运营维护工作量和成本，是第一次在城市轨道交通中全面改进施工安装工艺的成功实践。

同时，以 6 号线工程预埋槽道的全过程精心设计和全场景成功应用为基础，我们组织和联合了预埋槽道产业链条上的设计、生产、检测、施工等单位，历时 4 年，编写完成并经审批出版了《城市轨道交通预埋槽道及套筒技术规范》（图 5.5-75）。该团体标准的发布和应用，提高了预埋槽道的技术水平，规范了选型设计及计算、产品检测、预埋施工，填补了我国城市轨道交通领域预埋槽道的规范空白，有力推动了预埋槽道在全国城市轨道交通中的推广应用。

2）预埋槽道实施范围

6 号线工程预埋槽道在区间的应用范围包括预制 U 梁、矿山法隧道、盾构及 TBM 隧道管片，在车站的应用范围包括车站顶板和中板、出入口结构顶板、站内区间结构侧墙。

高架区间连续梁采用现浇施工，也实施了预埋槽道，故高架区间在预制和现浇梁中均应用了预埋槽道；站内区间结构侧墙与明挖区间工法相同，车站站内明挖区间侧墙的槽道预埋工艺可等同应用于明挖矩形区间和洞口明挖 U 形槽。

溪头站是深圳地铁也是全国地铁第一个全面实施预埋槽道的车站，其施工工艺、实施效率、预埋效果等对车站应用预埋槽道具有重要价值和参考意义。

3）预埋槽道技术要求

（1）技术要求。

区间和车站的预埋槽道均采用 20/30 型号，槽道可为每个 T 形螺栓固定点提供 11.2kN 的承载力设计值，满足所有管线、疏散平台等的荷载需求，安全经济，如图 5.5-76 所示。

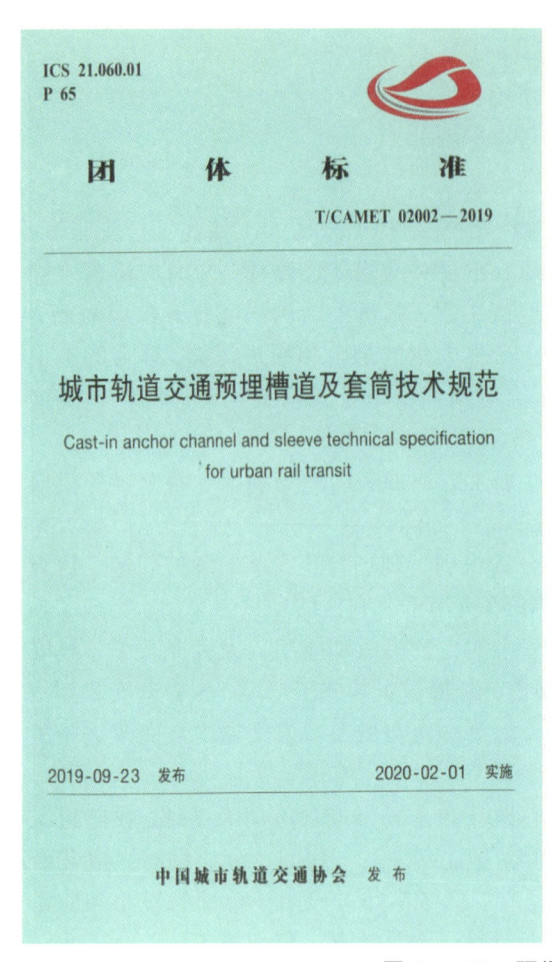

图 5.5-75　预埋槽道技术规范

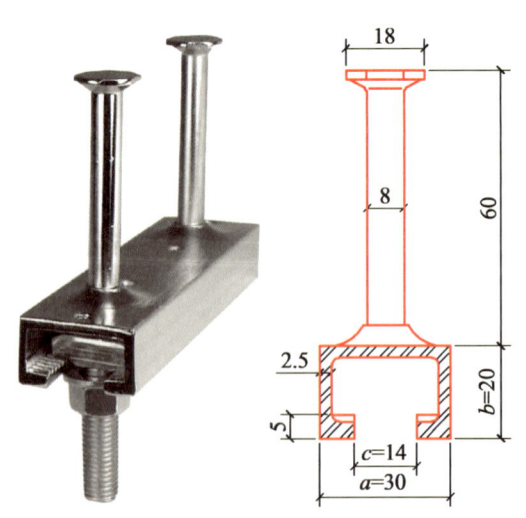

图 5.5-76　预埋槽道选型（单位：mm）

（2）施工误差控制要求。

①槽口面不应嵌入、凸出和倾斜于混凝土表面，槽口表面与混凝土表面错位不大于 4 mm。

② 槽道轴线在 1 m 范围内的偏向误差不大于 4 mm。
③ 相邻两根平行槽道间 1 m 范围内的轴线平行误差不大于 6 mm。
④ 槽道轴线和端头距混凝土边沿距离不小于 50 mm。
施工误差要求如图 5.5-77、图 5.5-78 所示。

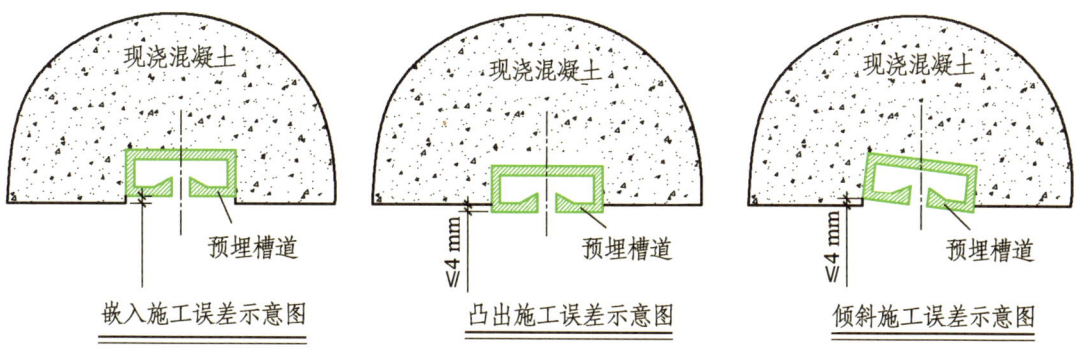

图 5.5-77 槽道嵌入、凸出、倾斜的施工误差要求

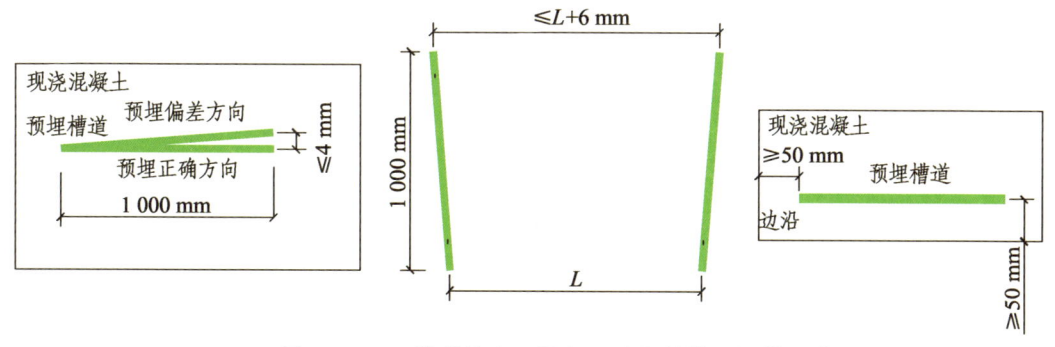

图 5.5-78 槽道偏向、平行、边距的施工误差要求

4）槽道预埋设计
（1）盾构及 TBM 管片。
① 深圳 6 号线的盾构或 TBM 采用内径为 5.4 m 的通用环管片。
② 每环由 6 块管片组成，预埋槽道共 6 根，采用全环预埋方式。
③ 管片宽为 1.5 m，故槽道预埋间距也为 1.5 m，如图 5.5-79 所示。
（2）矿山法隧道。
① 仅在有管线的区域进行槽道预埋。
② 深圳 6 号线为接触轨授电，故隧道顶无预埋槽道。
③ 槽道预埋间距为 1 m，如图 5.5-80、图 5.5-81 所示。
（3）高架区间 U 梁。
① 在 U 梁腹板内侧预埋槽道。
② 高架连续梁也实施了预埋槽道。
③ 槽道预埋间距为 1 m，如图 5.5-82 所示。

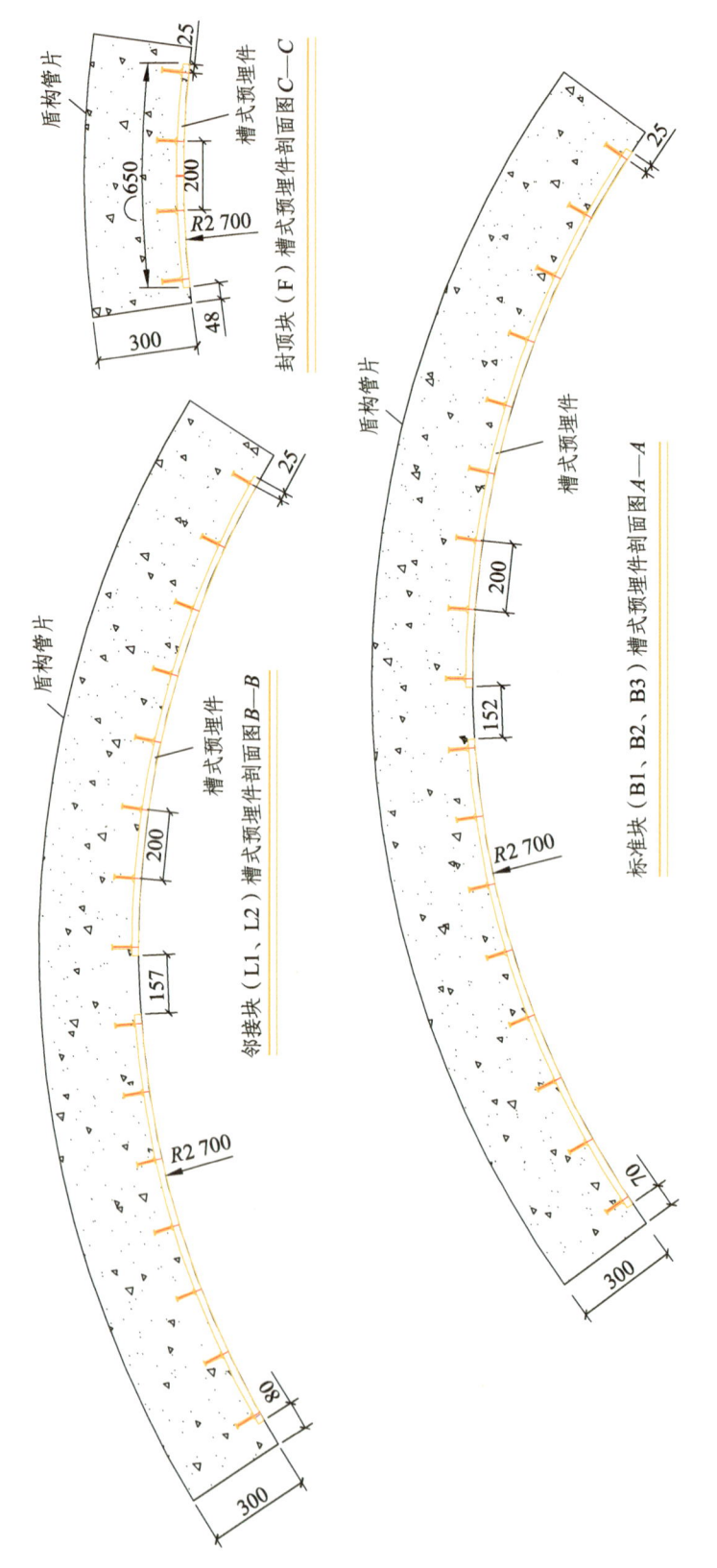

图 5.5-79 盾构及 TBM 管片断面预埋槽道图（单位：mm）

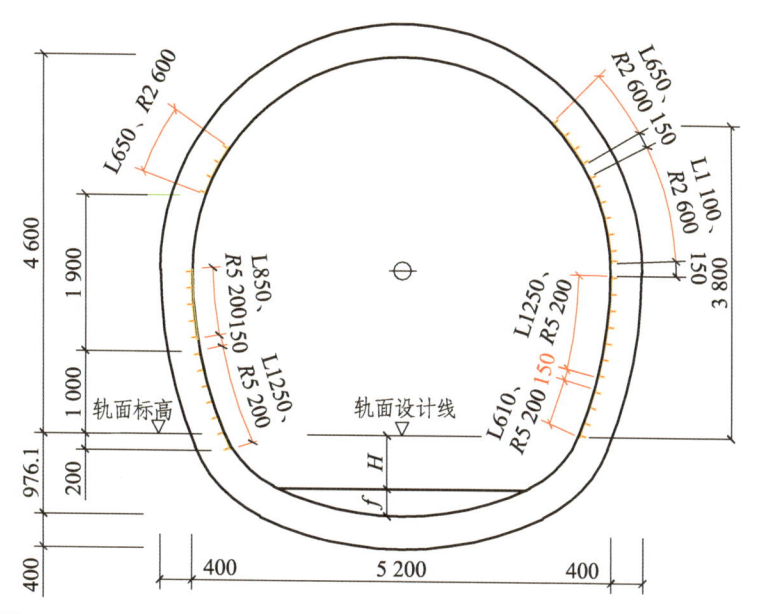

图 5.5-80　单洞单线矿山法隧道马蹄形断面预埋槽道图（单位：mm）

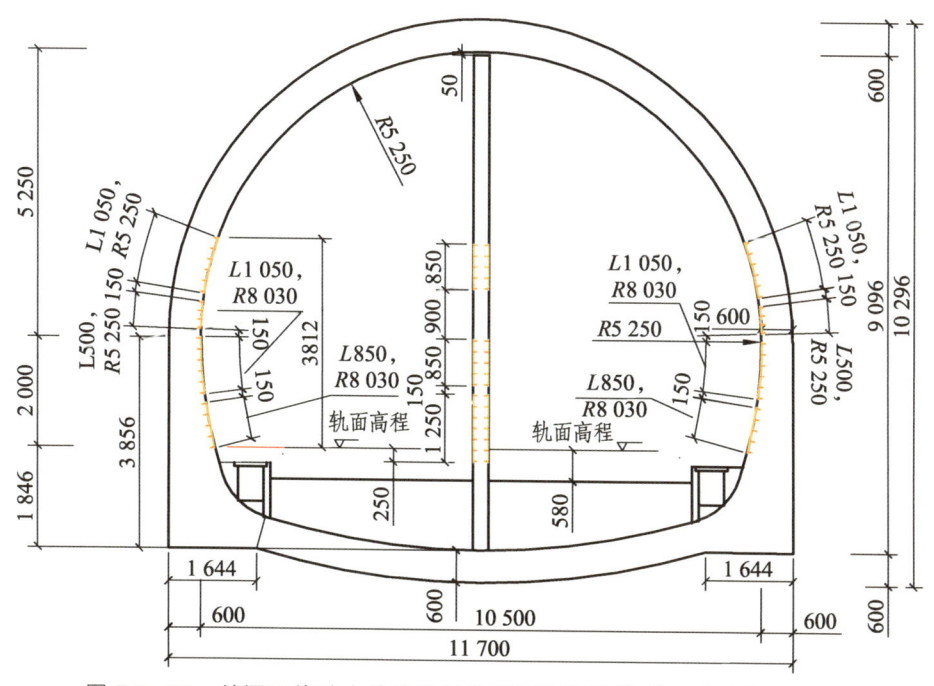

图 5.5-81　单洞双线矿山法隧道马蹄形断面预埋槽道图（单位：mm）

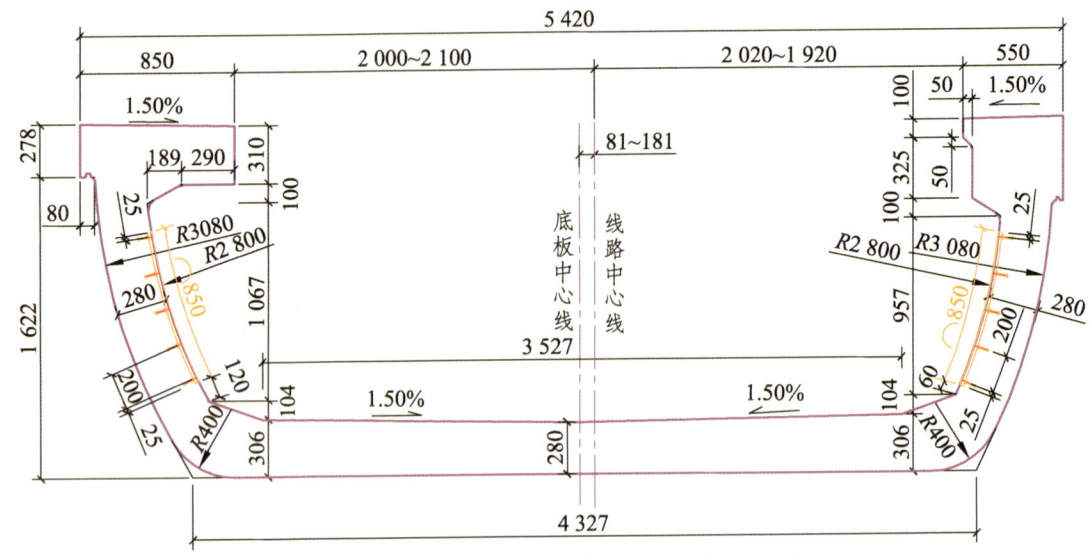

图 5.5-82 U梁断面预埋槽道图（单位：mm）

（4）地下车站。

车站的槽道有全面预埋方案、精简预埋方案两种。

全面预埋方案的预埋区域为：车站站厅和站台公共区（全部）、出入口通道、设备区走道的结构板、车站轨行区侧墙。精简预埋方案的预埋区域为：车站站厅和站台公共区的楼扶梯两侧（仅综合支吊架区域）、出入口通道、设备区走道。

经研究和分析，车站采用了全面预埋方案，可为设备区走道和公共区楼扶梯两侧区域的大量密集管线提供安装固定点，也可用于公共区的天花龙骨、导向牌、弱电设备等的安装，还可用于车站轨行区侧墙的弱电电缆支架和广告牌的安装。

① 选取了溪头站作为车站预埋槽道的试点车站，为全国第一。

② 公共区与设备区的连接区域（约一跨）以及车站轨行区侧墙的槽道预埋间距为 1 m，其他区域槽道预埋间距均为 2 m。

车站平面图和剖面图如图 5.5-83～图 5.5-85 所示。

5）槽道预埋施工重难点

（1）槽道预埋精度和误差控制要求高，否则后期将不便使用，如何保证预埋精度是施工重点。

（2）不同工法的槽道固定方案不同，如何选择实施最快、效果最好、成本最省的固定方案是施工难点。

（3）槽道锚杆禁止与结构钢筋接触，如何保障绝缘，防止对外部管线的电腐蚀是施工难点。

（4）运输、施工、安装时不得破坏槽道表面的防腐层，保障湿热环境下槽道的防腐性能是施工重点。

6）槽道预埋施工工艺

（1）盾构及TBM管片。

目前，盾构及TBM管片一般采用塑胶螺母或塑胶卡槽从槽背进行槽道固定的方案，6号线主要采用了塑胶螺母的槽道固定方案，其主要工艺过程如图 5.5-86～图 5.5-89 所示。

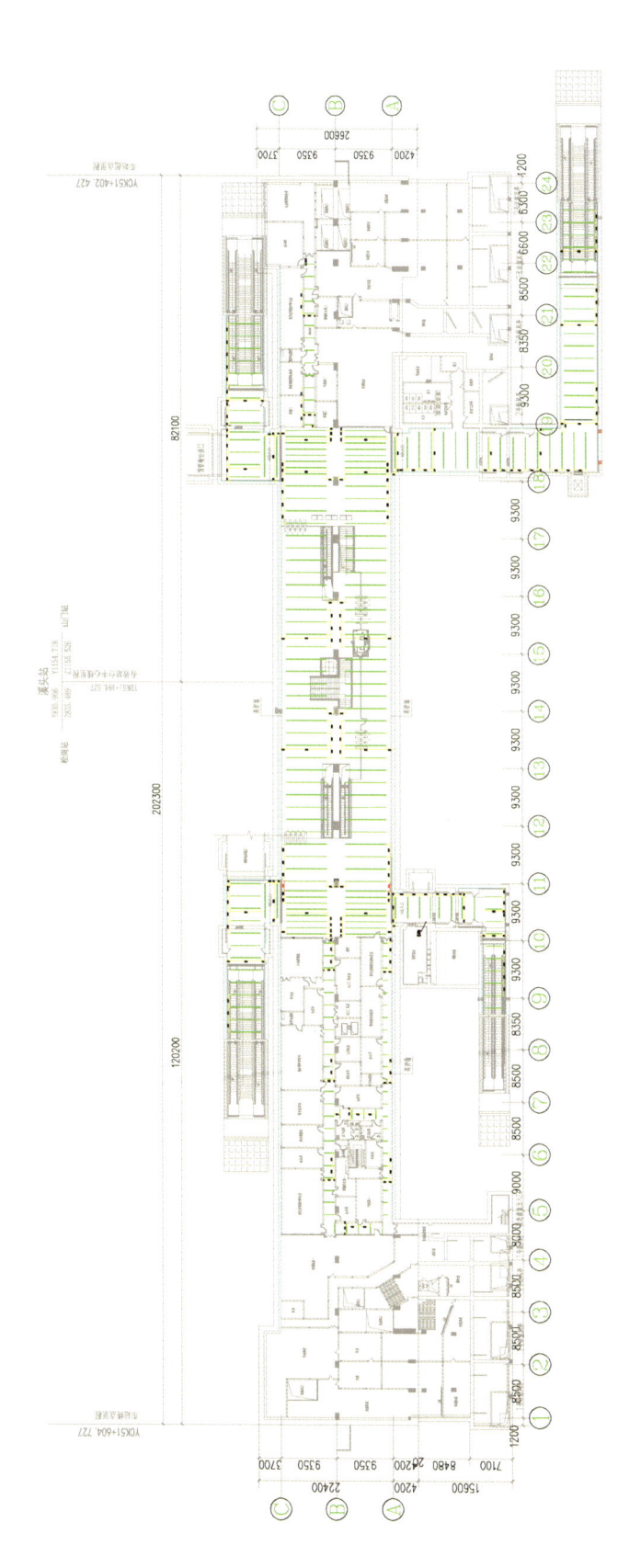

5.5 高品质建设地铁百年工程　303

图 5.5-83　车站站厅层槽道预埋平面图（单位：）

304 第 5 章 绿色低碳技术创新

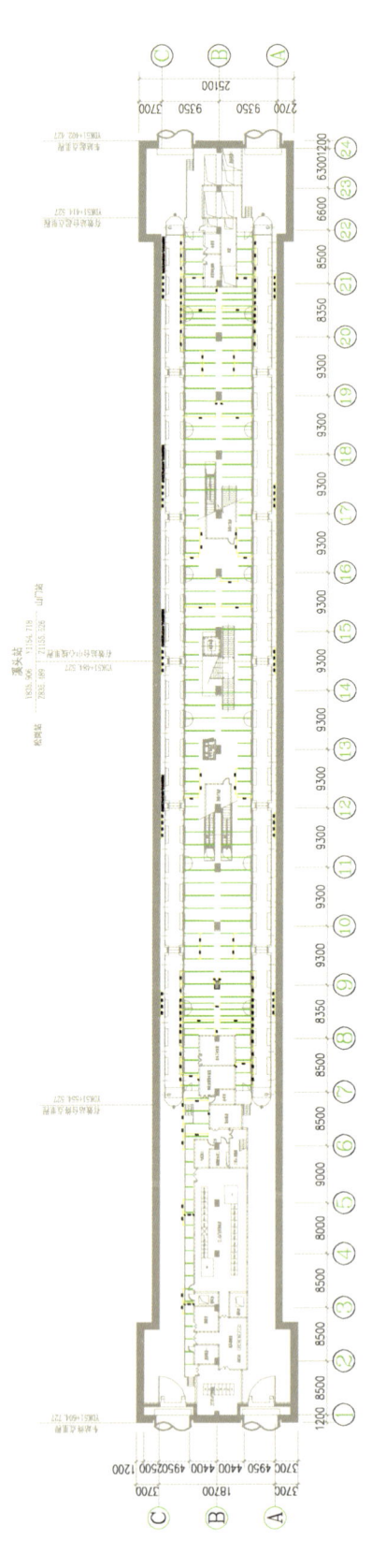

图 5.5-84 车站站台层槽道预埋平面图（单位：）

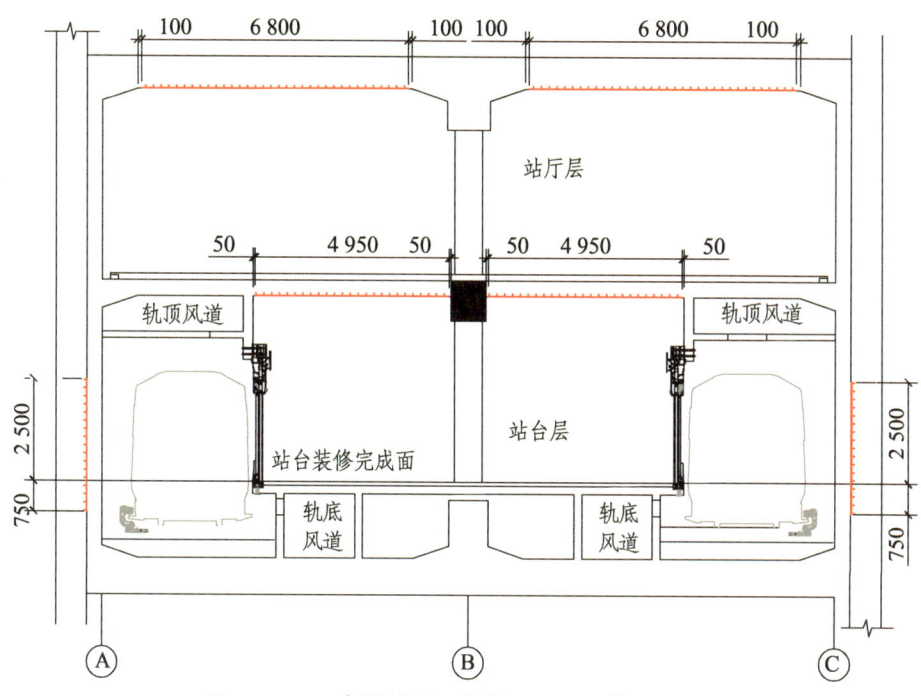

图 5.5-85　车站槽道预埋剖面图（单位：mm）

图 5.5-86　钢模板上的固定螺栓 　　　图 5.5-87　塑料螺栓与模板螺栓固定槽道

图 5.5-88 植入钢筋笼 　　　　　　　图 5.5-89 浇筑混凝土

（2）矿山法隧道。

目前，矿山法隧道一般采用 T 形螺栓从台车模板伸入槽内进行槽道固定的方案，其主要工艺过程如图 5.5-90~图 5.5-93 所示。

图 5.5-90 台车模板上进行槽道固定 　　　　　　　图 5.5-91 台车模板上完成槽道固定

图 5.5-92　台车模板植入钢筋笼 　　　　图 5.5-93　矿山法隧道预埋槽道成品图

（3）高架区间 U 梁。

目前，U 梁一般采用 T 形螺栓从模板伸入槽内进行槽道固定的方案，其主要工艺过程如图 5.5-94~图 5.5-96 所示。

图 5.5-94　U 梁模板上进行槽道固定 　　　　图 5.5-95　U 梁模板上完成槽道固定

图 5.5-96　植入钢筋笼后浇筑混凝土

（4）地下车站。

①站内结构板：车站中板和顶板的槽道固定采用了铁钉或塑料卡扣将槽道固定于模板面上，然后绑扎钢筋浇筑混凝土，其主要工艺过程如图 5.5-97～图 5.5-99 所示。

图 5.5-97　铁钉固定槽道方案 　　　　　　图 5.5-98　塑料卡扣固定槽道方案

图 5.5-99　槽道固定效果

②站内区间侧墙：站内区间侧墙（等同于明挖区间）槽道预埋工艺复杂，采用了钢模板施工，进行了两种探索性试验：

试验一：采用塑料扎带将槽道固定于侧墙钢筋；

试验二：采用 T 形螺栓将槽道固定于侧墙钢模板上。

根据槽道的固定要求，设计与施工反复研究和试制，研发了具有可伸缩性、可调节性的智能型固定装置。该装置避免了两种探索性试验方案的缺点，具有以下优点：

·槽道固定于侧墙钢筋上后，槽道具备可伸缩性，可避免耗费大量时间和人力调整槽口与侧墙面齐平。

·槽道与固定钢筋间可左右滑动，使得槽道可整体左右滑动调节间距。

·槽道固定后凸出侧墙表面 30～50 mm，侧墙模板安装时通过槽口挤压固定装置内置弹簧，槽道整体向内移动；当模板安装就位后，槽口表面将紧贴模板，可避免槽口被混凝土覆盖。

・伸缩杆、弹簧与钢管内壁之间采用 PVC 管进行绝缘，或将伸缩杆材质用塑料杆代替，从而保证槽道与钢筋间的绝缘，解决了杂散电流对外部管线的电化学腐蚀问题。

槽道固定装置及其效果如图 5.5-100 ~ 图 5.5-103 所示。

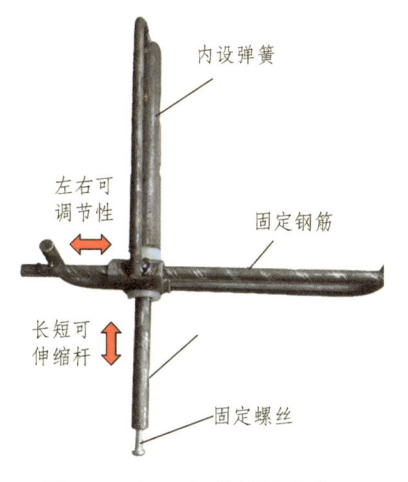

图 5.5-100　智能型固定装置

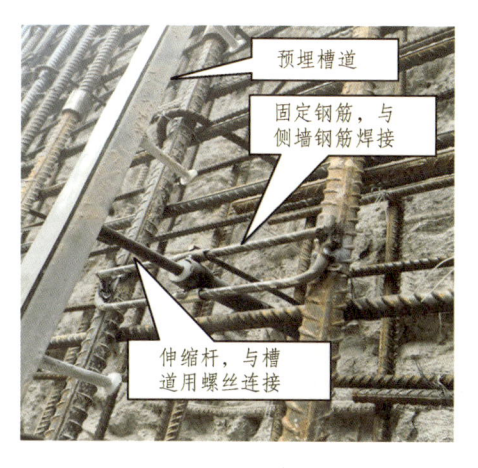

图 5.5-101　固定效果图

图 5.5-102　侧墙槽道与钢筋固定

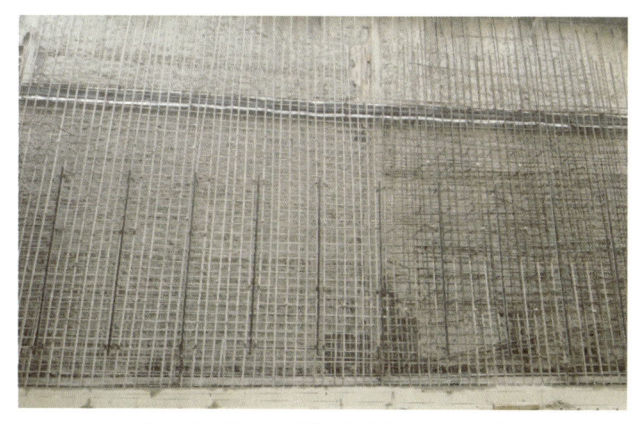

图 5.5-103　侧墙槽道固定效果图

7）预埋槽道应用效果

（1）盾构及TBM管片。

整体而言，盾构及TBM管片的槽道预埋效果较好，预埋误差控制较好，如图5.5-104所示。

图5.5-104　盾构及TBM管片预埋槽道应用效果

（2）矿山法隧道。

整体而言，矿山法隧道的大多数槽道预埋效果较好，部分一般，预埋误差控制稍难但可控，如图5.5-105所示。

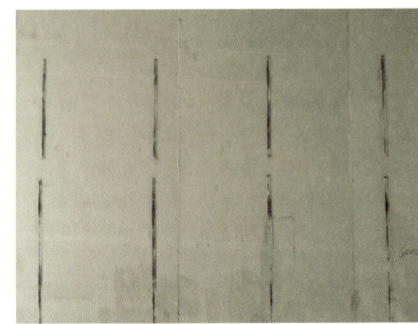

图5.5-105　矿山法隧道预埋槽道应用效果

（3）高架区间U梁。

整体而言，预制U梁的槽道预埋效果较好，预埋误差控制较好，如图5.5-106所示。

图5.5-106　高架区间U梁预埋槽道应用效果

（4）地下车站。

①车站结构板：整体而言，车站现浇结构板的槽道预埋效果较好，预埋误差控制较好。车站槽道采用了全面预埋方案，现场实用效果好，为支吊架、天花、广告、导向牌、弱电装置等提供了可靠固定点，且槽道的利用率高，基本未出现"无效预埋"，如图5.5-107所示。

图5.5-107 地下车站结构板预埋槽道应用效果

②站内区间侧墙：整体而言，站内区间现浇侧墙的槽道预埋较好，部分一般，预埋误差控制稍难但可控，如图5.5-108所示。

图5.5-108 站内区间侧墙预埋槽道应用效果

8）槽道预埋研究及应用成果

（1）预埋槽道在6号线的区间和车站得到了全面应用，在矿山法隧道、盾构及TBM隧道管片、U梁、车站结构板和区间侧墙中等均获得了较为成熟的预埋工艺，在预埋误差控制、防腐效果、安装功能上均具有优良的应用效果。

（2）较全线区间而言，车站槽道采用全面预埋方案，槽道用量很小，投资不高，但对车站机电安装极具应用价值。

（3）6号线预埋槽道于2016年招标，中标价格约为180元/m。随之槽道价格逐年降低，目前已降至110元/m，已处于一个合理的低价区；随着槽道预埋施工工艺的不断成熟，施工效率还可提高，施工费用也可进一步降低，故预埋槽道应用的综合单价还可降低。

（4）预埋槽道的成熟应用，大大降低了打孔对混凝土结构的影响，提高了结构的安全性和耐久性，大大提高了机电安装的效率和质量，节省了后期的运维费用并降低了运营安全风险，全寿命周期的获益巨大。

5.5.3.2 预埋套筒研究及应用

1）预埋套筒概述

预埋套筒是一种预埋于混凝土结构内，由注塑、模压加工而成的高分子或复合材料筒状体，用于固定管线、设备及设施等。在地铁领域，轨道板吊装孔、轨道扣件套管早已得到应用，2009年深圳地铁3号线开始在现浇整体道床中全面应用预埋套筒进行接触轨整体绝缘支架安装。

目前，多数采用接触轨供电制式的城市轨道交通工程的接触轨支架安装一般还是在现浇整体道床及混凝土结构上采用人工钻孔（后置化学锚栓）的方式进行安装，这样虽然施工简便，机动性好，且不受轨道专业制约，但是在道床上钻孔会破坏混凝土结构的应力分布，降低线路质量；另外，由于现浇整体道床大量使用钢筋，钢筋密布，经常在钻孔时碰到钢筋，施工不便。为实现本线绿色和环保建设目标以及适应地铁轨道技术发展方向，本工程在高架段与穿山隧道段基本全部采用预制轨道板道床，在地下段可较好实现装配式施工的钢弹簧浮置板道床地段采用预制板轨道方案，合计铺设预制板长度为60.671单线公里，占全线总长的80.63%，为深圳地铁轨道预制化程度最高的地铁线路。根据深圳地铁建设经验，中铁二院在深圳地铁6号线的接触轨设计中充分认识到了现场打孔安装的各种问题，锐意进取、大胆创新，第一次将预埋套筒（螺纹套管）应用于地铁所有现浇整体道床、预制板道床区段和碎石道床轨枕上，在国内地铁建设中首次实现了预埋套筒（螺纹套管）在地铁接触轨安装上的全面应用。预埋套筒（螺纹套管）在地铁接触轨安装工程上的大规模成功应用大大提高了接触轨安装效率、加强了接触轨安装质量、降低了道床结构损伤、改善了安装施工环境、减小了运营维护工作量和成本，这是城市轨道交通安装工艺的巨大进步。

2）预埋套筒实施范围

6号线预埋套筒在全线的应用范围为：全线轨道轨枕扣件、现浇整体道床接触轨支架底座、预制板道床接触轨支架底座、预制板道床吊装。

本工程全线接触轨安装采用预埋套筒（螺纹套管）根据道床结构的形式不同，接触轨采用不同的底座安装形式。采用金属底座用于支撑、固定绝缘支架，通过在现浇整体道床、预制板道床和碎石道床轨枕上预埋螺纹套管，该底座采用配套螺栓与道床或轨枕相连接，固定在道床或轨枕的端部顶面及预制板道床的侧面。

3）预埋套筒技术要求

（1）技术要求（表5.5-9、表5.5-10）。

表5.5-9 预埋套筒原材料要求

序号	项目	单位	指标	试验方法
1	拉伸强度	MPa	≥150	GB/T 1447
2	断裂伸长率	%	≤4.4	
3	洛氏硬度（HRR）	—	≥110	GB/T 3398.2
4	密度	g/cm^3	1.3~1.5	GB/T 1033.1
5	熔点	℃	250~270	GB/T 16582
6	弯曲强度	MPa	≥200	GB/T 1449
7	冲击强度（无缺口）	kJ/m^2	≥80	GB/T 1451
8	体积电阻率（干态）	Ω·cm	≥1×10^{14}	GB/T 1410
9	玻纤含量	%	≥30	GB/T 9345.1、4

表 5.5-10 预埋套筒性能要求

项目			性能要求
力学性能	拉力作用下的承载力	套筒承载力	满足《城市轨道交通预埋槽道及套筒技术规范》中第 7.2.1 条承载力设计值验算要求
		螺栓承载力	
		混凝土劈裂承载力	
	剪力作用下的承载力	套筒承载力	满足《城市轨道交通预埋槽道及套筒技术规范》中第 7.2.2 条承载力设计值验算要求
		螺栓承载力	
		混凝土劈裂承载力	
材料性能	悬臂梁冲击性能		$\geq 8 \text{ kJ/m}^2$
	拉伸强度性能		$\geq 150 \text{ MPa}$
	耐火性能		满足 V-1 级或 A 级
	绝缘性能		绝缘电阻 $\geq 1012 \text{ }\Omega$
	耐腐蚀性能		检测后的样品外观无变形、变色、破裂、粉化等现象，拉伸强度和悬臂梁缺口冲击强度无明显变化
	耐高低温和湿热性能		
	耐老化性能		
防松性能			剩余预紧力不应小于 70%
抗疲劳性能			检测后试件无断裂、裂纹、局部变形和荷载明显变化现象

现浇整体道床、预制板道床和碎石道床轨枕上的预埋套筒均采用直径 $\phi 36 \times$ 深 130，套筒可为每个配套螺栓固定点提供 10 kN 的承载力设计值，满足所有接触轨工作的荷载需求，安全经济，如图 5.5-109 所示。

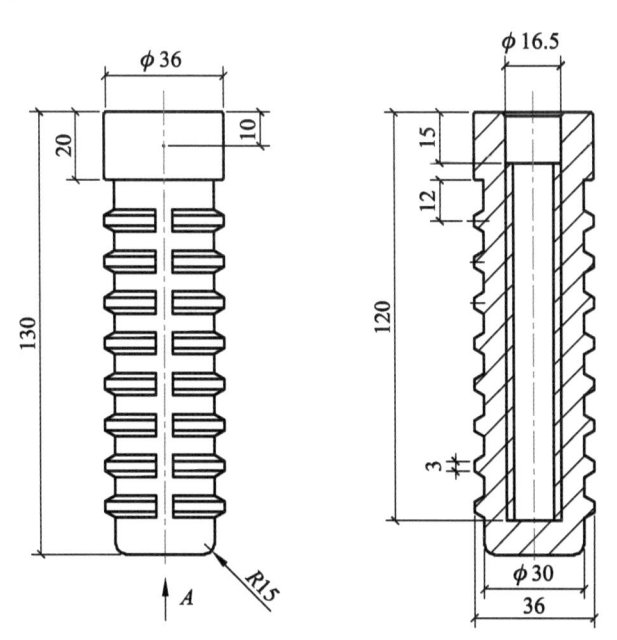

图 5.5-109 接触轨用预埋套筒选型（单位：mm）

套筒外部设计为梯形粗牙螺纹结构,防止在内部受力扭转及增强抗拉拔能力。粗牙螺纹沿产品断面中心断开,防止注射成型收缩过大而产生应力缺陷及增大防扭、抗弯受力截面积。

(2)施工误差控制要求。

① 螺纹套管按图中尺寸预埋在道床混凝土内,应保证螺纹套管的有效埋深不小于130 mm。

② 安装施工误差:螺纹套管间距为±2 mm,埋深为±3 mm。

③ 预埋螺纹套管应垂直于走行轨轨顶面连线,且在预埋施工前后注意封堵套管,避免混凝土等异物落入套管内。

4)套筒预埋典型设计

(1)矩形隧道普通整体道床区段螺纹套管预埋(图5.5-110、图5.5-111)。

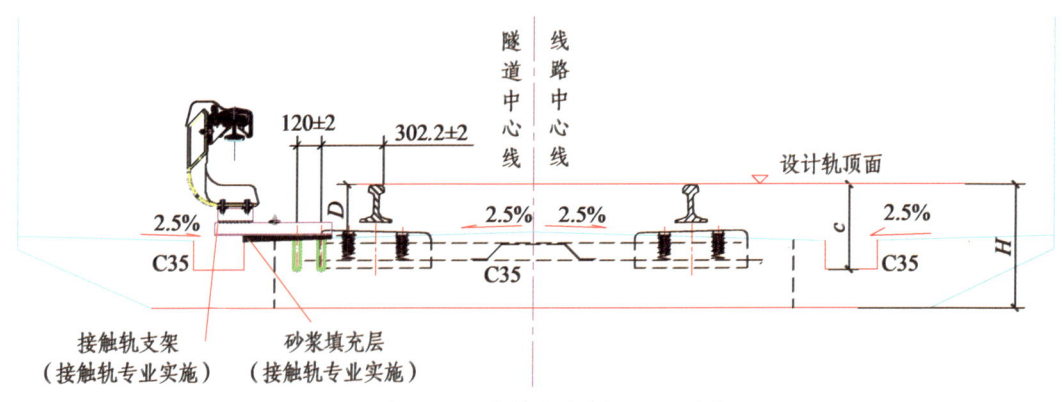

图 5.5–110 矩形隧道整体道床剖面图(单位:mm)

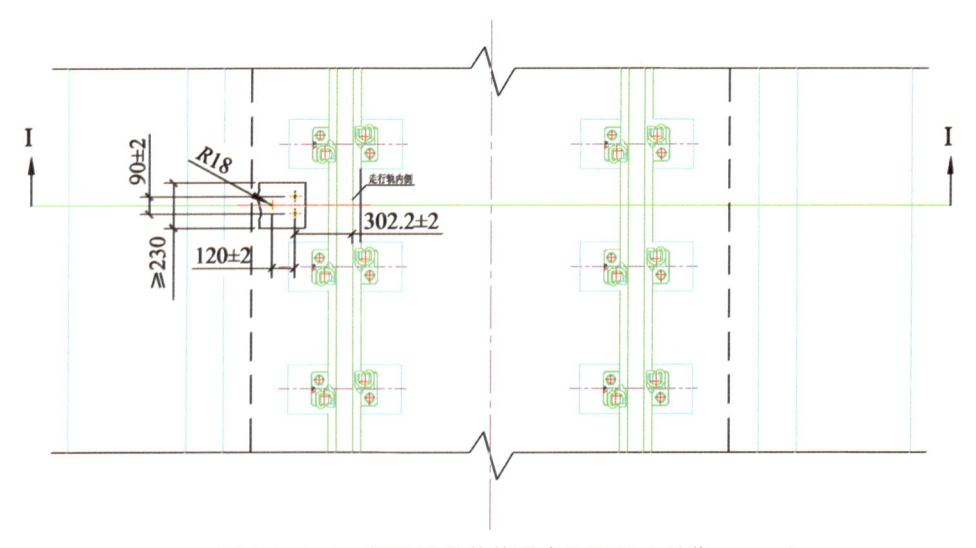

图 5.5–111 矩形隧道整体道床平面图(单位:mm)

(2)马蹄形隧道普通整体道床区段螺纹套管预埋(图5.5-112、图5.5-113)。

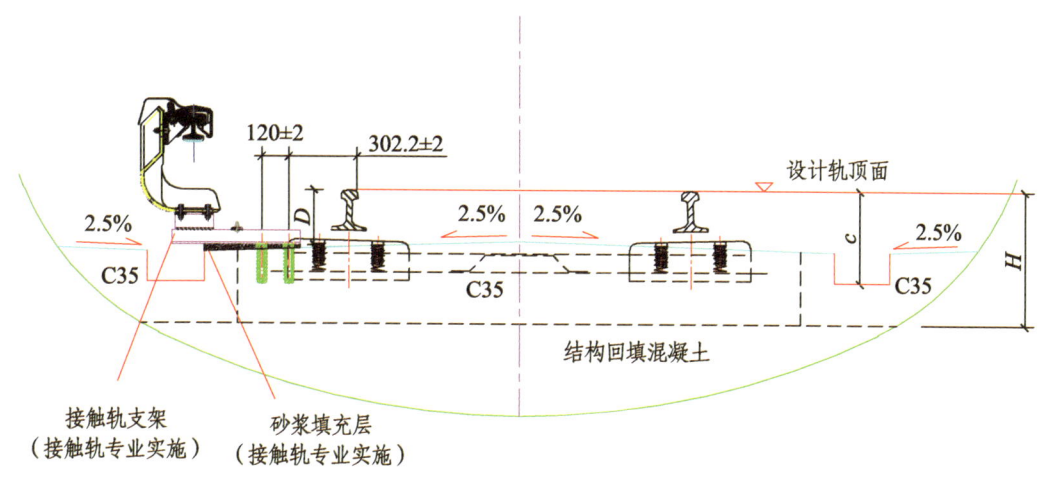

图 5.5-112　马蹄形隧道整体道床剖面图（单位：mm）

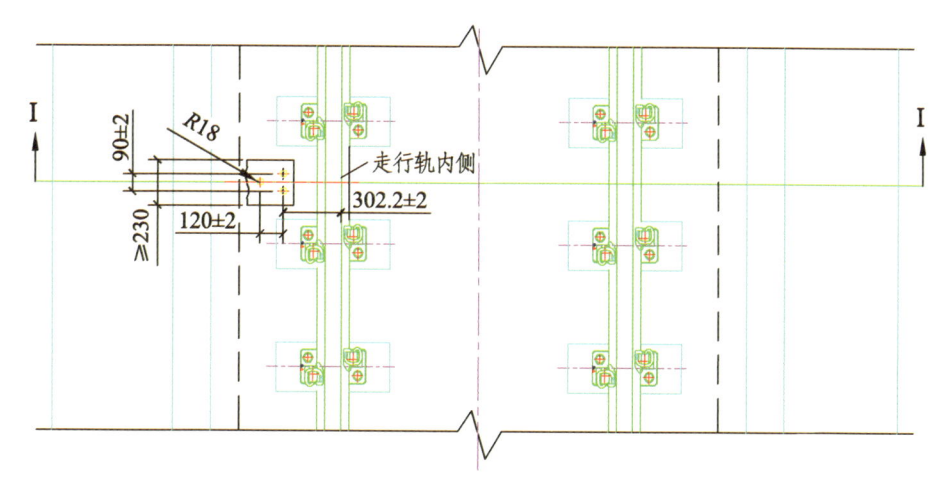

图 5.5-113　马蹄形隧道整体道床平面图（单位：mm）

（3）高架整体道床区段螺纹套管预埋（图 5.5-114、图 5.5-115）。

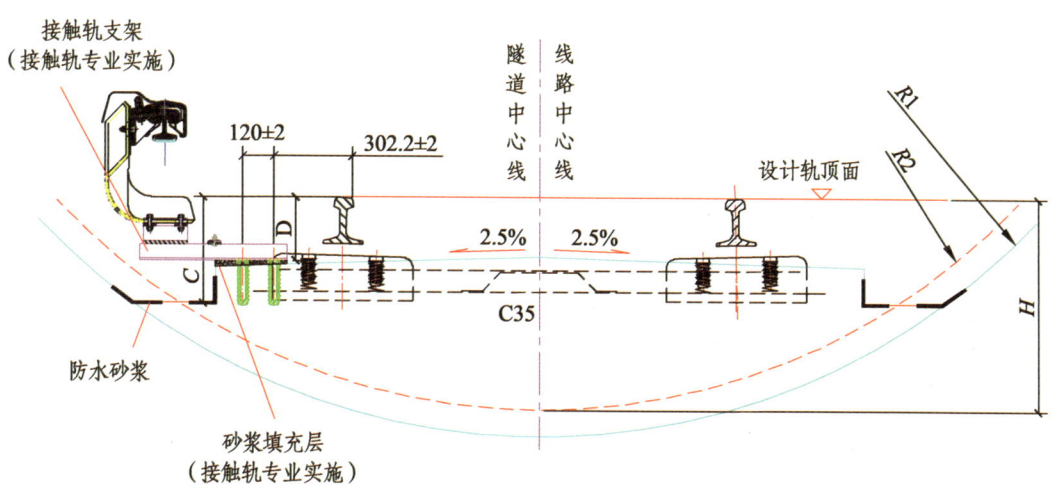

图 5.5-114　圆形隧道整体道床剖面图（单位：mm）

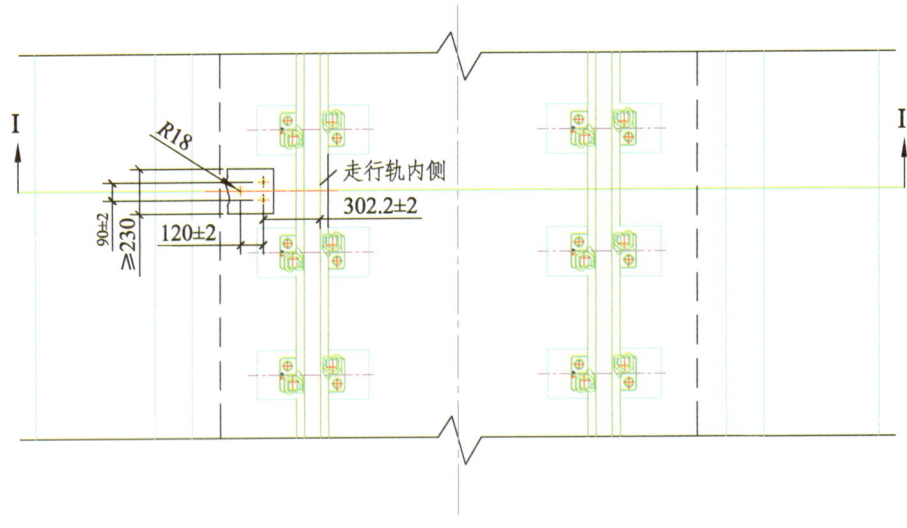

图 5.5-115　圆形隧道整体道床平面图（单位：mm）

5）套筒预埋施工重难点

（1）套筒预埋精度和误差控制要求高，否则后期将不便使用，如何保证预埋精度是施工重点。

（2）套筒可预埋于工厂模具化生产的预制板道床等混凝土预制件，也可预埋于矿山法隧道、明挖区间、路基 U 形槽整体道床等现浇混凝土结构。

（3）套筒预埋前应仔细核查套筒型号、尺寸等，应与设计文件一致；套筒出现参数有误、表面裂纹、筒体变形等问题时应及时更换。

（4）套筒在模具上应采用合理方案和固定构件进行精确定位并固定牢靠，在混凝土浇筑及振捣时不应产生松动和位移；筒口应紧贴模具，混凝土砂浆不应灌入筒体内。

（5）套筒在混凝土边沿预埋时，应置于结构最外排主筋的内侧，并与箍筋绑扎牢靠。

6）套筒预埋施工工艺

（1）现浇整体道床套筒预埋（图 5.5-116～图 5.5-119）。

套筒在混凝土内的预埋精度及误差控制应满足以下要求：

① 筒口面两侧边沿之间的倾斜误差不大于 3 mm。

图 5.5-116　制作模具固定套筒 　　　　图 5.5-117　固定模具浇筑道床

图 5.5-118　浇筑完成成品保护　　图 5.5-119　安装接触轨支架

② 套筒与定位点的位置偏差不大于 6 mm。
套筒在现浇混凝土内的预埋精度及误差控制应满足以下要求：
① 筒口面两侧边沿之间的倾斜误差不大于 4 mm。
② 套筒与定位点的位置偏差不大于 8 mm。
（2）预制轨道板套筒预埋。
套筒在预制轨道板中的预埋是在轨道板厂进行的，由轨道板支好模具，一体完成，精度高，速度快，如图 5.5-120～图 5.5-122 所示。

图 5.5-120　轨道板预埋套筒

图 5.5-121 高架线轨道板预埋套筒安装接触轨

图 5.5-122 轨道板预埋套筒安装接触轨支架

5.5.3.3 声屏障预埋件研究及应用

6 号线共设置半封闭声屏障线路双侧约 13.8 km，全封闭声屏障线路长度约 14.8 km，由于声屏障钢结构部分采用螺栓法兰盘方式与桥梁连接，因此需在桥梁预埋声屏障地脚螺栓，按照声屏障的设置要求全线桥梁双侧拉通预埋。

1）声屏障预埋件概况

根据声屏障结构受力不同要求，箱梁地段采用 2 根 U 形 M30 螺栓，U 梁段采用 6 根 M24 螺栓（另预留了 1 根其他专业使用螺栓），均为 8.8 级高强螺栓，如图 5.5-123、图 5.5-124 所示。预埋件标准单元间距为 2.0 m，与上部声屏障钢结构对应。特别是 U 形梁为预制预应力结构，结构构件尺寸较小，后期打孔预埋将可能对结构受力性能和耐久性产生不利影响，后期施工不便且效率很低，因此，必须研究针对性的预埋件设置方案和施工保障措施。

2）预埋要求

声屏障预埋件单元要求在桥梁上双侧拉通对称设置，以方便后期安装全封闭声屏障需要。在浇筑混凝土时应采用可靠措施固定位置，保证螺栓外露长度，减小施工误差。

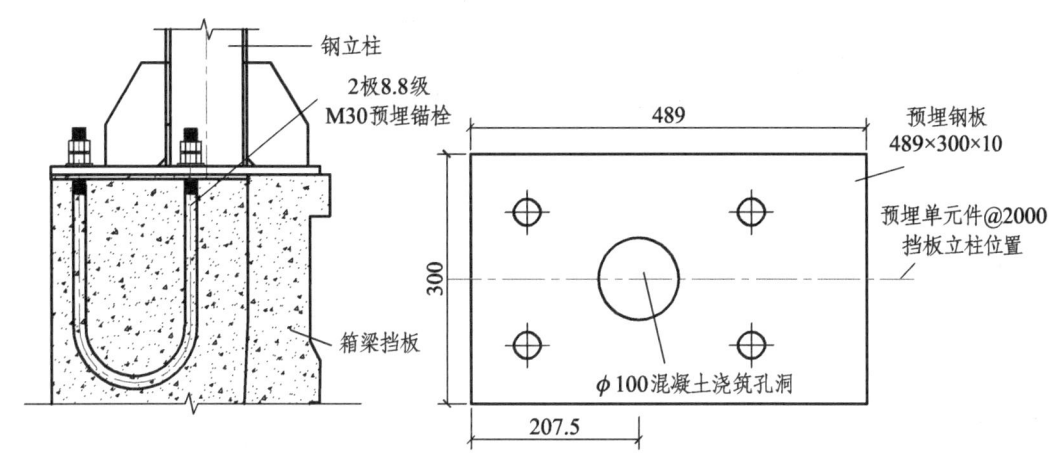

图 5.5-123　箱梁段声屏障螺栓预埋示意图（单位：mm）

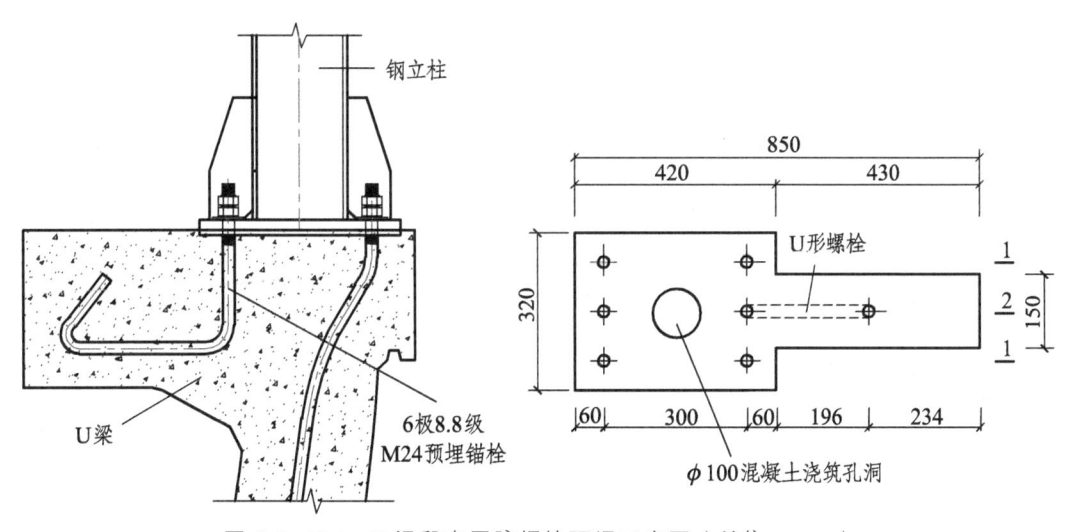

图 5.5-124　U 梁段声屏障螺栓预埋示意图（单位：mm）

3）防腐要求

声屏障预埋螺栓、预埋钢板的防腐采用锌镍渗层，防腐寿命为 100 年。

4）应用效果

按照声屏障设计要求，现场预制梁螺栓均能有效安装，也基本能够满足后期增设声屏障条件。部分现浇梁由于施工质量问题，预埋件不理想，需处理后才能满足声屏障安装，如图 5.5-125 所示。

图 5.5-125　声屏障预埋螺栓实景图

5.5.3.4　桥墩排水管预埋研究及应用

深圳地铁 6 号线线路以高架车站为主，高架区间占比大，如何在保证排水功能的前提下，兼顾高架区间景观设计是我们研究的重点。本线独创了排水管与桥墩类型相互结合，将排水管预埋在桥墩内部，保证了外部景观的一致性。根据不同类型的桥墩提供了不同的预留预埋方式，如图 5.5-126 所示。

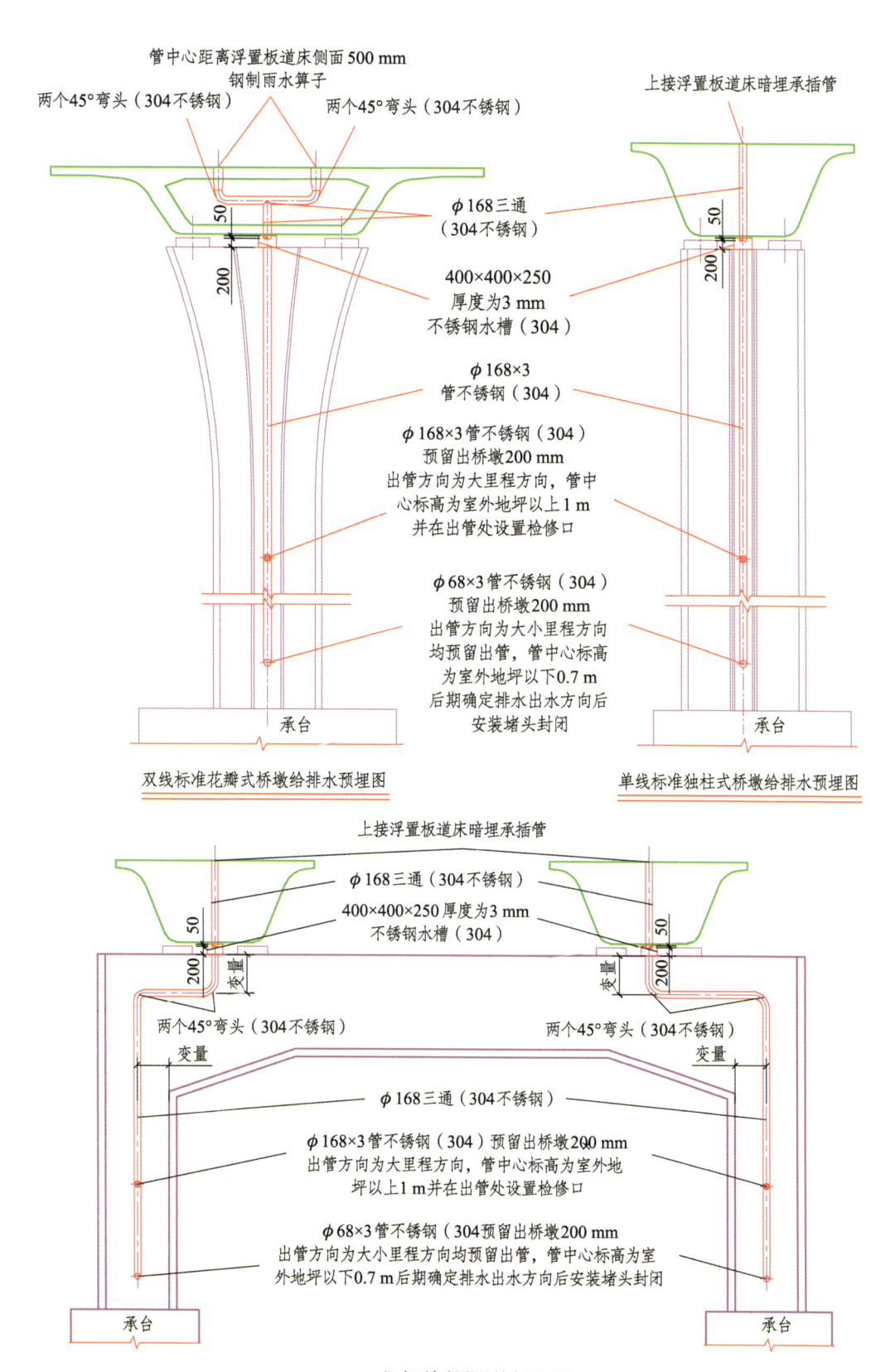

双线标准花瓣式桥墩给排水预埋图

单线标准独柱式桥墩给排水预埋图

门式刚架桥墩给排水预埋图

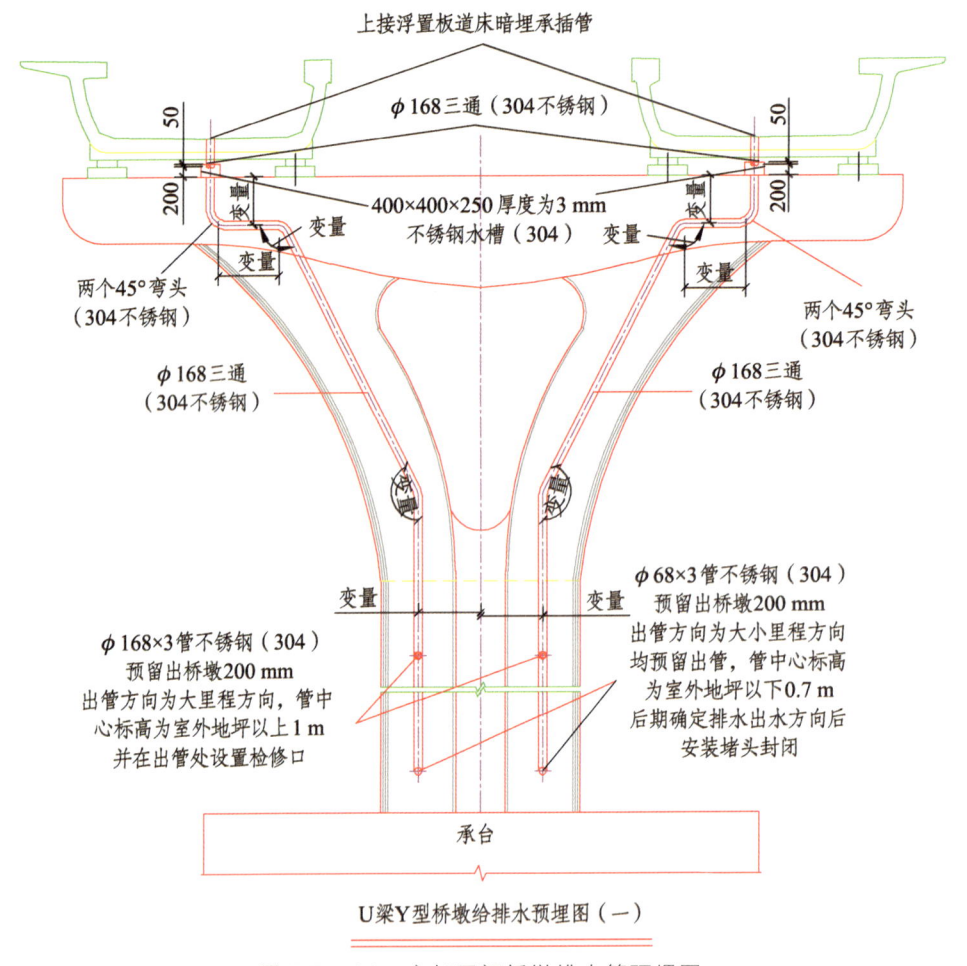

图 5.5-126　高架区间桥墩排水管预埋图

5.5.3.5　全面预留预埋研究和应用成果

6号线工程在设计之初就充分认识到了现场打孔安装对结构受力性能、耐久性、施工效率、作业环境、运营安全以及运营维护等的不利影响，通过大胆创新研究，在国内轨道交通建设中首次将预留预埋技术大范围、全工法地应用于地铁所有区间隧道、高架桥梁、轨道结构和试点车站，减少现场打孔约32万个，杜绝了结构二次伤害（特别是薄壁U梁），改善了现场施工作业环境，并大大提高了机电安装的效率和质量，体现了精细化设计的先进绿色建造理念，将轨道交通的建设水平提升到新的高度，编制并颁布了中国城市轨道交通协会团体标准《城市轨道交通预埋槽道及套筒技术规范》（T/CAMET 02002—2019）。其主要研究和应用成果如下：

（1）预埋槽道全面应用于所有区间结构工法，包括预制U形梁、矿山法隧道、盾构及TBM管片、明挖站内区间侧墙，并首次在车站结构顶板和中板上对槽道预埋进行了创新设计和成功应用，实现了预埋工艺成熟、误差控制有效、防腐效果突出、支架安装便捷，解决了现场打孔安装的各种难题。

（2）实现了普通道床、隔振垫、橡胶支座、钢弹簧浮置板道床的全面预制，并在所有预制轨道板上进行了套筒预埋，实现了接触轨的无打孔安装。

（3）在高架区间桥梁双侧拉通预埋了声屏障安装用的不锈钢地脚螺栓和钢板,满足了声屏障安装要求并预留后期加装声屏障条件,体现了"设计超前"。

（4）高架区间下水的排水管与桥墩结合,将不锈钢排水管预埋暗敷于桥墩内部,既实现了区间桥梁有组织排水功能,又兼顾了高架区间美观。

5.5.4 预制装配式结构关键技术研究与应用

本工程根据高架 U 形梁特点、环评报告要求以及沿线业态分布,设计、实施了预制隔振垫浮置板道床。预制隔振垫浮置板道床结构形式详见 4.2 节,本工程在该道床的方案设计研究、施工组织研究方面进行了多处创新,包括 U 形梁预制隔振垫浮置板道床关键参数创新研究、U 形梁预制隔振垫浮置板道床施工组织方案创新研究;该道床在本工程中的成功应用取得了多个行业突破,包括首次采用先张法双向预应力预制隔振垫浮置板,首次实现了预制隔振垫浮置板道床在高架 U 形梁上的成功铺设。

5.5.4.1 U 形梁预制隔振垫浮置板道床关键参数创新研究

1）先张法双向预应力轨道板创新技术研究

在高架线上,预制轨道板受列车荷载、温度荷载、梁端转角荷载等多种因素共同作用,且浮置板道床地段受隔振性能影响,振动能量反弹回轨道板内,轨道板荷载工况较为复杂。为保证轨道结构安全性及耐久性,抑制轨道板裂缝产生,深圳地铁 6 号线在国内地铁中首次在隔振垫浮置板中应用预应力轨道板,轨道板采用先张预应力,纵横向设置双向预应力钢筋,轨道板预应力配筋图如图 5.5-127 所示。

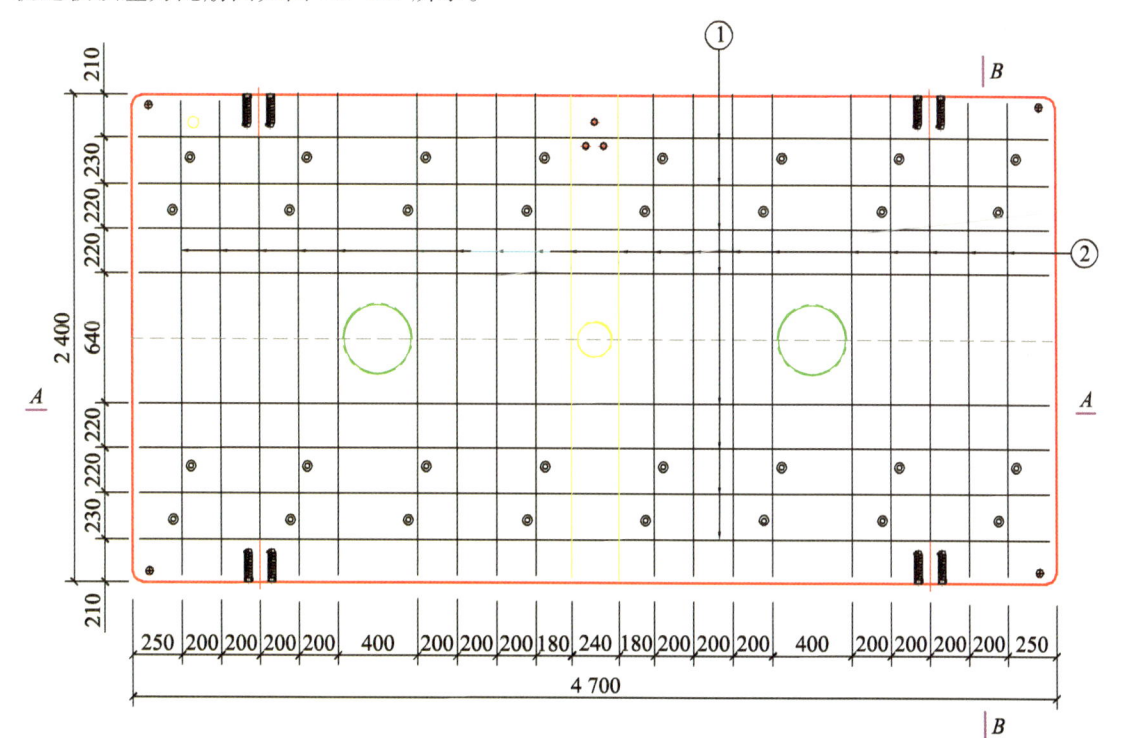

(a) 4700 mm 预制板

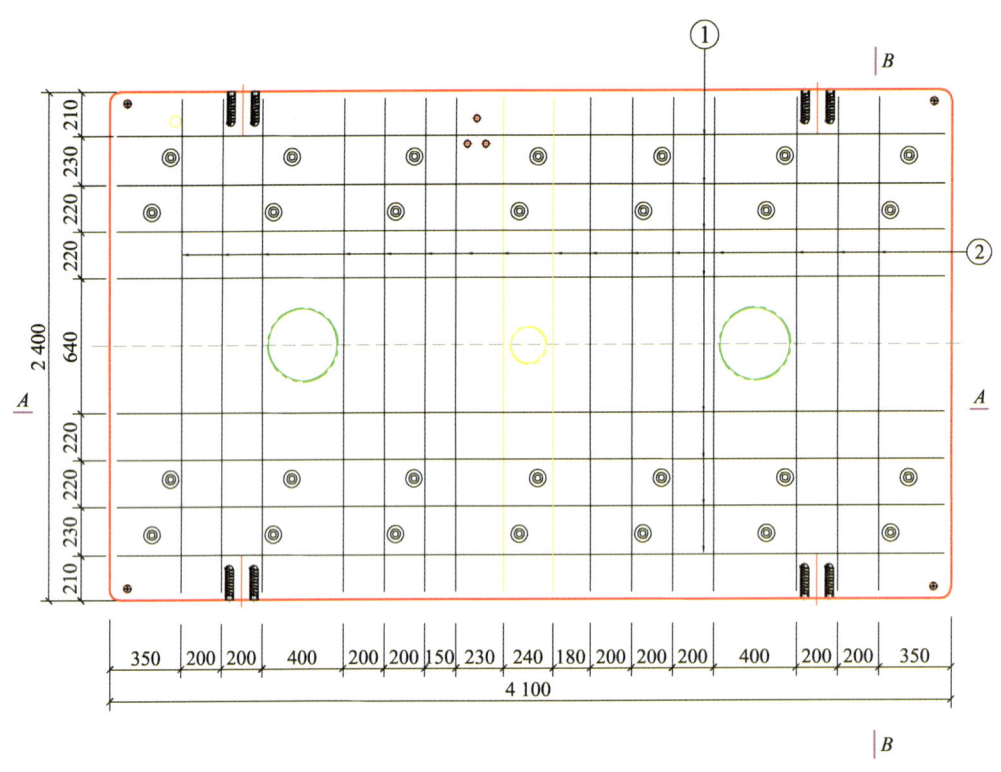

(b) 4100 mm 预制板

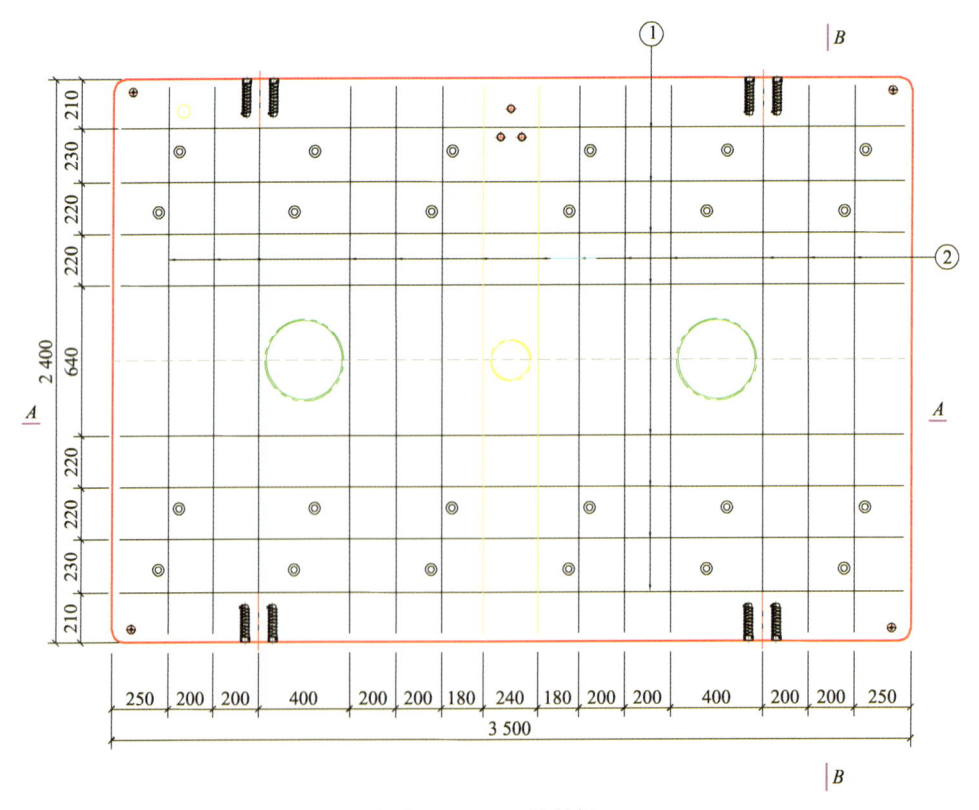

(c) 3500 mm 预制板

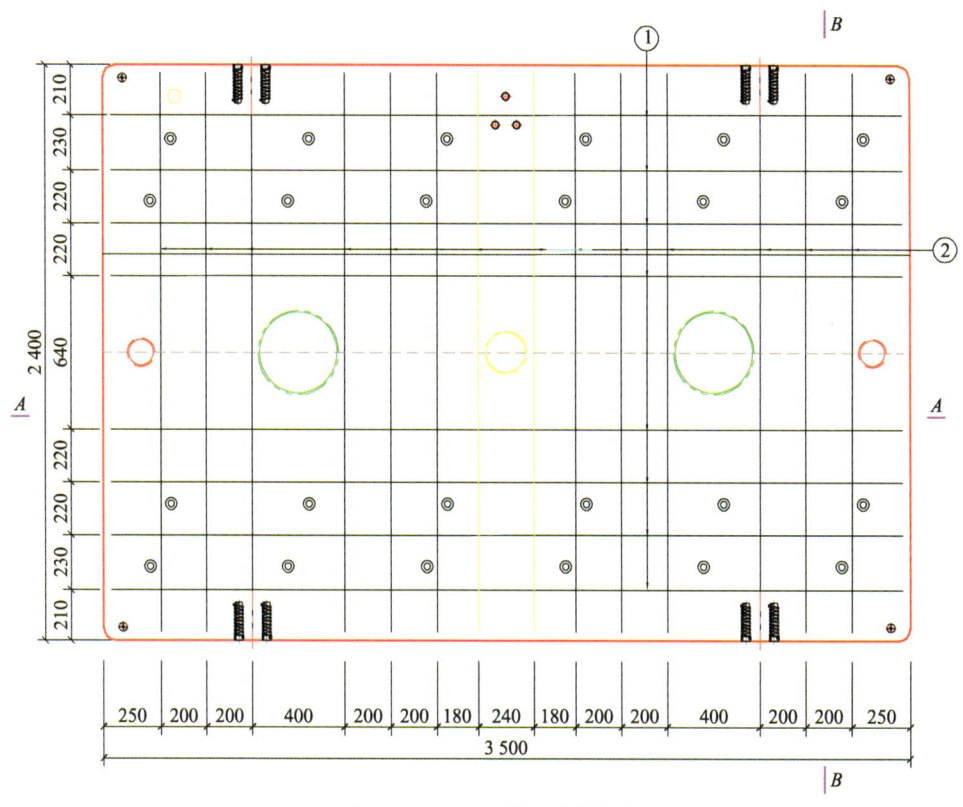

(d) 3500 mm 预制板（薄板）

图 5.5-127　预制隔振垫浮置板预应力筋配筋图（单位：mm）

2）预制隔振垫轨道板尺寸关键技术研究

(1) 预制板长度。

预制轨道板作为高标准化的工厂预制产品，从方便生产、铺设的角度出发，采用"以直代曲"的方案实现曲线段的预制板轨道施工，即：预制轨道板 1/3 处中心与线路中心对齐，通过扣件的横向调节完成曲线轨道施工。曲线地段轨道板布置示意图如图 5.5-128。

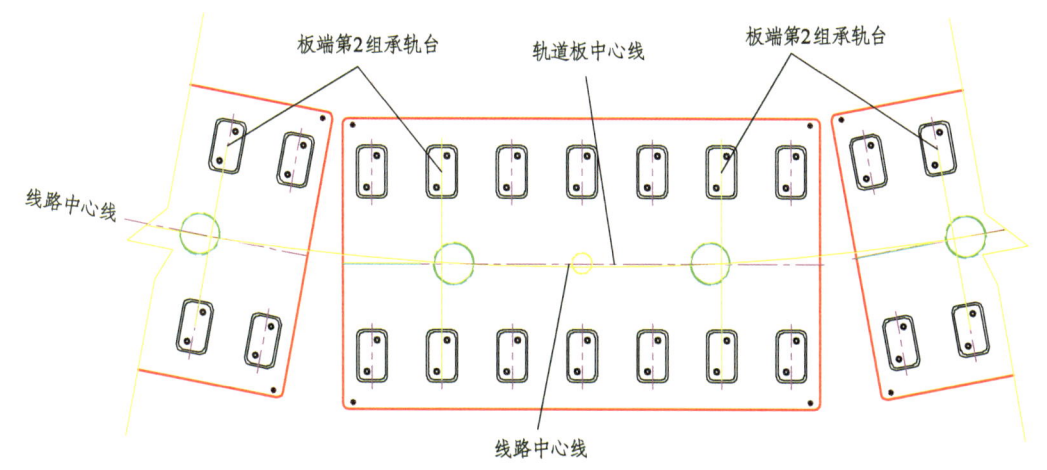

图 5.5-128　曲线地段轨道板布置示意图

然而在工程实际中，若曲线地段的预制轨道板长度过长，板端扣件的横向调节量将更多地用于调整轨道初始状态，会导致运营后期扣件横向调节量不足；若预制轨道板过短，则会影响整个轨道结构的整体性及施工效率；此外，地铁线路具有曲线多、曲线半径小的特点，因此分析预制轨道板长度对整个轨道工程的影响，提出合理的预制轨道板长度尤为重要。本线扣件的轨距调整量为-16～+28 mm，表5.5-11、表5.5-12分别给出了3.5 m和4.7 m长预制轨道板在不同曲线半径下承轨台的偏移量（扣件调整需求量）。对比表5.5-11和表5.5-12可以知道，曲线半径小于500 m的地段优先采用3.5 m长预制轨道板，其他地段可以结合每跨梁的长度采用3.5 m、4.1 m及4.7 m长的预制轨道板组合以保证板端与梁端平齐。

表5.5-11 3.5 m长预制板在不同曲线半径条件下承轨台偏移量

项目	承轨台位置	圆曲线半径/m								
		350	400	450	500	550	600	800	1200	1500
承轨台横向偏移量/mm	1	−2.1	−1.8	−1.6	−1.4	−1.3	−1.2	−0.9	−0.6	−0.5
	2	0	0	0	0	0	0	0	0	0
	3	1.0	0.9	0.8	0.7	0.7	0.6	0.5	0.3	0.2
	4	1.0	0.9	0.8	0.7	0.7	0.6	0.5	0.3	0.2
	5	0	0	0	0	0	0	0	0	0
	6	−2.1	−1.8	−1.6	−1.4	−1.3	−1.2	−0.9	−0.6	−0.5

表5.5-12 4.7 m长预制板在不同曲线半径条件下承轨台偏移量

项目	承轨台位置	圆曲线半径/m								
		350	400	450	500	550	600	800	1200	1500
承轨台横向偏移量/mm	1	−3.1	−2.7	−2.4	−2.2	−2.0	−1.8	−1.4	−0.9	−0.7
	2	0	0	0	0	0	0	0	0	0
	3	2.1	1.8	1.6	1.4	1.3	1.2	0.9	0.6	0.5
	4	3.1	2.7	2.4	2.2	2.0	1.8	1.4	0.9	0.7
	5	3.1	2.7	2.4	2.2	2.0	1.8	1.4	0.9	0.7
	6	2.1	1.8	1.6	1.4	1.3	1.2	0.9	0.6	0.5
	7	0	0	0	0	0	0	0	0	0
	8	−3.1	−2.7	−2.4	−2.2	−2.0	−1.8	−1.4	−0.9	−0.7

（2）预制板厚度。

预制隔振垫浮置板道床是一种道床减振方案，在相同隔振垫刚度条件下，预制轨道板越厚，道床的参振质量越大，减振性能越好，但受限于限界及桥梁承载能力，需要在满足减振性能的前提下确定合理的预制轨道板厚度。本线采用了 230 mm 及 260 mm 两种厚度的预制轨道板，经过检算，两种厚度的预制轨道板对应的行车安全性、平稳性指标均满足规范要求，减振效果分别能达到 11.35 dB 和 12.15 dB，为提高道床减振效果的冗余量，预制轨道板厚度取 260 mm。

（3）预制板宽度。

轨道板宽度需综合考虑轨道板受力情况、扣件预埋套管间距及对铺轨断面的适应性等因素。本工程结合轨道板宽度对曲线线形、扣件预埋套管的适应性、结构受力的影响以及接触轨预埋套管的适应性等方面进行了分析，结果表明预制板板宽在 2.2~2.4 m 范围内对小半径曲线、扣件预埋套管的适应性较好，预制板结构受力也优良，控制预制板板宽的因素为接触轨预埋套管的位置。根据接触轨提资要求进行分析，预制板宽度在 2.4 m 情况下才能保证对接触轨预埋套管具有较好的兼容性。因此，预制板板宽确定为 2.4 m。

3）预制隔振垫浮置板道床减振元件刚度及刚度过渡方案研究

在预制隔振垫浮置板道床中，隔振垫的刚度越低，减振性能越好，但同时列车荷载作用下钢轨、道床的动态位移也越大。因此，在满足线路《环评报告》减振要求的同时，应尽可能降低钢轨动态位移以提高行车安全性及平稳性。结合理论分析、建模仿真及试验测试，最终确定了该线使用的隔振垫刚度为 0.019 N/mm³。

为实现轨道刚度在不同等级减振轨道间平稳过渡，需在不同等级减振轨道间设置刚度过渡段，通过动力学仿真分析，过渡方案包括：衔接一般减振道床时，设置三级过渡段，即一般减振道床→（0.046±0.005）N/mm³ 隔振垫→（0.030±0.003）N/mm³ 隔振垫→标准段（0.019±0.003）N/mm³ 隔振垫；衔接中等减振道床时，设置两级过渡段，即中等减振道床→（0.030±0.003）N/mm³ 隔振垫→标准段（0.019±0.003）N/mm³ 隔振垫。

4）预制隔振垫浮置板道床限位方案研究与应用

地铁列车在极端工况下运行时，将会显著增加作用在限位凸台的荷载，比如：地铁车辆在最大纵坡地段，按照最大加速度启、制动，会显著增加轨道板承受的纵向力；其次，地铁列车在小曲线、大超高地段运行或紧急停车时，将会显著增加作用于轨道上的横向力；还有高架线上的钢轨纵向力。这些纵、横向力最终传递至限位凸台。因此，研究优化限位凸台受力薄弱点和极端工况下限位凸台的结构参数至关重要。

目前应用成熟的限位方案包括凹凸槽限位、板端凸台限位及灌注孔限位，从优化受力、方便施工、运营、维护及易于拆卸、装配的角度出发，本线采用灌注孔限位；此外，考虑桥上温度荷载、制动荷载等荷载对限位凸台混凝土、钢筋应力的影响，分析了限位凸台直径在 200~550 mm 条件下结构受力检算，检算结果详见表 5.5-13。由检算结果可知，限位凸台直径在 300~550 mm 都能满足受力要求，考虑一定程度安全系数，最终确定了限位凸台直径取 340 mm（含缓冲垫层）。限位凸台布置示意图如图 5.5-129。

表 5.5-13　凸台受力检算分析结果

凸台直径/m	混凝土压应力/MPa	钢筋拉应力/MPa	中性轴处剪应力/MPa	混凝土压应力	钢筋拉应力	剪应力
0.2	16.93	168.32	6.95	不合格	合格	不合格
0.3	5.23	85.38	2.35	合格	合格	合格
0.35	3.48	67.78	1.60	合格	合格	合格
0.4	2.48	55.99	1.16	合格	合格	合格
0.45	1.85	47.58	0.87	合格	合格	合格
0.5	1.43	41.30	0.68	合格	合格	合格
0.55	1.14	36.45	0.55	合格	合格	合格

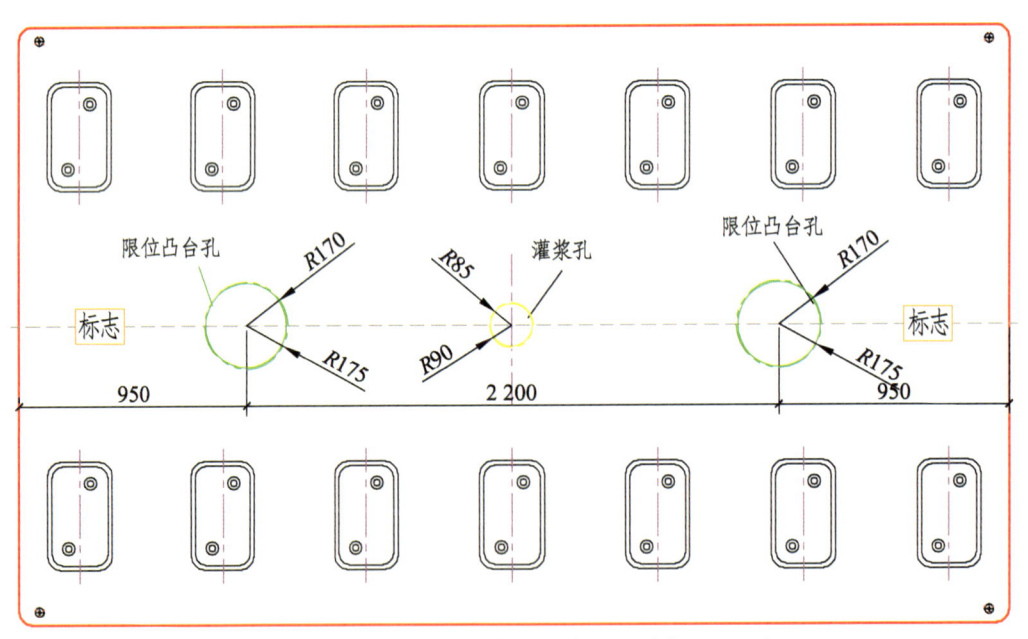

图 5.5-129　限位凸台布置示意图（单位：mm）

5.5.4.2　U 形梁预制隔振垫浮置板道床施工组织方案创新研究与应用

基于高架 U 形梁以及预制隔振垫浮置板结构方案特点，本工程首次创新提出了 U 形梁预制隔振垫浮置板道床施工组织方案。

U 形梁预制隔振垫浮置板道床施工工艺流程如图 5.5-130 所示。

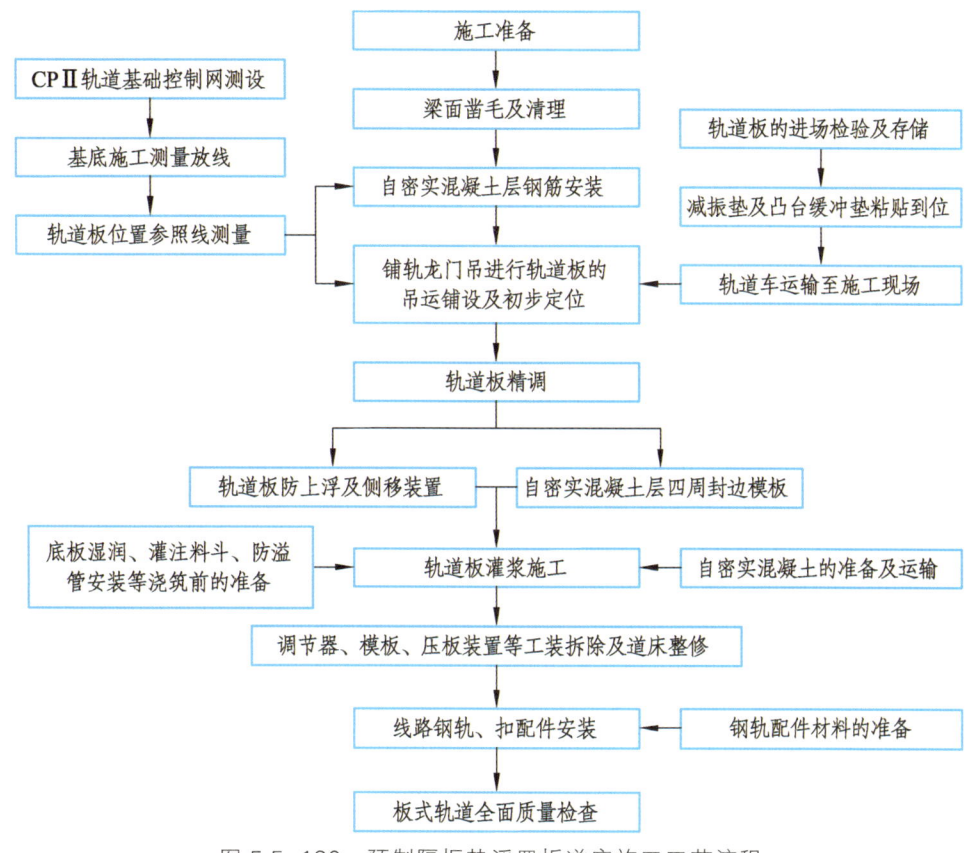

图 5.5-130 预制隔振垫浮置板道床施工工艺流程

U形梁预制隔振垫浮置板道床主要施工步骤包括：

1）预制板和隔振垫复合

工厂制造的预制板设计强度、外观质量和尺寸偏差经检验合格后粘贴橡胶隔振垫（包括限位凸台缓冲垫及浇筑孔缓冲垫），橡胶隔振垫需粘贴牢固且四周不得有缝隙；此外，橡胶隔振垫边缘需采用橡胶密封条密封，防止异物进入橡胶隔振垫与预制板之间的空隙，进而影响橡胶隔振垫的减振性能。粘贴橡胶隔振垫后的预制板如图5.5-131所示。

（a）整体示意图　　（b）红框部分局部放大图

图 5.5-131 粘贴橡胶垫后的预制板

2）基底施工前期准备

土建单位交付作业面后，铺轨单位需要组织专业的测量人员复测土建结构，复测结果满足设计要求后，才可以进行基底施工。

① 预制板初铺放样。

测量人员根据设计单位提供的线路资料测量、计算并在桥梁底板上放样出每块预制板的铺设位置。

② 梁面凿毛。

针对轨道中心线两侧一定范围内的现浇梁表面凿毛，凿除预制梁表面的浮浆；完成后将梁面清理干净，经检查合格后进行下一步工序。

③ 铺架机安装。

铺架机走行轨中心线必须与线路中心线一致，其轨顶标高应高于道床面。走行轨支架和支腿均采用膨胀螺栓和扣板固定。膨胀螺栓应设置在桥面无预应力钢筋处。此外，走行轨必须超前于基底铺设，以便转运建材和垃圾。

④ 基底钢筋的绑扎。

在铺轨基地加工基底钢筋，将加工后的成型钢筋运输至作业面，并在现场绑扎钢筋。

⑤ 采用吊车将预制板吊装上桥，按照测量放样的中线、边线及板缝位置粗铺预制板；粗铺精度应该控制在调节器调节范围内，粗调完毕后采取有效的防水措施。

3）预制板精调

预制板粗铺完成后需要及时使用精调支座调整预制板的安装精度，提高精调支座利用率和预制板精调作业效率，保障施工进度。施工现场采用的精调支座如图 5.5-132 所示。预制板精调完毕后，需要在预制板四周安装封边模板、抗上浮支架，设置排气孔槽，曲线地段还需安装防侧向位移支架。在预制板精调过程中，还应考虑自密实混凝土、钢轨扣件及后期声屏障荷载导致轻质 U 梁下沉对轨面标高的影响，结合仿真分析结果（图 5.5-133）对不同跨度高架 U 梁段轨面进行预拱处理，经现场效果对比发现预拱后轨道线形较预拱前明显更优。

图 5.5-132 轨道板精调器

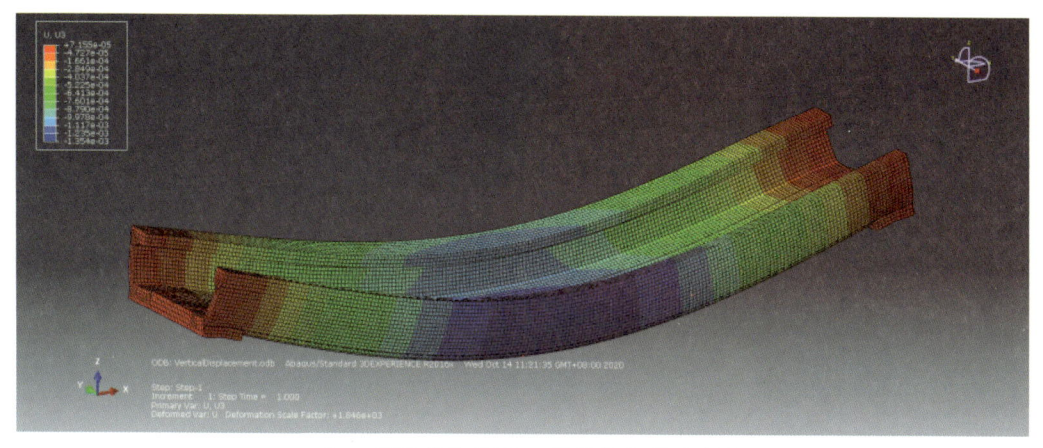

（a）二期恒载作用下U梁沉降变形示意图

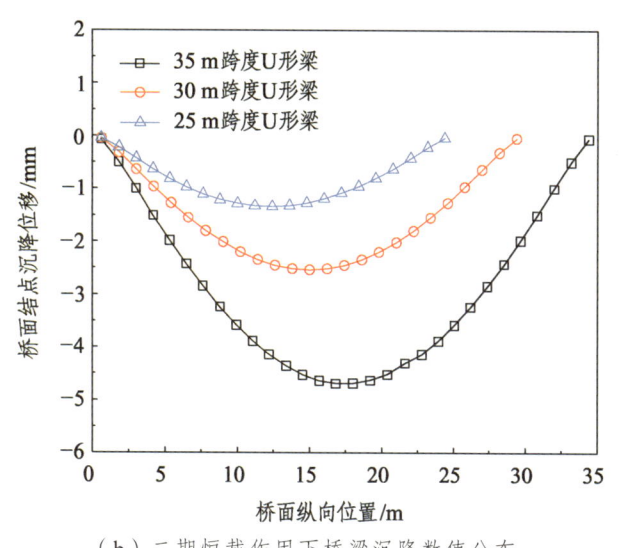

（b）二期恒载作用下桥梁沉降数值分布

图 5.5-133　不同跨度 U 形梁桥在线荷载作用下的桥面沉降变形曲线

4）自密实混凝土浇筑

（1）浇筑自密实混凝土前需要再次检查预制板固定状态，保证调节器无松动、封边装置固定牢靠且密封良好、预制板抗上浮支架调节螺杆无松动。此外，还需要检查自密实混凝土拌合物性能是否满足要求。自密实混凝土从预制板中心孔浇筑。预制板前后凸台孔及模板四角作为浇筑自密实混凝土时的排气孔及观察孔。

（2）浇筑孔周围的预制板板面需要铺设土工布，以防止混凝土污染预制板表面。

（3）自密实混凝土浇筑。

选用具有自转功能的混凝土专用运输车运输自密实混凝土，尽量减少自密实混凝土转载次数和运输时间。浇筑自密实混凝土时，确保漏斗中的混凝土量能够实现单块预制板基底一次性浇筑且漏斗中的自密实混凝土不出现中断和旋涡。从模板四周排气孔排出的自密实混凝土出浆溶度与进浆溶度一致时，应及时封闭排气孔。

自密实混凝土浇筑完成后需要再次检查预制板的几何状态。预制板几何位置变化较大则需要增加压紧装置或防侧移装置，矫正预制板几何位置。预制板几何位置符合要求后，需要及时采用土工布对浇筑完成的基底进行覆盖养护，图 5.5-134 所示为待浇筑的橡胶隔振垫预制板轨道。

图 5.5-134　待浇筑的橡胶隔振垫预制板轨道

5）模板拆除

自密实混凝土浇筑完成，其强度、温度达到一定要求后才可以拆除模板、压板装置及精调爪。拆除模板后，应对混凝土进行必要的养护，并在自密实混凝土达到一定强度后进行下一步工序。

6）钢轨及扣件安装

钢轨、扣件运输至作业面后，安装钢轨、扣件，复核及调整轨道几何尺寸。施工完成后，按照《地下铁道工程施工及验收标准》（GB/T 50299—2018）验收。

5.5.5　地下工程绿色建造技术研究与应用

深圳地铁 6 号线地下工程包括 5 座地下车站及其前后地下区间和 2 座山岭隧道，主要从线路方案研究、区间工法选择、车站规模控制、永临结合、预制装配、预留预埋等方面开展研究，以达到减少工程规模、减少资源消耗、降低环境影响、提高预制装配和提高结构耐久性目的，实现绿色建造。

5.5.5.1　长大山岭隧道综合技术

深圳地铁 6 号线阳台山东站至官田站区间穿越阳台山生态保护区，前后依次下穿广深港客运专线、石清路隧道、次高压燃气管、机荷高速等构筑物。线路平、纵断面设计直接关系工程实施难度、工程造价、生态环境保护、运营维护等问题。

1）线路方案研究

规划方案：阳台山东站至官田站区间隧道总长为 3151 m，线间距为 5.3 m，为单洞双线隧道，其中明挖法隧道长为 430 m，矿山法隧道长约 2597.7 m。设置区间风井一座（长为 27.6 m）、混合所一座（长为 28.6 m），如图 5.5-135 所示。阳台山东站—官田站区间隧道为高丘陵地貌，最大线路纵坡为 27‰，最小纵坡为 3‰。隧道拱顶埋深为 0～145 m。隧道主要穿越地层：填土层、粉质黏土、砾质黏性土、全～微风化花岗岩。隧道穿越一断层，局部岩体破碎，节理发育。隧道上跨广深港客运专线，净距为 6 m，夹土层为微风化花岗岩。线路上跨机荷高速，其区间隧道平面和纵断面图如图 5.5-135、图 5.5-136 所示。

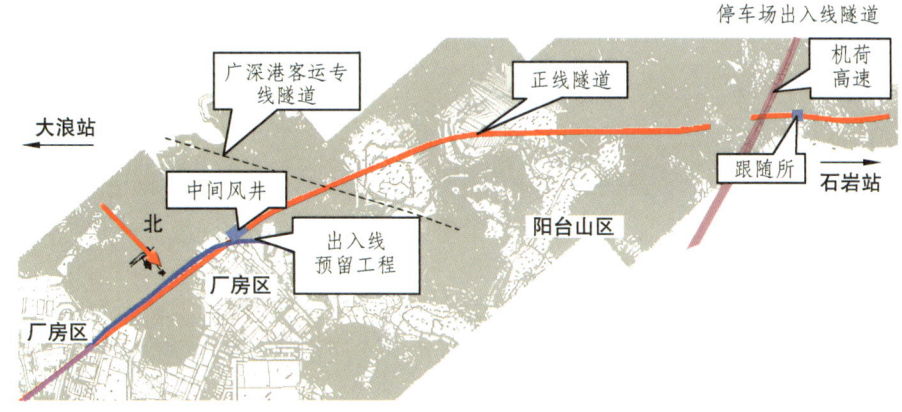

图 5.5-135　区间隧道平面图

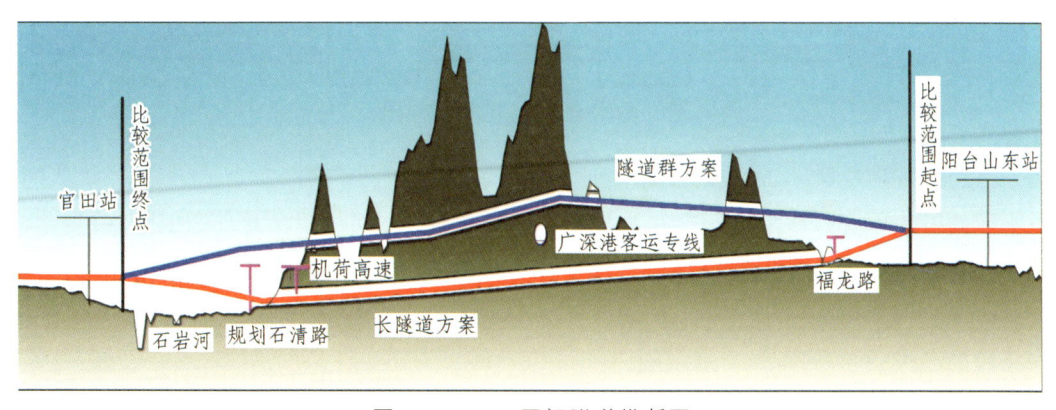

图 5.5-136　区间隧道纵断图

为践行"绿水青山就是金山银山"的理念，本着减少山体开挖体量、尽量避免植被破坏的原则，同时尽可能实现自然通风和排水、减少运行成本，结合平面地形、工程地质条件和水文地质条件对线路平面和纵断面进行综合研究，调整了线路平面纵断面，线路下压，下穿广深港客运专线竖向净距由 6 m 调整至 30 m，部分高架段调整为地下区间。原规划隧道群方案调整为长大 V 形隧道方案，V 形坡最低点位于隧道洞口。优化后较原规划方案减少 8 个隧道洞门，减少洞门削坡伐木约 16000 m²，详见图 5.5-137。

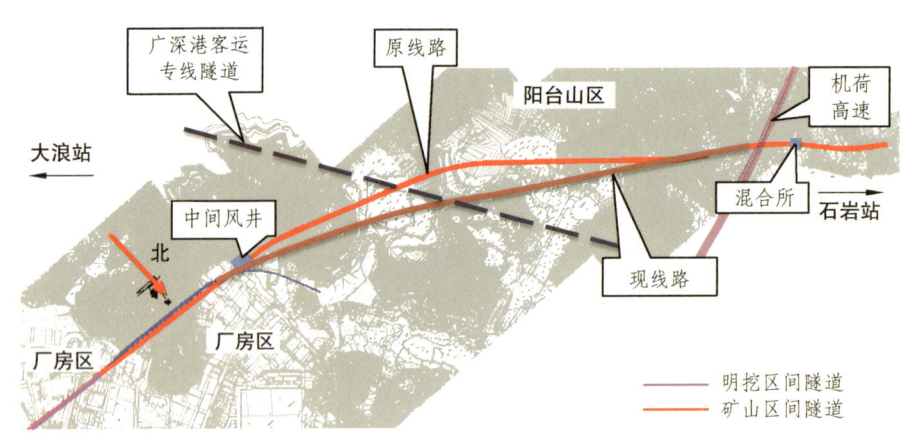

图 5.5-137 大石区间隧道平面、纵断调整图

2）区间隧道工法研究

地铁区间隧道工法有明/盖挖法、矿山法、盾构/TBM 工法等。阳台山东站至官田站区间控制点有广深港客运专线、次高压燃气管线、石清路隧道、机荷高速。隧道主要位于中、微风化花岗岩地层中，结合地质条件、场地条件，确定本区间隧道工法为：小里程段浅埋段采用明挖顺筑法施工，设置 TBM 工法始发井，区间范围内的区间风井和混合所采用明挖顺筑法施工，混合所兼作 TBM 吊出井，混合所至隧道出口采用矿山法施工，如图 5.5-138。

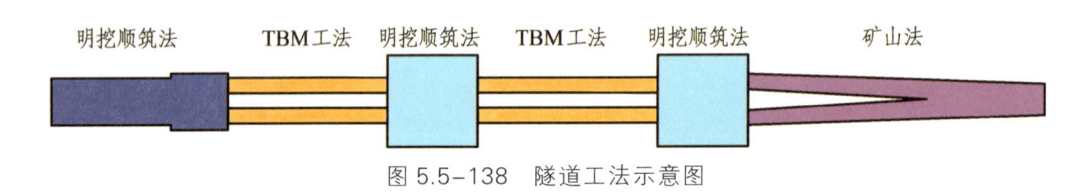

图 5.5-138 隧道工法示意图

3）重难点及创新

本区间隧道下穿广深港客运专线为控制点和重难点，空间位置关系如图 5.5-139 所示。研究重点如下：无扰动下穿广深港客运专线，保证运营线路安全的方案研究；区间隧道施工以及运营阶段不能引起山体地表水下降，影响生态保护区内动植物生存；隧道洞门的景观方案及边坡恢复方案。

（1）TBM 工法研究：为减少对广深港客运专线的影响，深圳首次采用 TBM 工法，对 TBM 工法地质条件要求、始发、接收导洞、TBM 机型设备、管片拼装、管片背后回填等一系列关键技术开展了研究，实现了管片结构的工厂预制、现场拼装，提高了工程质量，节约了工程投资，降低了现场施工的环境影响，体现了低碳建设的理念。

（2）区间防水及堵漏研究：TBM 工法在管片之间设置弹性密封垫防水，按照结构自防水达到二级防水要求，减少隧道渗水至不发生地下水渗漏引起地表水下降，施工期间管片背后空隙回填和渗漏注浆堵漏，均采用对地下水无污染的材料，实现绿色施工。

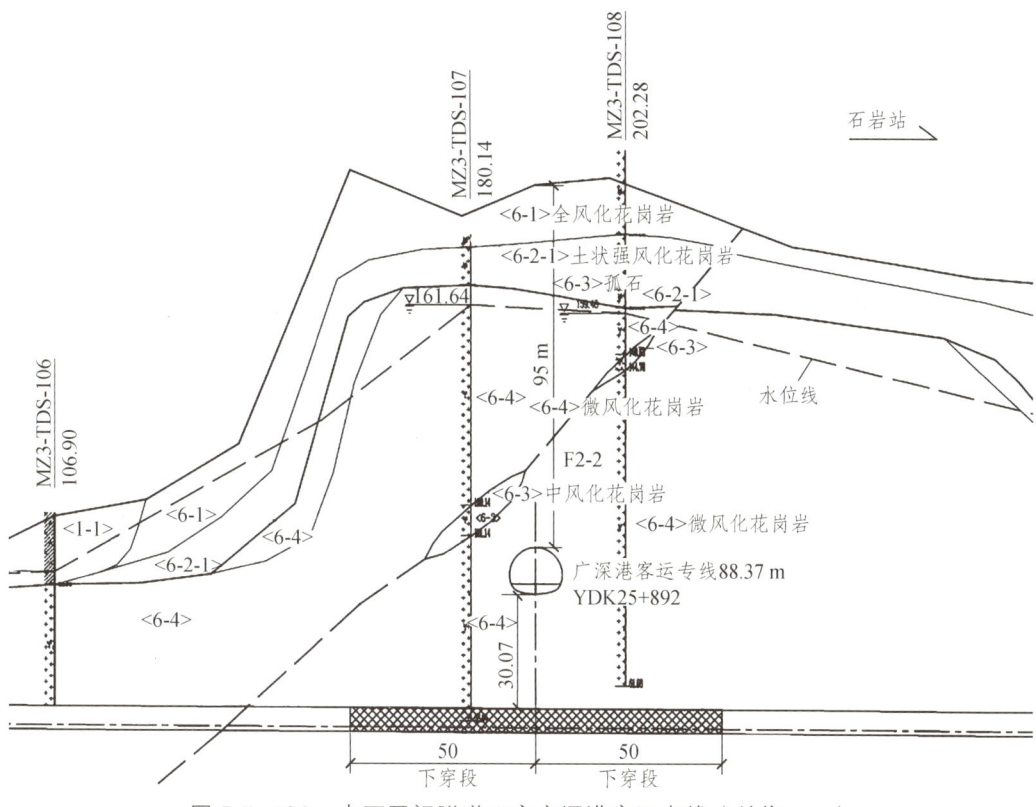

图 5.5-139　大石区间隧道下穿广深港客运专线（单位：m）

（3）隧道洞门研究：阳台山东站、官田站均为高架车站，区间分为高架段、路基段和隧道段三种形式。隧道进、出洞洞门的设置形式，洞门处边坡的生态处理方案，如何实现运营期间防异物入侵，是研究的重点。经研究，阳台山隧道进洞口采取削竹式方案。边坡坡率保持与自然边坡坡度一致，恢复原有类型植被（不做坡面硬化），使工程与自然环境融合，设置通透的防攀爬网，降低视觉影响；隧道出洞口采取直立式挡墙形式，实现隧道与桥梁的连接，采取设置声屏障兼防攀爬网方案。该区间洞门的研究设计，实现边坡支护、绿化恢复、蓄水储水等功能，实现了工程与自然环境的有机融合，如图 5.5-140、图 5.5-141 所示。

图 5.5-140　阳台山隧道进洞口

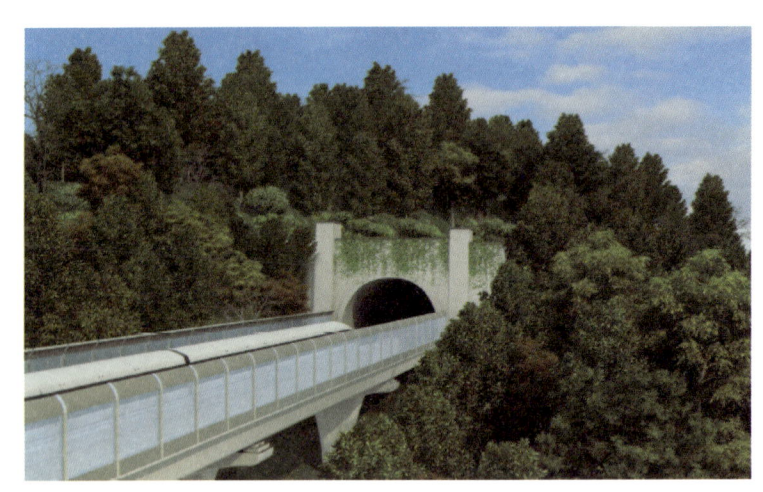

图 5.5-141　阳台山隧道出洞口

5.5.5.2　永临结合综合技术研究

深圳地铁 6 号线工程设置 5 座地下车站和部分明挖地下区间，线路主要沿城市建成区既有道路下方敷设，基本不具备放坡开挖条件。鉴于工程地质和水文地质，周边建（构）物的基础形式、基坑深度等的影响，如何确定围护结构形式，围护结构如何参与永久结构受力形成叠合结构，叠合结构如何实现一级防水等级的标准，需要开展系统性研究。

1）叠合结构与复合结构

叠合结构：永久使用阶段通过凿毛基坑围护结构及通过在其内预留连接筋的方式浇筑内衬墙与围护结构一起形成叠合墙，可以充分发挥围护结构的作用，减少基坑开挖量、大幅减薄侧墙厚度、取消围护结构与主体结构侧墙之间的防水卷材，达到节约工程投资和地下空间资源的目的。叠合结构中围护结构按照永久结构的裂缝宽度要求进行正常使用极限状态验算。

复合结构：围护结构与主体结构之间通过防水卷材分开，两者是独立的、不连接的，围护结构主要发挥基坑开挖时的支护作用；使用阶段内力计算时，考虑土压力作用在围护结构上，水压力作用在主体结构侧墙上。复合结构在地铁应用中相对较多。

2）叠合结构的关键技术研究

关键技术研究重点：围护结构的成槽（孔）的质量控制，能否达到永久结构混凝土的浇筑质量，是否存在露筋、夹泥等质量缺陷；围护结构的裂缝如何控制，基坑开挖期间因支撑架设不及时、钢支撑撑顶作用发挥不到位均会引起围护结构受力、变形较设计发生变化，进而产生裂缝宽度超标、渗漏现象发生；后浇内衬关键技术控制，内衬墙与围护结构通过凿毛、冲洗干净、预埋钢筋扳直锚入以发挥叠合结构作用，存在既有围护结构连接筋约束了内衬墙收缩变形而产生开裂的问题，如何解决需深入研究；叠合结构防水，在围护结构和内衬墙浇筑质量有保证的条件下，可实现结构自防水，当围护结构接缝、本身结构存在质量缺陷时，如何解决结构自防水，值得深入研究。

围护结构成槽（孔）质量控制：叠合结构的围护结构一般采取地下连续墙，连续墙施工关键点为控制成槽垂直度、泥浆配比、成槽时间、钢筋笼的绑扎质量（特别是预留筋）、钢筋笼的下吊定位、混凝土水下浇筑质量等。

叠合墙的质量控制：内衬墙浇筑之前，应完成对地下连续墙内侧保护层凿除、涂刷水泥基界面剂、扳直预留连接钢筋、冲洗界面的工作。为防止内衬墙干缩开裂，经研究确定可采取两种措施：连接钢筋直径采取 8 mm，布置间距为 400 mm×400 mm，以减小围护结构对内衬墙的约束；内衬墙混凝土添加膨胀剂，实现干缩补偿，减少裂缝出现。

结构自防水关键技术：叠合结构不具备侧墙设置防水卷材条件，地下连续墙内侧凿毛后涂刷水泥基渗透结晶防水涂料，堵塞地下连续墙的缝隙，保证第一道防线的自防水功能；内衬墙内掺加水泥基渗透结晶防水剂，可与混凝土发生化学反应，达到混凝土自密性要求。顶板、底板具备防水卷材的敷设条件，采取与复合式相同的防水措施，详见图 5.5-142。

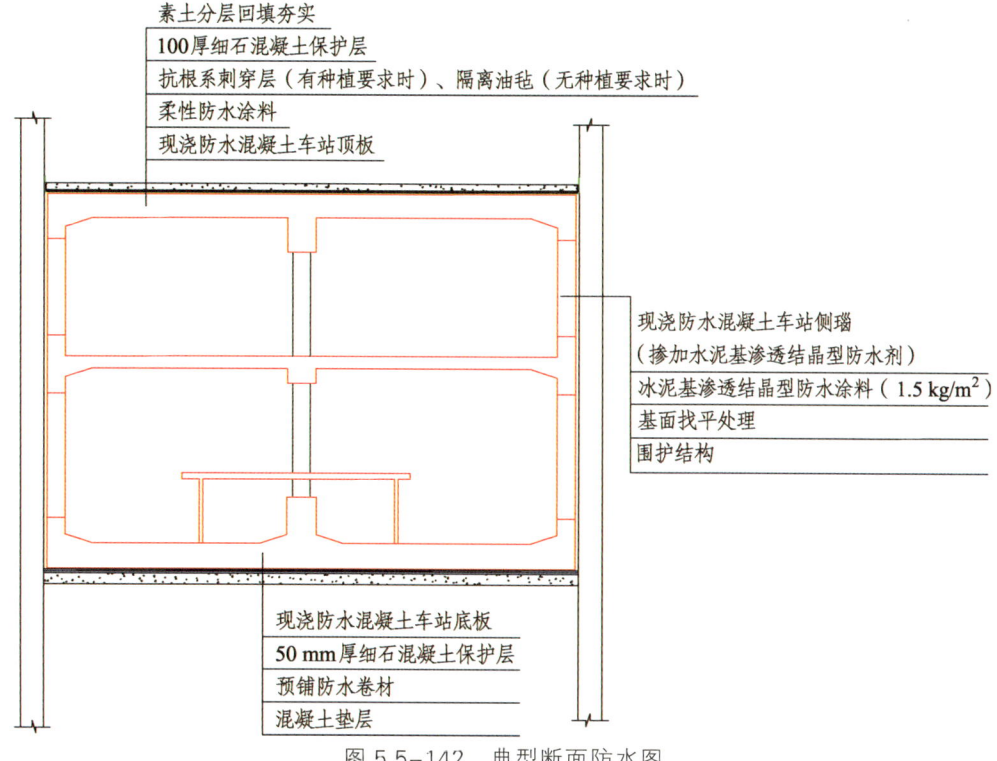

图 5.5-142 典型断面防水图

3）叠合结构的经济效益

对叠合结构与复合结构进行经济性比较，以深圳地铁 6 号线地下两层标准站溪头站为例，基坑宽为 19.5 m，长为 202.3 m，深为 15.8 m，主体结构横断面详见图 5.5-143。复合结构侧墙厚度按 0.8 m 计，叠合结构相对于复合结构土方开挖体积减小约 2600 m³，主体混凝土体积减小 400 m³，合计减少工程直接投资约 100 万元。全线共 5 座地下车站及明挖区间，共计节约投资约 500 万元，经济效益显著。统计数据尚未考虑对地面交通、管线迁改、顶板回填量的影响。节约工程投资，即减少碳排放、节约能源，是一种绿色低碳的结构形式，叠合结构值得推广应用。

5.5.5.3 超宽基坑盖挖逆作关键技术研究

深圳地铁 6 号线公明广场站为侧式站台单层结构，基坑最宽开挖宽度近 56 m，位于松柏路主路正下方。为降低地铁施工对道路交通的影响，经过多轮研究比选，我们最终采取盖挖逆作法且车站主体与车站附属同期实施的方案。

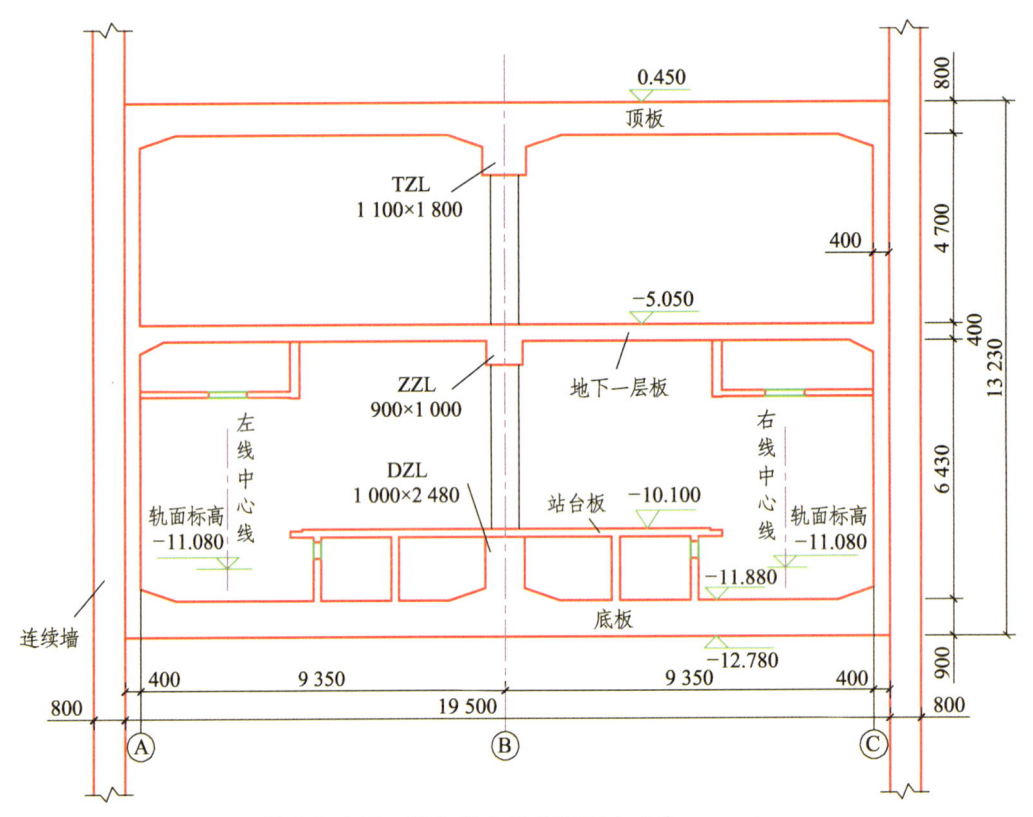

图 5.5-143 溪头站典型横断面（单位：mm）

1）工程概况

公明广场站位于创维路、长春路之间的松白路主路正下方，沿松白路路中东西向布置。车站北侧为三和百货、中泰商场、公明邮政等建筑，南侧为公明汽车站、商务宾馆、聚泉湾精品酒店等。松白路规划红线宽为 90 m，现状道路宽为 90 m，主车道双向 9 车道，辅道单向 2 车道，南侧辅道与主道之间为公明排洪渠（宽约 10 m）。

车站为地下一层侧式站台车站，车站全长为 282.4 m，宽为 32.4~56.4 m，有效站台中心里程处顶板覆土厚度约 3.68 m。车站基坑开挖宽度为：小里程端为 56.4 m，大里程端为 32.4 m。基坑开挖深度为 12.1~13.1 m。公明广场站总平面图详见图 5.5-144。

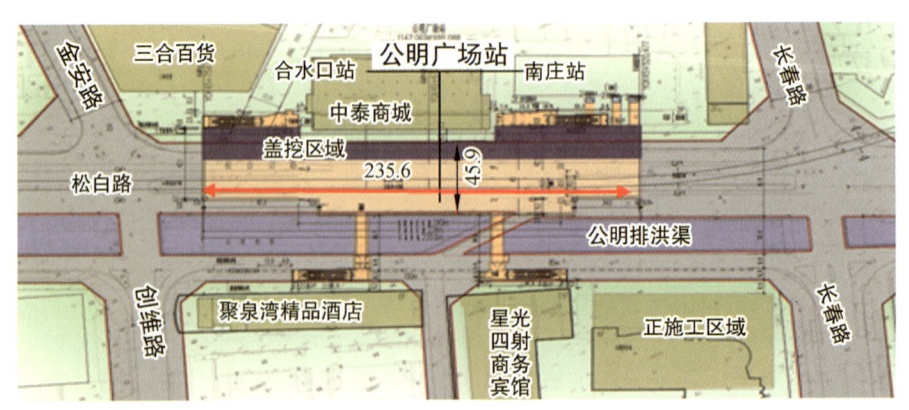

图 5.5-144 公明广场站总平面图（单位：m）

2）方案研究

公明广场站位于松柏路主车道，南侧距离公明排洪渠 4.35 m，北侧距离中泰大厦垂直电梯井 5.3 m，基坑开挖宽度为 32.4~56.4 m，即施工围挡已基本占满了松柏路主干道，交通疏解、支撑体系、施工工法、工程投资是研究的重点。对比铺盖系统下的明挖顺筑工法（图 5.5-145）与盖挖逆作法（图 5.5-146）进行研究。

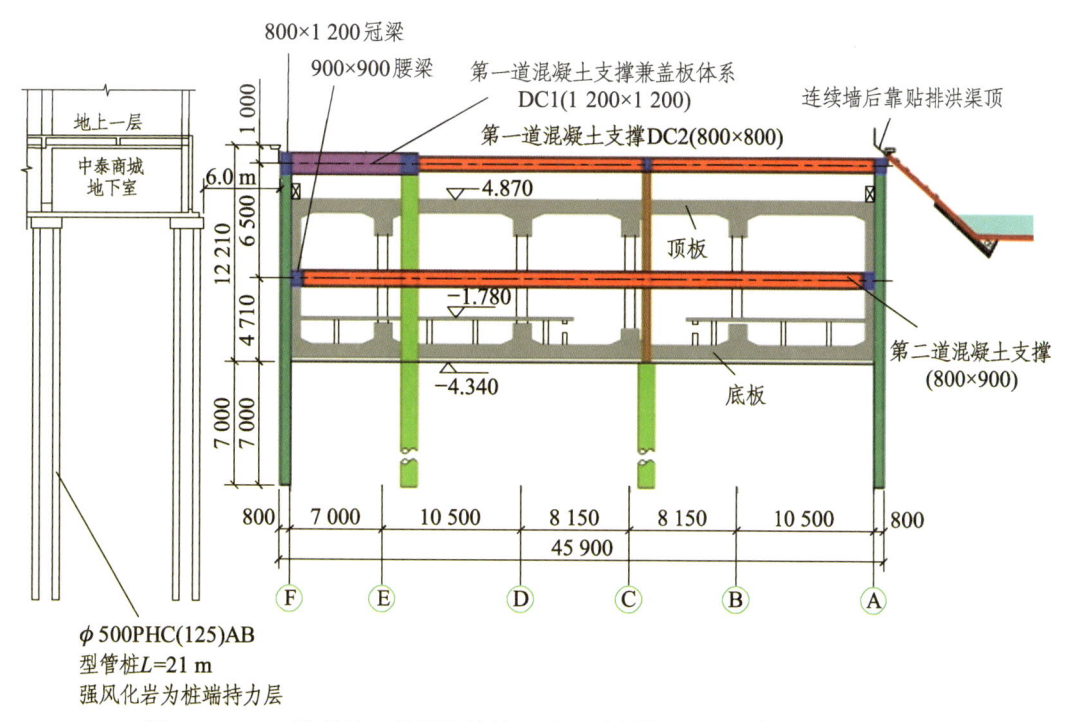

图 5.5-145 铺盖法明挖顺筑法施工（尺寸单位：mm；标高单位：m）

3）关键技术研究

盖挖逆作法对解决城市主干道下方宽大基坑开挖具有突出优势，可以充分利用结构板作为水平支撑体系。盖挖逆作法车站研究的体系为：竖向支撑体系、水平支撑体系、钢管柱定位、竖向支撑体系差异沉降、钢管柱与结构梁细部处理、各层板模板系统和防水体系等。

竖向支撑体系研究：盖挖逆作竖向支撑体系由围护结构、钢立柱及其桩基础构成，围护结构设计考虑基坑开挖期间其背后水土压力的作用，其嵌固深度由基坑工程整体稳定性、抗渗流稳定性和基坑隆起验算综合确定，结合竖向荷载作用校核围护结构嵌固深度。在深圳一般地层条件下，连续墙参照摩擦桩计算。钢管柱及桩基竖向轴力较大，为集中力形式，为减少差异沉降，桩基有条件按嵌岩桩设计。基桩桩径选择，在结合钢管柱受力构件尺寸的基础上，考虑桩基钢筋笼及吊装空间误差确定。

水平支撑体系研究：水平支撑体系可由结构水平板兼作，如本工程顶板。顶板结构通过连续墙预留错台或者钢筋接驳器连接，形成刚性水平支撑体系，控制围护结构水平位移。水平支撑体系，同时需考虑结构板设置出土孔、材料运输孔的影响，合理进行布局。基坑围护结构设计，应充分考虑水平支撑体系的施工开挖影响。

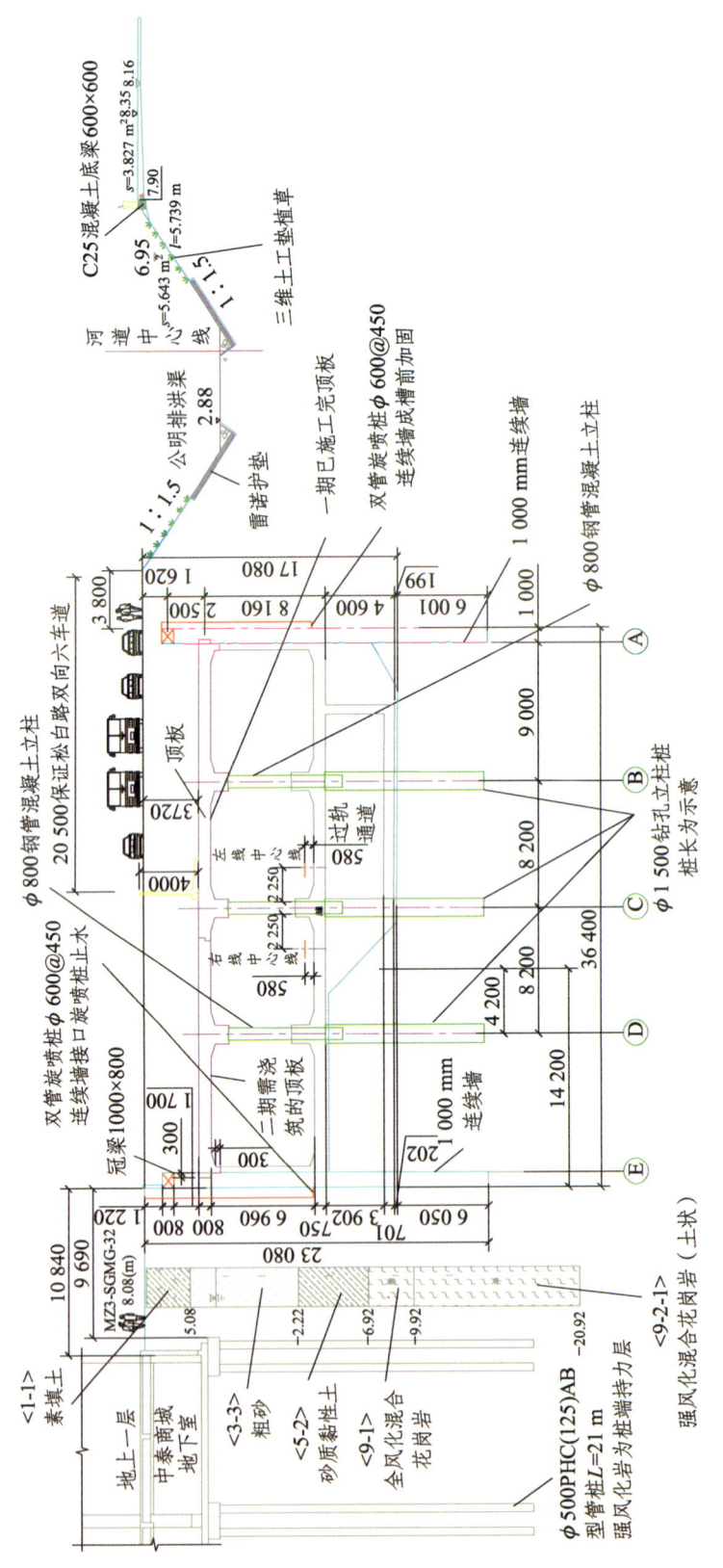

图 5.5-146 盖挖逆作施工（尺寸单位：mm；标高单位：m）

结构板模板系统研究：水平结构板的模板工程可考虑矮支架法和地模法。

（1）矮支架法：基坑开挖至结构板底下 2 m，搭设支架系统，如同明挖法施工绑扎钢筋、浇筑混凝土；要考虑充分利用地基稳定性和承载力，即在下方打设 20 cm 垫层后，铺设竹胶板作为结构板的模板基础工程。为了便于竹胶板的脱模，竹胶板可涂刷脱模剂，保证混凝土浇筑的表观。

（2）地模法：可解决矮支架超挖对围护结构的影响，同时可充分利用原始地基，更有利于投资控制。

钢管柱连接细部研究：内容包括钢管柱与桩基、钢管柱与结构顶板、中板、底板的连接细部措施。目前，国内上述节点处理的措施不尽相同，如设置混凝土环梁、设置钢环梁、设置钢牛腿等。深圳地铁 6 号线采用设置钢牛腿，钢筋与钢牛腿焊接连接，可实现钢筋的正常连接和结构梁板的正常设置。

4）绿色低碳效益

公明广场站采用盖挖逆作法施工，实现了结构柱的工厂预加工、现场定位、吊装安装，减少了现浇混凝土的使用，节约了碳排放，解决了宽大基坑支撑体系的单独设置，节省了混凝土支撑和钢支撑的使用，节约了资源标，解决了城市主干道的倒边施工和道路疏解问题，减少了碳排放和改善施工环境，降低了城市粉尘、噪声的影响。

5.5.5.4 绿色建造技术研究成果及创新

（1）通过长隧道方案优化较建设规划隧道群可整体下压线路标高使隧道位于中、微风化花岗岩地层中，更利于发挥双护盾 TBM 掘进的优势，实现高效机械施工——减少工人数量，提高工程质量，减少山岭隧道洞门数量，大大降低隧道施工对环境的破坏和影响，降低运营期山体滑坡、山洪暴发、地震等自然灾害对运营的影响，提高地铁运营安全和减少后期运营维护工作量。

（2）研究采用车站叠合结构，通过充分利用围护结构，实现围护结构的永临结合设计，可以减少基坑开挖、减少路面占道和管线迁改工程量、节约主体结构钢筋混凝土工程量，具有低碳节能减排的良好推广价值；取消结构侧墙范围内的防水卷材设置，通过添加水泥基结晶材料提高混凝土浇筑质量，实现结构自防水的设计目的，可解决防水卷材的耐久性与混凝土耐久性不一致的问题。

（3）车站围护结构成槽（孔）的质量控制、混凝土浇筑质量控制是重要环节，这方面的深入研究可以提高混凝土的浇筑质量，提升混凝土自身耐久性；对车站宽大基坑采用盖挖逆作法施工，可有效解决占道时间长、支撑难以架设、废弃工程量大、道路反复倒边、管线多次迁改等难题，是值得推广的施工工法；对盖挖逆作法中钢立柱的精准定位、垂直度控制、梁柱节点有效便捷连接、主体结构板、墙浇筑质量控制等关键技术的研究，解决了盖挖逆作法的质量难以控制的难题，具有良好的工程借鉴意义。

5.6 智慧地铁的技术应用与实践

5.6.1 现代信息技术和城市轨道交通创新智慧运维水平研究情况

5.6.1.1 智慧运维总述

深圳地铁 6 号线智慧运维充分利用线路云平台和大数据平台体系，紧密结合深圳地铁"控员、降本、增效"的发展目标，全面推动科技创新变革，全面提升运营业务流程和业务模式再造，全面提高运营经济和社会效益，助力智慧城市建设。

1）深圳地铁智慧运维发展历程

深圳地铁早期的智慧化运维水平较低，管理操作方式较简单，运维管理主要以人工定期巡检和定期抄表为主。从二期工程建设开始，随着全线综合监控系统、变风量温度闭环控制技术等的不断使用，智慧化运维管理水平也不断加强。到了三期工程建设时，深圳地铁采用了全集成于综合监控的能源管理方案，实现了对全线能耗的计量、分析、统计、查询，极大地提高了智慧运维水平。

2）运维管理现状

经调研，深圳地铁运维管理主要有以下几点不足：
（1）运营人员青黄不接，线路增加速度大于人员技能增加速度。
（2）人工巡视效率低、成本高。
（3）系统分散、独立，没有统一的运管一体化平台。
（4）人工卡控流程，风险控制程度低。
（5）缺乏设备趋势预测、被动运维。

3）智慧运维发展目标

（1）控员。

全面减少人工参与，以报表系统的形式替代人工巡检；以数据自动采集、分析替代人工手动分析；作业情况由智能分析代替人工分析；由全天值守变更为区域值守。

（2）降本。

通过数据挖掘应用，建立健康管理模式，推动计划修向状态修转变，使设备检修周期及使用寿命得以延长，降低成本；搭建终端管理平台，实现终端实时监测预警及大数据统计分析功能，以智能预警分析代替人工调取录像分析，减少人工成本投入。

（3）增效。

全面完善检修精细化、智能化、信息化、数字化管理；建立设备全生命周期管理模式，全面加强安全监控力度，通过应急处置处理支援功能，提升乘务应急响应效率，减轻事情影响及可能造成的次生危害。

5.6.1.2 智慧运维方案及架构

1）智能配电

通过智能配电技术，采集配电系统数据统计、故障预警信息、触头磨损比例计算、断路器温度等的关键运行数据，建立设备健康度模型，实现故障提前预警、快速预警。

2）站台门故障诊断

对站台门系统的关键开关门信号、关闭锁紧信号进行监测，故障时能准确定位故障门单元，实现精准定位、快速处理故障。

3）高效机房

在现有控制技术基础上，增加控制补偿技术、自动控制技术等措施，实现控制一体化、管网监控智能化、终端用户信息化，最终实现系统能耗比提升，降低运营成本。

4）能耗管理

在已有能耗管理统计分析系统的基础上，根据负荷规律和大数据分析，优化系统控制策略，降低能耗，提高乘客舒适度。

5）设备全生命周期管理

通过 3D 可视化系统设备实现可视化管理、设备监控调度管理、故障分析管理、辅助深度分析管理、趋势分析管理、设备履历信息等全生命周期业务管理。

6）视频分析管理

通过视频分析技术，实时掌握车站内人群数量、人群状态，通过视频数据实时量化分析，实现车站态势监控、自动巡检、告警提醒等，提前预防和控制车站运营管控风险。

7）智慧应急预案

模拟隧道及车站灾害及阻塞工况，为车站值班人员提供乘客疏散、火灾救援路线规划、救援设备开启方式等供运营人员参考。

8）智慧客服

通过乘客自助终端、咨询终端、在线智能客服等实时发布车站信息、综合告知及乘客导向，减少车站客服人员数量及客服工作量。

5.6.1.3　结论

未来，随着企业数字化转型的逐步深入和企业改革的推进，以先进技术推动变更、推动运营业务流程再造和业务模式升级，运营将由"人员密集结构"转向"科技密集结构"，全面提高运营经济和社会效益，以愿景驱动、以用户主导、以生态合作，打造具有深圳特色的智慧车站和智慧运维创新成果。

5.6.2　云技术研究与应用

5.6.2.1　云技术总述

深圳地铁 6 号线采用基于多生产业务系统的云平台技术：它打破综合监控系统、乘客信息系统、安防系统、车场智能化系统传统架构，实现了生产业务系统的分布式集群与扁平化部署，实现了中心、车站数据及服务的统一，简化了数据业务处理流程，提升了系统的安全性及稳定性，有效降低了系统的资源占用,实现了运维集中化管理,提升了运维效率,如图 5.6-1 所示。

图 5.6-1　6 号线云平台数据中心

5.6.2.2　云平台方案架构

1)系统构成

6 号线云平台总体系统构成如图 5.6-2 所示,主要由 NOCC 主数据中心、长圳车辆段备数据中心、骨干传输网络、车站、大数据分析平台、展示系统、仿真测试与培训系统以及配套辅助设施等构成。

(1) NOCC 主数据中心。

在 NOCC 主数据中心部署统一的云平台,承载 ISCS、PIS、CCTV、ACS 以及运维管理等业务。根据各业务系统融合承载独立运维的原则,在主数据中心划分不同业务分区,实现精细化安全管控与敏捷化运维管理。部署业务云桌面系统,为 NOCC 调度员、车站调度员、站长和值班员提供云桌面服务。

5.6 智慧地铁的技术应用与实践

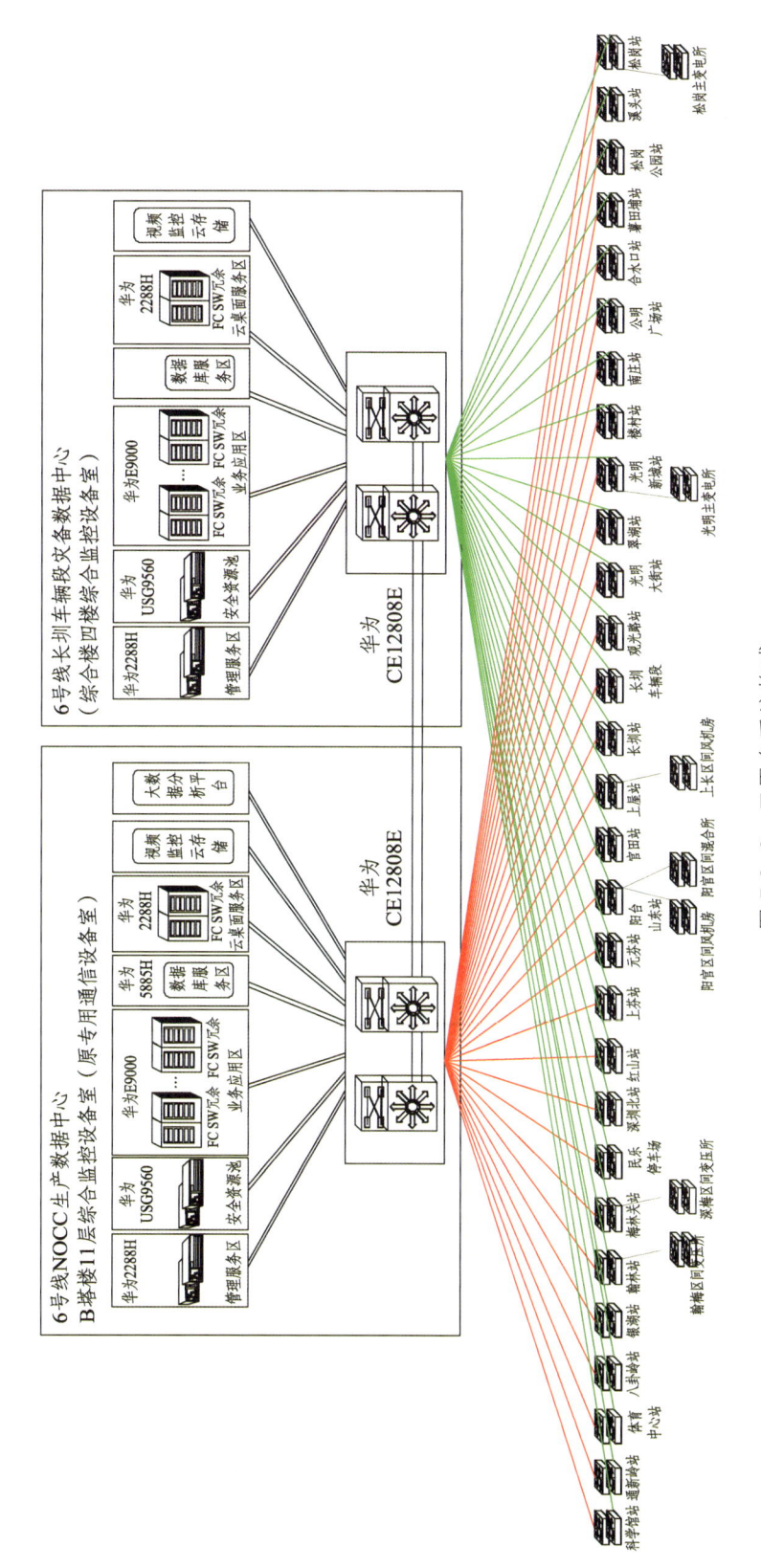

图 5.6-2 云平台系统构成

主数据中心主要承载 6 号线的线路业务应用系统和线路视频存储业务。数据中心采用云计算模式进行建设，数据中心主要采用服务器虚拟化、桌面虚拟化、网络虚拟化、存储虚拟化、云安全和云计算管理技术构建易于管理、动态高效、灵活扩展、稳定可靠、按需使用的云计算模式的数据中心。

（2）长圳车辆段备数据中心。

为保证业务高可靠，在车辆段部署容灾中心，实现综合监控系统业务级容灾以及其他 PIS、CCTV、ACS 等数据级容灾。

同时，为实现安全、便捷办公，在车辆段部署桌面云平台，为地铁全线办公人员提供云桌面服务。

此外，备中心也参照主中心，通过分层分域设计，实现车场智能化各业务系统融合承载、独立运维的目标。

（3）骨干传输网络。

通信系统全线设置一套增强型 MSTP 网络，实现轨道交通全部业务的综合承载，作为覆盖全线的二层传输网络。而为保证骨干网可靠性，同时兼顾系统带宽利用率，6 号线的骨干传输组网采用双环相交结构，两环相交于 NOCC 控制中心和车辆段两个节点。

（4）车站。

车站是业务数据的主要来源，因此数据接入、数据转发安全尤为重要。方案通过采用汇聚交换机、防火墙虚拟化功能，实现各业务物理上融合承载，逻辑上安全隔离。同时采用安全准入策略，实现终端安全接入。

车站设置一台备用服务器纳入云平台统一管理，在 NOCC 和车辆段及骨干网络故障时降级使用时满足车站本地自动控制要求，承载综合监控 ISCS、综合安防（含 CCTV 和 ACS 等）、PIS 等业务。

其主要设备包括：冗余的交换机、系统安全策略设备、云桌面、接入交换机。车站组网拓扑图如图 5.6-3 所示。

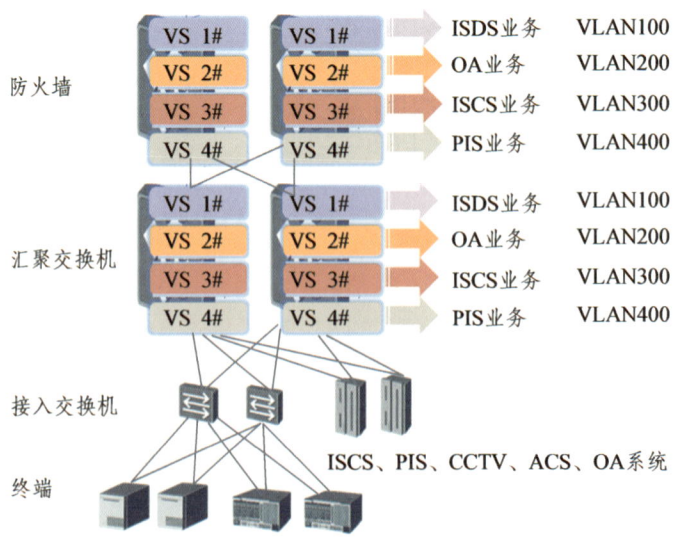

图 5.6-3　车站组网拓扑图

（5）大数据分析平台。

数据分析平台采用双平面组网，网络划分为 2 个平面，即业务平面和管理平面，两个平面之间采用物理隔离的方式进行部署，保证业务、管理各自网络的安全性，如图 5.6-4 所示。

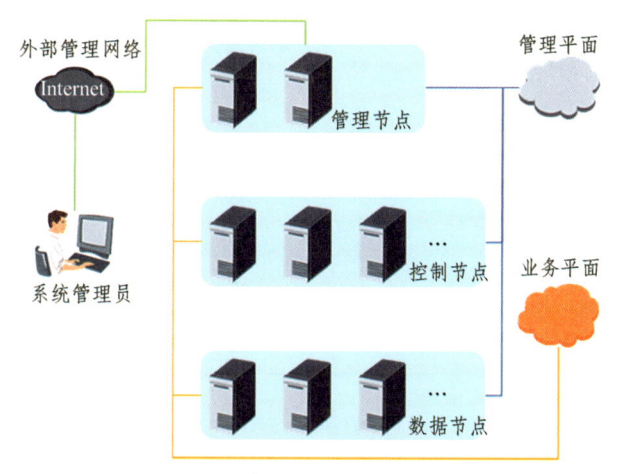

图 5.6-4　大数据分析平台构成图

管理平面通过管理网络接入，主要用于集群管理，对外提供集群监控、配置、审计、用户管理等服务。

业务平面通过业务平台接入，主要为用户或上层用户提供业务通道，对外提供数据存储、业务提交和计算的功能。

（6）展示系统。

在控制中心 6 号线网管机房设置大屏幕系统，实现云平台数据分析功能及运营可视化交互系统展示、云平台管理界面及功能展示、机房动力环境监测界面及功能展示等。

（7）仿真测试与培训系统。

在车辆段部署仿真测试与培训系统，使学员处于模拟仿真的系统操作环境，对学员进行培训操作，包括云计算平台仿真操作和各业务系统（包括 ISCS、PIS、CCTV、ACS）仿真操作；并可对云平台的全部系统软件及承载的各业务系统应用软件的功能进行测试，满足系统的软件安装测试及与各相关系统连接的接口测试的要求。

2）践行节能高效的绿色 IT 发展道路

在传统的弱电系统架构下，各站点各系统均需独立设置服务器，使得现场 CPU 使用率低，且因为容错机制的需求采用 1+1 备份方式，导致传统架构下 CPU 资源的严重浪费。

采用云架构可以充分提高系统硬件资源的利用率，节省耗电成本和空间成本，降低工程总体造价。云平台与传统线路各系统 IT 设备对比如下：

采用云平台方案前，每个车站综合监控系统设置 3 套机柜、2 台服务器、2 台工作站，安防系统设置 4 套机柜、3 台服务器、4 台工作站，乘客信息系统设置 3 套机柜、1 台服务器、1 台工作站。

采用云平台方案后，每个车站综合监控系统设置 3 套机柜、1 台服务器（该服务器为车站级灾备/节点服务器）、0 台工作站，安防系统设置 1 套机柜、0 台服务器、0 台工作站，乘客信息系统设置 3 套机柜、0 台服务器、0 台工作站。

采用云平台前后各设备数量的对比见表 5.6-1。

表 5.6-1　采用云平台前后各设备数量的对比（每站）

序号	系统	采用云平台前数量/台（套）			采用云平台后数量/台（套）		
		机柜	服务器	工作站	机柜	服务器	工作站
1	综合监控系统	3	2	2	3	1	0
2	安防系统	4	3	4	1	0	0
3	乘客信息系统	3	1	1	3	0	0
4	合计	10	6	7	7	1	0

由表可以看出，采用云平台后平均每站的弱电系统减少 3 套设备机柜、5 台服务器及 7 台工作站。

此外采用云平台方案后，弱电各系统的设备充分融合资源，使得设备及机柜数量进一步减少，每站弱电设备房的面积由 130 m² 直接减少至 70 m²，面积节约超过 60 m²。

由此可见，设备的整合和优化不仅能减少设备房的面积、提升地下空间的使用率、降低工程建设开发成本，还节约了气体灭火设施的配置，充分体现了云技术的先进性和经济性。仅此一项技术革命，6 号线 15 座高架站共节约土建投资 720 万元，5 座地下站节约土建投资 400 万元，车站节约气体灭火系统投资约 220 万元。体量的减少，可以同步节约地下管线迁改、地面交通疏解工程量，并减小因为基坑开挖对周边近距离建构筑物的影响，值得在国内轨道交通建设领域大力推广。

5.6.2.3　系统云化成果意义

以智能化云平台推进绿色智能化、节约能源、降低资源消耗和浪费、减少污染，是地铁智能化发展的方向和目标，也是绿色地铁发展的必由之路。该系统的应用旨在通过减少服务器、工作站、交换机等 IT 设备，达到 IT 设备的资源共享、节约投资、降低能耗的目的，在提高管理效率、降低能耗运行费用的同时，实现可持续发展。

5.6.3　智慧车场系统研究与应用

5.6.3.1　智慧车场系统总述

智慧车场的智能化集成系统主要为长圳车辆段的物业控制室提供智能化应用服务。智能化集成系统完全由 6 号线云计算平台承载，完全支持智能化集成数据整合平台技术架构，结合计算机技术、网络技术、通信技术、自动控制技术，对车场内所有相关设备进行全面有效的监控和管理，丰富建筑的综合使用功能和提高物业管理的效率，确保车场各单体建筑内所有相关设备处于高效、节能、最佳运行状态，从而为工作人员提供一个安全、舒适、便捷、高效的工作环境。

智能化系统应遵循"将不同功能的智能化子系统,通过统一的信息平台实现集成,以形成具有信息汇集、资源共享及优化管理等综合功能的系统"的总体设计原则,采用分布式集成模式,即三层集成模式——设备层系统集成、监控层系统集成、应用(信息)层系统集成。采用的软件互联通信协议应是国际标准接口协议(如 OPC、OBDC、BACnet、TCP/IP 等)。数据体系完全支持智能化集成数据整合平台技术架构。

5.6.3.2 系统构成

智能化集成系统是基于监控总线、控制器和弱电子系统接口基础上的集成,主要完成各个弱电子系统之间的联动,满足段场的安全保障、设备监控和四周环境等相关的实时分布控制及服务,包括子系统之间接口的协议转换及联动功能的设计、大楼实际应用功能设计和监控中心的建设,如图 5.6-5 所示。

智能化集成系统集楼宇自动化系统、火灾自动报警系统、广播系统、停车场管理系统、视频监控系统、门禁系统、入侵防盗报警系统、综合信息网络及综合布线系统、车场资讯及有线电视系统、供电及 UPS 不间断电源系统为一体。

1)楼宇自动化系统

楼宇自动化系统(BAS)包括:车辆段楼宇自动化系统、公寓楼楼宇自动化系统。

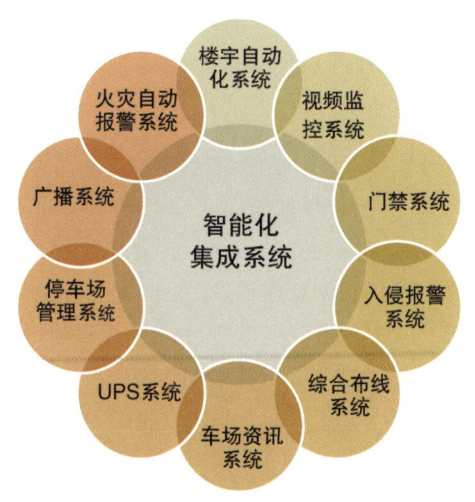

图 5.6-5 智能化集成系统构成

车辆段车场智能化系统实现对各种生产车库及车场的照明、通风、空调、电梯、给排水、用能的集中监控管理。

公寓楼楼宇智能化系统实现对多联机空调、电梯、水泵的集中监控。

车辆段楼宇自动化系统、公寓楼楼宇自动化系统纳入智能化集成管理系统,通过智能化集成管理系统实现场段的自动化物业管理。

2)火灾自动报警系统

火灾自动报警(FAS)是探测火灾早期特征、发出火灾报警信号,并联动控制消防设备,对车场防火救灾工作进行自动化管理的系统。火灾自动报警系统包括车辆段火灾自动报警系统、公寓楼火灾自动报警系统。

FAS 系统包括火灾自动报警系统、消防联动控制系统、可燃气体探测报警系统、电气火灾探测系统、气体灭火系统、消防电源监控系统、防火门监控系统。

FAS 系统在车辆段综合楼、运用库边跨设置消防控制室，在公寓楼设置消防控制室，在各生产车库不设专门的消防值班室，其消防值班室与库内 24 h 有人值班的值班室合设。

FAS 系统消防联动控制范围包括对自动喷水灭火系统、消火栓系统、气体灭火系统、防烟排烟系统、防火门及防火卷帘系统、电梯、火灾警报、消防应急广播系统、消防应急照明和疏散指示系统的联动控制。

3）广播系统

背景音乐及广播系统包括：车辆段背景音乐及广播系统、公寓楼背景音乐及广播系统。

（1）车辆段检修库与运用库广播系统覆盖范围包括运用库和停车列检库边跨设备、管理用房、咽喉区，停车场检修库广播系统覆盖范围包括停车列检库及边跨设备、管理用房；分别按两个广播分区设计，即办公区、检修库。

（2）车辆段检修库公共广播系统、车辆段检修库广播系统要求兼顾背景音乐和紧急广播系统，平时能为库区提供轻松的背景音乐或寻呼广播，发生火灾时能为库区提供自动或人工的紧急疏散广播。

（3）公寓楼设置广播系统，平时为公寓楼提供轻松的背景音乐（餐厅）或寻呼广播，发生火灾时为库区提供自动或人工的紧急疏散广播。

4）停车场管理系统修改

车辆段地面设置两个出入口。本停车场管理子系统在停车场两个出入口通道处采用一进一出系统。在车辆段综合楼内地下汽车停车场出入口处设置一套地下车库空余车位显示设备，在车辆段两个入口处适宜位置各设置一套地下车库空余车位显示设备。

停车场管理系统采用车牌识别和 IC 卡技术。车牌识别采用高清车牌识别摄像机，集抓拍、识别于一身，集成 LED 补光灯、自动调节亮度等功能，保证在夜晚或雨雪等情况下的抓拍识别准确率。IC 卡操作时采用双向验证机制和多重加密技术，唯一识别，无法伪造仿制，而且只有该系统发行认可的通行卡才能识别认可，系统设备读写装置必须同时支持 ISO/IEC 定义的 Type A 和 Type B 两种数据传输方式，并能够兼容处理 SONY 公司与飞利浦公司 IC 卡。预留微信、支付宝等多种支付手段的接口条件。

5）综合布线系统

综合布线系统作为场、段生产生活基础建设的一部分，应充分考虑其可扩充性。在系统使用期间，网络、终端、信息点位等适当变换时，系统仍能正常运行。

建成后的综合布线系统将担负大量的图文信息的传输工作，能否始终保证各系统的正常运转至关重要，作为支撑信息网络系统正常运行的综合布线系统在设计时应着重强调其容错性能和抗灾害性能。要求任何一个信息点均可提供高速数据及语音的应用，并可以进行互相间的切换使用。

根据维护及管理的需要，综合布线系统的各项图纸、测试报告及相关文档应齐备可查，为今后大楼安全、经济地运行打下基础。

6）车场资讯系统

本工程的车场资讯系统能够通过后台将自办节目及有线电视节目传送至车场宿舍楼电梯厅、区域，能够为运营服务，播放运营信息（如文字通告、内部宣传片等），同时需播放重大电视新闻时可通过后台切换至有线电视节目统一播放。

本系统可以从室外有线电视网引入有线电视信号，并采用独立前端系统模式通过860M邻频传输，以分配分支的形式向宿舍楼及员工食堂等处提供有线电视信号，系统具备有线电视信号的接收、传输和分配功能。

7）UPS不间断电源系统

车场智能化系统采用综合UPS供电方式，为车辆段/停车场内备数据中心、云网络、综合监控系统、视频监控系统、门禁系统、楼宇自动化、火灾自动报警、背景音乐及广播等系统提供24 h不间断电源。

8）门禁系统

门禁系统实现对车辆段、停车场内重要设备、管理用房的出入自动登记、控制功能。与深圳地铁线网级门禁系统联网，可实现门禁设备的本地控制和NOCC的远程控制功能。门禁卡采用地铁公司员工卡，在NOCC门禁发卡工作站、车场门禁系统发卡工作站做统一授权。

9）入侵监测系统

入侵探测子系统采用无围栏的激光入侵探测设备实现对车辆段、停车场周界的入侵探测和防护功能。在出入段线与正线分界的隧道出入口设置激光光幕设备。当激光入侵探测设备检测到并确认非法入侵事件发生时，在车辆段、停车场值班室的综合安保系统监控管理终端发出声、光报警信号，并在监控管理终端上以电子地图方式显示入侵位置，同时闭路电视监控系统自动弹出相应的监控画面进行摄像、存储和确认。

10）视频监控系统

车辆段运营视频监控系统前端摄像机、视频传输和图像显示采用全数字方式，图像存储和远程调用显示、回放、检索等采用数字式方式。采用网络数字高清摄像机，视频信息通过双绞线、光端机等设备接入本区域存储，通过解码设备输出至大屏幕/监视墙，构成段内视频监控系统。

5.6.3.3 系统特点

车场智能化集成系统通过对6号线长圳车辆段的多学科、跨行业、多技术的系统综合与优化，将计算机技术、通信技术、信息技术、控制技术与被集成对象有机结合，在全面满足功能需求的基础上，集各种优秀产品与技术之长，追求最合理的投资和最大的灵活性，以取得长期最大限度地满足经济、管理与环境效益的总目标。

随着信息技术的高速发展，智能系统的集成已成为信息技术的领头军，通过对6号线车辆段设备的自动监测与优化控制，对信息资源的优化管理，对使用者的信息服务，适合信息社会的需要，并具有安全、舒适、高效和灵活的特点。

车场智能化系统具体特点如下：

1）集中管理

可对各子系统进行集中统一式监视和管理，将各集成子系统的信息统一存储、显示和管理在同一平台上，并为其他信息系统提供数据访问接口。重点是要准确、全面地反映各子系统的运行状态，并能提供建筑物关键场所的各子系统综合运行报告。

2）分散控制

各子系统进行分散式控制，保持各子系统的相对独立性，以分离故障、分散风险、便于管理。

3）系统联动

与各子系统之间，实现监测信息的通信，以各集成子系统的状态参数为基础，实现各子系统之间的相关软件联动。

4）优化运行

在各集成子系统的良好运行基础之上，提供设备节能控制、节假日设定等功能。

5）信息共享

系统具有实现与通信管理系统及深圳地铁一期工程车辆段办公自动化系统之间通信的能力，实现各系统数据库的共享，充分发挥各子系统的功能。系统通过对各子系统运行情况进行综合，了解各系统运行状态，及时发现并解决各种设备故障和突发事件，大大提高管理和服务效率。信息主要包括管理信息和联动信息。

6）跨子系统联动

系统能实现跨子系统的联动，提高车辆段的功能水平。弱电系统实现集成后，原本各自独立的子系统在集成平台上，就如同一个系统一样，无论信息点和控制点是否在一个子系统内都可以建立联动关系。

7）易于升级

系统采用先进的组网结构，充分考虑高新技术的发展，为今后的升级和发展提供基础保证。

8）提供管理平台

系统能为大楼的现代化管理提供良好的硬件与软件环境。

9）减少能源消耗

系统的投入使用能提高资源使用效率。

5.6.3.4 实施效果

车场智能化集成系统基于 6 号线云平台强大的数据处理和挖掘能力，运用标准化、模块化以及系列化的开放性设计，以中央管理层、部门监控层和现场信息采集与控制层组成的结构模式，通过系统一体化的公共高速通信网络，运行和操作在统一的人机界面环境下，实现信息、资源和任务共享，完成集中与分布相结合的监视、控制和管理的功能。

这颗赋予超级运算能力的云平台大脑，在各系统的有效配合下，在提高车辆段整体管理水平的同时节省能耗、降低管理成本、提高运作效率,为运营和物业人员提供一个安全、舒适、高效、便利、灵活的环境空间,确保用户长远的社会效益和经济效益。

5.6.4 牵引网上网组合开关柜技术研究与应用

6号线工程在国内轨道交通领域首创采用牵引网上网组合开关柜,在传统的三联装牵引网上网及越区隔离开关柜中增设1台直流快速断路器,当牵引变电所故障退出时,可直接合闸越区断路器,实现整个牵引网的不停电运行方式转换。同理,当牵引变电所故障解除后,可直接分闸越区断路器,退出大双边供电模式,恢复为正常双边供电,实现整个牵引网的不停电运行方式转换,大大提升了供电可靠度。

5.6.4.1 传统牵引网上网及越区供电方案

如图5.6-6所示,采用传统的牵引网上网及越区隔离开关,当直流母线或直流馈线断路器发生故障导致牵引变电所B解列时,由于越区隔离开关不能带负荷操作,必须确认相邻的两个牵引变电所相应的馈线断路器及越区隔离开关均在分位的情况下,才能闭合本所的越区隔离开关,实现牵引变电所A与牵引变电所C向牵引网的大双边供电。因涉及的牵引变电所及馈线开关数量较多,这种方式将导致牵引变电所A与牵引变电所C之间6~8 km的牵引网一段时间内停电,涉及列车数量较多,影响范围较大,给行车运营带来不利的影响,也给列车上的乘客带来一定的恐慌。同理,当牵引变电所B故障恢复后,牵引网需由大双边改为小双边供电时,也需要将牵引变电所A与牵引变电所C之间的牵引网在一段时间内停电,通过一系列开关倒闸来实现牵引网的正常小双边供电。

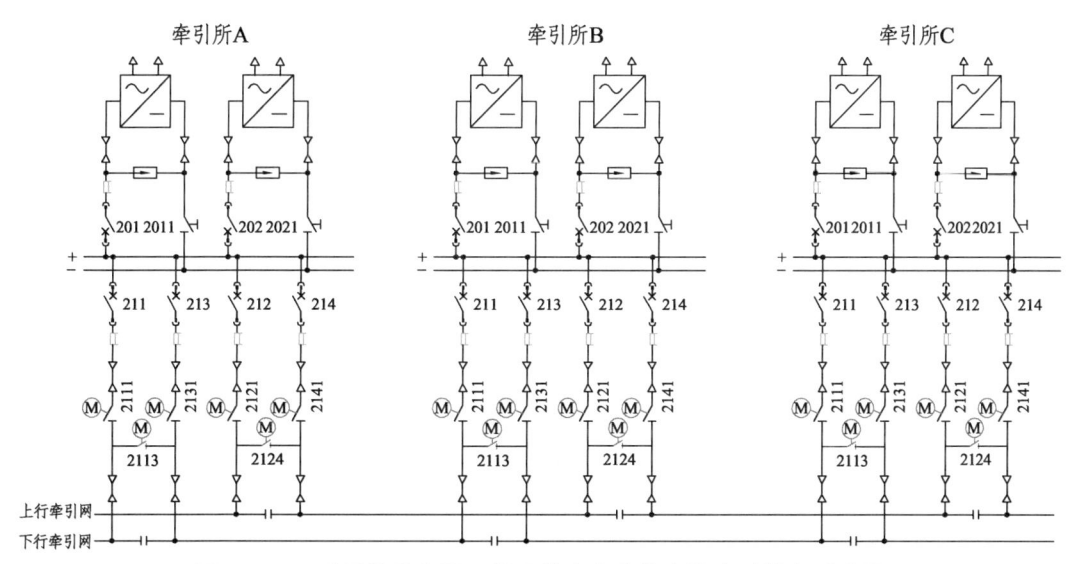

图5.6-6 采用传统上网及越区供电方案的直流牵引供电系统图

当直流母线或直流馈线断路器发生故障导致牵引变电所解列时,为保证对牵引网的不间断供电,有些运营公司采用了减少行车对数下的单边供电,甚至有的运营公司仍按原来的行车对数直接单边供电,即不闭合越区隔离开关,直接由牵引变电所A、牵引变电所C向两个牵引所之间的牵引网单边供电。当牵引变电所解列，由左右的相邻牵引变电所采用单边供电时，在解列牵引变电所上网点附件的过牵引网电分段处拉弧现象严重，甚至发生过较大的弧光造成了牵引网与列车发生短路的现象，导致变电所直流馈线断路器跳闸，进而导致牵引网停电，运营中断。

由上述可知，当直流母线或直流馈线断路器发生故障导致牵引变电所解列时，要么短时间内牵引网停电，通过倒闸相关断路器及越区隔离开关来实现大双边供电；要么减少行车对数，并牺牲受电弓及牵引网的寿命，甚至冒着有可能引发故障导致中断运营的危险来实现牵引网不间断的单边供电。这都给地铁线路长期可靠运营带来了不利影响。

5.6.4.2 新型牵引网上网组合开关柜

如图 5.6-7 所示，新型的牵引网上网组合开关柜由 2 台上网隔离开关、1 台越区隔离开关和 1 台越区直流快速断路器组成，并将其集成在一个组合柜体中。

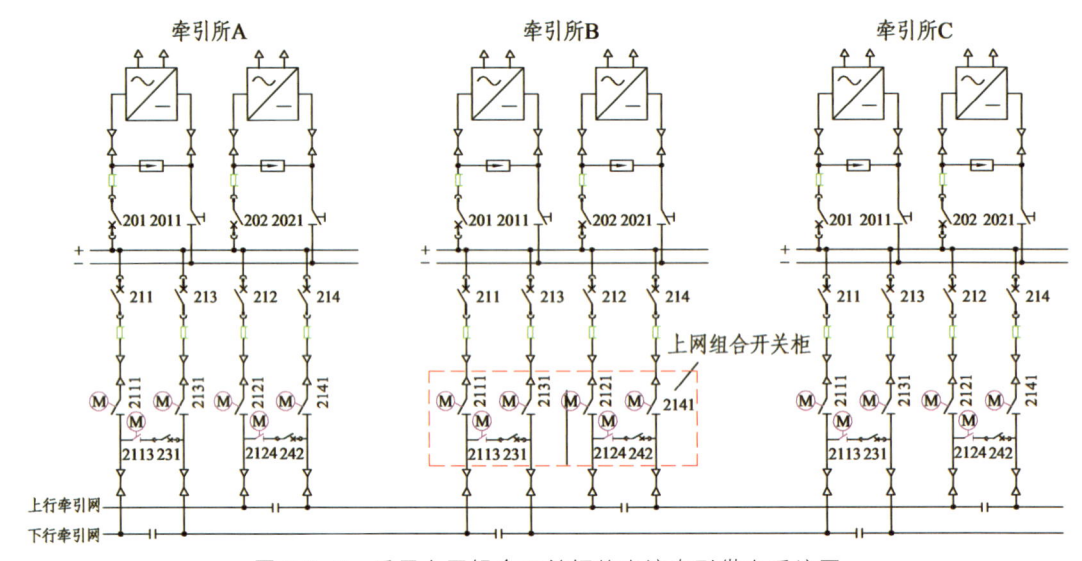

图 5.6-7 采用上网组合开关柜的直流牵引供电系统图

采用新型的牵引网上网组合开关柜方案后，当直流母线或直流馈线断路器发生故障导致牵引变电所 B 解列时，无须先将牵引变电所 A 与牵引变电所 C 之间的牵引网停电，可直接合闸该组合开关柜中的越区直流快速断路器，实现相邻牵引变电所的大双边供电，也实现了牵引网不停电运行方式的转换。

同理，采用该组合开关柜装置后，牵引变电所故障恢复后，也无须先将牵引变电所 A 与牵引变电所 C 之间的牵引网停电，可直接分闸该组合开关柜中的越区直流快速断路器，退出由两个相邻牵引变电所向牵引网的大双边供电，实现正常的小双边供电，也实现了牵引网不停电运行方式的转换。

采用新型的牵引网上网组合开关柜后，可以很方便地实现牵引网大双边与小双边供电方式之间的转换，且牵引网不用停电，牵引网也无须采用减少行车对数下的单边供电的模式，保证了列车的安全稳定运行；同时还取消了常规越区隔离开关与相邻牵引所相应直流馈线断路器之间的闭锁关系，简化了设计，方便了运营管理。

随着无人驾驶、智慧运维等先进技术的应用，城市轨道交通作为城市公共客运系统的大型基础设施，在人们的工作和生活中扮演着极其重要的角色，如某一重要线路因供电中断而出现停运时，将给人们的日常生活带来很大影响，造成不良的社会反应。因此，安全、可靠、高效、稳定地给列车提供电源更显得尤为重要。

6号线工程创新性地采用在传统牵引网越区隔离开关的基础上增设1台直流快速断路器的方案，简化了牵引变电所间的闭锁关系，同时可以在牵引网不停电、不影响列车运行的情况下，在30s左右的时间内实现牵引网双边供电到大双边供电的转换。而传统方案在牵引网双边供电到大双边供电转换时，需断开与故障牵引变电所左右相邻的牵引变电所的馈线开关，导致线路约6~8 km的牵引网停电，列车停运，整个转换时间长达4 min。

牵引网上网组合开关柜的应用大大提升了牵引供电系统的可靠性，减少列车的停运时间，确保了牵引网持续、稳定、可靠地给机车提供电源，实现了牵引网"不停电运行方式转换"，使该线成为"国内第一条全线牵引网越区开关采用直流快速断路器技术"的示范线。上网组合开关柜现场安装实景如图5.6-8所示。

图5.6-8 上网组合开关柜现场安装实景图

5.7 工程美学创新研究与应用

5.7.1 地铁工程美学和文化艺术应用情况

苏联美学家奥夫相尼柯夫在他的《简明美学辞典》中谈道："设计是一种创造性活动，它的目的是要形成和调整对象的空间环境，在这个过程中使其职能方面和审美方面达到统一。"通俗点讲，好看且好用的地铁才是最佳的设计。地铁设计活动离不开美学的理论支持，这是实现人性化设计的重要理论依据。

世界上著名的大都市如巴黎、莫斯科、迪拜、斯德哥尔摩等，都早已在地铁车站的艺术文化设计方面做了很多探索。

巴黎地铁 CONCORDE 站（图 5.7-1）用字母拼写了《人权宣言》和《公民权利宣言》，ARTS ET METIERS 站（图 5.7-2）以其服务的工业艺术博物馆为灵感进行内部设计。

图 5.7-1　巴黎 CONCORDE 站 　　　　　图 5.7-2　巴黎 ARTS ET METIERS 站

在莫斯科的地铁站中，最具代表性也最具艺术魅力的当属斯大林时代修建的深埋地铁站（平均埋深为 170 m），其中基辅站、共青团站、革命广场站、马雅可夫斯基站是典型代表。穹顶、水晶吊灯、大理石廊柱，以及穹顶上精美浮雕等元素的组合，使得车站呈现出恢宏、气派、爱国主义的宫廷建筑风格，如图 5.7-3 所示。

图 5.7-3　莫斯科地铁

5.7 工程美学创新研究与应用 357

与巴黎和莫斯科的地铁建筑不同，迪拜地铁则呈现出了一种现代感。车站建筑造型及内部装修理念源于蓝色海洋（图 5.7-4、图 5.7-5）；区间桥梁采用 U 形梁，梁体侧面棱线的凸显体现出强烈的线条感（图 5.7-6）。

图 5.7-4　迪拜地铁——车站外立面

图 5.7-5　迪拜地铁——车站内部

图 5.7-6　迪拜地铁——区间桥梁

近些年来，国内地铁也日益重视地铁的建筑美学、文化艺术设计。北京、上海、广州、成都等大城市地铁也有了自己的特色，如图 5.7-7～图 5.7-9 所示。2021 年 10 月 20 日，美国缪斯设计奖（MUSE Design Awards）公布了 2021 年第二季全球获奖榜单，成都轨道交通 5 号线公共艺术系列作品从全球各国和地区众多优秀参赛作品中脱颖而出，荣获室内设计类别金奖。

图 5.7-7　深圳皇岗口岸站　　　　　　　图 5.7-8　广州南沙客运港站

图 5.7-9　成都地铁抚琴站

总的来讲，越是发达的城市，对建筑美学的要求越高，虽然与其对应的是更高的工程造价，但这些经典的建筑也赢得了人们的普遍好评，取得了较好的社会效益。这些优美的车站建筑造型及内部设计都满足了功能需求、结合了当地的气候特点、融合了当地的文化并契合了时代背景。深圳地铁 6 号线也要在这些方面做出自己的特色。

5.7.2　深圳地铁高架景观现状

深圳地铁自 1998 年 5 月启动一期工程建设至 2016 年，已开通运营 11 条线路，构成覆盖罗湖、龙岗、龙华、福田、南山、宝安 6 个市辖行政区的地铁网络。

截至 2016 年 8 月开通的 1、3、4、5、11 号线均包含高架线，深圳市对高架工程的设计、施工均有了工程实践和相关技术的深刻理解。但是，在环境美学设计方面的研究尚不能满足深圳高质量高标准的城市建设要求，留下了环境景观和文化艺术的一些遗憾。

5.7.2.1　3 号线高架

3 号线高架站为地面三层岛式车站，采用桥建合一的结构形式，建筑体量轻盈，功能完善，如图 5.7-10 所示。车站在站厅层外侧和出入口通道两侧设置了花池，提升了景观效果。不足的是车站站内大部分建筑结构采用外露形式，但又缺乏规整和统一，导致站台和出入通道视觉上略显简陋。桥梁采用箱梁+花瓶墩的组合，形式简洁、线条感强。

图 5.7-10　3 号线高架车站及桥梁照片

5.7.2.2　4 号线高架

4 号线高架车站为地面站及地面三层岛式车站，采用桥建合一的结构形式，设计注重了功能、人性化，充分将建筑造型与功能结合，实现了通风、采光、挡雨、遮阳功能的平衡，注重结构构件管线的结合，使站内空间整体性更强，如图 5.7-11 所示。外立面注重颜色搭配、虚实结合，注重材料的耐久性和装饰性。

5.7.2.3　5 号线高架

5 号线高架段大多采用地面三层岛式车站，车站造型简洁大方，功能布置合理，外立面采用了大面积的玻璃幕墙，如图 5.7-12 所示。但其外立面造型过于简单，一些细节处理仍然不够好，比如没有做滴水，导致建筑侧面"泪痕"随处可见。

图 5.7-11　4 号线高架车站及桥梁照片

图 5.7-12　5 号线高架车站及桥梁照片

5.7.3　6 号线景观设计在方案阶段的指导作用

5.7.3.1　车站建筑造型设计

6 号线是光明区沿线居民翘首以盼的第一条地铁。根据规划，6 号线定义为以高架线为主的市域快线，是继 1、3、4、5、11 号线后的又一条高架线。高架车站像是高架线上的明珠，是市民乘坐地铁的必经点，其视觉景观设计必然要符合大众的审美。

目前，高架站造型主要分为开敞式、半封闭式、封闭式三种。开敞式高架站有着开敞、通透、自然通风、采光效果好、结构简单、施工方便、造价低等优点，较适合年均气温较高的南方城市，如图 5.7-13 所示。对于夏季多有大风且台风多发的深圳，其挡雨效果不佳，会降低乘客体验和舒适度。

5.7 工程美学创新研究与应用 361

日本某高架站照片 　　　　　　　　　　我国香港某高架站照片

新加坡滨海湾地铁站 　　　　　　　　　我国广州地铁坦尾站

图 5.7-13　开敞式高架站

封闭式高架站保温隔热效果好，适用于年均气温较低的寒冷地区或者常年高温潮湿的热带地区，如图 5.7-14 所示。车站能完全阻隔雨水横吹进车站内部，站内设施能得到安全有效的保护。但这种结构形式通风效果差，缺少横线路方向的穿堂风，必须借助辅助通风设备以保证站台舒适度。从节省运行成本考虑，这种形式暂时不适合夏季炎热但其他季节较为舒适的深圳。

（a）北京地铁昌平线高架站

（b）北京地铁房山线高架站

图 5.7-14　封闭式高架站

而半开敞式高架站结合了开敞式与全封闭式车站的优点：冷暖气候均适宜，具有保温、隔热、防风、防寒等优点，局部镂空设计可以引入自然风，适合深圳的气候，如图 5.7-15 所示。

青岛地铁 11 号线　　　　　　　　　成都地铁

图 5.7-15　半开敞式高架站

深圳地铁 6 号线车站建筑造型设计采取"一线多景"的设计思路，标准高架车站设计从深圳城市特点出发，通过对深圳城市精神的理解，以大鹏展翅高飞的形象予以抽象处理，提取线条运用在建筑外立面，以"腾飞之翼"作为设计主题，如图 5.7-16 ~ 图 5.7-18 所示。"腾飞"不仅是对过去发展的总结，更代表着人们对未来美好愿景的期望。

5.7.3.2　造型与功能的有机结合

结合目前国内外已建成高架车站采光天窗过大引起站内过热、过小，影响采光的教训，6 号线车站设计采用三面采光，整个站台层公共区域上方屋面设置长 118 m、宽 2 m 采光排烟窗，站台层侧面设 3.25 m 高的镂空百叶，起到最大限度地利用自然采光、消防排烟和挡雨的效果。

屋面板采用具有隔热功能的双层金属铝板，中间设有保温隔热层，上覆光伏板，可起到较好的遮阳隔热和遮风挡雨效果，如图 5.7-19 所示。

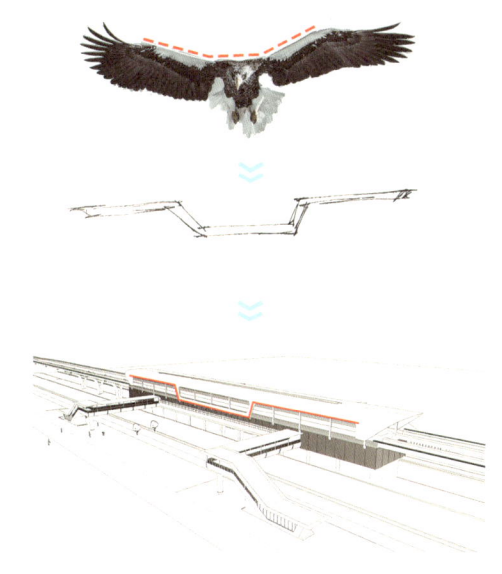

5.7 工程美学创新研究与应用 363

图 5.7-16 高架站理念推导图图

图 5.7-17 标准高架车站效果图

图 5.7-18 标准高架车站建成后照片

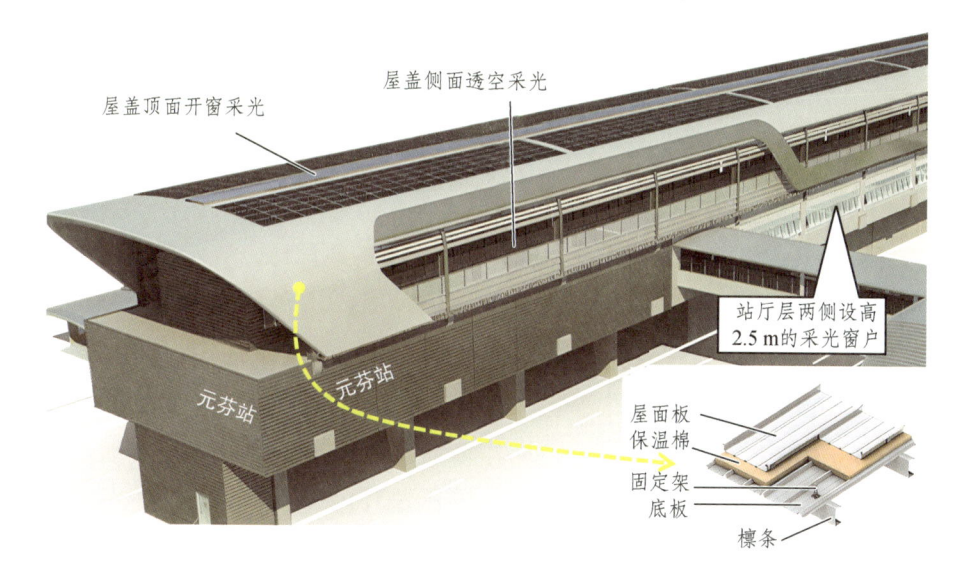

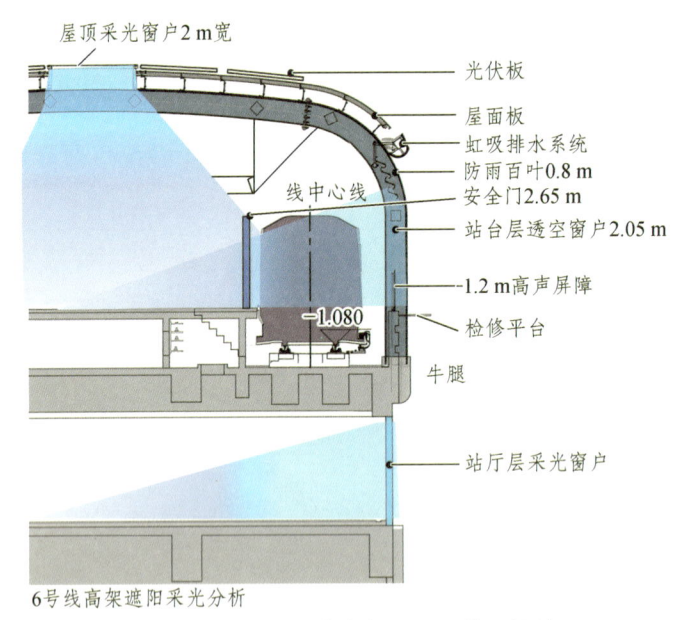

图 5.7-19　高架站站台层通风挡雨设计

站厅层公共区两侧在满足挡雨和运营安全的前提下，尽可能地增加通风面积。通过多方案的比选，百叶+上悬窗的组合能使通风防雨功能最大化，如图 5.7-20 所示。

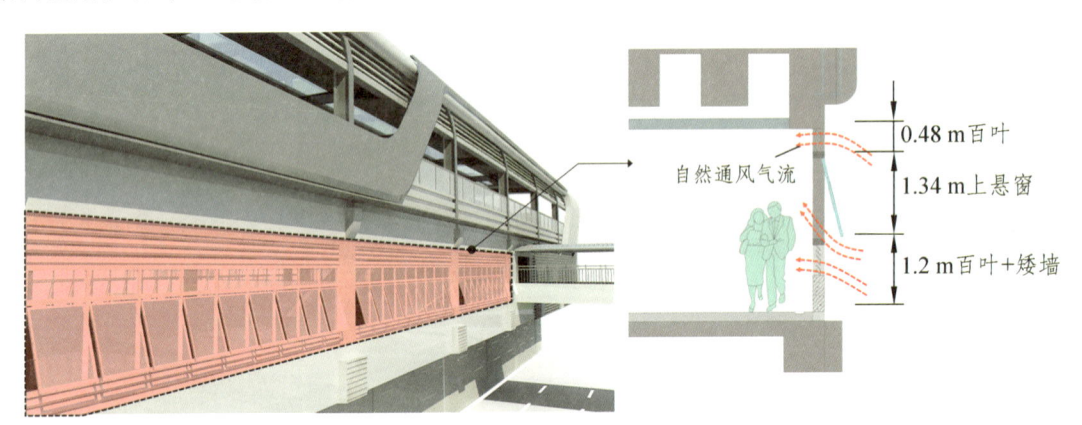

图 5.7-20　高架站站厅层通风挡雨设计

5.7.3.3　将造型设计与光伏发电结合

通过分区设计光伏发电面板，控制发电面板和屋面的面积比，增强光伏发电面板的设计感和屋面视觉设计上的层次感，将光伏与屋面完美结合，如图 5.7-21 所示。

5.7.4　桥梁景观造型

深圳地铁 6 号线桥梁约占全线长度的 65%，穿越城市聚集区和待建区，对城市景观风貌影响极大。元芬站—阳台山东站区间上跨 4 号线，墩高达 37 m。如何使桥梁景观与墩柱、梁体结构完美融合，使桥梁结构对景观的影响降到最低，我们做了多种方案比选，如图 5.7-22 所示。

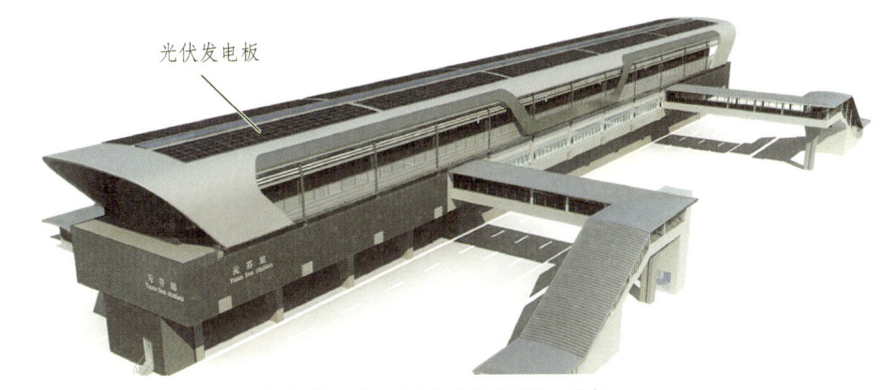

图 5.7-21　高架车站屋顶光伏板

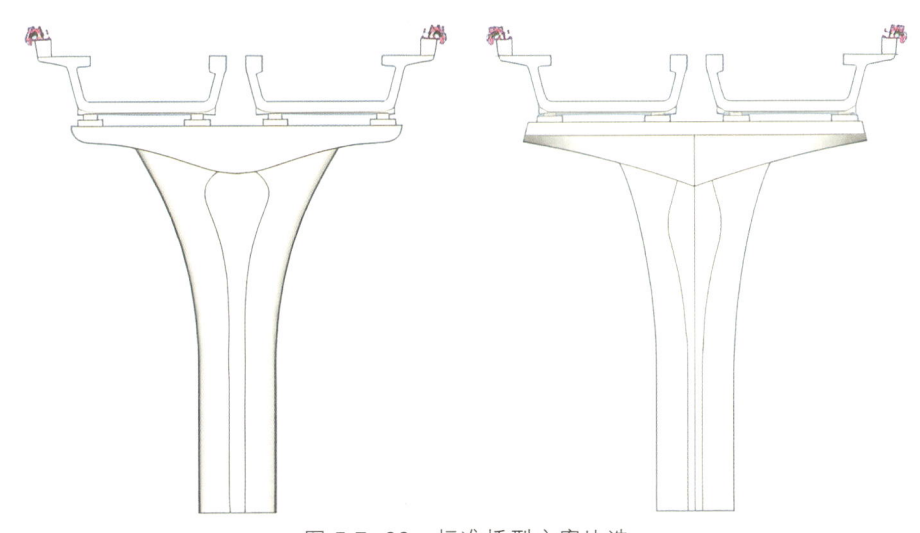

图 5.7-22　标准桥型方案比选

桥梁设计从绿色理念出发,以树的外形为设计灵感,桥墩线条流畅,墩形上大下小,中间为倒圆弧线,极具现代设计感,好似一棵树生机勃勃向上生长,连续的高架线形成了富有生命的"绿色轨迹"。

上部梁型通过对比选择了既能满足结构要求,同时具有良好吸声效果的 U 梁,列车牵引供电选择轨旁接触轨方案,避免架空电线的视觉影响,如图 5.7-23、图 5.7-24 所示。

图 5.7-23　桥墩外观造型方案比选

图 5.7-24　桥墩外观实景照片

5.7.5　重点景观站——凤凰城站的美学研究与设计

该站作为光明区核心区重点路段——光明大街上的高架车站，车站紧邻光明区凤凰城新城。因此，其建筑美学设计有别于标准站，更加注重景观造型设计，力求将车站打造成片区地面建筑的代表性构筑物之一。车站在标准高架的造型基础上融入了更多的文化元素。车站的外观造型设计灵感来源于上古神兽凤凰鸟，以凤凰鸟飞舞的姿态来展现整个建筑的灵动与现代。车站两侧以飞舞的凤凰为基础图案，凤凰的图案位置采用穿孔铝板满足通风的要求，而穿孔板采用大孔和小孔组合拼成凤凰羽毛的形状；顶部采光窗户采用灵动的弧形窗户，犹如一道泛起的水波纹，飘荡于车站屋面之上，丰富了高空中的视角体验。而内部的采光因窗户大小的变化更富有趣味。华灯初上时分，LED 灯带勾勒出凤凰的姿态，金色的凤凰神鸟蓄势腾飞。

高架站位于城市道路中央，外立面造型、颜色都会影响城市景观品质。光明区作为全国第一个通过国家绿色生态示范城区验收的新区，在城市建设规划上一直走在全国前列。城市建设规划思路一直以新技术、新思想作为核心支撑，尤其注重城市建筑风貌和城市地面构筑物的景观设计，体现了深圳作为国际化一流城市的建设标准。凤凰城站的设计是传统工程设计向民用建筑设计转变的代表，更加注重景观视觉感受和人性化设计，不仅定位为深圳高架车站的设计典范，更期望成为国内高架车站景观设计的范例，如图 5.7-25～图 5.7-27 所示。

图 5.7-25　凤凰城站设计效果图和建成后实景照片

图 5.7-26　凤凰城站夜景照片

图 5.7-27　凤凰城站出入口实景照片

5.7.6　车辆段综合楼和员工宿舍的重点美学研究与设计

在满足长圳综合楼使用功能的前提下，将地铁的文化及形象标志作为本段设计的理念，凸显地铁的特征性形象，将"线性、速度、串联"的地铁性格特征以建筑形态及空间场所的演绎方式呈现，整体效果不仅给人以很强的优雅动感的视觉冲击力，而且扮演了地铁建筑形象的角色，如图 5.7-28、图 5.7-29 所示。

图 5.7-28　长圳车辆段员工宿舍和综合楼设计效果图

图 5.7-29　长圳车辆段员工宿舍和综合楼建成后实景照片

地块以试车线为分界，在试车线西侧设置高层综合楼、食堂、库房、汇报厅及室内羽毛球场，昭示性效果更强，更符合标志性要求；而有特定功能的宿舍与公安派出所作为整座建筑附属体块则设置在地块东侧，如图 5.7-30 所示。

试车线两侧的建筑既在视觉上有联系，又在功能上相互独立，同时为了更好地展现出优雅灵动的建筑形象效果，调整了综合楼和宿舍建筑体块比例和功能区域，增加了综合楼的面积高度，使其更加挺拔并富有动感，建成后已是当地地标性建筑。

图 5.7-30 长圳车辆段员工宿舍和综合楼建成后远、近景照片

5.7.7 研究成果与实施效果

在满足城市轨道交通功能基本要求的前提下，6号线工程在文化艺术和工程美学设计与施工方面进行了全面研究和成功实践，使深圳地铁以高架敷设为主的轨道交通工程美学和环境艺术设计和建造水平又上升了一个新台阶，给城市留下了一条美丽的风景线和多个建筑结构经典作品。6号线的美学设计实践证明，轨道交通不仅是改善交通出行方式的工具，也是一种城市文化形态的表现，体现了整个城市形象、文化内涵。其中，车辆段综合楼建筑景观设计、凤凰城文化艺术车站和合薯区间曲线大跨 V 形 U+箱刚构连续梁等已经

成为 6 号线沿线城市地标建筑和网红景点,增强了深圳城市轨道交通文化艺术和环境景观价值。

5.8 节约和集约用地的可持续发展研究与应用

城市轨道交通的可持续发展是规划设计和建设运营都必须要高度重视的重大问题。深圳地铁 6 号线除了通过综合选线技术的应用,节省工程建设和运营成本外,同时高度重视沿线物业综合开发研究,通过合理的规划设计创造可持续的现金收入。

基于城市规划,结合轨道交通建设引导城市开发(TOD)的理念、市场情况和趋势及创新思维,优化 6 号线沿线土地的规划,达到了利用轨道交通带动光明新区发展,并提升线路客流和土地利用价值的目的。根据相关 TOD 设计和建设理念,利用长圳车辆段大宗设施用地与长圳站的有机结合作为重点,针对性地研究设施用地的"节约和集约"策略,思考在制定设施用地优先保障轨道交通功能的前提下,如何实现空间充分合理利用和有序进行物业发展的相关研究和规划设计。

5.8.1 地铁设施用地节约和集约利用规划设计方案

长圳站地区是 6 号线沿线产业发展走廊的中枢节点,处于光明区产业总体布局的核心区——光明高新区。长圳站定位为高新区提供居住、商业休闲、办公等综合性服务,辐射光明新区南部的交通枢纽。

为落实土地集约利用的理念,设计结合线路走向和地块特征,通过调整长圳车辆段的布局,让车站与车辆段尽量靠拢,为地块开发提供更便捷的服务;通过集中布置车辆段生产管理用房、优化车辆段总图和空间,以及优化车辆段列位线间距等在规划用地范围内留出更多的白地开发空间,如图 5.8-1、图 5.8-2 所示。

图 5.8-1 通过设计优化获取的 4.7 hm² 白地

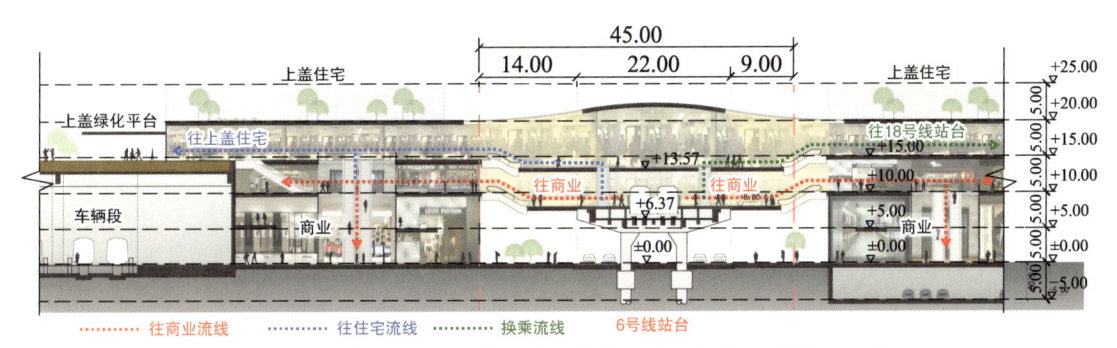

图 5.8-2　长圳站与周边物业开发接口横剖面图（单位：m）

5.8.2　物业开发设计方案

商业裙房之上是住宅园林和住宅塔楼，回家流线上采取人车分流。车行道直接进入地下车库，将对人行流线的影响减到最小；人行通过垂直交通或与地铁及商业相连的天街路径畅通入户，避免人车流线的交叉干扰，大大提高了土地利用率，改善了场所环境，如图 5.8-3、图 5.8-4 所示。

上盖开发住宅户型以深圳气候特点和现代需求为出发点，在尊重传统空间布局的基础上，充分考虑内外部环境的影响，遵循方正实用且灵活度高、可根据不同空间诉求进行户型格局的转变、实现全生命周期的户型理念。住宅立面结合遮阳系统与装配式建筑特点一并考虑，打造节能美观的现代化风格立面；注重绿色建筑的节能环保，努力实现环境、经济、社会三者之间的平衡；主要采用资源利用与提升、建筑局部架空、地表渗水等低冲击开发模式，合理选用建筑材料，装配式一体化设计，隔声减噪，自然通风等具体建筑技术措施，实现真正意义上的生态社区，如图 5.8-5～图 5.8-7 所示。

图 5.8-3　物业开发示意图（盖体和白地）

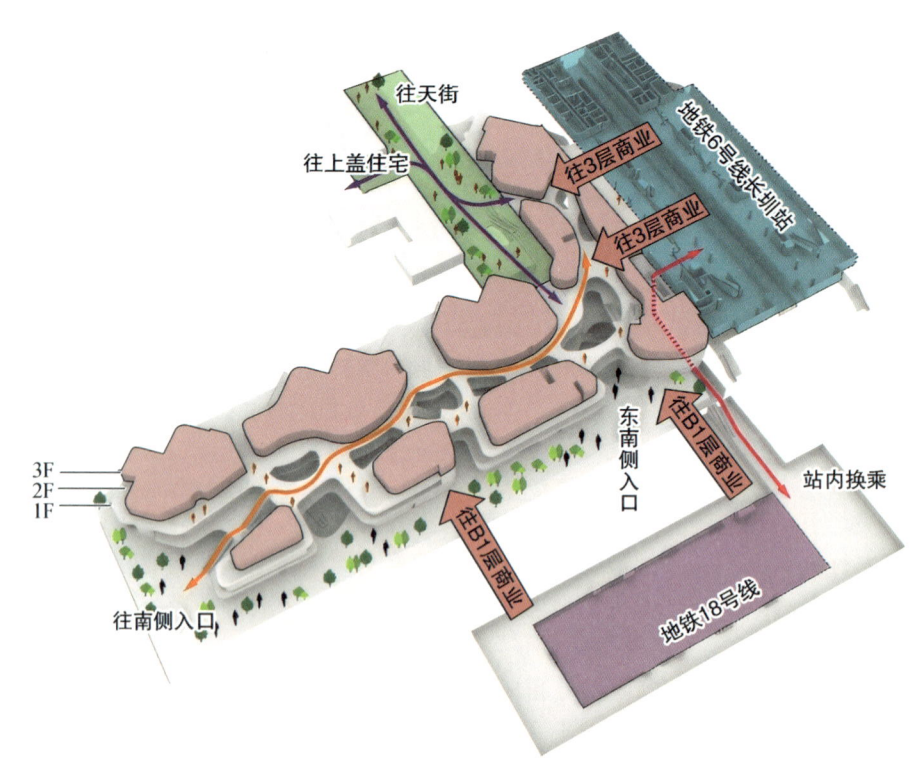

图 5.8-4　长圳站 TOD 交通系统示意图

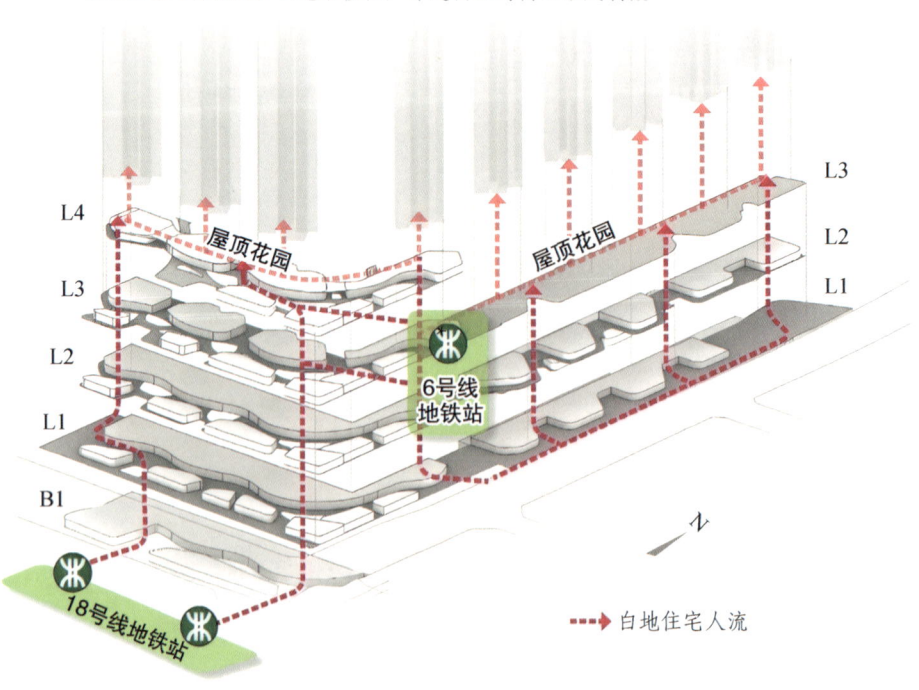

图 5.8-5　车辆基地上盖开发与轨道交通无缝衔接流线图

5.8 节约和集约用地的可持续发展研究与应用　373

图 5.8-6　综合开发及上盖住宅立面效果图

图 5.8-7　车辆基地生产管理用房与物业一体化开发的实景照片

5.8.3　车辆段上盖平台及预留开发技术条件研究和应用

在地铁车辆基地建设过程中，上盖物业方案建设一般滞后于轨道建设。因此，在施工设计初始阶段，由于各种因素限制，上盖物业建设无精确方案，如无详细的建筑结构设计、上盖规划道路和市政绿地等规划设计方案。如果按常规房地产正常设计流程，将导致盖下轨道施工图设计无法正常开展，盖下工程无法开工建设。而轨道交通的通车目标是确定的，且工期紧、任务重，车辆段动工建设不可能因为上盖开发延误 6 号线开通运营目标。为此，在这种上盖物业开发建设与地铁盖下车辆段施工无法同步情况下，本工程大胆提出上盖方案包容设计的新颖思路，即在满足工艺、建筑等使用要求以及保证结构安全、耐久、经济合理的前提下，提出具备可实施性的上盖物业建筑开发预留方案。此预留方案以最大化利用盖体为原则，在结构形式确定的前提下，确定上盖建筑、绿化、道路范围进行结构预留荷载设计，保障地铁建设如期进行。

5.8.3.1　工程概况

长圳车辆段位于深圳市光明新区，承担了 6 号线车辆检修、运用管理、后勤保障等任务，包括咽喉区、停车列检库、检修主厂房,其他功能房间分布于盖下内,长圳车辆段上盖盖体面积为 14.69 hm²。其中:咽喉区面积约 6.3 hm²,盖顶高度为 9 m;停车列检库面积约 4.5 hm²,盖顶高度为 9 m;检修主厂房面积约 3.89 hm²,盖顶高度为 13.5 m。

车辆段的主要设计原则:结构设计应满足工艺设计、建筑设计及运营使用、城市规划、防排水等要求,应确保工程安全、耐久、适用、优质同时又经济合理,并做到技术先进。

车辆段结构安全等级为二级,设计使用年限为 50 年。建筑桩基础设计等级为乙级,整体道床、柱式检查坑、移车平台桩基础设计等级为丙级。本地区抗震设防烈度为 7 度,设计基本地震加速度值为 0.1g,地震设计分组为第一组。场地土类别为Ⅱ类。除牵引降压混合变电所为重点设防类(乙类)建筑外,其余抗震设防类别均为标准设防类(丙类)建筑。有高层物业开发区域部分及大跨度框架(跨度大于 18 m)抗震等级为二级,其他为三级。

5.8.3.2 建筑设计

根据工艺生产要求,综合考虑上盖物业预留条件,合理经济布置柱网,根据限界的要求和线路的布置形式,配合结构明确上盖建筑采用框架转换结构,高度控制在 50 m 以内。建筑结合日照分析及消防设计,确定出最大的建筑布置范围,并规划预留出上盖顶的坡道、绿化、消防道路等范围,为结构荷载预留提供可行和经济的输入条件。

5.8.3.3 荷载预留

上盖包容设计主要为荷载的选取与预留。

在施工设计初始阶段,由于上盖物业建设无精确设计方案,上盖及基础设计考虑包容设计,即采用满足一定的上盖荷载预留的上盖物业方案。本车辆段物业开发主要分成两大部分:咽喉区和库区,如图 5.8-8 所示。咽喉区由于柱网不规则,整体开发条件受限,采用低强度开发,考虑两层建筑物和绿地;库区部分主要考虑到柱网规则,开发条件整体较好,考虑总建筑高度不超过 50 m 的物业开发。

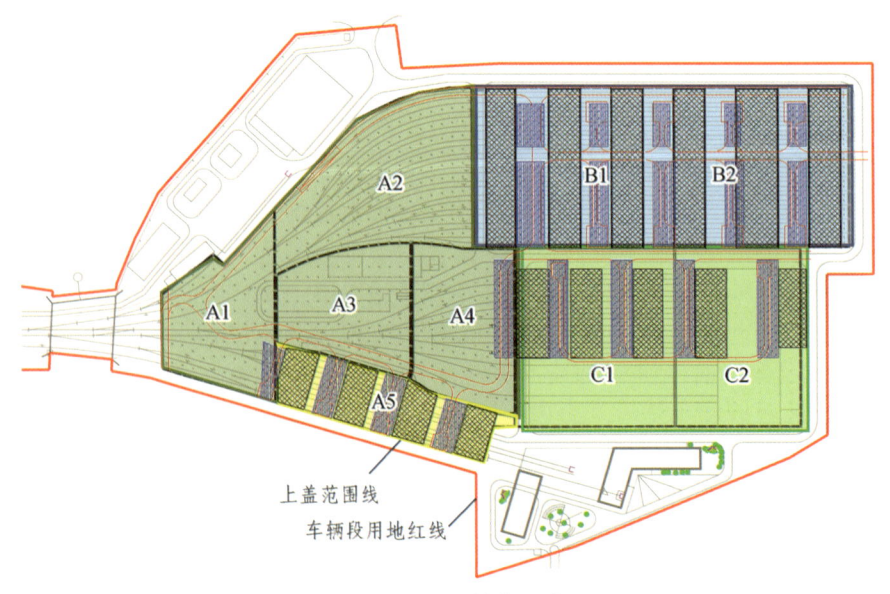

图 5.8-8 上盖物业布置图

具体预留如下:

1) A1、A2、A3、A4 区

考虑预留 2 层上盖房屋荷载。具体为:

(1) 对于基础、柱的计算:上盖平台恒载考虑 1 m 厚覆土,活荷载为 4kN/m²;每层物业房屋预留恒载为 7kN/m²,活载为 4kN/m²。

(2) 对于梁、板计算:上盖恒载考虑 1 m 厚覆土、找坡层及防水层,活载为 4kN/m²、30kN/m²(消防车道范围),不考虑上盖房屋。

(3) A2 区范围考虑预留幼儿园。

上述恒载均不包含结构自重,构造上均预留物业柱头。

2) A5 区

整体柱网较为规整,考虑高层的物业开发,考虑预留 1 层夹层车库、11 层上盖房屋。图 5.8-8 所示黑色阴影范围为预留 11 层荷载范围:上盖平台恒载为 7kN/m²,活荷载为 4kN/m²,车库屋面恒载考虑 1.5 m 厚覆土,活荷载为 4kN/m²、28kN/m²(消防车道及登高面范围);每层物业房屋预留恒载为 10kN/m²,活载为 2.5kN/m²。

3) B 区

该区域为停车库,考虑预留 1 层夹层车库、11 层上盖房屋,图 5.8-8 所示黑色阴影范围为预留 11 层荷载范围:上盖平台恒载为 7kN/m²,活荷载为 4kN/m²,车库屋面恒载考虑 1.5 m 厚覆土,活荷载为 4kN/m²、28kN/m²(消防车道及登高面范围);每层物业房屋预留恒载为 10kN/m²,活载为 2.5kN/m²。上述恒载均不含结构自重,构造上均预留物业柱头。

4) C 区

该区域为检修主厂房,考虑预留 11 层上盖房屋。图 5.8-8 所示黑色阴影范围为预留 11 层荷载范围:上盖平台恒载考虑 1.5 m 厚覆土,活荷载为 4kN/m²、28kN/m²(消防车道及登高面范围);每层物业房屋预留恒载为 10kN/m²,活载为 2.5kN/m²。上述恒载均不含结构自重,构造上均预留物业柱头。

整体结构主要采用钢筋混凝土框架结构,基础采用钻孔灌注桩基础,桩端位于中风化及微风化岩层中,A 区低密度物业预留区域柱子采用 C45 混凝土等级,按照普通框架柱进行设计;高层物业区域柱采用 C50,并按照转换柱进行设计,将转换层设置在第二层,盖板层作为车库层使用。

结构计算应按照各个结构的大底盘多塔模型进行计算。后期的上盖物业设计单位在进行设计时应重新核算盖体结构,当计算指标超过规范规定时,应进行超限审查及抗震专审。

包容设计主要基于上盖物业开发的荷载包容,即荷载预留。但荷载预留不是无限制地预留,而是在可见的后期总体方案中允许后期开发有一定的灵活度,解决建设时序不同步问题。

5.8.3.4 盖体防排水

考虑到盖上物业与车辆段分步实施,车辆段上盖平台为物业预留接口条件,需在机电设备安装前做车辆段上盖平台的防排水以保证物业建成前盖下的生产安全。同时考虑工程减少浪费，按永临结合的排水原则为物业提供较好的接口条件，为防止盖上物业雨污水对盖下厂房的影响，以及避免雨污管道日常检修维护对车辆段的影响，一般盖上物业的雨污水管不能穿过盖板进入车辆段内，排水管均设置在盖边。

盖体排水方案：物业与车辆段不同期实施的盖顶排水方案，采用永临结合设置雨水系统，系统根据结构变形缝设置位置划分排水分区，A 区采用建筑 3‰坡度找坡；B、C 区 3‰结构找坡，将雨水引至盖边排水沟，通过虹吸排水将雨水引至盖下站场排水沟。这套防排水系统后期物业开放实施时也可利用，做到了永临结合，如图 5.8-9 所示。

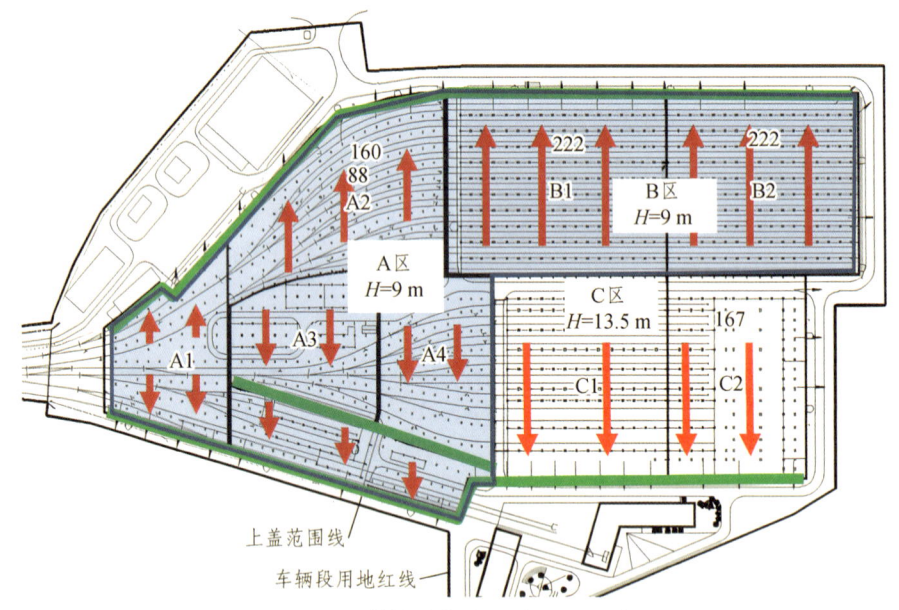

图 5.8-9　盖体防排水设计分区示意图

由于汇水面积大（盖体面积为 14.84 hm²）、路径长、流量大，为及时有效排走雨水，A、B、C 区的雨水均汇总至盖边排水沟后，采用虹吸排水方式排水，并考虑在综合楼与盖板人行连廊交界处设置不低于 500 mm 的挡水槛，防止虹吸系统故障时盖板雨水经连廊倒灌至综合楼。车辆段的排水采用深圳市 50 年设计重现期，降雨强度为 5.86L/（s·100 m²）。共设置 65 套由雨水斗和落水管组成的虹吸排水系统，系统排水能力 8996 L/s。

5.8.3.5　施工预留

由于要为后续上盖物业的接驳创造条件，因此施工预留为盖体设计的重要部分。我们在上盖建筑范围内做好柱头的预留，并将框架柱钢筋直接伸出盖体。由于上盖建设常常拖后，因此采用低强度等级素混凝土包裹钢筋作为防腐措施，并做好柱头的排水。

由于上盖其他范围内均有可能设置构筑物或建筑物，因此除确定的上盖物业建筑范围内预留柱头外，其他范围内均预留柱头也是包容性设计的要素之一。此时钢筋不再采用盖体框架柱钢筋伸出，预留方式如图 5.8-10 所示。

图 5.8-10 柱头大样图（单位：mm）

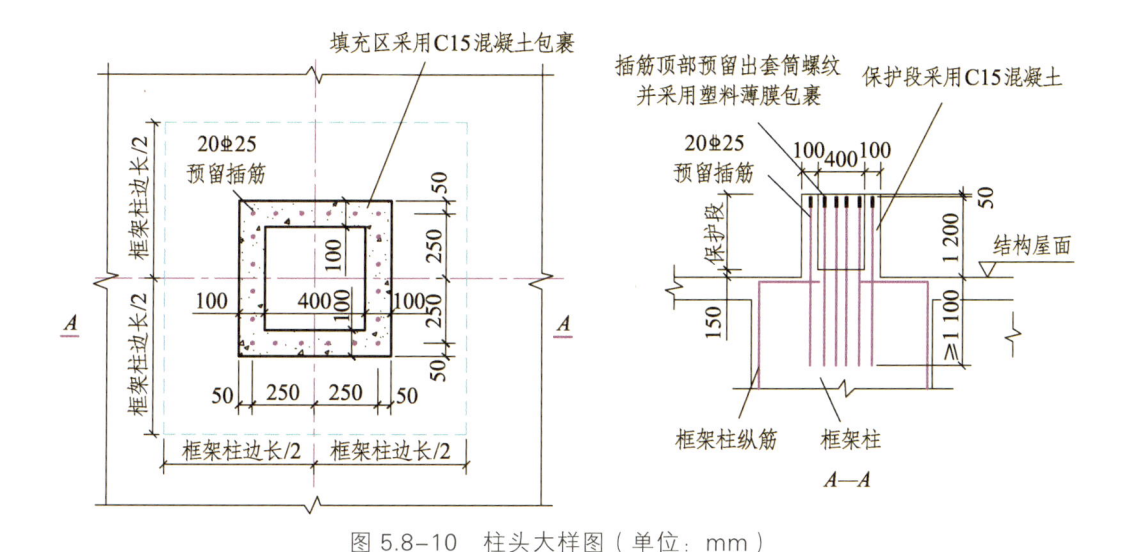

由于上盖后期物业土建施工需要大规模使用塔吊，因此需为塔吊预留支座基础。此基础无须纳入盖体设计中，但应按照塔吊荷载进行计算，同时所处位置的梁箍筋应做加密处理。塔吊可以采用常用的 TC6013A 型塔吊进行包络计算，其最大工作幅度为 60 m，独立式最大起升高度为 46 m，附着式最大起升高度为 220 m，最大起质量为 6t。最终具体型号根据具体作业环境由上盖物业施工方确定，并应进一步复核塔吊支座下的梁承载力。

长圳车辆段首次采用整体包容设计，并为后期物业建筑预留好连接节点以及后期排水措施等。该方案较好地解决了地铁建设与物业开发无法同步实施的矛盾，也为今后的上盖车辆段设计提供了新的理念与方向。

5.8.3.6 轨道减振

轮轨振动问题是车辆段上盖物业开发需要面临的主要问题之一，彻底解决振动对物业开发的影响主要解决思路就是隔断结构与振动源的接触。为此长圳车辆段将物业开发范围内的基础与整体道床基础完全脱开，车辆段基础跨轨方向均不设置拉梁，同时轨道基础采用管桩基础，不仅能够满足轨道自身承载和沉降等工艺需求，同时还把振动传递到深层土体中，进一步减小振动对上部结构的扰动，提高上盖开发的舒适度。

5.8.4 研究成果与实施效果

通过轨道交通设施用地集约利用研究和方案设计优化，最终在紧邻长圳站的长圳车辆段东侧和南侧预留出 4.7 hm² 的白地，将建成 1 座多元业态复合购物中心、6 栋超高层商品住宅、3 栋超高层保障性住房，共开发建筑面积 36.5 hm²；通过车辆段上盖技术条件预留研究和工程设计，预留车辆段上盖物业开发土地面积 14.69 hm²，可开发建筑面积共 25.8 hm²。通过土地节约和集约化的立体利用和二次开发总建筑面积 62.3 hm²，预期可创造土地及开发收益约 300 亿元，实现本项目工程建设成本（185 亿元）160%全覆盖，为轨道交通建设和运营的可持续发展提供了优秀的范本。

第 6 章

实施效果与启示

6.1 综合减振降噪工程实施效果

6.1.1 地铁振动噪声投诉现状

地铁振动噪声投诉主要包括车内乘客投诉及沿线敏感点居民投诉两类，两类投诉均呈现线路开通初期少、运营后逐年增多的特点。

6.1.2 地铁振动噪声控制措施

深圳地铁经一、二期工程中全面试铺对比国内主流减振产品后形成了双层非线性减振扣件、隔振垫浮置板及钢弹簧/橡胶弹簧浮置板的分级减振措施体系。而降噪措施体系有钢轨涂油器、钢轨吸振器及高架半封闭、全封闭声屏障。

6.1.3 地铁振动噪声控制尚存在的问题

（1）《环评报告》前瞻性不足：深圳一~四期线路《环评报告》在下穿、邻近规划地块处未考虑减振措施（四期调整线路采取中等减振措施），导致该区段减振设防等级不足，引发投诉。

（2）轮轨关系恶化引起振动噪声放大：地铁运营维修标准较新线建设标准明显更低，并采取"计划修、病害修"的方案，运营线路中车轮圆顺度、钢轨平顺度降低，导致轮轨关系较初期开通阶段发生恶化，振动噪声加剧。根据深圳某既有线现场测试数据，运营两年后地铁隧道壁上振动源强平均放大 2.7 dB，局部钢轨短波波磨病害段振动强度甚至较新线开通时放大近 10 倍。深圳地铁 6 号线在对噪声较大区段完成钢轨打磨后，噪声峰值降低近 18 dB（A）。

（3）减振设备效果折损引起振动噪声超标：减振设备性能随服役时间可能出现衰减，导致地铁向外界传递振动放大。深圳某既有线开通运营近 10 年后扣件弹性垫板硬化，刚度增大两倍多，导致减振效果降低，引发附近小区居民投诉。

（4）车辆电机、空调风机等设备噪声：车辆启动、制动及网轨转换时，车辆电机及空调风机噪声亦是影响乘客及周边居民的噪声源之一。

6.1.4 地铁振动噪声控制后续工作建议

（1）《环评报告》适度超前：地铁在城市中起规划引领作用，《环评报告》作为地铁项目减振降噪设计的主导文件，其编制过程中结合规划地块用地属性采取适度超前、合理的减振措施，并对规划建筑提出建筑隔振、隔声措施建议。

（2）适当提高运维标准：适当提高轨道及车轮状态养护维修标准，保持轨道平顺度及车轮圆顺度，保证轮轨关系处于良好匹配状态，削减"源头"能量。

（3）定期检测、更换轨道减振设备：定期抽查轨道减振设备性能，及时更换老化设备，保证减振设备效果。

（4）高度重视车辆隔声垂裙配合隔声挡板的作用。这方面可借鉴香港地铁马鞍山线的成功经验。

马鞍山地铁车辆及轨道两侧的隔声挡板如图 6.1-1 所示。

图 6.1-1　马鞍山地铁车辆及轨道两侧的隔声挡板

6.2　工程美学设计之——防锈渍设计的实施效果

6 号线在总结以往市政工程的设计经验教训的基础上，开展了防锈渍专项设计。高架区间排水设计原则及污渍成因（图 6.2-1、图 6.2-2）：
（1）桥面排水通道不顺，轨行区污水自桥梁挡板接缝、梁缝位置处流出。
（2）梁侧排水通道不顺，雨污水沿梁体侧面散流。
（3）混凝土构件材质表面微小空隙造成污渍滞留。

图 6.2-1　某工程梁缝处污渍　　　　图 6.2-2　某工程梁侧面污渍

解决方案需做好细节处理（图 6.2-3、图 6.2-4）：
（1）做好桥梁伸缩缝的封堵，轨行区有组织排水至市政管网。
（2）梁体侧面桥梁挡板设置滴水线。
（3）进行梁体、桥墩涂刷，封闭混凝土表面细微孔隙，避免污渍残留。

图 6.2-3　梁缝处理　　　　　　　　图 6.2-4　6 号线 U 梁侧面滴水线

6 号线通车运营 3 年后，高架桥梁结构外观基本如通车时一样干净美观，如图 6.2-5 所示。桥梁多处细节设计和施工得到了检验，可供类似工程参考。

图 6.2-5　通车 3 年后的凤光区间桥梁外观

6.3　低碳运营实施效果

6.3.1　光伏发电系统

深圳地铁 6 号线分布式光伏发电系统已于 2020 年 8 月 26 日正式并网运行，2021 年度发电量统计数据如图 6.3-1 所示。根据统计数据，高架车站光伏发电量可满足高架车站全年约 30% 的动力照明用电需求，其高峰发电时段（正午前后约 2 h）甚至可提供高架车站约 80% 的用电量，可基本实现高架车站用电"自给自足"。

光伏发电系统 25 年设计寿命期内预计总发电量 5856 万千瓦时，减排二氧化碳 22.58 万吨，纯经济收益约 5047 万元，实现了经济效益与生态效益的双丰收。

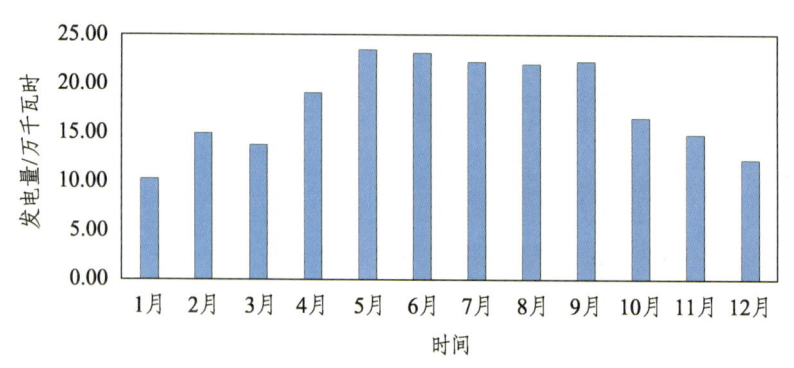

图 6.3-1 高架车站光伏发电系统 2021 年发电量统计

6.3.2 再生制动能量回馈系统

6 号线开通运营后，对全线 11 套再生制动能量吸收装置从 2020 年 11 月至 2021 年 4 月共计 6 个月的现场数据进行了统计分析。根据统计数据，6 号线 11 套再生制动能量吸收装置平均每月回馈电量约 37 万千瓦时，回馈电量约占牵引能耗的 13%，全年可节约电量约 444 万千瓦时，节能效果显著，如图 6.3-2 所示。

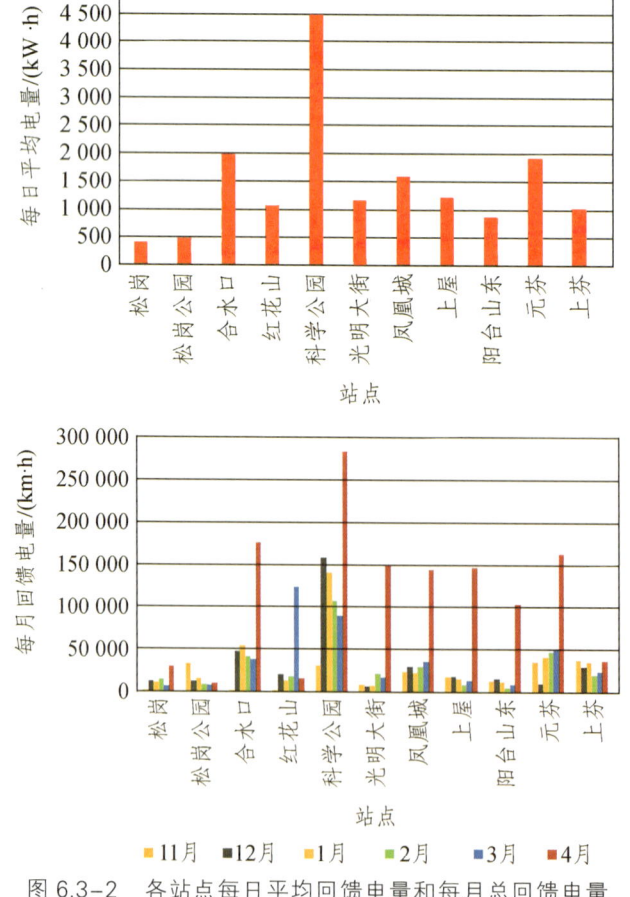

图 6.3-2 各站点每日平均回馈电量和每月总回馈电量

6.3.3 运营能耗统计

深圳地铁 6 号线高架线比例超过 65%，结合线路条件通过多项绿色低碳技术创新性应用，在节能降耗方面较深圳地铁既有线路优势明显，2020 年、2021 年的主要能耗指标见表 6.3-1。

表 6.3-1 深圳地铁 6 号线 2020 年、2021 年的能耗指标统计

主要能耗指标	2020 年 6 号线	2020 年 7 号线	2020 年 9 号线	2021 年 6 号线	2021 年 7 号线	2021 年 9 号线
平均车公里牵引耗电量/（千瓦时/车公里）	1.85	2.47	2.50	1.84	2.45	2.33
全年地下站平均每座车站的动力照明耗电量/（万千瓦时/站）	244.78	298.56	280.20	209.12	226.44	225.72
全年高架站平均每座车站的动力照明耗电量/（万千瓦时/站）	87.19	—	—	81.06	—	—

从表可以看出，6 号线牵引能耗较既有线路降低约 20%、车站能耗降低约 10%，其中高架站平均能耗仅为地下站的 1/3，节能效果显著。

6.3.4 思考

6 号线还分布有大量的无遮挡的声屏障系统（表 6.3-2），如果能充分利用声屏障系统来布设 29.8 hm² 光伏发电薄膜，装机容量可达 52MW$_p$，成本大约为 2.98 亿元，每年发电 5280 万千瓦时。在今后类似工程建设过程中，可开展相关研究。

表 6.3-2 深圳地铁 6 号线声屏障数量

序号	声屏障类型	长度/m	每米侧面透光板面积/m²	每米顶面透光板面积/m²	总计透光板面积/m²	每米非透明板部分面积/m²	总计非透明板部分面积/m²
1	单线箱梁全封闭	2206	3.0		6619	8.2	18092
2	双线箱梁全封闭	2137	3.0	5.15	17417	7.4	15814
3	U 梁半封闭	12426	1.5		18639	3.7	45977
4	单线 U 梁全封闭	414	3.0		1242	9.7	4016
5	U 梁全封闭	10954	3.0	5.15	89283	7.4	81066
6	合计				133200		164965

注：① 透明板面积为沿线路拉通长度计。
② 统计了光明 1 号增设声屏障长度。
③ 既有声屏障侧面和顶面透光板均为流线型，应考虑可利用率。
④ 进出车站线间距在 5.0~6.5 m 时，顶部透明板会局部增加，表中未考虑其数量。
⑤ 非透明板部分为装饰板最外边投影面积。

6.4 客流预测与实际情况偏差分析

6.4.1 总客运量

深圳地铁 6 号线自 2020 年 8 月开通运营后，整体客流稳中有升，至 2023 年 3 月，全日客流已升至 47 万人次，如图 6.4-1 所示。

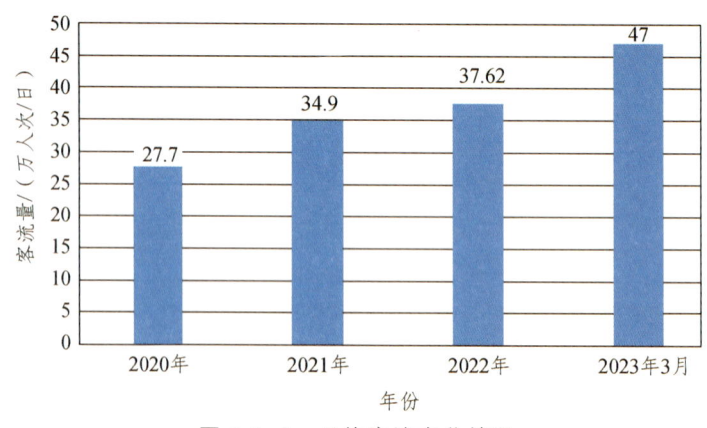

图 6.4-1 日均客流变化情况

6.4.2 平均运距及客流强度

深圳地铁 6 号线开通运营后，客流强度不断增长，2023 年 3 月日均达 0.95 万人次/千米；而平均运距无明显差异，2023 年 3 月为 13.6 km，如图 6.4-2 所示。

图 6.4-2 客流强度与平均运距变化情况

6.4.3 高峰小时客流情况

深圳地铁 6 号线作为市域快线，主要是实现中心城区和光明新城间的快速直达。早高峰时段由于大量外围居住人口往中心区方向乘车，上行方向（至市中心）客流量明显高于下行方向，客流呈现明显的通勤特征。最高客流断面出现在上芬站—红山站区间（上行区间，3.1万人次/时），如图6.4-3所示。此外，受4号线深圳北站换乘客流的影响，早高峰上行方向经过深圳北站后客流断面变化明显。

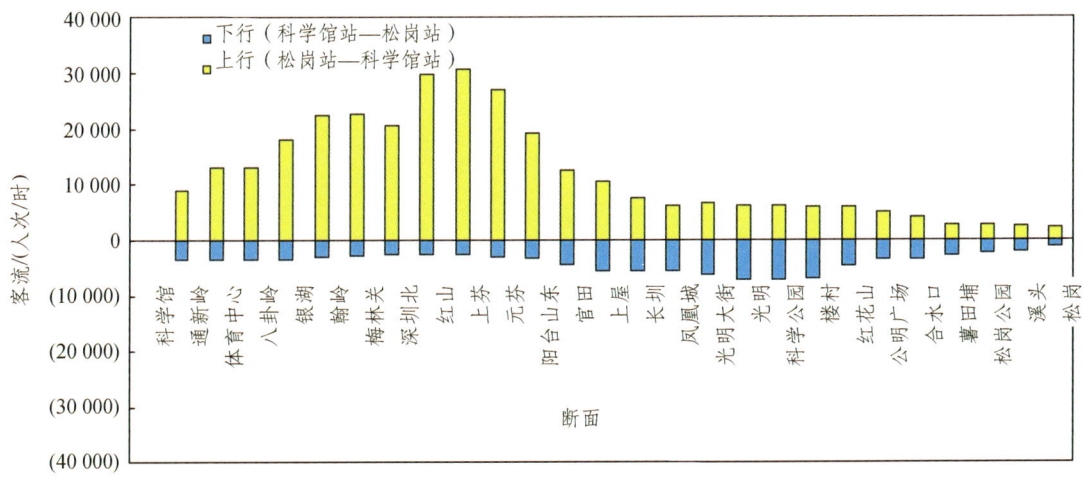

图6.4-3 2023年3月早高峰断面分布情况

6.4.4 原预测客流与现状客流分析

1）全日客运量增长较慢，与预测的初期客运量仍存在较大的差距

深圳地铁6号线自2020年8月开通，至2023年3月，开通近3年来，全日客运量为47万人次，与预测初期全日客流量71万人次仍存在较大的差异，仅达到了66%。

2）高峰小时客流量级基本一致，但特征形态存在较大的差异

2023年3月，6号线最大断面客流（早高峰）已达3.1万人次/时，较预测的初期最大断面客流2.9万人次/时基本相差无几，但是整体客流形态差异较大，主要表现为：

（1）潮汐现象进一步加剧。原客流预测中，早高峰上、下行客流断面不均衡比为2.9∶1.6，而6号线开通近3年以来，客流潮汐现象进一步加剧，实际的不均衡比达到了3.1∶0.7。

（2）光明段整体客流量级偏小，明显低于预期。原客流预测中，6号线光明段整体的客流断面较为饱满，最大客流断面位于长圳站—上屋，达2.58万人次/时；而实际中6号线光明段客流断面量极小，最大客流断面仍位于长圳站—上屋北站，但仅为0.8万人次/时，与预测值相比，存在明显的差异。

（3）平均运距基本相当。6号线平均乘距达12.9~13.6 km，与预测值14.7 km基本一致，仅次于11号线（16.3 km）及14号线（16.1 km），高于全网平均乘距（8.9 km），体现出6号线快线长距离出行的特征。

6.4.5 关于预测客流与现状客流差异性分析

深圳地铁6号线作为由福田中心区往光明区对外辐射的一条射线，自开通以来，客流一直处于稳步增长中，发挥了联系核心城区与中部综合组团、西部高新组团的城市组团快线功

能，重点加强了龙华区与中心城区间的联系（尤其是向心的通勤联系），但在加强光明新城与中心城区的联系强度上与预期仍有较大差距。

虽然早高峰最大客流断面与预测客流量差异不大，但是 6 号线现状客流特征与预测值仍出现了较大的偏差，特别是潮汐现状明显，这说明深圳核心的集聚效应进一步强化，职住分离现象愈发明显。

结 语

历经 10 年前期研究、勘察设计和工程建设，一条以高架线路为主的城市轨道交通骨干快线——深圳地铁 6 号线于 2020 年 8 月高质量建成并开通运营。深圳地铁 6 号线通过绿色低碳和经济高效的综合技术研究和应用，与同期规划建设的城市轨道交通项目相比，节省工程建设成本 40%以上，节省运行成本 60%以上。线路开通运营后，我们对本项目技术创新进行了全面总结。

在本书撰写和成稿之际，2022 年 10 月 28 日，中国城市轨道交通协会印发了《关于贯彻落实中国城市轨道交通绿色发展行动方案总体工作安排》（中城轨〔2022〕83 号文），绿色城轨发展方案的主旨是坚持以绿色转型为主线，清洁能源为方向，节能降碳为重点，智慧赋能，创新驱动，开展六大绿色城轨行动，实现碳达峰和碳中和"双碳"目标，规划建设绿色城轨。《行动方案》从行业层面对绿色城轨建设的总体要求、总体目标、重点任务、行动路径和保障措施等进行了统筹规划和顶层设计，内涵丰富、寓意深刻，号召全行业加深内涵理解，聚焦目标共识，通力合作推进。从城轨协会绿色发展行动方案可以看出，深圳作为改革开放的先行区，在我国城市轨道交通绿色发展中已经作出了先行研究、探索、尝试和示范。

作者全面系统地总结了深圳地铁 6 号线在经济高效的综合选线、综合减振降噪、低碳节能、海绵城市、智慧地铁、工程美学设计、集约用地等"绿色低碳和经济高效"的城轨规划设计方案中的研究、设计和建设成果，希望对我国全面推行绿色城轨建设起到启发和借鉴作用，为实现"高品质建设地铁百年工程"和"城轨交通绿色转型发展"再上新台阶做出我们的贡献。

本书在编撰过程中得到了中铁二院和深圳地铁相关部门和领导的大力支持和指导，深圳地铁 6 号线规划设计和建设运营凝聚了深圳市政府相关部门和全体参建单位工程师们的智慧和心血。在此，对 6 号线建设做出卓越贡献的全体参建人员表示衷心感谢！